Droit du travail

4e édition

AF854075

HyperCours Dalloz

sous la direction de

- Dominique **Chagnollaud**
  Professeur à l'Université Panthéon-Assas (Paris II)
- Serge **Guinchard**
  Professeur émérite à l'Université Panthéon-Assas (Paris II)

Rc1
Doe

Droit du travail

4e édition 2009

Emmanuel Dockès
Professeur à l'Université de Paris Ouest Nanterre La Défense

PILON

BIBLIOTHÈQUE DE L'UNIVERSITÉ PARIS-NORD
Av. J.-B. Clément
93430
VILLETANEUSE
FRANCE

274603 P

DANGER
LE
PHOTOCOPILLAGE
TUE LE LIVRE

Le pictogramme qui figure ci-contre mérite une explication. Son objet est d'alerter le lecteur sur la menace que représente pour l'avenir de l'écrit, particulièrement dans le domaine de l'édition technique et universitaire, le développement massif du photocopillage.

Le Code de la propriété intellectuelle du 1er juillet 1992 interdit en effet expressément la photocopie à usage collectif sans autorisation des ayants droit. Or, cette pratique s'est généralisée dans les établissements d'enseignement supérieur, provoquant une baisse brutale des achats de livres et de revues, au point que la possibilité même pour les auteurs de créer des uvres nouvelles et de les faire éditer correctement est aujourd'hui menacée.

Nous rappelons donc que toute reproduction, partielle ou totale, de la présente publication est interdite sans autorisation de l'auteur, de son éditeur ou du Centre français d'exploitation du droit de copie (CFC, 20rue des Grands-Augustins, 75006Paris).

Éditions DALLOZ
31-35 rue Froidevaux,
75685 Paris Cedex 14

Le Code de la propriété intellectuelle n'autorisant, aux termes de l'article L122-5, 2° et 3°a), d'une part, que les « copies ou reproductions strictement réservées à l'usage privé du copiste et non destinées à une utilisation collective » et, d'autre part, que les analyses et les courtes citations dans un but d'exemple et d'illustration, « toute représentation ou reproduction intégrale ou partielle faite sans le consentement de l'auteur ou de ses ayants droit ou ayants cause est illicite » (art.L.122-4).

Cette représentation ou reproduction, par quelque procédé que ce soit, constituerait donc une contrefaçon sanctionnée par les articles L.335-2 et suivants du Code de la propriété intellectuelle.

© ÉDITIONS DALLOZ - 2009
ISBN 978-2-247-08431-9

En un seul ouvrage, l'***Hypercours Droit du travail*** met à la portée des étudiants et de tous ceux qui désirent connaître le droit du travail des moyens d'acquisition, de révision et d'entraînement performants. Il fournit en effet les connaissances théoriques indispensables, et propose les références, exemples, exercices et thèmes de réflexion qui permettent d'appréhender correctement la mise en application de ces connaissances.

• Le ***cours***, complet, est décomposé en chapitres thématiques correspondant aux séances de travaux dirigés. La structure de chacun d'eux est annoncée, en début de chapitre, par un plan analytique.
– Parallèlement au cours, sur la même page, l'ensemble du texte est découpé en blocs d'idées homogènes, selon une numérotation située dans la marge.
– Les textes reproduits en fin de chapitre dans les documents sont suivis, dans le corps du texte, par un *.

• Des ***rubriques pédagogiques*** (pages signalées par un bandeau rouge) complètent le cours de chaque chapitre. Elles ont une double fonction : mieux faire comprendre et assimiler le cours, mais aussi préparer efficacement les étudiants aux épreuves des travaux dirigés, examens et concours.
– La rubrique « *Biblio* » donne accès à une bibliographie sélective spécifique du chapitre.
– La rubrique « *Documents* » offre une large gamme de textes de référence.
– La rubrique « *Quiz* » regroupe des sujets corrigés d'épreuves (commentaires d'arrêts ou d'articles, cas pratiques, dissertations). Pour ces derniers elle comprend parfois une approche méthodologique.
– La rubrique « Sujet terminal » propose un sujet d'examen corrigé correspondant à une épreuve type donnée en fin de semestre ou d'année et faisant appel à l'ensemble des connaissances de la matière.

• Avant la ***table des matières*** et la ***table des compléments pédagogiques*** signalant le début des rubriques pédagogiques, un ***index alphabétique*** des termes utilisés prend à nouveau pour référence les blocs d'idées homogènes numérotées en marge du cours.

Principales abréviations

Al.	alinéa
Anc. C. trav.	ancien Code du travail (Code en vigueur jusqu'au 1er mai 2008)
ANI	Accord national interprofessionnel
Archives Phil. dr.	Archives de la Philosophie du droit
Art. ou art.	article
Ass. plén.	Cour de cassation, Assemblée plénière
Bull.	Bulletin des arrêts de la Cour de cassation
C. mon. fin.	Code monétaire et financier
C. civ.	Code civil
C. pén.	Code pénal
C. trav.	Code du travail (Code issu de la recodification, en vigueur depuis le 1er mai 2008)
Cah. soc. barreau	Cahiers sociaux du barreau
Ch. mixte	Cour de cassation, chambre mixte
Chron.	Chronique
Civ.	Cour de cassation, chambre civile
Com.	Cour de cassation, chambre commerciale
Comp.	Comparer
Concl.	Conclusion
Cons. const.	Conseil constitutionnel
Crim.	Cour de cassation, chambre criminelle
CSS	Code de la sécurité sociale
D.	Dalloz-Sirey ou Dalloz (Recueil)
DH	Dalloz hebdomadaire
DP	Dalloz périodique
Dr. ouvrier	Le droit ouvrier
Dr. soc.	Droit social
Grands arrêts	J. Pélissier, A. Lyon-Caen, A. Jeammaud et E. Dockès, *Les Grands arrêts du droit du travail*, 4e éd., Dalloz, 2008
JCP	Juris-Classeur périodique (E : éd. Entreprise ; G : éd. Générale ; S : éd. Sociale)
JO	Journal officiel (de la République française)
Jur.	Jurisprudence
Lebon	Recueil Lebon
[P]	Publié au Bulletin civil des arrêts de la Cour de cassation
Préc.	Précité
RDT	Revue de droit du travail
Réf. cit.	Références citées

RJS	Revue de jurisprudence sociale
RSC	Revue de science criminelle et de droit pénal comparé
S.	Sirey (Recueil)
Soc.	Cour de cassation, chambre sociale
Somm.	Sommaire
SSL	Semaine sociale Lamy
TPS	Travail et protection sociale

titre 1

Situer le droit du travail

Le droit du travail est original, pionnier à bien des égards. Ses contextes économiques, idéologiques et historiques expliquent la place particulière qu'il occupe au sein de la matière juridique (chapitre 1). Son importance est à la mesure de son domaine. Il encadre l'activité professionnelle des salariés, lesquels forment la grande majorité de la population active occupée. La notion de « contrat de travail » détermine plus précisément l'étendue de ce domaine d'application (chapitre 2). 1

Parce qu'il est au cœur de la vie sociale et économique, mais aussi parce qu'il traite des angoisses liées à l'emploi, le droit du travail a, sur la période récente, accaparé à lui seul, près du tiers de l'activité normative du Parlement et du gouvernement. Et il ne s'agit que de la loi et du règlement. Les sources du droit du travail sont plus diversifiées, plus riches, plus nombreuses que celles qui existent dans les autres matières juridiques (chapitre 3).

Tout ceci fait du droit du travail une matière au cœur de l'actualité, en mouvement constant. Il s'agit au demeurant de la seule matière juridique pour laquelle il existe une presse quotidienne spécialisée.

chapitre 1

Contextes

Plan analytique

section 1

Contexte économique

§ 1 Un discours simpliste : le droit du travail opposé à l'efficacité économique

§ 2 L'utilité économique du droit du travail

§ 3 Perspectives

section 2

Contextes historique et idéologique

§ 1 Le libéralisme utopique contre le droit du travail

§ 2 La lutte des classes et l'apparition du droit du travail

§ 3 La théorie de l'institution et le droit du travail sous la dictature de Vichy

§ 4 Du second XXe siècle à nos jours, l'apparition des doctrines actuelles

1

Contextes

2 Le droit n'est pas composé de règles scientifiques, pas plus qu'il n'est issu d'une quelconque nature des choses. Il est un ense)mble de choix, politiques, idéologiques, économiques. L'observation des faits inspire sans doute, mais les idéaux, les espoirs, les valeurs tranchent. Le droit du travail n'est pas de ce point de vue une exception.

Il apparaît cependant, plus encore que d'autres branches du droit, en prise directe avec son contexte économique (section 1), historique et idéologique (section 2), ces différents aspects étant généralement mêlés.

section 1

Contexte économique

3 Le droit du travail a pour objet le salariat. Les moyens de subsistance et la vie professionnelle de la majeure partie des travailleurs sont en cause. Si l'on s'intéresse à l'importance et à l'immédiateté des enjeux, le droit du travail apparaît alors comme la plus importante des branches du droit économique. Comparativement, le droit commercial, qui traite des rapports entre commerçants et des actes de commerce, n'intéresse qu'une part très réduite de la population. D'autres branches du droit s'intéressent à des rapports économiques quotidiens. Il en va ainsi, notamment du droit de la consommation, du droit bancaire ou du droit des baux d'habitation. Le droit du travail est cependant historiquement premier. Et cette préséance n'est que l'effet de la primauté des enjeux que présentent les questions de l'emploi, du travail, et du revenu : avant de se loger, de contracter un crédit ou de consommer, les personnes commencent par rechercher emploi et salaire. Dans l'ordre économique, les premiers combats menés par les plus faibles contre les plus forts et les premières règles qui s'ensuivirent eurent donc naturellement pour domaine le droit du travail.

Première des branches du droit économique, le droit du travail est nécessairement confronté aux discours des sciences économiques. Or, au sein de ces discours, le courant dominant tend à présenter le droit du travail comme un coût, comme une nuisance. Il serait, en quelque sorte, « antiéconomique ». Cette accusation, fort répandue, a eu et continue d'avoir, des conséquences importantes sur la matière (§ 1). Elle est pourtant, à bien des égards, le reflet d'une vision simpliste, caricaturale des choses. Pour de nombreux auteurs, le droit du travail apparaît même, aujourd'hui, comme un atout économique dans la compétition mondialisée (§ 2), vision qu'une brève analyse prospective semble confirmer (§ 3).

§ 1 Un discours simpliste : le droit du travail opposé à l'efficacité économique

4 La vision économique dominante a une apparente simplicité.

Les grandes règles du droit du travail induisent des coûts pour l'entreprise. Il en va ainsi du salaire minimum, des congés payés, du taux majoré des heures supplémentaires, du respect des règles d'hygiène et de sécurité, du temps passé à la négociation collective, etc. Les faibles salaires, la dureté des conditions de travail, l'absence de syndicat..., apparaissent alors être des gains et donc des avantages comparatifs dans la compétition économique mondiale. Se profile alors le spectre des délocalisations, des produits bon marché issus des pays dépourvus de droit du travail digne de ce nom. Et l'on pense aujourd'hui à l'industrie et au textile chinois, comme l'on craignait hier les ateliers du Maghreb et avant-hier ceux du Japon. La protection juridique accordée générerait ainsi, en tendance, une fuite des capitaux et de l'emploi vers les pays à droit du travail moins développé ou moins protecteur.

On en vient alors à s'enfermer dans une terrible alternative. Un partisan de la mondialisation des échanges se devra d'être l'adversaire du droit du travail national ou européen, quitte à soutenir la mise en place d'un socle mondial unique de protection des salariés. Un défenseur des acquis sociaux sera, lui, tenu de prendre pour adversaire la libéralisation des échanges, pour tenter de réhabiliter un certain protectionnisme.

Ce dilemme encadre une grande partie du débat politique. Il doit cependant être relativisé, sinon dépassé. Il suffit pour ce faire de constater que le droit du travail ne saurait être vu comme un simple coût. Il est aussi la source d'importants gains.

§ 2 L'utilité économique du droit du travail

5 Outre leur évidente importance éthique ou sociale, de nombreuses règles de droit du travail peuvent se prévaloir d'une incontestable utilité économique.

Il est convenu depuis le XIXe siècle que les normes d'hygiène et de sécurité accroissent la qualité de la main-d'œuvre et sont ainsi une modalité d'accumulation du capital humain.

L'utilité de la prohibition du travail des enfants est, de même, assez évidente. Le travail des enfants limite la scolarisation. Un pays qui laisse ce travail se pratiquer à grande échelle réduit la qualification de ses travailleurs. Il se condamne à se spécialiser dans les tâches d'exécution les plus simples et les moins rémunératrices. Tâches qui sont aussi les plus affectées par les progrès de la mécanisation. Loin d'être un avantage concurrentiel, le travail des enfants condamne l'avenir des pays dans lesquels il est généralisé.

L'égalité des sexes conduit à rendre productive la main-d'œuvre féminine, ce qui est un incontestable atout économique.

La mise en place d'un intéressement des salariés, la structure et le montant des salaires et la limitation du temps de travail sont autant d'éléments qui renforcent la productivité. Le salaire minimum tend à réduire la misère et les inégalités, tout en soutenant la demande intérieure.

La représentation du personnel et la négociation collective sont encore des voies d'accroissement de la productivité. Sans dialogue, sans accord, les relations de travail sont de pures relations d'affrontement. Ce qui est porteur de démotivation, d'absentéisme et même, parfois, de sabotage.

Finalement, il faut le rappeler, le droit du travail est un facteur de paix. Et la paix est sans doute la première des conditions du développement économique.

Au demeurant, une observation sérieuse des réalités économiques ne montre pas de corrélation entre l'existence de protections et la faiblesse économique d'un pays. La France qui reste un pays à relativement forte protection sociale est aussi l'un des pays du monde qui attire le plus d'investissements directs extérieurs. La mise en place des 35 heures a accompagné une période de croissance et de création d'emploi exceptionnelle, y compris comparativement à la situation économique de nos voisins immédiats. Depuis les années 1980 et la politique menée par Margaret Thatcher, le Royaume-Uni a un droit du travail très peu protecteur, surtout si on le compare à celui de la France. Il est aussi le pays avec lequel la France réalise son plus fort excédent commercial. Enfin, si le chômage frappe durement la France, il est un peu rapide d'en incriminer le droit du travail, alors que les insuffisances du droit de la concurrence, le très faible effort fait en faveur de la recherche scientifique ou de la formation, la démotivation de salariés constamment menacés, fragilisés, ont sur l'efficacité économique des conséquences au moins aussi directes. Au demeurant, certains pays, comme les pays scandinaves, ont une protection sociale forte et un taux de chômage bas.

Il serait donc simpliste et même trompeur, de considérer le droit du travail comme un simple coût et de négliger les gains économiques qu'il permet. Surtout si l'on se place dans une perspective d'avenir.

§ 3 Perspectives

L'économie a subi, depuis une trentaine d'années, une mutation profonde qui n'échappe à personne. Le développement des services et la réduction corrélative de l'emploi industriel rappellent, à certains égards, l'évolution passée du secteur agricole. L'agriculture française employait 40 % de la population active occupée en 1920 et seulement 25 % au milieu des années 1950. L'emploi industriel a subi une réduction de même ampleur entre 1975 et 2006. S'il continue sur la même pente que celle suivie en son temps par l'emploi agricole, sa réduction à un ordre de grandeur de 4 % de l'emploi total pourrait avoir lieu aux alentours des années 2050. Malgré le développement prévisible de la robotique et de l'informatique, une telle évolution reste bien évidemment hypothétique. Elle n'en permet pas moins de mesurer l'ampleur des mutations en cours. Les pays riches furent des pays à l'agriculture puissante, puis des pays industrialisés et sont de plus en plus des pays « tertiarisés ». 6

Ce déplacement de l'emploi et les mutations technologiques ont provoqué une évolution des tâches à accomplir. Les ouvriers à eux seuls représentaient encore près de 40 % de la population active occupée française en 1975 ; en 2006, ce chiffre tombe à 22,8 %. Cependant, les professions intermédiaires et cadres représentent 39,9 % de la population active occupée et les employés 29,5 % (source INSEE, *Enquêtes emploi*). Cette évolution semble inexorable et même, en un sens, logique. L'activité humaine est « concurrencée » ou « libérée » par les techniques. Elle ne peut dès lors que se spécialiser, au moins à terme, sur les tâches qui ne peuvent être réalisées que par des êtres humains. Ce que confirme la forte croissance actuelle des tâches relationnelles ou cognitives. La qualité du contact humain et le niveau d'expertise deviennent ainsi, peu à peu, les principales sources de la productivité du travail.

Lorsqu'il ne s'agissait que de faire réaliser un geste mécanique à une cadence donnée, le contrôle était à la fois facile et peu coûteux. Un seul contremaître contrôle des dizaines de travailleurs à la chaîne. L'entreprise tayloriste militarisée peut alors démontrer une certaine supériorité économique. Ce qui explique en partie son succès persistant, notamment en Chine, dans les industries où le travail humain répétitif ou mécanique n'est toujours pas robotisé, comme dans l'industrie textile ou dans l'industrie du jouet. En revanche, s'il s'agit d'exiger des salariés de la créativité, de l'intelligence, de la gentillesse, de la bonne humeur ou de la motivation, les choses se compliquent. Aucun test ne peut mesurer l'intensité de la concentration d'un travailleur intellectuel. Et la menace d'un supérieur hiérarchique ne permettra jamais d'obtenir qu'un sourire forcé, minimal, et une motivation de façade. Les activités intellectuelles ou relationnelles exigent des modes plus policés d'exercice de l'autorité, un minimum de dialogue, de respect, une certaine durabilité du rapport de travail, l'octroi d'un revenu suffisant... Or, tenter de promouvoir un tel environnement est l'objet même du droit du travail.

Ce raisonnement tend à montrer que le droit du travail a une utilité économique et même une utilité économique croissante. Il faut cependant se garder d'en conclure trop rapidement que toute règle protectrice est nécessairement un atout économique. De même que la conclusion inverse, une telle assertion a quelque chose de simpliste. Et chaque règle devrait faire, dans l'absolu, l'objet d'une analyse spécifique, nuancée.

De telles évaluations ont cependant leurs limites. La quantification exacte des coûts et des bénéfices d'une règle de droit est, en effet, le plus souvent hasardeuse. Surtout qu'en la matière l'un des facteurs de productivité les plus importants, sinon le plus important, à savoir le niveau de motivation, est impossible à mesurer rigoureusement. Rien n'est donc plus périlleux que de se cantonner à une analyse exclusivement économique du droit.

Le droit n'est pas qu'un ensemble de coûts et de bénéfices, il est aussi et surtout, le lieu d'un affrontement entre valeurs, entre idéologies. Et souvent, au demeurant, les discours économiques ne sont que des affirmations idéologiques masquées sous la soi-disant neutralité de la technique. Les valeurs et les idéologies sont de fait, bien plus que les sciences économiques, les sources essentielles du droit du travail. Ces valeurs inspiratrices sont indissociables de l'histoire.

section 2

Contextes historique et idéologique

7 Il n'est guère de débat politique ou idéologique qui n'ait pas eu de conséquences directes sur le droit du travail. Et aujourd'hui comme hier, le droit positif et les prises de positions doctrinales sont fortement inspirés par des clivages d'ordre idéologique. La classification de type droite/gauche recouvre, *grosso modo*, l'opposition entre ceux qui sont plus enclins à défendre les employeurs et ceux qui sont plus enclins à défendre les salariés. Mais cette dichotomie ne donne qu'une image très réduite des

débats qui agitent la matière. Il existe bien d'autres fractures idéologiques, parfois plus profondes encore. La plus importante est peut-être celle qui oppose individualisme et communautarisme, opposition qui s'exprime notamment dans l'affrontement des théories contractuelles et institutionnelles du droit du travail.

C'est ce que l'on découvre en croisant l'histoire des idées et l'histoire du droit du travail.

§ 1 Le libéralisme utopique contre le droit du travail

Le libéralisme, tel qu'il s'est développé au XVIIIe siècle, est individualiste et antiautoritaire. Les pouvoirs publics sont naturellement, sa première cible. Ces pouvoirs s'exprimaient alors par la censure, la torture et les lettres de cachet. Ils formaient l'adversaire le plus évident. L'idée d'un pouvoir étatique devant être réduit afin de laisser le plus de libertés possible aux individus se développe et débouche sur la Déclaration des droits de l'homme de 1789. 8

On oublie souvent de rappeler que des pouvoirs que nous qualifierions aujourd'hui de « privés » furent eux aussi visés. L'attention se porta naturellement, sur les inégalités et pouvoirs les plus visibles. Furent ainsi attaqués les droits féodaux, la classification de la société en ordres (noblesse, clergé, tiers état) et les corporations. Ces pouvoirs avaient comme point commun d'être établis et renforcés par le droit. Une telle existence juridique les rendait facilement décelables et particulièrement sensibles aux évolutions du droit. Quoi de plus facile que de détruire, par une loi nouvelle, un élément de droit antérieur ? Les pouvoirs juridiques privés furent donc rapidement abrogés par la Révolution française entre 1789 et 1793. Cette abolition juridique devait, dans l'esprit de l'époque, se traduire rapidement en une disparition dans les faits des pouvoirs privés.

Certains usèrent si bien de la force de leur imagination qu'ils crurent réellement qu'il avait suffi de proclamer l'égalité pour qu'elle existe. La domination des employeurs fut alors franchement niée. D'autres fois, cette domination fut présentée comme un phénomène ponctuel, transitoire, lié au déséquilibre momentané du marché du travail, lequel serait vite résorbé par la libre concurrence. Ces espoirs, proprement utopiques, devaient être rapidement et cruellement contredits par les faits. Cette contradiction ne fit pas disparaître la doctrine libérale (les croyances falsifiées ne sont pas les moins solides). Le libéralisme dans sa version originelle, utopique, a survécu jusqu'à nos jours. Son influence juridique actuelle reste même, curieusement, considérable.

Pour les tenants de cette doctrine, le rapport de travail est compris comme un simple échange *entre égaux*, d'un travail contre un salaire. Le droit du travail est une entorse au jeu de la libre concurrence, lequel est la source essentielle du bien, du juste. *Pour le libéralisme utopique, le contrat individuel, fruit de l'autonomie de la volonté, doit suffire à régir les rapports de travail salarié.*

Ce serait cependant un simplisme, voire une erreur, de ne voir dans le droit de la première moitié du XIXe siècle, qu'une simple copie de ces idées libérales. Le libéralisme utopique des révolutionnaires de la fin du XVIIIe siècle n'a pas pour objectif de laisser le plus de place possible aux maîtres et aux patrons. En ce temps-là il existait encore de nombreuses règles qui servaient à renforcer, à asseoir le pouvoir des maîtres. Mouvement antiautoritaire, le libéralisme prit naturellement pour objectif 9 *l'abolition des règles qui favorisaient les maîtres.* Telle est l'idée première de l'abolition des corporations et de la proclamation de la liberté d'entreprendre.

Le reflux du libéralisme des révolutionnaires, dès les premières années du XIXe siècle, va permettre la résurgence de règles qui renforcent juridiquement le pouvoir des maîtres sur leurs subordonnés. Ces règles, antilibérales, inspirées de l'idéologie de l'Ancien Régime, vont perdurer durant la majeure partie du XIXe siècle. On peut en donner trois exemples :

– le livret ouvrier, aboli par la Révolution, a été rétabli par la loi du 12 avril 1803. L'objectif de la mesure est essentiellement policier. Il vise à contrôler, avec l'aide des employeurs, la population des ouvriers, dont on se méfie. Tout ouvrier doit posséder un tel livret. À l'embauche, il le remet à son employeur, qui y note divers éléments relatifs à la prestation de travail et les avances éventuelles qu'il consent. Ces avances sont alors fréquentes, l'ouvrier étant généralement sans ressource pour survivre dans l'attente de son premier salaire. Sans livret un ouvrier qui se déplace tombe sous le coup de la prohibition pénale du « vagabondage ». Sans livret, il est interdit à tout employeur de lui donner de l'ouvrage. Dès lors, en conservant ce précieux document, un employeur s'attache le salarié et l'empêche de démissionner ou de rechercher ailleurs du travail. Il s'agit d'un outil de domination potentiellement extrêmement puissant. Il ne sera, finalement, supprimé que par la loi du 2 juillet 1890, mais à cette date il est déjà tombé en désuétude (v. aussi CE 23 mars 1869) ;

– l'article 1781 du Code civil, disposait : « Le maître est cru sur son affirmation, pour la quotité des gages ; pour le paiement du salaire de l'année échue ; et pour les à-comptes donnés pour l'année courante ». Ce principe d'inégalité juridique entre le maître et son subordonné ordonnait aux juges de toujours statuer, en matière de salaire, selon les dires de l'employeur contre les dires du salarié. Ce texte restera en vigueur jusqu'à la loi du 2 août 1868. Il faisait du droit une arme au service exclusif des patrons ;

– pour parachever l'édifice, les conseils de prud'hommes se mettent progressivement en place. Le premier de ces Conseils est institué à Lyon par la loi du 18 mars 1806. D'autres Conseils verront progressivement le jour dans la plupart des villes industrielles. Cette nouvelle juridiction est au départ strictement inégalitaire. Elle est composée de représentants des « fabricants » — qui doivent être majoritaires à eux seuls en vertu du décret du 11 juin 1809 —, de chefs d'atelier, de contremaîtres et d'ouvriers patentés. Les ouvriers « à livret », qui forment l'essentiel de ceux qui seraient aujourd'hui des salariés, en sont totalement exclus. Pour ces salariés, agir devant un conseil de prud'hommes, c'était être jugé par les représentants des employeurs, assistés de quelques cadres et artisans. Il faudra attendre la révolution de 1848 et le décret du 27 mai 1848 pour que les ouvriers soient représentés aux conseils de prud'hommes.

10 Le libéralisme s'oppose, d'un point de vue idéologique, à ces règles inspirées de l'idéologie corporatiste de l'Ancien Régime. Il en favorisera l'abandon. Mais, ce même libéralisme va aussi s'opposer à toute intervention de l'État en vue de protéger les salariés. Or l'époque est à l'exploitation violente et à la grande misère des ouvriers. Le célèbre *Tableau de l'état physique et moral des ouvriers dans les fabriques de coton, de laine et de soie* rédigé en 1840 par le docteur Louis-René Villermé en reproduit l'image effrayante, faite de misère, d'épuisement, de maladies, d'accidents et de déformations physiques diverses. Les enfants-travailleurs voient leur puberté retardée de plusieurs années et leur développement compromis. Un ouvrier est un vieillard infirme à 40 ans. Les armées mêmes commencent à peiner pour trouver, dans les villes industrielles, une population encore apte à porter les armes. La création d'un droit du travail protecteur devient alors une question de santé publique. L'idéologie libérale va pourtant combattre sans discernement les premières tentatives juridiques qui tenteront de réduire cet état de fait.

Ainsi, c'est contre la résistance acharnée de certains libéraux que sera adoptée la loi du 11 mars 1841. Cette loi, qui a pu être présentée comme la première des grandes lois sociales, se résume par la formule « huit ans-huit heures, douze ans-douze heures ». Elle prévoit plus précisément que, dans les manufactures « à moteur mécanique, à feu continu » ou « employant plus de 20 ouvriers », le travail des enfants de moins de 8 ans est interdit. Elle limite en outre, dans ces manufactures, le temps de travail des enfants de 8 et 12 ans à 8 heures quotidiennes et de 12 à 16 ans à 12 heures quotidiennes. Considérée comme excessivement protectrice par le patronat et par les tenants d'un libéralisme utopique devenu aveugle, elle resta largement inappliquée.

L'idéologie libérale a manqué d'élargir aux excès des pouvoirs économiques sa lutte contre les pouvoirs juridiques de l'Ancien Régime. Elle est ainsi devenue l'adversaire du droit du travail naissant. C'est contre elle et par l'influence de l'action collective des ouvriers, que le droit du travail moderne va se constituer progressivement, à partir de la fin du XIXe siècle.

L'idéologie libérale va dès lors perdre progressivement son influence, jusqu'à devenir très faible dans les années 1930, avec la crise économique. Elle devait cependant reprendre progressivement de la vigueur, à partir de la fin de la Seconde Guerre mondiale. Elle le fit d'abord sous des formes modérées, corrigées des excès qui avaient été les siens au cours du XIXe siècle. Puis, progressivement, elle est réapparue sous ses formes originelles, remettant aux goûts du jour ses utopies premières. Il n'est pas rare, aujourd'hui, de voir tel ou tel dirigeant négliger l'existence des pouvoirs privés et croire naïvement dans le caractère autorégulateur des marchés. Ce retour à l'idéologie dominante du XIXe siècle est aujourd'hui la source principale des grands mouvements de destruction du droit du travail qui ont pu être observés, notamment lors des « révolutions néoconservatrices » anglo-saxonnes des années 1980, dans la Grande-Bretagne du gouvernement de Margaret Thatcher ou aux États-Unis à l'époque de Ronald Reagan. Cette idéologie est encore présente dans la politique économique de Georges W. Bush, au sein de certains organismes internationaux comme la Commission européenne actuelle ou le FMI. En France, on la retrouve dans la doctrine officielle du MEDEF et comme une source d'inspiration principale du gouvernement actuel. Il en résulte une destruction de plus en plus rapide des protections qu'assure encore le droit du travail français.

Le libéralisme utopique, historiquement lié au XVIIIe et au XIXe siècles, est donc redevenu, sous des formes à peine rénovées, une idéologie actuelle, influente, et même souvent dominante.

§ 2 La lutte des classes et l'apparition du droit du travail

La plus évidente des faiblesses du libéralisme utopique était de nier ou de négliger l'intensité du rapport de force subi par les salariés. Le contrat de travail est loin d'être conclu entre citoyens d'égale influence. Dans la quasi-totalité des cas, il est un acte au sein duquel, le plus fort, l'employeur, dicte sa volonté aux plus faibles, les salariés. La misère et l'inhumanité des conditions de travail du XIXe siècle furent les effets directs de ce rapport de force.

Face à une telle situation, une certaine résistance s'exprima, par la création de syndicats et par la grève. Ces premières luttes se firent en toute illégalité. Jusqu'à la loi du 25 mai 1864, le simple gréviste encourt 3 mois de prison et le meneur (le « chef ou moteur »), 5 ans de prison (art. 415 C. pén. puis art. 414 à partir de 1849). Les mêmes peines sont applicables à qui participe à une coalition en vue de provoquer une hausse des salaires, ce qui est l'un des buts premiers des syndicats.

Dans un tel contexte, les principales idéologies qui accompagnent le mouvement ouvrier sont des idéologies de combat. Le XIXe siècle est en France le siècle des révolutions et celles-ci ne sont pas seulement en faveur de la République, elles sont aussi, et parfois surtout, porteuses de revendications sociales. La révolte emblématique des canuts lyonnais en 1831 avait pour revendication première l'obtention d'un « tarif », c'est-à-dire d'une rémunération minimale. Et il faut rappeler l'importance des questions sociales dans la révolution de février 1848 et, plus encore, lors de la Commune de Paris en 1871. Cette dernière devait notamment prononcer l'expropriation des ateliers abandonnés par leur patron au profit des coopératives ouvrières et mettre en place un salaire minimum.

Deux grandes idéologies révolutionnaires, ayant pour objectif d'abattre le capitalisme et de fonder une société nouvelle, se mettent en place progressivement, au cours de ce siècle. La première, l'anarchisme, restera dominante dans le mouvement syndical français jusque dans les années 1920. Période à laquelle la seconde de ces idéologies, le communisme, la supplante progressivement, avant d'atteindre une sorte d'apogée au lendemain de la Seconde Guerre mondiale. La tendance communiste connaît à son tour un déclin, d'abord avec la reconnaissance progressive des atrocités commises par les dictatures communistes, ensuite, avec la chute de ces dictatures en Europe, à partir de la fin des années 1980.

Il demeure que c'est sous l'influence des idéologies révolutionnaires anarchiste et communiste que furent menées les grèves et autres luttes qui permirent l'apparition et le développement du droit du travail. La matière est restée profondément marquée par ces origines.

Pour les idéologies révolutionnaires patrons et salariés sont irréconciliables. Leur lutte, qualifiées de « lutte des classes », doit dans l'idéal se terminer par la victoire du prolétariat et par la fin du patronat et du salariat.

Les rapports entre employeurs et salariés sont donc des rapports conflictuels où, à la domination exercée par l'employeur, doit répondre la lutte des salariés. L'entreprise est avant tout un lieu où les intérêts s'opposent et où s'expriment des rapports de force.

■ 12 Les idéologies révolutionnaires ne furent pas les seules à jouer un rôle dans la naissance du droit du travail. De nombreuses autres sources d'influences se sont exprimées en faveur de cette apparition. Outre les tendances réformistes, qui devaient se séparer des révolutionnaires au cours des années 1920, il faut ici citer le rôle joué par les tenants de la doctrine sociale de l'Église, exprimée avec force dans l'encyclique papale *Rerum Novarum* de 1891*. Le trait principal de cette doctrine était de prôner la réconciliation entre ouvriers et patrons. Pour ce faire, les premiers devaient s'abstenir de se laisser corrompre par les mouvements socialistes, modérer leurs revendications et leurs modes d'action. Les seconds devaient, par charité chrétienne, se montrer attentifs aux besoins de leurs ouvriers. Cette encyclique prônait aussi une certaine intervention protectrice de l'État. Elle avait, pour l'époque, une forte coloration sociale, au point d'avoir été longtemps considérée comme choquante dans les milieux patronaux.

Ces doctrines modérées ou pacificatrices n'eurent qu'un rôle mineur au sein du mouvement ouvrier et l'existence de quelques patrons « sociaux » relève de l'anecdote. La naissance et le développement du droit du travail restent donc principalement l'histoire d'une conquête collective, conflictuelle et même parfois sanglante. Et cette conquête fut d'abord l'œuvre de salariés, réunis en syndicats, soutenus et inspirés par les deux grandes idéologies révolutionnaires de l'époque.

Quelques-unes des grandes étapes qui ont marqué cette naissance du droit du travail peuvent être brièvement énumérées. La loi du 21 mars 1884 autorise la formation de syndicats. La loi du 2 novembre 1892 limite et réglemente le travail des femmes et des enfants et elle organise le corps des inspecteurs du travail. La loi du 9 avril 1898 permet aux salariés victimes d'accident du travail d'être indemnisés (avant il fallait, pour ces ouvriers démontrer la faute de l'employeur, ce qui était presque toujours impossible). Les lois de 1900, 1902, et 1904 réduisent le temps de travail quotidien respectivement à 11 heures, à 10 heures 30, puis à 10 heures. La loi du 17 mars 1907 permet aux salariés d'être représentés de manière paritaire aux conseils de prud'hommes. La loi du 25 mars 1919 reconnaît légalement les conventions collectives. La loi du 23 avril 1919 limite à 8 heures le temps de travail quotidien, sans diminution de salaire. Les accords de Matignon du 7 juin 1936, suivis des lois de juin 1936, instituent les délégués du personnel, la semaine de 40 heures et les premiers congés payés, d'une durée de 15 jours par an. Le droit du travail atteint alors une certaine maturité.

La Seconde Guerre mondiale et la période de Vichy allaient être le moment privilégié d'expression d'une idéologie radicalement opposée non seulement aux idéologies anarchiste et communiste, mais aussi au libéralisme.

§ 3 La théorie de l'institution et le droit du travail sous la dictature de Vichy

Le libéralisme voit la relation employeur-salarié comme un simple échange. Les doctrines anarchiste et communiste y voient une oppression exercée par l'employeur et un nécessaire combat, mené par les salariés, pour s'en libérer. La théorie de l'institution y voit un rapport fusionnel. Ce n'est pas tant la relation entre employeur et salariés qui importe, mais leur commune appartenance à un même tout, l'entreprise. Celle-ci a certes un chef et des subordonnés, mais ils sont tous au service de l'institution qu'est l'entreprise. Ils sont comme fondus dans cette entité qui les dépasse et dont l'intérêt, supérieur, doit l'emporter sur les intérêts individuels. 13

L'idée « d'institution » a vocation à s'appliquer bien au-delà des entreprises. Pour M. Hauriou, qui en est le principal auteur, à chaque fois que des personnes se rassemblent autour d'un pouvoir qui dure et autour d'une idée d'œuvre, une institution apparaît. L'Église, les syndicats, l'État, sont autant d'institutions. L'entreprise n'est au demeurant pas seulement une institution, elle est aussi la partie d'une institution plus vaste, à laquelle elle doit se dévouer : l'État. La personne humaine ne trouve son sens que comme partie d'entités collectives, comme la famille, l'entreprise, la nation. Et les intérêts supérieurs de ces entités doivent prévaloir sur les vulgaires appétits individuels.

Cette idéologie de l'institution, apparue au début du xxe siècle, s'inspire des idées de corps intermédiaires et de corporation de l'Ancien Régime. On y retrouve aussi nettement une inspiration tirée de la doctrine sociale de l'Église. Elle n'en est pas moins un cadre nouveau, par la radicalisation et la systématisation qu'elle opère. Le succès croissant de cette idéologie accompagnera la crise économique de 1929, le rejet du libéralisme et la montée de l'extrême droite française.

Dans l'idéologie institutionnelle, l'individu salarié n'est pas un cocontractant de l'employeur. Il n'y a aucun rapport d'égalité entre l'employeur et le salarié, même juridique, même symbolique, même au tout départ de la relation. Le salarié adhère à l'entreprise, comme on adhère à une foi ou à une nation. Par cette adhésion, il se fond dans l'entité supérieure qu'est l'entreprise. Ce n'est plus alors en tant que personne singulière qu'il est valorisé, mais en tant qu'il est à sa place, en tant qu'il est un bon rouage de l'institution, semblable à l'organe d'un corps. Réciproquement, comme le corps humain protège sa rate, son cœur, ses intestins, l'entreprise doit protéger ses salariés.

L'institution est une réalité qui découle des faits. Et sa capacité d'expression, son chef, est aussi une réalité qui découle des faits. Ce pouvoir issu de la nature des choses est, comme tel, jugé pleinement légitime. Il est la source naturelle du droit de l'institution.

■ 14 On comprend très vite où une telle idéologie conduit. L'individu est nié ou du moins totalement dévalorisé. Le pouvoir du chef est considéré comme aussi naturel que le pouvoir du cerveau sur le corps. Les pires totalitarismes trouvent ici un discours de légitimation.

La théorie institutionnelle sera la doctrine officielle des régimes fasciste, nazi, franquiste et vichyste. En Allemagne elle est notamment développée par Carl Schmitt et sert d'argumentaire au soutien d'Adolf Hitler. En France, elle est au cœur de la pensée du gouvernement de Vichy. Ce qui lui permettra d'exercer une influence centrale sur le droit du travail.

La politique de Vichy crée certaines avancées sociales, au nom du respect dû par le chef de l'institution aux autres organes de l'institution et au nom du respect dû par la nation à ceux qui la constituent. Elle met aussi en place, notamment avec la Charte du travail de 1941, une organisation hiérarchique et que l'on veut fusionnelle des rapports professionnels. Les salariés sont fondus au sein de leur entreprise, les entreprises sont fondues dans l'organisation de la profession et les professions sont conçues comme des organes de la nation, institution suprême. Toute lutte au sein de l'entreprise est prohibée. Les grandes confédérations syndicales sont dissoutes dès le 9 novembre 1940 et la grève est interdite. Se met ainsi en place une idéologie proprement totalitaire. *Ses idées fondamentales sont la négation de l'individu, la soumission, le sacrifice de soi au profit de la communauté de l'entreprise, laquelle doit se soumettre à la profession, laquelle doit encore se soumettre à la nation.*

À la libération, la rupture avec ce modèle est, en droit du travail, bien plus modérée qu'on aurait pu l'attendre. Le retour en force du parti communiste et la réapparition des véritables syndicats ouvriers redonnent quelques couleurs à une vision plus conflictuelle des rapports de travail. C'est le temps de nouvelles avancées sociales. L'année 1945 verra notamment la création des comités d'entreprise (ordonnance du 22 février 1945) et la mise en place de la sécurité sociale (ordonnances des 4 et 19 octobre 1945).

Mais le modèle de l'entreprise institutionnelle résistera à toutes les purges. Paul Durand, grand défenseur de la vision institutionnelle de l'entreprise, reste au premier plan après la guerre, malgré son rôle actif pendant la période de Vichy. Directeur de la principale revue de droit du travail, *Droit social*, il est l'auteur d'un traité de droit du travail qui va longtemps être la référence centrale de la matière. Les thèses institutionnalistes resteront ainsi très influentes. Elles conservent encore aujourd'hui, quoique sous une forme plus modérée, d'importants défenseurs au sein de la doctrine travailliste.

§ 4 Du second XXe siècle à nos jours, l'apparition des doctrines actuelles

La seconde moitié du XXe siècle est ponctuée par deux grands événements qui vont marquer le droit du travail français et son contexte idéologique : les événements de mai 1968 et la crise économique, à partir de 1974. **15**

Le mouvement de mai 1968, initié par des grèves étudiantes, se développe par la grève générale, à partir du 13 mai 1968, à l'appel des grandes centrales syndicales. Entre le 13 mai et le début du mois de juin 1968, la France est bloquée par la grève, suivie par plus de 10 millions de salariés (le mouvement ralentit à partir du début du mois de juin, pour cesser tout à fait le 17 juin 1968). Les idéologies d'alors s'affichent dans la lignée des idéologies révolutionnaires du XIXe siècle. Malgré l'importance du renouveau de la pensée libertaire ou anarchiste, les idéologies dominantes au sein du mouvement social sont d'inspiration marxiste. Le communisme est alors éclaté en de très nombreuses chapelles notamment trotskistes et maoïstes.

L'importance lors des événements de mai 1968 de ces doctrines communistes au sens large a pourtant quelque chose de paradoxal. Le marxisme est à l'époque revendiqué par des dictatures féroces, et notamment par l'Union soviétique et la Chine populaire. On aurait pu s'attendre, de la part de défenseurs d'idéologies si peu individualistes, à une certaine défense de l'austérité et de la hiérarchie. Or c'est tout le contraire qui se produit. Mai 1968 est une période de rejet des morales et des hiérarchies, ainsi qu'une période d'affirmation des plaisirs individuels. Principalement marxiste dans l'affichage, le mouvement de mai 1968 est principalement libertaire, individualiste, hédoniste même, dans la pratique. Il en résulte une évolution assez profonde des mentalités.

En droit du travail, la grève générale portera ses fruits lors des négociations de Grenelle, du 25 au 27 mai 1968. Ces négociations aboutissent à d'importantes augmentations des salaires (le salaire minimum est augmenté de 33 %) et à la mise en place d'une reconnaissance des syndicats dans l'entreprise, ce que le patronat avait jusqu'ici refusé avec acharnement. Ces accords ne sont pas signés par les représentants syndicaux : leur base refusait tout accord, l'ordre du jour étant à l'abolition du salariat et à la révolution. Ils seront cependant, pour l'essentiel, respectés. La loi du 28 décembre 1968 entérine la section syndicale dans l'entreprise. **16**

À la suite du mouvement de mai 1968, le militantisme syndical et politique restera très actif pendant toutes les années 1970 et jusqu'au début des années 1980. C'est une période de progrès pour le droit du travail, malgré la crise qui commence en 1974. C'est tout d'abord le temps de l'apparition des premières grandes directives européennes en la matière (directive de 1975 sur les licenciements collectifs ; directive de 1977 sur le maintien des contrats de travail en cas de transfert d'entreprise). Au même moment apparaît, en droit français, une véritable protection de l'emploi, avec les lois du 18 juillet 1973 sur le droit commun du licenciement, du 3 janvier 1975 qui exige une autorisation administrative pour tous licenciements économiques, du 7 janvier 1981 qui protège l'emploi des salariés accidentés du travail ou victimes d'une maladie professionnelle. À la suite de la première victoire de la gauche sous la Ve République, en mai 1981, seront encore adoptées l'ordonnance du 16 janvier 1982 (cinquième semaine de congés payés, réduction du temps de travail hebdomadaire à 39 heures par semaine) et la série des quatre lois Auroux. La première, du 4 août 1982, encadre le pouvoir disciplinaire de l'employeur, la deuxième, du 28 octobre 1982, renforce les pouvoirs et les moyens du comité d'entreprise, la troisième, du 13 novembre 1982, renforce la négociation collective, notamment en créant une négociation collective annuelle obligatoire dans l'entreprise et la quatrième, du 23 décembre 1982, instaure les comités d'hygiène, de sécurité et des conditions de travail.

■ 17 À partir de la fin des années 1960, à la suite des événements de mai 1968 et en partie grâce à la réhabilitation de l'individu qu'ils opèrent, la doctrine institutionnelle de l'entreprise va lentement s'affaiblir. Dans la doctrine du droit du travail, les écrits de Gérard Lyon-Caen brisent le quasi-monopole doctrinal que cette doctrine détenait jusqu'alors. Ce sera le commencement de son déclin, progressif, dans la jurisprudence. Le contrat de travail, réhabilité en doctrine, puis réévalué en jurisprudence à partir de la fin des années 1980, va reprendre peu à peu sa place comme source et comme support primordial des rapports individuels de travail, et ce au dépend de la vision fusionnelle et consensuelle de l'entreprise. Ce renouveau du contrat de travail ne se fait pas cependant au dépend de l'intervention de l'État et des syndicats de salariés. Il n'est alors pas question de revenir au libéralisme utopique, à la croyance naïve dans l'équilibre spontané des relations de travail. Le contrat individuel de travail n'est plus conçu comme un tout suffisant. Il redevient simplement un élément important des rapports de travail. Il accompagne ainsi la réévaluation de la place de l'individu salarié. Et ce, sans nier l'importance des rapports de force, de domination dans l'entreprise et tout en reconnaissant pleinement la nécessité d'une législation protectrice, d'ordre public.

On assiste ainsi à la naissance d'une doctrine qui rejette également le libéralisme utopique du XIXe siècle et l'institution. Sans se prononcer sur d'éventuels lendemains qui chantent, elle se contente d'agencer les niveaux collectifs et individuels des rapports de travail, sur la base de la règle simple et ancienne qui veut que, lorsqu'en droit deux minima sociaux sont présents, le plus favorable l'emporte.

Cette doctrine permet de revaloriser le contrat tout en reconnaissant ses faiblesses. Elle est aujourd'hui l'inspiratrice principale de la jurisprudence, laquelle a considérablement renforcé la force obligatoire du contrat (v. not. Soc. 8 octobre 1987, *Raquin*, arrêt étudié aux n° 84 à 86 ; Soc. 16 juin 1998, *Hôtel Le Berry*, arrêt étudié aux n°s 126 et 127), tout en reconnaissant le rôle prépondérant de l'employeur dans la fixation de l'équilibre contractuel (v. not. Soc. 18 mars 2003 ; Soc. 25 février 2004, arrêts étudiés aux n°s 104 et 105). La maturité ainsi atteinte par la jurisprudence et par la doctrine ne suffira pas, cependant, à enrayer un puissant mouvement de régression sociale orchestré par le législateur.

Avec les lois Auroux de 1982, le droit du travail atteint en France une sorte d'apogée. La crise persistante et le développement du chômage de masse accroissent le déséquilibre des forces sur le marché du travail. Et le droit lui-même sera bientôt pris par ce rapport de force défavorable aux salariés. Timidement d'abord, puis de plus en plus vite, les protections légales du droit du travail vont s'effriter, sans que les retours réguliers de la gauche au pouvoir ne permettent d'enrayer le mouvement. 18

Il s'agit d'une tendance globale et l'évolution ne fut pas linéaire. Quelques protections nouvelles sont même apparues ici ou là. L'affaiblissement des protections du droit du travail n'en demeure pas moins la tendance de fond des vingt dernières années (1986/2008).

Les premières lois de régression sociale ont lieu avec le retour de la droite aux affaires, en 1986. Cette régression suit alors deux directions principales. La première consiste à rendre l'emploi plus fragile (abrogation de l'autorisation administrative de licenciement par les lois du 3 juillet et du 30 décembre 1986 ; ouverture du droit de recourir aux contrats à durée déterminée par l'ordonnance du 11 août 1986). La seconde permet de rendre la répartition du temps de travail sur l'année plus flexible (lois du 28 février 1986 et du 19 juin 1987). Le retour de la gauche aux affaires freinera quelque peu le mouvement, avec même quelques avancées importantes. La loi du 12 octobre 1988 crée le revenu minimum d'insertion (RMI) et la loi du 31 décembre 1992 permet une extension considérable de la problématique des droits de l'homme à l'ensemble du droit du travail. Mais cette même loi du 31 décembre 1992 facilite considérablement la destruction des avantages que les salariés tenaient des conventions collectives, en permettant à un syndicat même très minoritaire, de détruire immédiatement, avec l'accord de l'employeur, l'ensemble des droits reconnus au sein des conventions collectives (v. n° 807). Cette nouvelle disposition va ouvrir en grand les possibilités de régressions sociales, par le biais des négociations collectives dites « donnant-donnant », qui deviennent vite des accompagnements négociés de la destruction des protections conventionnelles des salariés.

Le mouvement de régression sociale reprend de plus belle avec la nouvelle alternance de 1993. La loi quinquennale du 20 décembre 1993, instaure notamment de nouvelles flexibilités du temps de travail, en particulier pour les travailleurs à temps partiel ; la loi du 11 février 1994 tente de réduire le champ d'application des protections du Code du travail... Le retour de la gauche au pouvoir entre 1997 et 2002 ne permettra que de ralentir le mouvement. La réduction du temps de travail à 35 heures, qui est la grande affaire de ces cinq années, avec les lois Aubry du 13 juin 1998 et du 19 janvier 2000, s'accompagne de la mise en place ou du maintien de très nombreuses flexibilités. Par une multiplication de lois pointillistes, successivement adoptées par la droite à partir de son retour aux affaires (v. not. les lois du 17 janvier 2003, du 18 janvier 2005, du 23 février 2005 et du 31 mars 2005), cette avancée sera réduite comme peau de chagrin, en même temps que les possibilités de maîtrise (v. n° 312 et s.). De nouvelles et très importantes régressions ont encore été adoptées ces dernières années (v. notamment, la loi du 4 mai 2004, qui a généralisé les possibilités de destructions des avantages issus de la loi et des conventions collectives de branche, par la voie de simples conventions d'entreprise ; les lois dites « de programmation pour la cohésion sociale » du 18 janvier 2005 et de « modernisation du marché du travail » du 25 juin 2008, dont les titres ésotériques masquent d'importantes réductions des protections contre le licenciement, etc.). 19

Des pans entiers du droit du travail ont désormais été soit détruits, soit mis à la merci d'accords collectifs d'entreprise, accords qu'il est souvent possible d'obtenir sous la menace de licenciements. Il est impossible de savoir, aujourd'hui, où cette réduction des protections du droit du travail pourra s'arrêter.

20 Dans un tel contexte, le socle de droit du travail minimal créé par le droit de l'Union européenne prend de plus en plus d'importance. D'autant que ce droit européen, malgré ses évidentes faiblesses, a progressé de manière importante, depuis une quinzaine d'années, pour toucher de nombreux aspects du droit travail. On peut ici citer l'hygiène et la sécurité (directive de 1989), l'aménagement du temps travail (v. not. la directive de 1993, modifiée en 2003) ; l'information due au salarié individuellement (directive de 1991), l'information et la consultation de représentants de la collectivité des salariés (directive de 1994 sur le Comité d'entreprise européen, et directive de 2002 sur l'information et la consultation des travailleurs, qui concerne toutes les entreprises de plus de 50 salariés). Les principaux progrès, par rapport au droit français, sont issus de la législation européenne de lutte contre les discriminations, domaine de prédilection de l'activité législative et jurisprudentielle européenne (les directives de base sur l'égalité homme/femme de 1975 et 1976 ont été complétées en 1992, 1993, 1997, le tout ayant été refondu au sein de la directive 2006/54/CE du 5 juillet 2006 et les acquis de cette lutte antisexiste ont été étendus aux autres types de discriminations, notamment à la discrimination raciale, par deux directives de 2000).

Le droit de l'Union européenne a cependant, lui aussi, atteint une sorte de pallier. Les majorités actuelles de la Commission européenne et du Parlement européen sont plutôt enclines à la destruction du droit du travail qu'à la création de droits nouveaux (v., par exemple, la proposition de directive de septembre 2004 qui tend à réduire les protections des salariés en matière de temps de travail). Et la Cour de justice des communautés européennes a même rendu récemment deux arrêts qui considèrent que l'exercice de droits fondamentaux du travailleur, comme le droit de grève, n'est admis que si l'atteinte qu'ils portent aux libertés économiques des employeurs est dûment justifiée et proportionnée (CJCE 11 décembre 2007, *Viking*, aff. C-438/05 ; 18 décembre 2007, C-341-05, *Laval*, sur ces affaires, v. n° 578). Et pareille mise sous tutelle des droits sociaux apparaît comme une très sérieuse menace.

L'évolution du droit du travail est donc fermement orientée à la baisse. Ce mouvement est encouragé et rendu possible par un étonnant regain de vitalité de l'idéologie libérale dans sa version utopique. À l'instar de leurs prédécesseurs du XIXe siècle, de nombreux auteurs réclament une disparition quasi complète des protections du droit du travail, pour ne plus laisser qu'aux contrats individuels le soin de régler les rapports entre employeurs et salariés. Ce retour sur le devant de la scène d'une idéologie que l'on croyait condamnée par l'histoire et l'importante régression des protections du droit du travail qu'elle a déjà inspiré ont de quoi inquiéter.

Biblio

1) Sur le contexte économique

- P. Cahuc et A. Zylberberg, *Économie du travail*, De Boek, 1996.
- A. Supiot, *Au-delà de l'emploi, Rapport pour la Commission européenne*, Flammarion, 1999, p. 259-289.
- E. Dockès, « Le pouvoir dans les rapports de travail – Essor juridique d'une nuisance économique », *Dr. soc.* 2004. 620-628.
- A. Jeammaud (dir.), *Le droit du travail confronté à l'économie*, Actes du colloque du 13 mai 2005, Dalloz, coll. « Thèmes & commentaires », 2005.
- P. Sargos, « L'horreur économique dans la relation de droit », *Dr. soc.* 2005. 123.

2) Sur le contexte historique

- J. Le Goff, *Du silence à la parole – Une histoire du droit du travail*, Presses universitaires de Rennes, 2004.
- N. Olszak, *Histoire du droit du travail*, PUF, coll. « Que sais-je ? », 1999.
- G. Aubin et J. Bouveresse, *Introduction historique au droit du travail*, PUF, coll. « Droit fondamental », 1995.

On consultera avec profit les références citées dans ces ouvrages pour obtenir des approfondissements sur telle ou telle période de l'histoire du droit du travail. Les références qui suivent montrent l'importance des idéologies fondatrices du droit du travail, au sein des doctrines contemporaines.

3) Sur la théorie de l'institution

- G. et A. Lyon-Caen, « La doctrine de l'entreprise », in *Dix ans de droit de l'entreprise*, Paris, Litec, 1978, p. 599 et s.
- E. Millard, « Hauriou et la théorie de l'institution », *Dr. et sociétés* n° 30/31, 1995.
- P.-Y. Verkindt : « Santé au travail vs pouvoir de direction : un retour de la théorie institutionnelle de l'entreprise ? », *Dr. soc.* 2008. 519-250.

4) Sur les visions « critiques » du droit du travail, inspirées du marxisme

- A. Jeammaud, « Propositions pour une compréhension matérialiste du droit du travail », *Dr. soc.* 1978. 337.
- A. Jeammaud, G. Lyon-Caen, A. Roudil *et al.*, *Le droit capitaliste du travail*, Presses universitaires de Grenoble, 1980.

5) Sur la doctrine sociale de l'Église

- A. Supiot, « À propos d'un centenaire : la dimension juridique de la doctrine sociale de l'Église », *Dr. soc.* 1991. 916-925.

6) Sur le retour du contrat individuel de travail

- G. Lyon-Caen, « Défense et illustration du contrat de travail », *Archives Phil. dr.* 1968. 59.
- A. Lyon-Caen, « Actualité du contrat de travail », *Dr. soc.* 1988. 540.
- A. Jeammaud, « Les polyvalences du contrat de travail », in *Mélanges G. Lyon-Caen*, Dalloz, 1989, p. 299.

- Ph. Waquet, « Le renouveau du contrat de travail », *RJS* 1999, n° 383.
- C. Vigneau, « Contrat et individualisation dans la relation de travail », *Dr. ouvrier* 2009. 175.

Documents

Extraits de l'encyclique *Rerum novarum,* du pape Léon XIII, du 15 mai 1891

« (...) Le dernier siècle a détruit, sans rien leur substituer, les corporations anciennes qui étaient pour eux une protection. Les sentiments religieux du passé ont disparu des lois et des institutions publiques et ainsi, peu à peu, les travailleurs isolés et sans défense se sont vus, avec le temps, livrer à la merci de maîtres inhumains et à la cupidité d'une concurrence effrénée. Une usure dévorante est venue accroître encore le mal. Condamnée à plusieurs reprises par le jugement de l'Église, elle n'a cessé d'être pratiquée sous une autre forme par des hommes avides de gain et d'une insatiable cupidité. À tout cela, il faut ajouter la concentration entre les mains de quelques-uns de l'industrie et du commerce devenus le partage d'un petit nombre d'hommes opulents et de ploutocrates qui imposent ainsi un joug presque servile à l'infinie multitude des prolétaires.

Les socialistes, pour guérir ce mal, poussent à la haine jalouse des pauvres contre les riches. Ils prétendent que toute propriété de biens privés doit être supprimée, que les biens d'un chacun doivent être communs à tous, et que leur administration doit revenir aux municipalités ou à l'État. Moyennant ce transfert des propriétés et cette égale répartition entre les citoyens des richesses et de leurs avantages, ils se flattent de porter un remède efficace aux maux présents.

Mais pareille théorie, loin d'être capable de mettre fin au conflit, ferait tort à la classe ouvrière elle-même, si elle était mise en pratique. (...)

L'erreur capitale, dans la question présente, c'est de croire que les deux classes sont ennemies-nées l'une de l'autre, comme si la nature avait armé les riches et les pauvres pour qu'ils se combattent mutuellement dans un duel obstiné. C'est là une affirmation à ce point déraisonnable et fausse que la vérité se trouve dans une doctrine absolument opposée.

Dans le corps humain, les membres malgré leur diversité s'adaptent merveilleusement l'un à l'autre, de façon à former un tout exactement proportionné et que l'on pourrait appeler symétrique. Ainsi, dans la société, les deux classes sont destinées par la nature à s'unir harmonieusement dans un parfait équilibre. Elles ont un impérieux besoin l'une de l'autre : il ne peut y avoir de capital sans travail, ni de travail sans capital. La concorde engendre l'ordre et la beauté. (...)

"C'est en effet d'une abondante effusion de charité qu'il faut principalement attendre le salut." »

NB : L'encyclique *Rerum novarum*, du pape Léon XIII, du 15 mai 1891 a été très controversée en son temps, y compris dans les milieux catholiques. Elle a ouvert la voie au catholicisme social et à des mouvements comme ceux de la démocratie chrétienne. Elle est aussi une des grandes sources d'inspiration de la théorie de l'institution.

Extraits de la charte d'Amiens, issue du congrès de la CGT de 1906, adoptée par 830 voix pour, 8 contre et 1 abstention

« (...) Le congrès confédéral d'Amiens confirme l'article 2, constitutif de la CGT : "La CGT groupe, en dehors de toute école politique, tous les travailleurs conscients de la lutte à mener pour la disparition du salariat et du patronat". Le congrès considère que cette déclaration est une reconnaissance de la lutte de classes qui oppose, sur le terrain économique, les travailleurs en révolte contre toutes les formes d'exploitation et d'oppression, tant matérielles que morales, mises en œuvre par la classe capitaliste contre la classe ouvrière. (...) Dans l'œuvre revendicative quotidienne, le syndicat poursuit la coordination des efforts ouvriers, l'accroissement du mieux-être des travailleurs par la réalisation d'améliorations immédiates, telles que la diminution des heures de travail, l'augmentation des salaires, etc. Mais cette besogne n'est qu'un côté de l'œuvre du syndicalisme : il prépare l'émancipation intégrale qui ne peut se réaliser que par l'expropriation capitaliste ; il préconise comme moyen d'action la grève générale et il considère que le syndicat, aujourd'hui groupement de résistance, sera, dans l'avenir, le groupement de production et de répartition, base de réorganisation sociale. (...) »

NB : La CGT est née en 1895 de la fusion de plusieurs organisations. Elle regroupe d'une part les « guesdistes » (de Jules Guesde) qui représentent en France le courant marxiste et d'autre part les anarcho-syndicalistes (tendance de l'anarchisme voyant dans les fédérations syndicales le modèle d'organisation d'une société future), avec notamment Fernand Pelloutier. Les premiers défendaient une subordination au parti socialiste d'alors, la SFIO (Section française de l'Internationale ouvrière), qui vient de se créer en 1905 en unifiant le parti socialiste de France (Jules Guesde, Édouard Vaillant) et le parti socialiste français (Jean Jaurès). Les anarchistes étaient pour leur part tenant d'une totale indépendance du syndicat. La charte d'Amiens signe leur victoire. D'inspiration anarcho-syndicaliste, elle est restée un document de référence central du syndicalisme français, bien au-delà de cette tendance, et ce jusqu'à nos jours. Les statuts actuels de la CGT et ceux de la CGT-FO, y font référence, dès leur préambule.

Quiz

Sujet corrigé : commentaire de texte

Énoncé

Commentez l'extrait suivant de l'encyclique *Rerum novarum*, du pape Léon XIII, du 15 mai 1891 : « les deux classes sont destinées par la nature à s'unir harmonieusement dans un parfait équilibre ».

Corrigé

Il est important dans ce commentaire, comme dans tout commentaire, de se référer très précisément aux mots utilisés. Le commentaire doit être l'occasion de replacer le texte dans son contexte historique, de le placer au sein de la doctrine sociale de l'Église, de le confronter aux idéologies de lutte des classes et à l'idéologie de l'institution, et enfin de le confronter aux principales idéologies actuellement inspiratrices du droit du travail. L'expression d'idées personnelles ne doit pas se substituer aux éléments d'analyses précédents. Mais l'exposé de ces éléments peut, et même doit, être l'occasion de l'expression des idées personnelles de l'étudiant. En conséquence, le « corrigé » qui suit exprime mes opinions personnelles.

Parmi les différents plans de commentaire de texte possibles, le plus classique s'inspire de la technique des glossateurs, qui se contentaient d'annoter longuement les textes de droit. Ce plan consiste à suivre le fil du texte.

I. « Les deux classes… »

A. « Les deux… »

Par cette dualité, la séparation de la société en deux groupes est reconnue. À la fin du XIXe siècle, les écarts de fortunes et de conditions sont forts. Le développement des classes moyennes tout au long du XXe siècle troublera cette dichotomie. Les catégories de salarié et de patron continueront cependant à avoir du sens.

B. « …classes… » : une opposition constatée

La terminologie « classes sociales » qui oppose capital et travail, est commune à la fin du XIXe siècle. Ce n'est que beaucoup plus tard qu'elle sera identifiée à une terminologie marxiste. La reconnaissance des classes, dans l'encyclique *Rerum novarum* est associée à la reconnaissance de l'oppression que l'une de ces classes fait subir à l'autre. Le premier objectif de l'encyclique est d'y remédier. La lutte des classes n'est pas niée : elle est condamnée.

II. « … destinées par la nature à s'unir… »

A. « … destinées par la nature… »

Ce qui doit être est exprimé comme ce qui adviendra, par la nature. Il y a là une vision naturaliste du monde. Le devoir être est présenté comme la conséquence nécessaire (destin) et naturelle des faits.

B. « … à s'unir… »

Les deux classes doivent s'unir, collaborer et non pas se fondre en une seule unité.

L'article 2 de l'acte constitutif de la CGT, cité par la charte d'Amiens parle « de la lutte à mener pour la disparition du salariat et du patronat ». Il n'est pas question d'une telle disparition des classes dans l'encyclique commentée. À l'inverse, celle-ci affirme très clairement « il ne peut y avoir de capital sans travail, ni de travail sans capital ». Les classes ouvrières et capitalistes sont appelées à cesser de s'opposer, non à cesser d'exister.

III. « … harmonieusement dans un parfait équilibre. »

A. « … harmonieusement… »

La solution préconisée invoque à son soutien l'harmonie, qualité d'abord esthétique. À peine plus loin, le texte invoque « la beauté ». Mais l'harmonie n'est pas nivellement, unité. Elle est complémentarité des différences. Chacun doit rester à sa place et c'est cela qui est beau. Au demeurant, un peu plus tôt, le texte avait sombré dans la métaphore organiciste : « dans le corps humain, les membres malgré leur diversité s'adaptent merveilleusement ». Cette métaphore et cette idée d'harmonie retrouvée entre organes aux fonctions diverses seront les grandes inspiratrices des doctrines institutionnalistes. Les organes d'un corps physique sont réellement profondément différents de nature : nul ne peut confondre cerveau, intestin et biceps. En revanche, les êtres humains sont essentiellement égaux. Les assimiler à des organes, aussi différents les uns des autres et aussi naturellement hiérarchisés a donc quelque chose d'injurieux.

B. « … dans un parfait équilibre. »

L'équilibre dont il s'agit ici n'a rien de l'équilibre entre les parties contractantes auquel croient des libéraux. Travail et capital ne sont nullement présentés comme d'égales puissances. Le pouvoir du chef est pleinement reconnu et à ce pouvoir correspond un devoir d'obéissance des travailleurs. Tel est l'équilibre. Il ne s'agit pas de prôner un pouvoir sans bornes, mais de prôner un pouvoir juste, beau, charitable… Ainsi doit être, par nature, le pouvoir : harmonieux, équilibré. Le pouvoir est beau et l'équilibre s'exprime dans des rapports de domination et de soumission. Ce qui, bien entendu, ouvre la porte à de possibles débats.

chapitre 2

Domaine

Plan analytique

section 1

Enjeux

§ 1 Ordre public et répression pénale

§ 2 La recherche d'une zone grise

section 2

Définition du contrat de travail

§ 1 Un travail

§ 2 Un salaire

§ 3 Une subordination

A. Dépendance économique et subordination juridique

B. La question de la preuve

section 3

Des restrictions

§ 1 Les présomptions légales d'indépendance

§ 2 L'exclusion des travailleurs de droit public

section 4

Des extensions

Domaine

En principe, le droit du travail s'applique aux salariés du secteur privé. Il régit ainsi la majeure partie des rapports de travail : les salariés du secteur privé représentent, selon l'INSEE près de 70 % de la population active occupée. Les travailleurs qui ne bénéficient pas du droit du travail sont d'une part les « indépendants » (environ 10 %) et d'autre part les travailleurs subordonnés de droit public (environ 20 %). 21

Avant de préciser les frontières juridiques exactes du domaine d'application du droit du travail (sections 2, 3 et 4), il est indispensable de bien percevoir les enjeux qui traversent cette question (section 1).

section 1

Enjeux

En droit privé, si vous travaillez en vertu d'un contrat qualifié de « contrat de travail », vous bénéficiez du droit du travail et donc de la limitation du temps de travail, du repos hebdomadaire, des congés payés, du SMIC, etc. À défaut, vous êtes, en principe, un travailleur « indépendant ». Vous pouvez être amené à travailler 18 heures par jour, sans congés, 7 jours sur 7 et le tout pour une rémunération équivalant à un demi-SMIC. Dans le premier cas, les charges sociales sont en partie payées par l'employeur et vous bénéficiez du régime général de la Sécurité sociale, de l'assurance chômage, etc. Dans le second, vous devez cotiser seuls, par vous-même, à un régime de protection sociale spécial, régime qui est généralement plus onéreux. Que l'on soit d'un côté ou de l'autre de la barrière, le statut juridique change du tout au tout. Et cette brutalité emporte déjà, en elle-même, d'importantes conséquences. 22

§ 1 Ordre public et répression pénale

Un utilisateur de main-d'œuvre qui souhaite payer le travail en dessous du salaire minimum, ou ne pas payer de charges sociales, ou faire travailler ses employés au-delà des durées maximales, ou encore ne pas avoir à payer d'indemnités de licenciement, sera tenté de faire passer les personnes qui travaillent pour lui pour des indépendants. La tentation est à la mesure des enjeux financiers en cause et ceux-ci peuvent s'avérer très importants. Il en résulte une importante pression visant à faire sortir certaines catégories de travailleurs du salariat. Les plus menacés d'une telle expulsion sont les salariés les plus soumis, les plus faibles, les plus précaires. Ces faux indépendants sont pourtant ceux qui ont le plus besoin des protections du droit du travail. 23

En sens inverse, les travailleurs de très haut niveau, dont les spécialités sont très recherchées, ou bien encore les dirigeants d'entreprise eux-mêmes, pourront souhaiter être embauché sous la forme d'un contrat de travail, afin de bénéficier des avantages sociaux et fiscaux de ce statut. Et ce, même s'ils ne sont pas subordonnés. On voit alors apparaître de faux salariés.

Que ce soit dans un sens ou dans l'autre, aux frontières du droit du travail, la question de la fraude est omniprésente.

Face à ce danger, il est bien évidemment exclu de faire confiance à ce que peut affirmer un contrat écrit.

Habituellement, l'écrit est rédigé par l'employeur seul, sans que le salarié puisse en rien modifier sa rédaction. Accorder de l'importance à cet écrit dans la qualification de contrat de travail serait, en pratique, laisser au bon vouloir de l'employeur l'application du droit du travail.

De plus, même en présence d'un salarié de très haut niveau ayant une véritable capacité de négociation, il est exclu de laisser au bon vouloir des parties la qualification de contrat de travail. Le droit du travail est un droit d'ordre public. Il s'impose tant à l'employeur qu'au salarié. Par conséquent, il n'appartient pas aux parties de décider de l'application ou de l'inapplication du droit du travail. La volonté exprimée dans le contrat écrit doit donc rester sans influence.

En bref, le fait que les parties aient qualifié expressément leur contrat de « contrat de location », ou de contrat de « prestation de service », ou de « contrat d'entreprise » voire même de contrat de société en participation (Soc. 25 octobre 2005, *Bull. civ.* V, n° 300) ne peut avoir aucune influence sur le juge, au moment de la qualification du contrat. Pas plus au demeurant que n'importe quelle autre disposition du contrat écrit.

C'est ce qu'exprime à juste titre et avec beaucoup de force et de netteté, la Cour de cassation. Aux termes de l'arrêt *Labbane* du 19 décembre 2000 : « l'existence d'une relation de travail ne dépend ni de la volonté exprimée par les parties ni de la dénomination qu'elles ont donnée à leur convention mais des conditions de fait dans lesquelles est exercée l'activité des travailleurs ». Cette formule ne fait que synthétiser une jurisprudence plus ancienne (v. not. Soc. 13 décembre 1979, *Bull. civ.* V, n° 996 ; Ass. plén. 4 mars 1983* ; Soc. 17 avril 1991, *Bull. civ.* V, n° 200 ; *Dr. soc.* 1991. 516). Et la solution a été réaffirmée depuis par la Cour de cassation à de nombreuses reprises (v. not. Soc. 9 mai 2001 *Dr. soc.* 2001. 798 ; Soc. 12 juillet 2004, n° 03-43293 ; Soc. 25 octobre 2005, *Bull. civ.* V, n° 300 ; Soc. 15 mars 2006*).

Le droit positif est donc très net. La volonté exprimée dans le contrat écrit n'est rien : on ne peut pas lui faire confiance. Les conditions de fait dans lesquelles le travail est exécuté sont tout. Le juge affirme ici son pragmatisme. Il ne se laisse pas duper par les formes, fussent-elles élégamment tournées. Il regarde si, *en pratique*, il y a bien eu l'échange d'un travail contre un salaire et si *en pratique*, ce travail a bien été un travail subordonné. Et cela seul importe pour qualifier de « contrat de travail ».

Il ne faut pas en déduire que les clauses de l'*instrumentum* soient nécessairement dépourvues de tout impact. Dès lors que le contrat de travail est un contrat d'adhésion (ce qui est généralement le cas), il est rédigé par l'employeur seul. Il est en principe exclu d'accorder force probante à un document *au profit* de son auteur (nul ne peut se constituer une preuve à soi-même). Mais il est possible de retenir *contre* quelqu'un l'un de ses écrits : un écrit est opposable à son auteur. L'*instrumentum* contractuel, rédigé par la partie forte au contrat, pourrait dès lors servir d'élément de preuve contre elle. Il pourrait être retenu comme élément de preuve de l'existence d'un lien de subordination. La jurisprudence reste cependant très hésitante sur ce point (en faveur de la force probante reconnue aux stipulations de l'*instrumentum* dans le sens de l'existence d'une subordination juridique, v. not. Soc. 19 décembre 2000 ; 25 octobre 2005 ; 15 mars 2006* préc. ; *contra* Soc. 1er décembre 2005, n° 05-43031, *D.* 2006. Pan. 410, obs. E. Peskine ; *Bull. civ.* V, n° 349 ; Soc. 17 septembre 2008, n° 07-43265, inédit, *D.* 2009. Pan. 590, obs. T. Pasquier).

Outre la qualification de contrat de travail, la prise en compte du pouvoir exercé dans les faits permet d'identifier l'employeur réel du salarié. Il n'est pas possible d'échapper aux obligations qui incombent aux employeurs en qualifiant formellement le contrat de « contrat de vente » ou de « louage de véhicule ». Pour la même raison, il est exclu d'échapper à ces obligations en désignant comme « employeur » un prête-nom. Depuis longtemps, la jurisprudence ne s'estime pas liée par la désignation officielle d'un employeur au sein de la forme contractuelle écrite, au sein de l'*instrumentum* (Soc. 9 nov. 1978, *Bull. civ.* V, n° 760). La qualification d'« employeur » doit dépasser cet affichage formel pour être attribuée au véritable détenteur, dans les faits, du pouvoir de direction. Il n'est dès lors pas rare que la Cour de cassation qualifie d'« employeur unique » (Soc. 5 novembre 1999, *Bull. civ.* V, n° 433 ; Soc. 12 juillet 1995, *Bull. civ.* V, n° 244 ; Soc. 20 octobre 1998, *Dr. soc.* 1998. 95, obs. I. Vacarie), d'« employeur conjoint » ou de « co-employeur » (Soc. 22 janvier 1992, *Bull. civ.* V, n° 23 ; Soc. 12 juillet 2005, *Bull. civ.* V, n° 244 ; Soc. 15 mars 2006, n° 04-45518 ; Soc. 28 janvier 2009, n° 07-45481, [P], *RDT* 2009. 233, note J.-Y. Frouin) une personne qui n'était nullement signataire ou cosignataire de l'*instrumentum*, mais qui, en pratique, exerce un pouvoir de direction sur le salarié. Le juge perce ainsi les écrans formels, parfois multiples, qui ont pu être dressés entre un salarié et son véritable employeur.

Le fait qu'un tiers à l'*instrumentum* puisse être considéré comme employeur peut encore découler, plus simplement, de la reconnaissance d'une certaine confusion existant entre deux sociétés formellement distinctes. Aux dires de la Cour de cassation la « confusion d'intérêts, d'activités et de direction » existant entre le cocontractant formel et une autre société permet encore d'attribuer à ces deux personnes morales, conjointement, la qualité et la responsabilité d'employeur (Soc. 26 juin 1997, n° 94-45173 ; Soc. 11 juillet 2000, n° 98-40146 ; Soc. 1er juin 2004, n° 02-41776, *RJS* 2004, n° 880 ; Soc. 25 janvier 2006, n° 04-45341).

La pleine capacité du juge de redonner aux rapports de travail leur véritable qualification a pu apparaître insuffisamment dissuasive. De plus, faire travailler des personnes subordonnées en les privant des garanties du droit du travail est un fait qui peut être extrêmement grave. **24**

Pour ces raisons, notamment, une répression pénale a été organisée. L'employeur qui aura fait passer ses salariés pour des indépendants est coupable de dissimulation d'emploi salarié. Il est passible, en vertu des articles L. 8221-1, L. 8221-3, L. 8221-5 et L. 8224-1 du Code du travail d'une peine d'emprisonnement de 3 ans. Peine qui passe à 5 ans si le travail dissimulé est celui d'un mineur de moins de 16 ans (L. 8224-2 C. trav.). L'employeur encourt en outre, en vertu de l'article L. 8224-3 du Code du travail de nombreuses peines complémentaires, lesquelles peuvent entraîner la confiscation de ses biens professionnels et l'interdiction d'exercer l'activité professionnelle dans le cadre de laquelle il a eu recours à une dissimulation d'emploi.

Ces sanctions pénales ont pu apparaître excessivement lourdes. Mais, plutôt que de les réduire ou d'en retrancher certains faits jugés bénins, le législateur a préféré agir de manière détournée.

Lors du rétablissement par la loi du 1er août 2003 de la règle actuellement prévue à l'article L. 8221-6 du Code du travail (sur laquelle, v. n° 36), le législateur a prévu qu'à chaque fois que l'emploi salarié a été fermement dissimulé, en obtenant des travailleurs qu'ils s'inscrivent sur les registres de travailleurs indépendants, les sanctions pénales ne sont pas encourues, sauf preuve de l'intention de l'employeur, de violer les règles qui ordonnent de déclarer ses salariés. Cette preuve est difficile. Les emplois salariés fermement dissimulés ne pourront plus guère être pénalement poursuivis.

En revanche, un petit employeur, dépourvu d'informations juridiques suffisantes, se contentera de traiter ses salariés en indépendants, sans leur demander d'accomplir de formalités d'inscription spéciales. Il sera, lui, passible des sanctions pénales susdécrites. La dépénalisation discrète la loi du 1er août 2003 protège donc exclusivement les dissimulateurs bien conseillés. Ce qui revient, en pratique, à ne protéger des poursuites pénales que les violations du droit les plus importantes. Un tel résultat apparaît pour le moins curieux.

§ 2 La recherche d'une zone grise

25 Aux frontières du domaine du droit du travail, la séparation de ce qui relève du salariat et de ce qui n'en relève pas est souvent peu marquée.

Il s'en faut parfois de peu pour que tel artisan taxi locataire de son véhicule passe du statut d'indépendant à celui de salarié du loueur. Or, selon la qualification retenue, ses droits seront totalement différents. Une opposition radicale peut ainsi apparaître entre des travailleurs dont les conditions de travail et les métiers sont fort proches. D'autant qu'il existe de nombreux travailleurs qui sont qualifiés juridiquement d'indépendants, mais qui, de fait, subissent l'influence prépondérante d'un donneur d'ouvrage, d'un fournisseur exclusif, d'un client, etc. Sans être à proprement parler juridiquement subordonnés, ces travailleurs subissent tout de même un certain pouvoir de fait.

Or, les protections du droit du travail sont justifiées par le rapport de pouvoir subi. Elles ont alors une certaine vocation à sortir de leur domaine d'application originel, pour viser des rapports de travail dits « indépendants ». Ainsi, par exemple, l'action syndicale et la grève ne se sont pas arrêtées, dans les faits, aux frontières techniques du droit du travail. Les grèves de certaines professions libérales, comme celle des médecins généralistes ou celle des infirmières libérales, en attestent.

Il existe une zone grise, hors de la véritable subordination qui caractérise le salariat, mais hors de la véritable indépendance. On parle alors, souvent, de « parasubordination ». Quelques statuts mixtes, comme celui de l'agriculteur « intégré », ou celui dit du « commerçant-salarié », ont pu ici ou là être mis en place. Mais globalement, le droit applicable à ces travailleurs « semi-subordonnés » ou « parasubordonnés » reste encore bien insuffisant. Et ce, malgré les potentialités encore inexploitées de certains textes (v. not. l'art. L. 7321-2 2° C. trav., étudié n° 42).

section 2

Définition du contrat de travail

Le contrat de travail est un contrat par lequel une partie, le salarié, s'engage à réaliser un *travail subordonné*, cependant que l'autre partie, l'employeur, s'engage à lui verser en contrepartie un *salaire*. Pour qu'un contrat soit qualifié de contrat de travail, trois éléments doivent donc être réunis : un travail, un salaire et un lien de subordination juridique. C'est le troisième de ces éléments qui pose, de loin, le plus de problèmes. Les deux premiers éléments présentent cependant, eux aussi, quelques difficultés. 26

§ 1 Un travail

Un salaire versé sans aucun travail concerne d'abord, *a priori*, le droit pénal. La relation est alors nommée « emploi fictif » et constitue selon les cas un abus de confiance (art. 314-1 C. pén.), un abus de biens sociaux (L. 241-3 et L. 242-6 C. com.), un détournement de biens publics (art. 432-15 C. pén.), ou bien d'autres choses encore... 27

Une question cependant touche plus particulièrement le droit du travail : toute activité est-elle nécessairement un « travail » ?

À cette question, la Cour de cassation répond presque par l'affirmative. Ont notamment été considérées comme du « travail » les activités *a priori* ludiques ou amoureuses des participants à l'émission télévisée « l'Île de la tentation » (Soc. 3 juin 2009, n° 08-40.981, [P], *SSL* 8 juin 2009, n° 1403, dossier spécial, avec not. le rapport d'A. Fossaert et les notes de F. Champeaux, J. E. Ray et A. Jeammaud). Cette conception large du travail s'impose. Il n'est guère d'activité qui doive échapper aux protections du droit social, dès lors qu'elle est rémunérée et, surtout, subordonnée. L'exigence d'un travail dans la qualification de contrat de travail semble donc, pour l'essentiel de peu de poids.

Quelques affaires, cependant, semblent ne pouvoir s'expliquer que par l'exclusion de certaines activités de la qualification de « travail ». Mais il s'agit d'affaires exceptionnelles, parfois discutables, qui s'expliquent plus par des considérations de politique juridique que par une réflexion particulière sur le concept de « travail ». Ainsi, avant la réglementation légale des stages, n'était pas considéré comme un véritable « travail », un stage en entreprise, dès lors qu'il était fait dans le cadre d'une formation et qu'il donnait lieu à une convention avec un organisme de formation (Soc. 17 octobre 2000*) ou avec le Pôle emploi (précédemment l'ANPE) (Soc. 18 novembre 2001, *Dr. soc.* 2001. 1115) même s'il comportait « l'accomplissement de tâches professionnelles sous l'autorité de l'entreprise d'accueil » (Soc. 17 octobre 2000, préc.). Ces solutions sont désormais validées légalement, précisées et encadrées par la loi du 31 mars 2006 qui pose comme condition à la qualification de « stage » outre la conclusion d'une convention de stage, une limitation de durée (art. 6 de la loi, durée de six mois maximum).

L'étrange restriction de la notion de « travail » reste cependant d'actualité s'agissant, par exemple, de l'activité d'insertion par le travail, qu'effectue un compagnon d'Emmaüs, laquelle peut ne pas être considérée comme un travail permettant la qualification de salarié (Soc. 9 mai 2001, *D.* 2002. 1705, note E. Alfandari).

Ces solutions s'expliquent mieux si l'on sort de la stricte logique juridique. Dans toutes ces espèces, on avait affaire à une entrée progressive sur le marché du travail. Le stagiaire n'est plus tout à fait un élève ou un étudiant, il n'est pas encore totalement un salarié. De même le compagnon d'Emmaüs n'est plus tout à fait un « exclu », mais il n'a pas encore accédé à un emploi à part entière. La Cour de cassation, en rejetant la qualification de « contrat de travail », accepte de laisser, par exception, une place à ces situations intermédiaires entre l'emploi et le non-emploi, à la condition que cette situation soit temporaire et strictement encadrée. Sans convention de stage signée avec un établissement d'enseignement, ou en cas de violation de cette convention, le « stagiaire » sera requalifié de « salarié » (v. Soc. 17 octobre 2000, préc.). Et, s'agissant des compagnons d'Emmaüs, il semble qu'il s'agisse d'une exception, ponctuelle, faite au vu des circonstances de l'espèce.

Il faut se garder de toute généralisation. Il n'existe pas de « contrat d'insertion » temporaire d'origine jurisprudentielle, qui viendrait concurrencer les nombreux contrats de travail spéciaux du Code du travail qui ont pour objectif de réinsérer des personnes en difficulté.

Il faut, en outre, rester très prudent dans l'utilisation de cette main-d'œuvre non salariée. La sortie du cadre strict dans lequel elle est actuellement tolérée, fait tomber dans la requalification en contrat de travail. Ainsi, un stage organisé par le Pôle emploi (précédemment l'ANPE) sera requalifié en contrat de travail, si la formation promise n'a pas été accordée et si le « stagiaire » effectuait un travail normal (Soc. 19 décembre 2007, n° 06-45139). Or, toute requalification du stage en contrat de travail fait tomber l'employeur dans le champ de la répression pénale. Le fait d'obtenir d'une personne en état de dépendance la fourniture de services en échange d'une rétribution manifestement sans rapport avec l'importance du travail accompli est puni de 5 ans d'emprisonnement, par l'article 225-13 du Code pénal (pour une application de ce texte à un directeur d'hôtel qui avait utilisé abusivement le travail de ses stagiaires, v. Crim. 3 décembre 2002*).

28 Sur le type de travail effectué, il faut encore dire un mot du travail exercé dans le cadre de congrégations, de communautés religieuses, d'associations cultuelles ou de sectes. La jurisprudence semble en la matière distinguer les grandes et les petites religions. Ainsi, à l'instar des prêtres de l'Église catholique, les pasteurs de l'Église réformée de France ne sont pas des salariés (Soc. 20 novembre 1986, *Bull. civ.* V, n° 549). En revanche, la Cour de cassation envisage d'un bon œil la qualification de salariés pour les pasteurs de l'Église adventiste du 7e jour (Soc. 23 avril 1997, *Dr. soc.* 1997. 642). Et elle n'hésite pas à appliquer le Code du travail aux permanents d'une communauté des témoins de Jéhovah (Crim. 14 janvier 2003, *Bull. crim.*, n° 8).

On pourrait admettre que le travail des ministres des Cultes est d'un type particulier, qui exclurait l'idée de salariat. Mais la différence faite entre les différentes croyances semble alors difficilement compréhensible. Faut-il en déduire que les grandes religions ont encore, pour la Cour de cassation, la possibilité de s'extraire à l'occasion du droit commun ? Une telle explication permettrait de comprendre que les religions faibles ou minoritaires ne bénéficient pas de telles exceptions. Peut-être s'agit-il simplement du signe que, même dans un système juridique apparemment très unitaire comme le droit français, certains systèmes normatifs concurrents, comme ceux des grandes religions, arrivent encore à s'imposer contre le système juridique étatique.

Pareil succès n'en reste pas moins limité, fragile, dès lors que les tâches demandées ne relèvent pas directement de l'exercice du culte d'une des grandes religions. Certes une religieuse qui exerçait son activité d'infirmière et d'assistante sociale dans différents centres médicaux, mais exclusivement « pour le compte et au bénéfice de sa congrégation » a pu être privée de tout contrat de travail, alors que son travail n'avait rien de spécifiquement religieux (Ass. plén. 8 janvier 1993, *Bull. Ass. plén.*, n° 2 ; *JCP G* 1993. II. 22010, concl. M. Jeol, note Y. Saint Jours). Inversement, deux personnes appartenant à une communauté religieuse, occupées à divers travaux (gestion, entretien du patrimoine, secrétariat, lingerie...) ont pu être qualifiées de salariées malgré « la nature spirituelle de leur engagement » (Soc. 29 octobre 2008, 07-44766, [P], il est vrai qu'en l'espèce l'existence de bulletin paie laissait apparaître, aux dires de la Cour, un « contrat de travail apparent »).

Il faut se garder de généraliser de telles exceptions. Hors les rares hypothèses susvisées, toute activité, physique ou intellectuelle, doit bien être considérée comme un « travail ».

Une ligne de fracture un peu plus nette distingue le travail bénévole du travail salarié.

§ 2 Un salaire

Le travail bénévole n'est pas interdit par le Code du travail. Dans une société comme la nôtre, une place doit être préservée pour que des rapports non marchands, basés sur la simple générosité, puissent exister. Et certaines règles du Code du travail sont strictement incompatibles avec l'idée de travail bénévole. C'est notamment le cas, bien sûr, du salaire minimum. De plus, le bénévole n'est jamais totalement dépendant de celui pour lequel il travaille. Dès lors qu'il ne tire pas de revenus de son activité, toute dépendance économique de sa part est *a priori* exclue et, partant, s'il existe une subordination, une obéissance aux ordres, celle-ci est nécessairement moins intense que lors d'un travail rémunéré. 29

Aussi, dès le départ, l'application du Code du travail a été réservée au travail réalisé à titre onéreux, au travail en contrepartie duquel un salaire est versé. Toute la question est de savoir ce qui sera une contrepartie suffisante pour enclencher la qualification de contrat de travail.

Même un faible salaire doit entraîner l'application du Code du travail. Ce n'est pas parce qu'un travailleur est très peu payé que le SMIC est inapplicable. C'est au contraire pour protéger les travailleurs très mal payés que le SMIC a été créé. De même, de simples avantages en nature sont des « salaires » suffisants pour entraîner la qualification de « contrat de travail » (en ce sens, v. not. Soc. 17 avril 1985, *Bull. civ.* V, n° 171). Ainsi, par exemple, une employée de maison qui serait mal nourrie et mal logée par son employeur et qui ne toucherait aucune rémunération en argent, obtiendrait très facilement des juges la qualification de salariée, avec le droit à un salaire minimal et ce malgré le caractère très limité des contreparties qu'elle reçoit. L'interprétation large de la notion de « salaire » est ici une évidence : l'effectivité de la prohibition d'un quasi-esclavage en dépend.

En revanche, il est sans doute souhaitable d'autoriser des associations humanitaires à nourrir, à défrayer, voire même à accorder un petit « pécule » à certains de leurs bénévoles, surtout lorsque ceux-ci sont amenés à aller travailler à l'étranger. La Cour de cassation avait déjà, en ce sens, interprété largement les principes pour maintenir un statut de non salarié à un volontaire de l'association Médecin du Monde (Soc. 26 octobre 1999, *Dr. soc.* 2000. 149). La loi du 23 février 2005 est venue confirmer ce type de solution, en créant un « contrat de volontariat de solidarité internationale » dûment réglementé et strictement réservé à des associations agréées. Et la loi du 23 mai 2006 s'est engouffrée dans la brèche, en créant le contrat de « volontariat associatif », lequel permet d'offrir une menue rémunération (634,80 euros au 1er janvier 2007), d'éventuels titres-repas et même quelques jours de repos : deux jours non chômés par mois de mission, pour les missions de plus de six mois, soit l'équivalent de quatre semaines de congés « indemnisés » (on n'ose pas dire « payés »). Le tout sans pour autant déclencher l'application du Code du travail. Encore une fois un agrément préalable de l'association employeur est nécessaire (décr. 29 septembre 2006). La rémunération et les avantages, qui peuvent être suffisants pour vivre, font alors sortir de la logique du bénévolat pour faire entrevoir un type de travail rémunéré et, de fait, subordonné, mais dépourvu de la protection du droit du travail.

La mise en place de ces cadres donne cependant des arguments *a contrario* pour une application très rapide du droit du travail dès lors que l'on sort des cadres légaux. D'autant qu'en pratique il y a peu entre, d'une part, le véritable bénévole des Restaurants du Cœur qui prend son repas sur place avec les personnes qu'il aide et, d'autre part, la personne qui, pour manger, ou pour une somme même minime, se retrouve obligée de travailler pour telle ou telle institution caritative. Une contrepartie, même faible, fait vite basculer la relation du bénévole à l'onéreux. C'est sans doute ce qui, avant même l'édiction de ces contrats spéciaux, expliquait la relative rigueur de la Cour de cassation dans l'appréciation du caractère bénévole ou non d'une activité. Ainsi, le versement à des « bénévoles » de la Croix Rouge d'une somme forfaitaire qui dépassait les frais réellement engagés avait conduit la Cour de cassation à considérer que ces personnes étaient unies à leur employeur par de véritables contrats de travail (Soc. 29 janvier 2002, *Dr. soc.* 2002. 499, note J. Savatier ; v. aussi, dans le même sens, pour des volontaires en insertion travaillant à des chantiers de rénovation, contre une petite indemnité et quelques avantages : Civ. 2e, 20 septembre 2005, no 03-30592). Ces solutions ne peuvent qu'être renforcées par la mise en place de statuts légaux spéciaux pour les « bénévoles » indemnisés.

En conclusion, hormis les remboursements de frais et hors les exceptions dûment organisées par le législateur, une contrepartie même très faible, même en nature, mérite en principe la qualification de « salaire » et permet la qualification de « contrat de travail ».

§ 3 Une subordination

30 L'élément clef de la qualification de « contrat de travail » est ce troisième élément, la subordination juridique. Tous les travailleurs à titre onéreux ne sont pas salariés. Seuls les travailleurs subordonnés le sont.

L'idée est simple. Sa mise en œuvre l'est beaucoup moins. La première question qui se pose est de comprendre ce que signifie ce critère, la « subordination juridique ». Alors seulement il sera possible de montrer comment il permet de distinguer le contrat de travail, de contrats voisins. Se posera alors la question de la preuve, centrale en la matière.

A. Dépendance économique ou subordination juridique

La raison d'être du droit du travail est le pouvoir subi par le salarié. Le travail indépendant est libre. Rien n'interdit par exemple à une personne de travailler de manière indépendante 70 heures par semaine. C'est au demeurant ce que font de nombreux travailleurs indépendants, petits commerçants, professions libérales, agriculteurs, artisans, etc. Ce qui est interdit par le Code du travail c'est de faire obéir une personne 70 heures par semaine. C'est pour limiter le pouvoir exercé par les employeurs sur leurs salariés que le droit du travail est né. Il est assez logique dès lors, que le pouvoir soit le critère central de l'application du droit du travail. 31

La difficulté n'est pas là. Elle est dans la manière de caractériser ce pouvoir. Il n'est pas de profession qui ne subisse, à un titre ou à un autre, l'influence d'autrui. Cette influence peut-être plus ou moins forte, plus ou moins déséquilibrée. La totale indépendance n'existe pas ; la totale soumission non plus. Au sein même de la subordination juridiquement reconnue, il existe de nombreux degrés. Entre la subordination d'un grand chirurgien, salarié de la clinique, mais à qui nul ne peut dicter la manière dont il opère, et la subordination de l'ouvrier à la chaîne dont chacun des plus petits gestes est soumis à une stricte discipline, il y a tout un monde.

En bref, tracer une ligne de séparation entre indépendance et subordination s'avère en pratique fort difficile. À partir de quand est-on suffisamment indépendant pour ne plus mériter de protection du droit du travail ? À partir de quand est-on suffisamment soumis pour bénéficier de cette protection ?

Une première tentative de réponse s'est construite autour de l'idée de « dépendance économique ». Celui qui dépend d'autrui pour ses moyens de subsistance lui est de fait soumis. Il doit dès lors bénéficier du droit du travail. Cette solution avait la faveur de la doctrine majoritaire (v. not. P. Cuche, R. Savatier...). Elle n'a pas été retenue par la Cour de cassation. Le flou de l'idée de « dépendance économique », la crainte d'adopter un critère l'obligeant à plonger dans l'étude de purs faits économiques et une certaine volonté de resserrer le domaine du droit du travail naissant ont conduit la Cour de cassation à poser un autre critère, plus restreint, plus juridique.

L'arrêt *Bardou*, du 6 juillet 1931 (v. *Grands arrêts*, n° 1), l'affirme avec force : « la condition juridique d'un travailleur à l'égard de la personne pour laquelle il travaille ne saurait être déterminée par la faiblesse ou la dépendance économique dudit travailleur et ne peut résulter que du contrat conclu entre les parties ». Et il ajoute : « la qualité de salarié implique nécessairement l'existence d'un lien juridique de subordination du travailleur à la personne qui l'emploie ». 32

La cause semble entendue. Au demeurant, la terminologie de l'arrêt *Bardou* a, depuis, été conservée de manière constante. Ce n'est pas la dépendance économique qui est le critère du contrat de travail, mais le « lien juridique de subordination », autrement dit, la « subordination juridique ».

L'idée de « subordination » est une idée d'obéissance. Elle vise la faculté de l'employeur de commander le salarié, de lui donner des ordres auquel il doit obéir. L'arrêt *Société Générale* du 13 novembre 1996 (v. *Grands arrêts*, n° 2) l'exprime fort bien : « Le lien de subordination est caractérisé par l'exécution d'un travail sous l'autorité d'un employeur qui a le pouvoir de donner des ordres et des directives, d'en contrôler l'exécution et de sanctionner les manquements de son subordonné ».

Le qualificatif de « juridique », signifie qu'il s'agit d'un contenu du contrat. Il ne s'agit pas d'un simple fait, d'une puissance détenue dans les faits par l'employeur, mais d'une faculté juridique de l'employeur, d'un droit qu'il a de commander le salarié. Et ce droit, il le tient du contrat de travail. Le contrat de travail est donc un contrat par lequel un pouvoir juridique de direction est accordé à l'employeur, sur son salarié.

33 Cette solution semble claire. Mais pour bien la comprendre, il faut encore la confronter à la jurisprudence exprimée par l'arrêt *Labbane* du 19 décembre 2000. Cet arrêt affirme que la qualification de contrat de travail ne résulte pas « de la volonté exprimée par les parties » mais « des conditions de fait dans lesquelles est exercée l'activité des travailleurs » (sur cette jurisprudence, v. n° 23). La subordination est donc un contenu du contrat, un élément juridique (arrêt *Bardou*), mais cet élément doit être révélé par les faits (arrêt *Labbane*).

Comprendre le droit positif, c'est comprendre l'agencement logique de ces deux jurisprudences. Le premier temps est une recherche de *faits* : le salarié obéit-il ou non, en pratique, à des directives de l'employeur ? Cette *subordination de fait*, comportementale, est seule porteuse de sens. Les volontés exprimées, déclarées sont, elles, trop suspectes pour qu'on puisse leur accorder une quelconque influence sur la solution juridique. Des *faits* de subordination, on déduira l'existence d'une subordination consentie, contractuelle, donc *juridique*. Et cette subordination juridique caractérisera le contrat de travail.

Cet agencement est logique. Le fait de la soumission est bien premier. Il n'a pas attendu l'autorisation de la loi pour exister. Le droit est second, il constate l'existence de ce pouvoir, il l'admet, puis il lui donne un cadre juridique. Ce passage du pouvoir de fait au pouvoir juridique est en partie une soumission du droit au fait. Mais ce passage est aussi une tentative d'encadrement, de réduction du pouvoir par le droit. Intégré au sein du système juridique, le pouvoir de l'employeur doit se soumettre aux règles de ce système. Il y gagne une certaine légitimité.

Il y a là une sorte d'échange entre le droit et le fait : « je te légitime, mais tu te soumets ». Cet échange peut faire penser à la cérémonie religieuse qui permettait aux chevaliers d'être adoubés. Cette légitimation par la religion du pouvoir des chevaliers était conçue, par l'Église, comme une voie de contrôle, d'encadrement de la puissance de la chevalerie. En échange, le pouvoir des chevaliers, était sacré, légitimé. À une tout autre époque, dans un tout autre contexte, c'est un même échange que réalise le droit du travail.

B. La question de la preuve

34 La preuve du contrat de travail est libre ; elle peut se faire par tous moyens. Il est généralement relativement facile de prouver directement que telle personne a reçu une rémunération et qu'elle a exécuté un travail. Mais la preuve directe de la subordination est, elle, souvent impossible. Le travail a-t-il été réalisé de manière indépendante ou bien l'a-t-il été en obéissant aux ordres de l'employeur ? Les ordres écrits sont bien rares et, comme chacun sait, les paroles s'envolent.

Face à cette difficulté d'apporter une preuve directe de la subordination, la jurisprudence a dû recourir aux présomptions. Elle use ici de la méthode dite du « faisceau d'indices », méthode qu'il s'agit maintenant de décrire.

Il est toute une série d'éléments qui ne sont pas, à proprement parler, des faits de subordination, mais dont la présence est reconnue comme un indice de subordination. La présence d'un de ces indices n'est jamais nécessaire à la preuve de la subordination, elle n'est jamais suffisante. C'est à partir de la réunion de plusieurs de ces indices que les juges se forgent une conviction.

Pour préciser un peu les choses, il est nécessaire de prendre quelques exemples d'indices communément utilisés.

Le salaire au temps et non à la tâche peut être un indice de subordination (pour l'utilisation de cet indice, v. par ex. Soc. 28 février 1991 *Bull. civ.* V, n° 110 ; Soc. 13 décembre 2005*). Cette solution est assez logique. Si l'utilisateur de la main-d'œuvre paie un temps, on peut penser qu'il doit avoir un certain contrôle sur ce temps, afin de se prémunir contre le risque d'un travail extrêmement lent. Le fait qu'un peintre en bâtiment soit payé à l'heure, laisse penser à l'existence d'un contrôle, d'un pouvoir de commandement, et donc d'une subordination. Si ce peintre est payé à la tâche, cela laisse à penser qu'il est plus indépendant dans l'exercice de son travail, ce qui rappelle plutôt la position d'un artisan indépendant. Bien entendu, cet indice n'a rien de nécessaire. La paie à la tâche pratiquée dans certaines industries peut être un moyen de forcer les cadences de travail et donc d'exercer une pression, une domination encore plus grande sur les ouvriers. Réciproquement, de nombreuses professions parfaitement indépendantes pratiquent une facturation en heures de travail.

La présence des moyens du pouvoir est un autre indice de l'existence du pouvoir. On ne sait si l'utilisateur de la main-d'œuvre a exercé un pouvoir, mais il en avait les moyens, soit par ses connaissances techniques, soit par l'emploi d'un personnel capable de diriger, soit encore par la présence d'outils permettant un contrôle, soit encore, plus simplement, parce que le travail avait lieu sous ses yeux, dans son entreprise. Réciproquement, l'absence des moyens du pouvoir laissera penser qu'il n'y a pas de contrat de travail. Ainsi l'incompétence totale du soi-disant « employeur », peut laisser supposer qu'on est en présence d'un contrat d'entreprise (Soc. 24 janvier 2001, *RJS* 2001, n° 99).

La participation à une entité de production collective place les personnes dans une interdépendance qui exige un minimum de direction pour fonctionner. S'inspirant de cette idée, la Cour de cassation avait même, un temps, fait de l'intégration dans un service organisé un véritable critère autonome du contrat de travail pouvant se substituer à la preuve de la subordination. Ce n'est plus le cas actuellement. L'intégration dans un service organisé n'en demeure pas moins un indice qui peut laisser penser que l'on est en présence d'une relation de subordination (Soc. 13 novembre 1996, *Société Générale*, préc., v. *Grands arrêts*, n° 2). Dans le même ordre d'idée, on peut noter que l'existence d'horaires de travail imposés sert souvent d'indice (Soc. 8 juillet 2003, *Bull. civ.* V, n° 217).

Ces derniers indices sont puissants mais ils ne sont pas suffisants. Un travailleur doté de compétences importantes qui lui sont propres, peut être conduit à travailler au sein d'un service organisé, en se soumettant à des horaires, sans pour autant être nécessairement un salarié. C'était, par exemple, le cas de conférenciers embauchés par la Société Générale, auquel la Cour a reconnu le statut d'indépendants (v. Soc. 13 novembre 1996, *Société Générale*, préc.).

35 La liste des indices possibles est relativement longue et non limitative. Il n'est donc pas étonnant d'y retrouver des éléments qui relèvent de la dépendance économique. Si le travailleur est économiquement dépendant de son « client », ce dernier est davantage en position de lui donner des ordres. Ainsi, il n'est pas rare de trouver des éléments démontrant la dépendance économique servir d'indice de la subordination du salarié. Par exemple, l'arrêt du 13 janvier 2000 (*Bull. civ.* V, n° 20) retient la subordination d'un médecin à un centre de thalassothérapie, en se basant notamment sur le fait que les patients du médecin demeurent la clientèle du centre dans lequel il travaille. Ainsi encore, le caractère très précaire d'un contrat de « location » de taxi (contrat renouvelé tous les mois), place le « locataire » de taxi dans une situation de dépendance économique vis-à-vis du loueur. Et cet élément a été retenu par la Cour de cassation comme indice de subordination dans l'arrêt *Labanne* du 19 décembre 2000*.

Chassée par la porte de l'arrêt *Bardou*, la dépendance économique retrouve ainsi une part d'influence, en revenant par la fenêtre des indices de la subordination.

section 3

Des restrictions

Le domaine d'application du droit du travail a subi deux séries de restrictions très discutables. Les premières, d'origine législative, sont suffisamment maladroites pour n'être guère pourvues d'effets (§ 1). Les secondes, d'origine jurisprudentielle, ont eu des effets autrement plus dévastateurs (§ 2).

§ 1 Les présomptions légales d'indépendance

36 Pour accélérer le mouvement de repli que connaît le droit du travail, une idée simple consiste à exclure certains travailleurs du bénéfice du droit du travail. C'est ce qui a été tenté par la loi Madelin du 11 février 1994, en adoptant l'article L. 120-3 de l'ancien Code du travail. Cet article, abrogé par la loi Aubry II du 19 janvier 2000, a été rétabli par la loi du 1er août 2003, puis élargi par la loi du 23 février 2005. Il est devenu l'actuel article L. 8221-6 du Code du travail.

Ce texte crée une présomption de non-appartenance au salariat. Cette présomption a désormais un champ d'application large puisque, pour être présumé non salarié, il suffit d'être inscrit sur un des registres des professions indépendantes (registre du commerce et des sociétés pour les commerçants, registre des métiers, pour les artisans, etc.). L'inscription sur ces registres étant une simple formalité administrative, un employeur peut fort bien demander à ses subordonnés de requérir une telle inscription. Ils seront ainsi « inscrits » et donc présumés ne plus être des salariés.

Il ne s'agit cependant que d'une présomption simple, que les salariés peuvent renverser : il leur faut, aux termes de l'article L. 8221-6 du Code du travail, prouver l'existence d'un lien de « subordination juridique permanente ».

En dehors de ce texte, un travailleur doit en toute hypothèse invoquer un lien de subordination juridique s'il veut obtenir le bénéfice du droit du travail. Or, la preuve d'un fait incombe à celui qui l'invoque. La charge de la preuve de la subordination juridique pèse donc sur celui qui se prétend salarié, même s'il n'est pas inscrit, même s'il n'est donc pas soumis à la présomption de l'article L. 8221-6 du Code du travail. La présomption simple de ce texte n'opère donc *aucun déplacement de la charge de la preuve*.

En revanche, l'article L. 8221-6 du Code du travail modifie *l'objet de la preuve*. En dehors du texte, la preuve d'un lien de subordination juridique est nécessaire. Lorsque le texte s'applique, c'est un lien de subordination juridique « permanente » qu'il s'agit de prouver.

La question est de savoir quel sens il faut donner à cette exigence de « permanence ».

Une première interprétation aurait pu conduire à penser que tout salarié embauché par un contrat à durée déterminé, parce qu'il est précaire, n'est pas soumis à un lien de subordination juridique « permanente ». Une telle interprétation reviendrait à expulser du salariat les salariés précaires, soit encore ceux qui ont le plus besoin de protection. Cela conduirait à supprimer l'essentiel de l'utilité des dizaines de pages du Code du travail consacrées à ces salariés. Une telle interprétation se heurte à des pans entiers du droit. Elle n'est donc guère défendable. La « permanence » du texte n'est donc pas une exigence de durée indéterminée.

La « permanence » ne peut, dès lors, avoir qu'un sens relatif. Est un subordonné permanent le salarié qui peut recevoir un ordre de son employeur, durant son temps de travail, *à tout moment*. Cette caractéristique est cependant le propre de toute relation de subordination. Le mot « permanent » n'ajoute alors rien à l'exigence de subordination juridique. L'absence de toute autre signification possible du mot a conduit la jurisprudence à opter ainsi pour une certaine continuité. La Cour de cassation applique les mêmes critères et solutions, que l'on soit en dehors du champ d'application de l'article L. 8221-6 du Code du travail ou que l'on soit dans le cadre de ce champ d'application (v. Soc. 8 juillet 2003, *Bull. civ.* V, n° 217).

Ainsi l'article L. 8221-6 du Code du travail apparaît dépourvu d'effet direct. Il n'est pas cependant tout à fait sans impact. Comme à son habitude, le diable se cache dans les détails. La présomption de non-salariat L. 8221-6 permet à l'employeur qui a pris le soin d'ordonner à ces faux indépendants de s'inscrire sur un des registres susvisés, d'échapper le plus souvent aux poursuites pénales pour emploi dissimulé (cf. art. L. 8221-6 al. 7 C. trav. et sur ce délit, v. n° 195). L'article L. 8221-6 du Code du travail fait aussi peser une menace d'expulsion du salariat des salariés à domicile, ce qui est beaucoup plus grave (sur ces salariés, v. n° 41). Ces effets détournés semblent les principaux effets qui soient à craindre de ces présomptions d'expulsion du salariat.

De tels effets détournés semblent en revanche exclus pour la nouvelle expulsion du salariat à portée symbolique qu'a créé la loi du 4 août 2008, avec l'article L. 8221-6-1 nouveau du Code du travail. Aux termes de ce texte : « Est présumé travailleur indépendant celui dont les conditions de travail sont définies exclusivement par lui-même ou par le contrat les définissant avec son donneur d'ordre. ». Une fois de plus, la présomption est réfragable. Elle ne modifie ni l'objet ni la charge de la preuve de l'existence d'un contrat de travail. Elle devrait être sans impact sur la jurisprudence. 37

Pareille absence d'effet direct ne doit plus étonner. L'effet d'annonce, l'effet publicitaire, est souvent recherché par le législateur indépendamment de tout effet réel. La loi du 1er août 2003 qui a réintroduit l'article L. 8221-6 s'intitule « loi pour l'initiative 38 économique » et la loi du 4 août 2008 qui a créé l'article L. 8221-6-1 a pour nom « loi de modernisation de l'économie ». Le message est clair. le législateur agit en vu de réduire le champ d'application du droit du travail, pour soutenir l'économie. On ne saurait mieux dire que, pour le législateur, le droit du travail est bien une nuisance, un frein à la pleine efficacité de nos entreprises (sur cette argumentation aussi efficace que contestable, v. n° 4 à 6).

§ 2 L'exclusion des travailleurs de droit public

■ 39 Le droit du travail est une branche du droit privé. Il ne s'applique pas aux travailleurs qui relèvent du droit public. Ces derniers sont, en principe, régis par des statuts, dont les plus importants sont les statuts de la fonction publique. Cette exclusion du droit du travail des travailleurs de droit public a une justification, partiellement dépassée : l'intérêt général aurait des exigences que l'on ne retrouve pas dans le secteur privé, lesquelles conduiraient à des sujétions particulières, moins favorables que certaines dispositions du Code du travail. On pensait alors au statut particulier des corps d'autorité, aux militaires ou aux policiers, et à la nécessaire continuité du service public.

En contrepartie de ces sujétions dérogatoires au droit commun et de l'exclusion du Code du travail, les travailleurs de droit public bénéficient, en principe, de l'application d'un statut. Et ces statuts, avec les garanties de stabilité d'emploi qu'ils comportent, apparaissent souvent globalement préférables à l'application de ce socle de garanties minimales que constitue le Code du travail. Aussi l'application des minima du droit privé n'est-elle pas revendiquée par les personnels statutaires du secteur public.

Une catégorie de personnel, cependant, ne bénéficie ni de statut, ni du Code du travail. Cette catégorie, dite « des agents publics non statutaires », regroupe depuis l'arrêt *Berkani* (T. confl. 25 mars 1996, *Lebon*, p. 535 ; *Bull. T. confl.* n° 6 ; *Grands arrêts*, n° 6) *l'ensemble des personnels non statutaires des services publics administratifs*. Elle forme le tiers exclu. Pour ces personnels, qui relèvent de la compétence des tribunaux administratifs, à part l'application de quelques règlements particuliers et de quelques grands principes tirés du droit du travail, rien ou presque n'est prévu.

■ 40 Cette solution est difficilement admissible. Le Code du travail contient un socle de garanties minimales accordées à des personnes qu'il a été jugé nécessaire de protéger, du fait de l'état de subordination dans lequel elles sont placées. Ce motif est la racine et la justification du droit du travail. Or, on le retrouve à l'identique, si ce n'est *a fortiori*, pour les agents publics non statutaires, lesquels ne sont pas moins en état d'infériorité et de subordination que les salariés du droit privé.

De plus, la protection des agents publics non statutaires qu'assurerait l'application du Code du travail ne doit pas inquiéter. Ce Code ne contient rien qui empêcherait le bon fonctionnement des services publics. Une administration dotée des mêmes pouvoirs vis-à-vis de ses agents qu'une entreprise comme Michelin ou PSA vis-à-vis de ses salariés ne serait pas mise dans un état de faiblesse tel que l'on puisse sérieusement craindre pour le service public. Quand au droit de grève, rappelons qu'il est limité dans les services publics par le Code du travail lui-même...

Entre le statut et le droit du travail, l'existence d'un tiers exclu apparaît comme une curiosité injustifiable.

Il est à noter que cette bizarrerie n'est aucunement partagée par le droit de l'Union européenne. La Cour de justice de l'Union applique en effet assez facilement la protection des directives du droit du travail aux travailleurs du secteur public. Par ce biais, les travailleurs de droit public sans statut bénéficient, depuis peu, de quelques protections. Ainsi, l'accord-cadre européen sur le travail à durée déterminée du 18 mars 1999 (dir. 1999/70/CE du Conseil) est applicable au secteur public (ce que la CJCE a confirmé par un arrêt du 4 juillet 2006, *Adeneler*, C-212/04, *Dr. soc.* 2007. 97, obs. C. Vigneau ; *RDT* 2006. 141, obs. F. Guiomard). La loi française du 26 juillet 2005 a dû se soumettre à cet accord et limiter le recours aux contrats à durée déterminée de droit public.

section 4

Des extensions

Les principales extensions du domaine d'application du droit du travail ont pour objectif d'intégrer des catégories de travailleurs dépendants qui, pour une raison ou 41
pour une autre, ne peuvent guère prouver l'existence d'un lien de subordination juridique.

Le cas des travailleurs à domicile est de ce point de vue symptomatique. La plupart des indices d'une subordination juridique sont, dans leur cas, absents. Ils travaillent chez eux, hors du regard de l'employeur et de ses contremaîtres. Ils sont le plus souvent payés à la tâche. Leurs horaires sont libres. Leur prestation de travail est exécutée en dehors d'un service organisé, etc.

Pourtant, et l'histoire l'a amplement démontré, ces travailleurs peuvent être placés, de fait, dans une situation pire encore que celle qu'ont à subir les salariés qui travaillent au sein de l'entreprise. Isolés, les travailleurs à domicile peinent à organiser une quelconque action collective et ils ne sont guère syndiqués. Ils forment dès lors une catégorie de travailleurs qui, souvent, a plus encore besoin de protection que les salariés inclus dans une collectivité de travail.

Le besoin de protection et la difficulté de prouver la subordination juridique ont conduit le législateur à les intégrer au sein du domaine du droit du travail, sans qu'ils aient besoin de prouver un quelconque lien de subordination juridique (art. L. 7412-1 et L. 7413-2 C. trav.). Pour être qualifié de travailleur à domicile, un travailleur doit essentiellement remplir trois conditions. Il doit être rémunéré de manière forfaitaire, que ce soit à l'heure ou à la tâche. Il doit ne pas avoir lui-même de salariés. Seule l'aide de sa famille et l'emploi d'un unique autre auxiliaire sont autorisés. Et surtout, il ne doit pas avoir de clientèle : il peut avoir un ou plusieurs donneurs d'ordre, mais pas une multiplicité de donneurs d'ordres telle qu'il ne soit plus dépendant d'aucun d'entre eux. Il y a là une question de mesure qui n'est pas sans rappeler l'idée de dépendance économique.

Cette même idée est encore au cœur de la définition du « commerçant-salarié » de 42
l'article L. 7321-2, 2° du Code du travail. En bon commerçant, le « commerçant-salarié » a pour métier principal l'achat pour revendre. Il bénéficie cependant d'une partie du Code du travail à une triple condition. La première est une condition de

dépendance économique. Elle est plus stricte que pour les salariés à domicile : un lien exclusif ou quasi exclusif avec un fournisseur est exigé. Les deuxième et troisième conditions sont des actes de pouvoir, exercés par le fournisseur : celui-ci doit, d'une part, avoir fixé ou agréé les conditions de travail, d'hygiène et de sécurité de l'établissement du commerçant et il doit, d'autre part, soit lui avoir imposé ses prix, soit lui avoir imposé les conditions dans lesquelles il exerce son activité.

Ces trois conditions sont suffisantes. Il est notamment possible au « commerçant-salarié » d'avoir lui-même des salariés. Il conserve toute liberté en matière d'embauche, de licenciement et de fixation des conditions de travail et il reste le seul responsable de ce personnel (L. 7321-3 C. trav.). Il est alors bien un employeur au sens plein. Les modalités commerciales de son activité demeurent de la compétence du tribunal de commerce (Soc. 8 mars 2006, *Bull. civ.* V, n° 96, *Dr. soc.* 2006. 789, note J. Savatier). Mais il n'en bénéficie pas moins, dans ses rapports avec son fournisseur exclusif ou quasi exclusif, des Livres I et II du Code du travail, lesquels comprennent l'essentiel des protections individuelles des salariés, avec notamment les limitations du temps de travail, le droit à un salaire minimum, aux congés payés et le droit commun du licenciement (sont en revanche exclus, notamment, le droit du licenciement économique et les dispositions relatives à la représentation collective des salariés). Et, pour l'application de ces textes, ce sont les conseils de prud'hommes qui sont compétents (v. not. Soc. 22 mars 2006, *Bull. civ.* V, n° 122).

Ce statut du « commerçant salarié » a bénéficié à des gérants de station-service (v. Soc. 13 janvier 1972, quatre arrêts, *Bull. civ.* V, n° 28 ; *D.* 1972. 425 ; Soc. 22 mars 2006, préc.), à des gérants de succursales (v. par ex. Soc. 8 mars 2006, préc.), à des concessionnaires exclusifs, à des franchisés, etc. Son application pratique reste cependant très en deçà de son potentiel. Les personnes susceptibles de bénéficier de ce statut sont relativement peu enclines à réclamer la protection du Code du travail, soit qu'une telle réclamation leur apparaisse comme une déchéance sociale, soit qu'ils ignorent les possibilités que le texte leur ouvre.

Aux travailleurs à domicile et aux « commerçants-salariés » s'ajoutent bien d'autres catégories de travailleurs qui, par détermination de la loi, bénéficient de tout ou partie du Code du travail. Il en va ainsi, notamment des VRP (voyageurs-représentants-placiers), lesquels sont des représentants de commerce qui, dans les faits, sont sous la domination de leur mandant (pour plus de détails v. les art. L. 7311-1 et s. C. trav.), des journalistes (L. 7111-1 et s. C. trav.), des mannequins (L. 7123-2 et s. C. trav.) ou encore des assistants maternels (L. 423-1 et s. du Code de l'action sociale et des familles).

Biblio

- G. Lyon-Caen, *Le droit du travail non salarié*, Sirey, 1990.
- A. Supiot, « Les nouveaux visages de la subordination », *Dr. soc.* 2000. 131 et s.
- A. Jeammaud, « L'assimilation de franchisés aux salariés », *Dr. soc.* 2002. 158 et s.

Documents

1) Une qualification impérative

Ass. plén. 4 mars 1983, *D.* 1983. 381

« La seule volonté des intéressés est impuissante à soustraire des travailleurs au statut social découlant nécessairement des conditions d'accomplissement de leur tâche ».

Soc. 19 décembre 2000, *Labbane*, *Bull. civ.* V, n° 437 p. 337 ; *Grands arrêts*, n° 3 ; *Dr. soc.* 2001. 227, note A. Jeammaud ; *Dr. ouvrier* 2001. 241, 2e esp., note A. de Senga

« Attendu que l'existence d'une relation de travail ne dépend ni de la volonté exprimée par les parties ni de la dénomination qu'elles ont donnée à leur convention mais des conditions de fait dans lesquelles est exercée l'activité des travailleurs » (v. suite de l'arrêt p. suivante).
V. aussi la formule plus ramassée de :

Soc. 9 mai 2001 *Dr. soc.* 2001. 798, note J. Savatier

« L'existence d'une relation de travail salarié dépend des conditions de fait dans lesquelles est exercée l'activité professionnelle ».

2) Un travail

- Le stage, un travail subordonné exclu du droit du travail

Soc. 17 octobre 2000, *RJS* 2000, n° 1214

« L'accomplissement de tâches professionnelles sous l'autorité de l'entreprise d'accueil n'est pas de nature à exclure la mise en œuvre d'une convention de stage en entreprise (si) les conditions requises par la convention de stage en entreprise du 20 mai 1994 pour la réalisation du stage avaient été remplies et si, en conséquence, la convention avait reçu application... ».

- Mais l'utilisation abusive d'un élève en stage peut être pénalement sanctionnée, notamment par l'intermédiaire de l'article 225-13 du Code pénal

Crim. 3 décembre 2002, *Bull. crim.*, n° 215

« (...) l'arrêt retient que les stagiaires se trouvaient dans une situation de dépendance en raison, notamment, du caractère obligatoire de leur stage pour l'obtention du brevet de technicien supérieur ;

Que les juges ajoutent que le prévenu a abusé de cette situation en les affectant à la réception de l'hôtel, de 23 heures à 7 heures, 7 jours sur 7, pour une durée de travail hebdomadaire comprise entre 56 et 63 heures et pour une rémunération fixée à 1 760 francs pour 190 heures ;
Qu'ils en déduisent que cette rétribution est manifestement sans rapport avec l'importance du travail accompli ;
Attendu qu'en prononçant ainsi, par des motifs exempts d'insuffisance comme de contradiction et répondant aux chefs péremptoires des conclusions dont ils étaient saisis, les juges ont caractérisé en tous ses éléments, tant matériels qu'intentionnel, le délit dont ils ont déclaré le prévenu coupable (...) ».
En l'espèce le prévenu avait été condamné à 4 mois d'emprisonnement, et la Cour de cassation rejette le pourvoi.

3) Un salaire

Soc. 29 janv. 2002, *Dr. soc.* 2002. 494

« Si, dans le cadre d'une association, les adhérents peuvent accomplir un travail en ne percevant que le remboursement de leurs frais sans relever du Code du travail, la signature d'un contrat "de bénévolat" n'exclut pas l'existence d'un contrat de travail dès lors que les conditions en sont remplies : ordres, directives, contrôle, sanctions, somme forfaitaire dépassant le montant des frais réellement exposés ».

4) Une subordination

Civ. 6 juillet 1931, *Bardou DP* 1931. 1. 131, note P. Pic ; *Grands arrêts*, n° 1

« Attendu que la condition juridique d'un travailleur à l'égard de la personne pour laquelle il travaille ne saurait être déterminée par la faiblesse ou la dépendance économique dudit travailleur et ne peut résulter que du contrat conclu entre les parties ; que la qualité de salarié implique nécessairement l'existence d'un lien juridique de subordination du travailleur à la personne qui l'emploie... »

Soc. 19 décembre 2000, *Labbane* (préc.)

« (...) Attendu, cependant, que le contrat litigieux prévoit que sa durée et celle de chacun de ses renouvellements sont limitées à un mois, qu'il peut être résilié mensuellement avec un délai de préavis très court, que la redevance due au "loueur" inclut les cotisations sociales qu'il s'engage à "reverser" à l'URSSAF et est révisable en fonction notamment du tarif du taxi ; que les conditions générales annexées au contrat fixent une périodicité très brève pour le règlement des redevances, sanctionnée par la résiliation de plein droit du contrat, et imposent au "locataire" des obligations nombreuses et strictes concernant l'utilisation et l'entretien du véhicule, notamment conduire personnellement et exclusivement ce dernier, l'exploiter "en bon père de famille", en particulier, en procédant chaque jour à la vérification des niveaux d'huile et d'eau du moteur, le maintenir en état de propreté en utilisant, à cette fin, les installations adéquates du "loueur", faire procéder, dans l'atelier du "loueur", à une "visite" technique et d'entretien du véhicule une fois par semaine et en tout cas, dès qu'il aura parcouru 3 000 kilomètres sous peine de supporter les frais de remise en état, assumer le coût de toute intervention faite sur le véhicule en dehors de l'atelier du "loueur" ainsi que la responsabilité de cette intervention ;

Qu'en statuant comme elle l'a fait, alors que, nonobstant la dénomination et la qualification données au contrat litigieux, l'accomplissement effectif du travail dans les conditions précitées prévues par ledit contrat et les conditions générales y annexées, plaçait le "locataire" dans un état de subordination à l'égard du "loueur" et qu'en conséquence, sous l'apparence d'un contrat de location d'un "véhicule taxi", était en fait dissimulée l'existence d'un contrat de travail, la cour d'appel a violé les textes susvisés ;
Par ces motifs, casse et annule… »

Soc. 13 décembre 2005, *Bull. civ.* V, n° 320

« … l'arrêt relève que les "mandataires" intervenaient à partir d'un dossier technique constitué par la société, qu'ils facturaient leurs honoraires sur la base d'un barème horaire déterminé unilatéralement par celle-ci et dans la limite imposée d'un temps moyen de trois heures, qu'ils n'assumaient aucun risque économique, que leur activité était contrôlée selon un échéancier de surveillance, que les titres de paiement étaient encaissés par la société et que celle-ci disposait à leur égard d'un pouvoir de sanction "consistant à décider de ne plus confier de mission" ; que la cour d'appel en a exactement déduit, sans méconnaître l'objet du litige, que les intervenants concernés travaillaient dans un lien de subordination… ».

Soc. 15 mars 2006, *Bull. civ.* V, n° 110

« Mais attendu que l'existence des relations de travail ne dépend ni de la volonté exprimée par les parties ni de la dénomination qu'elles ont donnée à leur convention mais des conditions de fait dans lesquelles est exercée l'activité des travailleurs ; que les juges du fond ont constaté que les époux X devaient se rendre chaque après-midi du lundi au vendredi à l'entrepôt d'Aulnay de la société pour y recevoir des plis et colis qu'ils devaient livrer dans le courant de la nuit suivante aux clients de la société situés dans les 6e, 7e, 8e, 9e et 17e arrondissement de Paris, qu'ils utilisaient, comme cela était exigé dans les contrats, des véhicules peints aux couleurs de la société, étant observé qu'ils avaient contractuellement renoncé à apposer sur les véhicules toute autre publicité, que selon l'annexe au contrat leur rémunération consistait en un forfait mensuel plus les charges sociales, qu'ils travaillaient exclusivement pour la société TNT devenue GDEW, que les clients étaient livrés en suivant les consignes et directives données par la société ; qu'en l'état de ces constatations et sans encourir les griefs du moyen, la cour d'appel a pu en déduire que les époux X étaient sous la subordination juridique de la société GDEW et qu'un contrat de travail les liait ».

5) Extensions du domaine du droit du travail

Soc. 4 décembre 2001, *Bull. civ.* V, n° 373 ; *Grands arrêts*, n° 5

« Mais attendu qu'aux termes de l'article L. 781-1.2° du Code du travail, les dispositions du Code du travail qui visent les apprentis, ouvriers, employés, travailleurs sont applicables aux personnes dont la profession consiste essentiellement à recueillir les commandes ou à recevoir des objets à traiter, manutentionner ou transporter, pour le compte d'une seule entreprise industrielle et commerciale, lorsque ces personnes exercent leur profession dans un local fourni ou agréé par cette entreprise et aux conditions et prix imposés par ladite entreprise ; qu'il résulte de ce texte que dès lors que les conditions sus-énoncées sont, en fait, réunies, quelles que soient les énonciations du contrat, les dispositions du Code du travail sont applicables, sans qu'il soit besoin d'établir l'existence d'un lien de subordination ».

chapitre 3

Sources

Plan analytique

section 1

Inventaire

§ 1 Le niveau mondial

§ 2 Les niveaux européens

A. L'Union européenne

B. Le Conseil de l'Europe

§ 3 Le niveau étatique

§ 4 Les conventions collectives

§ 5 Les usages de la profession

§ 6 Les normes de source patronale

§ 7 Le contrat individuel de travail

section 2

Déclin de la force obligatoire des règles du droit du travail

§ 1 La place des traités et du droit de l'Union européenne

§ 2 Le conflit entre deux conventions collectives

A. Le principe de hiérarchie inversée

B. L'application résiduelle du principe de faveur

§ 3 La convention collective et la loi

§ 4 Le contrat individuel et l'ordre public

§ 5 Situation des normes professionnelles non conventionnelles

3

Sources

De toutes les matières juridiques, le droit du travail est de très loin la matière dont les sources juridiques sont les plus diversifiées. Cela s'explique pour de nombreuses raisons. 43

La première est sans doute à découvrir du côté du pouvoir de l'employeur. Ce pouvoir est certainement l'un des plus importants types de pouvoirs privés, peut-être le plus important. Il est juridiquement reconnu et cette reconnaissance se traduit par l'intégration officielle dans le monde du droit des normes issues de la volonté unilatérale de l'employeur.

Une deuxième raison de la diversité des sources du droit du travail vient du long refus des pouvoirs publics d'intervenir dans les rapports de travail. Les premières règles protectrices du droit du travail sont issues de grèves gagnées. Les accords de fin de conflits alors conclus inventèrent un type de contrat original, dont l'importance en droit du travail est restée cruciale : les conventions collectives.

Une troisième raison de la diversité est sans doute à rechercher dans les enjeux particulièrement forts du droit du travail. La matière s'est créée au cœur des luttes politiques des XIXe et XXe siècles. Le droit du travail a même été considéré comme un élément nécessaire au maintien de la paix mondiale. Dans un tel contexte, le droit international de niveau mondial a connu un développement précoce et d'exceptionnelle ampleur.

Les juristes ne purent, en la matière, rester murés autour de leurs sources traditionnelles, légales et jurisprudentielles. Dès le lendemain de la Première Guerre mondiale, le carcan des sources traditionnelles a dû céder, pour laisser de la place d'abord aux conventions collectives (reconnues comme norme originale par la loi du 25 mars 1919), puis au développement des traités (l'Organisation internationale du travail est créée, avec la Société des nations (SDN), par le traité de Versailles du 22 juin 1919), puis progressivement à bien d'autres sources encore.

Un rapide tour d'horizon des sources du droit du travail s'avère donc nécessaire (section 1). La multiplicité de ces sources pose la question des rapports qu'elles entretiennent les unes avec les autres (section 2).

section 1

Inventaire

Le plus simple est de partir du plus grand, le niveau mondial, pour s'arrêter au plus petit, le contrat individuel de travail.

§ 1 Le niveau mondial

44 Les traités à vocation mondiale sont nombreux en droit du travail. Il faut bien sûr mentionner ici les pactes de 1966, adoptés dans le cadre de l'ONU. Le premier de ces pactes est *relatif aux droits civils et politiques*. Le second, qui a plus d'importance en droit du travail, est *relatif aux droits économiques, sociaux et culturels*. Ces textes sont reconnus d'application directe (v. not. pour l'application directe du deuxième pacte, Soc. 16 décembre 2008, n° 05-40876, [P], *Dr. ouvrier* 2009. 87, note M. Bonnechère ; *RDT* 2008. 239, note R. de Quénaudon). Et leur contenu est souvent plus protecteur que ne le sont les déclarations de droits françaises ou européennes. Ces pactes représentent donc une très importante source de droits de l'homme.

Il existe, en outre, de nombreux traités à vocation mondiale, spécifiquement consacrés au droit du travail. Ces traités, rassemblés sous le nom de Code international du travail, sont le fruit des remarquables efforts de l'Organisation internationale du travail (OIT). Cette organisation a été créée en 1919, à la fin de la Première Guerre mondiale, lors de la Conférence de la paix réunie d'abord à Paris, puis à Versailles. Rattachée à la SDN, elle est la seule partie de cette organisation qui ait survécu à la Seconde Guerre mondiale. L'OIT est aujourd'hui intégrée au sein de l'ONU.

Cette organisation est un exemple unique de démocratie sociale au niveau mondial. Elle est divisée en trois organes principaux, la Conférence internationale du travail, le Conseil d'administration et le Bureau international du travail.

La Conférence internationale du travail (CIT) est une sorte de Parlement mondial, compétent en matière sociale. Chacun des 178 États membres de l'OIT y envoie plusieurs délégués, dont 4 ont le droit de vote : 2 sont désignés par le gouvernement de l'État membre, 1 par les organisations d'employeur, et 1 par les syndicats de salariés. La CIT se réunit tous les ans, au mois de juin, à Genève.

Le Conseil d'administration est l'exécutif de l'OIT. Il est composé de 28 membres gouvernementaux, auxquels s'ajoutent 14 membres employeurs et 14 membres travailleurs. Les 10 États ayant la plus grande importance économique sont des membres gouvernementaux permanents du Conseil ; les représentants des autres États sont élus tous les 3 ans par la Conférence. Les employeurs choisissent leurs propres représentants et les travailleurs les leurs.

Le Bureau international du travail (BIT) compte un peu moins de 2 000 fonctionnaires originaires de tous les pays et qui assurent diverses fonctions, notamment d'aide et de formation dans les États membres dont les normes sociales sont les moins développées.

La Conférence internationale du travail adopte, à la majorité des deux tiers, des conventions internationales. Celles-ci sont préalablement élaborées au sein du BIT et proposées par le Conseil d'administration. Cependant, suivant les règles traditionnelles du droit international, les conventions ne sont obligatoires que dans la mesure où elles ont été ratifiées par chaque État. Il existe certes une remarquable obligation, faite aux États membres, de présenter les conventions adoptées à l'organe national compétent pour les ratifier et ce dans le délai d'un an qui suit leur adoption (art. 19.5 de la Constitution de l'OIT). Malgré cela, et notamment du fait de la violation fréquente de cette obligation de présentation, certaines conventions n'ont été ratifiées que par très peu d'États.

45 Face à cette situation, l'OIT a eu une réaction très vive, qui en dit long sur l'état d'esprit et sur le dynamisme de cette institution. Il en est résulté l'importante

déclaration du 19 juin 1998, relative aux principes et droits fondamentaux au travail*. Cette déclaration, adoptée par la CIT, affirme que huit conventions internationales, les plus importantes, sont juridiquement impératives pour tous les États membres de l'OIT, *même s'ils n'ont pas ratifié ces conventions*. Ces conventions, fondamentales, traitent de la liberté d'association, de la liberté syndicale, du droit à la négociation collective, de l'élimination du travail forcé et du travail des enfants et de l'élimination des discriminations en matière d'emploi et de profession. Il s'agit d'un cas unique de conventions internationales de niveau mondial, déclarées obligatoires, en l'absence de ratification. Cette importante avancée du droit international s'est appuyée sur un argument de droit intégré dans la déclaration* : en adhérant à l'OIT, les États ont adopté ses valeurs fondatrices et ce sont ces valeurs qui sont explicitées dans les conventions fondamentales visées. Dès lors, l'adhésion au traité fondateur de l'OIT vaut adhésion à ces conventions.

L'argument a sa force. Il ne doit pas pour autant masquer l'importance de l'avancée ainsi réalisée par l'organisation internationale. La déclaration de 1998* est en rupture totale avec les habitudes du droit international. Et elle crée de surcroît un mécanisme de vérification et de contrôle de l'application des conventions en question, qui accroît les pouvoirs de l'OIT en la matière, dans l'objectif de rendre plus effectives lesdites conventions.

Malgré cette importante avancée, il demeure que, même dans ce cadre, l'OIT reste dépourvue de véritables pouvoirs coercitifs. Et les sanctions qu'elle peut appliquer restent, pour l'essentiel, d'ordre symbolique. Cet impact symbolique ne doit pas être sous-estimé. Il peut notamment soutenir, renforcer l'action des juges internes qui écartent une loi ou une ordonnance contraire à une convention de l'OIT. La condamnation de la France par l'OIT, le 14 novembre 2007, pour violation de la convention n° 158 de l'OIT sur le licenciement, a ainsi eu une influence directe et très importante, sur le droit français (v. n° 176).

Il demeure que le contraste est fort lorsque l'on compare les faibles moyens coercitifs de l'OIT à la position d'un organisme comme l'Organisation mondiale du commerce. Cette dernière organisation, qui n'est chargée que de l'application des grands traités sur le commerce, a de puissants moyens de sanctions. Les droits des commerçants internationaux sont ainsi, de très loin, mieux protégés que les droits fondamentaux des travailleurs.

L'OIT n'en est pas moins une source du droit dont l'importance croît au fur et à mesure que le droit du travail français s'effrite. En France, plus de 100 conventions de l'OIT ont été ratifiées jusqu'à présent et sont actuellement en vigueur. Et ces conventions, trop souvent méconnues, sont directement invocables devant les tribunaux français (pour l'application directe d'une convention internationale de l'OIT, v. not. Soc. 29 mars 2006, *Bull. civ.* V, n° 131 ; Soc. 1er juillet 2008, n° 07-44124, [P]).

§ 2 Les niveaux européens

Alors qu'au niveau mondial le droit du travail est l'une des branches du droit les plus 46
développées, la situation est loin d'être aussi favorable au niveau européen.

Les objectifs sociaux restent secondaires, voire subalternes au sein de l'Union européenne (A). Et au niveau du Conseil de l'Europe, les droits sociaux ne sont guère que des pétitions de principes (B).

A. L'Union européenne

■ 47 L'ordre juridique de l'Union européenne n'a encore qu'un rôle modeste en droit du travail. Le projet de traité établissant une Constitution pour l'Europe aurait pu permettre d'étendre un peu le champ de compétence de l'Union européenne et en particulier celui de la Cour de justice, au travers notamment de la force obligatoire qu'il aurait accordé à la Charte des droits fondamentaux de l'Union. Ce traité-Constitution a cependant été rejeté, à la suite du résultat négatif des référendums français et hollandais des 29 mai et 1er juin 2005. Il a été repris, en substance, par le traité de Lisbonne du 13 décembre 2007 : la France l'a ratifié en février 2008 mais ce traité n'entrera en vigueur qu'une fois adopté par l'unanimité des pays de l'Union européenne. Or, l'Irlande a refusé cette ratification par référendum le 12 juin 2008.

En l'état du droit positif, les compétences de l'Union européenne en droit du travail demeurent donc les suivantes. Les règlements européens ne peuvent pas, en principe, traiter du droit du travail. En la matière, les traités n'autorisent que des directives. Celles-ci peuvent être adoptées à la majorité qualifiée (art. 137.2, b, du traité CE) dans certains domaines, comme l'information et la consultation des travailleurs ou encore les conditions de travail (lesquelles incluent notamment les questions d'hygiène, de sécurité, et de temps de travail). En revanche, restent soumis à l'exigence d'unanimité des points importants, comme le droit du licenciement ou l'action syndicale revendicative dans l'entreprise (art. 137.2, b, préc. du traité CE). Certains points centraux, comme la question de la grève ou celle des rémunérations sont même exclus, en principe, du champ d'une possible législation européenne (art. 137.5 du traité CE).

Il résulte de ces limites que le droit du travail reste une branche relativement pauvre du droit de l'Union européenne. Et les perspectives n'apparaissent pas, à moyen terme, très florissantes. La tendance semble même être à un certain reflux des quelques protections assurées par le droit communautaire.

■ 48 Ce droit ne saurait pour autant être négligé. Certains domaines du droit du travail restent profondément marqués par les avancées du droit communautaire. Ainsi, par exemple, l'important progrès que constitue la reconnaissance des discriminations indirectes a été imposé à la France par l'Union européenne (v. n° 171 à 173) et c'est encore au droit communautaire que l'on doit l'intégration dans le Code du travail de nombreuses dispositions relatives à l'amélioration de la sécurité sur les lieux de travail (v. not. le chapitre sur les principes généraux de prévention, lequel est issu de la transposition de la directive de 1989, art. L. 4121-1 et s. C. trav. ; L. 230-2 et s. anc. C. trav.).

De plus, la jurisprudence de la Cour de justice des Communautés européennes conduit régulièrement, à infléchir telle ou telle solution du droit interne. Des questions juridiques entières sont ainsi désormais principalement régies par le droit communautaire. La question du maintien des contrats individuels de travail en cas de restructuration en est un exemple (v. n° 400 et s.).

La jurisprudence de la Cour de justice européenne est ainsi parfois protectrice. Mais elle est aussi à l'occasion menaçante pour les droits sociaux (v. par ex. CJCE 11 décembre 2007, *Viking*, aff. C-438/05 et 18 décembre 2007, C-341-05, *Laval*, arrêts étudiés aux n° 20 et 578)

La négociation collective au niveau européen commence, elle aussi, à jouer un rôle. 49
Ces conventions collectives sont des accords conclus entre les syndicats de salariés d'une part et les associations d'employeurs d'autre part. Les principaux acteurs de cette négociation au niveau européen sont du côté des salariés la CES (Confédération européenne des syndicats), et du côté patronal BUSINESSEUROPE (nouvelle dénomination adoptée par l'ancienne UNICE) et, pour les employeurs du secteur public, le CEEP (Centre européen des entreprises à participation publique). Pour acquérir une force obligatoire au niveau européen, ces accords doivent être entérinés sous la forme d'une directive (art. 139 du traité CE). Politiquement, il est cependant difficile aux organes de l'Union de refuser cette confirmation et l'accord collectif est donc, en principe, facilement entériné (v. not. la directive du 15 décembre 1997 reprenant l'accord-cadre sur le travail à temps partiel ou encore la directive du 28 juin 1999 reprenant l'accord-cadre sur le travail à durée déterminée). Les résultats de cette négociation collective n'en demeurent pas moins très modestes jusqu'ici, du fait des fortes réticences patronales à s'engager dans ce type de négociation.

Il est à noter que si les négociateurs collectifs de niveau européen le souhaitent, ils peuvent d'un commun accord bloquer le processus d'adoption d'une directive en matière de droit du travail. Il leur est alors accordé un délai de 9 mois pour négocier (art. 138 du traité CE). Si leur négociation aboutit, les organes de l'Union n'auront plus que la possibilité d'entériner l'accord ou de s'y opposer, sauf violation avérée des traités par l'accord. Ce n'est que si la négociation échoue que le processus législatif de l'Union européenne peut reprendre. Cette faculté des négociateurs collectifs de bloquer ainsi le travail de la Commission européenne, du Conseil européen et du Parlement européen apparaît assez étrange à l'observateur habitué à un droit du travail impératif, imposé par les représentants de l'intérêt général nonobstant l'accord contraire des personnes privées. Elle est pourtant un modèle dont le législateur français subit de plus en plus l'influence (v. la loi du 31 janvier 2007, étudiée au n° 75).

B. Le Conseil de l'Europe

Le Conseil de l'Europe est une organisation internationale qui regroupe les 47 États 50
de la « grande » Europe. Il inclut notamment, outre les 27 États de l'Union européenne, la Turquie, la Suisse, la Russie, l'Ukraine... En son sein ont été conclues deux conventions importantes qui concernent le droit du travail.

La première est directement consacrée au droit du travail, il s'agit de la Charte sociale européenne, conclue en 1961 et substantiellement révisée en 1996 (révision ratifiée par la France en 1999). Cette Charte contient un ensemble de droits sociaux fondamentaux relativement riche. L'article 6, par exemple, est un des rares textes internationaux à reconnaître le droit de grève, et ce depuis 1961. On peut même considérer que, depuis sa révision de 1996, la Charte est l'un des textes les plus complets en matière de droits sociaux. En tant que traité, elle est directement invocable devant les juridictions françaises. Cependant, la Charte est dépourvue de mécanisme de sanction efficace à l'échelle internationale : les pires sanctions susceptibles d'être encourues par les États sont des recommandations émanant du Comité des ministres. Et l'on sait d'expérience que ce type d'organe, politique, est limité par les exigences de la diplomatie, lesquelles l'empêchent d'aller bien loin (v. par ex. n° 353). Cette faiblesse permet au Conseil d'État de refuser encore, généralement, de lui accorder un effet direct (CE 2 avril 2004, n° 249482 ; CE 15 mai 1995, n° 152417).

Cette attitude frileuse pourrait évoluer si la prise en compte de la Charte sociale européenne dans certaines décisions de la Cour européenne des droits de l'homme (CEDH) devait se développer (pour une prise en compte de la charte au sein de la CEDH, v. par ex. CEDH 11 janvier 2006, *Sørensen et Rasmussen c. Danemark*, req. n° 52562/99 et 52620/99, *Dr. soc.* 2006. 1022, note J.-P. Marguénaud et J. Mouly).

La seconde convention du Conseil de l'Europe a avoir un impact en droit du travail est la Convention de sauvegarde des droits de l'homme et des libertés fondamentales du 4 novembre 1950. Cette convention est dans une situation inverse de la précédente. Dans son contenu, ce texte ne contient que peu de dispositions relatives au droit du travail. Mais l'application de ces dispositions est le cœur de compétence de la Cour européenne des droits de l'homme, laquelle détient de véritables pouvoirs de sanction et peut être saisie par tout citoyen d'un pays membre. Ainsi, les rares textes de la Convention consacrés au droit du travail sont l'occasion, pour la Cour, de bâtir de véritables jurisprudences. Lesquelles ont eu une influence directe sur le droit français. L'impact de la jurisprudence de la Cour sur l'étendue de la liberté syndicale en est un exemple. De plus, du fait de cette activité juridictionnelle, la Convention européenne de sauvegarde des droits de l'homme est mieux connue des juristes. Son effet direct est pleinement reconnu et elle est régulièrement mobilisée en droit du travail, y compris au sein des arrêts de la Cour de cassation. Alors que la Charte sociale européenne, pourtant incommensurablement plus riche en la matière, n'a encore qu'un rôle marginal.

§ 3 Le niveau étatique

51 On retrouve en droit du travail l'ensemble des sources étatiques traditionnelles. La loi, le règlement et la jurisprudence sont, comme dans les autres matières, des sources essentielles. Il suffit de noter ici quelques détails spécifiques au droit du travail.

Toutes les hautes juridictions françaises sont compétentes, chacune à sa manière, en droit du travail. Et il n'est donc pas rare de rencontrer des conflits. Jurisprudences constitutionnelle, administrative et judiciaire ont souvent du mal à s'accorder. Et, au sein même de la Cour de cassation, les affrontements entre la chambre sociale et la chambre criminelle ont fait couler beaucoup d'encre.

Selon l'article 34 de la Constitution de 1958, la loi « détermine les principes fondamentaux » du droit du travail. Elle compose la première partie du Code du travail, celle qui contient les articles en « L. ». Hors de ces « principes fondamentaux », pleine compétence est donnée au pouvoir réglementaire. La deuxième partie du Code, qui comprend les articles en « R. », est composée de décrets pris après avis du Conseil d'État et la troisième partie, les articles en « D. », est composée de décrets simples. Les lois et règlements ayant trait au droit du travail et qui sont restés non codifiés sont relativement rares.

Le Code du travail actuel est issu d'un laborieux travail de recodification réalisé par l'ordonnance du 12 mars 2007, la loi de ratification du 21 janvier 2008 et le décret du 7 mars 2008. Le Code qui résulte de ces textes est entré en vigueur le 1er mai 2008.

Cette recodification a donné lieu à quelques menues polémiques. Ses multiples bévues et maladresses peuvent faire sourire (v. E. Dockès, « La décodification du droit du travail », *Dr. soc.* 2007. 388-392). Mais d'autres lecteurs, favorablement inspirés par la formidable autorité des auteurs de cette recodification (de laquelle ils sont d'autant plus conscients qu'ils font eux-mêmes partie de ces auteurs), ont su défendre ce qui leur apparaît comme une œuvre belle et utile (v. C. Radé : « Le nouveau Code du travail et la doctrine : l'art et la manière », *Dr. soc.* 2007. 513-516).

§ 4 Les conventions collectives

En toute rigueur juridique, les conventions collectives et les accords collectifs sont des actes distincts. Les conventions sont des textes qui traitent de l'ensemble des questions relatives aux rapports de travail (salaire, temps de travail, représentation du personnel, congés, etc.) alors que les accords sont des textes spécialisés sur un ou quelques points précis. Dans une convention collective, on trouve un peu de tout. Dans un accord, on trouve des dispositions sur les salaires ou bien sur le temps de travail... 52

En pratique, toutefois, le régime juridique des accords collectifs et des conventions collectives *est très exactement le même*. Il n'est pas une règle du Code du travail qui ait un effet différent selon qu'elle se trouve face à une convention ou face à un accord. Les définitions sont distinctes, mais les effets sont confondus : les termes sont donc *juridiquement* parfaitement synonymes. Partout, inlassablement, le Code du travail répète « une convention ou un accord collectif ». Pareille lourdeur, dépourvue de portée juridique, doit absolument être évitée. Par la suite, et partout dans ce livre, les termes « accord collectif » et « convention collective » seront tenus pour ce qu'ils sont juridiquement : des synonymes.

Les conventions collectives sont conclues comme des contrats. Elles naissent d'un accord de volonté, entre une partie qui représente les intérêts des salariés et une partie patronale. La partie salariale est toujours un ou plusieurs syndicats représentatifs. La partie patronale est plus souple : elle peut être un unique employeur, plusieurs employeurs, un groupement d'employeurs, plusieurs de ces groupements... 53

Une fois conclue dans les formes et sa publicité réalisée (la convention collective est un acte assez formel), la convention s'applique à l'ensemble des salariés des employeurs signataires ou des employeurs qui ont adhéré à une association patronale signataire. L'idée est que les conventions collectives prévoient en principe surtout des obligations pour les employeurs. Dès lors, elles ne sont en principe applicables qu'aux employeurs qui les ont signées soit directement eux-mêmes, soit par l'intermédiaire de leurs associations, lesquelles sont considérées comme ayant mandat pour signer des conventions collectives au nom de leurs membres.

Le champ d'application d'une convention dépend ainsi de la partie patronale de la convention. Il existe donc des conventions de champ d'application très divers. Si la convention n'a été signée que par un employeur, elle s'applique à tous les salariés de cet employeur et à eux seuls. On parle alors de « convention d'entreprise ». Si la convention a été signée par des associations d'employeurs regroupant les employeurs ayant une activité professionnelle donnée, comme la boulangerie ou la métallurgie par exemple, et si la convention n'est destinée qu'aux employeurs de cette profession, on parle de « convention de branche ». Une convention peut encore être limitée à un département, à une région, ou à toute autre circonscription qu'il plaira aux parties d'adopter. Elle peut aussi être nationale et interprofessionnelle : elle touche alors des employeurs de toutes professions, sur tout le territoire français.

Sous certaines conditions, une convention collective de branche peut être « étendue ». L'extension est un arrêté du ministère du Travail. Une fois qu'une convention collective a été « étendue », elle ne s'applique plus seulement aux employeurs qui l'ont signée et à ceux qui sont membres d'une organisation signataire : tous les employeurs de la branche et du secteur géographique concerné sont tenus d'y obéir. Ainsi, le champ d'application d'une convention collective nationale interprofessionnelle étendue peut être en tout point similaire à celui d'une loi.

Conclue comme un contrat, la convention collective a un effet réglementaire : elle s'impose au-delà du cercle des parties contractantes. Ceci est évident s'agissant des conventions collectives étendues, lesquelles s'appliquent aux employeurs qui ne sont ni signataires ni représentés, par ordre d'un acte administratif : l'extension. Mais, si l'on regarde de plus près, on s'aperçoit que toute convention collective a un effet réglementaire. Une convention collective s'applique au minimum à l'ensemble des salariés d'une entreprise. Or les salariés ne sont pas parties à la convention collective : ils ne sont pas forcément membres des syndicats de salariés signataires et, même s'ils sont syndiqués, les syndicats ne sont nullement les mandataires de leurs membres. Tiers à la convention collective, les salariés n'en sont pas moins régis par elle. La convention collective est donc une sorte de contrat dépourvu d'effet relatif. Plus exactement, elle est un acte conclu comme un contrat mais dont les effets sont réglementaires.

Pour cette raison, les conventions collectives ne sont pas des contrats au sens du droit commun des obligations. Elles ne relèvent pas de l'article 1134 du Code civil, mais sont régies par des lois spéciales. Le Code du travail leur consacre l'ensemble du Livre II de sa Partie II.

Il suffit de dire ici que les conventions collectives ont une importance cruciale en droit du travail (le titre 8 de ce manuel leur est consacré : v. n° 703 et s.). Lorsqu'un conflit juridique est soulevé en droit du travail, la première question qui est posée en pratique est celle de la convention collective applicable. Lorsqu'une convention est applicable, c'est d'elle que dépendra souvent la solution du litige. Et aujourd'hui, en France, plus de 90 % des salariés sont dans le champ d'application d'au moins une convention collective.

Cette importance ne fait au demeurant que s'accroître. Les protections légales sont, de plus en plus, susceptibles d'être détruites par la voie de la négociation collective. Et la négociation nationale interprofessionnelle entend de plus en plus souvent dicter sa conduite au législateur (v. not. la position commune du 9 avril 2008 dont est issue la première partie de la loi du 20 août 2008).

En dehors du droit du travail, il existe d'autres matières où la négociation est trop déséquilibrée au niveau individuel pour avoir lieu. Mettre en place de véritables négociations collectives dans ces domaines, en droit des baux d'habitation, en droit des assurances ou en droit bancaire par exemple, est une idée dont on peut penser qu'elle pourrait avoir un bel avenir.

§ 5 Les usages de la profession

54 L'usage, est une source traditionnelle du droit. Il s'agit d'une pratique, générale, pouvant se prévaloir d'une certaine ancienneté. Il s'agit en quelque sorte d'une sous-coutume. Une généralité limitée à une localité, à une profession ou à un bassin d'emploi, peut suffire. Et surtout il n'est pas question, comme pour la coutume, de temps immémoriaux. Le rôle de ces usages est aujourd'hui très limité. On cite ici le

jour de la sainte-barbe, chômé dans les mines. On rappelle là qu'il est d'usage que deux heures quotidiennes soient accordées pour favoriser la recherche d'emploi, en cours de préavis de licenciement ou de démission. Le législateur y renvoie parfois, le plus souvent à titre subsidiaire. Il est ainsi fait référence aux usages, par exemple, pour fixer la durée du préavis de démission (art. L. 1237-1 C. trav.) ou pour fixer la durée du préavis de licenciement des salariés qui ont moins de six mois d'ancienneté (L. 1234-1 C. trav.).

On parle en droit du travail « d'usage de la profession », pour bien distinguer cette source du droit du travail des « usages d'entreprises » qui sont eux très répandus, mais qui, contrairement à ce que leur nom pourrait laisser penser, sont des normes issues de la volonté unilatérale d'un l'employeur.

§ 6 Les normes de source patronale

L'employeur est doté d'un pouvoir juridique. Ce pouvoir s'exprime dans sa capacité à donner des ordres aux salariés, lesquels sont dotés d'une force juridique. Ce qu'atteste la jurisprudence qui qualifie de faute, voire de faute grave, les manquements du salarié aux commandements de l'employeur, dès lors que ces commandements n'excèdent pas la mesure de son pouvoir juridique. 55

Ce pouvoir de commandement peut être exercé au coup par coup, par décisions individuelles. Il peut aussi être exercé de manière plus générale, en touchant un ensemble de salariés pour une durée indéterminée. L'employeur crée alors de véritables règles de droit, générales, abstraites et permanentes.

Ce pouvoir réglementaire de l'employeur, qui va de pair avec son pouvoir de commandement, a été reconnu progressivement par le droit. Le plus inquiétant des pouvoirs de l'employeur est sa capacité à créer unilatéralement des *obligations* à la charge des salariés. Seul cet aspect a, dans un premier temps, été envisagé et réglementé par le législateur, au travers du règlement intérieur d'entreprise. Ce règlement est régi par les articles L. 1311-2 et s. du Code du travail (v. n° 130 et s.). Plus tard, un cadre juridique a été trouvé pour intégrer les actes par lesquels l'employeur crée au profit de ses salariés des *droits* nouveaux. La catégorie de l'engagement unilatéral de l'employeur a alors pris toute son importance.

Les pratiques d'entreprise, dès lors qu'elles ont une certaine constance, une certaine généralité et qu'elles ont fait naître des attentes légitimes dans l'esprit des salariés, sont qualifiées d'« usages d'entreprise » et sont assimilées à ces engagements unilatéraux. Ces différentes sources seront étudiées en détail ultérieurement (v. n° 138 et s.). Il suffit pour l'instant de noter que ces normes issues de la volonté unilatérale déclarée de l'employeur ou issues des pratiques que l'employeur a eues ou a laissé avoir ont une très grande importance pratique dans les entreprises.

Ce pouvoir unilatéral de l'employeur de créer des normes dans l'entreprise a logiquement conduit la jurisprudence à reconnaître que les organisations patronales pouvaient unilatéralement imposer des obligations nouvelles à leurs membres, en leur qualité de mandataire. Les recommandations patronales, qui sont souvent des avantages minimaux accordés après l'échec d'une négociation collective, ont ainsi été dotées d'une force obligatoire analogue à celle des engagements unilatéraux de l'employeur.

§ 7 Le contrat individuel de travail

56 Le contrat individuel de travail est à la fois la source du pouvoir de direction de l'employeur, le lien qui assure l'emploi, le déclencheur de l'application du droit du travail et un support pour toute une série de normes applicables au salarié. L'importance de ce dernier aspect, longtemps sous-estimée, est aujourd'hui pleinement reconnue. La figure du contrat individuel de travail a déjà été rencontrée précédemment. Son rôle comme source du droit du travail sera surtout évoqué au sein du chapitre 4 (v. n° 82 et s.).

section 2

Déclin de la force obligatoire des règles du droit du travail

57 Les rapports qu'entretiennent les différentes sources du droit du travail ont connu, depuis une quinzaine d'années, des bouleversements profonds.

La question du conflit entre sources du droit exprime le résultat d'un rapport de force. En cas d'opposition entre le droit de l'Union européenne et le droit constitutionnel, qui l'emporte ? Cette question est une question de rapport de force : du Conseil constitutionnel ou de la Cour de justice de l'Union, quel est l'organe qui l'emporte ? Comprendre la traduction, en termes de rapport de force, du conflit entre sources permet de dévoiler bien des mystères. On ne s'étonnera plus, par exemple, de voir que le Conseil constitutionnel français continue à affirmer la supériorité de principe de la Constitution, c'est-à-dire de lui-même. Alors que la Cour de justice affirme sans ambages que le droit communautaire, à savoir elle-même, doit l'emporter. Lorsque chacun affirme sa supériorité, le conflit est à vif, il est sans véritable solution. Dans l'ordre interne, les conflits ne sont pas moins intenses. Simplement, ces conflits entre pouvoirs juridiques sont généralement tranchés par des règles de droit spécifiques, *grosso modo* admises de part et d'autre. C'est au demeurant ce qui permet au système juridique de fonctionner.

Les règles du droit du travail ont des auteurs variés. Et l'affrontement de ces auteurs au travers des règles qu'ils édictent est particulièrement rude. La manière dont sont résolus ces conflits de normes est significative de l'état du rapport de force existant à un instant donné. Lorsque la loi cède à la convention collective, on constate un affaiblissement du Parlement et un essor du pouvoir des négociateurs collectifs. Lorsqu'une convention collective d'entreprise peut détruire une convention de branche, un employeur, avec le consentement du délégué syndical de l'entreprise, se découvre plus puissant que les organisations signataires au niveau de la branche. Que les normes issues de la volonté unilatérale de l'employeur l'emportent et les pouvoirs de l'employeur sont sans limites. Les enjeux sont donc considérables.

58 Pour mieux le comprendre, projetons-nous dans un futur imaginaire.

Imaginons qu'un gouvernement désire détruire l'ensemble des protections que la loi et les conventions collectives apportent aux salariés. Comment faire ? Une possibilité serait d'adopter une loi qui abroge d'un coup le Code du travail et les conventions collectives. Mais on imagine sans peine le tumulte qu'une loi aussi impopulaire susciterait.

D'autres voies, plus indirectes, seraient donc vite envisagées. Le législateur pourrait commencer par rappeler que chaque situation concrète est différente (ce qui est vrai). Il ajouterait que le droit ne doit pas interdire aux particularités individuelles d'être prises en compte (ce qui est effectivement souhaitable). Il lui suffirait alors de conclure qu'en cas de conflit entre le contrat individuel de travail et un texte plus général, plus abstrait, c'est le contrat individuel qui doit l'emporter, parce que c'est lui qui est au plus prêt des réalités concrètes. Voilà qui semble *a priori* assez convaincant. Certaines résistances apparaîtront, bien sûr. Mais celles-ci seront de bien moins grande ampleur que si c'était à une abrogation du droit du travail que l'on avait assisté.

Or, affirmer une telle prééminence du contrat individuel revient, en pratique, à une telle abrogation. Le droit du travail est pour l'essentiel un ensemble de protections au bénéfice des salariés. Ceux-ci sont protégés parce qu'ils sont généralement en position de faiblesse par rapport à leur employeur. En pratique, l'employeur rédige seul le contrat écrit, lorsqu'il y en a un. Et, en dehors de quelques cadres de haut niveau, il est bien rare que le salarié puisse en négocier les clauses. Lorsque les parties sont inégales, le contenu des contrats reflète cette inégalité.

Laisser la pleine liberté aux parties d'écarter les règles du droit du travail revient donc, en pratique, à laisser à l'employeur la faculté de s'affranchir de ces règles. Il lui suffira de prévoir une clause par laquelle il est dit qu'en échange de tel ou tel avantage, le salarié renonce à se prévaloir du Code du travail et des conventions collectives. Et le tour est joué.

On objectera que tous les salariés ne signeraient pas une telle clause. Et en effet, peut-être, seuls les plus faibles y seraient contraints. Mais ces salariés les plus faibles sont justement ceux qui ont le plus besoin de protection, ceux pour lesquels le droit du travail est fait. Admettre la renonciation par contrat aux avantages légaux et conventionnels, c'est priver de protection ceux qui en ont besoin. C'est détruire les effets protecteurs du droit du travail.

Cette destruction ne serait guère moins efficace qu'une abrogation pure et simple. Mais elle serait beaucoup plus facile à faire passer.

Nous n'en sommes pas là. Mais le droit du travail évolue constamment, depuis une vingtaine d'années, dans cette direction.

Aujourd'hui, les lois et conventions collectives demeurent d'ordre public, elles 59 ■
s'imposent aux salariés comme aux employeurs. Et il est interdit d'y déroger par contrat. Le droit du travail est en principe d'ordre public, ce que le Conseil d'État a affirmé avec force dans un avis du 22 mars 1973 (*Dr. soc.* 1973. 514). Un contrat individuel peut toutefois prévoir des avantages supérieurs aux minima légaux ou conventionnels. L'adaptation à la situation concrète, particulière est donc possible. Mais seulement lorsque cette adaptation se fait par le haut. On dit que la règle la plus favorable s'applique et l'on parle de « principe de faveur » ou d'ordre public « social ». Cette règle de l'application de la norme la plus favorable est reconnue par la Cour de cassation comme étant « un principe fondamental du droit du travail » (v. Soc. 27 mars 2001, *Bull. civ.* V, n° 106 ; Soc. 17 juillet 1996*), ce qui en souligne l'importance. Mais la force de ce principe est déclinante.

Le Conseil constitutionnel refuse de lui reconnaître valeur supra-législative (Cons. const. 13 janvier 2003, n° 2002-465 DC, *Grands arrêts*, n° 181 et Cons. const. 29 avril 2004, n° 2004-494 DC). Et, de fait, le principe de faveur subit régulièrement de nouvelles exceptions, de nouvelles atteintes de la part du législateur.

■ 60 Cette évolution a eu des effets dévastateurs sur le droit du travail. Ce n'est pas de l'abrogation légiférée des avantages que sont venues les principales régressions sociales. Craintif mais persévérant, le législateur s'en est pris à la force obligatoire des règles protectrices. C'est par la modification des règles techniques de l'agencement des sources que des pans entiers de droit du travail ont pu être détruits, en douceur. De telles « douceurs » sont aujourd'hui prodiguées avec de plus en plus d'acharnement.

Le principe de faveur demeure de droit positif. Mais il s'effrite. Et avec lui, c'est le droit du travail qui vacille. Comprendre la teneur actuelle du droit du travail suppose donc une bonne maîtrise de l'agencement de ses sources.

■ 61 Le principe de faveur signifie que les règles du droit du travail sont impératives en ce sens qu'il est interdit de détruire ou de réduire les protections qu'elles posent. En revanche des améliorations sont toujours possibles. Pour exprimer ce caractère impératif, qui n'interdit que la régression et non l'adjonction de nouveaux avantages, on parle d'« ordre public social ».

Il en découle un principe de solution en cas d'opposition entre règles de droit du travail. Lorsque plusieurs normes, issues de sources distinctes, donnent des solutions différentes sur un même sujet, c'est en principe la norme la plus favorable qui s'applique.

On peut l'expliciter au travers d'un exemple. Un salarié à temps plein travaille 35 heures par semaine. Pour lui, le SMIC, tel que réévalué le 1er juillet 2009, conduit à un salaire mensualisé de 1 337,7 euros brut. On suppose applicable une convention collective qui pose un salaire minimum de 1 400 euros. Et on suppose encore que son contrat individuel de travail prévoit une rémunération de 1 200 euros. Quel est le montant du salaire dû à ce salarié ? La réponse est très simple. La norme la plus favorable s'applique et le salarié devra donc toucher au minimum 1 400 euros.

Le principe de faveur est présenté comme un principe de solution unique, qui a vocation à s'appliquer quelles que soient les sources en présence. En réalité les conflits ne sont pas exactement résolus de la même manière selon les sources en présence. Les questions sont en effet bien différentes lors d'un conflit entre un contrat et une loi, entre deux conventions collectives ou entre un traité et une loi, etc. De plus, le principe de faveur connaît aujourd'hui de nombreuses exceptions et celles-ci diffèrent selon les sources en conflit.

L'agencement des différentes sources du droit du travail doit donc s'étudier en distinguant selon les normes qui s'opposent.

§ 1 La place des traités et du droit de l'Union européenne

■ 62 En droit du travail, la question de l'effet direct des traités est résolue par l'affirmative depuis longtemps. La Cour de cassation a déjà appliqué directement à de nombreuses reprises des conventions de l'OIT (v. not. Soc. 6 juin 1973, *Bull. civ.* V, n° 371 ; Soc. 4 février 1987, *Bull. civ.* V, n° 66 ; Soc. 26 novembre 2002, *Bull. civ.* V, n° 355), la Convention européenne de sauvegarde des droits de l'homme (Soc. 14 janvier 1999, *Bull. civ.* V, n° 24) ou le pacte international relatif aux droits civils et politiques (Soc. 6 juillet 2005, *Bull. civ.* V, n° 236). La Cour de cassation s'est, de plus, soumise à l'occasion au droit communautaire dérivé et en particulier à la jurisprudence de la Cour de justice des communautés européennes. L'effet direct des traités n'est au demeurant plus guère discutable, depuis que les chambres civiles ont abandonné leurs subtiles distinctions entre traités suffisamment clairs et traités qui ne le sont pas (Civ. 1re, 18 mai 2005, deux arrêts, *Bull. civ.* I, n° 211).

L'application des traités ne signifie pas, bien entendu, que le droit français soit dans l'impossibilité d'améliorer les droits des salariés par rapport au droit mondial ou communautaire.

Les traités prévoient en principe des minima de protection. Et un minimum ne s'oppose pas, comme son nom l'indique, à une amélioration. Le droit communautaire reprend cette solution de manière particulièrement claire lorsqu'il affirme que les directives du droit du travail « ne peuvent empêcher un État membre de maintenir ou d'établir des mesures de protection plus strictes compatibles avec le présent traité » (art. 137.4 du traité CE). Il y a là une première application, minimale, du principe de faveur. Ce principe n'est pas ici à proprement parler une règle juridique de résolution des conflits. Il affirme plutôt le sens qu'ont, en principe, les règles du droit du travail : celles-ci posent des protections minimales. Elles n'interdisent donc pas les protections supplémentaires.

Les difficultés apparaissent en présence d'une véritable contradiction, d'un véritable conflit. C'est le cas lorsque la règle d'un traité ou d'une directive n'est pas un minimum de protection mais une norme catégorique, à laquelle il n'est pas question de déroger, même en plus favorable. Il en va ainsi, par exemple, de l'égalité homme-femme. Il ne s'agit pas d'un minimum. Les femmes ne sont pas égales « au minimum », elles sont égales, un point c'est tout. Hors les différenciations directement liées à la condition physique de la femme, et plus particulièrement à la maternité, et hors les discriminations positives, aucune distinction ne saurait être faite entre les sexes. Tel est le sens accordé par la Cour de justice à la directive communautaire du 9 février 1976 dans son arrêt *Stoeckel*, du 25 juillet 1991 (*Rec. CJCE*, p. I-04047, *Dr. soc.* 1992. 174, note M.-A. Moreau et p. 382 note A. Supiot). Le droit français alors applicable prohibait le travail de nuit des femmes. La Cour de justice condamne cette solution et affirme que le droit français doit, en la matière, être considéré comme non écrit et ne plus être appliqué. Cette solution n'a pas été contestée par la Cour de cassation. En cas de véritable conflit, le droit international l'emporte donc clairement. 63

La solution a valeur générale. Les traités s'imposent à l'ordre juridique français comme des normes supérieures. En cas de conflit le traité s'impose. Sont ainsi supérieurs au droit français, le droit communautaire, qu'il soit originel ou dérivé, les traités internationaux et européens sur les droits de l'homme, les conventions de l'OIT, etc.

Seule nuance au tableau, les directives européennes. Celles-ci, une fois passé leur délai de transposition, sont obligatoires pour les États membres et plus généralement pour tous les détenteurs de la puissance publique. Ainsi, notamment, elles s'imposent aux juges qui doivent faire tout ce qui est en leur pouvoir pour interpréter les dispositions du droit français dans un sens qui le rende compatible avec les directives 64

(CJCE 13 novembre 1990, *Marleasing*, C-106/89, *Rec. CJCE*, p. I-4135, pt. 8 ; 16 décembre 1993, *Wagner Miret*, C-334/92, *Rec. CJCE*, p. I-6911, pt. 20 ; CJCE 10 mars 2005, C-196/02, pt. 73). Ainsi encore, les particuliers peuvent les invoquer à l'encontre des détenteurs de la puissance publique. Mais les directives non transposées ne s'imposent pas directement aux particuliers. Un particulier ne pourra pas les invoquer contre un autre particulier (on dit qu'elles n'ont pas « d'effet direct horizontal »). Ainsi, les juges ne peuvent ordonner l'application du texte d'une directive non transposée à l'encontre d'un particulier, dès lors que l'application de cette directive ne peut pas être réalisée par voie d'interprétation du droit français (v. CJCE 14 juillet 1994, *Faccini Dori**, qui récapitule bien l'ensemble de ces règles). Cette limite de l'effet direct des directives produit des conséquences en droit du travail. La question de l'application de la directive du 14 octobre 1991 en est un exemple (v. n° 196-197).

■ 65 La question est nettement plus difficile lorsque l'affrontement oppose deux traités entre eux. Un tel affrontement a opposé droit de l'Union européenne et droit à vocation mondiale, à propos du travail de nuit des femmes. Lorsque l'arrêt *Stoeckel* susvisé a été rendu, ce n'était que sur le conflit entre droit français et droit européen. On s'est alors rappelé que la France était aussi tenue par une convention de l'OIT de 1948, la convention C. 89, laquelle interdisait le travail de nuit des femmes. La question s'est donc posée de savoir qui devait l'emporter : le droit de l'OIT ou le droit européen ?

La Cour de justice européenne, enfin saisie de la question, a répondu dans un arrêt *Levy* du 2 août 1993*. Selon elle, les conventions internationales peuvent l'emporter sur le droit européen, mais seulement si elles sont antérieures à l'entrée en vigueur du traité de Rome de 1957. Cette solution a depuis été confirmée (CJCE 3 février 1994, *Minne*, *Rec. CJCE*, p. I-371, pt. 19). Lorsqu'ils sont dans une telle contradiction, les États membres de l'Union ont cependant l'obligation de la lever au plus vite, en dénonçant dès que possible la convention internationale contraire au droit européen (CJCE 4 juillet 2000, *Commission c. Portugal*, C-84/98, *Rec. CJCE*, p. I-5215, pt. 53). Dans sa grande mansuétude, la Cour de justice précise simplement que l'État membre n'est tenu de dénoncer l'accord qu'à partir du moment où il apparaît clairement que le droit européen s'oppose à lui (CJCE 1er février 2005, *Commission c. Autriche*, C-203/03).

Ainsi, seuls les traités antérieurs au traité de Rome de 1957 peuvent opposer quelques résistances au droit européen. Encore doivent-ils être dénoncés par les États membres dès qu'une disposition de droit européen vient les contredire. Le droit européen, par la voix de sa Cour de justice, affirme ainsi très clairement sa supériorité.

Est-ce à dire que le droit européen *est* en vérité supérieur ? Rien n'interdit à l'OIT de condamner un État, qui, au nom de ses obligations européennes, violerait une de ses conventions internationales... Le conflit entre niveau mondial et niveau européen serait alors à son comble. Simplement, une telle condamnation de l'OIT ne peut être que symbolique, l'OIT étant dépourvue de véritables moyens de sanctions. La CJCE a pour sa part de véritables pouvoirs coercitifs. Et, surtout, il est plus facile de dénoncer un traité de l'OIT que de sortir de l'Union européenne. Le rapport de force est donc très clair. En cas de problème, les États se soumettront logiquement au niveau dont la menace est la plus forte, à savoir au niveau européen.

C'est en ce sens que l'on peut dire qu'en pratique, le droit européen est supérieur au droit à vocation mondiale. Il ne s'agit sans doute que d'un rapport de force favorable. Mais toute solution à un conflit de normes est sans doute d'abord l'expression d'un tel rapport de force... Au demeurant le dénouement de l'affaire du travail de nuit des femmes a démontré cette supériorité du niveau européen. La France a dénoncé le 26 février 1992 la convention de l'OIT de 1948 et la loi du 9 mai 2001 a corrigé le Code du travail. Désormais, le travail de nuit des femmes et celui des hommes sont régis par les mêmes règles (L. 3122-32 C. trav.). Le conflit entre la convention de l'OIT n° 96 de 1949 et le droit de l'Union européenne au sujet des intermédiaires en recrutement suit actuellement le même processus (v. n° 187 à 192).

§ 2 Le conflit entre deux conventions collectives

Il est assez fréquent que deux conventions collectives soient simultanément applicables à une même entreprise. Tel est notamment le cas lorsqu'une convention de branche est applicable à un employeur qui a, de surcroît, conclu une convention d'entreprise. 66

Les conventions collectives sont incontestablement l'une des sources du droit du travail les plus importantes, en pratique, pour les salariés. La question de leur force obligatoire et de la résolution des conflits qui les opposent a fait l'objet d'importantes réformes, légales et jurisprudentielles, ces dernières années. La question du conflit entre deux conventions collectives en est sortie profondément bouleversée.

La dernière en date des grandes réformes sur la question est la loi du 4 mai 2004. Cette loi pose en principe la supériorité hiérarchique des conventions collectives dont le champ d'application est le plus petit, sur les conventions collectives dont le champ d'application est le plus grand (A). Il arrive cependant que, par exception, les différentes conventions collectives applicables soient considérées comme de force égale. Alors seulement le principe est que la règle la plus favorable s'applique (B).

A. Le principe de hiérarchie inversée

En cas de conflit, la convention d'entreprise l'emporte sur la convention de branche, même si elle est moins favorable (art. L. 2253-3 al. 2 C. trav.). Une convention de branche l'emporte sur une convention interprofessionnelle et une convention départementale l'emporte sur une convention nationale (art. L. 2252-1 C. trav.). Les négociateurs au niveau le plus petit ont donc toute liberté pour détruire, même sans contrepartie, les avantages prévus par les conventions collectives de plus grande ampleur. Ce principe peut être dit « principe de hiérarchie inversée », puisqu'il est aux antipodes de la hiérarchie habituelle des sources du droit, qui accorde la supériorité aux sources dont le champ d'application est le plus vaste. 67

Le principe de hiérarchie inversée, applicable aux conflits entre conventions collectives, s'explique. Plus la négociation a lieu à un niveau général, élevé et plus la négociation est équilibrée. Au niveau des branches et plus encore au niveau national, les négociateurs syndicaux ont une grande expérience de la négociation collective et ils sont difficilement impressionnés par les éventuelles menaces des organisations d'employeurs. Au niveau des entreprises, en revanche, les négociateurs syndicaux sont nettement moins expérimentés. Ils sont surtout directement soumis aux pressions de l'employeur. Exciper d'un projet de licenciement ou, mieux encore, de délocalisation menace directement le délégué syndical et ses proches collègues de travail. Dans de telles conditions, il peut être relativement facile d'obtenir l'abandon de protections importantes. La négociation d'entreprise est plus fragile que la négociation de branche, et la négociation de branche est plus fragile que la négociation interprofessionnelle. Le législateur en donnant la priorité au niveau de négociation le plus petit, donne aussi priorité au niveau auquel le pouvoir de négociation de l'employeur est le plus fort. Ce qui permet d'œuvrer dans le sens d'une réduction des avantages sociaux, laquelle est jugée nécessaire au développement économique (pour une critique de cette analyse économique simpliste, v. n° 4 à 6).

68 Le principe de supériorité du niveau le plus petit de la négociation souffre encore, heureusement, de trois importantes exceptions :

– il est interdit aux conventions d'entreprises de détruire les avantages que les conventions de branche prévoient en matière de salaire minimum, de classification, de protection sociale complémentaire ou de mutualisation des fonds destinés à la formation professionnelle (L. 2253-3 al. 1er C. trav.) ;

– les négociateurs au niveau de la branche ou au niveau interprofessionnel peuvent stipuler expressément que les avantages qu'ils prévoient s'imposent aux conventions collectives de champ d'application plus réduit. Cette stipulation est pleinement efficace (art. L. 2252-1 C. trav.). Si les négociateurs patronaux au niveau de la branche l'acceptent, la convention de branche continuera donc d'être impérative pour les négociateurs au niveau de l'entreprise ;

– surtout, la loi du 4 mai 2004 a réservé le cas des conventions collectives conclues avant son entrée en vigueur (art. 45 de la loi). Ces conventions collectives demeurent donc impératives et les accords de niveau inférieur ne pourront y déroger qu'en plus favorable. Cette dernière réserve assure une longue survie au principe de faveur, qui était l'ancien principe de solution. Ce n'est qu'au fur et à mesure du remplacement des conventions de branche que la nouvelle hiérarchie inversée deviendra applicable. Or ce renouvellement est lent, la pratique étant plus de modifier par avenant les conventions de branche, plutôt que de les remplacer en bloc (il n'est pas rare de trouver des conventions collectives de branche des années 1950, toujours applicables). De plus, même lorsqu'un tel renouvellement en bloc a lieu, les négociateurs ont toujours la faculté d'affirmer le caractère impératif de leur texte.

Cumulées, les exceptions à la loi du 4 mai 2004 sont donc considérables. L'agencement traditionnel des conventions collectives, basé sur le principe de faveur, conserve ainsi un champ d'application très important. En pratique et pour encore de nombreuses années, les solutions traditionnelles, antérieures à la loi du 4 mai 2004, resteront applicables dans la très grande majorité des cas. Ces solutions juridiques ne peuvent donc pas être ignorées.

B. L'application résiduelle du principe de faveur

69 Lorsque l'on est dans le champ de l'une des exceptions au principe de hiérarchie renversée, la difficulté que crée l'existence de deux conventions collectives simultanément applicables à une même entreprise se résout par la méthode dite de « l'application combinée » (1). Cette méthode a connu une évolution marquante avec l'arrêt *Géophysique* du 19 février 1997 (2).

1. *L'application combinée*

Cette méthode est assez bien résumée par l'attendu de principe de l'arrêt *Ambelouis*, de l'Assemblée plénière, du 18 mars 1988 (*Bull. Ass. plén.*, n° 3 ; *Grands arrêts*, n° 179 ; *adde* dans le même sens, en substance, Ass. plén. 24 octobre 2008*) : « en cas de concours de conventions collectives, les avantages ayant le même objet ou la même cause ne peuvent, sauf stipulations contraires, se cumuler, le plus favorable d'entre eux pouvant seul être accordé ». L'idée est simple. Une convention collective prévoit un salaire minimum de 1 400 euros mensuels. Une autre convention collective prévoit pour le même emploi un salaire minimum de 1 500 euros. C'est la disposition la plus favorable qui sera appliquée et non, bien sûr, la somme des deux dispositions : le salaire minimum n'est, bien évidemment, pas de 2 900 euros. Ces deux avantages ont la même finalité : assurer une rémunération suffisante en contrepartie au travail. Ils ne se cumulent pas. Seul le plus favorable, 1 500 euros, s'appliquera. En revanche, si une convention collective prévoit une sixième semaine de congés payés et l'autre prévoit une prime de salissure de 100 euros par mois, ces deux avantages de finalités totalement différentes peuvent se cumuler. Et le salarié bénéficiera de la sixième semaine de congés payés en plus de la prime de 100 euros. 70

Ce raisonnement se fait en deux temps. 71

Dans un premier temps, chacune des deux conventions collectives en présence est découpée en tranche. Chaque tranche rassemble l'ensemble des avantages conventionnels ayant, dit la Cour, « le même objet ou la même cause ». En réalité, ce sont les dispositions qui ont une même finalité, une même cause, qui sont regroupées, l'objet au sens juridique du terme important peu. Ainsi, des primes de vacances et de 13ᵉ mois doivent être cumulées (Soc. 26 octobre 1982, *Jur. Soc. UIMM* n° 83-438 p. 79). Les objets de ces primes ne sont pourtant pas distincts. Il s'agit de deux obligations de verser des sommes d'argent. En revanche leur cause, leur finalité, est bien distincte : une prime est destinée à améliorer les vacances des salariés, l'autre n'a pas cette finalité particulière, elle n'a pour but que de rémunérer le travail effectué.

Les indemnités de licenciement, dont la finalité est de réparer le préjudice de la rupture, sont ainsi regroupées en un seul bloc. Elles seront en revanche séparées des clauses sur le préavis de licenciement qui retardent la rupture et ont pour finalité de prévenir et de réduire le préjudice subi par le salarié. L'indemnité de licenciement plus favorable d'une convention collective pourra ainsi être cumulée avec la durée de préavis plus longue d'une autre convention collective (Soc. 23 octobre 1985, *Bull. civ.* V, n° 488). La rémunération des heures de nuit est la cause de ses différents éléments de calcul : le taux horaire d'une convention et la majoration des heures de nuit d'une autre convention font donc partie du même bloc. Elles ne se cumulent pas (Soc. 25 octobre 2006, n° 04-20413). Toutes les dispositions qui ont pour finalité d'assurer une période de congés annuels payés seront rassemblées dans un autre bloc, etc.

Dans un second temps, on compare deux à deux les tranches de conventions collectives ayant la même finalité, pour conserver celles qui sont les plus favorables. La question n'est pas toujours facile : certains salariés peuvent avoir intérêt à conserver telle clause et d'autres salariés préférer une autre clause. Plutôt que de laisser chacun choisir selon ses intérêts et dans un but de simplification, la Cour de cassation a décidé que, des deux blocs à comparer, un seul devait s'appliquer pour tous les salariés. Par conséquent, la comparaison doit se faire eu égard à l'ensemble des intéressés (en ce sens, v. Ass. plén. 18 mars 1988, préc.). Pour savoir ce qui est plus favorable d'une prime d'assiduité importante, mais qui disparaît totalement à la première absence, ou d'une prime d'assiduité moins importante, mais dont la disparition est progressive, il sera nécessaire de regarder quel est le nombre d'absence, en moyenne des salariés. Si dans leur quasi-totalité des salariés ne sont jamais absent, la prime la plus élevée l'emportera. Si les absences d'une journée ou d'une demi-journée sont fréquentes, ce pourra être la seconde. Quoi qu'il en soit, l'entreprise n'aura à appliquer qu'une des deux primes, même si cela défavorise tel ou tel salarié, dont le comportement est minoritaire.

■ 72 Le découpage des tranches est la partie la plus importante. Plus les tranches sont grosses, moins il y a de cumuls possibles. À la limite, si une convention collective n'est qu'une seule tranche indivisible, soit elle s'applique, et elle seule, soit elle ne s'applique pas du tout. Un découpage très fin, au contraire, permet de bénéficier de l'essentiel des avantages de l'une, tout en conservant les avantages de l'autre.

Or, cette question du découpage est souvent délicate. Ainsi, par exemple, dans une espèce soumise à la Cour de cassation le 18 janvier 2000 (*Bull. civ.* V, n° 27), la convention de la sidérurgie prévoyait une majoration pour les heures de travail de nuit de 25 %. La convention de la métallurgie de la Somme, elle aussi applicable, prévoyait une majoration de seulement 15 % pour les heures de nuit. Mais elle prévoyait aussi une majoration de 10 %, dite « prime d'incommodité », pour les horaires de jour des salariés qui travaillent alternativement le matin ou l'après midi. Les salariés, qui travaillaient selon le système des 3x8 réclamaient une application distributive, soit 25 % de suppléments pour semaine de nuit, et 10 % pour les semaines de jour. La Cour de cassation refusa cette application cumulée. Pour elle, les différentes dispositions avaient toutes une même finalité, compenser les incommodités dues aux horaires de travail. Elles ne pouvaient donc se cumuler (en l'espèce c'est la prime de 25 % qui a été jugée globalement plus favorable). On aurait tout aussi bien pu dire que compenser le préjudice dû au travail de nuit est une finalité, et que compenser le préjudice dû aux variations du travail de jour est une autre finalité. Pour en déduire que les primes devaient se cumuler...

Une part d'incertitude demeure ainsi, l'appréciation de l'identité de finalité étant souvent difficile. Seul est clair le raisonnement. Il faut rechercher la finalité des clauses de la convention collective (dans quel but ont-elles été stipulées ?), rassembler les clauses qui se complètent autour d'une même finalité, puis comparer le bloc ainsi constitué avec la ou les dispositions de la seconde convention collective ayant la même finalité. Il faut enfin appliquer le bloc qui est le plus favorable pour l'ensemble des intéressés.

Sans la remettre en cause, un arrêt de 1997 a amendé et fragilisé cette méthode.

2. *La jurisprudence Géophysique*

■ 73 L'arrêt *Géophysique* du 19 février 1997 (*Dr. soc.* 1997. 432 ; *Bull. civ.* V, n° 70) a inauguré une jurisprudence nouvelle (v. not. dans le même sens, Soc. 3 mars 1999, *Dr. soc.* 1999. 1101). L'innovation apportée par rapport à ce qui vient d'être décrit touche simplement à la manière de découper les tranches à comparer. Mais, l'essentiel étant dans ce découpage, la modification est d'importance.

Selon l'arrêt *Géophysique*, lorsqu'une convention collective dit expressément que telle clause est la contrepartie de telle autre clause, ces deux clauses sont indivisibles. Elles forment un seul bloc dans la comparaison qui doit être menée.

Cet épaississement possible de la tranche de convention collective à comparer crée des difficultés. La première est dans l'appréciation du bloc le plus favorable. Ainsi, par exemple, dans l'arrêt *Géophysique*, une convention collective d'entreprise échangeait la réduction d'une prime issue d'une autre convention collective contre un maintien de l'emploi. Il est clair que pour les salariés, conserver leur emploi est préférable à la conservation d'une prime. Mais les emplois étaient-ils vraiment menacés ? La conservation de la prime aurait-elle véritablement provoqué des licenciements ? C'est à ces questions bien difficiles qu'il faut répondre pour savoir ce qui est réellement le plus favorable. Dans l'arrêt *Géophysique*, la Cour a considéré que l'échange était globalement plus favorable et elle a donc autorisé la réduction de la prime.

Dans d'autres cas, la solution pourra être encore plus difficile. Un accord pourrait fort bien dire qu'il est indivisible, que tout y est contrepartie du reste. Cet accord devra être comparé en un seul bloc aux autres conventions applicables. Et la comparaison devra peser, dans une même balance, des avantages disparates de tous ordres, ce qui peut s'avérer en pratique bien difficile.

La jurisprudence *Géophysique* a surtout ouvert une première brèche dans la force obligatoire des conventions collectives de branche. Elle permet de négocier dans les entreprises l'abandon de telle ou telle disposition de la convention collective de branche, en échange de tel ou tel autre avantage. Les négociateurs au niveau de l'entreprise peuvent ainsi détruire le contenu des conventions de branche, pourvu que globalement, leur accord apparaisse plus favorable.

Cela crée de plus, pour l'employeur, un moyen d'éviter l'application des avantages conventionnels. Il lui suffit d'user d'abord de la menace de supprimer des emplois, puis d'échanger la non-exécution de sa menace contre un abandon des avantages conventionnels.

Mais au moins, sous l'empire de la jurisprudence *Géophysique*, la mise en place d'une contrepartie crédible et suffisante était-elle nécessaire pour qu'une convention d'entreprise détruise les avantages prévus par une convention de branche.

Sous l'empire de la loi du 4 mai 2004, une telle contrepartie n'est même plus exigée.

§ 3 La convention collective et la loi

74 Depuis une vingtaine d'années, en fait, la convention collective gagne et le législateur recule. Les rapports entre la convention collective et la loi n'en demeurent pas moins placés juridiquement sous le signe d'une étroite hiérarchie. S'il le souhaite, le législateur, maître de l'intérêt général et de l'ordre public, impose son texte. Il n'est pas alors question que les négociateurs collectifs, simples personnes privées, puissent y retrancher ne serait-ce qu'une virgule.

Ainsi, lorsqu'une loi ne prévoit pas un minimum mais une règle catégorique, elle ne peut pas être amendée, en aucune manière, par les négociateurs collectifs. Par exemple, la compétence des agents publics n'est pas à la libre disposition des négociateurs collectifs. Une convention collective ne peut pas, dès lors, accorder de nouvelles fonctions aux inspecteurs du travail, même si cet octroi est plus favorable aux salariés (v. not. CE, avis, 22 mars 1973, *Dr. soc.* 1973. 514 ; Soc. 19 déc. 1989, *Bull. civ.* V, n° 719 ; Soc. 12 juillet 2006, *Bull. civ.* V, n° 258 ; *adde*, sur la prohibition des clauses d'indexation, Soc. 13 décembre 2006, n° 05-44073 *Bull. civ.* V, n° 374). On parle alors souvent d'ordre public « absolu » de la loi (v. pour une utilisation exprès de cette qualification à propos des règles sur la participation des salariés, Soc. 23 mai 2007, n° 04-20157, [P]).

Ce n'est que lorsque les lois prévoient des minima que la convention collective peut y ajouter quelque chose. Il est parfois dit qu'alors les conventions collectives peuvent déroger en plus favorable à la loi. Mais ce n'est en réalité qu'une maladresse de langage. La convention collective prévoit simplement alors des avantages supplémentaires, lesquels doivent respecter les minima légaux. Ainsi, par exemple, une convention collective peut prévoir un salaire supérieur au SMIC. Mais verser un salaire supérieur au SMIC, ce n'est pas « déroger » au SMIC. Le SMIC est un minimum. Verser une somme plus importante, c'est le respecter, pleinement. Ce n'est pas y « déroger ».

Au demeurant, aucune véritable dérogation, même de détail, même plus favorable, n'est autorisée.

On peut ainsi imaginer une convention collective qui prévoirait un salaire au rendement, globalement nettement plus favorable que le SMIC. Un salarié au rythme de travail médiocre pourrait, on le suppose, toucher par exemple une fois et demie le SMIC grâce à ce mode de calcul. Il se pourrait cependant que quelques salariés, très minoritaires, soient particulièrement lents. Payés au rendement, ils n'arrivent pas à atteindre le montant du SMIC.

La solution est alors claire et franchement distincte de celle que l'on connaissait en cas de conflit entre conventions collectives. On applique d'abord la loi et toute la loi. Les quelques salariés les plus lents ont donc droit au paiement du SMIC.

On pourra ensuite, se demander si, en plus, la convention collective reste applicable. Cette seconde question est plus ouverte. Si l'application de la loi prive de cause la convention collective, si la privation de SMIC de quelques salariés est la cause véritable du supplément versé aux autres, la convention, devenue sans cause, sera inapplicable pour tous.

Il peut en découler des solutions globalement désavantageuses pour les salariés. Ainsi, on pourrait imaginer un système conventionnel de représentation du personnel qui remplacerait comités d'entreprise, délégués syndicaux et délégués du personnel, globalement plus favorable pour les salariés. Les lois sur les comités d'entreprise, délégués syndicaux et délégués du personnel étant d'ordre public, cette convention ne saurait pour autant les supprimer. La loi s'applique. Et les conventions collectives doivent se contenter d'ajouter à la loi sans pouvoir lui substituer d'autres modes de représentation du personnel, même plus favorables.

Les négociateurs collectifs ont une marge de négociation sur les termes des autres conventions collectives applicables. Ils n'ont pas une même latitude s'agissant des termes de la loi. Lorsque la loi fixe un minimum, celui-ci peut être amélioré. Mais il ne peut être supprimé ou amendé, fusse au profit d'une institution nouvelle : un tel amendement serait illégal.

L'arrêt du 17 juillet 1996, *Vizcaino**, apporte une légère nuance à cette conclusion. Cet arrêt fait prévaloir les dispositions plus favorables du statut de la SNCF sur la loi, alors même que cette application empêche l'application de toute la lettre de la loi. Mais l'arrêt prend soin de préciser que sa solution n'est possible que parce « qu'aucune illégalité d'une disposition particulière du statut (n'était) invoquée ». Si l'illégalité du statut avait été soulevée, on peut supposer que seule la loi aurait été applicable et que les salariés auraient été privés du statut, plus favorable. Ni l'employeur ni les salariés ne réclamaient une telle solution. Ceci explique que, après avoir insisté en affirmant que le raisonnement tenu « n'implique aucune appréciation sur la légalité... », la Cour ait laissé s'appliquer un statut plus favorable, en fermant les yeux sur l'élément de loi qu'il mettait de coté. Ainsi, une certaine souplesse peut, si les parties en sont d'accord, être à l'occasion tolérée : le juge répugne à soulever d'office des moyens qui iraient contre le désir des deux parties au procès.

Il faut donc considérer que la supériorité juridique de la loi sur la convention collective demeure la solution du droit positif.

Cette supériorité juridique de la loi ne doit pas masquer que, dans les faits, le pouvoir des négociateurs collectifs ne cesse de s'accroître, au dépend bien souvent de celui du législateur. 75

Une loi peut fort bien affirmer elle-même qu'elle ne s'applique qu'à défaut de convention collective contraire, même défavorable aux salariés. Cette disposition légale, comme les autres, doit être respectée, le principe de faveur n'ayant pas valeur supra-législative (v. n° 59). Les lois de ce type sont de plus en plus fréquentes. Ces lois qui ne s'appliquent qu'en l'absence de convention collective sont en quelque sorte supplétives de la commune volonté des négociateurs collectifs. Ce droit légal supplétif couvre aujourd'hui des pans entiers du droit du travail. C'est le cas, notamment, de l'essentiel de la réglementation du temps de travail. Cet essor de la loi supplétive, constant depuis une vingtaine d'années, pourrait cependant rencontrer certaines limites. Selon l'article 34 de la Constitution de 1958, « La loi détermine les principes fondamentaux (...) du droit du travail ». Et le Conseil constitutionnel en a déduit que certains points, fondamentaux, ne pouvaient faire l'objet d'une délégation du législateur aux partenaires sociaux (Cons. const. 7 août 2008, décision n° 2008-568 DC, à propos de la contrepartie obligatoire en repos due pour certaines heures supplémentaires, v. n° 332).

Cependant, la puissance du politique étant ce qu'elle est, il est devenu de plus en plus difficile à un gouvernement de résister aux accords réalisés entre syndicats de salariés et organisations patronales. Poussant leur avantage, le patronat et les principaux syndicats (à l'exception notable de la CGT) sont allés jusqu'à exiger une soumission plus définitive du législateur à leur commun accord. Sur le modèle de la négociation collective européenne, les acteurs collectifs ont réclamé qu'aucune loi ne puisse être votée dans le domaine social, sans que le projet de loi ne leur ait été soumis au préalable et sans qu'il ne leur ait été laissé le temps d'une négociation. Un éventuel accord devrait alors être repris par le Parlement, sans que celui-ci puisse porter atteinte à son équilibre (v. la position commune du 16 juillet 2001, *Dr. soc.* 2003. 92 et s., spéc. pt. III, 3, p. 95).

Cette revendication d'une négociation collective supra-législative a d'abord reçu un ferme soutien de la part du gouvernement, lequel s'est engagé solennellement à se soumettre à ce désir des partenaires sociaux dans les motifs de la loi du 4 mai 2004. Cet engagement a été rapidement violé : quelques mois plus tard, la même majorité a commencé à légiférer en droit du travail par voie d'ordonnance sans laisser de temps à la négociation. Le législateur a alors semblé reprendre la main. Ainsi, le nouveau contrat spécial, réservé aux jeunes, le contrat première embauche (CPE), fut-il adopté sans concertation préalable, à la suite d'un amendement déposé en cours de procédure parlementaire (loi du 31 mars 2006, sur laquelle v. *infra*, n° 176). Les importantes grèves et manifestations de protestation contre ce contrat conduisirent cependant à son abandon très rapide (proposition de loi du 10 avril 2006, loi du

21 avril 2006, 11 jours de procédure pour adopter une loi, record à battre !). L'absence de concertation préalable ayant alors été vivement critiquée, l'idée d'une négociation collective préalable à la procédure législative est revenue sur le devant de la scène.

Par suite, la loi du 31 janvier 2007 a créé une obligation de faire précéder tout projet de réforme d'une concertation préalable, qui comprend notamment la transmission aux négociateurs collectifs d'un « document d'orientation présentant des éléments de diagnostic, les objectifs poursuivis et les principales options » (art. L. 1 al. 2 C. trav.). Ces derniers reçoivent en outre la faculté d'informer du délai qu'ils souhaitent pour négocier (art. L. 1 al. 3 C. trav.).

Cette procédure apparaît relativement souple : rien n'indique que la demande de délai soit impérative pour le législateur. Rien n'indique non plus qu'une négociation aboutie lie juridiquement le législateur, lequel pourrait fort bien amender l'accord réalisé (situation fort différente de celle reconnue en droit européen, pour la négociation collective européenne : v. *supra*, n° 49). De tels effets impératifs supposeraient, au demeurant, une modification de la Constitution pour qu'ils soient effectifs. Enfin, la procédure prélégislative nouvelle n'est applicable qu'en l'absence d'« urgence » (art. L. 1 al. 4 C. trav.).

La loi du 31 janvier 2007 n'a donc qu'un impact essentiellement symbolique. Mais on aurait tort de sous-estimer la force des symboles en droit. Certes, à peine quelques semaines après son élection, la majorité issue des élections présidentielle et législatives de mai-juin 2007 revenait à la pratique des lois votées dans l'urgence, sans véritable consultation-négociation préalable (v. les lois du 21 août 2007 qui modifient le régime fiscal et social des heures supplémentaires et fixent un préavis individuel de grève dans le secteur du transport public terrestre de personnes). Mais il ne s'agissait que de quelques rodomontades au lendemain d'une élection.

Le gouvernement est vite rentré dans le rang. Même dotée d'une force juridique douteuse, même violée dès sa mise en vigueur, la loi du 31 janvier 2007 s'est finalement imposée à la pratique.

Conformément à l'esprit de la loi, à plusieurs reprises, des négociations collectives nationales interprofessionnelles ont anticipé avec succès d'importants débats parlementaires annoncés. Et l'accord est venu fixer le contenu des lois à venir.

Ce type de négociation « légiférante » n'est pas totalement nouveau en droit du travail. On peut ainsi mentionner la loi du 12 novembre 1996 qui reprend l'Accord national interprofessionnel (ANI) du 31 octobre 1995, les principales lois relatives à la formation professionnelle, qui sont, pour l'essentiel, la reprise des accords de 1971, 1991 et 2003, ou encore le décret du 28 août 2006 (art. D. 1242-2 C. trav.), qui instaure le contrat « vieux » en application de l'ANI du 13 octobre 2005. Il demeure que la loi du 31 janvier 2007 a permis le développement récent de cette influence des négociateurs collectifs sur la procédure parlementaire. La négociation collective légiférante a changé de vitesse et d'ampleur. L'ANI du 11 janvier 2008 sur la modernisation du droit du travail et la position commune du 9 avril 2008 sur la représentativité, le développement du dialogue social et le financement du syndicalisme sont la marque de cette importante évolution des rapports entre sources du droit du travail.

Il est trop tôt pour savoir si cette évolution sera ou non pérenne. Il demeure que la vision d'une loi si respectueuse des négociations collectives qu'elle leur apparaît quasi soumise, est désormais ancrée en tête du Code du travail et confirmée par la pratique. On pourra s'en réjouir en y voyant le signe d'un essor du dialogue social et d'un certain consensualisme. Il faut aussi y voir un pas de plus vers la satisfaction de cette revendication patronale, toujours présente, d'un droit du travail composé de conventions collectives vaguement agrémentées de quelques lois supplétives, d'un droit du travail ainsi réduit aux protections expressément consenties par les employeurs.

§ 4 Le contrat individuel et l'ordre public

Les règles du droit du travail, qu'elles soient issues des traités, des lois ou des conventions collectives, s'imposent à l'employeur comme aux salariés. Les contrats individuels ne peuvent y déroger. 76

Cette règle ancienne est consubstantielle au droit du travail. Parce que les salariés étaient dans une situation d'infériorité par rapport à leurs employeurs, il est apparu que l'on ne pouvait compter sur le contenu des contrats individuels pour faire régner la justice. C'est contre ce contenu des contrats individuels, jugé trop déséquilibrés, injustes, que le droit du travail a été construit. C'est pour cette raison que des lois ont été votées. C'est pour cette raison que des conventions collectives, conclues à un niveau où les négociations sont plus équilibrées, ont été adoptées. Un droit du travail auquel les contrats individuels de travail pourraient déroger n'aurait donc plus aucun sens.

Ceci explique la situation du contrat de travail vis-à-vis de la loi, mais aussi de la négociation collective. Les principes de solutions sont ici un peu les mêmes que ceux qui gouvernent les relations entre la loi et la convention collective. Le contrat individuel de travail ne peut déroger aux lois d'ordre public. Il ne peut pas non plus, sauf dispositions contraires, déroger aux conventions collectives.

Ce respect est également dû par le contrat à la teneur des règles légales et conventionnelles. Mais ceci ne signifie pas que le contrat individuel soit exactement dans la même situation face à la loi et face à la convention collective.

Si tel est son sens, la loi peut toujours l'emporter sur des dispositions contractuelles, même plus favorables pour le salarié. Une telle signification de la loi est exceptionnelle, mais pas inexistante. Ainsi, par exemple, la prohibition des clauses d'indexation, ordonne l'annulation des clauses conventionnelles, mais aussi contractuelles, qui indexent le salaire sur le taux d'inflation ; et ce, même si ces clauses sont favorables aux salariés (art. L. 112-2 C. mon. fin. ; Soc. 13 décembre 2006, n° 05-44073, *Bull. civ.* V, n° 374). On dit alors que la loi est d'ordre public absolu (v. n° 74).

Pareille solution est tout à fait exclue dans les rapports entre conventions collectives et contrats. Il n'existe pas de convention collective « d'ordre public absolu » qui pourrait s'imposer aux contrats individuels de travail. L'article L. 2254-1 du Code du travail est fort clair en ce sens : les conventions collectives s'imposent « sauf dispositions plus favorables ». La force obligatoire des conventions collectives cesse donc face aux dispositions plus favorables stipulées au sein de contrats individuels de travail.

Respectueuse de la place du consentement individuel des salariés, la Cour de cassation va même légèrement plus loin. Elle affirme de manière très nette qu'« un accord collectif ne peut modifier le contrat de travail d'un salarié » (v. not. Soc. 13 novembre 2001, *Bull. civ.* V, n° 340 ; Soc. 25 février 2003, *Bull. civ.* V, n° 64). La solution est rigoureuse. Certaines adaptations étaient possibles entre deux conventions collectives, et ce même avant la loi du 4 mai 2004 (v. n° 70-72). Entre contrats et conventions collectives, il n'en est pas question. Même plus favorable, même ayant la même cause ou le même objet, une convention collective ne peut en rien modifier un contrat individuel de travail (v. en ce sens, malgré une légère ambiguïté de la rédaction des arrêts, Soc. 7 novembre 2007, trois arrêts, n°s 06-40115 à 06-40117, *RDT* 2008. 31, obs. G. Pignarre). Le contrat doit recevoir application dans son entier. Comme lorsqu'elle est confrontée à une loi, la convention collective ne pourra s'appliquer qu'*en plus* des dispositions contractuelles, en faveur du salarié (v. les arrêts préc. qui permettent le versement de rappels de salaires basés sur une prime contractuelle, malgré l'intégration de cette prime dans le salaire conventionnel de base, versé au salarié).

Encore faut-il, bien entendu, qu'une disposition contractuelle puisse être opposée à la convention collective. Un contrat qui ne prévoit rien expressément quant au mode de calcul de la rémunération ou qui renvoie pour ce calcul à la convention collective, n'est nullement modifié lorsqu'une convention collective nouvelle vient modifier ce mode de calcul, tout en respectant le montant du salaire (v. Soc. 27 juin 2000, *Dr. soc.* 2000. 828 et s. obs. C. Radé, p. 1007, obs. Ph. Waquet; *adde* sur le caractère nécessairement contractuel du montant du salaire, n° 94-95).

De plus, les contrats individuels de travail ont une sorte de zone normative réservée, un domaine juridique où eux seuls sont véritablement compétents.

■ 77 Le contrat individuel de travail est le seul acte juridique qui ne soit obligatoire qu'à la condition du consentement du salarié. Et l'on ne saurait se passer de ce consentement pour un certain nombre de normes. La plus importante est l'obligation du salarié d'obéir à l'employeur. Cette subordination juridique résulte du contrat individuel de travail et ne peut résulter que de lui : une subordination sans le consentement préalable du salarié ferait passer la relation du salariat, qui est autorisé, au travail forcé, qui est strictement prohibé.

Plus généralement, il faut rappeler que si les organisations patronales sont bien les mandataires de leurs membres dans la négociation collective, il n'en va pas de même des syndicats de salariés. Ces derniers représentent *les intérêts* des salariés dit-on. Cela signifie qu'ils ne représentent pas juridiquement les salariés, ils ne sont pas leurs mandataires. En clair, le consentement des syndicats ne vaut pas consentement des salariés. Les syndicats ne sont pas les chefs, les patrons de leurs membres. Ils le sont encore moins vis-à-vis des salariés qui ne sont pas leurs adhérents. Ils ne peuvent donc pas leur donner des ordres ni leur imposer des obligations nouvelles. Il en résulte qu'une convention collective ne saurait en aucun cas détruire un avantage que le salarié tient de son contrat de travail (en ce sens, v. l'art. L. 2254-1 C. trav., L. 135-2 anc. C. trav.).

On devrait logiquement en déduire aussi que les conventions collectives de travail ne peuvent pas créer d'obligations à la charge des salariés. La création d'obligations au débit du salarié serait ainsi une compétence qui n'appartiendrait qu'aux pouvoirs publics, aux contrats individuels de travail, ou aux employeurs dans la limite des pouvoirs qui leur ont été concédés par le contrat de travail.

La jurisprudence, cependant, a hésité à appliquer pleinement cette solution. Elle a considéré que, dans le silence du contrat, les conventions collectives pouvaient imposer aux salariés des clauses de non-concurrence (Soc. 8 janvier 1997, *Pied*, *Dr. soc.* 1997. 323, *Bull. civ.* V, n° 8) ou encore des clauses d'essai (Soc. 29 mars 1995, *Bull. civ.* V, n° 112; Soc. 23 avril 1997, *Dr. soc.* 97. 640, note G. Couturier; *Bull. civ.* V, n° 143; Soc. 7 mars 2000, *RJS* 2000, n° 369), de mobilité (Soc. 27 juin 2002, *Bull. civ.* V, n° 222;

Soc. 30 novembre 2005, n° 03-46530 ; *RJS* 2006, n° 307) ou d'astreinte (Soc. 13 février 2002, n° 00-40387). Cette solution a perdu peu à peu l'essentiel de sa force.

Dès l'origine, il était admis que, pour s'imposer, la clause de la convention collective devait être autosuffisante et impérative. De plus, le salarié devait avoir été informé de l'application de la convention collective et mis en mesure d'en prendre connaissance, *au moment de son embauche*. Il en a vite été déduit qu'une convention collective nouvelle ne pouvait imposer aucune sujétion aux salariés embauchés antérieurement à son adoption (v. not. Soc. 27 juin 2002 et 30 novembre 2005, préc.). Une convention collective ne pouvait donc plus créer d'obligations qu'à la condition qu'il soit possible de supposer que le salarié connaissait la clause conventionnelle lorsqu'il avait conclu son contrat. Il fallait, en d'autres termes, qu'il soit possible de supposer qu'il a ainsi *implicitement* consenti à la clause conventionnelle dès le début de la relation de travail (une *modification* du contrat ne peut, elle, être implicite : v. Soc. 8 octobre 1987, *Raquin*, arrêt cité et étudié aux n° 84 et s.). Plutôt qu'un véritable pouvoir des syndicats de créer des obligations à la charge des salariés sans leur consentement, il ne s'agit donc plus que d'une jurisprudence créatrice sur le contenu des contrats individuels de travail, justifiée par des consentements supposés, imaginés. Cette solution n'en demeure pas moins critiquable : le recours à des consentements fictifs n'est jamais très convaincant.

Cette interprétation créatrice a, de plus, perdu récemment l'essentiel de son champ d'application. Par application de l'ANI du 11 janvier 2008, la loi du 25 juin 2008 sur la modernisation du marché du travail impose aux périodes d'essai d'être expressément stipulées au sein des contrats de travail ou des lettres d'engagement (art L. 1221-23 C. trav.). Et l'article 10 de cet ANI du 11 janvier, stipule que « les contrats de travail devront préciser les conditions de mise en œuvre (...) des clauses de non-concurrence (... et des) clauses de mobilité ».

La jurisprudence qui voyait dans les conventions collectives une source possible d'obligations nouvelles à la charge des salariés semble ainsi en voie d'extinction.

§ 5 Situation des normes professionnelles non conventionnelles

Le règlement intérieur et l'engagement unilatéral sont créés par la seule volonté unilatérale de l'employeur. Il s'agit pour cette raison des normes les plus fragiles. 78
Elles ont été situées par la jurisprudence au plus bas de la hiérarchie des normes, dans une situation de parfaite soumission aux conventions collectives. Cette solution est assez logique, ce qu'une volonté seule fait est *a priori* moins puissant que ce que plusieurs volontés ont fait. Ainsi, une convention collective nouvelle peut, si elle le prévoit expressément, détruire les engagements unilatéraux existants (en ce sens, v. Soc. 19 décembre 1990, *Bull. civ.* V, n° 688 ; Soc. 27 septembre 2006, n° 05-40232, *Dr. soc.* 2006.1190, note Ph. Waquet) ou modifier le règlement intérieur (CE 28 janvier 1991, *Dr. soc.* 1992. 232).

Il est bien évident que dans un cas comme dans l'autre, ces modifications ne peuvent pas être tacites : il est nécessaire que l'accord collectif, prévoie expressément la modification de la norme patronale pour que celle-ci soit effective.

En revanche, une pareille capacité modificatrice n'a pas été accordée aux contrats individuels de travail. En cas de conflit entre un contrat de travail et un engagement unilatéral, le principe de faveur s'applique et la disposition la plus favorable s'impose. (Soc. 18 octobre 2006, *Bull. civ.* V, n° 314 ; *Dr. soc.* 2007. 108-109, observations A. Mazeaud, reproduit dans les documents du chapitre 6).

Cette différence entre la force des conventions collectives et la force des contrats individuels est une manifestation de la supériorité des premières sur les seconds (sur celle-ci, v. n° 76).

On notera au passage que le régime juridique des usages d'entreprise est en tout point identique à celui des engagements unilatéraux (v. n° 142).

■ 79 Les usages de la profession sont en revanche plus résistants. Il est en tout cas clair qu'un contrat individuel ne saurait y déroger en moins favorable (Soc. 27 mars 2001, *Bull. civ.* V, n° 106). La capacité de la convention collective à détruire un tel usage de la profession semble, cependant, possible quoique cela n'ait toujours pas été tranché avec clarté (v. Soc. 9 juillet 1996, *Bull. civ.* V, n° 276).

Biblio

1) Sur les sources internationales

- A. Supiot, « Justice sociale et libéralisation du commerce international », *Dr. soc.* 2009. 131.

2) Sur les sources européennes

- C. Vigneau, « Partenaires sociaux européens et nouveaux modes communautaires de régulation : la fin des privilèges ? », *Dr. soc.* 2004. 883.
- J.-P. Marguénaud et J. Mouly, « Les incursions de la Cour européenne des droits de l'homme en droit du travail : une œuvre encore en demi-teinte », *RDT* 2008. 16-21.
- M. Bonnechère, « La production des cours européennes en droit social : éléments de réflexion », *Dr. ouvrier* 2008. 552.
- E. Dockès, « L'Europe antisociale », *RDT* 2009. 145
- S. Laulom, *Actualité sociale du droit communautaire*, *SSL*, suppl., n° 1389, 2 mars 2009.

3) Sur l'agencement des sources

- A. Jeammaud, « Le principe de faveur. Enquête sur une règle émergente », *Dr. soc.* 1999. 115.
- J. Pélissier, « Existe-t-il un principe de faveur en droit du travail ? », in *Mélanges M. Despax*, Presses de l'Université des sciences sociales de Toulouse, 2002, p. 389-400.
- E. Dockès : « Un accord donnant, donnant, donnant... », *Dr. soc.* 2008. 272-287.
- S. Frossard, « La supplétivité des règles en droit du travail », *RDT* 2009. 83-90.

4) Sur les conflits de conventions collectives

- E. Dockès, « La réciprocité des dispositions dans la convention collective », *Dr. ouvrier* 1997. 503 et s.
- M.-A. Souriac, « Quelle autonomie pour la négociation collective d'entreprise ? », in *La négociation collective d'entreprise*, Dalloz, 2005, p. 89-108.

5) Sur la place du contrat individuel de travail

- « Faut-il renforcer la puissance de l'accord collectif face au contrat de travail ? », Controverse entre M. Morand et E. Dockès, *RDT* 2007. 144-149.

Documents

1) Sur le principe de faveur

Soc. 17 juillet 1996, *Vizcaino, Grands arrêts*, n° 180 ; *Bull. civ.* V, n° 297

« Sur le moyen unique :

Vu les articles L. 200-1 et L. 223-11 du Code du travail, le chapitre 10 du statut des relations collectives entre la SNCF et son personnel, et le règlement PS 2 ;

Vu le principe fondamental en droit du travail, selon lequel, en cas de conflit de normes, c'est la plus favorable aux salariés qui doit recevoir application ;

(...)

Attendu qu'en vertu du principe fondamental, en droit du travail, selon lequel la situation des salariés doit être régie, en cas de conflit de normes, par celle qui leur est la plus favorable, il convient, dès l'instant qu'aucune illégalité d'une disposition particulière du statut propre à la SNCF n'est invoquée, de déterminer si les dispositions de ce statut concernant les congés payés sont plus favorables que celles résultant du régime légal ; que cette appréciation doit être globale à raison du caractère indivisible de ce régime de congés payés institué en tenant compte des nécessités du service public ; que cette comparaison n'implique aucune appréciation sur la légalité du décret précité, puisqu'il s'agit seulement de choisir entre deux textes, également applicables, le plus avantageux pour les salariés ;

Et attendu qu'il apparaît que, même si en ce qui concerne les bases de calcul de l'indemnité de congés payés, le statut de la SNCF prévoit une disposition moins favorable, l'ensemble du régime des congés payés prévu par ce statut accorde aux agents des avantages supérieurs à ceux qui résulteraient de l'application du Code du travail ;

D'où il suit qu'en statuant comme il l'a fait, le conseil de prud'hommes a violé les textes et le principe susvisés ;

(...) PAR CES MOTIFS : CASSE ET ANNULE,... ».

Décision du Conseil constitutionnel n° 2004-494 DC, du 29 avril 2004 (à propos de la loi du 4 mai 2004)

« ... 9 : Considérant, en outre, que le principe en vertu duquel la loi ne peut permettre aux accords collectifs de travail de déroger aux lois et règlements ou aux conventions de portée plus large que dans un sens plus favorable aux salariés ne résulte d'aucune disposition législative antérieure à la Constitution de 1946, et notamment pas de la loi du 24 juin 1936 susvisée ; que, dès lors, il ne saurait être regardé comme un principe fondamental reconnu par les lois de la République au sens du Préambule de la Constitution de 1946 ; qu'en revanche, il constitue un principe fondamental du droit du travail au sens de l'article 34 de la Constitution, dont il appartient au législateur de déterminer le contenu et la portée... ».

2) Sur la force obligatoire des traités

Déclaration de la Conférence internationale du travail de l'OIT relative aux principes et droits fondamentaux au travail, du 19 juin 1998

« La Conférence internationale du travail

1. Rappelle :

(a) qu'en adhérant librement à l'OIT, l'ensemble de ses Membres ont accepté les principes et droits énoncés dans sa Constitution et dans la Déclaration de Philadelphie, et se sont engagés à travailler à la réalisation des objectifs d'ensemble de l'Organisation, dans toute la mesure de leurs moyens et de leur spécificité ;

(b) que ces principes et droits ont été exprimés et développés sous forme de droits et d'obligations spécifiques dans des conventions reconnues comme fondamentales, tant à l'intérieur qu'à l'extérieur de l'Organisation.

2. Déclare que l'ensemble des Membres, même lorsqu'ils n'ont pas ratifié les conventions en question, ont l'obligation, du seul fait de leur appartenance à l'Organisation, de respecter, promouvoir et réaliser, de bonne foi et conformément à la Constitution, les principes concernant les droits fondamentaux qui sont l'objet desdites conventions, à savoir :

(a) la liberté d'association et la reconnaissance effective du droit de négociation collective ;

(b) l'élimination de toute forme de travail forcé ou obligatoire ;
(c) l'abolition effective du travail des enfants ;
(d) l'élimination de la discrimination en matière d'emploi et de profession. »

CJCE 2 août 1993, *Levy*, C-158/91, *Rec. CJCE* p. I-4287

« … le juge national a l'obligation d'assurer le plein respect de l'article 5 de la directive 76/207 en laissant inappliquée toute disposition contraire de la législation nationale, sauf si l'application d'une telle disposition est nécessaire pour assurer l'exécution par l'État membre concerné d'obligations résultant d'une convention conclue antérieurement à l'entrée en vigueur du traité CEE avec des États tiers. »

3) Sur l'application des directives européennes non transposées

CJCE 14 juillet 1994, *Faccini Dori*, C-91/92, *Rec. CJCE* 1994, p. I-3325

« (…) 22. À cet égard, il suffit de relever qu'ainsi qu'il résulte de l'arrêt du 26 février 1986, *Marshall*, précité (pts. 48 et 49), la jurisprudence sur l'invocabilité des directives à l'encontre des entités étatiques est fondée sur le caractère contraignant que l'article 189 reconnaît à la directive, caractère contraignant qui n'existe qu'à l'égard de "tout État membre destinataire". Cette jurisprudence vise à éviter qu'"un État ne puisse tirer avantage de sa méconnaissance du droit communautaire".

23. Il serait inacceptable, en effet, que l'État auquel le législateur communautaire prescrit d'adopter certaines règles destinées à régir ses rapports — ou ceux des entités étatiques — avec les particuliers et à conférer à ceux-ci le bénéfice de certains droits puisse invoquer l'inexécution de ses obligations en vue de priver les particuliers du bénéfice de ces droits. C'est ainsi que la Cour a reconnu l'invocabilité à l'égard de l'État (ou d'entités étatiques) de certaines dispositions des directives sur la conclusion des marchés publics (voir arrêt du 22 juin 1989, *Fratelli Costanzo*, 103/88, *Rec. CJCE* p. 1839) et des directives sur l'harmonisation des taxes sur le chiffre d'affaires (voir arrêt du 19 janvier 1982, *Becker*, 8/81, *Rec. CJCE* p. 53).

24. Étendre cette jurisprudence au domaine des rapports entre les particuliers reviendrait à reconnaître à la Communauté le pouvoir d'édicter avec effet immédiat des obligations à la charge des particuliers alors qu'elle ne détient cette compétence que là où lui est attribué le pouvoir d'adopter des règlements.

25. Il s'ensuit que, à défaut de mesures de transposition de la directive dans les délais prescrits, les consommateurs ne peuvent pas fonder sur la directive elle-même un droit à renonciation à l'encontre des commerçants avec lesquels ils ont conclu un contrat et le faire valoir devant une juridiction nationale.

26. Il y a lieu, en outre, de rappeler que, selon une jurisprudence constante depuis l'arrêt du 10 avril 1984, *Von Colson et Kamann* (14/83, *Rec. CJCE* p. 1891, pt. 26), l'obligation des États membres, découlant d'une directive, d'atteindre le résultat prévu par celle-ci, ainsi que leur devoir, en vertu de l'article 5 du traité, de prendre toutes mesures générales ou particulières propres à assurer l'exécution de cette obligation, s'imposent à toutes les autorités des États membres, y compris, dans le cadre de leurs compétences, les autorités juridictionnelles. Ainsi qu'il ressort des arrêts de la Cour du 13 novembre 1990, *Marleasing* (C-106/89, *Rec. CJCE* p. I-4135, pt. 8), et du 16 décembre 1993, *Wagner Miret* (C-334/92, *Rec. CJCE* p. I-6911, pt. 20), en

appliquant le droit national, qu'il s'agisse de dispositions antérieures ou postérieures à la directive, la juridiction nationale appelée à l'interpréter est tenue de le faire dans toute la mesure du possible à la lumière du texte et de la finalité de la directive pour atteindre le résultat visé par celle-ci et se conformer ainsi à l'article 189, troisième alinéa, du traité.

27. Pour le cas où le résultat prescrit par la directive ne pourrait être atteint par voie d'interprétation, il convient de rappeler, par ailleurs, que, selon l'arrêt du 19 novembre 1991, *Francovich e.a.* (C-6/90 et C-9/90, *Rec. CJCE* p. I-5357, pt. 39), le droit communautaire impose aux États membres de réparer les dommages qu'ils ont causés aux particuliers en raison de l'absence de transposition d'une directive pour autant que trois conditions soient remplies. Tout d'abord, la directive doit avoir pour objectif que des droits soient attribués à des particuliers. Le contenu de ces droits doit, ensuite, pouvoir être identifié sur la base des dispositions de la directive. Enfin, il doit y avoir un lien de causalité entre la violation de l'obligation qui incombe à l'État et le dommage subi (...). »

4) Sur l'application combinée de deux conventions collectives

Ass. plén. 24 octobre 2008, n° 07-42799, [P] ; *RDT* 2009. 43 note M. Véricel ; *RDT* 2009. 114, note. S. Nadal

« Vu l'article L. 132-1 devenu L. 2221-2 du code du travail dans sa rédaction applicable en la cause ;

Attendu qu'en cas de concours d'instruments conventionnels collectifs, les avantages ayant le même objet ou la même cause ne peuvent, sauf stipulations contraires, se cumuler, le plus favorable d'entre eux pouvant seul être accordé (...)

Qu'en statuant ainsi, alors que les jours de récupération, qui sont acquis par le salarié au titre d'un accord d'aménagement et de réduction du temps de travail et représentent la contrepartie des heures de travail qu'il a exécutées en sus de l'horaire légal ou de l'horaire convenu, n'ont ni la même cause ni le même objet que les congés payés d'ancienneté auxquels il a droit, en sus de ses congés légaux annuels, la cour d'appel a violé le texte susvisé ;... ».

Quiz

Sujet corrigé : cas pratique

Énoncé

L'entreprise Mélusine SA, qui fabrique diverses sortes de biscuits, est installée dans le département de la Côte-d'Or. Le président du conseil d'administration, M. Soureau, vous consulte. Il souhaite savoir si la convention d'entreprise qu'il a conclue le 25 décembre 2005 est bien applicable dans toutes ses dispositions, et si, par conséquent, il peut cesser d'appliquer les articles 15 à 17 de la convention de la biscuiterie de la Côte-d'Or. Vous lui dites précisément ce qui est applicable des textes susvisés, dans les deux hypothèses suivantes :

1. La convention collective étendue de la biscuiterie de la Côte-d'Or a été conclue en octobre 1997 et étendue par un arrêté ministériel de janvier 1998.

2. La convention collective étendue de la biscuiterie de la Côte-d'Or a été conclue en septembre 2005 et étendue par un arrêté ministériel d'octobre 2005.

Annexe

Convention collective étendue de la biscuiterie du département de la Côte-d'Or

(extrait)

« (…)

Article 15 : Une prime d'ancienneté de 200 € par mois sera versée mensuellement aux salariés ayant plus de 10 ans d'ancienneté.

Article 16 : Sauf faute grave, l'indemnité de licenciement a pour montant le produit du nombre d'années d'ancienneté par le quart du salaire mensuel. Pour les salariés ayant plus de 2 ans d'ancienneté dans l'entreprise, et sauf faute grave, le préavis de licenciement est fixé à 12 mois. Le préavis de démission est fixé à 3 mois.

Article 17 : La durée des congés annuels payés est calculée à raison de 3,5 jours ouvrables par mois travaillé.

(…)

(les signatures requises suivent). »

Convention collective de l'entreprise Mélusine SA

« Article 1 : Une prime semestrielle de 500 € sera versée aux salariés ayant plus de 5 ans d'ancienneté.

Article 2 : Sauf faute grave, l'indemnité de licenciement a pour montant le produit du nombre d'années d'ancienneté par le tiers du salaire mensuel. Pour les salariés ayant plus de 2 ans d'ancienneté dans l'entreprise, et sauf faute grave, le préavis de licenciement est fixé à 6 mois. Le préavis de démission est fixé à 1 mois.

Article 3 : La durée des congés payés annuels est la durée légale de 2,5 jours ouvrables par mois travaillé. L'article 17 de la convention de la biscuiterie de la Côte-d'Or est donc inapplicable dans l'entreprise.

Article 4 : Pour compenser la réduction des congés payés qu'opère l'article 3 de cette convention, une prime de 13ᵉ mois est créée dans l'entreprise.

Fait à Dijon, le 25 décembre 2005, (les signatures requises suivent). »

Corrigé

La convention collective de la biscuiterie de la Côte-d'Or est étendue dans les deux hypothèses. Elle s'applique donc à l'entreprise Mélusine SA dans les deux hypothèses, que l'employeur soit ou non membre d'une organisation patronale signataire.

• Hypothèse 1

La convention de branche est antérieure à la loi du 4 mai 2004. Cette loi ne lui est donc pas applicable (v. son article 45). Ce sont les solutions antérieures qui continuent à s'appliquer au conflit entre les deux conventions collectives en cause.

Il est tout d'abord nécessaire de regrouper les dispositions de chaque convention collective en fonction de leur finalité, de leur cause, puis de comparer les blocs ayant une même cause, afin de rechercher lequel est le plus favorable.

– Sur la prime d'ancienneté :

L'article 1er de la convention d'entreprise et l'article 15 de la convention de branche ont tous deux pour finalité de rémunérer l'ancienneté. Ils ne peuvent donc se cumuler.

Les salariés qui ont entre 5 et 10 ans d'ancienneté préféreront la convention d'entreprise. Ceux qui ont plus de 10 ans d'ancienneté préféreront l'article 15 de la convention de branche. Mais il n'est pas question d'appliquer des articles différents pour les uns ou pour les autres. Un seul article sera applicable. Et pour savoir lequel, il est nécessaire de se placer du point de vue de l'ensemble des intéressés, c'est-à-dire ici du point de vue de l'ensemble des salariés de l'entreprise.

La solution dépendra essentiellement de la structure de l'ancienneté dans l'entreprise. Si très peu de salariés atteignent les 10 ans d'ancienneté, la convention d'entreprise l'emportera. Si en revanche, la plupart des salariés ont plus de 10 ans d'ancienneté, ce sera la convention de branche. Et, dans certains cas intermédiaires, la question pourra devenir très difficile.

– Sur les conséquences de la rupture du contrat de travail :

Il est nécessaire de distinguer les indemnités de licenciement, qui réparent le préjudice de la rupture, des durées de préavis, qui préviennent ce préjudice (v. Soc. 23 octobre 1985, *Bull. civ.* V, n° 488). Il est nécessaire de séparer la durée du préavis de licenciement, qui a pour finalité la prévention du préjudice subi par le salarié en cas de licenciement, de la durée du préavis de démission, qui a pour finalité la prévention du préjudice subi par l'employeur, en cas de démission.

Sur les indemnités de licenciement : l'indemnité de la convention d'entreprise s'applique (1/3 est plus favorable que 1/4).

Sur la durée du préavis de licenciement : la convention de branche l'emporte.

Sur la durée du préavis de démission : la convention d'entreprise l'emporte.

La seule manière de discuter ces solutions est de prétendre que la durée de préavis de démission est la contrepartie des durées de préavis de licenciement, puis d'appliquer la jurisprudence issue de l'arrêt *Géophysique* visé au-dessus. Mais, il semble difficilement acceptable qu'une clause puisse être considérée *tacitement* comme la contrepartie d'une autre clause.

– Sur la durée des congés payés :

Les articles 3 et 4 de la convention d'entreprise sont rattachés expressément l'un à l'autre, le second est la cause-contrepartie du premier. En vertu de la jurisprudence issue de l'arrêt *Géophysique* du 19 février 1997, ces articles doivent donc être comparés en bloc aux dispositions de même cause de la convention de branche, ici à l'article 17 sur les congés payés annuels. Cet article 17 permet à un salarié présent pendant toute l'année de référence pour le calcul des congés payés de recevoir un supplément de 12 jours ouvrables de congés supplémentaires, soit 2 semaines supplémentaires. La convention d'entreprise accorde 1 mois de salaire supplémentaire. 15 jours de congés contre 1 mois de salaire, la convention d'entreprise apparaît, *a priori*, plus favorable (on peut toujours, bien sûr, discuter : l'appréciation de la disposition la plus favorable n'est pas une science exacte). Elle sera donc applicable et l'article 17 de la convention de branche cessera de s'appliquer.

• Hypothèse 2

La convention de branche est postérieure à la loi du 4 mai 2004. Cette loi lui est donc applicable (v. son article 45).

Il faut alors se demander si la convention de branche contient une clause qui affirme sa force obligatoire face aux conventions d'entreprise. Si une telle clause est présente, les solutions sont identiques à celles de l'hypothèse 1 (L. 2253-3 al. 2 C. trav.).

À défaut d'une telle clause, la convention d'entreprise peut déroger en moins favorable à la convention de branche, sauf dans un certain nombre de matières, dont les « salaires » (art. L. 2253-3 C. trav.).

Les articles 2, 3 et 4 de la convention d'entreprise sont donc pleinement applicables. Ils se substituent aux articles 16 et 17 de la convention de branche, sans qu'il soit nécessaire de savoir s'ils sont ou non plus favorables.

En revanche, la question de la prime d'ancienneté touche aux salaires. La convention d'entreprise n'a donc pas, en la matière, de droit de destruction des avantages conclus au niveau de la branche. La réponse est donc, en ce qui concerne les primes d'ancienneté, la même que celle de l'hypothèse 1.

titre 2

Le pouvoir de l'employeur

Le pouvoir de l'employeur est d'abord un *fait*, issu de la domination économique. Très vite, ce fut aussi un *droit* accordé à l'employeur, un droit de commander, de donner des ordres. Le pouvoir de l'employeur reçut ainsi l'appui de la force du droit, mais il put aussi être plus facilement encadré, limité par le droit. 80

Le pouvoir juridique est une faculté concédée par le contrat de travail. Il faut même ajouter que tout contrat de travail concède, par définition, un tel pouvoir. Le pouvoir juridique n'est en effet rien d'autre que le verso de la subordination juridique du salarié, laquelle est l'élément central qui permet de qualifier un contrat de « contrat de travail » (v. n° 31 à 33).

On distingue classiquement le pouvoir de direction de l'employeur, son pouvoir disciplinaire et son pouvoir réglementaire. Cette trilogie est inspirée de la trilogie des fonctions de Montesquieu (fonction exécutive, législative et judiciaire). Mais il n'y a là qu'une vague inspiration. En droit du travail, les trois modalités du commandement sont réunies dans les mêmes mains, celles de l'employeur. De plus, il apparaît à l'étude que les trois pouvoirs ne sont pas sur le même plan. 81

Le pouvoir premier, essentiel, est le pouvoir de direction. Ce pouvoir est la faculté de commander qui est reconnue à l'employeur. En termes plus juridiques, il est une faculté de créer ou de préciser unilatéralement des obligations dont le salarié est le débiteur.

Les pouvoirs disciplinaires et réglementaires n'en sont que des déclinaisons. Lorsque le pouvoir de direction s'exerce en donnant des ordres dotés d'une certaine généralité et d'une vocation à régir durablement les rapports de travail, on parle de pouvoir réglementaire. Lorsque le pouvoir de direction est exercé pour se renforcer lui-même, pour sanctionner ceux qui lui ont désobéi, on parle de pouvoir disciplinaire.

L'employeur n'a donc fondamentalement qu'un pouvoir, le pouvoir de direction. Simplement ce pouvoir de direction peut être exercé, notamment, de manière réglementaire ou disciplinaire. Certaines règles particulières doivent alors s'appliquer.

Le pouvoir de direction, ou « pouvoir » tout court, doit d'abord être confronté, dans sa généralité, à ce qui est sa source et sa première limite, à savoir le contrat individuel de travail (chapitre 4). Le pouvoir disciplinaire de l'employeur (chapitre 5) et son pouvoir réglementaire (chapitre 6) seront étudiés ensuite.

chapitre 4

Pouvoir et contrat

Plan analytique

section 1

Évolution

§ 1 Essor du droit au refus

§ 2 Exclusion du pouvoir sur le contrat

section 2

Contenu du contrat

§ 1 Enjeux

§ 2 Objet du contrat de travail

section 3

Le contenu de principe du contrat

§ 1 Nature contractuelle du salaire

§ 2 Nature du travail

§ 3 Lieu de travail

§ 4 Temps de travail

A. Répartition du temps de travail

B. Durée du travail

section 4

Les clauses d'accroissement du pouvoir

§ 1 Conditions de validité

§ 2 Sanction de l'illicéité d'une clause

section 5

Les clauses d'accroissement du contrat

section 6

Contrôle de l'exercice du pouvoir

4

Pouvoir et contrat

Le contrat renvoie une image d'égalité et de commun accord. Le pouvoir est inégalité et unilatéralisme. Contrat et pouvoir semblent donc *a priori* bien éloignés l'un de l'autre. Ils furent même, jusqu'à récemment, compris comme s'excluant l'un l'autre. 82

Au nom du principe d'égalité proclamé en 1789, il appartenait au contrat de régir les rapports entre individus égaux. Au nom de l'intérêt général, les rapports entre personnes publiques et administrés étaient eux placés exclusivement sous le signe du pouvoir. Alors, les rapports de travail furent conçus comme des rapports exclusivement contractuels, d'où le pouvoir était exclu.

Cette conception simpliste devait vite céder devant l'incontestable fait du pouvoir. Et celui-ci fut peu à peu intégré au cœur du droit du travail. L'opposition des paradigmes de pouvoir et de contrat n'en restait pas moins toujours aussi forte. L'irruption du pouvoir en droit du travail fit alors sous-estimer la place du contrat. Certains auteurs, comme Paul Durand, ont même tenté de rejeter le contrat individuel de travail aux marges de la catégorie juridique des « contrats », pour ne plus lui reconnaître qu'un rôle très secondaire, voire négligeable.

Le contrat individuel de travail est pourtant la source nécessaire des rapports juridiques entre employeurs et salariés. Il permet aussi de distinguer travail salarié et travail forcé, ce qui n'est pas un détail. Pour cette raison, il n'a pu être totalement évacué, même par ses plus fervents adversaires. Réhabilité par Gérard Lyon-Caen à la fin des années 1960, le contrat individuel de travail a connu un puissant essor à partir de la fin des années 1980. Il est aujourd'hui redevenu une des dimensions juridiques centrales des rapports de travail.

section 1

Évolution

Les vingt dernières années ont permis une véritable montée en puissance du contrat individuel de travail. Ce retour en force du contrat s'est fait en deux grandes étapes, toutes deux initiées par la jurisprudence. 83

§ 1 Essor du droit au refus

La première grande date à avoir marqué le retour du contrat individuel de travail sur le devant de la scène est celle de l'arrêt *Raquin* du 8 octobre 1987 (*Grands arrêts*, n° 49 ; *Bull. civ.* V, n° 541). 84

Le revirement de jurisprudence réalisé par cet arrêt peut à première vue apparaître relativement anodin.

Avant l'arrêt *Raquin*, lorsqu'un important changement dans les rapports de travail avait lieu, le fait que le salarié exécute son travail aux nouvelles conditions, sans protester, permettait au juge d'en déduire que le salarié avait consenti au changement. L'exécution du contrat de travail aux nouvelles conditions valait acceptation tacite de ces nouvelles conditions. L'arrêt *Raquin* refuse cette acceptation tacite. Il affirme que l'acceptation des salariés ne peut pas découler de la poursuite du travail. Le salarié accepte la modification expressément ou il ne l'accepte pas.

L'arrêt *Raquin* en tire les conséquences. En l'espèce, l'employeur avait modifié le mode de rémunération, ce qui s'était traduit par une perte de salaire de M. Raquin. Celui-ci n'en avait pas moins continué de travailler, aux nouvelles conditions et ce pendant plus de 10 ans. Cette poursuite du travail ne vaut pas, pour la Cour de cassation, acceptation de la modification du contrat. Cette modification n'a donc pas eu lieu et le seul contrat qui demeure est le contrat conclu aux conditions antérieures. Par conséquent, M. Raquin avait droit à des rappels de salaires. Et l'arrêt ajoute que si M. Raquin persiste dans son silence, l'employeur devra continuer à lui verser son ancien salaire ou bien il devra le licencier.

Ce rejet de l'acceptation tacite est une petite modification du droit. Elle a eu des conséquences considérables.

En pratique, en effet, les salariés qui tiennent à leur emploi se soumettent généralement sans protester aux modifications de lieu, d'horaire, de salaire que l'employeur veut bien leur imposer. La soumission, dans un contexte de travail subordonné, est monnaie courante.

Tant que la soumission valait acceptation des modifications du contrat, le contrat n'était en pratique qu'un chiffon de papier. L'employeur pouvait ordonner sans crainte. Si son commandement allait au-delà du contrat cela n'importait guère : pour peu que les salariés se soumettent, leurs contrats étaient automatiquement modifiés. Le contenu des contrats était ainsi, en pratique, à la disposition des employeurs.

Avec l'arrêt *Raquin*, tout devient différent. Le salarié peut continuer à courber prudemment l'échine pour conserver son emploi. Mais lorsqu'il le souhaitera, des années plus tard peut-être, il pourra se retourner contre l'employeur et exiger l'application du contrat aux conditions initiales. Si son salaire a été baissé, ce sont des rappels de salaires sur 5 ans qui pourront être ainsi réclamés (les dettes de salaires sont prescrites au bout de 5 ans, v. n° 305). L'absence de refus exprès valait acceptation tacite. Par l'arrêt *Raquin*, qui ne dit mot ne consent plus.

Depuis lors, lorsque l'employeur veut modifier le contrat de travail, il doit demander l'acceptation expresse de ses salariés. Il est vrai que, sous la menace du licenciement, cette acceptation peut souvent être obtenue. Mais on aurait tort de sous-estimer la formalité désormais nécessaire. D'une part, de très nombreux employeurs ignorent le droit et il ne leur vient pas à l'esprit d'exiger une acceptation formelle de leurs salariés. D'autre part, même lorsque l'employeur est bien conseillé, la formalité est relativement lourde. Envoyer à tous les salariés une demande d'acceptation expresse et attendre que tous l'aient bien renvoyée dûment remplie n'est pas si facile, surtout lorsqu'il s'agit de demander de renoncer à des avantages. La formalité rend, de plus, la réduction d'avantages particulièrement visible, particulièrement officielle. Ce qui n'est pas sans effets psychologiques sur le personnel, lequel peut très mal le prendre, voire organiser des résistances. La destruction d'avantages discrète, tacite, est nettement plus facile.

Ainsi, l'arrêt *Raquin* a eu un effet considérable. Il a permis au contrat de travail d'avoir une force obligatoire non plus seulement théorique, mais effective. Ce qui change tout.

Que l'on doive demander l'accord formel du salarié est au demeurant à ce point important que le législateur a fini par se sentir obligé d'édulcorer quelque peu la jurisprudence *Raquin*. La loi du 20 décembre 1993 a introduit la règle de l'article L. 1222-6 du Code du travail (L. 321-1-2 anc. C. trav.). Ce texte permet d'éviter, sous condition, l'application de la jurisprudence *Raquin*. Pour ce faire, l'employeur qui propose une modification du contrat *pour un motif économique* doit envoyer à tous les salariés une lettre recommandée avec accusé de réception. Cette lettre doit mentionner expressément que le salarié peut refuser la modification et qu'il a un mois pour ce faire. Si au bout de ce mois le salarié est resté silencieux, il est réputé avoir accepté la modification de son contrat. Le silence ainsi, à nouveau, vaut acceptation. 85

Ce changement législatif n'a pas fait disparaître la jurisprudence *Raquin*. Celle-ci reste seule applicable lorsque la modification du contrat est demandée par l'employeur *pour un motif personnel*, soit par exemple une faute ou une insuffisance professionnelle. De plus, la procédure de l'article L. 1222-6 du Code du travail n'opère pas un complet retour en arrière. Elle requiert tout de même quelques formes, ce qui n'est pas en pratique négligeable. Et, si ces formes ne sont pas respectées, on en revient à la jurisprudence *Raquin*.

§ 2 Exclusion du pouvoir sur le contrat

Deux arrêts rendus par la Cour de cassation le 10 juillet 1996, dont le fameux arrêt *Le Berre* (*Bull. civ.* V, n° 278 ; *Grands arrêts*, n° 50) ont opéré un changement terminologique crucial. 86

Avant ces arrêts, la Cour de cassation distinguait les « modifications substantielles » du contrat de travail et les « modifications non substantielles » du contrat de travail. Les premières étaient traitées en véritables modifications de contrat, elles ne pouvaient être réalisées que du commun accord des parties. Les secondes, dites « non substantielles », pouvaient être imposées unilatéralement par l'employeur.

Cette terminologie était bien peu convaincante. Le contrat en droit des obligations est un acte fait d'un commun accord, qui ne peut donc être modifié que d'un commun accord. Même une petite modification du contrat doit être acceptée par tous les cocontractants pour être valide. On imagine mal le vendeur d'une machine à laver, une fois le contrat conclu, demander un petit supplément par rapport au prix convenu. Et sans doute ferait-il même rire si d'aventure il tentait d'argumenter sa cause en disant : « ce n'est qu'un petit supplément, c'est peu de chose. 5 % du prix, ce n'est pas substantiel... ». En droit du travail, cette argumentation était parfois acceptée : les modifications dites « non substantielles » du contrat de travail pouvaient être imposées par l'employeur. Cela en disait long sur l'état du droit du travail, l'infériorité de fait des salariés étant traduite juridiquement par un refus de les considérer comme des cocontractants à part entière.

C'est donc un peu plus qu'une maladresse terminologique qui a été corrigée par la jurisprudence *Le Berre*. Depuis cet arrêt la terminologie jurisprudentielle est claire. Tout ce qui est « contrat » ne peut être modifié que du commun accord des parties. Il est certes toujours des aspects de la relation de travail qui peuvent être modifiés unilatéralement. Mais ces éléments ne sont plus dits être des « modifications non substantielles ». Ce sont des éléments qui relèvent du « pouvoir » de l'employeur. Quoi de plus logique, au demeurant, que de qualifier de « pouvoir » les facultés de commandement unilatéral de l'employeur. La Cour de cassation a décidé de nommer « changement des conditions de travail » tout ce qui entrait dans la sphère du « pouvoir » de l'employeur, le reste étant dit « modification du contrat de travail ».

Ce changement terminologique était essentiel pour remettre le droit du travail sur ses pieds : que l'employeur n'ait aucun pouvoir sur le contrat permet de restaurer la logique juridique et de mieux comprendre quelle est la source du pouvoir juridique de l'employeur.

■ 87 La source du pouvoir juridique de l'employeur a été débattue. En droit, si le salarié est tenu d'obéir à l'employeur, ce n'est pas parce que ce dernier est naturellement un chef, ni parce qu'il est en fait puissant, ni parce que cela découle de sa domination économique. Ces réponses ont toutes été défendues en doctrine. Mais elles ne font que décliner des faits et, pour cette raison, elles sont inadmissibles : un pouvoir juridique doit venir d'un acte juridique. Cet acte qui habilite l'employeur à détenir un pouvoir sur son salarié est le contrat individuel de travail. C'est parce que le salarié y a consenti par contrat que l'employeur est doté d'un pouvoir. C'est le contrat qui donne son pouvoir juridique à l'employeur. Par conséquent, le pouvoir ne peut aller au-delà de ce que le contrat a donné. Il ne peut aller contre le contrat.

Il en résulte une véritable supériorité du contrat sur le pouvoir. Celle-ci est assez logique. Les obligations contractuelles sont le fruit de plusieurs volontés alors que les obligations issues du pouvoir dérivent d'une volonté unique. Il est assez normal que les premières l'emportent sur les secondes. C'est la solution qui est aujourd'hui appliquée systématiquement par la jurisprudence.

Le contrat individuel de travail l'emporte à chaque fois qu'il peut être opposé à un acte de pouvoir de l'employeur. C'est cette solution, fondamentale, que la terminologie de la jurisprudence *Le Berre* a permis. Elle devait, par la suite, être progressivement systématisée par la Cour de cassation (v. not. l'arrêt Soc. 16 juin 1998, *Hôtel Le Berry, Bull. civ.* V, nº 320, et son analyse nº 126 et 127).

■ 88 Avant l'arrêt *Le Berre* du 10 juillet 1996, la question de savoir de ce qui était ou non une modification substantielle et de ce qui était une modification non substantielle était laissée au pouvoir souverain des juges du fond. Avec l'arrêt *Le Berre*, la Cour de cassation profita de la suppression de la distinction pour reprendre le contrôle de la question. L'arrêt *Le Berre* fut ainsi l'annonce d'une remise à plat de ce qui devait relever du pouvoir et ce qui devait relever du contrat.

section 2

Contenu du contrat

■ 89 Les enjeux de la détermination du contenu du contrat de travail doivent être tout d'abord bien compris (§ 1). Il faut ensuite savoir de quoi l'on parle et préciser ce qu'est l'objet du contrat de travail (§ 2). C'est alors que l'on pourra étudier la manière dont les juges tentent de préciser le contenu du contrat. La jurisprudence décrit tout d'abord une sorte de contenu de base, de principe (§ 3). Ce contenu peut, bien entendu, être modifié par la stipulation de clauses qui accroissent (§ 4) ou qui réduisent (§ 5) la sphère contractuelle.

§ 1 Enjeux

La détermination exacte du contenu du contrat a des conséquences pratiques très importantes. Celles-ci apparaissent clairement au travers d'un exemple. Imaginons un employeur qui demande à l'un de ses ouvriers d'aller débarrasser des branches d'arbres tombées à la suite d'un orage dans la cour de l'usine. Imaginons encore, afin que naisse le litige, que le salarié refuse de s'exécuter. 90

Si la demande de l'employeur entre dans le champ du pouvoir, le refus du salarié est une faute. La gravité de cette faute devra être appréciée au vu des faits précis, de leur contexte, etc. Mais l'existence de la faute est incontestable. La désobéissance a même un temps été qualifiée de faute « en principe » grave, notamment par l'arrêt *Le Berre* du 10 juillet 1996. La chambre sociale de la Cour de cassation a abandonné un tel « principe » qui n'avait guère de sens. Et elle n'hésite pas à casser régulièrement des arrêts d'appel qui concluent trop rapidement à la faute grave (v. par ex. Soc. 9 avril 2002, *Bull. civ.* V, n° 123 ; Soc. 7 septembre 2004, *Bull. civ.* V, n° 223). Il demeure que la désobéissance sera le plus souvent une cause réelle et sérieuse de licenciement. Et qu'elle peut même parfois, dans certains cas, être qualifiée de faute grave, privative des indemnités de licenciement et de préavis.

La situation est tout à fait différente si l'employeur est sorti des limites de son pouvoir. Le refus du salarié est alors un droit dont l'exercice n'est nullement fautif (v. par ex. Soc. 13 avril 2005, *Bull. civ.* V, n° 137). Et l'employeur est tenu de se plier à cette décision sans pouvoir exercer ni pression, ni sanction à son encontre. Si l'employeur persiste cependant à vouloir lui imposer cet acte, si par exemple il ne lui donne pas d'autre travail tant que l'ordre n'aura pas été accompli, s'il prend des mesures de rétorsion, etc., il se met en faute. Alors le salarié pourra prendre acte de la rupture et si la faute de l'employeur apparaît suffisamment grave, cette rupture sera assimilée à un licenciement sans cause réelle et sérieuse avec toutes les conséquences indemnitaires qui s'ensuivent (v. n° 437 et s.).

Les enjeux pratiques de la définition du contenu du contrat de travail sont donc importants. Il faut aussi rappeler que la question est tout de même de savoir quelle est, en droit, l'étendue de la soumission des salariés à leur employeur. Ce qui revient à fixer les limites juridiques du pouvoir subi dans leur vie professionnelle par la grande majorité des citoyens.

§ 2 Objet du contrat de travail

Le contrat de travail est un contrat par lequel, en échange d'un salaire, une personne s'engage à fournir un travail subordonné. Cette définition, qui peut sembler évidente, a pourtant fait l'objet de vifs débats. 91

Personne ne discute l'objet de l'obligation due par l'employeur, à savoir le salaire. Le débat porte sur ce que le salarié offre en échange. Cette contrepartie caractérise le contrat de travail et focalise l'attention. C'est d'elle qu'il est question lorsque l'« objet du contrat de travail » est débattu.

Certains auteurs analysent cet objet du contrat de travail comme une partie de la personne même du salarié, à savoir sa force de travail (v. not. Thierry Revet et, avec plus de nuances, Alain Supiot). Cette analyse rendrait l'employeur titulaire d'un droit de jouissance qui porterait sur la personne même du salarié, sur son corps comme sur son esprit.

Cette vision correspond à l'observation de certains faits. À l'occasion des rapports de travail, l'employeur semble bien parfois disposer librement du corps et de l'esprit du salarié. Les rapports de travail peuvent au demeurant conduire le salarié dans des situations extrêmement dangereuses, affecter sa santé, briser son esprit, etc. Ceci explique de nombreuses règles de droit (par exemple toute la législation sur l'hygiène et la sécurité). Dans les rapports de travail, il peut donc y avoir — il y a souvent — une sorte de mainmise de l'employeur sur son subordonné. Mais qu'il y ait ainsi un risque *en fait* de voir une emprise s'exercer sur la personne physique ne signifie nullement qu'il y a *un droit* de l'employeur à exercer une telle emprise.

Reconnaître que l'objet du contrat de travail est la force de travail, c'est traiter le contrat de travail comme une sorte de bail. Ce serait un contrat par lequel l'employeur obtient le droit d'user de la force de travail du salarié et d'en retirer les fruits. User et retirer les fruits : il s'agit de l'*usus* et du *fructus*, soit de deux des attributs du droit de propriété. La question de la « commercialité » du corps est toujours controversée. Mais la convention de Genève du 25 septembre 1926 relative à l'esclavage (ratifiée par la France) est, elle, tout à fait claire. Elle définit l'esclavage comme « l'état ou la condition d'un individu sur lequel s'exercent les attributs du droit de propriété ou certains d'entre eux ». Pour cette raison l'employeur ne saurait se voir consentir aucun droit réel, aucun *usus*, ni aucun *fructus* sur une personne humaine ou sur cette partie de la personne humaine qu'est sa force de travail.

Au demeurant, si l'employeur a dans certains cas le pouvoir juridique de donner des ordres, il n'a jamais celui de contraindre physiquement le salarié. En droit, il lui est interdit de se saisir de la force de travail. Le salarié peut la mettre à son service, ce qui est tout à fait différent. Le salarié reste juridiquement seul maître de son corps et de son esprit.

■ 92 Par contrat de travail, le salarié se contente donc de s'engager à fournir un certain travail et à obéir à certains ordres. Il ne se soumet pas complètement, corps et âme. Il n'offre pas n'importe quel travail, ni n'accepte d'obéir à n'importe quels ordres. Les obligations doivent avoir un objet déterminé (art. 1129 C. civ.). Il offre *un* travail et *une* subordination.

La prestation due par le salarié est ainsi toujours circonscrite par le contrat. Elle l'est quant à la nature du travail promis, quant au lieu dans lequel il sera fourni et quant au temps qui lui sera consacré. La détermination de ces trois dimensions forme, avec la précision du salaire, le contenu de base du contrat individuel de travail.

section 3

Le contenu de principe du contrat

■ 93 Le contrat individuel de travail est en principe un acte consensuel, qui n'est soumis à aucune condition de forme. Le contrat peut donc fort bien ne pas être écrit (v. n° 194). Il est alors parfois difficile, *a priori*, de découvrir son exact contenu.

Longtemps les juges du fond ont été laissés à eux-mêmes. Ils devaient tenter de rechercher ce contenu du contrat *in concreto*, au cas par cas, et se laisser guider par une hypothétique recherche de la volonté tacite des parties. Depuis l'arrêt *Le Berre*, la Cour de cassation a décidé, dans un louable souci de sécurité juridique, de reprendre au moins en partie son contrôle. Et ce afin de tracer quelques grandes lignes, de préciser une sorte de contenu de principe, du contrat individuel de travail.

Ce contenu part de la manière dont les rapports de travail se sont effectivement déroulés. Il y a là un premier noyau, à partir duquel le juge essaie de tracer une zone contractuelle. Cette zone sera un peu plus large, en principe, que ce qui a été pratiqué. Ce qui offre à l'employeur un champ d'action, un espace dans lequel il pourra, sans l'accord du salarié, faire évoluer les rapports de travail.

La nature (§4), le lieu (§2) et le temps (§3) du travail seront ainsi précisés, dans une certaine mesure, par le contrat. Il faut aussi, bien entendu, qu'un salaire soit prévu (§1).

§ 1 Nature contractuelle du salaire

Le salaire est nécessairement contractuel. C'est *en échange* d'un salaire que le salarié accepte de se soumettre aux commandements de l'employeur. Le salaire est la contrepartie, la cause, du pouvoir de l'employeur. Il ne saurait être simultanément l'objet sur lequel porte ce pouvoir. Toute modification du salaire, même minime, est donc une modification du contrat de travail. C'est ce qu'a affirmé, à de nombreuses reprises la Cour de cassation (Soc. 28 janvier 1998, *RJS* 1998, n° 274, obs. E. Dockès, p. 168 ; Soc. 3 mars 1998, *Bull. civ.* V, n° 109 ; *RJS* 1998, n° 417 ; Soc. 18 juillet 2000, *Bull. civ.* V, n° 288 ; Soc. 29 janvier 2003, *RJS* 2003, n° 414). 94

Cette solution est tout à fait générale. Elle vaut aussi pour une diminution de rémunération provoquée par une convention collective nouvelle, et ce même si cet effet n'est qu'indirect. Ainsi, une baisse du salaire provoquée par l'application d'une convention collective réduisant la durée du travail ne peut s'imposer aux salariés qu'après l'acceptation « claire et non équivoque » de chaque salarié (v. not. Soc. 27 mars 2001, *Bull. civ.* V, n° 109 ; Soc. 13 novembre 2002, *RJS* 2003, n° 42).

Cette nature contractuelle du salaire a connu cependant une étrange atténuation. Lorsqu'une prime, un complément du salaire, est prévue par un engagement unilatéral, la dénonciation dans les formes de cet engagement suffit à détruire l'élément de salaire en question (pour la destruction unilatérale d'une prime de 13e mois issue d'un usage d'entreprise, v. Soc. 13 février 1996, *Bull. civ.* V, n° 53 ; pour la suppression de primes d'assiduité et de vacances, pourtant payées depuis plus de vingt ans, Soc. 24 septembre 2008, n° 07-42488, inédit). Le salarié se voit alors privé d'une part de sa rémunération par décision unilatérale de l'employeur. 95

L'idée de la Cour de cassation est qu'il s'agit d'un supplément issu d'une source spéciale, distincte, qui ne s'incorpore pas au contrat individuel de travail.

Cette solution est tout à fait discutable. Lorsqu'un salarié consent, par contrat, à travailler sous la subordination d'autrui moyennant un salaire, il le fait en considération de tous les éléments de rémunération auquel il a droit. Il ne distingue pas selon l'origine de cet avantage. Tous les éléments de rémunération sont des contreparties du travail. Ils sont donc, par définition, la cause de l'engagement du salarié. Et, même si elle est née en dehors du contrat, cette cause-contrepartie ne peut qu'être intégrée au support contractuel. De plus, quelle que soit sa source, la contrepartie du pouvoir patronal ne saurait être soumise à ce même pouvoir. Le refus jurisprudentiel d'intégrer au contrat les primes issues d'usages ou d'engagements unilatéraux se heurte à ces idées simples.

Pour ces raisons, sans doute, il arrive que la Cour de cassation hésite à appliquer pleinement sa doctrine. Dès qu'une part trop importante du salaire vient d'un engagement unilatéral, la nature contractuelle de cet élément semble réapparaître d'une manière ou d'une autre (v. Soc. 11 mars 2008, n° 07-40210, *Dr. ouvrier* 2008. 489, note P. Adam, arrêt qui maladroitement valide un raisonnement prenant appui sur l'ancienneté, la constance et l'importance quantitative d'un usage en matière de salaire pour affirmer que celui-ci ne pouvait être retiré qu'avec l'accord de la salariée). De manière plus ferme encore, il est admis que le salaire de base demeure nécessairement contractuel, quelle que soit son origine. Lorsque le salaire de base est fixé par un usage d'entreprise ou par un engagement unilatéral, une dénonciation dans les formes ne permet pas à l'employeur de fixer unilatéralement le montant des salaires. À la suite d'une telle dénonciation, le montant du salaire de base sera soit maintenu par décision du juge, soit fixé par le commun accord des parties (Soc. 28 octobre 1998, *Bull. civ.* V, n° 435). Le salaire ne peut donc dépendre *exclusivement* du bon vouloir de l'employeur.

Mais il peut en dépendre accessoirement, pour peu que l'employeur ait eu l'habileté d'exprimer par simple engagement unilatéral certaines primes. Ce qui apparaît relativement choquant.

§ 2 Nature du travail

96 Un salarié est embauché pour exercer un certain type de tâches et ne peut se voir contraindre à exécuter des tâches qui sortent de ses attributions contractuelles. La difficulté est de préciser, au cas par cas, quelles peuvent être les attributions contractuelles de tel ou tel salarié.

Le seul point qui soit clair est que la qualification du travail et les responsabilités du salarié sont des éléments du contrat. Un salarié embauché pour tel type de tâche qualifiée ne peut être muté sur une tâche qui suppose une autre qualification sans son accord, même si cette mutation équivaut à une promotion (Soc. 22 octobre 2002, *RJS* 2002, n° 1351) et la réduction des responsabilités d'un salarié est une modification de son contrat de travail (Soc. 28 janvier 2005, *Bull. civ.* V, n° 35).

Lorsque la demande de l'employeur ne modifie pas l'ampleur des responsabilités du salarié et qu'elle ne le fait pas non plus sortir de sa qualification, les choses sont plus difficiles. Toute modification des tâches habituellement réalisées par le salarié n'est pas une modification du contrat de travail. Si les tâches sont connexes ou de même nature, la demande fait en général partie du pouvoir de l'employeur. Ainsi, par exemple, il peut être demandé à une ouvrière agricole chargée de la cueillette de citrons d'effectuer l'engainage de bananes (Soc. 10 mai 1999, *Bull. civ.* V, n° 791) ou à une femme de ménage affectée à l'entretien des appartements des copropriétaires d'effectuer le nettoyage des parties communes de l'immeuble (Soc. 24 avril 2001, *Bull. civ.* V, n° 128). En revanche, dès que le type de travail diffère franchement et qu'il n'est pas habituellement associé à la tâche du salarié, on tombe vite dans la modification du contrat de travail (pour un veilleur de nuit en droit de refuser d'effectuer le dressage des couverts pour le petit-déjeuner, v. Soc. 24 janvier 2001, *RJS* 2001, n° 563).

Il est à noter que la mise à disposition du salarié auprès d'une autre société, ce qui équivaut pourtant à modifier le détenteur du pouvoir de direction, n'est pas automatiquement considérée comme une modification du contrat de travail (Soc. 15 mars 2005, *Bull. civ.* V, n° 88). Ainsi, en droit positif actuel, il est possible d'imposer un nouveau dirigeant au salarié sans qu'il puisse s'y opposer. L'employeur choisit le salarié en fonction de sa personne. Le salarié, en revanche, consent à son emploi et n'a rien à dire sur la personne de son chef. Il ne peut s'opposer qu'à un changement d'employeur, la personne cocontractante étant naturellement considérée comme un élément du contrat (Soc. 16 décembre 2008, n° 07-43875, [P], *RDT* 2009. 228, note B. Lardy-Pélissier ; *SSL* 2007, n° 1318, p. 9, note A. Lyon-Caen). Et encore, cette règle souffre d'une importante exception, en cas de transfert d'entreprise (v. n° 417 et s.). Le contrat de travail semble, ainsi, être un étrange contrat dont l'*intuitu personae* ne protège guère que l'employeur.

§ 3 Lieu de travail

Le principe a été fixé par un arrêt du 4 mai 1999, *Hczysczyn**. Aux termes de cet arrêt, 97
le changement de lieu de travail relève du pouvoir de l'employeur tant que le salarié reste dans un même « secteur géographique ». En revanche, la mutation d'un salarié en dehors de ce secteur est une modification du contrat de travail. Toute la question est de préciser quelle est l'étendue de ce fameux « secteur géographique ». La Cour de cassation se garde bien de donner une quelconque indication à cet égard. À titre d'exemple, dans l'arrêt *Hczysczyn**, l'espèce concernait une mutation de Versailles à Chartres, qui occasionnait une augmentation du temps de trajet du salarié d'une demi-heure. Pour la Cour d'appel il s'agissait d'un élément du pouvoir de l'employeur. En cassant cette décision d'appel, la Cour de cassation signifie que, pour elle, Versailles et Chartres ne sont pas dans le même « secteur géographique ».

Mais cette solution-là n'est guère généralisable. L'appréciation du champ normal de mobilité intégré au contrat peut en effet varier notamment selon les fonctions du salarié (v. Soc. 22 janvier 2003, *Bull. civ.* V, n° 15, arrêt qui considère qu'il découle de la « spécificité des fonctions » d'un chef de chantier ayant statut de cadre de pouvoir être déplacé, exceptionnellement, en dehors de sa région de travail habituelle). Dès lors, on peut penser que Versailles et Chartres pourraient entrer dans le même secteur géographique, pour des salariés ayant un autre profil que M. Hczysczyn.

En bref, une importante zone de flou demeure. Et l'on voit mal comment il serait possible d'en sortir, la marge de mobilité « normale » ne pouvant que varier d'une espèce à l'autre.

On doit donc simplement conserver de la jurisprudence deux idées : le lieu de travail est un élément du contrat, mais ce lieu n'est contractuellement fixé qu'avec une certaine souplesse, laquelle dépend notamment du type de profession du salarié.

§ 4 Temps de travail

Il est nécessaire, en matière de temps de travail, de bien distinguer la durée du travail 98
de la répartition du travail. La question de la durée du travail vise le nombre d'heures

effectuées. La question de la répartition touche à l'organisation de l'emploi du temps, à la précision du moment où ces heures seront effectuées (pour une étude plus détaillée de ces questions, v. n° 311 et s.)

A. Répartition du temps de travail

99 La répartition du temps de travail sur la journée ou sur la semaine est, en principe, laissée par la Cour de cassation au pouvoir de l'employeur (en ce sens, v. not. Soc. 17 octobre 2000, *Bull. civ.* V, n° 327 ; Soc. 17 octobre 2000, *Bull. civ.* V, n° 328 ; Soc. 25 mars 2009, n°s 07-44744 et 07-44745). Seules les grandes lignes sont contractuelles. Ainsi l'accord préalable du salarié est nécessaire pour le passage d'un horaire fixe à un horaire variable (v. Soc. 14 novembre 2000, *Bull. civ.* V, n° 365) ou encore pour le passage, même partiel, à un horaire de nuit (Soc. 7 avril 2004, *Bull. civ.* V, n° 107, une vendeuse de supermarché, jusqu'ici employée en journée, a le droit de refuser de nouveaux horaires comportant des « nocturnes » jusqu'à 22 heures ; v. aussi not. Soc. 30 octobre 2007, n° 06-43-455).

Pour les salariés à temps partiel, les variations d'horaires peuvent conduire à une instabilité de plus grande ampleur que pour les salariés à temps plein. Elles peuvent aussi empêcher ces salariés de rechercher une activité complémentaire. Aussi, pour les salariés à temps partiel, le législateur a prévu expressément que la répartition de leurs horaires était contractuelle et qu'elle ne pouvait donc être modifiée sans l'accord du salarié, sauf, il est vrai, quelques importantes exceptions (v. n° 288 à 292).

B. Durée du travail

100 Par le biais des heures supplémentaires, la durée du travail peut être augmentée unilatéralement par l'employeur, dans une certaine mesure. Depuis 1961, la Cour de cassation affirme que l'employeur dispose d'un pouvoir d'ordonner aux salariés la réalisation d'heures supplémentaires, sans que ceux-ci puissent les refuser (Soc. 20 mars 1961, *Dr. soc.* 1961. 424, note J. Savatier). Cette position a depuis été réitérée à plusieurs reprises (v. par exemple, Soc. 12 mars 1996, *RJS* 1996, n° 549 ; Soc. 9 mars 1999, *Bull. civ.* V, n° 103 ; *Dr. soc.* 1999. 630, obs. P.-H. Antonmattéi). Ce pouvoir unilatéral reste cependant limité. D'une part, l'employeur doit respecter la réglementation des heures supplémentaires et, d'autre part, la Cour affirme qu'au-delà d'un certain nombre d'heures, dès lors que celles-ci deviennent systématiques, l'exigence de l'employeur s'analyse en une offre de modifier le contrat, offre que les salariés peuvent refuser (Soc. 16 mai 1991, *Dr. soc.* 1994. 863, obs. J. Mouly). Même ainsi limité, le pouvoir d'ordonner unilatéralement des heures supplémentaires permet à l'employeur de se saisir d'une partie du temps libre du salarié. Cette faculté conduit ainsi à douter de l'existence d'un temps véritablement libre où le salarié serait complètement à l'abri de l'employeur (v. aussi n° 312 et réf. cit.).

La baisse de la durée du travail dans la mesure où elle conduit à une réduction du salaire est, en revanche, nécessairement une modification du contrat de travail, même si elle est minime (Soc. 23 janvier 2001, *Bull. civ.* V, n° 19).

Cette solution, logique, connaît cependant une étrange exception. L'employeur peut imposer à ses salariés une mise au chômage partiel, même si celle-ci se traduit pour eux par une perte de salaire (Soc. 18 juin 1996, *Gury*, *Bull. civ.* V, n° 252 ; *Grands arrêts*, n° 79). La seule condition mise à cette faculté de l'employeur par la jurisprudence est qu'elle entre dans le cadre du chômage partiel indemnisé (ce qui limite la mesure à une perte de travail de 600 heures par an). Il demeure que cette mesure peut amputer la rémunération des salariés de manière conséquente (pour une critique de cette solution, v. n° 389-393).

section 4

Les clauses d'accroissement du pouvoir

Le contrat de travail est, dans la très grande majorité des cas, un contrat d'adhésion. Le candidat à un emploi accepte ou refuse ce que propose l'employeur. Il n'est pas en mesure de tenter de modifier les termes de telle ou telle clause. Même si en droit le contrat est bien issu de la commune volonté des parties, en fait, le contenu du contrat est le plus souvent imposé au salarié, déjà bien content de trouver un emploi. Il n'est donc pas rare de trouver des clauses du contrat qui ont pour objet de renforcer le pouvoir de l'employeur. Certaines d'entre elles, comme les clauses d'essai, sont même devenues quasiment des clauses de style. Et l'on voit éclore toutes sortes de clauses de variation, de mobilité. Sans parler des clauses qui ont pour objet de lier le salarié en dehors ou au-delà du lien de subordination, comme les clauses de non-concurrence ou d'exclusivité. 101

Ces clauses peuvent être valides, mais elles ne le sont qu'à plusieurs conditions (§1). Et la stipulation d'une clause illicite peut engager la responsabilité de l'employeur (§2).

§ 1 Conditions de validité

D'une part, en vertu de l'article L. 1121-1 du Code du travail (L. 120-2 anc. C. trav.), aucune clause du contrat individuel ne peut restreindre un droit de l'homme ou une liberté fondamentale du salarié, sans être justifiée par la nature de la tâche à accomplir et proportionnée au but recherché (v. n° 150 et s.). C'est le cas, par exemple, des clauses qui portent atteinte à la vie privée, au libre choix du domicile (Soc. 12 janvier 1999*, Soc. 13 avril 2005, *Dr. soc.* 2005. 809), ou encore au libre choix d'une activité professionnelle (Soc. 10 juillet 2002, *Barbier*, sur cet arrêt annexé au chapitre 9, v. n° 210 et s.). 102

D'autre part, en vertu de l'article 1129 du Code civil les obligations contractuelles doivent être déterminées ou déterminables. Une clause qui rendrait tel ou tel aspect de la relation de travail totalement indéterminée serait donc nulle, par application de ce texte. La Cour de cassation s'est engagée clairement dans cette direction, même si l'article 1129 du Code civil n'est pas expressément utilisé pour motiver les décisions qui vont en ce sens.

Ainsi la clause, on ne peut plus floue, qui prévoyait que « l'employeur peut changer l'horaire de travail selon les nécessités du service », a été jugée « inopérante » par la Cour de cassation (Soc. 5 juin 2001, *Bull. civ.* V, n° 206). Les clauses de mobilité doivent désormais fixer avec précision leur zone géographique d'application, sous peine d'être invalidées (Soc. 7 juin 2006* ; Soc. 12 juillet 2006, *Bull. civ.* V, n° 241 ; *RDT* 2006. 313-314, obs. J. Pélissier ; Soc. 24 janvier 2008, n° 06-45.088, [P] ; Soc. 14 octobre

2008, n° 06-46400, [P]). Sont notamment privées d'effets, notamment, les clauses de mobilité qui fixent leur champ d'application sur toutes les implantations de l'employeur : un tel champ est nécessairement indéterminé, puisqu'appelé à varier selon l'évolution des implantations de l'entreprise (v. arrêts préc.). Et la Cour de cassation de préciser encore qu'une clause de mobilité « ne peut conférer à l'employeur le pouvoir d'en étendre unilatéralement la portée » (Soc. 7 juin 2006*), ce qui confirme le lien entre exigence de détermination de l'objet (art. 1129 C. civ.) et prohibition des conditions potestatives (art. 1174 C. civ.).

Plus généralement, il semble qu'au-delà d'un certain niveau d'accroissement du pouvoir, les clauses de flexibilité ou de mobilité génèrent un accroissement du pouvoir tel, que l'objet du contrat de travail devient insuffisamment déterminé. Alors les juges n'hésitent pas à réduire la portée de telle ou telle clause jugée excessive. C'est sans doute que s'explique l'un des arrêts du 14 octobre 2008 (n° 07-40092, [P]), qui affirme qu'une clause de mobilité ne peut, quelle que soit sa rédaction, faire tomber dans le champ du pouvoir de l'employeur la faculté de faire passer un salarié d'horaires de jour à des horaires de nuit. Cet élément-là appartient en quelque sorte à un noyau dur minimal du contrat de travail. Noyau qui ne saurait être modifié sans l'accord du salarié.

103 Cette exigence de détermination s'exprime avec une force particulière à propos des clauses relatives à la rémunération.

Un salaire peut bien entendu être variable, s'il respecte les minima légaux et conventionnels et s'il est basé sur des éléments objectifs, indépendant de la volonté unilatérale de l'employeur. En revanche, toute clause de flexibilité qui accorderait un pouvoir de l'employeur sur le salaire est nulle (v. not. Soc. 2 juillet 2002, *Saucier*, *Bull. civ.* V, n° 229 ; *Grands arrêts*, n° 54). Et ce de manière très générale : « une clause du contrat de travail ne peut permettre à l'employeur de modifier unilatéralement la rémunération contractuelle du salarié » (Soc. 16 juin 2004*). Les juges excluent, de plus, qu'un tel pouvoir de faire varier le salaire puisse résulter, indirectement, d'une clause de mobilité (Soc. 15 décembre 2004, *Bull. civ.* V, n° 336). Lorsqu'une rémunération variable n'est pas fixée d'un commun accord par les parties, ni prédéterminée par un mode de calcul objectif, indépendant de la volonté unilatérale de l'employeur, il appartient au juge de fixer lui-même le montant de cette rémunération, « en fonction des critères fixés au contrat de travail et des accords conclus les années précédentes » (Soc. 22 mai 1995, *Van Oertzen*, *Bull. civ.* V, n° 161 ; *Grands arrêts*, n° 55 ; Soc. 22 février 2000, n° 97-43465, *Dr. soc.* 2000. 438, obs. C. Radé ; 7 juin 2006, *JCP S* 2006.1580, note R. Vatinet ; Soc. 11 juillet 2007, n° 06-41733 ; Soc. 13 janvier 2009, n° 06-46208, [P]). Ces solutions rigoureuses s'expliquent non seulement par l'exigence générale de détermination de l'objet des obligations contractuelles, mais encore par deux motifs plus spécifiques, propres aux rémunérations :

– premièrement, le salaire est la contrepartie de la subordination. Il est par conséquent est un objet sur lequel la subordination ne saurait porter ;

– deuxièmement, une clause contractuelle ne saurait faire peser sur le salarié les risques de l'entreprise. Ainsi, une clause qui subordonne la rémunération au règlement par le client de la commande que le salarié a enregistrée est illicite (v. Soc. 10 mai 2007, *RDT* 2007. 594 obs. M. Véricel, *Dr. soc.* 2007. 1177, obs. D. Jourdan et J. Barthelemy, v. cpdt l'exception faite pour les commissions des VRP, Soc. 17 déc. 1986, *Bull. civ.* V, n° 622).

Pourtant, la Cour de cassation n'est pas allée au bout de cette logique. Elle considère encore que les primes issues d'engagements unilatéraux peuvent être détruites unilatéralement par l'employeur, sans que l'accord du salarié soit requis (sur cette jurisprudence et sur sa critique, v. n° 95). Ce qui permet aux employeurs habiles de contourner largement le principe selon lequel la rémunération doit être prédéterminée et contractuelle. Cette solution apparaît éminemment critiquable.

Certaines clauses de mobilité spécifiques sont l'objet d'une réglementation légale spéciale. C'est le cas notamment des clauses permettant une variation des horaires des salariés à temps partiel (sur la réglementation particulièrement laxiste de ces clauses, v. n° 288 à 292).

§ 2 Sanction de l'illicéité d'une clause

Lorsqu'une clause du contrat de travail est illégale, elle est, bien entendu, inopposable aux parties. Mais cette sanction a pu sembler insuffisante en pratique. Souvent, en effet, les salariés se sentent liés par leur contrat écrit. Ils obéissent ainsi aux clauses illicites. Et, lorsque le juge vient constater l'illicéité, il est trop tard : le salarié a obéi et il a donc subi ce qui s'analyse, le plus souvent, en une restriction illégitime de ses droits fondamentaux. L'apparente légalité de la clause a causé un préjudice. Et ce préjudice a été causé par le caractère illicite de la clause. S'agissant d'un contrat d'adhésion, cette illicéité est entièrement imputable à celui qui a rédigé et imposé l'écrit contractuel, à savoir à l'employeur. 104

Ce raisonnement est suivi par la Cour de cassation. Un salarié qui a obéi à une clause illicite du contrat et a subi de ce fait un préjudice, doit recevoir, de la part de l'employeur, des dommages-intérêts permettant la réparation de ce préjudice (v. à propos d'une clause de non-concurrence, Soc. 18 mars 2003, *Bull. civ.* V, n° 98 ; Soc. 11 janvier 2006, *Bull. civ.* V, n° 8 ; *Dr. soc.* 2007. 465-466, obs. J. Mouly ; *RTD civ.* 2006. 311, obs. J. Mestre et B. Fages ; Soc. 18 octobre 2006, n° 05-42706 ; Soc. 15 novembre 2006, n° 05-46721, *Bull. civ.* V, n° 341 ; *RDT* 2007. 95, obs. J. Pélissier et à propos d'une clause d'exclusivité, Soc. 25 février 2004, *Bull. civ.* V, n° 64). La Cour de cassation précise même que le seul respect d'une clause de non-concurrence illicite « cause nécessairement un préjudice dont il appartient au juge d'apprécier l'étendue » (Soc. 11 janvier 2006 ; 18 octobre 2006 ; 15 novembre 2006, préc.), ce qui revient à exiger des juges du fond qu'ils n'éludent pas la responsabilité encourue par l'employeur du fait des clauses illicites du contrat, même s'ils restent souverains dans l'appréciation de ce préjudice (Soc. 22 mars 2006, *Bull. civ.* V, n° 121 ; *Dr. soc.* 2006. 688, obs. J. Mouly).

Il faut remarquer et apprécier le réalisme dont fait ici preuve, une fois de plus, la chambre sociale de la Cour de cassation. Elle rejette l'abstraction juridique qui voudrait qu'un contrat soit le fruit des deux parties au contrat. Elle reconnaît que la clause illicite n'est nullement imputable au salarié, même si celui-ci l'a signée. L'employeur est reconnu être juridiquement l'auteur exclusif de la clause illicite : le salarié consent à l'écrit, mais en pratique il n'en est pas l'auteur, ni même le coauteur. L'illicéité de la clause ne peut donc pas lui être imputée, même partiellement. L'indemnisation du préjudice subi du fait de l'illicéité de la clause est entièrement à la charge de l'employeur. Cette solution, logique, est signifiante du rejet par la jurisprudence d'une logique juridique abstraite qui ferait de l'écrit contractuel l'œuvre de deux parties égales. 105

BIBLIOTHÈQUE UNIVERSITAIRE DROIT VILLETANEUSE LETTRES

section 5

Les clauses d'accroissement du contrat

106 Une clause contractuelle peut, bien évidemment, réduire le champ du pouvoir de l'employeur. Si, par exemple, une clause du contrat fixe un lieu de travail ou des horaires précis, ce lieu ou ces horaires doivent, logiquement être considérés comme des éléments du contrat. Le contrat dit ce qui est contractuel : voilà qui semblait être une pure lapalissade.

Pourtant, par deux arrêts du 3 juin 2003, *Suret* et *Résoserv**, la Cour de cassation a su démontrer aux juristes qu'il fallait douter de tout. Par ces arrêts, la Cour affirme que la clause qui fixe le lieu de travail dans un contrat écrit n'a pas valeur contractuelle, mais qu'elle n'a que « valeur d'information » (dans le même sens, v. not. Soc. 21 janvier 2004, *Bull. civ.* V, n° 26 ; Soc. 15 mars 2006, *Bull. civ.* V, n° 102). Dans les affaires *Suret* et *Résoserv*, une salariée entendait user de la clause de son contrat pour refuser une mutation. La Cour lui répond qu'elle avait tort de se fier ainsi au contenu de son contrat. La clause écrite du contrat était totalement dépourvue de la force obligatoire des contrats. Pour qu'une disposition contractuelle sur le lieu de travail ait valeur contractuelle, encore faut-il qu'elle le dise expressément. Sa seule position dans un contrat n'y suffit pas.

Ces clauses contractuelles sans valeur contractuelle sont dites par les arrêts n'avoir que « valeur d'information ».

Voilà une drôle d'information. Une clause qui dit que le lieu de travail est fixé à Antony, doit être lue comme : « vous travaillerez dans un secteur géographique peu défini, mais qui inclut au moins l'Est et le Sud de la région parisienne (la salariée avait été mutée, dans l'arrêt *Résoserv*, d'Antony à Chaville, lesquelles sont distantes de 13 km, ce qui représente un temps de trajet, aux heures des bouchons, que les parisiens apprécieront). Et vous pourrez être mutée en n'importe quel point de ce secteur selon les bons désirs de votre employeur ». La clause écrite apparaît alors trompeuse, voire mensongère. Ce ne sont pas des clauses d'information que la Cour de cassation a découvertes. Ce sont des clauses de désinformation (en ce sens v. J. Pélissier*).

Pour l'instant, seules les clauses concernant le lieu sont touchées. Mais rien ne dit que la contagion n'ira pas plus loin. Bientôt, peut-être, une clause qui dira « vos horaires quotidiens seront, les jours ouvrés, de 8h à 12h et de 14h à 17h », signifiera « vous pourrez travailler à n'importe quels horaires de jour, selon le bon vouloir de l'employeur ».

Après les clauses contractuelles qui ne sont pas contractuelles, peut-être verra-t-on bientôt apparaître des dispositions de la Constitution qui ne sont pas constitutionnelles ou des dispositions légales qui ne sont pas légales ? Lorsque la Cour de cassation devient hypercréative, tout devient possible...

Il demeure qu'en l'absence d'élargissement de l'étrange jurisprudence *Suret* et *Résoserv*, hors du lieu de travail, les clauses du contrat conservent leur valeur contractuelle. Elles ne peuvent dès lors faire l'objet de modification sans l'accord des deux parties au contrat.

section 6

Contrôle de l'exercice du pouvoir

À l'intérieur d'une sphère délimitée par le contrat, l'employeur a un droit de commander, un pouvoir. Celui-ci n'est pas discrétionnaire. Il fait donc l'objet d'un contrôle de la part des juges. 107

Ce contrôle s'est d'abord mis en place au travers de la théorie de l'abus de droit (v. par exemple Soc. 29 janvier 2002, n° 99-44604, *Bull. civ.* V, n° 39). Il permet notamment de contrôler le mode d'édiction de l'acte de pouvoir. La brutalité ou la précipitation d'un ordre peuvent ainsi apparaître suspects et conduire à la qualification d'abus (v. Soc. 23 février 2005*). La théorie de l'abus de droit peut aussi permettre un contrôle de la finalité. Mais ce contrôle de finalité s'exprime aujourd'hui au sein de plusieurs autres motivations, lesquelles se complètent pour permettre une analyse plus approfondie.

La problématique des droits fondamentaux et l'article L. 1121-1 du Code du travail jouent un rôle croissant dans le contrôle de l'exercice du pouvoir (v. n° 150 et s., par ex. pour une la limitation des effets d'une clause de mobilité par le droit à une vie personnelle et familiale, v. Soc. 14 octobre 2008, n° 07-40523, [P]; *D.* 2008. AJ. 2672, obs. L. Perrin; *D.* 2009. Pan. 590, obs. A. Fabre.; *RDT* 2008. 731, obs. G. Auzero; Soc. 13 janvier 2009, n° 06-45562, [P]). Cette problématique est étendue et complétée par le principe d'égalité de traitement (v. n° 172-173).

Plus généralement encore, la Cour utilise avec raison l'idée de « bonne foi ». Le contrat, et par voie de conséquence le pouvoir qui en est issu, doivent respecter l'exigence de « bonne foi ». (v. not. Soc. 23 février 2005, *Leviel** ; Soc. 3 octobre 2007, n° 06-45478; Soc. 13 novembre 2008, 06-45086, inédits). Enfin, il est souvent fait recours à l'idée selon laquelle l'acte de pouvoir doit toujours être conforme à l'intérêt de l'entreprise. Sur le papier, ce motif est issu d'une vision plus institutionnelle du pouvoir, véhiculée par l'idée « d'intérêt de l'entreprise ».

Ces différents fondements sont souvent utilisés ensemble pour motiver une même décision de la Cour de cassation (pour un usage cumulatif de la « bonne foi » et de « l'intérêt de l'entreprise », v. not. Soc. 23 février 2005, *Leviel**, Soc. 3 octobre 2007 et 13 novembre 2008 préc. ; pour une caractérisation de l'abus de droit, par la mention d'une finalité étrangère à l'intérêt de l'entreprise, v. not. Soc. 21 janvier 2009, n° 07-43070). Cette simultanéité est inévitable : la motivation des arrêts vise à convaincre et, pour cette raison, elle ne peut guère éviter le risque de surabondance. De plus et surtout, les domaines des différents standards sur lesquels s'appuie le contrôle sont suffisamment flous pour que les recoupements soient inévitables.

Il est à noter que ce ne sont pas seulement les *actes* de pouvoir de l'employeur qui sont contrôlés : l'*abstention* d'agir de l'employeur peut, elle aussi, s'avérer abusive. Peut être condamné l'employeur qui refuse la mutation d'une salariée, alors que celle-ci était contrainte pour des raisons familiales de déménager et qu'il existait des postes pouvant lui convenir aux alentours de son nouveau lieu de résidence (Soc. 24 janvier 2007, n° 05-40639). Peut aussi être condamné l'employeur qui s'abstient de sanctionner un salarié harceleur. Ces obligations qui imposent au titulaire d'un pouvoir d'en user semblent pour l'instant cantonnées aux espèces où un droit fondamental peut être invoqué à l'appui de l'obligation d'agir (droit à la sécurité, droit à une vie familiale normale...). Leur importance n'en est pas moins croissante, avec l'essor, en droit du travail, de la problématique des droits fondamentaux (v. n° 147 et s.).

Biblio

1) Sur la place du contrat individuel en droit du travail

- P. Durand, « À la frontière du contrat et de l'institution : la relation de travail », *JCP* 1944. I. 337.
- G. Lyon-Caen, « Défense et illustration du contrat de travail », *Archives Phil. dr.* t. 13, 1968, p. 59.
- A. Lyon-Caen, « Actualité du contrat de travail », *Dr. soc.* 1988. 540.
- A. Jeammaud, « Les polyvalences du contrat de travail », in *Mélanges G. Lyon-Caen*, Dalloz, 1989, p. 299.
- J.-M. Béraud, « Autour de l'idée de constitution sociale de l'entreprise », in *Études offertes à J. Pélissier*, Dalloz, 2004, p. 55 et s.
- E. Dockès, « De la supériorité du contrat de travail sur le pouvoir de l'employeur », in *Études offertes à J. Pélissier*, Dalloz, 2004, p. 203 et s.

2) Sur la bonne foi

- C. Vigneau, « L'impératif de bonne foi dans l'exécution du contrat de travail », *Dr. soc.* 2004. 706.

3) Sur la jurisprudence *Le Berre*

- J. Pélissier, « Difficultés et dangers de l'élaboration d'une théorie jurisprudentielle : l'exemple de la distinction entre la modification du contrat de travail et le changement des conditions de travail », in *Mélanges offerts à P. Couvrat*, PUF, 2001 p. 101 et s.

4) Sur l'objet du contrat de travail

- T. Revet, « L'objet du contrat de travail », *Dr. soc.* 1992. 860.
- A. Supiot, *Critique du droit du travail*, coll. « Les voies du droit », PUF 1994, spéc. p. 51 et s.
- J. Savatier, « La liberté dans le travail », *Dr. soc.* 1990. 49 et s.

5) Sur les clauses de mobilité et de flexibilité

- E. Dockès, « La détermination de l'objet des obligations nées du contrat de travail », *Dr. soc.* 1997. 140 et s.
- J. Pélissier, « Pour un droit des clauses du contrat de travail », *RJS* 2005, n° 499.
- F. Canut, « Tir groupé autour de la clause de mobilité », *Dr. ouvrier* 2009. 7.

6) Sur la jurisprudence *Suret* et *Résoserv*

- J. Pélissier, « Clauses informatives et clauses contractuelles », *RJS* 2004, p. 3-6.

Documents

1) Le contenu de principe du contrat

Soc. 4 mai 1999, *Hczysczyn, Grands arrêts*, n° 51 ; *Bull. civ.* V, n° 186

« Attendu que M. Hczyszyn a été embauché par la société Paul Jacottet le 16 décembre 1968 en qualité de cadre comptable ; que, par lettre du 2 février 1993, la société, se référant à une note de service du 21 janvier 1993, l'a informé qu'en raison d'un transfert de ses bureaux de Versailles à Chartres, il devait se présenter à compter du 15 décembre 1993 dans les nouveaux bureaux ; qu'estimant que ce changement constituait une modification de son contrat de travail, M. Hczyszyn l'a refusé et a imputé à la société la rupture du contrat ; que, le 26 février 1993, la société a licencié le salarié pour faute grave ;

Attendu que, pour décider que le licenciement était justifié par une faute grave, la cour d'appel énonce que le salarié, qui reconnaît que l'utilisation de son véhicule personnel n'aurait augmenté la durée du trajet quotidien que d'environ une demi-heure...

Attendu, cependant, que le changement du lieu de travail doit être apprécié de manière objective ;

Qu'en statuant comme elle l'a fait, sans rechercher si le lieu de travail auquel était affecté M. Hczyszyn était situé dans un secteur géographique différent de celui où il travaillait précédemment et si, dès lors, le déménagement constituait une modification du contrat de travail, la cour d'appel n'a pas donné de base légale à sa décision ».

2) Les clauses illicites

Soc. 12 janvier 1999, *Bull. civ.* V, n° 7

« Vu l'article 8 de la Convention européenne de sauvegarde des droits de l'homme et des libertés fondamentales ;

Attendu que selon ce texte, toute personne a droit au respect de son domicile ; que le libre choix du domicile personnel et familial est l'un des attributs de ce droit ; qu'une restriction à cette liberté par l'employeur n'est valable qu'à la condition d'être indispensable à la protection des intérêts légitimes de l'entreprise et proportionnée, compte tenu de l'emploi occupé et du travail demandé, au but recherché ».

Soc. 27 février 2001, *Bull. civ.* V, n° 60

« La clause, par laquelle l'employeur se réserve le droit de modifier, en tout ou partie, le contrat de travail, est nulle comme contraire aux dispositions de l'article 1134, alinéa 2, du Code civil, le salarié ne pouvant valablement renoncer aux droits qu'il tient de la loi ; ».

Soc. 16 juin 2004, *Bull. civ.* V, n° 166

« Une clause du contrat de travail ne peut permettre à l'employeur de modifier unilatéralement la rémunération contractuelle du salarié ».

Soc. 7 juin 2006, *Bull. civ.* V, n° 209 ; *RDT* 2006. 313-314, obs. J. Pélissier ; *Dr. soc.* 2006. 926, note F. Favennec-Héry, *Grands arrêts*, n° 52

« La clause contenue dans son contrat de travail imposait au salarié une mobilité sur toute la zone d'activité de son employeur qui, depuis 1991, avait été étendue à l'ensemble du territoire national ;
Attendu, cependant, qu'une clause de mobilité doit définir de façon précise sa zone géographique d'application et qu'elle ne peut conférer à l'employeur le pouvoir d'en étendre unilatéralement la portée ».

3) Sanction des clauses illicites

Soc. 25 février 2004, *Bull. civ.* V, n° 64

« La clause par laquelle un salarié à temps partiel se voit interdire toute autre activité professionnelle, soit pour son compte, soit pour le compte d'un tiers, porte atteinte au principe fondamental de libre exercice d'une activité professionnelle et n'est dès lors valable que si elle est indispensable à la protection des intérêts légitimes de l'entreprise et si elle est justifiée par la nature de la tâche à accomplir et proportionnée au but recherché ;
(...) la nullité d'une telle clause (permet) au salarié d'obtenir réparation du préjudice ayant résulté pour lui de cette clause illicite ».

4) Le contrôle du pouvoir

Soc. 23 janvier 2002, *RJS* 2002, n° 392, 2e esp.

Attendu que M. Pujo et M. Rouyre, au service de la société SAS Telf en qualité de chauffeurs routiers ont été licenciés pour avoir refusé une mutation malgré la clause de mobilité insérée à leur contrat de travail ; qu'ils ont saisi la juridiction prud'homale afin d'obtenir des indemnités de rupture ; (...)
Mais attendu que la cour d'appel, après avoir justement rappelé que la clause de mobilité ne pouvait être mise en œuvre que dans l'intérêt de l'entreprise, a constaté que l'employeur avait affecté le salarié à Pau trois mois après la signature d'un nouveau contrat comportant une clause de mobilité, alors qu'il travaillait depuis 1987 à Toulouse, sans pouvoir justifier cette mutation par un motif objectif ; qu'elle a ainsi, sans encourir le grief du moyen, légalement justifié sa décision ; que le moyen n'est pas fondé ;
Par ces motifs : rejette les pourvois.

Soc. 23 février 2005, *Leviel*, *Grands arrêts*, n° 53 ; *Bull. civ.* V. n° 64 arrêt n° 2, *Dr. soc.* 2005. 576, obs. J. Mouly, *ibid.* 634, note P. Bouaziz et I. Gourlet, *Dr. ouvrier* 2005. 213, obs. P. Moussy, *JCP* 2005. II. 10076, note D. Corrignan-Carsin (sur cet arrêt v. le corrigé de l'exercice)

« Sur le moyen unique :
Attendu que Mme Caulier, salariée depuis 1989 de la société Leviel, y exerçait en dernier lieu des fonctions d'accueil et administratives dans une succursale située à Soissons ; qu'en décembre 2000, son employeur lui a notifié sa mutation dans un autre magasin situé à Saint-Quentin en application d'une clause de mobilité de son contrat de travail stipulant qu'elle

s'engageait, compte tenu de la structure de l'entreprise, à travailler dans les départements de l'Aisne et de la Marne ; qu'à la suite de son refus, elle a été licenciée pour faute grave, mais que l'arrêt confirmatif attaqué (Amiens, 12 mai 2004) a décidé que son licenciement était sans cause réelle et sérieuse ;

Attendu que la société Leviel reproche à la cour d'appel d'avoir ainsi statué en se fondant sur des motifs tirés du fait qu'elle ne démontrait pas que la mutation de Mme Caulier était conforme à l'intérêt de l'entreprise, alors, selon le moyen :

1/ qu'il appartient au salarié de rapporter la preuve du détournement de pouvoir de l'employeur lors de la mise en œuvre d'une clause de mobilité et non à l'employeur de justifier des motifs pour lesquels il a eu recours à cette clause ;

2/ que le salarié ne peut s'opposer à la mise en œuvre d'une clause de mobilité géographique prévue à son contrat de travail qu'en cas de détournement de l'employeur dans l'exercice de son pouvoir de direction, de sorte qu'auraient été violés les articles 1315 et 1134 du Code civil et l'article L. 122-4 du Code du travail ;

Mais attendu que, la bonne foi contractuelle étant présumée, les juges n'ont pas à rechercher si la décision de l'employeur de faire jouer une clause de mobilité stipulée dans le contrat de travail est conforme à l'intérêt de l'entreprise ; qu'il incombe au salarié de démontrer que cette décision a en réalité été prise pour des raisons étrangères à cet intérêt, ou bien qu'elle a été mise en œuvre dans des conditions exclusives de la bonne foi contractuelle ; que, nonobstant un motif erroné faisant état de la nécessité pour la société Leviel de démontrer que sa décision d'appliquer la clause de mobilité était conforme à l'intérêt de l'entreprise, il ressort d'autres motifs, propres ou adoptés, que les conditions dans lesquelles la décision relative à la mutation avait été prise procédaient d'une précipitation suspecte vis-à-vis d'une salariée ayant une telle ancienneté et qui, peu de temps avant, avait fait l'objet de deux avertissements fondés sur des griefs non établis ; que le moyen ne peut, dès lors, être accueilli ;

Par ces motifs : rejette le pourvoi ».

5) Les clauses informatives

Soc. 3 juin 2003, deux arrêts, *Suret* (n° 01-40376) et *Résoserv* (n° 01-43573), *Bull. civ.* V, n° 185, *Dr. soc.* 2003. 884, obs. J. Savatier, *JCP* 2003. II. 10165, note M. Véricel ; 21 janvier 2004, *Bull. civ.* V. n° 26, *Dr. ouvrier* 2004. 222, note B. Lardy-Pélissier)

« … la mention du lieu de travail dans le contrat de travail a valeur d'information à moins qu'il soit stipulé par une clause claire et précise que le salarié exécutera son travail exclusivement dans ce lieu… »

J. Pélissier, « Clauses informatives et clauses contractuelles », *RJS* 2004, p. 6

« La solution retenue dans les deux arrêts du 3 juin 2003 apparaît contestable à un double titre. La clause du contrat mentionnant le lieu de travail, traduisant la volonté commune des parties, est une clause contractuelle qui ne peut, en application de l'article 1134 du Code civil, être modifiée que par un accord des cocontractants. Même si, par l'effet d'une déqualification injustifiée, la clause fixant le lieu de travail est considérée comme une simple clause d'information, elle ne laisse pas l'auteur de l'information libre de faire exécuter la prestation de travail dans un autre lieu. Décider le contraire est assimiler l'information à la désinformation. »

Quiz

Sujet corrigé : commentaire d'arrêt

Énoncé

Commentez l'arrêt du 23 février 2005 reproduit au-dessus.

Corrigé

De nombreux plans sont possibles. On se contentera d'en donner un exemple.

I. La bonne foi

L'utilisation de la bonne foi permet de rattacher le pouvoir au contrat, mais elle permet aussi de légitimer, *a priori*, l'exercice du pouvoir.

A. Le pouvoir contractuel

La bonne foi « contractuelle » légitime l'acte de pouvoir. La Cour reconnaît ainsi que le pouvoir est issu du contrat. Pareille solution s'oppose avec clarté à la théorie institutionnelle du pouvoir et conforte l'idée que le contrat est bien la norme qui habilite le pouvoir de l'employeur. On peut en profiter pour resituer le débat entre contrat et institution (v. n° 13 et 17).

B. Le pouvoir légitimé

Présumé exercé de bonne foi, le pouvoir bénéficie, selon l'arrêt, d'une légitimité présumée. Cette solution est discutable. Le pouvoir n'est pas une prérogative comme les autres. Dans un système juridique qui pose comme valeurs fondamentales la liberté et l'égalité, la place du pouvoir entre personnes privées n'est pas aussi évidente que l'arrêt semble le penser. Le pouvoir porte en effet atteinte à l'égalité, le soumis étant traité en inférieur du soumettant et il porte atteinte à la liberté du soumis. Limitation de la liberté et de l'égalité, soit des deux principes juridiques fondateurs des systèmes juridiques démocratiques, le pouvoir paraît *a priori* suspect. Il est restriction des droits et liberté des personnes. Et, par l'article L. 120-2 (L. 1121-1 C. trav.) du Code du travail, ce devrait être au détenteur du pouvoir de démontrer la légitimité de son pouvoir et la conformité de son acte à cette légitimité.

II. L'intérêt de l'entreprise

A. Intérêt de l'entreprise et théorie de l'institution

La terminologie utilisée mérite d'être commentée. Par « intérêt de l'entreprise », on suppose l'existence d'une entité « entreprise », dotée d'un intérêt propre, lequel ne se confond ni avec l'intérêt des salariés et ni avec celui de l'employeur, ni même avec leur intérêt commun. Ces termes supposent donc que l'entité « entreprise » soit plus qu'un simple agglomérat de moyens et de personnes. Ce qui n'est pas sans rappeler la vision institutionnelle de l'entreprise (v. n° 13).

B. Un contrôle difficile

L'interprétation par le juge de l'intérêt de l'entreprise s'avère difficile, s'il ne veut pas confondre cet intérêt et celui de l'employeur. D'autant qu'en droit des relations collectives de travail la notion d'entreprise est, en principe, assimilée à la personne de l'employeur. Exiger que l'intérêt de l'entreprise soit respecté pourrait n'être qu'une manière d'accepter sans grand contrôle les décisions du chef d'entreprise : celui-ci n'est-il pas le meilleur juge de cet intérêt ? Le fondement institutionnel du contrôle pourrait ainsi se retourner contre l'existence même d'un contrôle. Pareil danger est au demeurant le propre de tout glissement vers la théorie institutionnelle (v. n° 13).

III. Le rôle du juge

A. Une limitation du rôle du juge…

Il s'agit ici de commenter la phrase : « les juges n'ont pas à rechercher si la décision de l'employeur de faire jouer une clause de mobilité stipulée dans le contrat de travail est conforme à l'intérêt de l'entreprise ». Si l'on en reste à cette phrase, c'est un retour au pire temps du droit du travail, à l'époque où l'on disait que le juge ne pouvait intervenir dans l'intérêt de l'entreprise, l'employeur étant « seul juge » de cet intérêt de l'entreprise (Soc. 31 mai 1956, *Brinon*, *JCP* 1956. II. 9397, note Esmein ; *D.* 1958. 21, note Levasseur ; Soc. 15 janvier 1960, *Bull. civ.* V, n° 49 : « l'employeur (…) est seul juge de savoir quels sont les salariés qu'il doit conserver dans l'intérêt de son entreprise »). Ces solutions ont été abandonnées avec fermeté à partir les années 1980. La Cour de cassation serait-elle tentée par un retour en arrière ?

B.…à la portée douteuse

Le salarié est appelé à prouver que l'acte de l'employeur a été pris « pour des raisons étrangères » à l'intérêt de l'entreprise. Il paraît difficile d'inciter le salarié à apporter des éléments de preuve en ce sens et d'interdire au juge de les apprécier. De même, l'arrêt réserve l'hypothèse d'un salarié qui aurait démontré que le pouvoir n'a pas été exercé de bonne foi (qu'il a été exercé « dans des conditions exclusives de la bonne foi contractuelle »). La bonne foi n'est donc qu'une présomption susceptible de preuve contraire. N'y aurait-il dans l'arrêt, finalement, qu'une affirmation classique de l'idée selon laquelle la charge de la preuve de l'abus incombe à qui l'invoque ? En ce sens, on rappellera qu'en l'espèce un employeur avait fait preuve de « précipitation suspecte », dans un contexte qui laissait à penser qu'un détournement de pouvoir avait eu lieu et que cette motivation suffit à la Cour pour rejeter le pourvoi formé contre la décision d'appel ayant condamné l'employeur.

Le souhait de la Cour de cassation d'inciter les juges à restreindre leur contrôle est bien perceptible. Mais la portée de cette volonté reste douteuse.

chapitre 5

Pouvoir disciplinaire

Plan analytique

section 1

Notion de « sanction disciplinaire » : le domaine du droit disciplinaire

section 2

Notion de faute disciplinaire

section 3

Sanctions prohibées

§ 1 Les sanctions pécuniaires

§ 2 Les sanctions disproportionnées

§ 3 Les sanctions discriminatoires

§ 4 Interdiction du cumul des sanctions et prescription des fautes

section 4

Procédure

section 5

Le refus de la sanction

section 6

Sanctions d'un exercice illégal du pouvoir disciplinaire

Pouvoir disciplinaire

Le pouvoir disciplinaire est un droit de punir le salarié qui désobéit aux ordres. Il est l'expression ultime du pouvoir de direction, son fer de lance. Comme tel, il est sans doute le mode d'exercice du pouvoir qui a le plus vite concentré sur lui la méfiance. Sa manifestation la plus inacceptable était l'amende, qui permettait à l'employeur de reprendre d'une main ce qu'il avait accordé de l'autre. Elle fut prohibée par la loi du 5 février 1932. Hors cette limite, le pouvoir disciplinaire resta longtemps un pouvoir peu contrôlé, si ce n'est par la jurisprudence qui, occasionnellement, faisait application de la théorie de l'abus de droit. Ce n'est qu'à partir de la loi du 4 août 1982 qu'une véritable réglementation du pouvoir disciplinaire a été adoptée. Depuis cette loi, le pouvoir disciplinaire de l'employeur est strictement encadré. 108

Il n'en demeure pas moins une curiosité puisqu'il autorise l'employeur, contre tous les principes habituels, à être juge et partie et à se faire justice lui-même.

Partie saillante du pouvoir de direction, le pouvoir disciplinaire a, avec le pouvoir réglementaire de l'employeur, concentré l'essentiel des débats existant autour du fondement du pouvoir patronal (sur ces débats v. n° 8 à 17). La doctrine contractuelle, y voit un pouvoir accordé par contrat. Alors que les contrats de travail n'étaient pas réglementés, elle a donné lieu à des excès terribles, comme l'arrêt « des sabots » du 14 février 1866*. La théorie institutionnelle lui a succédé, et l'on a vu le pouvoir disciplinaire être qualifié d'« inhérent à la qualité de patron », avec des résultats similaires, à savoir l'absence de limites de ce pouvoir (Soc. 16 juin 1945, *Poliet et Chausson*, *Grands arrêts*, n° 65 ; *Dr. soc.* 1946. 427, note P. Durand). Aujourd'hui qu'un droit disciplinaire légal a été mis en place et que le contrat n'est plus gouverné par une quelconque souveraineté des parties, la Cour de cassation est revenue à une interprétation contractuelle (v. Soc. 16 juin 1998, *Hôtel Le Berry*, *Bull. civ.* V, n° 320 ; *Grands arrêts*, n° 67). Il est symptomatique que ce retour à une interprétation contractuelle, expurgée des défauts de la conception originelle, a eu comme effet immédiat d'accroître la protection des salariés : l'arrêt affirme en effet un droit du salarié de refuser une sanction qui modifierait son contrat de travail (v. n° 126).

Le droit disciplinaire s'applique dès qu'une mesure de l'employeur est qualifiée de « sanction disciplinaire » (section 1). Pour qu'une telle sanction soit valide, elle doit être fondée par une faute (section 2), être d'un type que le droit autorise (section 3), être prononcée suivant une procédure précise (section 4) et être acceptée par le salarié si elle réalise une modification du contrat de travail (section 5). L'exercice illégal du pouvoir disciplinaire est diversement sanctionné (section 6).

section 1

Notion de « sanction disciplinaire » : le domaine du droit disciplinaire

109 L'enjeu de la qualification de « sanction disciplinaire » n'est nullement de dire que telle ou telle mesure est valide. Il s'agit au contraire de dire que telle mesure s'annonce suspecte, dangereuse et qu'elle doit être passée au crible du droit disciplinaire avant de pouvoir être considérée comme valide. Ceci explique la définition légale de la notion de « sanction disciplinaire ». Aux termes de l'article L. 1331-1 du Code du travail (L. 122-40 anc. C. trav.) : « Constitue une sanction toute mesure, autre que les observations verbales, prise par l'employeur à la suite d'un agissement du salarié considéré par l'employeur comme fautif, que cette mesure soit de nature à affecter immédiatement ou non la présence du salarié dans l'entreprise, sa fonction, sa carrière ou sa rémunération ».

Il est nécessaire de commenter mot à mot cette définition pour bien la comprendre.

110 « Constitue une sanction *toute mesure, autre que les observations verbales,...* ».

Le rejet des observations verbales s'explique par la volonté de ne pas procéduraliser excessivement la vie de l'entreprise. Il est possible à l'employeur de faire des observations verbales sur le travail de ses salariés, même si elles sont désobligeantes, sans devoir passer par toute une procédure, sans envoi de lettre recommandée, etc.

En revanche, en visant « toute » mesure, le texte ne distingue pas entre les mesures positives ou négatives. Une mesure peut être qualifiée de « sanction » même si elle est un gain, une promotion par exemple, pourvu qu'elle satisfasse aux autres éléments de la définition (Soc. 15 décembre 2005, *Dr. soc.* 2006. 460, obs. Ph. Waquet). Les « promotions » qui visent à écarter un salarié considéré comme gênant doivent ainsi passer par la procédure disciplinaire.

111 « ... prise par l'employeur *à la suite d'un agissement du salarié considéré par lui comme fautif...* ».

Il faut se rappeler que l'enjeu de la qualification de sanction disciplinaire est l'application des protections du droit disciplinaire. Pour que ces protections s'appliquent, il faut qualifier la mesure de l'employeur de « sanction disciplinaire ». On comprend alors que la qualification de « sanction » ne demande pas que la mesure ait été, en vérité, fondée par une faute. Une sanction disciplinaire doit, pour être licite, être fondée par une faute. Mais la protection est d'autant plus nécessaire lorsqu'il n'y a pas de faute. Ainsi, par exemple, un salarié qui adhère à un syndicat ne commet aucune faute. Il se peut cependant que l'employeur n'apprécie pas ce comportement, qu'il le perçoive négativement. Il s'agira alors d'un « comportement considéré (par l'employeur) comme fautif ». Si l'employeur prend une mesure « à la suite » de ce comportement, comme une mutation par exemple, cette mesure sera considérée comme une sanction disciplinaire, ce qui permettra l'application des protections du droit disciplinaire. En l'espèce, ces protections seront particulièrement utiles. Le droit disciplinaire permettra de dire la sanction « illégale » et même

« discriminatoire ». C'est justement dans ce type d'hypothèses, lorsqu'il n'y a pas de faute, que la protection du droit disciplinaire est la plus importante et que la qualification de « sanction disciplinaire » est la plus nécessaire.

Dans tous les cas, la qualification de sanction disciplinaire est indépendante de l'existence, en réalité, d'une faute du salarié. Seule importe l'impression de l'employeur. Par exemple, une retenue sur salaire est une sanction disciplinaire, pourvu qu'elle ait été la suite d'un travail non fait, ou mal fait, que l'employeur *considère* comme fautif. La qualification de sanction disciplinaire est alors acquise. Donc le droit disciplinaire s'applique. Or ce droit prohibe les sanctions pécuniaires (v. n° 118-120). La retenue sur salaire est donc nulle (pour un tel raisonnement explicité au sein des motifs d'un arrêt de la Cour de cassation, v. Soc. 6 février 2008, n° 06-45208).

« ... *que cette mesure soit de nature à affecter immédiatement ou non* la présence du salarié dans l'entreprise, sa fonction, sa carrière ou sa rémunération. » : deux interprétations de ces termes sont possibles, selon les mots sur lesquels porte le « ou non ». 112

Première interprétation : le « ou non » porte sur l'adverbe « immédiatement ». Le texte se lit alors ainsi est une sanction « toute mesure (...), *que cette mesure affecte immédiatement ou à terme* la présence du salarié dans l'entreprise, sa fonction, sa carrière ou sa rémunération ». Pour être sanction, il faut affecter. Ce peut être immédiatement ou à terme, mais il faut affecter. Ce peut être la présence du salarié qui est affectée à terme. Ce sera le cas, par exemple, d'un avertissement, lorsqu'il est convenu qu'au troisième avertissement un licenciement pourra être envisagé. Mais une mesure comme un changement de bureau ou la suppression d'une place de parking, dès lors qu'elle n'affecte ni immédiatement, ni à terme « la présence du salarié dans l'entreprise, sa fonction, sa carrière ou sa rémunération » n'est pas une sanction. Alors, l'employeur pourra, pour punir un salarié, à la suite d'un comportement qu'il considère comme fautif, prendre toutes sortes de mesures d'apparence bénigne, mais qu'il espérera vexantes, voire humiliantes, sans jamais avoir à suivre la procédure disciplinaire, sans que le salarié puisse contester la réalité de sa faute, sans que l'employeur ait à motiver la mesure en aucune manière, bref, sans que le droit disciplinaire ne s'applique.

Seconde interprétation : le « ou non » porte sur le verbe « affecter ». Le texte se lit alors ainsi : est une sanction la mesure qui « affecte ou qui n'affecte pas la présence du salarié dans l'entreprise, sa fonction, sa carrière ou sa rémunération ». Pour qu'il y ait sanction, il suffit que la mesure ait été prise à la suite d'un agissement considéré par l'employeur comme fautif. Hors les observations verbales, spécifiquement écartées, toutes les mesures pourront alors faire l'objet de protections : les changements de bureau, comme les suppressions de place de parking, comme toutes les autres petites mesures, qui sans affecter l'une des grandes dimensions de la relation de travail, peuvent affecter gravement la vie quotidienne d'un salarié.

La première interprétation semble avoir la préférence de la jurisprudence (v. Soc. 27 février 1985, *Bull. civ.* V, n° 122, très net en ce sens. V. aussi Soc. 7 décembre 1999, *Bull. civ.* V, n° 476 et Soc. 13 juin 2007, n° 06-41368, inédit, *RDT* 2007. 588, note C. Sachs-Durand, arrêts qui penchent dans la même direction, quoique de manière moins nette), malgré quelques imprécisions qui pourraient passer pour des hésitations (Soc. 4 mars 2003, n° 00-46742 ; Soc. 5 mai 2009, n° 07-44835, inédits). 113

Ce choix de la première interprétation permet certes à l'employeur d'avoir les coudées plus franches sans être encombré de procédures. Elle présente cependant l'inconvénient de priver de toute protection des salariés qui subissent des mesures punitives. Et elle semble jouer un peu sur les mots en considérant que des mesures ouvertement punitives ne sont pas disciplinaires. Que l'employeur puisse ainsi punir à répétition des salariés sans jamais décider de sanction disciplinaire apparaît bien étrange. D'autant que l'article L. 1332-2 du Code du travail tranche clairement en faveur de la seconde interprétation : ce texte qualifie de « sanction » une mesure « qui n'a pas d'incidence, immédiate ou non, sur la présence dans l'entreprise, la fonction, la carrière ou la rémunération du salarié... ». Pour ces différentes raisons, la solution qui prédomine en jurisprudence apparaît critiquable. Et il faut espérer son prochain abandon.

section 2

Notion de faute disciplinaire

■ 114 La subordination qui est consentie par contrat de travail est une subordination professionnelle, limitée. En dehors de son temps de travail, en principe, le salarié redevient un être humain en tout point égal à l'employeur. L'employeur n'a plus alors sur lui de pouvoir disciplinaire. La faute commise par le salarié en dehors de sa vie professionnelle, en dehors de son contrat de travail, peut être grave et pénalement répréhensible. Mais elle ne peut fonder une sanction disciplinaire de l'employeur. Le pouvoir disciplinaire de celui-ci ne s'étend pas au-delà de la sphère contractuelle. Le pouvoir disciplinaire est l'accessoire du pouvoir de direction. Seule une désobéissance du salarié à ce pouvoir peut justifier une sanction.

Cela ne signifie pas que toute désobéissance du salarié soit nécessairement fautive. La grève (v. n°577 et s.) ou le droit de retrait en cas de danger grave et imminent (art. L. 4131-1 C. trav.), sont des désobéissances non seulement licites, mais protégées. Plus généralement, la cessation du travail par le salarié peut être légitimée par la faute de l'employeur (Soc. 23 juin 2009, n°07-44844, [P], cas d'un salarié refusant sans faute de reprendre le travail tant que le salaire qui lui est dû, au titre d'une mise à pied ordonnée par l'employeur sans justification, ne lui aura pas été versé). Cette dernière solution peut être rapprochée du doit commun des contrats et de l'exception d'inexécution.

■ 115 La faute disciplinaire, celle qui peut fonder une sanction du même nom, est donc une violation d'un commandement issu du pouvoir de direction. Celui-ci étant issu du contrat de travail, on peut aussi dire que la faute disciplinaire est une violation du contrat de travail par le salarié, une faute contractuelle. La jurisprudence s'est prononcée clairement en ce sens à plusieurs reprises en exigeant, pour justifier une sanction disciplinaire, une faute qui soit une violation des obligations qui lient le salarié « à l'égard de son employeur » (v. not. Soc. 4 juillet 2000, *Bull. civ.* V, n° 263. *Adde*, Soc. 28 juin 2000, *Bull. civ.* V, n° 249 ; Soc. 21 mars 2000, *Bull. civ.* V, n° 115).

Il en découle que le pouvoir disciplinaire ne peut sanctionner des fautes qui se rattachent à la vie personnelle du salarié (Soc. 14 mai 1997, *Bull. civ.* V, n° 175 ; 15 juin 1999, *Bull. civ.* V, n° 279 ; 27 juin 2000, *Bull. civ.* V, n° 249), y compris celles commises aux lieux et temps de travail (v. chapitre 6, Soc. 2 octobre 2001, *Nikon**, reproduit au chapitre 7 ; Soc. 23 juin 2009, n° 07-45256, [P]), y compris lorsque celles-ci sont constitutives d'infractions pénales et ont conduit le salarié à être placé en détention provisoire (Soc. 26 février 2003*). Cette protection va au-delà de la seule protection de la vie privée *stricto sensu*. Elle protège tout ce qui est extérieur à la sphère contractuelle, et inclut outre la vie privée, la vie publique, politique, militante, associative (v. par ex. Soc. 23 mai 2007, n° 05-41374, [P], *D.* 2007. Pan. 3037, obs. Ch. Géniaut, *RDT* 2008, obs. T. Aubert-Monpeyssen, qui refuse la qualification de faute disciplinaire d'un blocage de péage, réalisé par l'employé de ce péage, mais hors de son temps de travail et à l'occasion d'une manifestation publique ; v. aussi Soc. 23 juin 2009, n° 07-45256, [P]).

Hors de tout problème de sécurité, la faute extraprofessionnelle, commise hors des temps et lieu de travail, échappe totalement au pouvoir disciplinaire de l'employeur. Si elle constitue un trouble caractérisé dans l'entreprise, elle ne peut justifier qu'un licenciement *pour motif personnel non disciplinaire*, avec application de la procédure de droit commun du licenciement (v. n° 164 et Soc. 17 avril 1991, affaire du « sacristain homosexuel », reproduit au chapitre 7). Cette solution, logique, a été réaffirmée récemment par l'arrêt de chambre mixte de la Cour de cassation du 18 mai 2007*. L'arrêt d'appel avait retenu l'existence d'un trouble objectif généré par un fait qui relevait de la vie privée du salarié. Elle en avait déduit qu'une sanction de rétrogradation était en l'espèce justifiée. La Cour de cassation casse cet arrêt au motif qu'un trouble objectif ne saurait permettre en lui-même de fonder une sanction disciplinaire à l'encontre du salarié, en l'absence de « manquement aux obligations résultant de son contrat ».

Cet arrêt semble mettre un terme définitif aux doutes qu'avait fait naître l'arrêt du 3 décembre 2002 (n° 00-44321, *Bull. civ.* V, n° 361) lequel avait noté que l'acte reproché au salarié, bien qu'« étranger à l'exercice (des) activités professionnelles » du salarié, n'en était pas moins « une faute grave » permettant le licenciement disciplinaire immédiat du salarié. Cette motivation peu convaincante, dernier résidu de la vision institutionnelle du pouvoir et contraire à de nombreux arrêts antérieurs, semble aujourd'hui clairement abandonnée. Et ce d'autant plus que, désormais, le Conseil d'État a rejoint la Cour de cassation dans le refus de prendre en compte comme motifs disciplinaires les fautes qui ne sont pas liées à l'exécution du contrat de travail (CE 4 juillet 2005, *Patarin*, n° 272193, *Lebon*, p. 306).

Toutefois, plusieurs difficultés demeurent. 116

La première est liée à l'existence de faits, tirés de la vie personnelle, mais qui révèlent de véritables dangers pour l'entreprise. Pour prendre un exemple caricatural, le salarié d'une crèche qui aurait commis des coups et blessures sur enfant mineur, même en dehors des temps et lieu de travail, doit pouvoir être licencié. On ne garde pas, dans une crèche, un salarié dont le tempérament violent sur enfants a été démontré. Il en va de la sécurité des enfants de la crèche. Ce salarié doit même pouvoir être licencié *immédiatement, sans attendre la durée du préavis*. Une mise à pied conservatoire devrait donc être admise dans une telle situation, et à chaque fois que la préservation de la sécurité des personnes est en cause. Or cette mise à pied conservatoire n'est, à l'heure actuelle, admise qu'en cas de faute grave, au sein des procédures de licenciement disciplinaire.

Ceci peut permettre de comprendre l'arrêt du 2 décembre 2003 (*Bull. civ.* V, n° 304), lequel avait qualifié de faute « professionnelle » la conduite en état d'ivresse, *hors des temps et lieu de travail*, d'un conducteur de poids lourd (v. aussi, pour un rattachement à la vie professionnelle d'un tel comportement pourtant commis pendant les congés payés, Soc. 19 mars 2008, n° 06-45212, *Dr. soc.* 2008. 822, note crit. C. Vigneau).

Le raisonnement suivi est cependant maladroit. Il eut été nettement préférable d'admettre un deuxième cas de validité des mises à pied conservatoires : l'existence d'impérieux et immédiats motifs de sécurité. Pareille mise à pied conservatoire pour cause de sécurité permettrait de maintenir la qualification de licenciement *non disciplinaire*. Le salarié dont la dangerosité est avérée pourrait être immédiatement écarté et conserver ses indemnités de licenciement (qui ne sont perdues qu'en cas de faute grave). La logique serait ainsi préservée.

Une deuxième difficulté tient à l'existence de certaines obligations professionnelles en dehors des lieux et temps de travail. Si ces obligations apparaissent valides, notamment au regard du droit à la vie privée, leur violation peut, logiquement, être considérée comme une faute professionnelle. Ainsi, c'est de manière valide qu'un règlement intérieur peut interdire aux personnels éducatifs d'un établissement spécialisé dans l'accueil des mineurs en difficulté de recevoir à leur domicile les mineurs placés dans l'établissement. Cette restriction à la vie privée apparaît justifiée et proportionnée à la Cour de cassation, et la violation de ladite obligation peut donc s'analyser en une faute disciplinaire, justifiant, en l'espèce, une sanction de « rappel au règlement intérieur » (Soc. 13 janvier 2009, n° 07-43282, [P]). Pareille extension du domaine des obligations professionnelles devrait rester très exceptionnelle. La jurisprudence de la Cour de cassation apparaît cependant excessivement permissive pour l'employeur (v. par ex. Soc. 10 décembre 2008, n° 07-41820, [P], arrêt qui admet que l'injure à un supérieur hiérarchique proférée alors que le salarié se trouvait dans une fête foraine, en dehors de son temps et de son lieu de travail, peut constituer une faute, et même une faute sérieuse susceptible de justifier un licenciement).

section 3

Sanctions prohibées

■ 117 Même en présence d'une faute disciplinaire, toute sanction n'est pas valide, loin s'en faut. Certaines sanctions, même fondées par des fautes, sont prohibées. Il en va ainsi des sanctions pécuniaires (§ 1), des sanctions disproportionnées (§ 2), des sanctions discriminatoires (§ 3). Sont également prohibés le cumul des sanctions (§ 4) et la sanction d'une faute prescrite (§ 5). Les sanctions doivent, enfin, avoir été prévues par le règlement intérieur, lorsque celui-ci est obligatoire, pour pouvoir être infligées par l'employeur (v. n° 134).

§ 1 Les sanctions pécuniaires

■ 118 Depuis la loi du 5 février 1932, les amendes et autres sanctions pécuniaires sont interdites. Aujourd'hui, cette prohibition est prévue par l'article L. 1331-2 du Code du travail.

Sont cependant autorisées les sanctions pécuniaires indirectes. La rétrogradation d'un salarié, par exemple, est une sanction licite, même si les nouvelles fonctions du salarié sont moins bien rémunérées que ses fonctions précédentes. Le raisonnement de la Cour de cassation est d'affirmer que cette réduction du salaire n'est pas une sanction pécuniaire, mais l'effet pécuniaire de la rétrogradation, laquelle est une sanction licite (Soc. 7 juillet 2004, *Bull. civ.* V, n° 193). De même, une mise à pied prive le salarié de travail pendant un temps, et la réduction de salaire qui s'en suit n'est pas, pour la jurisprudence, une sanction pécuniaire, mais la simple conséquence du principe « pas de travail, pas de salaire ». Plus encore, l'absence du salarié pendant ses jours de mise à pied peut le priver non seulement du salaire correspondant à ces jours de travail, mais encore de la prime d'assiduité prévue dans l'entreprise (Soc. 19 juillet 1994, *Bull. civ.* V, n° 164 et les obs. critiques de G. Borenfreund, *D.* 1995. Somm. 357). Les sanctions pécuniaires indirectes ne sont donc pas prohibées. Elles peuvent simplement être refusées par le salarié, une réduction de salaire étant une modification du contrat de travail (v. la jurisprudence *Le Berry*, n° 126). 119

Une manœuvre pour essayer de contourner la prohibition des sanctions pécuniaires a été tentée par certains employeurs. Cette manœuvre consistait à créer une prime et à affirmer qu'elle sera supprimée, si tel ou tel comportement du salarié est réalisé. Si le comportement survient, l'employeur dira que les conditions d'octroi de la prime ne sont pas remplies. La jurisprudence a déjoué cette manœuvre. Dès lors que la réduction de prime est une mesure prise à la suite d'un comportement considéré par l'employeur comme fautif, elle est une sanction, une sanction déguisée en réduction de prime. Mais cette sanction est pécuniaire, donc prohibée. Cette solution, initiée par le Conseil d'État, (CE 12 juin 1987, *Sté Hapian Frère*, *Dr. soc.* 1987. 651) a été suivie, après un temps d'hésitation, par la Cour de cassation (Soc. 19 mai 1988, *Bull. civ.* V, n° 307). Ainsi, par exemple, une prime de « rétribution pour la qualité et la productivité », ne peut être réduite par l'employeur à la suite d'un comportement considéré par l'employeur comme fautif (Soc. 16 février 1994, *Bull. civ.* V, n° 56). De même, selon un autre arrêt du même jour (Soc. 16 février 1994, *Bull. civ.* V, n° 55), une prime d'assiduité supprimée doit être versée aux grévistes malgré leur absence : en l'espèce, toutes les absences n'entraînaient pas une telle réduction, les congés légaux et conventionnels n'étant pas causes de réduction. Restaient donc comme causes de suppression de la prime les absences pour maladie, les absences injustifiées, et les absences pour fait de grève, soit des absences jugées négativement par l'employeur, considérées par lui comme fautives. Dans de telles conditions, la prime d'assiduité ne pouvait plus être supprimée, même en cas d'absence. L'arrêt en déduit qu'une prime d'assiduité ne peut être réduite qu'à la condition que toutes les absences, sans aucune distinction, soient prises en compte. La moindre distinction entre absences ferait penser à une distinction entre « bonnes » et « mauvaises » absences, ce qui ferait tomber la réduction de prime dans le champ des sanctions pécuniaires déguisées (pour l'invalidation d'une prime d'assiduité qui prévoyait son maintien en cas d'absence pour événement familial ou en cas de prise des jours de congé d'ancienneté conventionnels : v. Soc. 16 janvier 2008, n° 06-42983, [P]). En revanche, la Cour admet qu'une distinction soit faite entre les absences qui sont assimilées à du temps de travail effectif du fait de la loi (jours de RTT, congés payés, congés de formation économique ou syndicale), lesquelles n'entraînent pas de réduction de rémunération et les autres absences, qui entraînent une telle réduction (Soc. 23 juin 2009, n° 08-42154, [P]). 120

Le fait d'avoir eu recours à une sanction pécuniaire est pénalement sanctionné d'une amende pouvant aller jusqu'à 7 500 euros en cas de récidive (art. L. 1334-1 C. trav.).

§ 2 Les sanctions disproportionnées

121 En vertu de l'article L. 1333-2 du Code du travail, les sanctions disciplinaires doivent être « proportionnées » à la faute commise. Le juge est donc conduit, par commandement de la loi, à exercer un contrôle de proportionnalité sur les sanctions disciplinaires. Dans la typologie des contrôles du pouvoir qu'a dressée le Conseil d'État, le contrôle de proportionnalité est le plus détaillé des contrôles qu'un juge puisse être amené à exercer. Il ne s'agit pas d'un contrôle de l'opportunité, mais presque... L'intensité du contrôle ainsi légalement ordonné est l'effet le plus évident de la méfiance que suscite le pouvoir disciplinaire. Méfiance qui apparaît justifiée, tant il est vrai que le droit d'être juge et partie et de se faire justice soi-même ne sont guère habituels, dans les systèmes juridiques démocratiques.

L'appréciation du caractère proportionné de la sanction devra se faire *in concreto*, au vu des données de l'espèce. Dans certaines entreprises, où un ton un peu cru est de rigueur, dire au chef d'entreprise « espèce d'andouille » pourra n'être qu'un signe affectueux, qui ne saurait légitimer aucune sanction. Dans une banque d'affaire aux habitudes langagières très strictes, il s'agira peut-être d'une faute grave pouvant légitimer un licenciement immédiat.

§ 3 Les sanctions discriminatoires

122 Une certaine individualisation des sanctions est autorisée. L'employeur n'est pas tenu de sanctionner de la même manière tous les auteurs d'une même faute, certains éléments de la relation de travail, comme l'ancienneté par exemple, pouvant le conduire à plus d'indulgence vis-à-vis des uns que vis-à-vis des autres. Une telle individualisation est simplement soumise au contrôle des juges qui vérifient qu'elle a été faite dans l'intérêt de l'entreprise et sans détournement de pouvoir (v. Soc. 1er février 1995, *Bull. civ.* V, n° 45 ; Soc. 31 mars 1998, *Dr. soc.* 1998. 732, obs. A. Jeammaud).

Il faut aussi, bien entendu, qu'une telle différenciation ne débouche pas sur une discrimination, directe ou indirecte, prohibée par l'article L. 1132-1 du Code du travail. C'est au demeurant pour lutter contre les sanctions discriminatoires que ce texte, essentiel, a tout d'abord été adopté. Il est depuis devenu d'une portée beaucoup plus générale, et c'est pourquoi son étude détaillée doit être aujourd'hui sortie du cadre, devenu pour lui trop étroit, du pouvoir disciplinaire (pour cette étude, v. n° 155 et s.). Les discriminations sont, en outre, pénalement sanctionnées (art. 225-2 C. pén.).

§ 4 Interdiction du cumul des sanctions et prescription des fautes

123 Une même faute ne peut être sanctionnée deux fois. Cette solution, inspirée de l'adage du droit pénal *non bis in idem*, est constamment affirmée par la jurisprudence

(v. not. Soc. 25 juin 1986, *Bull. civ.* V, n° 333 ; Soc. 13 novembre 2001, *Bull. civ.* V, n° 344). Il en résulte notamment que des fautes qui ont déjà fait l'objet d'un avertissement, ne peuvent plus justifier une autre sanction à eux seuls.

Ces fautes déjà sanctionnées peuvent en revanche être invoquées pour aggraver l'évaluation faite de fautes nouvelles. Précédées par des fautes antérieures, les fautes nouvelles apparaissent comme des sortes de récidives. Elles peuvent dès lors être considérées comme plus graves et sanctionnées avec plus de sévérité.

L'invocation d'une faute ancienne pour aggraver l'évaluation d'une faute nouvelle est cependant limitée dans le temps. L'article L. 1332-5 du Code du travail prévoit en effet : « Aucune sanction antérieure de plus de trois ans à l'engagement des poursuites disciplinaires ne peut être invoquée à l'appui d'une nouvelle sanction ». Trois ans représentent donc, en droit disciplinaire, le temps de l'oubli. Et la faute qui a plus de trois ans d'âge ne pourra plus être invoquée, en aucune manière, par l'employeur.

Cette règle ne doit pas être confondue avec la règle qui interdit à l'employeur de sanctionner une faute qu'il connaît depuis plus de deux mois (art. L. 1332-4 C. trav.). Une telle faute pourra être invoquée comme élément aggravant une faute postérieure. Mais la faute qui a plus de deux mois d'ancienneté ne peut plus être qu'un élément aggravant. Elle ne peut plus être sanctionnée en elle-même. En d'autres termes, l'employeur qui prend une sanction disciplinaire fondée par plusieurs fautes successives doit pouvoir se prévaloir d'au moins une faute connue par lui depuis moins de deux mois.

section 4

Procédure

Pour prononcer une sanction disciplinaire, tout employeur doit suivre une procédure, réglée par les articles L. 1332-1 et s. du Code du travail*. 124

Lorsqu'une sanction est « un avertissement ou une sanction de même nature qui n'a pas d'incidence, immédiate ou non, sur la présence dans l'entreprise, la fonction, la carrière ou la rémunération du salarié », la procédure disciplinaire est allégée. L'employeur doit simplement notifier sa décision au salarié soit par lettre remise contre récépissé, soit par lettre recommandée (R. 1332-2 C. trav.). Cette procédure minimale est restée limitée, en pratique, aux avertissements et autres mesures analogues. Si la tendance se confirme d'une intégration au sein des sanctions disciplinaires des mesures n'ayant pas d'incidence, même à terme, sur la présence dans l'entreprise, la fonction, la carrière ou la rémunération (v. n° 112 et 113), la procédure simplifiée devrait suffire pour prononcer ce type de sanction. Le texte de l'article L. 1332-2 du Code du travail n'est pas d'une limpidité parfaite à cet égard, puisqu'il parle de sanction de « même nature » que l'avertissement. Mais il faut à notre sens prendre la suite du texte comme une explicitation de ce que peut être cette « même nature » : une sanction « qui n'a pas d'incidence, immédiate ou non, sur la présence dans l'entreprise, la fonction, la carrière ou la rémunération du salarié » devrait alors être considérée comme analogue à un avertissement.

125 Lorsqu'en revanche la sanction a une incidence sur l'un de ces grands éléments de la relation de travail, la procédure disciplinaire complète doit être respectée.

Le principal ajout de la procédure complète est l'obligation, pour l'employeur, de réaliser un entretien préalable. L'employeur doit d'abord convoquer le salarié à l'entretien et cette convocation doit être écrite, préciser l'objet, la date, l'heure et le lieu de l'entretien et rappeler à l'intéressé qu'il a la faculté de se faire assister par un salarié de l'entreprise (art. R. 1332-1 C. trav.). En revanche, il n'est pas nécessaire que cette lettre donne les griefs reprochés au salarié. Celui-ci n'en sera informé qu'au cours de l'entretien préalable. Le salarié est ainsi privé de la possibilité de préparer un peu sa défense. Ceci éclaire la signification de l'entretien préalable. Il s'agit plus d'une mesure de politesse, d'une obligation faite à l'employeur de dire face à face au salarié ce qu'il lui reproche, que de l'organisation véritable d'une procédure contradictoire.

L'entretien réalisé, l'employeur doit attendre au moins un jour franc avant de prononcer la sanction (art. L. 1332-2 C. trav.). L'idée est d'éviter les mouvements impulsifs de l'employeur et de l'obliger à prendre le temps de la réflexion après avoir entendu le salarié. Il ne s'agit, bien entendu, que d'une garantie formelle et, en pratique, la décision de sanctionner l'employeur a été arrêtée le plus souvent bien avant la convocation à l'entretien.

L'employeur doit, de plus, ne pas trop attendre pour sanctionner. Au-delà d'un mois après l'entretien préalable, l'employeur ne peut plus sanctionner les faits invoqués lors de l'entretien (L. 1332-2 C. trav.). L'absence de sanction pendant un mois équivaut, en quelque sorte, à une décision définitive de ne pas sanctionner.

Cette procédure est applicable y compris au licenciement pour motif disciplinaire. La procédure de licenciement pour motif personnel n'est pas alternative, mais cumulative (v. par ex. Soc. 5 février 1997, *Bull. civ.* V, n° 52).

section 5

Le refus de la sanction

126 Lorsqu'une sanction disciplinaire touche à l'un des éléments du contrat de travail, le salarié est en droit de la refuser, comme il pourrait refuser n'importe quelle modification de son contrat. Cette solution a été clairement et définitivement affirmée par l'arrêt du 16 juin 1998, *Hôtel Le Berry**. Cet arrêt, annoncé par l'arrêt *Saint Michel* du 21 février 1990 (*Bull. civ.* V, n° 74), et depuis confirmé à plusieurs reprises (v. not. Soc. 7 juillet 2004, *Bull. civ.* V, n° 193), a mis en place une jurisprudence aussi ferme que débattue. Droit disciplinaire et droit de la modification du contrat de travail se juxtaposent : ils doivent être tous deux respectés par l'employeur pour que la sanction soit valide, si celle-ci emporte modification du contrat de travail. Une sanction modificatrice conforme au droit disciplinaire, mais faite sans l'accord du salarié ne vaut pas. De même, une sanction modificatrice expressément acceptée par le salarié restera illicite si elle est faite en violation du droit disciplinaire, lequel est d'ordre public (pour l'annulation d'une sanction disciplinaire expressément acceptée par le salarié mais ordonnée en l'absence de toute faute disciplinaire, v. Ch. mixte 18 mai 2007*).

Si la sanction est refusée, l'employeur reste bien entendu libre d'adopter une nouvelle sanction. Il devra alors suivre à nouveau la procédure disciplinaire. La nouvelle sanction pourra être choisie parmi celles qui peuvent être imposées au salarié, soit parce qu'elles ne modifient pas le contrat de travail, soit parce qu'elle résilie ce contrat. Dans tous les cas, ce n'est pas le refus qui sera alors la cause de la seconde sanction, mais les faits initialement reprochés au salarié. Un éventuel licenciement ne sera donc licite qu'autant que les faits initialement reprochés peuvent être qualifiés de cause réelle et sérieuse de licenciement.

Cette faculté de nouvelle sanction est préservée par la computation des différents délais du droit disciplinaire. La convocation à l'entretien préalable interrompt le délai de prescription de deux mois de l'article L. 1332-4 (Soc. 9 octobre 2001, *Bull. civ.* V, n° 304). L'édiction d'une première sanction interrompt aussi ce délai, jusqu'au refus du salarié. De plus, en cas de refus par le salarié d'une première sanction, le délai d'un mois maximum entre l'entretien préalable et la sanction (art. L. 1332-2 C. trav.) court à partir du nouvel entretien préalable en vue de l'adoption de la nouvelle sanction (Soc. 27 mars 2007, n° 05-41921, *Bull. civ.* V, n° 57).

En revanche, l'employeur ne doit pas avoir imposé de lui-même la sanction, sans l'accord du salarié. Si par exemple l'employeur réduit de lui-même le salaire, ou impose une rétrogradation, sans avoir préalablement recueilli le consentement du salarié, la sanction n'en a pas moins été exécutée. Elle est illicite en l'absence du consentement du salarié et peut de ce fait être annulée. Mais elle n'en a pas moins eu lieu. Et aucune autre sanction ne pourra être prise pour les mêmes faits (Soc. 17 juin 2009, n° 07-44570, [P]). L'exercice illicite du pouvoir disciplinaire épuise le pouvoir disciplinaire.

Les adversaires du droit au refus du salarié défendent un pouvoir disciplinaire issu de la nature, des faits ou de la loi. Ils nient que ce pouvoir soit une expression avancée du pouvoir de direction qu'accorde le contrat de travail. L'employeur serait investi d'un droit de punir, assez général qui lui aurait été accordé indépendamment de la subordination contractuelle du salarié. 127

En contredisant cette position, qui n'est que la mise au goût du jour des anciennes lunes institutionnalistes, la Cour de cassation a affirmé la force du contrat, sa capacité à s'opposer au pouvoir de l'employeur. Cette solution est parfaitement conforme à l'idée d'un pouvoir né du contrat, et qui, par conséquent, doit respecter le contrat (pour une description plus détaillée de cette analyse, v. n° 87).

Il est symptomatique que des auteurs enclins à défendre les employeurs affirment ici que le pouvoir patronal est une donnée naturelle ou directement ordonnée par la loi, en bref une donnée supérieure au contrat individuel (v. not. C. Radé, cité en annexe). La défense de l'employeur s'appuie ici sur des arguments franchement opposés à la doctrine libérale. En définitive, le libéralisme n'apparaît soutenu par certains milieux patronaux qu'autant qu'il renforce le pouvoir. Dès lors que l'idée de contrat peut être opposée au pouvoir, ces milieux n'hésitent pas à rejeter le libéralisme pour se rapprocher des doctrines autoritaires (sur ces doctrines, v. n° 13 et 14).

section 6

Sanctions d'un exercice illégal du pouvoir disciplinaire

128 La sanction irrégulière, en la forme ou au fond, par violation de la loi ou d'une convention collective, peut être annulée par le juge (art. L. 1333-2 C. trav. ; Soc. 17 janvier 1997, *Dr. soc.* 1998. 284, obs. A. Jeammaud). Le juge des référés, s'il ne peut annuler au fond, peut – et même doit – suspendre la sanction lorsqu'elle est manifestement illicite, même en présence d'une contestation sérieuse (art. R. 1455-6 C. trav. ; Soc. 23 novembre 1999, *Dr. soc.* 2000. 348 ; Soc 20 février 1991, *Dr. soc.* 1991. 469, note A. Mazeaud).

Le pouvoir d'annulation accordé aux juges qui statuent au fond subit cependant deux importantes limites.

Tout d'abord, il ne s'agit que d'une faculté d'annulation et les juges peuvent refuser cette annulation, même lorsqu'elle est demandée, pour se contenter d'accorder des dommages-intérêts en fonction du préjudice subis. En cas d'irrégularité de forme ou de fond, cette annulation est cependant généralement accordée.

Ensuite et surtout, l'article L. 1333-3 du Code du travail affirme que la faculté d'annulation qu'il accorde au juge à l'alinéa précédent ne s'applique pas au licenciement. Le droit commun du licenciement reprend alors ses droits et seule une condamnation à des indemnités de licenciement pour absence de cause réelle et sérieuse est possible (ce que confirme l'art. L. 1333-3 C. trav., préc.).

À ces sanctions du droit disciplinaire, il faut cependant ajouter les sanctions spécifiques des discriminations. Par application de l'article L. 1132-4 du Code du travail toute mesure discriminatoire, y compris de licenciement, « est nulle ». L'indicatif valant impératif, le juge qui constate qu'une sanction disciplinaire est discriminatoire sera donc tenu d'annuler cette sanction, même s'il s'agit d'un licenciement.

Biblio

1) Sur les sanctions pécuniaires

- J. Pélissier, obs. sous CE 12 juin 1987, *D.* 1988. Somm. 104.
- G. Borenfreund, obs. sous Soc. 19 juillet 1994, *D.* 95. Somm. 357.

2) Sur le refus de la sanction

- En faveur du droit de refuser une modification disciplinaire du contrat

- J. Pélissier, « Modification substantielle du contrat de travail et droit disciplinaire », *D.* 1992. Chron. 30.

- Contre cette solution

- C. Radé, « À propos de la contractualisation du pouvoir disciplinaire de l'employeur : critique d'une jurisprudence hérétique », *Dr. soc.* 1999. 3.
- J. Mouly, « Disciplinaire donc non contractuel », *Dr. soc.* 2003. 395.

Documents

1) L'arrêt « des sabots »

Pour bien comprendre l'arrêt ci-dessous reproduit, il faut savoir qu'une amende de 10 francs représentait, en l'espèce, près de la moitié du salaire mensuel de la salariée. Il faut aussi savoir que, dans certains milieux, à l'époque, l'achat d'une paire de souliers représentait une dépense importante, alors que les sabots étaient communs et bon marché, quand ils n'étaient pas faits directement par leurs utilisateurs(trices).

Civ., 14 février 1866, *Bull. civ.* n° 34 ; *RDT* 2006. 30, obs. N. Olszak, arrêt dit « des sabots »

« Vu les articles 1134 et 1152 du Code Napoléon ;
Attendu que le jugement attaqué constate que les demandeurs ont fait afficher à la porte de leurs ateliers un règlement faisant défense à leurs ouvriers d'entrer dans lesdits ateliers avec des sabots, sous peine d'une amende de 10 francs ;
Que la femme Julliard, admise comme ouvrière dans la fabrique des demandeurs, a adhéré à ce règlement et qu'elle y a contrevenu ;
Attendu que, sans dénier que ce règlement eût un caractère conventionnel et obligatoire pour la femme Julliard, le jugement attaqué a néanmoins réduit à la somme de 50 centimes l'amende stipulée à titre de dommages-intérêts, sur le fondement que cette amende est d'une exagération évidente, et qu'aux termes de l'article 1231 du Code Napoléon, le juge peut modifier la peine lorsque l'obligation principale a été exécutée en partie ;
Mais attendu qu'aux termes des articles 1134 et 1152 du Code Napoléon, les conventions légalement formées tiennent lieu de loi à ceux qui les ont faites, et que, lorsque la convention porte que celui qui manquera de l'exécuter payera une certaine somme à titre de dommages-intérêts, il ne peut être alloué à l'autre partie une somme plus forte ni moindre ;

Que, d'autre part, l'article 1231 du même Code devenait sans application à l'espèce, où il est constaté que non seulement la femme Julliard n'a pas exécuté en partie l'obligation principale, mais qu'elle y a contrevenu pour la totalité ;
D'où il suit qu'en jugeant comme il l'a fait, le jugement attaqué a faussement appliqué ledit article 1231, et, par suite, violé les articles ci-dessus visés :
Par ces motifs, CASSE ».

2) La faute disciplinaire

Soc. 30 juin 1992, *Bull. civ.* V, n° 429

« Les motifs allégués étaient tirés de la vie privée du salarié et (la Cour d'appel) n'a relevé aucun trouble objectif caractérisé apporté à l'entreprise par le comportement incriminé du salarié (le licenciement est donc injustifié) ».

Soc. 26 février 2003, *Dr. soc.* 2003. 630, obs. J. Savatier

« Ayant constaté que le comportement incriminé du salarié était intervenu en dehors du travail et n'avait aucun lien avec l'activité professionnelle et que l'incarcération du salarié n'avait entraîné aucun trouble dans l'organisation et le fonctionnement de l'entreprise, la cour d'appel a exactement décidé (...) que ce fait de vie personnelle ne constituait pas une cause réelle et sérieuse de licenciement ».

Ch. mixte 18 mai 2007, n° 05-40803, [P], *D.* 2007. Jur. 2137, obs. J. Mouly ; *SSL* 2007, n° 1310, note Ph. Waquet ; *RDT* 2007. 527, obs. T. Aubert-Montpeyssen, *JCP* 2007. II. 10129, obs. G. Loiseau ; *D.* 2007. Pan. 3037, obs. Ch. Géniaut ; *Dr. ouvrier* 2008. 25, note S. Ducrocq

Le chauffeur du chef d'entreprise s'était fait envoyer une revue échangiste à son lieu de travail. Le contenu personnel de cette lettre, ouverte par erreur par les services du courrier, avait suscité un certain émoi et nuit à la réputation du chef d'entreprise dont le salarié était le chauffeur... Le salarié, en l'espèce, avait signé l'avenant entérinant sa rétrogradation disciplinaire.
« Attendu qu'il est fait grief à la cour d'appel de n'avoir pas recherché si M. X... avait donné son accord librement, et ainsi privé sa décision de base légale au regard de l'article 1134 du Code civil ;
Mais attendu que le salarié conservant la faculté de contester la sanction dont il a fait l'objet, la cour d'appel n'avait pas à procéder à la recherche dont s'agit ; que le moyen est inopérant... »
« ...le pli litigieux était arrivé sous une simple enveloppe commerciale démunie de toute mention relative à son caractère personnel ; qu'en l'état de ces motifs dont il se déduisait que cet envoi avait pu être considéré, par erreur, comme ayant un caractère professionnel, la cour d'appel a exactement décidé que son ouverture était licite... »
« ...Vu l'article 9 du Code civil, ensemble l'article L. 122-40 du Code du travail ;
Attendu que pour statuer comme elle a fait, la cour d'appel a retenu qu'il est patent que le document litigieux, particulièrement obscène, avait provoqué un trouble dans l'entreprise...
Qu'en statuant ainsi, alors, d'une part, qu'un trouble objectif dans le fonctionnement de l'entreprise ne permet pas en lui-même de prononcer une sanction disciplinaire à l'encontre de celui par lequel il est survenu, d'autre part, que la réception par le salarié d'une revue qu'il s'est fait adresser sur le lieu de son travail ne constitue pas un manquement aux obligations résultant

de son contrat, et enfin, que l'employeur ne pouvait, sans méconnaître le respect dû à la vie privée du salarié, se fonder sur le contenu d'une correspondance privée pour sanctionner son destinataire, la cour d'appel a violé les textes susvisés ».

3) Le refus de la sanction

Soc. 16 juin 1998, *Hôtel Le Berry*, *Bull. civ.* V n° 320 ; *Dr. soc.* 1998. 803, rapp. Ph. Waquet ; *JCP E* 1998. 1789, note D. Corrignan-Carsin ; *D.* 2000, Somm. 171, obs. M.-C. Amauger-Lattes, *Grands arrêts*, n° 67

« Attendu qu'une modification du contrat de travail, prononcée à titre de sanction disciplinaire contre un salarié, ne peut lui être imposée ; que, cependant, en cas de refus du salarié, l'employeur peut, dans le cadre de son pouvoir disciplinaire, prononcer une autre sanction, aux lieu et place de la sanction refusée ».

chapitre 6

Pouvoir réglementaire

Plan analytique

section 1

Le règlement intérieur

§ 1 Nature du règlement intérieur

§ 2 Domaine du règlement intérieur

§ 3 Respect des droits de l'homme

§ 4 Contrôle

section 2

L'engagement unilatéral de l'employeur

§ 1 Domaine

§ 2 Régime

Pouvoir réglementaire

Dès lors que le pouvoir de direction de l'employeur s'exprime par voie de disposition générale et permanente, il devient créateur de véritables règles de droit. Il s'exprime alors au sein des règlements intérieurs d'entreprise (section 1), lesquels sont, aux dires de la jurisprudence, de véritables « actes réglementaires de droit privé » (Soc. 25 septembre 1991*). Il s'agit de la première forme de pouvoir réglementaire de l'employeur à avoir été reconnue. 129

Plus tard, il est apparu à la jurisprudence que l'employeur pouvait aussi créer unilatéralement, par voie de disposition générale et permanente, de nouveaux avantages. Est alors apparue l'importante catégorie des engagements unilatéraux de l'employeur (section 2).

section 1

Le règlement intérieur

Le règlement intérieur est né de l'exercice par voie de disposition générale et permanente du pouvoir de direction de l'employeur. Il n'est sans doute pas la forme la plus dangereuse de ce pouvoir de direction, puisqu'en se réglementant le pouvoir devient plus transparent, plus prévisible, moins arbitraire donc. Il est cependant l'une des formes les plus visibles de ce pouvoir. Et, par la nature des règles qu'il peut contenir, il peut être un mode particulièrement ostensible d'atteinte aux droits et libertés des personnes. 130

Sa réglementation, initiée au début du siècle, est principalement le fruit de la loi du 4 août 1982.

Le règlement intérieur est un acte unilatéral de l'employeur. Il est obligatoire dans les entreprises d'au moins vingt salariés (art. L. 1311-2 C. trav.). Son adoption doit être précédée d'une consultation du comité d'entreprise ou à défaut des délégués du personnel (L. 1321-4 C. trav.). Le comité d'hygiène de sécurité et des conditions de travail doit aussi être consulté pour toutes les questions qui relèvent de sa compétence. 131

Le règlement intérieur fait l'objet d'une publicité obligatoire : affichage en bonne place dans les locaux de l'entreprise et dans les locaux du lieu où se fait l'embauche (art. R. 1321-1 C. trav.), dépôt au secrétariat-greffe du Conseil de prud'hommes (art. R. 1321-2 C. trav.). Il doit enfin être communiqué à l'inspecteur du travail, afin que celui-ci puisse contrôler sa légalité.

Ce n'est qu'une fois ces différentes formalités accomplies que le règlement intérieur est opposable aux salariés. Il est en revanche immédiatement obligatoire pour l'employeur, celui-ci ne pouvant se prévaloir d'une mauvaise réalisation des formalités qui lui incombent pour refuser d'appliquer son règlement intérieur (Soc. 28 mars 2000, *Dr. soc.* 2000. 653).

§ 1 Nature du règlement intérieur

132 Malgré plusieurs tentatives doctrinales présentant le règlement intérieur sur un mode institutionnaliste, cet acte de l'employeur a d'abord été perçu en jurisprudence comme une annexe du contrat individuel de travail. Le salarié, en contractant, était censé adhérer au règlement intérieur (v. par ex. Soc. 21 avril 1961, *Dr. soc.* 1961. 48, arrêt qui affirme qu'une disposition du règlement intérieur est « constitutive d'une clause du louage de service »). Cette conception n'était cependant guère satisfaisante. Non seulement le consentement du salarié était tacite, mais il était encore censé être réitéré, toujours tacitement, à chaque modification du règlement intérieur alors même qu'on ne demandait aucunement son avis au salarié et qu'il n'avait aucun droit de refuser une modification du règlement intérieur. Face à cette faiblesse de la conception contractuelle, la conception institutionnelle, basée sur l'idée d'un chef naturellement législateur, s'exprimait avec ses habituels relents d'autoritarisme, en exigeant la soumission du droit à la règle du plus fort.

Il est plus simple et plus cohérent de considérer que le règlement intérieur est bien le fruit du pouvoir de direction de l'employeur, tout en rappelant que ce pouvoir est issu du contrat. L'employeur a en effet le pouvoir de donner des ordres à ses salariés. Ces ordres ne sont pas nécessairement individuellement adressés, ni à exécution instantanée. Ils peuvent avoir pour destinataires une collectivité de travailleurs et être doté d'une durabilité, d'une permanence. L'ordre de l'employeur a alors tous les caractères de la règle de droit. Il n'en faut pas plus pour constater, avec l'arrêt *Unigrain* du 25 septembre 1991*, que le règlement intérieur est « un acte réglementaire de droit privé », ce qui revient à reconnaître le pouvoir réglementaire de l'employeur.

Ce pouvoir est aujourd'hui régi par la loi, sans que sa nature en ait été bouleversée. Il demeure l'expression du pouvoir de direction qu'accorde le contrat. De sorte qu'un règlement intérieur ne peut pas, bien entendu, modifier les contrats individuels de travail. Il est surtout symptomatique, en ce sens, de constater que lorsqu'un contrat de travail est suspendu et que par conséquent le pouvoir de direction l'est aussi, le règlement intérieur cesse d'être applicable aux salariés (Soc. 16 décembre 1968, *Bull. civ.* V, n° 593 ; Soc. 4 juillet 1972, *JCP* 1973. II. 17464, note J. Pélissier et, reprenant l'idée après la loi de 1982, CE 8 juillet 1988* ; CE 12 octobre 1992, *RJS* 1993, n° 32). Le sort du règlement intérieur suit ainsi le sort du pouvoir de direction, lequel est indissociable de celui du contrat.

§ 2 Domaine du règlement intérieur

133 L'article L. 1321-1 du Code du travail fixe le contenu obligatoire du règlement intérieur. Il s'agit d'un contenu maximal, le règlement intérieur doit être expurgé de toute disposition qui n'est pas incluse dans ce domaine. Il s'agit aussi d'un contenu minimal : le règlement intérieur doit traiter de l'ensemble des domaines visés par le texte. Il s'agit enfin d'un domaine exclusif : toute règle relevant de ce domaine doit

être incluse dans le règlement intérieur. Il en résulte que tout document informel, du type « note de service » ou « circulaire » appartenant au domaine du règlement intérieur est considéré comme un amendement à cet acte. Comme tel, il doit en suivre les conditions d'adoption et de publicité.

L'article L. 1321-1 pose deux principaux domaines devant être traités par le règlement intérieur. 134

Le premier est l'hygiène et la sécurité (art. L. 1321-1, 1° et 2° C. trav.). Le règlement intérieur regroupe l'ensemble des normes d'application des obligations générales et particulières que l'employeur a en matière d'hygiène et de sécurité.

Le second est la discipline. Le règlement intérieur fixe, aux termes de l'article L. 1321-1, 3°, « les règles générales et permanentes relatives à la discipline, et notamment la nature et l'échelle des sanctions que peut prendre l'employeur ». La discipline est le sujet le plus ouvert du domaine du règlement intérieur. Il ne s'agit pas des règles qui portent directement sur les modalités d'exécution du travail, mais de règles dont l'objet est d'aider au respect, à l'effectivité, des premières. Ainsi, l'organisation des horaires n'est pas un objet du règlement intérieur. En revanche les règles qui disposent : « il est strictement interdit d'arriver en retard » ou « les salariés doivent pointer en arrivant » appartiennent à ce règlement. L'obligation de fixer une échelle des sanctions a pour conséquence l'interdiction faite à l'employeur de prendre une sanction disciplinaire qui ne serait pas prévue par le règlement intérieur.

Outre ces deux domaines, le législateur a pensé que certaines publicités pourraient passer par le règlement intérieur d'entreprise. Ainsi, pour que l'information pénètre dans les entreprises, il est ordonné que soient incluses dans le règlement intérieur la teneur de la procédure disciplinaire applicable dans l'entreprise, les dispositions relatives au harcèlement sexuel (art. L. 1153-1 et s.) et au harcèlement moral (art. L. 1152-1 et s. C. trav.)

§ 3 Respect des droits de l'homme

Dans l'histoire de l'application des droits de l'homme, le règlement intérieur a une place centrale. Parce qu'il était un lieu de violation ostentatoire de ces droits, parce que ces violations étaient écrites et diffusées et qu'elles pouvaient être prouvées très facilement, parce qu'il faisait l'objet d'un contrôle administratif et donc d'une compétence du Conseil d'État, juridiction habituée à user des droits de l'homme pour contrôler les pouvoirs publics, le règlement intérieur a été le premier acte de personne privée à être effectivement et systématiquement soumis à une obligation de respecter les droits et libertés fondamentaux. L'arrêt fondateur en la matière est l'arrêt du Conseil d'État *Peintures Corona* du 1er février 1980*. L'idée fut vite reprise par le législateur, dans la loi du 4 août 1982. Selon le texte issu de cette loi : « Il (le règlement intérieur) ne peut apporter aux droits des personnes et aux libertés individuelles et collectives des restrictions qui ne seraient pas justifiées par la nature de la tâche à accomplir ni proportionnées au but recherché » (art. L. 1321-3, 2° C. trav. ; L. 122-35 al. 1 anc. C. trav.). Une dizaine d'années plus tard, la loi du 31 décembre 1992 a généralisé la formule en ces termes : « Nul ne peut apporter aux droits des personnes et aux libertés individuelles et collectives des restrictions qui ne seraient pas justifiées par la nature de la tâche à accomplir ni proportionnées au but 135 recherché » (art. L. 1121-1 C. trav. ; L. 120-2 anc. C. trav.). Les droits de l'homme ont ainsi acquis une vocation tout à fait générale à régir les actes des personnes privées. Leur importance croissante impose d'étudier leur impact dans un chapitre spécifique (v. le chapitre 7).

§ 4 Contrôle

■ 136 L'inspecteur du travail, auquel un exemplaire de chaque règlement intérieur est remis, possède un pouvoir de contrôle et d'injonction très étendu en la matière. Il peut ordonner à l'employeur la suppression, l'ajout ou la modification de toute clause qui lui semble contrevenir soit à l'objet du règlement intérieur, soit aux lois et conventions collectives, soit aux droits et libertés des personnes. Ce contrôle n'est enfermé dans aucun délai. L'inspecteur du travail pouvant « à tout moment » exiger le retrait ou la modification d'une clause (art. L. 1322-1 et s. C. trav.), même plusieurs années après l'adoption du règlement. Il doit simplement motiver sa décision.

La décision de l'inspecteur du travail peut donner lieu à un double recours hiérarchique. Un premier recours hiérarchique peut-être formé devant le directeur régional du travail et de l'emploi. Il doit être formé dans les deux mois qui suivent la notification de la décision de l'inspecteur du travail. Suivant le droit commun, le directeur régional a alors quatre mois pour répondre. S'il ne décide pas dans ce délai, sa décision est considérée comme étant une décision de rejet du recours. La décision du directeur régional peut encore faire l'objet d'un recours hiérarchique, devant le ministre du Travail, selon les mêmes conditions de délai.

Ces différentes décisions de l'administration peuvent faire l'objet d'un recours contentieux en excès de pouvoir devant le juge administratif. C'est à la suite de tels contentieux que le Conseil d'État a pu préciser l'impact que devaient avoir les droits de l'homme sur la teneur des règlements intérieurs.

■ 137 Cette compétence administrative n'ôte pas toute compétence aux tribunaux judiciaires. Le règlement intérieur reste un acte de droit privé. Il peut être attaqué par voie d'exception, lorsqu'il a fondé une sanction disciplinaire contestée devant les conseils de prud'hommes. Ses clauses peuvent aussi faire l'objet d'une action en nullité devant le TGI. Simplement, pour tenter d'éviter les conflits avec l'autorité administrative, la Cour de cassation a prévu que ce recours ne pouvait avoir lieu sur des clauses ajoutées ou modifiées sur ordre de l'administration (Soc. 16 décembre 1992, *Dr. soc.* 1993. 267, note A. Jeammaud).

section 2

L'engagement unilatéral de l'employeur

■ 138 L'engagement unilatéral de l'employeur est une source définitivement consacrée parila jurisprudence en 1990 (v. Soc. 4 avril 1990*). Malgré l'existence de nombreux signes précurseurs, cette date doit être retenue comme celle de la véritable reconnaissance officielle de ce type de normes. Cette source, dont la reconnaissance est donc relativement récente, a permis à la Cour de cassation de rassembler un ensemble jusqu'ici passablement disparate de règles « atypiques ».

Le domaine actuel de l'engagement unilatéral de l'employeur est donc relativement étendu. Son régime est aujourd'hui fixé avec précision et stabilité.

§ 1 Domaine

Il existe, en pratique, trois sortes d'engagements unilatéraux de l'employeur. 139

Les premiers sont les plus simples, les plus évidents. Ils peuvent être dits engagements 140 unilatéraux « proclamés », puisqu'ils naissent simplement de l'affirmation, par l'employeur, de sa volonté d'accorder un avantage à ses salariés. De tels engagements s'expriment de toutes sortes de manières. Pour qu'elle vaille engagement, l'expression de la volonté de l'employeur doit simplement être suffisamment ferme pour avoir fait naître, dans l'esprit des salariés, une attente légitime. De tels engagements seront fréquemment découverts dans les nombreux documents que produisent de manière informelle les entreprises, ces « circulaires » (Soc. 3 février 1993, *RJS* 1993, n° 337), « notes » (Soc. 5 mars 1987, *Bull. civ.* V, n° 115) et autres guides du personnel. On en trouvera de nombreux autres au sein de textes unilatéralement adoptés suivant des formes plus officielles, comme les décisions du conseil d'administration (Soc. 17 mars 1993, *Dr. soc.* 1993. 457), les plans sociaux (Soc. 4 avril 1990, préc.), les procès-verbaux de réunion du comité d'entreprise (Soc. 20 mai 1992, *RJS* 1992, n° 858). Seront encore des engagements unilatéraux les dispositions qui sont formellement incluses dans le règlement intérieur, sans pour autant appartenir à son domaine légal (Soc. 22 janvier 1992, *D.* 1992. Jur. 378, note B. Mathieu). On trouve encore des engagements unilatéraux dans les « recommandations patronales » qui valent injonction des organisations patronales à leurs membres d'appliquer les dernières propositions formulées lors d'une négociation de branche ayant échoué (il s'agit au demeurant du plus ancien des engagements unilatéraux ayant été reconnu comme tel, v. Soc. 31 mars 1981, *Dr. ouvrier* 1982. 106). En revanche, un engagement unilatéral suppose une volonté clairement exprimée, dotée d'une certaine solennité. Il ne saurait découler de simples commentaires figurant sur un document de travail sans valeur normative (Soc. 4 juillet 2006, n° 04-47408).

La deuxième catégorie d'engagements unilatéraux de l'employeur est composée 141 d'accords conclus entre l'employeur et certains représentants des salariés. Ces accords, longtemps dits « atypiques », posent problèmes du fait du monopole de la négociation collective qui est accordé par la loi aux syndicats. Dès lors, les accords conclus entre l'employeur et des délégués du personnel, des membres du comité d'entreprise, un comité informel de grève ou toute autre instance qui n'est pas un syndicat représentatif de salariés ne sont pas valides comme accords collectifs. Plutôt que de les annuler, la Cour de cassation a préféré considérer comme non écrite la signature non valide émanant des salariés, de leurs leaders ou de leurs représentants. Cette signature invalidée, parce que non syndicale, il ne reste plus que la signature de l'employeur. Le rattachement de ces accords, longtemps dits « atypiques », à la catégorie des engagements unilatéraux était donc logique.

142 La troisième catégorie d'engagements unilatéraux est plus débattue. Il s'agit des normes désignées sous le nom d'« usages d'entreprise ». Un usage d'entreprise n'est pas un véritable usage. Il s'agit d'une pratique existante dans une entreprise particulière. Pratique qui a une certaine généralité (elle s'applique au moins à toute une catégorie de salariés), une certaine constance et une certaine fixité (en ce sens, v. déjà, Soc. 16 novembre 1977, *Bull. civ.* V, n° 620). Ces pratiques, par leur persistance, peuvent faire naître dans l'esprit des salariés une légitime croyance dans leur maintien. Elles prennent alors une certaine force obligatoire. De fait, comme ces pratiques sont propres à l'entreprise, elles sont soit des pratiques de l'employeur lui-même (lorsqu'il verse annuellement une prime par exemple), soit des pratiques que l'employeur a laissé s'instaurer (par exemple, un jour chômé traditionnellement dans l'entreprise). Dans les deux cas, ces pratiques ont pour source la volonté de l'employeur. Elles sont par essence des engagements unilatéraux. La Cour de cassation désigne toujours ces pratiques devenues obligatoires sous le nom d'« usage d'entreprise ». Mais elle reconnaît que leur véritable source est dans la volonté unilatérale de l'employeur (v. déjà, Soc. 12 juin 1986, *Dr. ouvrier* 1987. 143, arrêt qui vise « un usage résultant d'une décision unilatérale de l'employeur ») et elle admet qu'un usage d'entreprise puisse être annulé pour vice du consentement de l'employeur (Soc. 10 mai 1979, *Bull. civ.* V, n° 408). C'est donc logiquement que la Cour de cassation leur applique systématiquement le régime juridique des engagements unilatéraux (v. par exemple, Soc. 7 janvier 1992, *Bull. civ.* V, n° 2 ou Soc. 23 septembre 1992, *Bull. civ.* V, n° 479).

En clair, malgré la survivance de la terminologie actuelle, le droit traite les usages d'entreprise pour ce qu'ils sont : des engagements unilatéraux nés de la pratique.

§ 2 Régime

143 Un engagement unilatéral peut être détruit par une convention collective : il suffit que la volonté des parties à la convention soit suffisamment claire en ce sens (Soc. 19 décembre 1990, *Bull. civ.* V, n° 688 ; Soc. 27 septembre 2006, n° 05-40232, *Dr. soc.* 2006. 1190, note Ph. Waquet). En revanche, un tel engagement ne peut être détruit par une stipulation contraire du contrat de travail ou par la renonciation expresse du salarié (Soc. 18 octobre 2006*). En cas de conflit entre la stipulation d'un contrat individuel de travail et un engagement unilatéral, l'application de la disposition plus favorable s'impose (v. n° 78).

144 Hors de ces deux possibilités, du fait de la prohibition des engagements perpétuels, les engagements unilatéraux *à durée indéterminée* peuvent être dénoncés par l'employeur. Trois conditions cumulatives doivent alors être respectées pour que la dénonciation soit régulière (ces conditions sont régulièrement énoncées par la Cour de cassation dans un attendu de principe, v. not. Soc. 23 septembre 1992, préc. ou Soc. 20 juin 2000*).

La première de ces conditions est le respect d'un délai de préavis suffisant pour que puissent être engagées des négociations. La durée exacte de ce délai reste floue, comme tout délai de source jurisprudentielle, d'autant que l'appréciation de sa durée est laissée par la Cour de cassation au pouvoir souverain des juges du fond (v. par ex. Soc. 16 mars 1989, *Bull. civ.* V, n° 221). On peut cependant noter qu'il s'agit d'une exigence jurisprudentielle directement inspirée du délai de préavis de dénonciation des conventions collectives, délai pendant lequel les parties sont soumises à une obligation de négocier (art. L. 132-8 anc. C. trav. ; L. 2261-10 C. trav.). Ce délai de préavis est, pour les conventions collectives, d'une durée de trois mois. Un tel délai devrait *a priori* être suffisant s'agissant de simples engagements unilatéraux, lesquels sont des actes bien inférieurs aux conventions collectives dans la hiérarchie des normes (v. cpdt. Soc. 13 octobre 1988, *Jur. Soc. IUMM* 1989, n° 510, p. 505, à propos d'une cour d'appel ayant fixé souverainement à un an le délai de dénonciation nécessaire pour un engagement unilatéral dont l'objet était une prime annuelle).

La deuxième condition de la dénonciation d'un engagement unilatéral à durée indéterminée est l'information des représentants du personnel, à savoir des délégués du personnel et du comité d'entreprise, s'ils sont présents dans l'entreprise (sur les conditions de cette information, v. Soc. 5 janvier 2005, *Bull. civ.* V, n° 1). En l'absence de représentant du personnel, il faut toutefois distinguer le cas dans lequel cette absence est imputable à une faute de l'employeur, par exemple, s'il a omis d'organiser des élections alors que celles-ci étaient obligatoires. Dans ce cas, la dénonciation réalisée en l'absence d'information préalable des représentants du personnel sera considérée comme irrégulière, l'impossibilité d'une telle information étant imputable à l'employeur (Soc. 16 novembre 2005, *Bull. civ.* V, n° 329).

La troisième condition est de loin la plus importante. Il s'agit de l'information individuelle de chacun des salariés intéressés par la dénonciation. Aucune forme particulière pour cette information n'est requise. Mais ce n'est qu'à compter de la fin des informations aux intéressés et aux représentants du personnel que commence à courir le délai de préavis. L'employeur doit donc se ménager la preuve que ces informations ont eu lieu et la preuve de la date de ces informations. En pratique, cela signifie qu'il doit soit transmettre cette information de la main à la main à chaque salarié, contre un reçu, soit informer chaque salarié par lettre recommandée avec accusé de réception. Dans un cas comme dans l'autre, la formalité n'est pas anodine, elle suppose une véritable transparence et une certaine solennité. Lorsqu'il s'agit de détruire un avantage sur lesquels les salariés comptaient, de telles formes peuvent apparaître, dans certains cas, relativement dissuasives.

Une fois les trois conditions remplies, en revanche, la destruction de l'avantage est consommée et ce, même lorsqu'il s'agit d'un complément de salaire (v. not. Soc. 13 février 1996, *Bull. civ.* V, n° 53, pour une critique de cette solution, v. n° 95).

En revanche, ne peuvent pas être unilatéralement dénoncés, ni les engagements 145 unilatéraux à durée déterminée (Soc. 4 avril 1990, *Grands arrêts*, n° 176 ; *Bull. civ.* V, n° 161), ni les engagements à exécution instantanée (Soc. 16 décembre 1998, *Bull. civ.* V, n° 553, à propos d'une obligation de reclassement).

Il faut encore noter qu'en cas de changement d'employeur par application de 146 l'article L. 1224-1 du Code du travail (L. 122-12 anc. C. trav.), les engagements unilatéraux sont maintenus avec les contrats individuels de travail (Soc. 23 septembre 1992, *Bull. civ.* V, n° 479 ; Soc. 16 décembre 1992, *Dr. soc.* 1993. 161 ; Soc. 13 septembre 2005, *Bull. civ.* V, n° 260 ; Soc. 22 novembre 2006, n° 05-40018, *RDT* 2007. 102, obs. Ph. Waquet).

Biblio

- G. Lyon-Caen, « Une anomalie juridique, le règlement intérieur », *D.* 1969. Chron. 35.
- A. Supiot, « La réglementation patronale de l'entreprise », *Dr. soc.* 1992. 215 et s.
- E. Dockès, « L'engagement unilatéral de l'employeur », *Dr. soc.* 1994. 227 et s.

Documents

1) Le règlement intérieur

CE 1er février 1980, *Peintures Corona*, *Dr. soc.* 1980. 410

« Considérant qu'après avoir rappelé l'interdiction de pénétrer ou de séjourner dans l'établissement en état d'ébriété, la dernière phrase de l'article 29 du règlement intérieur de la société "Peintures Corona" fixe que "la direction se réserve de faire soumettre les cas douteux à l'épreuve de l'alcootest; le refus de se soumettre à cette épreuve vaudra refus d'obéissance et reconnaissance implicite de l'état d'ébriété" ; que ces dispositions ne pourraient être justifiées, eu égard à l'atteinte qu'elles portent aux droits de la personne, qu'en ce qui concerne les salariés occupés à l'exécution de certains travaux ou à la conduite de certaines machines; qu'ainsi elles excèdent par leur généralité l'étendue des sujétions que l'employeur pouvait légalement imposer en l'espèce en vue d'assurer la sécurité dans son entreprise… ».

CE 8 juillet 1988, *Soc. Comptoir Lyon, Alemand, Louyot*, *Lebon T.*, p. 1403; *D.* 1990. Somm. 134, obs. D. Chelle et X. Prétot

« … Considérant que les articles 3-9-1 à 3-9-6 du règlement intérieur litigieux sont relatifs à l'exercice du droit de grève par les salariés de l'entreprise; que de telles dispositions sont étrangères au champ d'application du règlement intérieur… ».
Pour d'autres extraits de cet arrêt, v. les compléments pédagogiques du chapitre 7.

Soc. 25 septembre 1991, *Unigrains*, *Grands arrêts*, n° 177; *Bull. civ.* V, n° 381; *Dr. soc.* 1992. 27

« Attendu que le règlement intérieur dont l'établissement est obligatoire et par lequel l'employeur fixe exclusivement les mesures d'application de la réglementation en matière d'hygiène et de sécurité dans l'entreprise et les règles générales relatives à la discipline et énonce les dispositions relatives aux droits de la défense des salariés, s'impose à tous les membres du personnel comme au chef d'entreprise, dès lors qu'il est régulièrement pris, et constitue un acte réglementaire de droit privé ».

2) L'engagement unilatéral

Soc. 4 avril 1990, *Bull. civ.* V, n° 161; *Grands arrêts*, n° 176

« L'employeur n'est en droit de revenir à tout moment sur un engagement unilatéral que si celui-ci a été pris pour une durée indéterminée ».

Soc. 20 juin 2000, *Bull. civ.* V, n° 237

« Attendu que la dénonciation par l'employeur d'un engagement unilatéral doit, pour être régulière, être précédée d'un préavis suffisant pour permettre des négociations et être notifiée, outre aux représentants du personnel, à tous les salariés individuellement s'il s'agit d'une disposition qui leur profite ; que la dénonciation ne peut être effective qu'à une date postérieure à ces formalités ».

Soc. 18 octobre 2006, *Bull. civ.* V, n° 314 ; *Dr. soc.* 2007. 108-109, obs. A. Mazeaud

« Le contrat de travail entraîne l'application du statut collectif en vigueur dans l'entreprise, lequel peut résulter d'un engagement unilatéral de l'employeur, et que le salarié ne peut y renoncer dans son contrat de travail, sauf disposition contractuelle plus favorable ».

Soc. 19 mars 2008, *RDT* 2008. 400, note H. Tissandier

« Attendu que pour juger que la mise en inactivité de M. X... constituait un licenciement sans cause réelle et sérieuse et condamner en conséquence la société EDF au paiement de diverses sommes au profit de cet agent, l'arrêt retient qu'aux conditions résultant du décret du 9 août 1953 relatif au régime des retraites des personnels de l'État et des services publics, ainsi que de la circulaire PERS 70 du 10 février 1947 complétant l'annexe 3 du statut national, aux termes desquels l'employeur est en droit de mettre à la retraite à 55 ans un agent qui comptabilise vingt-cinq ans de services dès lors qu'il a passé quinze ans en service actif, il convient d'ajouter, par application de l'article 111-1 du chapitre 263 du "manuel pratique des questions de personnel" valant engagement unilatéral de l'employeur, l'exigence que, au moment de son départ, cet agent soit encore affecté à un poste classé actif ou reconnu insalubre, ce qui n'était pas le cas de M. X... ;
Qu'en statuant ainsi, alors qu'aucun engagement de l'employeur *ne peut résulter de simples commentaires figurant dans un document de travail interne sans valeur normative*, la cour d'appel a violé les textes susvisés ».

Quiz

Sujet corrigé : cas pratique

Énoncé

Un avis émanant de M. Doux, directeur de l'entreprise Mélusine SA a été affiché le 24 janvier 2008. Il est reproduit ci-dessous :

« AVIS À TOUS NOS CHERS EMPLOYÉS !!

Le confort de nos collaborateurs est une de nos préoccupations constantes. À tout moment, vous pourrez vous servir de boissons aux distributeurs automatiques et, si vous souhaitez les consommer pendant votre travail, pourquoi pas ? Nous l'autorisons !

Il est simplement interdit aux caristes d'emporter leur boisson ou tout autre aliment, sur leur engin de manutention.

Pour fêter Noël, les 24 décembre des années 2008 et 2009 une prime de 1 000 euros sera versée aux salariés. »

Le 1er juin 2008, le conseil d'administration de l'entreprise Mélusine SA, décide de remplacer M. Doux, par M. Dur, un *cost-killer* réputé.

Le 15 juin, il surprend M. Nonchalant, cariste, en train de siroter un café d'une main, tout en conduisant son engin de l'autre. Énervé, M. Dur lui envoie par lettre recommandée un avertissement, en spécifiant dans la lettre que son comportement est une violation caractérisée de l'avis du 24 janvier 2008 et que, s'il était repris à avoir un tel comportement, une sanction beaucoup plus grave pourrait être décidée.

M. Dur, alarmé par l'incident et par les dépenses inconsidérées programmées pour Noël, fait afficher la note suivante le 30 juin 2008 :

« En raison de la conjoncture difficile et des difficultés que traverse aujourd'hui l'entreprise, nous devons tous être prêts à redoubler d'efforts.

La multiplication des pauses café fait perdre un temps précieux et c'est pourquoi les appareils distributeurs de boissons seront retirés dès la rentrée du 1er septembre.

Les primes de Noël, annoncées lors d'un précédent avis, grèvent dangereusement les résultats financiers de l'entreprise. La prime du 24 décembre 2008, déjà intégrée au budget prévisionnel pourra être maintenue. En revanche, aucune prime ne pourra être versée le 24 décembre 2009 ».

Copie de la note est transmise aux délégués du personnel et au comité d'entreprise. Une lettre recommandée avec accusé de réception est envoyée à chaque salarié le 4 juillet 2008. Les termes de cette lettre sont les suivants :

« Nous vous confirmons par la présente que la prime de Noël du 24 décembre 2009 ne sera pas versée, en raison des nécessaires économies auxquels l'entreprise doit procéder. Avec l'expression de nos meilleurs sentiments... ».

I. En janvier 2010, M. Nonchalant vient vous voir. L'ambiance de travail s'est dégradée et il a l'idée de chercher un nouvel emploi et de se faire licencier. Pour ce faire, il a l'intention de déclencher plusieurs procès contre M. Dur.

Il souhaite faire annuler l'avertissement qu'il a reçu et demander des dommages-intérêts pour préjudice moral subi du fait de cet avertissement. Il souhaite de plus obtenir le paiement de la prime du 24 décembre 2009, non versée, et obtenir la réintroduction des distributeurs de boissons supprimés.

II. M. Dur souhaite à tout prix faire des économies sur la masse salariale. Il souhaite baisser de 10 % la rémunération de base des salariés, stipulée au sein des contrats individuels de travail. Comment peut-il s'y prendre ?

Corrigé

I. M. Nonchalant

– Sur la sanction disciplinaire :

Cette sanction a été prise sur le fondement de l'interdiction posée par l'avis du 24 janvier 2008. Cette interdiction est une disposition générale et permanente ayant pour objet la sécurité. Elle appartient donc au domaine du règlement intérieur et doit être traitée comme un amendement à ce règlement doit l'être. Elle aurait dû faire l'objet d'un avis préalable du comité d'entreprise et du comité d'hygiène de sécurité et des conditions de travail, puis faire l'objet de diverses communications et publicité. Rien de tout ceci n'a été fait. L'interdiction posée par l'avis du 24 janvier 2008 est donc inopposable aux salariés. La sanction prise sur son fondement peut, par conséquent être annulée et des dommages-intérêts être ordonnés en fonction du préjudice subis. Il ne reste à M. Nonchalant qu'à prouver ce préjudice. En l'espèce, il risque fort de n'obtenir que des dommages-intérêts de faible montant, voire symboliques, le préjudice moral étant bien difficile à prouver (si tant est qu'il ait ici existé).

– Sur les machines à café :

L'avis du 24 janvier 2007 a été placardé, il est officiel, il a pu faire naître une attente légitime dans l'esprit des salariés. Il s'agit donc d'un engagement unilatéral de l'employeur. Cet engagement a durée indéterminée aurait pu être dénoncé dans les formes. Mais cela n'a pas été le cas. La note du 30 juin 2008 n'a pas, sur cette question, été transmise individuellement à chacun des intéressés. Elle n'a fait l'objet que d'une communication collective. Elle demeure donc inopposable aux salariés, qui peuvent se prévaloir de l'avis du 24 janvier 2008 pour obtenir la réinstallation des machines à café. En pratique, si l'employeur veut éviter ce résultat, il lui faudra réitérer la procédure de dénonciation, sans omettre, cette fois, l'information individuelle par lettre avec accusé de réception.

– Sur la prime :

L'avis du 24 janvier 2008 est, là encore, un engagement unilatéral de l'employeur. Simplement seuls deux versements étaient prévus. Il ne s'agit pas d'un engagement unilatéral à durée indéterminée, et encore moins d'un usage d'entreprise (un seul versement déjà réalisé). Il s'agit d'un engagement unilatéral à exécution instantanée ou à durée déterminée selon que l'on parle de prime annuelle pendant deux ans ou de primes deux fois versées. Dans les deux cas, cet engagement ne peut pas être dénoncé. Pour s'en débarrasser, l'employeur ne peut pas suivre la procédure de modification des contrats individuels de travail (Soc. 18 octobre 2006*). Il peut simplement tenter d'obtenir l'accord des syndicats et signer une convention collective qui, elle, pourra détruire cet avantage. Si un tel accord s'avère impossible, l'employeur devra respecter la parole donnée en 2008 et verser la prime de 2009.

II. M. Dur

Paradoxalement, la réduction des salaires de base s'avère plus facile. Il suffit de suivre la procédure de modification des contrats individuels de travail. Pour cela, il faut envoyer aux salariés une lettre mentionnant que la réduction a un motif économique, qu'ils ont une faculté de refuser cette réduction dans un délai d'un mois, et qu'à défaut de réponse dans ce délai les salaires seront réduits de 10 % (L. 1222-6 C. trav.). La principale difficulté d'une telle procédure est le refus du salarié. En ce cas, l'employeur devra se soumettre ou démettre le salarié. Dans ce dernier cas, il s'agira d'un licenciement économique, lequel devra trouver une cause réelle et sérieuse dans le motif de la réduction de salaire (v. n° 569-570), et devra être fait dans le respect de la procédure de licenciement pour motif économique (v. n° 505 et s.)

Il demeure que cette procédure, qui suppose des acceptations individuelles, peut être plus facile que la procédure de réduction de l'engagement unilatéral à durée déterminée, qui suppose l'accord des syndicats. Le salaire contractuel s'avère ainsi parfois moins solide, en droit positif, que le contenu d'une rémunération fixée ponctuellement par un engagement unilatéral à durée déterminée. On peut rappeler toutefois que, le plus souvent, c'est l'inverse : la plupart des engagements unilatéraux sont à durée indéterminée. Ils peuvent alors être détruits unilatéralement, sans l'accord ni des salariés, ni des syndicats.

chapitre 7

Pouvoir et droits fondamentaux

Plan analytique

Pouvoir et droits fondamentaux

Les droits et libertés fondamentaux des travailleurs sont actuellement les seules protections dont l'impact soit croissant. Les autres protections du droit du travail, plus anciennes, sont en régression quasi constante, depuis une vingtaine d'années. La place des droits fondamentaux de l'être humain dans la matière devient donc, peu à peu, centrale. 147

L'article L. 1121-1 du Code du travail (L. 120-2 anc. C. trav.) consacre l'application générale des droits de l'être humain en droit du travail (section 1). À cette règle générale s'ajoutent plusieurs règles spéciales. Les plus importantes sont sans doute celles qui sont des déclinaisons directes du principe d'égalité. Ce principe est placé en tête de la déclaration des droits de l'homme de 1789. Il est consubstantiel à l'idée même de droit de l'homme. Il s'exprime d'abord dans la prohibition des discriminations, directes et indirectes (section 2). Il justifie parfois certaines « actions positives » (section 3). Il a plus récemment été décliné comme principe d'« égalité de traitement », pour permettre un certain contrôle de justification du pouvoir patronal (section 4).

Une place à part sera enfin réservée au droit à la sécurité, lequel est en plein essor depuis quelques années (section 5).

section 1

L'application généralisée des droits de l'être humain

Ce n'est qu'à partir des années 1980 que la problématique des droits de l'homme a pris son essor en droit du travail. Elle s'est d'abord exprimée à l'occasion du contrôle du règlement intérieur, avec l'arrêt du Conseil d'État *Peintures Corona*, du 1er février 1980 (*Dr. soc.* 1980. 310, concl. A. Baquet, *Dr. ouvrier* 1980. 211, note S. Alter), suivi par la loi du 4 août 1982 laquelle a créé l'article L. 122-35 de l'ancien Code du travail, devenu l'article L. 1321-3, 2° du Code du travail. Cette loi est à l'origine de la formule qui prohibe les restrictions aux droits fondamentaux, généralisée par la loi du 31 décembre 1992 à l'article L. 120-2 de l'ancien Code du travail, devenu L. 1121-1 du Code du travail. 148

Selon cet article fameux : « Nul ne peut apporter aux droits des personnes et aux libertés individuelles et collectives de restrictions qui ne seraient pas justifiées par la nature de la tâche à accomplir ni proportionnées au but recherché ». Ces termes méritent quelques mots de commentaire.

« Nul ne peut » : la généralité du champ d'application est on ne peut plus large. Elle touche tous les aspects du droit du travail et va même bien au-delà.

« Droits des personnes » et « libertés individuelles et collectives » : il s'agit de n'oublier personne. La doctrine a glosé à l'infini sur ces termes en faisant des distinctions toutes plus subtiles les unes que les autres, toutes plus dépassées les unes que les autres. Ne nous y trompons pas. Il s'agit tout simplement de viser les « droits de l'homme » ou, pour éviter le sexisme, « les droits de l'être humain », ou encore « les libertés fondamentales ». Ces différentes expressions doivent aujourd'hui être considérées comme synonymes. Elles seront alternativement utilisées par la suite. Mais l'expression « droits de l'homme » sera le plus souvent conservée, non parce qu'il s'agit de la meilleure (droits de « l'être humain » serait préférable), ni parce qu'il s'agit de l'expression historique (les formules les plus anciennes sont souvent les plus barbares) mais simplement parce qu'elle est la plus commune et que donc, elle est la plus simple.

« Des restrictions » : les droits de l'homme ne sont pas des blocs intangibles. Ils s'affrontent souvent les uns aux autres et de ce fait, aucun n'est absolu, tous souffrent de limitations, de restrictions : la liberté d'aller et venir n'autorise pas quiconque à entrer chez vous sans frapper ; tout comme la liberté d'expression n'autorise ni la diffamation ni l'injure.

« Justifiée », « proportionnée » : ces exigences de justification et de proportion sont directement inspirées de la Convention européenne de sauvegarde des droits de l'homme et de la jurisprudence de la Cour européenne des droits de l'homme. Dès qu'un acte restreint, limite, un tant soi peu un droit de l'homme, il est suspect, il est même *a priori* illicite. Il ne pourra dès lors se sauver de la sanction qu'à la condition de passer au travers d'un contrôle aussi précis et dense que possible. Ce contrôle, qui a été placé entre les mains du juge, est composé des contrôles de justification et de proportionnalité que prévoit le texte (§ 1).

149 Ces contrôles doivent avoir lieu à chaque fois qu'une restriction à un droit fondamental est observée. La liste de ces droits est longue. Les droits qui permettent une action collective des salariés – comme la liberté syndicale, le droit de grève, le droit des travailleurs de participer à la gestion des entreprises ou le droit à la négociation collective – sont fondateurs du droit du travail. Leur protection n'a pas attendu la généralisation des droits de l'homme dans l'entreprise. Ils font l'objet de protections et de réglementations spécifiques. De même, la réglementation sur l'hygiène et la sécurité, dans son ensemble, est aujourd'hui justifiée par le droit à la santé. Mais, fort heureusement, ce pan du droit du travail (v. not. les art. L. 4111-1 et s. C. trav.) a commencé à se développer bien avant les articles susvisés et même bien avant la proclamation du droit à la santé (v. section 5).

Le droit à une vie privée et le droit à une vie familiale normale qui en découle, la liberté d'expression et le droit à l'intégrité de son corps, sont pour l'instant les droits fondamentaux qui ont le plus bénéficié de la généralisation de la protection des droits de l'homme en droit du travail. Mais de nombreux autres droits devraient suivre. La problématique des droits de l'homme a encore de larges espaces à conquérir en droit du travail (§ 2).

§ 1 Étendue du contrôle

150 L'application généralisée des droits fondamentaux aux relations de travail a conduit la Cour de cassation à condamner sur ce fondement aussi bien des actes que des abstentions, pour peu qu'ils apparaissent attentatoires aux droits fondamentaux (pour la condamnation d'une abstention d'agir, v. not. Soc. 24 janvier 2007, n° 05-4063). Cependant, l'essentiel du contentieux provient d'actes qui restreignent les droits et libertés.

Lorsqu'un acte est reconnu restreindre, même faiblement, un droit fondamental, la première étape est de rechercher si cette restriction peut se prévaloir d'un motif valable. C'est ce que l'article L. 1121-1 du Code du travail vise lorsqu'il dit que les restrictions doivent être « justifiées par la nature de la tâche à accomplir ». Un premier exercice de balance doit alors être mené. Dans un plateau sera mise la raison, le motif avancé par l'employeur pour justifier la restriction, et dans l'autre, la restriction au droit.

Il se peut, tout d'abord, que le motif avancé par l'employeur ne soit en rien une justification de la restriction apportée. Pour que l'employeur ait une quelconque légitimité à restreindre les droits fondamentaux du salarié, il faut au minimum que l'exercice de ces droits crée un « trouble caractérisé au sein de l'entreprise » (sur cette exigence dans la jurisprudence sur les entreprises de tendance, v. n° 165). Ainsi, par exemple, une clause d'un contrat de travail imposait à des employés de résider dans l'immeuble qu'ils étaient chargés d'entretenir, ce qui restreignait leur liberté de choisir leur domicile. Or, les salariés pouvaient fort bien réaliser leurs fonctions tout en résidant à l'extérieur de leur lieu de travail. La clause n'évitait aucun trouble. Elle était donc nulle (Soc. 13 avril 2005, *Dr. soc.* 2005. 809). Rien de plus simple.

Lorsque la mesure liberticide est bien susceptible d'éviter un trouble, cela ne suffit pas pour autant. Les libertés individuelles ne sauraient être écartées à la moindre gêne occasionnée dans l'entreprise. Entre le trouble et la liberté, en principe, la liberté l'emporte encore. Ainsi, par exemple, l'ouverture par l'employeur des vestiaires et armoires individuels est strictement encadrée quand aux motifs invocables. Les armoires peuvent contenir toutes sortes d'objets personnels. Leur ouverture par l'employeur peut donc porter atteinte à la vie privée. Et, selon le Conseil d'État, cette atteinte n'est possible « que si ce contrôle est justifié par les nécessités de l'hygiène ou de la sécurité » (CE 8 juillet 1988). Aucun autre motif n'est recevable. Seraient ainsi immédiatement rejetées, pour absence de justification, des possibilités d'ouvertures dont la seule raison serait de « contrôler l'état et le contenu », ou « d'éviter l'encombrement excessif », etc. De tels motifs ne font pas le poids face au droit à la vie privée. Ils ne peuvent donc permettre aucune restriction à ce droit, *même minime*. 151

La force nécessaire à un motif pour légitimer la restriction d'un droit est cependant l'objet d'une casuistique complexe, parfois un peu déroutante.

L'importance de l'atteinte apportée au droit fondamental prend ici toute sa place. Assez logiquement, certaines atteintes seront plus difficilement justifiables que d'autres. Ainsi la liberté de se vêtir à sa guise est-elle finalement reconnue, même si les entorses qu'elle peut subir semblent relativement faciles à justifier (v. le deuxième arrêt *Montribot*, Soc. 12 novembre 2008, n° 07-42220, inédit). De même, l'atteinte à la vie privée que peut opérer l'application d'un clause de mobilité sera sans doute jugée de manière plus sévère s'agissant d'une veuve ayant deux jeunes enfants, que s'il s'agissait d'un célibataire sans enfants (v. Soc. 13 janvier 2009, n° 06-45562, [P]).

La question de l'ouverture par l'employeur des fichiers informatiques et e-mails du salarié placés sur son ordinateur professionnel a donné lieu à d'importants débats. L'employeur a accès aux fichiers professionnels et à ceux qui ne sont pas spécialement classés comme « personnels » ou « privés », lesquels sont présumés professionnels

(Soc. 18 octobre 2006, *Bull. civ.* V, n° 308 ; *RDT* 2006. 395, obs. R. de Quenaudon), ce qui peut se comprendre. En revanche, il apparaît plus curieux que les fichiers et e-mails classés « personnel » puissent encore faire l'objet d'une vérification par l'employeur. Cette ouverture apparaît *a priori* nettement plus menaçante encore pour la vie privée que la simple ouverture des vestiaires. Pourtant, la jurisprudence apparaît en la matière nettement moins protectrice. Certes, l'ouverture d'un e-mail ou d'un fichier noté « personnel » porte atteinte à la vie privée du salarié et au principe de secret des correspondances qui en découle (Soc. 2 octobre 2001, *Nikon**). Cependant, l'ouverture peut être justifiée par un « risque ou événement particulier » (Soc. 17 mai 2005, *Dr. soc.* 2005. 793, note J.-E. Ray). La formule est très vague et semble pouvoir légitimer un peu trop facilement l'intrusion de l'employeur dans des fichiers pourtant spécifiquement désignés comme personnels par le salarié. On imagine, non sans inquiétude, l'employeur convaincre le juge avec des arguments du type : « j'ai ouvert tout le courrier et les fichiers personnels du salarié, mais comprenez-moi, je n'avais plus guère confiance en lui, il était trop amical avec un concurrent, il semblait bien pressé de quitter son travail... ».

Plus grave encore, la Cour de cassation semble désormais admettre sans limites la faculté pour l'employeur de rechercher et d'identifier les connexions établies par un salarié sur des sites Internet pendant son temps de travail grâce à l'outil informatique mis à sa disposition, y compris hors de la présence du salarié. Elle motive sa solution en se contentant de noter que ces connexions sont présumées professionnelles (Soc. 9 juillet 2008, n° 06-45800, [P]). Pourra-t-on avec un même raisonnement justifier un jour l'enregistrement de tous les propos tenus entre salariés pendant leur temps de travail ? Il existe au temps et lieu de travail une part de vie personnelle des personnes. Par exemple les relations entre collègues dépassent facilement le strict domaine professionnel. Tel s'enquiert de la santé des enfants ou de la vie sentimentale de l'autre... Cette part de vie privée au travail doit être protégée contre l'emprise et le contrôle de l'employeur. Et l'arrêt précité du 9 juillet 2008 dont la motivation est excessivement générale, semble ne pas en avoir pris toute la mesure.

On notera au passage que ce n'est pas nécessairement « par la nature de la tâche à accomplir » que la restriction peut être justifiée : l'impératif de sécurité qui permet, sous condition, d'ouvrir les vestiaires, n'est pas nécessairement lié à la tâche... Il n'en est pas moins recevable. Il y a là une petite maladresse de rédaction des articles L. 1121-1 et L. 1321-3 du Code du travail qui ne prête pas à conséquence, la jurisprudence ne s'y arrêtant pas.

152 Parfois, le motif invoqué comme justification a suffisamment de poids. C'est notamment le cas lorsqu'il est soutenu par un autre droit fondamental. Même alors, la restriction faite aux droits du salarié n'est pas nécessairement licite. Elle doit encore être « proportionnée au but recherché » (art. L. 1121-1 et L. 1321-3, 2° C. trav., préc.), c'est-à-dire proportionnée au motif retenu. C'est sur cette exigence de proportion que se concentre l'essentiel de la jurisprudence.

Celle-ci signifie, tout d'abord, que le champ d'application de la restriction aux droits des salariés doit être strictement délimité. La faculté accordée par le règlement intérieur de faire réaliser un alcootest aux salariés peut être justifiée par des impératifs de sécurité. Mais alors seuls les salariés exécutant des travaux dangereux pourront y être soumis (CE 8 juillet 1988* ; comp. Soc. 22 mai 2002, *Dr. ouvrier* 2002. 549, note A. de Senga).

L'exigence de proportion signifie, ensuite, que la restriction doit être aussi réduite, aussi limitée, que possible. Pour démontrer que telle atteinte est illégale, il suffit de montrer que le but recherché pouvait être réalisé à l'aide d'une méthode plus douce que celle employée, en restreignant moins le droit fondamental en cause. Ainsi, par exemple, dans une entreprise qui travaille sur des métaux précieux, la mise en place d'un détecteur de métaux à la sortie peut s'avérer proportionnée, mais la fouille additionnelle des « sacs, effets et véhicules du personnel » n'est plus alors indispensable : elle est donc exclue (CE 8 juillet 1988*, préc.).

Ont encore été jugées disproportionnées, l'interdiction de toute conversation étrangère au service (CE 25 janvier 1989, *SITA*, *Dr. soc.* 1990. 201), l'interdiction faite aux caissières d'accepter à leur caisse un membre de leur famille (CE 9 décembre 1994, *Lebon*, p. 547) ou l'ordre donné aux employés d'une banque d'informer leur employeur de l'existence de comptes qu'ils détiennent dans d'autres établissements (CE 3 octobre 1997, *Synd. FO des employés et cadres de la CRCA du Midi*, *RJS* 1997, n° 1371). En revanche, sont proportionnés l'exigence d'un badge pour circuler dans des installations nucléaires (CE 29 décembre 1995, *Eurodif*, *Dr. soc.* 1996. 394, 2e esp.) ou un alcootest imposé aux salariés « amenés à manipuler des machines ou produits dangereux ainsi qu'à ceux qui conduisent des engins ou des véhicules automobiles » (Soc. 24 février 2004, *RJS* 2004, n° 535).

De même, l'ouverture des armoires et ordinateurs d'un salarié, même lorsqu'elle peut être légitimée par un motif recevable, doit encore pour être valide s'exécuter avec une procédure aussi respectueuse que possible des droits du salarié.

Ainsi, a été validée la demande par l'employeur d'une mesure d'instruction pour accéder au contenu de l'ordinateur mis à la disposition du salarié, dans le cadre de la procédure sur requête de l'article 145 du Code de procédure civile : les garanties offertes par le juge au cours de cette procédure ont été jugées suffisantes pour proportionner les dangers d'une telle ouverture à l'insu du salarié (Soc. 23 mai 2007, n° 05-17818, *D.* 2007. AJ. 1590, obs. A. Fabre ; *SSL*, n° 1310, note J.-E. Ray ; *JCP* 2007. II. 10140, note L. Weiller). De la même manière, a été jugée valide l'ouverture du casier personnel du salarié par l'employeur, eu égard à la procédure ayant encadré cette ouverture : « le salarié avait été personnellement avisé trois semaines à l'avance par affichage sur son propre casier de la date d'ouverture de tout vestiaire non identifié et revendiqué et (...) l'ouverture, limitée aux seuls casiers non identifiés dans le délai prévu à cette fin, avait eu lieu en présence d'un représentant du personnel et d'un agent de sécurité dans les conditions prévues par la procédure d'identification et d'attribution des vestiaires mise en place avec l'accord des partenaires sociaux » (Soc. 15 avril 2008, *L. c/Auchan*, n° 06-45902, [P], *RDT* 2008. 668, note Norbert Olszak).

En pratique, l'atteinte à la vie privée du salarié ne produit guère de contentieux que lorsque l'employeur a bien trouvé quelque chose, et qu'il s'en est servi pour licencier le salarié. La question de l'atteinte à la vie privée est souvent posée au travers de la question de la loyauté et de la transparence des modes de preuve (v. Soc. 23 mai 2007 préc. et n° 179).

Le contentieux du contrôle de la proportionnalité n'est pas limité aux exemples ci-dessus. Il est notamment possible de se référer à l'important contentieux relatif aux clauses de non-concurrence et d'exclusivité : ces clauses portent atteinte au libre exercice d'une activité professionnelle et sont à ce titre très strictement limitées et proportionnées à leurs justifications par la jurisprudence (v. n° 210 et s. ; pour d'autre ex., v. encore n° 102 et s.).

Les violations de l'article L. 1121-1 du Code du travail sont sanctionnées par la nullité, y compris lorsqu'il s'agit de clauses contractuelles ou de licenciements (sur la nullité des clauses, v. n° 102 et s. ; sur la nullité du licenciement, v. n° 498 et s.).

§ 2 Un grand potentiel

■ 153 L'article L. 1121-1 du Code du travail s'applique pour peu qu'une atteinte aux droits et libertés soit constatée. Au sommet de ces droits et libertés sont proclamées les deux valeurs fondamentales de toute démocratie : l'égalité et la liberté. Le droit à la liberté et le droit à l'égalité sont ainsi les deux premiers droits de l'être humain.

Or, le pouvoir est, par définition, une restriction à la liberté comme à l'égalité. C'est une restriction qui peut être justifiée, mais c'est une restriction tout de même.

Ceci apparaît avec évidence pour les formes les plus intenses de pouvoirs. Nul doute que vivre sous le joug d'un maître est une atteinte à la liberté. Nul doute qu'entre le maître et ses servants, il n'est pas d'égalité. La reconnaissance de cette atteinte est même un élément essentiel du sens de la liberté et de l'égalité. Le pouvoir est d'abord une réduction de la liberté. Cette perception est si commune que la liberté politique a pu être définie comme le contraire de la soumission au pouvoir. Le pouvoir génère en outre, avec beaucoup d'aisance, un sentiment de supériorité chez son détenteur et un sentiment d'infériorité chez les personnes soumises. Un détenteur de pouvoir avisé fera tout pour favoriser cette tendance qui stabilise son pouvoir et le justifie à ses propres yeux. Une personne soumise y trouvera la raison de sa soumission et évitera ainsi la sensation de l'injustice subie. Il n'est pire menace au principe d'égalité, qui est un principe d'égale valeur des êtres humains, que le pouvoir.

Dès lors, le pouvoir de l'employeur apparaît bien être une restriction aux droits et libertés. Ce pouvoir est si commun, si banal, en droit du travail, que sa nature d'exception passe inaperçue. Pour la voir réapparaître, il suffit pourtant de rappeler quelques principes du droit commun : l'interdiction de se faire justice soi-même ou l'interdiction d'imposer unilatéralement à autrui des obligations nouvelles. De tels principes sont allégrement et quotidiennement violés en droit du travail. Le pouvoir est bien une restriction des libertés fondamentales, une exception qui doit être justifiée.

L'article L. 1121-1 du Code du travail porte alors une exigence générale de justification, de rationalité. Il est un fondement possible du contrôle judiciaire du pouvoir patronal.

■ 154 Certains arrêts, rédigés de manière ambiguë et sans doute maladroite, ont pu laisser penser à un début de consécration de cette valeur générale de l'article L. 1121-1 du Code du travail (Soc. 28 mai 2003, arrêt dit « du bermuda », *Grands arrêts*, n° 69 ; *Bull. civ.* V, n° 178 ; Soc. 20 juin 2006, inédit, n° 04-43067 ; *contra*, v. cpdt, Soc. 23 février 2005, n° 04-45463, reproduit et commenté dans les annexes du chapitre 4).

C'est finalement par un autre chemin que la jurisprudence a choisi d'affirmer un contrôle généralisé des actes de pouvoir de l'employeur. Elle a préféré découvrir directement un principe d'égalité de traitement ordonnant ce contrôle, sans prendre appui ni sur le principe de liberté, ni sur l'article L. 1121-1 du Code du travail (v. not. Soc. 19 juin 2007* ; Soc. 20 février 2008* et n° 172-173).

Ce choix peut s'expliquer par la densité du contrôle qu'exige l'article L. 1121-1, lequel peut apparaître trop dense pour un contrôle dont la vocation est si générale. On peut toutefois le regretter au nom de la cohérence et de la simplicité qu'il y aurait à rassembler sous la même bannière l'ensemble des contrôles de rationalité appliqués aux pouvoirs de l'employeur. On peut aussi rappeler que le visa unique de l'article L. 1121-1 n'interdit nullement de faire varier l'intensité du contrôle selon les intérêts en cause. Les notions standards qu'utilise ce texte autorisent d'importantes variations. Et nul ne conteste que certaines atteintes aux droits de l'homme sont plus difficiles à justifier que d'autres. Les atteintes au principe d'égalité de traitement auraient ainsi pu être considérées comme des atteintes relativement légères, plus faciles à justifier que d'autres.

section 2

Les discriminations

Les discriminations que subissent les personnes du fait notamment de leur genre, masculin ou féminin, de leurs origines ou de leur âge sont un des problèmes majeurs de notre société. Ces discriminations s'expriment de manière particulièrement dure dans le monde du travail. Les combattre est l'une des tâches les plus difficiles et les plus urgentes du droit du travail. 155

La prohibition des discriminations, même complétée de celle des discriminations indirectes, demeure loin d'être suffisante pour rétablir l'égalité. La situation d'infériorité maintenue des femmes ou des jeunes issus de l'immigration a fait l'objet de constatations statistiques éloquentes. Il n'est pas difficile de comprendre que cet état de fait s'explique par l'habituelle discrimination dont sont victimes ces personnes du seul fait de leur appartenance à une catégorie dévalorisée. Cet écart persistant dans la situation de ces catégories est un signe alarmant de l'ineffectivité du principe d'égalité.

D'autant qu'il n'est pas seulement l'effet de discriminations. Il en est aussi la cause, de par la tendance commune à dévaloriser les défavorisés. De ce que les femmes sont moins bien rémunérées, on déduira qu'elles sont moins efficaces. De ce qu'elles sont minoritaires dans le personnel politique, on déduira qu'elles sont plus intéressées par les choses de la vie quotidienne et demeurent extérieures à la politique. Il y a un effet boule de neige dans les inégalités. La dévalorisation provoque la différence de traitement, laquelle provoque la dévalorisation, etc.

La lutte contre les comportements discriminants n'est plus simplement prohibitive. Elle tente de devenir préventive. Il est ainsi demandé aux employeurs de rendre anonyme les *curriculums vitæ* qu'ils reçoivent de la part de candidats à un emploi (art. L. 1221-7 C. trav. et n° 180). Des procédures de négociation et de consultation pour organiser la lutte contre les discriminations sont imposées (v. not. l'art. L. 2242-7 C. trav. sur la négociation annuelle obligatoire en matière d'égalité des salaires entre homme et femme ou l'accord national interprofessionnel du 12 octobre 2006, relatif à la diversité dans l'entreprise). C'est au demeurant dans cette action préventive que certaines actions positives trouvent leur justification (v. n° 168 et s.).

La prohibition des discriminations conserve cependant sa place, centrale. C'est elle qui fait l'objet de cette section.

156 La clef, en la matière, est aux articles L. 1132-1 et suivants du Code du travail, lesquels sont issus de l'article L. 122-45 (bien connu) de l'ancien Code du travail. Ces textes sont appuyés par le Code pénal par de nombreuses directives et par les traités internationaux relatifs aux droits de l'homme.

157 Lors de son adoption par la loi du 4 août 1982, l'article L. 122-45 de l'ancien Code du travail n'avait pour champ d'application que le licenciement et les sanctions disciplinaires. Il s'agissait d'une vision un peu limitée du problème. Le législateur est venu compléter à plusieurs reprises la liste des actes susceptibles de générer des discriminations. Aujourd'hui, la liste des actes contrôlés est devenue très complète. L'article L. 1132-1 du Code du travail vise, outre le licenciement et les sanctions disciplinaires, les actes qui permettent d'écarter un salarié « d'une procédure de recrutement ou de l'accès à un stage ou à une période de formation en entreprise », ainsi que tous les actes « en matière de rémunération (...) d'intéressement et de distribution d'action, de formation, de reclassement, d'affectation, de qualification, de classification, de promotion professionnelle, de mutation ou de renouvellement de contrat ». La multiplication des lois a, une fois n'est pas coutume, générée une simplification : il est désormais possible de dire que toute mesure ou tout acte de gestion du personnel doit être exercé avec le souci d'éviter les discriminations. Cette généralité est au demeurant confirmée par la loi du 27 mai 2008 portant diverses dispositions d'adaptation au droit communautaire dans le domaine de la lutte contre les discriminations, laquelle qualifie de « discrimination » le fait pour une personne d'être « traitée de manière moins favorable qu'une autre ne l'est, ne l'a été ou ne l'aura été dans une situation comparable ». La prohibition est donc on ne peut plus générale quant au type d'acte contrôlé.

158 Les sanctions d'un acte discriminatoire sont, elles aussi, désormais claires. Outre d'éventuelles conséquences indemnitaires, toute disposition ou tout acte discriminatoire est « nul de plein droit ». Il s'ensuit notamment qu'un salarié licencié de manière discriminatoire pourra obtenir sa réintégration, y compris en référé, y compris sous astreinte (sur la nullité du licenciement, v. n° 498 et s.). De surcroît, si l'acte discriminatoire est un licenciement, une sanction disciplinaire ou un refus d'embaucher, il tombe dans le champ de la répression pénale. Les peines alors encourues peuvent aller jusqu'à trois ans d'emprisonnement (art. 225-2 C. pén.).

La principale difficulté qui demeure est de taille : il faut distinguer les actes qui opèrent des différenciations licites de ceux qui réalisent des discriminations prohibées. Une liste de critères de différenciation prohibés a été dressée (§ 1). Mais l'utilisation d'un critère illicite peut, dans certains cas, être autorisée (§ 2). Sont en outre interdites les discriminations dites « indirectes » (§ 3).

§ 1 Les critères prohibés

159 Bien entendu, toute différenciation n'est pas interdite. On trouve même en droit de nombreux critères de différenciation affirmés comme parfaitement valides. L'article 1er de la Déclaration des droits de l'homme de 1789 affirme que « l'utilité commune » est un critère de distinction sociale licite. Le recrutement ou la promotion dans un emploi public ne doit être guidé que par des considérations liées aux « capacités », aux « mérites » et aux « talents », selon la terminologie retenue à son

article 6. L'évaluation en vue d'un recrutement ou d'une promotion dans un emploi privé doit se faire, selon le Code du travail, en suivant des méthodes d'évaluation « pertinentes » (art. L. 1221-8 et L. 1222-3 C. trav.) au regard de la finalité poursuivie, laquelle est d'apprécier la « capacité à occuper l'emploi proposé ou (les) aptitudes professionnelles » (art. L. 1221-6 et L. 1222-2 C. trav.). Quant aux différenciations par le bas, l'article L. 1333-2 du Code du travail rappelle qu'une sanction peut être justifiée par une faute commise par le salarié. Ces « capacités », « mérites », « talents », « aptitudes professionnelles », « utilité commune » ou « fautes », sont autant de critères qui ont un point commun : ce sont des qualités attribuées à des actes, des attributs d'actes. Et s'ils peuvent ainsi être utilisés pour différencier, c'est que le droit n'interdit nullement l'évaluation des actes de personnes.

En revanche, sont notamment interdites les différenciations selon « l'origine », « le sexe », « l'âge », « l'appartenance ou la non-appartenance, vraie ou supposée, à une ethnie, une nation, ou une race », « l'apparence physique », « le patronyme », « l'état de santé », « les caractéristiques génétiques » ou « le handicap » (ces éléments sont communs aux listes de l'article 225-1 C. pén. et L. 1132-1 C. trav.). Être blanc ou noir, homme ou femme, avoir des cheveux noirs ou blonds, ou présenter l'un de ces critères n'est en rien un acte. Ce sont des attributs de la personne. En cela, leur utilisation comme critère d'évaluation génère une évaluation globale de la personne indépendamment de ses actes, ce qui caractérise une violation du principe d'égalité des êtres humains, une « discrimination ». 160

L'idée est donc simple : les attributs d'actes peuvent servir de critères de différenciation et les attributs des personnes sont en principe prohibés.

Sont aussi prohibées les distinctions faites selon les « mœurs », « l'orientation sexuelle », « la situation de famille », « la grossesse », « les opinions politiques », « les activités syndicales » (art. L. 225-1 C. pén. ; L. 1132-1 C. trav.) ou l'« exercice normal du droit de grève » (L. 1132-2 C. trav.). Ces critères prohibés visent, eux, des actes, mais ceux-ci ne sont pas anodins : ils sont l'exercice de droits fondamentaux consacrés par les traités ou la Constitution. Le respect qui leur est dû conduit à la prohibition des pressions qui pourraient être exercées à leur encontre. Leur présence comme critère discriminant est donc plus l'application des droits fondamentaux qu'ils expriment qu'une application à proprement parler du principe d'égalité. Certains de ces critères, comme les opinions religieuses ou l'orientation sexuelle, sont cependant aussi, parfois, utilisés comme des attributs de la personne. À la violation d'un droit fondamental, comme la liberté de conscience ou le droit à la vie privée, s'ajoute alors une violation du principe d'égalité. 161

Les différentes listes de critères prohibés sont habituellement présentées comme limitatives. Et, au demeurant, la lettre de l'article L. 1132-1 semble bien aller dans ce sens puisque sa liste n'est nullement précédée d'un « notamment ». 162

Ce caractère limitatif semble cependant peu compatible avec le droit international. La liste de critères discriminants prévue par l'article 26 du pacte international relatif aux droits civils et politiques du 16 décembre 1966 est non limitative. Or ce texte est un traité d'ordre mondial, dont l'autorité est supérieure à celle de la loi française. Son ouverture devrait dès lors s'imposer, en dehors de la matière pénale. Dans le même sens, on notera que la liste de l'article 81 de la Charte des droits fondamentaux de l'Union européenne annexé au traité de Nice est non limitative et que, malgré le rejet du projet de traité établissant une Constitution pour l'Europe, cette Charte pourrait bien un jour prendre force obligatoire en droit de l'Union européenne.

De plus, l'absence de caractère limitatif des listes de critères est le seul moyen d'agencer les différentes listes entre elles : la prohibition d'un certain nombre de critères de différenciation ne saurait se lire *a contrario* comme une autorisation des autres critères de différenciation. Ainsi, l'article 1er de la loi du 27 mai 2008 adopte une liste très courte, dépourvue de « notamment » et qui pourrait ainsi sembler limitative. Cependant, l'article L. 1132-1 du Code du travail qui renvoie désormais à ce texte et à sa liste pour définir les « discriminations » énumère simultanément une autre liste, beaucoup plus longue, sans craindre la contradiction.

Et cette dernière liste apparaît cependant encore insuffisante. Par exemple, l'article L. 1132-1 n'inclut pas dans sa liste le critère de la « fortune ». Est-ce à dire qu'un employeur, qui souhaite « ne pas mélanger les torchons et les serviettes » peut exiger, lors de l'embauche d'un vendeur, qu'il démontre être propriétaire de biens immobiliers d'une valeur minimale de 250 000 euros ? Certainement pas. Un tel critère serait une violation de l'article L. 1221-6 alinéa 2 du Code du travail qui exige que « les informations demandées doivent présenter un lien direct et nécessaire avec l'emploi proposé ». Mais son utilisation devrait surtout être considérée comme une discrimination faite selon la « fortune ». La fortune n'est en effet ni un acte, ni une compétence. Elle est ici utilisée comme un attribut de la personne. Elle doit dès lors être considérée comme un critère discriminant. L'article 14 de la Convention européenne de sauvegarde des droits de l'homme, qui prévoit expressément dans sa liste de critères prohibés « la fortune », apparaît alors comme complémentaire de l'article L. 122-45 du Code du travail.

Ainsi, il semble bien que ce soit à tort que la plupart des interprètes du droit français prétendent que la liste de critères discriminants de l'article L. 1132-1 est limitative. Cette liste peut être complétée par des listes internationales et par la jurisprudence. Une telle solution résulte de la signification même du principe d'égalité : celle-ci prohibe l'utilisation comme critère de différenciation de *tout* attribut des personnes et ces attributs ne sauraient être énumérés de manière exhaustive.

§ 2 Du bon usage exceptionnel de critères prohibés

163 Les critères prohibés peuvent parfois être utilisés pour favoriser une catégorie de personne habituellement victime de discrimination. Ces mesures sont alors qualifiées de « positives ». L'étude des conditions de validité de ces discriminations « positives », ou prétendues telles, sera menée ultérieurement (v. n° 168 et s.). Il s'agit ici d'étudier une question bien différente : celle de la justification, très exceptionnelle, d'une utilisation d'un critère prohibé pour nuire à la personne qui présente ce critère.

Il n'est pas interdit d'exclure les aveugles des concours de recrutement de pilote d'avion et il est possible de donner la préférence aux hommes Noirs pour jouer le rôle d'Othello. Dans la tragédie de Shakespeare du même nom, Othello est un homme et il est Noir. Et le respect dû à la pièce peut permettre au metteur en scène d'afficher une préférence pour les acteurs noirs et masculins. Une personne dotée de ce type physique a en effet une capacité particulière à incarner ce personnage. Un blanc devrait, pour y parvenir être maquillé et, même si l'on peut ainsi parvenir à créer une illusion convenable, celle-ci risque l'imperfection. L'appartenance physique aux catégories « noir » et « homme » est ici un critère de différenciation licite, parce qu'elle cause un surcroît de valeur objectif à un acte, et dans la limite où elle cause ce surcroît de valeur.

Ainsi, les critères du handicap, du sexe ou de la couleur de peau, tous pourtant expressément prohibés, n'en sont pas moins utilisables, par exception, s'ils le sont directement et exclusivement pour évaluer la qualité ou l'utilité d'actes. Dans les exemples précédents, on n'évalue pas les noirs ou les handicapés ou les hommes, mais la capacité à incarner le personnage d'Othello ou à piloter un avion. L'attribut de la personne ici utilisé implique une valorisation ou une dévalorisation objective, nécessaire, d'un acte. Ainsi, par exemple, on comprendra que l'utilisation du critère du sexe dans la sélection des candidats à un emploi soit expressément autorisée par l'article R. 1142-1 du Code du travail pour les professions d'acteur interprète, de mannequin ou de modèle. Ainsi encore s'explique l'article L. 225-3, 3° du Code pénal, dans sa rédaction issue de la loi du 27 mai 2008 sur la lutte contre les discriminations, lequel exclu de la répression pénale des « discriminations fondées, en matière d'embauche, sur le sexe, l'âge ou l'apparence physique, lorsqu'un tel motif constitue une exigence professionnelle essentielle et déterminante et pour autant que l'objectif soit légitime et l'exigence proportionnée ».

Ce type d'analyse se retrouve en matière de discrimination protectrice de l'exercice des droits fondamentaux. C'est dans cette matière, au demeurant, que se trouvent ses principales consécrations, au travers notamment de la jurisprudence sur les entreprises de tendance. Ces entreprises, dont l'objet est de défendre une opinion politique, syndicale, ou religieuse, peuvent légitimement préférer recruter des personnes adhérant à ces opinions, et ce malgré la prohibition de principe des discriminations selon les opinions politiques syndicales ou religieuses, dans la mesure où ces opinions apparaissent alors comme directement liées à la valeur d'actes. On ne reprochera pas à l'Église catholique de préférer recruter comme prêtre des personnes adhérant au dogme de cette Église, pas plus qu'on ne reprochera à un parti politique de choisir ses permanents parmi les personnes qui adhèrent aux principales idées défendues par ce parti. Dans ces hypothèses encore, un critère prohibé devient utilisable du fait de son impact objectif, direct, sur la valeur des actes professionnels, actes dont l'évaluation n'est pas prohibée. Et ce lien n'est ici présent que du fait du caractère très particulier de ces entreprises, dites « de tendance » (pour une première application en jurisprudence de ce raisonnement, v. Ass. plén. 19 mai 1978, *Bull. Ass. plén.*, n° 1 ; *D.* 1978. IR. 391, note J. Pélissier). 164

Ce type de logique a trouvé ses limites dans l'affaire dite « du sacristain homosexuel », laquelle manifeste le durcissement de la position de la jurisprudence vis-à-vis de telles différenciations basées sur des critères prohibés, même dans les entreprises de tendance. Ce sacristain avait été licencié au motif que son orientation sexuelle était jugée contraire au dogme de l'Église catholique dont il était le salarié. La Cour de cassation condamne le licenciement, au motif que cette orientation sexuelle était cachée et qu'elle ne réduisait en rien la valeur du travail du sacristain (Soc. 17 avril 1991*). L'homosexualité n'aurait pu être un motif de licenciement que si, vécue de manière ouverte, publique, y compris aux temps et lieu de travail, elle avait créé un « trouble caractérisé dans l'entreprise » pour reprendre la terminologie de la Cour de cassation — un scandale en d'autres termes. La valeur du travail du salarié n'avait pas 165 été affectée par son homosexualité et ce même si ce travail s'exerçait au sein d'une entreprise dont le but est la défense d'un dogme qui condamne l'homosexualité. Le critère prohibé ne peut être utilisé qu'associé à la démonstration d'un trouble objectif (Soc. 22 janvier 1992*) ou, si l'on préfère, à une perte objective de valeur des actes professionnels du salarié au sein de l'entreprise de tendance. Dans le même ordre d'idées, un journaliste de droite embauché au sein d'un journal officiellement rattaché au parti communiste ne pourrait pas être licencié pour ses opinions, pour peu que celles-ci ne soient pas exprimées au sein du journal et qu'ainsi elles ne portent pas atteinte à son positionnement politique.

Cette solution, adoptée en matière d'atteinte aux droits de l'homme, a une vocation générale en droit des discriminations. Elle s'applique dans les mêmes termes en cas d'utilisation comme critère de différenciation d'un attribut de la personne. Il serait discriminatoire d'écarter du casting en vue de pourvoir le rôle de Juliette un acteur masculin, mais dont le sexe apparent est féminin. L'utilisation d'un attribut de la personne comme critère de différenciation ne pourra être tolérée que dans la mesure où il provoque un « trouble caractérisé », dans la mesure où il a un impact objectif sur la valeur d'actes reconnus juridiquement comme rétribuables, évaluables.

Encore faut-il, bien entendu, que cette valeur de l'acte ne soit pas l'effet d'une dévalorisation de la personne. Serait coupable de discrimination un entrepreneur qui refuserait d'embaucher un Noir à un poste en contact avec la clientèle en arguant du racisme de cette clientèle et du risque de perte que cette embauche occasionnerait. Si la valeur du travail est alors réduite, c'est parce que le candidat à un emploi est dévalorisé en tant que personne, indépendamment de ses actes ou de ses compétences. Cette dévalorisation n'est peut-être pas l'opinion personnelle de l'employeur, mais celle de ses clients. Elle n'en est pas moins la cause d'une différence de traitement. Et les différenciations ayant pour cause une dévalorisation de la personne sont prohibées. De surcroît, la soumission au racisme ou au sexisme d'autrui a les mêmes effets qu'une action directement raciste ou sexiste, ce qui justifie encore qu'elle doive être condamnée comme l'est une discrimination directement causée par les opinions inégalitaires de son auteur.

■ 166 En conclusion, un attribut de la personne ne peut être utilisé comme critère de différenciation qu'à une double condition. Premièrement, il doit avoir un impact objectivement constatable sur la valeur d'actes dont la rétribution est autorisée. Et deuxièmement, il doit être indépendant de toute valorisation directe ou indirecte de la personne dans sa globalité. Les exceptions à la prohibition des différenciations selon un attribut de la personne apparaissent ainsi soigneusement limitées.

§ 3 Les discriminations indirectes

■ 167 Dès que l'auteur d'une discrimination prend soin de déguiser un peu ses motivations, il est souvent difficile, voire impossible, de démontrer que son acte a été inspiré par l'utilisation d'un critère prohibé. Les discriminations sont ainsi souvent masquées au niveau individuel. De plus, les inégalités persistantes sont, en elles-mêmes, déstructurantes et dangereuses, même sans intention de défavoriser telle ou telle catégorie de personne. La prohibition des discriminations dites « indirectes » a pour objectif de compléter, sur la base de ces constats, la prohibition des discriminations précédemment étudiées.

Les discriminations indirectes, dont l'apparition en droit français est relativement récente, sont des actes qui indirectement provoquent une différenciation selon un critère prohibé. Ce qui se comprend mieux au travers d'un exemple.

Il se peut que, de bonne foi, un fabricant de vêtements rémunère mieux l'activité de découpe des tissus que l'activité consistant à coudre ces tissus, et ce par tradition ou par habitude. Si cependant, l'essentiel des salariés employés à la découpe sont des hommes, alors que l'essentiel des salariés occupés à coudre sont des femmes, le résultat de cette différence de traitement est de payer plus, en moyenne, les hommes que les femmes. Il se peut qu'aucun sexisme n'ait été à l'origine de cette différenciation et qu'au demeurant les quelques hommes employés à la couture soient payés sur les mêmes bases que les femmes, de même que les quelques femmes employées à la coupe obtiennent le même salaire que les hommes. Peu importe. Et là est toute la portée de l'innovation. Le système de rémunération conduit à une sous-rémunération, en moyenne, des femmes et cela suffit pour qu'il soit présumé discriminatoire. La discrimination est alors dite « indirecte », en ce sens que la rémunération n'est pas directement fixée selon le sexe. Elle est fixée selon la tâche, de découpe ou de couture. Mais la répartition des sexes dans ces deux catégories est très déséquilibrée ce qui fait qu'indirectement, le résultat de ce système est de provoquer une discrimination sexiste. Ainsi se comprend la définition légale de la discrimination indirecte contenue à l'article premier alinéa 2 de la loi du 27 mai 2008 : « Constitue une discrimination indirecte une disposition, un critère ou une pratique neutre en apparence, mais susceptible d'entraîner, pour l'un des motifs mentionnés au premier alinéa, un désavantage particulier pour des personnes par rapport à d'autres personnes, à moins que cette disposition, ce critère ou cette pratique ne soit objectivement justifié par un but légitime et que les moyens pour réaliser ce but ne soient nécessaires et appropriés » (pour une définition similaire, v. art. 1. b, Dir. 2006/54/CE du 5 juillet 2006 ; v. aussi, les termes similaires employés par l'art. 2.2. b Dir. 2000/43/CE du 29 juin 2000 et l'art. 2. b Dir. 2000/78 CE du 27 novembre 2000 préc. ; pour un ex. de discrimination indirecte à l'égard des personnes malades, v. Soc. 9 janvier 2007, *D.* 2007. AJ. 375, obs. A. Fabre ; *JCP S* 2007. 1137, note J. F. Cesaro ; *RDT* 2007. 245, obs. M. Miné).

Cette évolution, venue des droits anglo-saxons via la jurisprudence de la Cour de justice des Communautés européennes (v. not. CJCE 31 mars 1981, *Jenkins*, aff. 96/80 et CJCE 13 mai 1986, *Bilka*, aff. 170/84) et plus récemment des directives européennes (préc.). Elle n'a été intégrée que tardivement et avec réticence par la Cour de cassation (Soc. 23 novembre 1999, *Dr. soc.* 2000. 592, note M.-T. Lanquetin ; Soc. 9 janvier 2007, n° 05-43962, *Bull. civ.* V, n° 1). Elle a finalement été entérinée et généralisée en droit du travail à tous les critères de discrimination prohibés, par la loi du 16 novembre 2001 modifiant l'article L. 122-45 de l'ancien Code du travail (L. 1132-1 C. trav.), puis à tous les cas de discrimination, même hors droit du travail par l'article 1er de la loi du 27 mai 2008

Une conséquence évidente de cette évolution se situe sur le plan probatoire : celui qui se plaint d'une discrimination n'a plus qu'à démontrer la différence de traitement, il n'a plus à prouver l'intention, ce qui était le plus souvent une preuve quasi impossible à rapporter. Ce sera ensuite au défendeur de tenter de prouver que sa pratique est « objectivement justifiée par un but légitime » et que « les moyens pour parvenir à ce but (sont) appropriés et nécessaires » (art. 1 al. 2 de la loi du 27 mai 2008, préc. ; v. aussi les termes similaires des art. 1. b Dir. 2006/54/CE du 5 juillet 2006 ; 2. b Dir. 2000/78 CE ; art. 2. b Dir. 2000/78 CE). Il subira, de ce fait, le risque de la preuve. C'est au demeurant sur ces importantes conséquences en termes de charge et de risque de la preuve qu'insiste la loi française du 16 novembre 2001 (v. l'art. L. 1134-1 C. trav. qui reprend l'art. L. 122-45 al. 4 anc. C. trav. issu de cette loi).

Pourtant l'évolution va au-delà : le déplacement de la charge de la preuve n'est que la conséquence d'une évolution de l'objet de la preuve. Il n'est plus nécessaire de prouver que la dévalorisation de la personne, ni même qu'un attribut de la personne est un motif, une *cause* de différenciation. La différence de traitement est en elle-même prohibée, sous la seule condition qu'elle ait pour *effet* d'opposer des catégories définies par des critères interdits. En un mot, le résultat est prohibé en lui-même. Et c'est en cela que les discriminations indirectes sont la reconnaissance juridique de la nécessité de lutter contre certaines inégalités matérielles en tant que telles.

La possibilité laissée à l'auteur de l'acte de se justifier ne doit pas tromper. Celui-ci ne doit pas se contenter de prouver qu'il n'a eu aucune intention discriminante. Il doit prouver que la différenciation opérée est non seulement dépourvue d'intention discriminante, mais qu'elle est « objectivement justifiée », « appropriée et nécessaire » (v. l'art. 1 de la loi du 27 mai 2008 et les dir. préc.). Cette difficile épreuve de justification nécessaire au « sauvetage » de la différenciation n'est pas sans rappeler les conditions d'une utilisation licite de critères prohibés en matière de discriminations directes (v. n° 163 à 165) ou la justification d'une restriction faite aux droits fondamentaux (v. n° 150-152).

section 3

Les actions positives

■ 168 Face aux inégalités persistantes, malgré la prohibition des discriminations, il a été parfois tenté de mettre en place des mécanismes de rattrapage, de compensation, accordant des avantages spécifiques aux catégories qui habituellement sont désavantagées. Cette technique prend le nom d'« action positive » selon la terminologie européenne, laquelle est inspirée de l'anglais « positive action » ou « affirmative action ». Elle est souvent visée, en France, sous le nom de « discrimination positive ».

■ 169 Ces actions ou discriminations positives sont problématiques. Elles font produire à un attribut de la personne un effet de différenciation. La qualité de femme sera ainsi reconnue, officiellement, comme devant être prise en compte lors de l'embauche, pour assurer un nombre d'embauche égal de femmes et d'hommes. Il s'agit bien d'une différenciation opérée selon le sexe, donc selon un critère prohibé et, en ce sens, d'une discrimination. Cependant, l'objectif étant de rattraper une inégalité, en accordant à une catégorie ce qui lui est habituellement refusé, cette différenciation peut être autorisée. C'est ce qu'exprime le droit européen qui autorise très clairement les « mesures spécifiques destinées à prévenir ou à compenser des désavantages liés » à un critère prohibé (v. not. l'art. 7 de la directive 2000/78 du 27 novembre 2000 et l'art. 141.4 du traité CE).

■ 170 On trouve, en droit du travail français, quelques rares actions positives.

Ainsi, aux termes de l'article L. 5212-2 du Code du travail, tout employeur occupant au moins vingt salariés est tenu d'employer des travailleurs handicapés, mutilés de guerre ou assimilés, dans la proportion de 6 % de l'effectif total de ses salariés. Mais l'article L. 5212-9 du Code du travail prévoit bien vite que les employeurs peuvent s'acquitter de cette obligation en versant une contribution financière aux fonds de développement pour l'insertion professionnelle des handicapés (fond géré par l'Agefiph). Et la plupart des entreprises, en pratique, préfèrent verser cette contribution, plutôt que d'embaucher réellement des travailleurs handicapés. La loi du 11 février 2005 a cependant prévu une assez forte augmentation de cette somme, qui peut s'élever jusqu'à 1 500 fois le montant du SMIC horaire, multiplié par le nombre de bénéficiaires manquants, en cas d'irrespect complet des obligations d'emploi de personnes handicapées pendant une durée de trois ans (art. D. 5212-19 et s. et D. 5212-26 et s. C. trav., Décr. 9 février 2006). Il faut espérer que ce coût accru de l'ignorance des obligations liées à l'emploi de personnes handicapées aura un impact important.

La prohibition du travail de nuit des femmes, en revanche, ne compte pas au rang des actions positives. Les femmes ne sont pas habituellement embauchées plus la nuit que les hommes. Il ne s'agissait donc pas d'accorder aux femmes un travail de jour qui leur aurait été plus souvent refusé qu'aux hommes. Prohiber le travail de nuit des seules femmes était une différenciation fondée sur la prétendue faiblesse de ce sexe face aux horaires décalés... La reconnaissance du caractère discriminatoire de cette prohibition par la Cour de justice des Communautés européennes (sur cette reconnaissance mouvementée, v. n° 63 et 65, CJCE 25 juillet 1991, *Stoeckel, Rec. CJCE* p. I-4047) est une importante avancée dans la voie de l'égalité.

Plus généralement, pour qu'une action positive soit admise, encore faut-il qu'elle soit véritablement « positive ». De nombreuses politiques de l'emploi créent des statuts juridiques dérogatoires, plus précaires ou moins onéreux pour l'employeur, au « bénéfice » de certaines catégories de personnes plus frappées que d'autre part le chômage. L'idée est bien de favoriser leur accès à l'emploi. Mais les effets négatifs d'un statut dérogatoire moins favorable sont alors à mettre en balance avec les effets positifs escomptés, sans que le succès soit garanti. Pour connaître de la validité d'un tel dispositif au regard de la prohibition des discriminations, le raisonnement à suivre est le suivant.

Il s'agit d'un raisonnement du même type que celui suivi pour la justification des restrictions aux droits et libertés fondamentaux (v. n° 150-152) : l'effet négatif doit être justifié par l'effet positif attendu et il doit être proportionné à ce but (CJCE 22 novembre 2005, C-144/04, *Mangold**). Dès lors, un contrat à durée déterminée spécial réservé aux « vieux » ne pourra être considéré comme licite que s'il est limité précisément aux secteurs dans lesquels les personnes âgées ont des difficultés d'emploi et si les limitations aux droits de ces salariés sont bien proportionnées aux gains espérés, etc.

La Cour de justice des Communautés européennes exerce un contrôle précis de ces argumentations économiques. Ainsi, l'arrêt *Mangold** précité a invalidé le contrat « vieux » à l'Allemande, au motif qu'il n'avait pas été « démontré que la fixation d'un seuil d'âge, en tant que tel, indépendamment de toute autre considération liée à la structure du marché du travail en cause et de la situation personnelle de l'intéressé, est objectivement nécessaire à la réalisation de l'objectif d'insertion professionnelle des travailleurs âgés au chômage » (pt. 65). Le contrat « vieux » à la française a un champ d'application plus réduit que celui proposé par les Allemands puisqu'il est en principe réservé aux salariés de 57 ans et plus, demandeurs d'emploi depuis plus de trois mois (art. D. 1242-2 C. trav. issu de l'ANI du 13 octobre 2005 entériné par Décr. 28 août 2006), alors que le contrat allemand visait toutes les personnes de plus de 52 ans. Mais il sera tout de même *a priori* bien difficile de démontrer que le seuil d'âge qu'il fixe est « objectivement nécessaire » à l'insertion professionnelle des salariés visés.

Plus généralement, c'est toute la législation qui crée des statuts particuliers pour les travailleurs jeunes ou vieux qui est aujourd'hui sommée de se justifier objectivement sous peine d'être invalidée. L'arrêt *Mangold* est ainsi, peut-être, le premier pas d'une invalidation au moins partielle de ce Code du travail partiellement allégé, réservé aux plus jeunes.

■ 171 Même lorsqu'elles sont exclusivement et clairement favorables à la catégorie défavorisée qu'elles tentent d'aider, les actions positives demeurent une arme à n'utiliser qu'avec parcimonie. L'institutionnalisation d'un critère prohibé qu'elles réalisent peut provoquer une certaine cristallisation, une certaine légitimation de l'utilisation du critère. En Inde, la classification en castes s'est maintenue en droit afin d'ordonner des discriminations positives en faveur des basses castes. Et ce maintien a, dans une certaine mesure, figé voire cristallisé l'appartenance à une caste, contre l'objectif poursuivi qui était de l'abolir. Cet exemple, ou plutôt ce contre-exemple, doit rester à l'esprit comme le danger d'une utilisation systématique des discriminations positives. Celles-ci apparaissent nécessaires lorsqu'elles usent des critères les plus communément utilisés pour dévaloriser des personnes et lorsque l'inégalité provoquée selon ces critères est commune, flagrante. Tel est le cas en matière de sexe ou d'origine.

Le droit communautaire, prudent, rejette cependant les systèmes de quota trop rigides. La faveur accordée au sexe ou à l'origine la moins représentée peut permettre une priorité, à situation et compétence sensiblement équivalentes, mais ne saurait être une faveur systématique ou automatique (CJCE 11 novembre 1997, *Marschall*, C-409/95 ; CJCE 6 juillet 2000, *Abrahamsson*, C-407/98 ; et dans le même sens, Soc. 18 décembre 2007, n° 06-45132, [P], *Dr. soc.* 2008. 246, obs. C. Radé). De plus, une discrimination positive ne saurait être légitimée par n'importe quel déséquilibre. Il est peut-être démontrable qu'une certaine défaveur touche les gros ou les chauves dans l'embauche, du moins s'agissant de certains emplois. Il serait tout à fait illicite d'en tirer comme conséquence la mise en place d'une discrimination positive à l'embauche en leur faveur.

Cette inquiétude légitime produit cependant parfois une excessive frilosité du droit français. On en tiendra pour preuve la décision du Conseil constitutionnel du 16 mars 2006 (2006-533 DC) qui a invalidé la disposition légale qui ordonnait aux listes de candidatures établies pour les élections professionnelles de respecter la proportion d'hommes et de femmes dans l'entreprise (v. n° 1069). La nécessité de combattre certaines inégalités graves et persistantes rend souhaitable une ouverture plus large du droit français à ce nécessaire mécanisme de rattrapage qu'est l'action positive.

section 4

Égalité de traitement et contrôle de rationalité

■ 172 De divers textes, la jurisprudence a tiré l'existence d'un principe d'« égalité de traitement entre tous les salariés d'une même entreprise, pour autant que les salariés en cause sont placés dans une situation identique » (Soc. 16 mai 2007, n° 05-44565, *D.* 2007. Pan. 3035, obs. A. Jeammaud).

Ce principe d'égalité de traitement est apparu en matière salariale dans un arrêt resté fameux (Soc. 29 octobre 1996*, *Ponsolle*). Il n'était alors question que d'affirmer la force juridique de l'adage « à travail égal, salaire égal ». C'est dans ce champ d'application restreint que le principe de l'égalité de traitement s'est d'abord développé, devant la Cour de cassation (v. not. Soc. 28 septembre 2004 et 21 juin 2005) comme devant le Conseil d'État (CE 8 juillet 1998, *Adam*, *Lebon*, p. 301 ; CE 27 juillet 2001, *Fédé. Santé et action sociale CGT*, *RJS* 2001, n° 1374).

Il s'est ensuite élargi pour devenir un principe général d'égalité de traitement valable pour tout avantage accordé par l'employeur (Soc. 16 mai 2007 préc ; Soc. 19 juin 2007* ; Soc. 20 février 2008, *Bensoussan**).

Cette égalité va plus loin que la seule prohibition des discriminations selon un attribut de la personne ou selon l'exercice d'un droit fondamental. Ce n'est pas de prohibition de l'usage de certains critères qu'il s'agit. Un traitement égal est imposé y compris entre deux personnes, de même sexe, de même origine, de même religion, de même syndicat, etc.

Le principe d'égalité de traitement n'est nullement un commandement qui ordon- 173
nerait de donner à chaque salarié les exacts mêmes avantages. Le principe « à travail égal, salaire égal » a immédiatement été compris comme un principe permettant des rémunérations différentes pour des salariés placés dans des situations différentes (en ce sens, v. déjà Soc. 8 octobre 1996, *Bull. civ.* V, n° 311). Des variations de salaire diverses sont autorisées en fonction de l'ancienneté des salariés, de leur rendement, de la qualité du travail fourni, et de tout autre élément permettant de montrer que le travail exécuté par tel est d'une valeur supérieure à celui exécuté par tel autre.

La démarche est la suivante. Le salarié doit tout d'abord montrer l'existence d'une différence de traitement. Il incombe alors à l'employeur de justifier cette différence, en apportant la preuve de « raisons objectives et matériellement vérifiables » (Soc. 21 juin 2005* ; *adde* Soc. 28 septembre 2004*). Le juge évalue ensuite non seulement la réalité des motifs invoqués, mais aussi (et surtout) leur objectivité et leur pertinence (Soc. 20 février 2008, *Bensoussan** ; Soc. 4 février 2009, n° 07-41406 ; Soc. 1er juillet 2009, n° 07-42675, [P]).

La règle de l'égalité de traitement apparaît alors sous son véritable jour. Elle exige une motivation rationnelle, objective, vérifiable et pertinente, des différences de traitement. Elle s'inscrit ainsi dans le mouvement jurisprudentiel plus ample qui interdit l'arbitraire et exige en conséquence du pouvoir patronal qu'il justifie ses actes. Ceci apparaît bien au demeurant dans l'espèce de l'arrêt du 21 juin 2005 susvisé. Une salariée de retour de maladie exigeait d'être aussi bien rémunérée que la salariée qui l'avait remplacée pendant son congé-maladie. L'employeur arrive cependant à résister à cette demande, en démontrant qu'il avait dû remplacer la salariée absente dans l'urgence (menace de retrait d'agrément), sur un poste où le recrutement est difficile (directrice de crèche). La raison apparaît convaincante à la Cour et elle en déduit que le principe d'égalité est respecté. Le contrôle n'en est pas moins assez approfondi. Il ne suffit pas d'invoquer une différence objective de situation entre les salariés traités différemment, il est nécessaire que cette différence justifie véritablement la différence de traitement opérée. Ainsi, il ne suffit pas de montrer que des congés payés supplémentaires ne sont accordés qu'à une catégorie bien identifiée du personnel, comme les cadres. Encore faut-il démontrer que les particularités de cette catégorie sont des motifs objectifs et pertinents pour justifier cette différenciation (Soc. 1er juillet 2009, précité).

Ce contrôle de rationalité s'applique d'abord au pouvoir de direction de l'employeur. Mais il englobe encore son pouvoir normateur. Le fait que des salariés aient été embauchés avant ou après la dénonciation d'un engagement unilatéral ne saurait ainsi justifier une différence de traitement (Soc. 12 février 2008, nos 06-45397 à 06-45401).

Après quelques hésitations (Soc. 3 mai 2006, *Bull. civ.* V, n° 160 ; *RDT* 2006. 108, obs. G. Pignarre ; Soc. 3 juillet 2007, *Cramif*, nos 05-42894 et 05-42895, *Dr. ouvrier* 2007. 587, obs. M. Bonnechère), la Cour de cassation a décidé d'imposer aussi ce contrôle aux parties signataires d'une convention collective (Soc. 21 février 2007, n° 05-41411, *RDT* 2007. 320, note T. Aubert-Montpeyssen ; Soc. 4 février 2009 et Soc. 1er juillet 2009 précités). La clause d'une convention collective ne suffit donc pas pour justifier une différence de traitement.

En revanche, l'application d'une disposition légale permet de justifier une telle différence (v. pour une justification basée sur le maintien des avantages individuels acquis ordonné par les art. L. 2261-13 et L. 2261-14 C. trav. – L. 132-8 alinéa 6 et 7 anc. C. trav. – v. Soc. 11 juillet 2007, n° 06-42128, [P], *RDT* 2007, note G. Pignarre ; Soc. 4 décembre 2007, n° 06-44041, *RDT* 2008. 115, obs. H. Tissandier, *Dr. soc.* 2008. 244, obs. C. Radé ; *Dr. ouvrier* 2009. 535, note. I. Meyrat).

Le principe d'égalité de traitement est aujourd'hui distingué par la jurisprudence du principe de non-discrimination, ce qui peut à la limite se justifier au regard des textes de droit interne sur la discrimination. Mais il est aussi séparé de la problématique des droits de l'homme posée à l'article L. 1121-1 du Code du travail, ce qui apparaît encore plus discutable (v. n° 153).

Ces séparations emportent quelques conséquences, peu convaincantes. Par exemple, les licenciements décidés en rétorsion à une action en justice visant à faire condamner une discrimination sont nuls (L. 1134-4 C. trav.), alors que le licenciement qui réprime une demande en justice basée sur l'égalité de traitement n'est pas nul, mais simplement dépourvu de cause réelle et sérieuse (Soc. 20 février 2008, *Alcatel*, nos 06-40085 et 06-40615, publiés au *Bulletin*, *Dr. soc.* 2008. 535, obs. crit. C. Radé).

section 5

Le droit à la sécurité

■ 174 Le travail engage les corps et les esprits, non sans risques. La sécurité du salarié est une question centrale depuis l'origine du droit du travail. La loi sur les accidents du travail date du 9 avril 1898 et les règles d'hygiène et de sécurité furent parmi les premières à s'imposer dans la législation du travail. C'est plus récemment que cette branche du droit du travail a pu s'appuyer, en outre, sur la problématique des droits fondamentaux.

Le droit à la sécurité est en effet, aujourd'hui, sans conteste un des droits fondamentaux du travailleur salarié. Il peut être raccroché au droit à la sûreté de la Déclaration des droits de l'homme de 1789 (art. 2), avec un doigt d'anachronisme et un fort appui sur l'idée de droits de l'homme aux significations évolutives. Il est plus directement issu de l'article 7 b du pacte de 1966 relatif aux droits économiques sociaux et culturels ou de l'article 3 de la Charte sociale européenne, textes qui tous deux visent le droit du salarié à l'hygiène et à la sécurité. C'est aujourd'hui ce droit fondamental qui sert de principal fondement aux différentes obligations de sécurité qui pèsent sur l'employeur.

Le pan de la législation du travail relatif à la sécurité a jusqu'ici bien résisté aux assauts de la déréglementation. Le domaine est l'un de ceux dans lequel le droit communautaire est le plus développé : il comporte une directive-cadre (n° 89/391/CEE du 12 juin 1989) et une trentaine de directives spécialisées. La question compose un titre du Code du travail assez complet (art. L. 4111-1 et s. C. trav.). La seule lecture des articles L. 4121-1 et suivants du Code du travail, qui détaillent les différents aspects de l'obligation générale de sécurité de l'employeur, donne une assez bonne image des principes généraux qui gouvernent la prévention des risques dans l'entreprise. Ces principes sont au demeurant toujours en développement. Ainsi, la prise en compte de la sécurité mentale est relativement récente. Sa consécration légale ne date que de la loi du 17 janvier 2002, qui a intégré la protection de la santé « mentale » (art. L. 4121-1 et L. 4612-1 C. trav.) et a adopté l'importante prohibition du harcèlement moral (art. L. 1152-1 C. trav.).

La matière comprend des dizaines de pages de normes techniques, relatives aux différents contextes de travail et à une institution spécifique représentative des salariés, le comité d'hygiène, de sécurité et des conditions de travail (CHSCT). Certaines règles organisent la coopération inter-entreprise sur les questions de sécurité (L. 4531-1 C. trav. ; R. 4511-3 et s. C. trav.). Et même si cette coordination apparaît parfois encore insuffisante, au moins est-elle prévue en la matière, alors que le droit du travail en général reste fort timoré dès qu'il s'agit de sortir des frontières de la personnalité morale. Le contrôle des questions d'hygiène et de sécurité est l'une des missions principales des inspecteurs du travail.

Dans l'ensemble, la défense de la sécurité dans l'entreprise s'appuie donc sur un *corpus* légiféré, riche et précis. Il est vrai que son enjeu, la santé et la vie des salariés, est absolument crucial. L'importance croissante de cet enjeu dans nos sociétés et l'essor de la problématique des droits fondamentaux ont même conduit à un puissant essor jurisprudentiel de l'obligation de sécurité de l'employeur.

Le point de départ a été le scandale de l'amiante. Ce produit hautement cancérigène 175
a été reconnu comme la cause de dizaines de milliers de morts, alors même que le risque était scientifiquement démontré et qu'un intense lobbying avait été organisé pour le minimiser. L'intensité de ce scandale a conduit la Cour de cassation à dépasser les traditionnelles limites posées à l'indemnisation des accidentés du travail. Pour ce faire, elle a considéré que l'obligation de sécurité de l'employeur était une obligation de résultat, dont la violation caractérisait une faute inexcusable. Or une telle faute permet d'engager la responsabilité personnelle de l'employeur en matière d'accident du travail (Soc. 28 février 2002*). Cette obligation de sécurité de résultat a vite été consacrée par l'Assemblé plénière (Ass. plén. 24 juin 2005, *Bull. Ass. plén.*, n° 7).

L'invention de l'obligation de sécurité de résultat de l'employeur est d'abord passée par le traditionnel stratagème du contenu tacite du contrat (v. les arrêts de 2002 et 2005, préc.). Une telle justification est fréquente lorsqu'il s'agit de découvrir de nouvelles obligations à la charge d'un cocontractant. Mais elle se base sur des consentements improbables et prétendument toujours présents. Ce fondement traditionnel mais fictif est fragile. Il a été prudemment abandonné par la Cour de cassation au profit de celui, plus tangible, des textes du droit communautaire et du Code du travail (v. not. Soc. 29 juin 2005 ; 28 février 2006* ; 21 juin 2006*, 13 décembre 2006, préc.). Ce nouveau fondement est plus solide, même si les textes cités visent des obligations de l'employeur qui, pour être exigeantes, ne sont pas expressément de résultat (sur cette interprétation de la directive qui n'impose pas aux États membres la création d'une responsabilité sans faute de l'employeur en matière de sécurité, v. CJCE 14 juin 2007, aff. C 127/05).

Pour échapper à son obligation d'indemnisation, l'employeur ne peut se contenter de prouver qu'il n'a pas commis de faute (Soc. 21 juin 2006*). Il doit prouver qu'il ne pouvait pas avoir conscience du danger ou bien encore prouver qu'il avait pris toutes les mesures nécessaires pour préserver le salarié de ce danger (Soc. 23 mai 2002, *Bull. civ.* V, n° 177 ; 31 octobre 2002, *Bull. civ.* V, n° 336 ; 26 novembre 2002, *Bull. civ.* V, n° 356). Ces moyens d'exonération ont pu faire penser que l'obligation de sécurité de résultat de l'employeur était une simple obligation de moyens renforcée. Cependant, ces moyens demeurent extrêmement difficiles à démontrer. L'employeur ne semble pouvoir s'exonérer de sa responsabilité qu'à la condition de prouver le caractère irrésistible et imprévisible du risque survenu, ce qui n'est pas sans rappeler la difficile preuve de la force majeure. De plus et surtout, ces moyens d'exonération n'ont été mentionnés que dans le contexte de l'indemnisation des accidents du travail et il n'est pas certain qu'ils puissent être transposés aux autres contextes, toujours plus nombreux, de l'obligation de sécurité de résultat de l'employeur.

Cette obligation est en effet utilisée pour permettre l'indemnisation de salariés soumis au tabagisme (Soc. 29 juin 2005, *Bull. civ.* V, n° 219), victimes de harcèlement moral (Soc. 21 juin 2006*), pour ordonner à l'employeur d'assurer l'effectivité de la visite médicale de reprise du salarié malade (Soc. 28 février 2006* ; Soc. 13 décembre 2006, *Bull. civ.* V, n° 373), etc. Elle inspire en outre de nombreuses autres solutions. Ainsi, toute mesure d'organisation du travail peut désormais être suspendue en référé si elle apparaît présenter des dangers pour la sécurité des personnes (Soc. 5 mars 2008, n° 06-45888, *RDT* 2007. 216, note F. Guiomard, *Dr. soc.* 2008. 607, note P. Chaumette). Et la problématique de la santé au travail est reconnue applicable y compris pour des mesures qui, il y a peu encore, auraient été considérées comme inoffensives. Ainsi, la mise en place d'entretiens annuels d'évaluation, parce qu'elle conduit à une « pression psychologique entraînant des répercussions sur les conditions de travail » a été reconnue comme doté d'un impact sur la santé, suffisant pour que la consultation préalable du CHSCT soit requise (v. Soc. 28 novembre 2007, n° 06-21964, [P], reproduit au chapitre 25).

L'obligation de sécurité de résultat de l'employeur est solidement étayée par les idées de risque profit et de risque autorité. Son utilisation généralisée pourrait cependant s'avérer dangereuse. Elle pourrait en effet légitimer une intensification très nette du pouvoir exercé sur les salariés. Si les obligations en matière de sécurité ordonnent de *tout* faire pour éviter les risques, on imagine très vite une généralisation de la vidéosurveillance, l'organisation de fouilles à l'entrée et la sortie de l'entreprise, l'ouverture des armoires des salariés, de leur courrier, etc. Les risques pour la liberté individuelle apparaissent alors clairement. Ces risques peuvent être limités si l'on prend soin de rappeler que le droit du salarié à la sécurité n'est qu'un droit fondamental parmi d'autres, qu'il n'est pas supérieur aux autres, et qu'il doit pouvoir être limité par d'autres droits fondamentaux, comme le droit au respect de la vie privée ou même plus généralement par la valeur juridique de la liberté individuelle.

À ce jour, la menace liberticide que constitue l'essor de l'obligation de sécurité demeure limitée. Mais elle n'est pas de pure forme. Lorsque la Cour de cassation associe l'obligation de sécurité de résultat à une obligation pour l'employeur de rendre la sécurité effective et qu'elle en déduit la gravité des fautes commises par les salariés qui refusent de se soumettre à la visite médicale de reprise (Soc. 13 décembre 2006, préc. ; pour une critique de cette solution, v. n° 379), on peut trouver de bonnes raisons de s'inquiéter des possibles excès. Il faut espérer que dans les années à venir la Cour de cassation saura maintenir l'indispensable exigence de sécurité et la nécessaire indemnisation des victimes, tout en évitant les possibles dérives sécuritaires dans les entreprises.

Biblio

1) Sur le problème, en général, des droits de l'homme et du droit du travail

- G. Lyon-Caen, *Les libertés publiques et l'emploi*, La Documentation française, 1992.
- Ph. Waquet, *L'entreprise et les libertés du salarié*, éd. Liaisons, 2003.
- A. Lyon-Caen et P. Lokiec (dir.), *Droits fondamentaux et droit social*, Dalloz, coll. « Thèmes & commentaires », 2005.

2) Sur les discriminations

- D. Lochak, « La notion de discrimination », *Dr. soc.* 1987. 778.
- M.-T. Lanquetin, « Un tournant en matière de preuve des discriminations », *Dr. soc.* 2000. 589-593.
- M.-A. Moreau, « Les justifications des discriminations », *Dr. soc.* 2002. 1112-1124.

3) Sur le principe d'égalité de traitement

- A. Jeammaud, « Du principe d'égalité de traitement des salariés », *Dr. soc.* 2004. 694.
- G. Auzero, « L'application du principe d'égalité de traitement dans l'entreprise, *Dr. soc.* 2006. 822.
- I. Meyrat, « L'égalité de traitement à la croisée des chemins », *RDT* 2008. 648.

4) Sur l'obligation de sécurité dans l'entreprise

- S. Bourgeot et M. Blatman, « De l'obligation de sécurité de l'employeur au droit à la santé des travailleurs », *Dr. soc.* 2006. 635.
- *La sécurité dans l'entreprise*, *Dr. soc.* 2007, n° spécial, p. 671-741, avec not. P. Morvan, « *Securitas omnia corrumpit* ou le principe selon lequel il incombe à l'employeur de protéger la sécurité et la santé des travailleurs ».

Documents

1) Exigence de justification et de proportionnalité

CE 8 juillet 1988, *Soc. Comptoir Lyon, Alemand, Louyot, Lebon T.*; p. 1403 ; *D.* 1990. Somm. 134, obs. D. Chelle et X. Prétot

« (…) l'article 2-4 du règlement intérieur établi par la société requérante dispose que : "En raison de l'obligation faite au chef d'établissement d'assurer la sécurité dans l'entreprise, il est interdit à tout membre du personnel de pénétrer ou séjourner en état d'ébriété dans l'établissement. En cas de doute l'employeur invitera l'intéressé à faire la preuve qu'il n'est pas en état d'ébriété, notamment au moyen de l'alcootest" ;

Considérant que ces dispositions ne pourraient être justifiées, eu égard à l'atteinte qu'elles portent aux droits de la personne, qu'en ce qui concerne les salariés occupés à l'exécution de certains travaux ou à la conduite de certaines machines ; qu'ainsi, elles excèdent, par leur généralité, l'étendue des sujétions que l'employeur pouvait légalement imposer en vue d'assurer la sécurité dans son entreprise, (…) ;

(Dans) une entreprise spécialisée dans la métallurgie et la chimie des métaux précieux (…) si le contrôle des membres du personnel au moyen d'appareils permettant de détecter la présence de métal constitue une atteinte aux droits des personnes, une telle atteinte doit être regardée, en l'espèce, comme justifiée par les nécessités spécifiques de la prévention des vols et proportionnée à ce but, (…) ;
Mais (…) la nature particulière de l'activité de la société ne saurait légalement justifier la fouille par le service de surveillance des sacs, effets et véhicules du personnel ; (…) un salarié de l'entreprise doit pouvoir refuser de se soumettre à la détection susmentionnée pour un motif légitime ; (…) enfin, la personne contrôlée doit avoir la faculté d'exiger la présence d'un témoin ; (…) en dehors des opérations périodiques de nettoyage prévues par le dernier alinéa de l'article R. 232-24 du Code du travail, et dont les salariés intéressés doivent être prévenus à l'avance, l'employeur ne peut faire procéder au contrôle de l'état et du contenu des vestiaires ou armoires individuelles, en présence des intéressés sauf cas d'empêchement exceptionnel, que si ce contrôle est justifié par les nécessités de l'hygiène ou de la sécurité ; que, faute de contenir cette précision, les dispositions précitées du règlement intérieur excèdent l'étendue des restrictions qui peuvent être légalement apportées sur ce point aux droits des personnes ».

CJCE 22 novembre 2005, C-144/04, *Mangold*, *Rec. CJCE* p. I-9981 ; *D.* 2006. Jur. 557, note. O. Leclerc ; *RDT* 2006. 31, obs. M. Schmitt

« Point 65 : Une telle législation, en ce qu'elle retient l'âge du travailleur concerné pour unique critère d'application d'un contrat de travail à durée déterminée, sans qu'il ait été démontré que la fixation d'un seuil d'âge, en tant que tel, indépendamment de toute autre considération liée à la structure du marché du travail en cause et de la situation personnelle de l'intéressé, est objectivement nécessaire à la réalisation de l'objectif d'insertion professionnelle des travailleurs âgés au chômage, doit être considérée comme allant au-delà de ce qui est approprié et nécessaire pour atteindre l'objectif poursuivi. Le respect du principe de proportionnalité implique en effet que chaque dérogation à un droit individuel concilie, dans toute la mesure du possible, les exigences du principe d'égalité de traitement et celles du but recherché (v., en ce sens, arrêt du 19 mars 2002, Lommers, C-476/99, *Rec. CJCE* p. I-2891, pt. 39). Une telle législation nationale ne saurait donc être justifiée ».

2) À la recherche d'un trouble caractérisé

Soc. 17 avril 1991, affaire du « sacristain homosexuel », *Dr. soc.* 1991. 485, note J. Savatier ; *JCP G* 1991. II. 21724, note A. Seriaux ; *Bull. civ.* V, n° 201

« Vu l'article L. 122-35 du Code du travail et l'article L. 122-45 du même Code, dans sa rédaction alors en vigueur ;
Attendu, d'une part, que ces textes interdisent à l'employeur de congédier un salarié pour le seul motif tiré de ses mœurs ou de ses convictions religieuses ;
Attendu, d'autre part, qu'il peut être procédé à un licenciement dont la cause objective est fondée sur le comportement du salarié qui, compte tenu de la nature de ses fonctions et de la finalité propre de l'entreprise, a créé un trouble caractérisé au sein de l'entreprise (…) ;
Qu'en statuant ainsi (en reconnaissant que le licenciement du salarié était justifié), alors qu'elle s'était bornée à mettre en cause les mœurs du salarié sans avoir constaté d'agissements de ce

dernier ayant créé un trouble caractérisé au sein de l'association, la cour d'appel a violé les textes susvisés ;
PAR CES MOTIFS : CASSE ET ANNULE... »

Soc. 22 janvier 1992, *Rossard, Bull. civ.* V, n° 30

« Vu l'article 9 du Code Civil ;
Attendu que, selon ce texte, chacun a droit au respect de sa vie privée ; qu'il en résulte qu'il ne peut être procédé à un licenciement pour une cause tirée de la vie privée du salarié que si le comportement de celui-ci, compte tenu de la nature de ses fonctions et de la finalité propre de l'entreprise, a créé un trouble caractérisé au sein de cette dernière ;
(En l'espèce, une salariée d'un concessionnaire Renault avait été licenciée parce qu'elle avait acheté une Peugeot. La Cour d'appel considère que le licenciement est doté d'une cause réelle et sérieuse, la salariée ayant ainsi marqué sa défiance dans la qualité de la marchandise) ;
Qu'en statuant ainsi, alors que, d'une part, dans sa vie privée, le salarié est libre d'acheter les biens, produits ou marchandise de son choix et alors que, d'autre part, elle s'est bornée à constater le simple achat d'un véhicule sans relever le moindre trouble objectif apporté à l'entreprise par le comportement incriminé de la salariée, la cour d'appel a violé le texte susvisé ; ... »

Soc. 2 octobre 2001, *Nikon, Bull. civ.* V, n° 291 ; *Dr. soc.* 2001. 915, note J.-E. Ray

« Attendu que le salarié a droit, même au temps et au lieu de travail, au respect de l'intimité de sa vie privée ; que celle-ci implique en particulier le secret des correspondances ; que l'employeur ne peut dès lors sans violation de cette liberté fondamentale prendre connaissance des messages personnels émis par le salarié et reçus par lui grâce à un outil informatique mis à sa disposition pour son travail et ceci même au cas où l'employeur aurait interdit une utilisation non professionnelle de l'ordinateur ».

3) Du principe « à travail égal, salaire égal » au principe de l'égalité de traitement

Soc. 29 octobre 1996, *Ponsolle, Bull. civ.* V n° 359 ; *Dr. soc.* 1996. 1013, note A. Lyon-Caen ; *Grands arrêts*, n° 71

« Le conseil de prud'hommes a exactement rappelé que la règle de l'égalité de rémunération entre les hommes et les femmes était une application de la règle plus générale "à travail égal, salaire égal" énoncée par les articles L. 133-5 4° et L. 136-2 8° du Code du travail ; qu'il s'en déduit que l'employeur est tenu d'assurer l'égalité de rémunération entre tous les salariés de l'un ou l'autre sexe, pour autant que les salariés en cause sont placés dans une situation identique ».

Soc. 28 septembre 2004, *Bull. civ.* V, n° 228

« S'il appartient au salarié qui invoque une atteinte au principe "à travail égal, salaire égal" de soumettre au juge les éléments de fait susceptibles de caractériser une inégalité de rémunération, il incombe à l'employeur de rapporter la preuve d'éléments objectifs justifiant cette différence ».

Soc. 21 juin 2005, *Bull. civ.* V, n° 206 ; *Dr. soc.* 2005. 1047-1049, obs. C. Radé

« Ne méconnaît pas le principe "à travail égal, salaire égal", (...), l'employeur qui justifie par des raisons objectives et matériellement vérifiables la différence de rémunération entre des salariés effectuant un même travail ou un travail de valeur égale ».

Soc. 19 juin 2007, n° 06-44047, [P], *Dr. soc.* 1045, obs. C. Radé ; *SSL* n° 1314, 2 juillet 2007, rapp. P. Bailly ; *D.* 2007. Pan. 3035, obs. A. Jeammaud ; *Dr. ouvrier* 2007. 556, chron. I. Meyrat

« l'inégalité de traitement résultant du refus du nouveau fermier d'en faire bénéficier les salariés engagés par la suite et affectés dans la même entité, pour y exercer des travaux de même valeur, n'était pas justifiée par des raisons objectives et constituait ainsi un trouble manifestement illicite »

Soc. 20 février 2008, *Sté Bensoussan*, n° 05-45601, [P], *Dr. soc.* 2008. 536, obs. C. Radé

« la seule différence de catégorie professionnelle ne saurait en elle-même justifier, pour l'attribution d'un avantage, une différence de traitement entre les salariés placés dans une situation identique au regard dudit avantage, cette différence devant reposer sur des raisons objectives dont le juge doit contrôler la réalité et la pertinence ;
Et attendu que la cour d'appel a exactement décidé que l'employeur qui avait réservé l'octroi de tickets-restaurant au seul personnel non-cadre de son entreprise ne justifiait ainsi d'aucune raison objective et pertinente pouvant légitimer cette disparité ; que le moyen n'est pas fondé... »

4) Sur l'obligation de sécurité de résultat

Soc. 28 février 2002, les arrêts « amiante », *Bull. civ.* V, n° 81 ; *Dr. soc.* 2002. 445-447, note A. Lyon-Caen ; *RTD civ.* 2002. 310-312, note P. Jourdain ; *D.* 2002. *Jur.* 2696-2701, note X. Prétot ; *RJS* 2002, p. 495-504, note P. Morvan

« Mais attendu qu'en vertu du contrat de travail le liant à son salarié, l'employeur est tenu envers celui-ci d'une obligation de sécurité de résultat, notamment en ce qui concerne les maladies professionnelles contractées par ce salarié du fait des produits fabriqués ou utilisés par l'entreprise ; que le manquement à cette obligation a le caractère d'une faute inexcusable ».

Soc. 23 mai 2002, *Bull. civ.* V, n° 177 ; Soc. 31 octobre 2002, *Bull. civ.* V, n° 336 ; Soc. 26 novembre 2002, *Bull. civ.* V, n° 356

« En vertu du contrat de travail le liant à son salarié, l'employeur est tenu envers celui-ci d'une obligation de sécurité de résultat, notamment en ce qui concerne les accidents du travail ; que le manquement à cette obligation a le caractère d'une faute inexcusable, au sens de l'article L. 452-1 du Code de la sécurité sociale, lorsque l'employeur avait ou aurait dû avoir conscience du danger auquel était exposé le salarié, et qu'il n'a pas pris les mesures nécessaires pour l'en préserver ».

Soc. 28 février 2006, *Bull. civ.* V, n° 87 ; *RDT* 2006. 23, note B. Lardy-Pélissier ; *Dr. soc.* 2006. 514-517, obs. J. Savatier ; *Dr. soc.* 2006. 661, obs. S. Bourgeot et M. Blatman (arrêt rendu pour le quatrième anniversaire des arrêts « amiante »)

« Vu l'article L. 230- 2, I, du Code du travail interprété à la lumière de la directive CE n° 89/391 du 12 juin 1989.
...l'employeur, tenu d'une obligation de sécurité de résultat en matière de protection de la santé et de la sécurité des travailleurs dans l'entreprise, doit en assurer l'effectivité... ».

Soc. 21 juin 2006, *Bull. civ.* V, n° 223 ; *Dr. soc.* 2006. 832, note C. Radé ; *D.* 2006. Jur. 2831-2835, note M. Miné ; *RDT* 2006. 245, obs. P. Adam ; *D.* 2007. Pan. 183-185, note E. Dockès

« Engage sa responsabilité personnelle à l'égard de ses subordonnés le salarié qui leur fait subir intentionnellement des agissements répétés de harcèlement moral (...)
l'employeur est tenu envers ses salariés d'une obligation de sécurité de résultat en matière de protection de la santé et de la sécurité des travailleurs dans l'entreprise, notamment en matière de harcèlement moral et que l'absence de faute de sa part ne peut l'exonérer de sa responsabilité ».

titre 3

L'accès à l'emploi

Le service public de l'emploi (ancienne ANPE), les épreuves qui accompagnent le recrutement (chapitre 8), les petits contrats à durée déterminée (chapitre 10), le travail intérimaire (chapitre 11) ou le temps partiel (chapitre 12)... Ce sont pour les uns des étapes obligées, avant d'atteindre les rivages réputés plus paisibles du contrat de travail à durée indéterminée à temps plein (chapitre 9). Pour les autres, trop nombreux, le va-et-vient entre ces différents sas d'accès devient un état durable, voire permanent. 176

chapitre 8

Le recrutement

Plan analytique

Le recrutement

Le recrutement vise l'ensemble des opérations qui précèdent l'éventuelle conclusion d'un contrat de travail. C'est le moment, pour les futurs employeurs, de la recherche, de l'évaluation et du tri de candidats. C'est le moment, pour les salariés, de la recherche d'emploi. 177

Il s'agit d'une phase pleine de dangers pour les candidats à un emploi, ne serait-ce qu'en termes de discriminations à l'embauche ou d'atteinte à la vie privée. Outre les principes, étudiés au chapitre 7, de l'article L. 1121-1 du Code du travail (L. 120-2 anc. C. trav.) et des articles L. 1132-1 et s. du Code du travail (L. 122-45 anc. C. trav.), quelques règles tentent aujourd'hui d'encadrer l'évaluation des candidats à un emploi (section 1). Le recours à un intermédiaire en recrutement privé, qui tente gratuitement ou non de vous trouver un emploi, conduit parfois à un accroissement des risques subis par le salarié dans cette période d'extrême fragilité qu'il traverse (section 2).

section 1

L'évaluation

Toutes les méthodes possibles d'évaluation des candidats à un emploi ont été testées. Les psychologues, graphologues, chirologues, morphopsychologues et astrologues, y rivalisent de talent. C'est l'occasion de demander aux candidats de tout dire de leur petite enfance, de leur vie de famille, de leurs préférences sexuelles. C'est le temps, pour eux, de montrer ce qu'ils savent faire, lors d'un stage de survie en pleine nature ou d'un grand concours de saut à l'élastique. Et, bien sûr, c'est le temps des terribles et inévitables entretiens préalables. 178

Tout ceci fut longtemps laissé à la libre appréciation des employeurs et les abus furent monnaie courante. Suite au rapport de Gérard Lyon-Caen sur *Les libertés publiques et l'emploi* (La Documentation française, 1992), et en même temps qu'il généralisait l'application des droits fondamentaux dans l'entreprise (art. L. 1121-1 C. trav., L. 120-2 anc. C. trav.), le législateur a tenté de juguler certains des pires excès commis au cours du recrutement (art. L. 1221-6 à L. 1221-9 C. trav. ; L. 121-6 à L. 121-8 anc. C. trav.). Les abus demeurent fréquents, mais au moins sont-ils aujourd'hui illicites.

Cette réglementation de l'évaluation du candidat à un emploi ne doit pas pour autant être sous-estimée. Elle permet au salarié soucieux de préserver sa dignité lors de la recherche d'emploi d'être soutenu par la force du droit. De plus, les règles imaginées pour encadrer le recrutement sont expressément rendues applicables par le législateur à *toute* évaluation du salarié (les articles L. 1221-6 et s., protecteurs du candidat à un emploi, sont repris à l'identique aux articles L. 1222-2 et s. du Code du travail au bénéfice des salariés déjà en poste). Car l'évaluation est présente tout au long de la relation de travail ; elle l'est même de plus en plus dans le cadre des nouvelles méthodes « incitatives » de gestion du personnel. Et c'est encore l'évaluation qui peut conduire au licenciement. Son encadrement juridique, même récent et d'efficacité encore réduite, est donc essentiel.

Pour évaluer, il est nécessaire d'abord de recueillir des informations et ensuite de s'en servir pour porter un jugement.

§ 1 La collecte des informations

179 La collecte des informations doit être transparente, c'est-à-dire réalisée par un dispositif préalablement porté à la connaissance du candidat ou du salarié (art. L. 1221-8 et L. 1222-3 C. trav.). L'utilisation d'une caméra cachée dans la salle où les candidats attendent avant l'entretien préalable, ce qui a pu être pratiqué par le passé, est ainsi, par exemple, strictement interdite. Il n'est pas question de faire mener une enquête discrète par un détective privé, ni de placer des micros, ni de faire procéder secrètement à l'analyse génétique du cheveu qu'a laissé tomber le salarié. De manière beaucoup moins rocambolesque, s'il n'est pas interdit de téléphoner à des personnes qui ont pu côtoyer le salarié dans sa vie professionnelle passée, il est interdit de le faire *à l'insu du salarié*. Certains modes d'information peuvent cependant être considérés comme suffisamment connus pour ne pas devoir faire l'objet d'une information particulière. Ainsi les relevés de facture téléphonique, comme la mesure de la durée et du coût des communications téléphoniques de chaque poste par les relevés de l'autocommutateur, sont des moyens de renseignement que l'employeur peut utiliser à l'égard de ses salariés, sans les avoir expressément et préalablement portés à la connaissance des salariés : ces modes de contrôles semblent être considérés comme trop commun pour que les salariés puissent efficacement invoquer leur ignorance (Soc. 28 janvier 2008, n° 06-45279 ; Soc. 11 mars 1998, n° 96-40147).

Sur la base de cette prohibition des « dispositifs de surveillance clandestins », la jurisprudence a pu condamner tout « stratagème » et interdire ainsi la méthode consistant à envoyer de faux clients pour tester un salarié (Soc. 18 mars 2008*) et ce même lorsque ces faux clients sont envoyés par un huissier de justice (Soc. 18 mars 2008, n° 06-40852, [P], *Dr. soc.* 2008. 611, obs. C. Radé). En revanche, en l'absence de tout stratagème, le constat d'huissier demeure un mode de preuve licite, jugé non clandestin même sans information préalable du salarié (v. Soc. 18 mars 2008 préc.). Il en va de même de la procédure sur requête de l'article 145 du Code de procédure civile (Soc. 23 mai 2007, n° 05-17818, *D.* 2007. AJ. 1590, obs. A. Fabre ; *SSL* n° 1310, note J.-E. Ray ; *JCP* 2007. II. 10140, note L. Weiller et ci-dessus n° 151).

La collecte d'informations doit, de plus, être limitée quand à l'objet des informations recueillies. Déjà en 1973, la Cour de cassation avait eu l'occasion de préciser que des questionnaires d'embauche « ne permettent pas à l'employeur d'exiger des renseignements sans rapports directs avec l'emploi sollicité » (Soc. 17 octobre 1973, *Fives-Lille-Cail*, *Bull. civ.* V, n° 484, arrêt concernant un salarié qui avait été embauché en cachant sa qualité de prêtre et auquel l'employeur reprochait d'avoir ainsi commis un dol). Le législateur de 1992 précise que les informations demandées au candidat ou au salarié doivent avoir pour unique finalité « d'apprécier sa capacité à occuper l'emploi proposé » (art. L. 1221-6 C. trav.) ou « ses aptitudes professionnelles » (art. L. 1222-2 C. trav.), et qu'elles doivent « présenter un lien direct et nécessaire » avec « l'emploi proposé » ou avec l'évaluation des « aptitudes professionnelles » (art. L. 1221-6 et L. 1222-2 C. trav.). Ces exigences, et particulièrement l'exigence d'un lien « direct et nécessaire », prohibent la plupart des questions qui sont habituellement posées dans les tests psychologiques divers auxquels sont régulièrement soumis les candidats à un emploi. Les préférences culinaires, réactions possibles face à un accident de voiture et autres questions sur la situation de famille, apparaîtront bien difficiles à relier de manière « directe et nécessaire » à un emploi de comptable par exemple. Et, évidemment, un stage de survie en pleine nature est une source d'information qui n'a de liens directs et nécessaires avec aucun emploi connu, si ce n'est, peut-être, celui d'explorateur de la forêt vierge amazonienne...

Cette exigence d'un lien direct et nécessaire est aussi l'exigence d'un lien avouable, c'est-à-dire licite. Des questions du type : « avez-vous des enfants ? » et « avez-vous l'intention d'avoir prochainement des enfants ? » peuvent avoir pour l'employeur un lien direct et nécessaire avec l'emploi proposé, s'il craint les congés de maternité. Mais un tel lien est l'expression d'une discrimination sexiste doublée d'une atteinte à la vie privée. L'illicéité de telles questions ne fait donc pas de doute, nonobstant la fréquence avec laquelle de telles questions peuvent, en pratique, être posées.

§ 2 L'appréciation des informations

Les méthodes et techniques qui servent à évaluer les informations reçues doivent être transparentes, c'est-à-dire connues à l'avance par le candidat à l'emploi ou par le salarié (art. L. 1221-8 et L. 1222-3 C. trav.). Pas question de soumettre à l'examen d'un graphologue la lettre de candidature manuscrite, si le candidat n'a pas été informé à l'avance de la mise en place d'un tel examen. Comme pour tout examen, le salarié doit pouvoir se préparer à l'évaluation qu'il va subir, en connaissance de cause. 180

Le point le plus important est peut-être encore l'exigence de l'alinéa 3 des articles L. 1221-8 et L. 1222-3 : les méthodes et techniques d'évaluation utilisées doivent être, selon le texte, « pertinentes au regard de la finalité poursuivie ». Le législateur n'a pas cru possible d'aller jusqu'à exiger une « scientificité », les juges n'étant pas forcément très à même d'apprécier ce qui relève de la « science » et ce qui n'en relève pas. Il demeure que l'exigence de « pertinence » permet d'interdire les méthodes les plus charlatanesques. La sorcellerie, la cartomancie et la numérologie apparaîtront, de ce fait, unies dans l'illicéité. La recherche d'emploi est une chose trop grave pour la laisser dépendre d'un tirage de cartes ou de lignes de la main.

Enfin, depuis la loi du 31 mars 2006, dans les entreprises d'au moins cinquante salariés, l'évaluation de l'ensemble des informations communiquées par écrit par le candidat à l'emploi doivent être examinées dans des conditions préservant son anonymat (art. L. 1221-7 C. trav.). La mesure va au-delà du simple *curriculum vitæ* anonyme ou anonymé puisqu'elle peut inclure dans son exigence d'anonymat les réponses à questionnaires et autres interrogations écrites demandées par l'employeur. Ce texte nouveau n'a toujours pas fait l'objet des décrets d'application annoncés, ce qui ne l'empêche nullement d'être obligatoire, son sens étant suffisamment clair et précis pour qu'il puisse être exécuté.

Toutes ces règles apparaissent belles et bonnes. Mais leur effectivité demeure bien faible. D'autant que les sanctions encourues ne sont pas toujours évidentes.

§ 3 Les sanctions

181 Le législateur de 1992 n'a pas prévu de sanctions spéciales pour les textes relatifs à l'évaluation. Cela ne signifie pas, pour autant, qu'ils en soient dépourvus.

Lorsque l'évaluation négative du salarié conduit à son licenciement ou à une sanction disciplinaire, la violation des règles susvisées reçoit une sanction simple. Les informations recueillies ou l'évaluation réalisée ne peuvent pas être invoquées par l'employeur. Si celui-ci use de ces informations pour licencier ou sanctionner, il pourra être condamné pour licenciement sans cause réelle et sérieuse ou pour exercice irrégulier du pouvoir disciplinaire. Ainsi, sera considéré comme dépourvu de cause réelle et sérieuse le licenciement d'une salariée qui avait régulièrement volé son employeur, dès lors que ce vol a été démontré par un détective privé, dont l'activité n'avait pas fait l'objet d'une information préalable à la salariée (Soc. 23 novembre 2005, *Bull. civ.* V, n° 333 ; *Dr. soc.* 2006. 227-229, obs. J. Mouly).

En revanche, lorsque la violation des règles sus-décrites conduit à un refus de recrutement, la sanction est beaucoup plus difficile.

Les incriminations pénales existantes, non spécifiques, n'apparaissent guère susceptibles d'être efficacement évoquées. Et ce même lorsque les violations des articles sus-décrits sont on ne peut plus flagrantes. La sanction pénale des discriminations suppose, par exemple, que le lien entre un critère discriminant prohibé et la non-embauche soit prouvé. Demander la religion du candidat dans un questionnaire est prohibé. Mais entre le fait de prouver que cette question a été posée, ce qui est relativement facile si elle l'a été par écrit, et prouver que le refus d'embauche a été causé par la religion du candidat, la route est longue. Or seule la preuve du lien direct entre le refus d'embauche et la religion permet de caractériser une discrimination pénalement répréhensible aux yeux de l'article L. 225-2 du Code pénal. Et l'on comprend bien qu'une telle preuve soit difficile à apporter.

Il aurait pourtant suffi de prévoir une peine d'amende en cas de violation des textes sur le recrutement, pour donner un pouvoir de menace crédible en la matière aux inspecteurs du travail, ce qui aurait grandement pu faire progresser les pratiques.

182 L'annulation de la procédure de recrutement irrégulière peut être demandée. Elle serait au demeurant probablement obtenue, notamment en cas d'atteintes aux droits de l'homme, d'atteinte à la vie privée par exemple. Mais on voit mal quel candidat aurait intérêt à exiger une telle annulation en justice. Après de longues années de procès, le contrat de travail de la personne embauchée sur le poste serait annulé et un nouveau recrutement, respectueux cette fois des règles, devrait être organisé. Pour le glorieux auteur de ce procès victorieux, les chances d'être embauché et d'obtenir ainsi l'emploi convoité sont très faciles à évaluer...

Le candidat à un emploi ayant échoué lors d'une opération de recrutement illicite peut aussi demander des dommages-intérêts. Il n'est bien entendu pas certain que, si les règles avaient été respectées, il aurait obtenu l'emploi. Mais il peut souvent démontrer que l'irrégularité constatée lui a fait perdre une chance d'être recruté. Une telle action devrait prospérer (v. dans un contexte différent, Soc. 21 juin 2006,

Bull. civ. V, n° 224, arrêt qui accepte la réparation du préjudice né de la perte d'une chance de conserver un emploi). Elle aurait cependant des chances de gains relativement modérées, la chance perdue devant, le plus souvent, être considérée comme faible. Le préjudice du non-recrutement peut être, en revanche, relativement important. Si la rémunération mensuelle de l'emploi proposé était de, disons, 2 000 euros, et si le candidat malheureux est resté au chômage pendant deux ans à la suite de cet échec, la perte totale pourrait être évaluée à un ordre de grandeur de 50 000 euros. Si l'on considère que l'irrégularité n'a fait perdre au salarié qu'une chance sur dix de décrocher le poste, des dommages-intérêts de 5 000 euros pourraient être envisageables. Ce n'est pas négligeable, mais c'est encore relativement peu pour justifier plusieurs années de procès. Et pour obtenir un enjeu portant sur une telle somme, il nous a fallu imaginer une espèce relativement favorable... On peut tout de même espérer qu'une sanction pourra, à l'occasion, être ordonnée par cette voie. Sanction qui pourrait ne pas être négligeable pour peu que le juge se laisse aller à une évaluation punitive des dommages-intérêts dus. Sanction qui pourrait surtout faire un peu de bruit médiatique et contribuer ainsi à réduire l'illégalité des pratiques courantes.

Déjà en 1969, alors que les textes susvisés n'existaient pas, la Cour de cassation a su condamner un employeur à des dommages-intérêts simplement parce qu'il avait, dans un questionnaire d'embauche, laissé une question sur l'affiliation à un syndicat : cette seule mention dans le questionnaire a suffi pour prouver, selon la Cour, la faute, la cause et le préjudice (Soc. 13 mai 1969, *Roclaine*, *Bull. civ.* V, n° 314). On est en droit d'attendre, avec la législation actuelle, une confirmation très nette de ce type de solution.

La principale sanction, dans les hypothèses de recrutement, pourrait finalement être le droit de mentir. Cette sanction est clairement établie pour la salariée en état de grossesse, laquelle reçoit expressément du législateur le droit de taire son état, c'est-à-dire en clair, le droit de mentir à l'employeur qui lui poserait une question à ce sujet (art. L. 1225-2 C. trav.). Pareil droit au mensonge doit être généralisé. Les articles L. 1221-6 et L. 1222-2 du Code du travail disposent : « (Les) informations doivent présenter un lien direct et nécessaire avec l'emploi proposé (ou avec l'évaluation des aptitudes professionnelles). Le candidat à un emploi (ou le salarié) est tenu d'y répondre de bonne foi. ». *A contrario*, lorsque les informations demandées n'ont pas de lien direct et nécessaire, le salarié a le droit d'y répondre de mauvaise foi. De même, le salarié doit pouvoir se taire, voire mentir, lorsque l'employeur lui demande des éléments dont l'utilisation est prohibée par l'article L. 1132-1 du Code du travail (L. 122-45 anc. C. trav.), comme la situation de famille, l'état de santé ou le handicap : ce silence ne pourra pas être une cause de licenciement et encore moins un dol (Soc. 21 septembre 2005, *Bull. civ.* V, n° 262 ; *Dr. soc.* 2006. 106-108, obs. J. Savatier, arrêt qui consacre le droit de taire un handicap à l'employeur, l'information sur la santé n'ayant à être livrée qu'au médecin du travail chargé de l'examen médical d'embauche). 183

Ce droit au silence et ce droit de mentir apparaissent d'autant plus nécessaires qu'il s'agit des principales rétorsions qui peuvent être exercées, dans la pratique, par les salariés victimes d'une violation par l'employeur des obligations légales relatives à l'information et à l'évaluation lors du recrutement.

section 2

L'intermédiaire en recrutement

■ 184 La tenue d'un bureau de « placement » consiste « à servir habituellement d'intermédiaire, sous quelque forme que ce soit, entre personnes appelées à se lier par une relation de travail les plaçant dans un lien de subordination l'une par rapport à l'autre » (Crim. 6 mars 1984, *Bloch* et *Riahi**). En d'autres termes, un bureau de placement est un intermédiaire en recrutement : il agit en vue de rapprocher l'offre et la demande de travail salarié. Ce rapprochement est aussi utile que difficile. La nécessité d'intermédiaires, privés ou publics, chargés de faciliter cette rencontre n'est pas contestable.

Cette activité d'intermédiaire présente cependant de grands dangers, lesquels ont conduit à des réactions énergiques, syndicales d'abord, puis étatiques (§ 1). La réglementation qui est issue de cette histoire est aujourd'hui très profondément remise en cause (§ 2).

§ 1 De l'essor à l'apogée

■ 185 La phase de recrutement est une phase pendant laquelle le demandeur d'emploi est dans une situation de grande faiblesse, en particulier dans les périodes de chômage de masse. Un des dangers est alors de voir des intermédiaires en profiter pour exiger des chômeurs toutes sortes d'engagements, notamment financiers.

Les bureaux de placement payants du XIXe siècle ont sinistre mémoire. Il fallait alors payer pour pouvoir, potentiellement, prétendre à un emploi. Les profits réalisés sur les demandeurs d'emploi, lesquels étaient aussi les personnes les plus démunies, apparurent vite insupportables. Et les marchands d'emploi qui avaient alors pignon sur rue concentrèrent sur eux des haines tenaces. Lutter contre ces bureaux de placement payants fut l'une des priorités des organisations ouvrières et ce dès la fin du XIXe siècle.

Pour empêcher que les travailleurs soient exploités avant même de trouver un emploi, des bourses du travail furent créées à partir de 1886. Ces bourses, gérées par les syndicats, étaient d'abord, comme leur nom l'indique, des bureaux de placement. Elles tinrent, dans des conditions satisfaisantes, cet indispensable rôle d'intermédiaire sur le marché du travail. Grâce notamment à des subventions de municipalités, elles fournirent aussi toutes sortes de services aux salariés : formation générale et professionnelle, bibliothèques, services sociaux, mutuelles médicales, etc. Elles furent aussi d'importants lieux d'action syndicale et militante. Une fédération des bourses du travail fut créée en 1892. D'inspiration anarcho-syndicaliste, elle fut l'une des premières confédérations syndicales. C'est de son association avec la fédération nationale des syndicats que naît la CGT en 1895 (la CGT devient alors l'unique confédération syndicale). Au sein de la CGT, elle gardera une grande autonomie, sous la direction de son secrétaire général, Fernand Pelloutier, de 1895 à 1901.

Au-delà des frontières, la lutte contre les bureaux de placement payants a eu aussi une grande importance. Cette lutte devait déboucher en 1933 sur une convention de l'OIT, révisée par la convention de l'OIT n° 96 de 1949*, laquelle a été ratifiée par la France en 1953. Cette convention est encore en vigueur. Sa seconde partie, applicable à la France, ordonne la mise en place d'un service public chargé de servir d'intermédiaire de recrutement et prohibe, dans le même mouvement, les bureaux de placement payants. À cette prohibition, elle n'accorde que quelques très rares exceptions. Et elle ordonne que la création de bureaux de placement payants soit pénalement sanctionnée.

En France, dès le lendemain de la Seconde Guerre mondiale, sont organisés les services extérieurs du travail et de la main-d'œuvre, qui seront réorganisés et refondus en 1967 sous le nom d'Agence nationale pour l'emploi, la fameuse ANPE. 186
Cette agence a été chargée de gérer le service public du placement, de servir d'intermédiaire en recrutement gratuit, pour les salariés comme pour les employeurs. Depuis la fusion de l'ANPE avec les Assedic réalisée par la loi du 13 février 2008, ces différentes fonctions ont été attribuées au Pôle emploi.

Le service public de l'emploi a été doté, jusqu'à la loi du 18 janvier 2005, d'un monopole de principe (anc. art. L. 311-1 et L. 311-2 C. trav.) qu'elle pouvait partager avec quelques organismes associés comme l'APEC (compétente pour le placement des cadres). La tenue de bureaux de placement privés était, conformément à la convention de l'OIT, assortie de sanctions pénales (anc. art. L. 361-1 C. trav.).

Ce monopole accordé au service public du placement a, depuis 1991, été progressivement remis en question.

§ 2 La chute

La première attaque est venue de l'Union européenne avec l'arrêt *Hoefner*, rendu par 187
la Cour de justice des Communautés européennes le 23 avril 1991*. Selon cet arrêt, les organismes publics chargés du placement sont des « entreprises ». Cette qualification, rudement contestée en doctrine, est la base d'un raisonnement relativement complexe qui conduit à condamner partiellement le monopole d'un organisme public de placement, en l'espèce celui de l'Allemagne.

Pour l'arrêt *Hoefner*, les organismes publics chargés du placement sont des entreprises un peu spéciales puisqu'elles remplissent une mission d'« intérêt économique général ». Si la bonne réalisation de cette mission l'exige, une entorse aux règles de la concurrence peut être acceptée (art. 86.2 du traité CE).

Mais, dit la Cour, l'organisme public allemand ne remplit pas bien sa mission, notamment sur certains marchés, comme celui du placement des cadres. Alors, le monopole a un effet négatif : il interdit aux entreprises privées de placement de compléter l'action de l'organisme public. Dans ces cas, non seulement le monopole ne permet pas de remplir la mission, mais il nuit à la mission... Dans de telles hypothèses, le droit de la concurrence doit s'appliquer, ce qui conduit à prohiber le monopole accordé à l'organisme public de placement.

L'existence d'une *position dominante*, pour un organisme doté d'un monopole légal, est vite démontrée. Quant à l'*abus* de position dominante, prohibé par l'article 82 du traité CE, il découle des mauvais résultats obtenus par l'organisme qui équivalent, pour la Cour, à une privation pour certains usagers du service du placement, privation synonyme d'abus » (v. le b de l'article 82, préc.).

Le raisonnement peut apparaître un peu lourd. Ses conséquences sont claires : à 188
chaque fois que l'on peut dire que le placement est insuffisamment bien réalisé par

l'action de l'organisme public, son monopole doit être supprimé. L'arrêt se contente, en l'espèce, de conclure à la prohibition du monopole existant pour le placement des cadres et des dirigeants d'entreprises. Mais sa portée potentielle était beaucoup plus large. La Cour de justice a bientôt eu l'occasion d'affirmer que, « pour tous genres d'activités », la demande de placement pouvait être mal satisfaite par les organismes publics (CJCE 11 décembre 1997, *Job Centre**). Le raisonnement de l'arrêt *Hoefner* a ainsi conduit à une remise en cause généralisée du monopole des organismes publics de placement.

■ 189 La logique de l'arrêt *Hoefner* peut être contestée. Premièrement, dire qu'un organisme public gestionnaire d'un service public est une « entreprise » apparaît bien discutable. Pourra-t-on un jour prendre prétexte de l'existence d'entreprises de gardiennage ou d'enquête privées pour affirmer que la police ou l'armée sont des entreprises soumises au droit de la concurrence ?

Deuxièmement, et contrairement à ce que dit la Cour, l'intérêt général que protège le monopole du service public de l'emploi n'est pas la qualité du placement. Ce monopole est justifié par la crainte des abus que les agences privées de recrutement peuvent commettre, notamment du fait de la faiblesse des demandeurs d'emplois à leur égard. On aurait pu en déduire que pour les salariés les moins en situation de faiblesse, comme les cadres dirigeants par exemple, le monopole pouvait être écarté. Sa remise en cause généralisée n'est pas sans susciter de vives inquiétudes.

■ 190 La décision de la Cour de justice, réitérée depuis, entre en contradiction avec le droit antérieur de l'OIT, c'est-à-dire avec la convention internationale n° 96 de 1949. La solution de ce type de conflit est connue depuis l'affaire du travail de nuit des femmes : en application de la jurisprudence *Levy* (CJCE 2 août 1993, *Levy*, v. n° 65), les États membres de l'Union européenne sont tenus de dénoncer les conventions de l'OIT qui entrent en conflit avec le droit communautaire.

Comme cela s'est déjà produit à propos du travail de nuit des femmes, l'évolution du droit communautaire a conduit à une renégociation des traités à vocation mondiale. L'OIT, sous influence des pays de l'Union européenne, a adopté en 1997 une convention n° 181, sur les agences d'emploi privées. Cette convention ouvre tous les domaines et toutes les professions à l'activité d'intermédiaire en recrutement. Son adoption permet aux États européens de se mettre facilement en règle avec le droit communautaire, puisqu'il leur suffit d'adhérer à la nouvelle convention, ce qui vaut dénonciation de l'ancienne. C'est au demeurant ce que plusieurs pays de l'Union européenne ont déjà fait (Espagne, Italie, Belgique, Pays-Bas, Portugal...).

■ 191 La France a, elle, « oublié » de se mettre en règle et ce en violation du droit communautaire. Mais elle n'a pas pour autant décidé de respecter la convention n° 96 de 1949 de l'OIT. Elle a, au contraire, détruit par les lois du 18 janvier 2005 et du 13 février 2008 l'ancien monopole du service public de l'emploi.

La France réalise ainsi l'exploit de violer ses engagements vis-à-vis de l'OIT, tout en violant le droit communautaire. Ce qui montre la valeur qu'a le droit international pour le législateur français.

En bon droit, le juge français devrait appliquer la convention n° 96 de l'OIT, laquelle est antérieure à la création, en 1957, des Communautés européennes, et demeure toujours en vigueur. Il devrait de ce fait repousser la loi française et le droit communautaire et condamner les bureaux de placement privés pour violation du monopole que le traité continue à ordonner.

Alors que l'arrêt *Hoefner* de la CJCE avait déjà plus de dix ans, la chambre criminelle de la Cour de cassation continuait à sanctionner pénalement la tenue de bureaux de placement privés (Crim 11 mars 2003, *Dr. soc.* 2004. 223, obs. Yves Rousseau). Une telle résistance devra maintenant s'exercer tant contre le droit communautaire que contre la loi française. Sur le papier cette résistance, au nom du traité d'ordre mondial, serait juridiquement fondée.

Mais elle est relativement hypothétique, la hiérarchie des normes étant tout de même, avant tout, un rapport de force. Elle sera en toute hypothèse éphémère. Une décision de justice expressément fondée sur la convention n° 96 de 1949 et qui s'opposerait tant au droit communautaire qu'à la loi « réveillerait » à n'en pas douter le législateur. Il lui suffirait alors de ratifier la convention n° 181 de 1997 de l'OIT (ratification qui vaut dénonciation de l'ancienne convention) pour qu'enfin les trois niveaux, national, européen et mondial, soient réunis dans un commun rejet du monopole du service public de l'emploi.

La loi française, le droit communautaire et le droit nouveau de l'OIT non encore ratifié par la France, s'accordent. Faute d'être conformes au droit international encore en vigueur, ils ne suffisent pas à former un véritable droit positif. Ils semblent cependant être et le droit effectif et le droit futur. Les bureaux de placement privés sont donc en pratique reconnus, et en droit futur ils sont pleinement valides. Il n'est donc pas inutile de mentionner la réglementation de ces bureaux de placement, tel qu'elle est organisée par le Code du travail français depuis les lois 18 janvier 2005 et du 13 février 2008, même si ces textes demeurent en opposition avec le droit international.

Selon le Code du travail, les bureaux de placement privés doivent être préalablement déclarés à l'autorité administrative et avoir le placement comme activité exclusive (L. 5323-1 C. trav.). Encore qu'il soit admis que les entreprise de travail temporaire puissent exercer cette activité en plus de leur activité de prêt de main d'œuvre (art. L. 1251-4 et L. 5323-2 C. trav.). 192

Les bureaux de placement privé tireront exclusivement leur revenu de la rétribution versée par les futurs employeurs, aucune rétribution, directe ou indirecte ne pouvant être exigée des demandeurs d'emploi, sous peine de sanctions pénales pouvant aller jusqu'à un emprisonnement de six mois (L. 5321-3 et L. 5325-1 C. trav.). Cette dernière précision est importante : elle prohibe le principal des dangers que créé la banalisation des bureaux de placement. Le contournement de cette règle, par exemple par des pratiques de dessous de table versés par les candidats à un emploi ou par une somme versée par l'employeur mais récupérée sur les premières paies du salarié, est au demeurant l'une des grandes inquiétudes que peut nourrir la nouvelle législation.

Privé de son monopole, le service public de l'emploi peut s'organiser comme une véritable entreprise. Il lui est accordé le droit d'extérioriser ses attributions de service public, notamment par de simple contrats de prestation de service conclu avec des agences privées de placement, lesquelles pourront être rémunérées par les employeurs (sur ces contrats de prestation de service, v. l'art. R. 5323-12 C. trav.). Au demeurant, il est expressément prévu que les entreprises de travail temporaire et les bureaux de placement privés participent au service public de l'emploi (L. 5311-4 C. trav.). Extériorisé, divisé, le service du placement risque de perdre progressivement son caractère public. L'émergence d'une telle conception du placement peut conduire à l'essor d'objectifs en termes de rentabilité. Ce seront alors les placements les plus faciles et les plus rémunérateurs, soit ceux des candidats de haut niveau, qui pourraient être privilégiés, au détriment des populations les plus touchées par le chômage...

Il est marquant que cette privatisation progressive du service public de l'emploi s'organise sans aucun égard pour le droit international.

Biblio

- Y. Rousseau, « Du monopole public du placement à un nouveau service public de l'emploi », *Dr. soc.* 2005. 456.
- M. Véricel, « Restructuration du marché du travail et ouverture à la concurrence du service public de l'emploi », *Dr. ouvrier* 2008. 209-214
- M. Véricel, « La loi du 13 février 2008 et la nouvelle réforme de l'organisation du service de l'emploi », *Dr. soc.* 2008. 406-412.

Documents

1) La collecte des informations

Soc. 18 mars 2008, *Bonnici*, n° 06-45093, [P], *Dr. soc.* 2008. 608, obs. C. Radé

« Vu l'article 9 du code de procédure civile ;
Attendu que si l'employeur a le pouvoir de contrôler et de surveiller l'activité de son personnel pendant le temps de travail, il ne peut mettre en œuvre un dispositif de surveillance clandestin et à ce titre déloyal ;
(...)
Qu'en statuant ainsi, alors qu'elle constatait que des agents EDF, mandatés par le chef de centre, s'étaient rendus dans l'établissement tenu par l'épouse de l'intéressé en se présentant comme de simples clients, sans révéler leurs qualités et le but de leur visite, ce dont il résultait que leurs vérifications avaient été effectuées de manière clandestine et déloyale, en ayant recours à un stratagème, la cour d'appel, qui a retenu à tort comme moyen de preuve les rapports établis dans ces conditions, a violé le texte susvisé ».

2) L'intermédiaire en recrutement

Crim. 6 mars 1984, *Bloch* et *Riahi*, *Bull. crim.*, n° 94

« Toute activité consistant à servir habituellement d'intermédiaire, sous quelque forme que ce soit, entre personnes appelées à se lier par une relation de travail les plaçant dans un lien de subordination l'une par rapport à l'autre correspond à la tenue d'un bureau de placement ».

Convention de l'OIT, sur les bureaux de placement payants, n° 96, 1949 (ratifiée par la France en 1953)

Article 1
« 1. Aux fins de la présente convention, l'expression bureau de placement payant désigne :
a) les bureaux de placement à fin lucrative, c'est-à-dire toute personne, société, institution, agence ou autre organisation qui sert d'intermédiaire pour procurer un emploi à un travailleur ou un travailleur à un employeur, à l'effet de tirer de l'un ou de l'autre un profit matériel direct ou indirect (...) ».
Article 3
« 1. Les bureaux de placement payants à fin lucrative, visés au paragraphe 1 a) de l'article 1, seront supprimés dans un délai limité dont la durée sera spécifiée par l'autorité compétente.

2. Cette suppression ne pourra avoir lieu tant qu'un service public de l'emploi ne sera pas établi. (...) ».
Article 8
« Des sanctions pénales appropriées (...) seront prescrites à l'égard, soit de toute infraction aux dispositions de la présente partie de la convention, soit aux prescriptions de la législation leur faisant porter effet ».

3) Extraits du traité instituant la Communauté européenne

Article 82 (ancien art. 86 cité par l'arrêt *Hoefner,* v. ci-dessous)

« Est incompatible avec le marché commun et interdit, dans la mesure où le commerce entre États membres est susceptible d'en être affecté, le fait pour une ou plusieurs entreprises d'exploiter de façon abusive une position dominante sur le marché commun ou dans une partie substantielle de celui-ci.
Ces pratiques abusives peuvent notamment consister à :
(...)
b) limiter la production, les débouchés ou le développement technique au préjudice des consommateurs ; (...) ».

Article 86 (ancien art. 90, cité par l'arrêt *Hoefner, v.* ci-dessous)

« 1. Les États membres, en ce qui concerne les entreprises publiques et les entreprises auxquelles ils accordent des droits spéciaux ou exclusifs, n'édictent ni ne maintiennent aucune mesure contraire aux règles du présent traité, notamment à celles prévues à l'article 12 et aux articles 81 à 89 inclus.
2. Les entreprises chargées de la gestion de services d'intérêt économique général ou présentant le caractère d'un monopole fiscal sont soumises aux règles du présent traité, notamment aux règles de concurrence, dans les limites où l'application de ces règles ne fait pas échec à l'accomplissement en droit ou en fait de la mission particulière qui leur a été impartie. Le développement des échanges ne doit pas être affecté dans une mesure contraire à l'intérêt de la Communauté. »

CJCE 23 avril 1991, *Hoefner*, C-41/90, *Rec. CJCE* p. I-1979

« 22. La circonstance que les activités de placement sont normalement confiées à des offices publics ne saurait affecter la nature économique de ces activités. Les activités de placement n'ont pas toujours été et ne sont pas nécessairement exercées par des entités publiques. Cette constatation vaut, en particulier, pour les activités de placement de cadres et de dirigeants d'entreprises.
23. Il s'ensuit qu'une entité, telle qu'un office public pour l'emploi exerçant des activités de placement, peut être qualifié d'entreprise aux fins d'application des règles de concurrence communautaires.
24. Il y a lieu de préciser qu'un office public pour l'emploi, qui est chargé, en vertu de la législation d'un État membre, de la gestion de services d'intérêt économique général, tels que ceux prévus à l'article 3 de l'AFG, reste soumis aux règles de concurrence, conformément à l'article 90, paragraphe 2, du traité, tant qu'il n'est pas démontré que leur application est

incompatible avec l'exercice de sa mission (voir arrêt du 30 janvier 1974, *Sacchi*, pt. 15, 155/73, *Rec. CJCE*, p. 409).

(...)

28. (...) il y a lieu de rappeler, en premier lieu, qu'une entreprise qui bénéficie d'un monopole légal peut être considérée comme occupant une position dominante, au sens de l'article 86 du traité (voir arrêt du 3 octobre 1985, *CBEM*, pt. 16, 311/84, *Rec. CJCE* p. 3261) et que le territoire d'un État membre, auquel ce monopole s'étend, est susceptible de constituer une partie substantielle du marché commun (v. arrêt du 9 novembre 1983, *Michelin*, pt. 28, 322/81, *Rec. CJCE* p. 3461).

29. Il convient de préciser, en second lieu, que le simple fait de créer une telle position dominante par l'octroi d'un droit exclusif au sens de l'article 90, paragraphe 1, n'est pas, en tant que tel, incompatible avec l'article 86 du traité (v. arrêt du 3 octobre 1985, *CBEM*, préc., pt. 17). Un État membre n'enfreint, en effet, les interdictions contenues dans ces deux dispositions que si l'entreprise en cause est amenée, par le simple exercice du droit exclusif qui lui a été conféré, à exploiter sa position dominante de façon abusive.

30. Selon l'article 86, deuxième phrase, sous b), du traité, une telle pratique abusive peut, notamment, consister en une limitation de la prestation, au préjudice des demandeurs du service en cause.

31. Or, un État membre crée une situation dans laquelle la prestation est limitée, lorsque l'entreprise, à laquelle il a conféré un droit exclusif qui s'étend aux activités de placement de cadres et de dirigeants d'entreprises, n'est manifestement pas en mesure de satisfaire la demande que présente le marché pour ce genre d'activités, et lorsque l'exercice effectif de ces activités par des sociétés privées est rendu impossible par le maintien en vigueur d'une disposition légale interdisant ces activités sous peine de nullité des contrats correspondants.

32. Il convient de relever, en troisième lieu, que la responsabilité incombant à un État membre en vertu des articles 86 et 90, paragraphe 1, du traité n'est engagée que si le comportement abusif de l'office en question était susceptible d'affecter le commerce entre les États membres. Pour que cette condition d'application soit remplie, il n'est pas nécessaire que le comportement abusif en cause ait effectivement affecté ce commerce. Il suffit d'établir que ce comportement est de nature à avoir un tel effet (v. arrêt du 9 novembre 1983, *Michelin*, préc., pt. 104).

33. Un tel effet, potentiel, sur les échanges interétatiques existe notamment lorsque les activités de placement de cadres et de dirigeants d'entreprises, exercées par des sociétés privées, peuvent s'étendre aux ressortissants ou aux territoires d'autres États membres.

34. Eu égard à l'ensemble des considérations qui précèdent, il y a lieu de répondre à la quatrième question préjudicielle qu'un office public pour l'emploi, exerçant des activités de placement, est soumis à l'interdiction de l'article 86 du traité, tant que l'application de cette disposition ne fait pas échec à la mission particulière qui lui a été impartie. L'État membre, qui lui a confié un droit exclusif de placement, enfreint l'article 90, paragraphe 1, du traité, lorsqu'il crée une situation dans laquelle l'office public pour l'emploi sera nécessairement amené à contrevenir aux termes de l'article 86 du traité. Il en est ainsi notamment lorsqu'il est satisfait aux conditions suivantes :

– le droit exclusif s'étend à des activités de placement de cadres et de dirigeants d'entreprises ;

– l'office public pour l'emploi n'est manifestement pas en mesure de satisfaire la demande que présente le marché pour ce genre d'activités ;

– l'exercice effectif des activités de placement par des sociétés privées de conseil en recrutement est rendu impossible par le maintien en vigueur d'une disposition légale interdisant ces activités sous peine de nullité des contrats correspondants ;

– les activités de placement en cause sont susceptibles de s'étendre à des ressortissants ou aux territoires d'autres États membres. »

CJCE 11 décembre 1997, *Job Centre*, C-55/96, *Rec. CJCE*, p. I-07119

« 38 (...) des bureaux publics de placement sont soumis à l'interdiction de l'article 86 du traité, tant que l'application de cette disposition ne fait pas échec à la mission particulière qui leur a été impartie. L'État membre, qui interdit toute activité de médiation et d'interposition entre demandes et offres d'emploi, lorsqu'elle n'est pas exercée par ces bureaux, enfreint l'article 90, paragraphe 1, du traité, lorsqu'il crée une situation dans laquelle les bureaux publics de placement seront nécessairement amenés à contrevenir aux dispositions de l'article 86 du traité. Il en est ainsi, notamment, lorsque se trouvent réunies les conditions suivantes :

– les bureaux publics de placement ne sont manifestement pas en mesure de satisfaire, pour tous genres d'activités, la demande que présente le marché du travail ;

– l'exercice effectif des activités de placement par les sociétés privées est rendu impossible par le maintien en vigueur de dispositions légales interdisant ces activités sous peine de sanctions pénales et administratives ;

– les activités de placement en cause sont susceptibles de s'étendre à des ressortissants ou aux territoires d'autres États membres. »

chapitre 9

Conclusion du contrat

Plan analytique

section 1

La forme du contrat de travail

section 2

Clauses d'essai

§ 1 Nature de l'essai

§ 2 Finalité de l'essai

§ 3 Point de départ de l'essai

§ 4 Durée de l'essai

§ 5 « Délai de prévenance » de la rupture d'essai

§ 6 L'abus du droit de rompre en cours d'essai

§ 7 Le maintien de certaines des règles du droit du licenciement

- **A.** Quand la lettre soutient la logique
- **B.** Quand la lettre s'oppose à la logique

section 3

Clauses de non-concurrence

§ 1 Le temps, l'espace et la nature de l'activité

§ 2 « Indispensable à la protection des intérêts légitimes de l'entreprise »

§ 3 La contrepartie financière

§ 4 Sanctions

Conclusion du contrat

Malgré la persistance du principe du consensualisme, la conclusion du contrat de travail est strictement encadrée juridiquement (section 1). Elle est aussi l'occasion, pour l'employeur, de stipuler certaines clauses spéciales, dont les plus fréquentes sont les clauses d'essai (section 2) et de non-concurrence (section 3). 193

section 1

La forme du contrat de travail

Le contrat de travail est un contrat dont la forme est libre (art. L. 1221-1 C. trav.). Le contrat verbal, conclu par le simple échange des consentements, est donc, en principe, valide. 194

Cette liberté de principe souffre de plusieurs limitations importantes. Les premières sont les règles qui exigent, pour les contrats de travail spéciaux – qu'ils soient à durée déterminée, temporaire, ou à temps partiel – la rédaction d'un contrat écrit, doté de toute une liste de mentions obligatoires.

De plus, même pour le contrat de travail de droit commun, à durée indéterminée et à temps complet, certaines formes doivent être suivies, et ce afin d'organiser le recouvrement des charges sociales, de permettre aux salariés de bénéficier de leurs droits sociaux et aussi afin de leur transmettre une connaissance minimale des principaux éléments du contenu des rapports de travail. Il en est résulté toute une série de règles de forme, d'application tout à fait générale.

Afin de permettre un premier contrôle, la conclusion du contrat de travail doit tout d'abord faire l'objet de déclarations diverses, dont la principale est la déclaration préalable à l'embauche prévue par l'article L. 1221-10 et s. du Code du travail (v. aussi les art. R. 1221-1 et s. et R. 1227-1 et -2 C. trav.). Les différentes déclarations obligatoires peuvent être réalisées en une formalité unique, la déclaration unique d'embauche (Décr. 1er avril 1998), laquelle doit être envoyée à l'Urssaf. 195

L'omission de ces formalités de déclaration réalise le délit de travail dissimulé (L. 8221-4 et L. 8221-5 ; L. 8221-3 et L. 8221-5 C. trav.), lequel peut être puni d'un emprisonnement de trois ans ainsi que de diverses peines complémentaires (L. 8224-1 et s. C. trav.). En outre, le salarié dont le travail aura été dissimulé a droit, en cas de rupture de son contrat de travail, à une indemnité forfaitaire minimale de six mois de salaire (L. 8223-1 C. trav.).

Toute embauche doit en outre être notée dans un registre du personnel, tenu à la disposition des délégués du personnel et de l'inspecteur du travail (L. 1221-13 et s. C. trav.).

Ces différentes formalités peuvent être omises lorsque sont utilisés des « titres emploi-service entreprise » (sur ces titres, v. n° 308). Ces titres, issus de la loi du 4 août 2008, peuvent être utilisés sans limites par les entreprise d'au plus neuf salarié. Il s'agit alors de simplifier les formalités pour ces très petites entreprises. Mais ils peuvent aussi être utilisés dans les entreprises de n'importe quelle taille, pour des salariés dont l'activité dans l'entreprise n'excède pas la limite de cent jours, consécutifs ou non, ou de 700 heures de travail, par année civile (L. 1273-2 C. trav.). Cette fois, la solution apparaît choquante, les grandes entreprises étant tout de même capable de réaliser quelques formalités protectrices lors de l'embauche de salariés à temps partiel...

■ 196 L'employeur qui conclut un contrat de travail doit, de plus, transmettre par écrit au salarié un certain nombre d'informations, selon la directive du 14 octobre 1991*. Cette directive n'a pas fait l'objet d'une véritable transposition. Les obligations de l'employeur relatives au bulletin de paie, prévues à l'article L. 3243-1 et s. du Code du travail, permettent d'assurer en partie l'application de cette directive en droit français. Le bulletin de paie, qui doit être remis au salarié au moment du versement de sa rémunération, comporte en effet certaines des mentions obligatoires dont la communication écrite est exigée par la directive de 1991. Mais non point toutes. La liste des mentions obligatoires du bulletin de paie (art. R. 3243-1 C. trav.) ne couvre pas exactement l'ensemble des mentions exigées par la directive. Ainsi, par exemple, la directive exige que soit mentionné le lieu de travail du travailleur (art. 2.2, b), alors que le législateur français n'exige que la mention de l'établissement dont dépend le salarié (R. 3243-1, 1° C. trav.), ce qui ne revient pas nécessairement au même. Ou encore, la directive impose que soit mentionnée la « durée de travail journalière ou hebdomadaire normale du travailleur » (art. 2.2, i) alors que le législateur accepte que le bulletin de paie ne mentionne que le temps effectivement travaillé au cours de la période correspondante à la rémunération versée, ce qui est tout à fait différent.

La question est alors de savoir si, par voie d'interprétation, les juges français pourraient étendre les dispositions obligatoires du bulletin de paie pour que celles-ci respectent les exigences de la directive. Si cette voie est possible, elle est obligatoire (CJCE 13 novembre 1990, *Marleasing*, C-106/89, *Rec. CJCE* p. I-4135, pt. 8 ; CJCE 16 décembre 1993, *Wagner Miret*, C-334/92, *Rec. CJCE* p. I-6911, pt. 20 ; CJCE 10 mars 2005, C-196/02, pt. 73).

■ 197 En l'occurrence, ce serait toutefois trop tirer le texte « par les cheveux ». En d'autres termes, l'interprétation ne permet guère de transposer. Une contradiction entre la directive et le droit français doit donc être reconnue. En conséquence, l'État français et les personnes publiques pourront être condamnés à appliquer directement la directive. L'État français pourra, de plus, être condamné pour défaut de transposition par la Cour de justice et il pourra encore être condamné à verser aux salariés de personnes privées des dommages-intérêts si la non-transposition leur a fait subir un préjudice (CJCE 19 novembre 1991, *Francovich*, C-6/90 et C-9/90, *Rec. CJCE* p. I-5357, pt. 39).

Mais les salariés d'employeurs privés ne pourront pas exiger la transmission de toutes les informations exigées par la directive. En effet, une directive ne saurait s'imposer directement aux simples particuliers que sont les *employeurs de droit privé* (CJCE 14 juillet 1994, *Faccini Dori**, v. sous le chapitre 3 et, dans le même sens, CJCE 5 octobre 2004, *Pfeiffer*, C-397/01 à C-403/01, pt. 108 ; CJCE 10 mars 2005, préc., pt. 71). Seuls les salariés des *personnes publiques* peuvent se prévaloir directement de ce texte. Un document complémentaire écrit devra en conséquence leur être remis par l'employeur, au plus tard deux mois après le début de leur travail (art. 3.2 al. 1er de la directive) et ce document devra comporter l'ensemble des mentions exigées par la directive et omises par le bulletin de paie (art. 3.2 al. 2 de la directive).

La situation a, bien sûr, quelque chose d'ubuesque. Et il faut espérer qu'une prochaine transposition complète de la directive de 1991 fera sortir le droit français de l'incohérence dans laquelle il se trouve actuellement. L'accord national interprofessionnel du 11 janvier 2008 sur la modernisation du marché du travail (art. 11) incite le législateur à aller dans ce sens.

section 2

Clauses d'essai

Les clauses d'essai sont des clauses qui portent sur le régime de la rupture unilatérale du contrat. Elles permettent sous certaines conditions et dans certaines limites, de faire exception au droit commun du licenciement et de la démission, et ce afin de permettre à l'employeur et au salarié d'évaluer les qualités de leur cocontractant sur pièces, pendant les premiers temps de l'exécution du contrat de travail. Cette nature (§ 1) et cette finalité (§ 2) des clauses d'essai permettent de mieux comprendre la réglementation légale et jurisprudentielle de l'essai : son point de départ (§ 3), sa durée (§ 4), son préavis de rupture (§ 5), le contrôle de l'abus du droit de rompre le contrat en cours d'essai (§ 6) et l'application, par exception, de certaines des règles qui encadrent le licenciement (§ 7). 198

§ 1 Nature de l'essai

La jurisprudence a longtemps hésité entre plusieurs compréhensions possibles de l'essai. L'essai a notamment pu être perçu par la Cour de cassation comme une sorte d'avant-contrat à durée limitée (Soc. 30 mars 1971, *Bull. civ.* V, nº 273) ou encore comme un contrat de travail assorti d'une « condition résolutoire » (Soc. 5 janvier 1945, *Dr. soc.* 1946. 36 ; Soc. 25 avril 1955, *Bull. civ.* V, nº 347). 199

Ce débat a été, pour l'essentiel, clos par l'arrêt de la chambre sociale du 5 mars 1975, *Petrelluzzi* (*Bull. civ.* V, nº 112 ; *Grands arrêts*, nº 43). Cet arrêt affirme que le contrat a été « rompu en cours d'exécution ». Ce faisant, il écarte clairement l'idée d'un avant-contrat. De plus, il écarte implicitement l'idée d'une condition résolutoire ou extinctrice : la décision ne fait aucune référence à une quelconque condition qui aurait été réalisée.

Ce refus de percevoir le contrat de travail doté d'une période d'essai comme un contrat conclu sous condition demeure contesté en doctrine. Il s'impose pourtant. L'appréciation des capacités du salarié est une prérogative de l'employeur. Érigée comme condition du contrat de travail, elle serait une condition potestative, nulle par application de l'article 1174 du Code civil. Or, la validité des périodes d'essai n'est pas douteuse en l'état actuel du droit positif.

Il est dès lors préférable de suivre la solution implicite de l'arrêt *Petrelluzzi* (préc.). La rupture en cours d'essai n'est pas la réalisation d'une condition, mais plus simplement l'exercice d'un droit de résiliation unilatéral. Cette analyse est confirmée par le régime juridique de l'essai. Parmi d'autres solutions jurisprudentielles, on notera que la rupture unilatérale en cours d'essai peut être jugée abusive. Cela s'explique aisément si l'on admet que cette rupture est l'exercice d'un *droit subjectif*. Une telle solution serait nettement plus difficile à expliquer s'il ne s'agissait que de la réalisation d'une condition : l'« abus de réalisation de condition » étant un non-sens dans un système juridique prohibant les conditions potestatives.

La rupture de l'essai est donc bien l'exercice d'un droit de rompre unilatéralement. Elle ne diffère pas par nature du licenciement ou de la démission même si, dans un souci de précision de la terminologie, les qualifications de « démission » ou de « licenciement » sont bien distinguées, par la Cour de cassation, des « ruptures de la période d'essai (Civ. 2e, 26 octobre 2006, *Bull. civ.* II, no 486). La clause d'essai s'interprète alors simplement. *Elle est une clause portant sur le régime de la rupture unilatérale du contrat, qui permet sous certaines conditions et dans certaines limites, de faire exception au droit commun du licenciement et de la démission.*

Comme toute exception, les clauses d'essai sont d'interprétation stricte. Ce qui explique notamment que l'essai ne se présume pas : seule une clause contractuelle exprès peut le stipuler (art L. 1221-22 C. trav. issu de la loi sur la modernisation du marché du travail et déjà Soc. 19 février 1997, *Bull. civ.* V, no 69 ; Soc. 27 janvier 1997, *Bull. civ.* V, no 33 ; Soc. 23 novembre 1999, *Bull. civ.* V, no 448, *Dr. soc.* 2000. 204, obs. J. Mouly. *Adde* à propos de la jurisprudence révolue sur les clauses d'essai autosuffisantes issues de conventions collectives, no 77).

§ 2 Finalité de l'essai

200 L'encadrement juridique de la validité et des effets de l'essai a été construit à partir de la finalité reconnue à l'essai. Celle-ci est clairement mentionnée dès le 27 avril 1933 par l'arrêt *Sté Goodrich* (*Gaz. Pal.* 1933. 2. 101, s. n. a, p. 101 ; *Grands arrêts*, no 41) : l'essai a pour finalité d'« apprécier les capacités » du salarié. Cette finalité a, depuis, été mentionnée expressément à de nombreuses reprises par la jurisprudence (v. not. Soc. 26 octobre 1999, *RJS* 1999, no 1436), avant d'être entérinée par la loi de modernisation du marché du travail du 25 juin 2008. Il faut ajouter que la clause d'essai n'a pas seulement pour effet de faire exception à certaines des règles du droit du licenciement. Elle permet aussi au salarié de s'affranchir des règles entourant la démission. Ce dont il faut déduire que l'essai a aussi pour finalité de permettre l'appréciation par le salarié des conditions de travail ou des qualités de l'employeur. Ainsi s'explique l'article L. 1221-20 (nouveau) du Code du travail aux termes duquel « la période d'essai permet à l'employeur d'évaluer les compétences du salarié dans son travail, notamment au regard de son expérience, et au salarié d'apprécier si les fonctions occupées lui conviennent ».

Cette finalité traditionnelle, récemment légalisée, peut être précisée davantage. L'évaluation du salarié n'est pas le propre de l'essai. Elle est réalisée par l'employeur tout au long de la relation de travail. Ce qui rend spécifique l'appréciation opérée pendant l'essai est qu'elle est la *première* évaluation par l'employeur du salarié.

De cette finalité, la jurisprudence a tiré l'essentiel du régime juridique de l'essai.

§ 3 Point de départ de l'essai

Parce qu'elle permet la première évaluation du salarié, la période d'essai doit nécessairement se situer au commencement de la relation de travail, sans que les parties puissent en différer l'application (v. not. Soc. 25 février 1997, *Bull. civ.* V, n° 83 ; Soc. 25 mars 1988, *Bull. civ.* V, n° 173). Il en résulte encore qu'une période d'essai ne peut être stipulée valablement lorsque l'employeur a « déjà pu apprécier (les) capacités professionnelles » du salarié, lors d'une précédente relation de travail (Soc. 26 février 2002, *Bull. civ.* V, n° 78). Lorsqu'un salarié est déjà depuis un certain temps dans l'entreprise, l'employeur a pu se faire une première idée de ses capacités, aucun avenant ne pourra réintroduire une clause d'essai. Si le salarié change radicalement de fonctions, une clause de « mise à l'épreuve » ou une « période probatoire » pourront être conclues. Mais ces clauses ne sont pas à proprement parler des clauses d'essai : elles ne permettent pas la rupture du contrat. Si l'épreuve s'avère non concluante, cela permettra simplement de replacer le salarié dans ses anciennes fonctions (Soc. 30 mars 2005, *Dr. soc.* 2005. 810). 201

De plus, il faut rappeler qu'en principe, la première évaluation du salarié par l'employeur se situe au cours du recrutement, avant l'embauche. L'essai a pour objet de reporter cette première évaluation dans le temps, dans le but de permettre à l'employeur de juger le salarié *en situation de travail*. Ce qui peut expliquer la distinction de l'essai et du stage (Soc. 1er février 2000, *RJS* 2000, n° 246) ou d'une période de test professionnel pendant laquelle le salarié n'est pas placé dans des conditions normales d'emploi (Soc. 4 janvier 2000, *Dr. soc.* 2000. 550, obs. J. Mouly). Encore que de telles périodes permettent tout de même de faire un début d'évaluation des compétences du salarié... La loi de modernisation du marché du travail du 25 juin 2008 apparaît de ce point de vue bienvenue, lorsqu'elle prévoit que la durée d'un stage réduit la durée de l'essai, sans pouvoir toutefois réduire cette durée de plus de la moitié (art. L. 1221-24 C. trav.).

§ 4 Durée de l'essai

La loi n'a longtemps posé de durée maximale de l'essai qu'au sujet de certains contrats spéciaux (v. not. art. L. 1242-10 C. trav. pour les contrats à durée déterminée, art. L. 1251-14 C. trav. pour les contrats de missions...). 202

À la suite de l'ANI sur la modernisation sociale, la loi du 25 juin 2008 a prévu les durées maximales suivantes (art. L. 1221-19 C. trav.) :

- pour les ouvriers et les employés : 2 mois ;
- pour les agents de maîtrise et les techniciens : 3 mois ;
- pour les cadres : 4 mois.

Ces durées peuvent être doublées, renouvellement inclus, si une convention collective de branche étendue le prévoit (art. 1221-20 C. trav.). Ce qui, sur le papier, autorise tout de même une durée maximale de huit mois d'essai.

Deux mois, voire quatre, pour savoir si une personne est ou non capable de faire correctement la plonge dans un restaurant...

Ces durées peuvent ainsi dépasser la finalité assignée aux clauses d'essai par l'article L. 1221-20 du Code du travail. La question de la survivance de la jurisprudence antérieure est alors posée.

Avant la loi du 25 juin 2008, les juges invalidaient les durées d'essai inutilement longues pour apprécier les qualités professionnelles du salarié (Soc. 21 décembre 1977, *Bull. civ.* V, n° 727 ; *D.* 1978. *IR.* 74 ; Soc. 9 juin 1988, *Bull. civ.* V, n° 348). L'appréciation du temps nécessaire et du temps qui ne l'est pas était une question de fait relevant de la compétence des juges du fond. Des durées variables étaient refusées ou validées, selon les circonstances des espèces et notamment selon les fonctions exercées par le salarié.

Selon la loi nouvelle, la finalité de l'essai est confirmée et les durées prévues sont bien des durées « maximales » (art. L. 1221-19 C. trav.), qui n'interdisent pas de fixer des durées plus courtes (art. L. 1221-22 C. trav.).

Le droit de stipuler une durée allant jusqu'à la durée « maximale » prévue par l'article L. 1221-19 du Code du travail semble *a priori* susceptible d'abus. Or une durée manifestement trop longue pour être destinée à l'appréciation des qualités du salarié sortirait de la finalité dans laquelle les clauses d'essai doivent être stipulées. Elle caractériserait un abus, ou si l'on préfère un détournement de la clause de sa finalité. Un tel détournement doit être sanctionné (pour l'annulation d'une clause d'essai de trois mois au motif que l'employeur n'avait jamais eu l'intention d'embaucher le salarié pour une durée plus longue, v. Soc. 5 octobre 1993, n° 90-43780, *Bull. civ.* V, n° 223).

Le maintien d'un contrôle de la durée de l'essai sur le fondement de l'abus de droit pourrait se heurter à une certaine interprétation de l'article L. 1221-22 nouveau du Code du travail, lequel affirme que les durées légales « ont un caractère impératif ». Cependant, ce texte est immédiatement contredit. La suite de l'article autorise les stipulations de durées d'essai plus courtes et l'article L. 1221-23 du Code du travail précise qu'il n'est pas de période d'essai sans stipulation exprès en ce sens dans le contrat individuel ou la lettre d'engagement. Enfin, l'interprétation de la loi nouvelle comme créatrice d'un droit discrétionnaire se heurte au rappel de la finalité de l'essai par l'article L. 1221-20 du Code du travail. Le contrôle d'une certaine mesure dans la stipulation des clauses d'essai pourrait donc perdurer, d'autant que ce contrôle est basé sur la convention n° 158 de l'OIT (v. dernièrement Soc. 4 juin 2009, 08-41359, [P]) laquelle est, en sa qualité de traité, supérieure aux lois.

Il est à noter que la finalité de l'essai peut aussi être utilisée pour allonger la durée de l'essai. La jurisprudence considère que l'écoulement de l'essai est suspendu en cas d'absence du salarié, pour cause de maladie ou de congés par exemple (v. not. Soc. 5 mars 1997, *Bull. civ.* V, n° 94 ; Soc. 26 octobre 1999, *RJS* 1999, n° 1436 ; Soc. 23 mai 2007, n° 06-41338). La solution se déduit de la finalité de l'essai : lorsque le travail est interrompu, les possibilités d'évaluation le sont aussi.

§ 5 « Délai de prévenance » de la rupture d'essai

203 La loi de « modernisation » du marché du travail, du 25 juin 2008, a imposé un préavis de rupture de l'essai (L. 1221-24 C. trav.), intitulé « délai de prévenance », sans doute pour bien le distinguer du préavis de licenciement. Ce délai est, pour l'employeur, de :

- quarante-huit heures au cours du premier mois de présence ;
- deux semaines après un mois de présence ;
- un mois après trois mois de présence.

Le salarié doit, lui, respecter un délai de prévenance de quarante-huit heures dans tous les cas (L. 1221-26 C. trav.).

Un piège est toutefois présent dans la computation de ce préavis de rupture. Aux termes de l'article L. 1221-25 *in fine* : « La période d'essai, renouvellement inclus, ne peut être prolongée du fait de la durée du délai de prévenance. ». Ainsi, lorsque l'employeur a valablement stipulé une durée d'essai de quatre mois, il n'aura en réalité que trois mois pour juger des compétences du salarié. Attendre le quatrième mois serait être condamné à ne plus pouvoir respecter le délai de prévenance dans le temps de l'essai. Tardive, la rupture serait alors qualifiée de licenciement avec toutes les conséquences d'une telle qualification. Les durées maximales de l'article L. 1221-19 du Code du travail sont donc trompeuses.

§ 6 L'abus du droit de rompre en cours d'essai

Au cours de l'essai, l'employeur a le droit de résilier le contrat de travail sans avoir à justifier d'une cause réelle et sérieuse. Ce droit, quoique parfois qualifié improprement de discrétionnaire par la Cour de cassation (v. par ex. Soc. 6 décembre 1995, *Bull. civ.* V, n° 330 ; *JCP* 1996. II. 22671) est susceptible d'abus (ce que confirme l'arrêt préc.). La reconnaissance explicite de ce possible abus est constante depuis l'arrêt *Dame Courtia* du 17 mars 1971 (*Bull. civ.* V, n° 216 ; *Grands arrêts*, n° 42). Cet arrêt qualifie d'abusive une rupture en cours d'essai « sans rapport avec l'exécution du travail ». L'espèce était, il est vrai, assez caricaturale, puisque le motif de la rupture était le prochain mariage de la salariée. Mais ceci n'a pas limité la portée de la solution. L'abus est aujourd'hui reconnu à chaque fois que le salarié peut prouver que le motif de la résiliation est étranger à l'appréciation de ses capacités professionnelles. Ainsi, par exemple, l'arrêt du 18 juin 1996 (*Bull. civ.* V, n° 247) déclare abusive la rupture du contrat d'un salarié malade dont l'essai était suspendu « avant la reprise du travail par le salarié et en raison du dynamisme et de la qualité des prestations de son remplaçant » (v. aussi Soc. 10 décembre 2008, n° 07-42445, *Dr. soc.* 2009. 235, note G. Couturier et les ex. cités dans les documents reproduits en fin de chapitre). 204

Plus généralement, la seule constatation d'une rupture de l'essai « pour un motif non inhérent à la personne du salarié » suffit à caractériser l'abus (Soc. 20 novembre 2007, *Cofiroute** et, dans des termes proches, Soc. 24 novembre 1999, n° 97-43054).

§ 7 Le maintien de certaines des règles du droit du licenciement

Les règles auxquelles la période d'essai permet de faire exception étaient définies maladroitement par l'ancien Code du travail (art. L. 122-4 al. 2). Ce texte excluait, si l'on suivait sa lettre, les règles de toute une section de l'ancien Code du travail et elles seules. Cette signification littérale n'avait cependant pas été retenue. Par exemple, la prévision d'une période d'essai au sein d'un contrat à durée déterminée permettait de faire exception à l'article L. 122-3-8 de l'ancien Code sur la rupture des CDD, alors même que ce texte n'était pas expressément exclu. En sens inverse, l'article L. 122-12 de l'ancien Code du travail était applicable aux salariés qui exécutaient une période d'essai, alors même que ce texte était formellement situé dans la section exclue. Ainsi 205 l'interprétation littérale était-elle exclue, au profit d'une interprétation téléologique, fonction du but reconnu aux clauses d'essai.

Cette interprétation téléologique devrait survivre à la recodification. L'article L. 1231-1 du Code du travail est aussi mal rédigé que son prédécesseur. Formellement, il exclut en cours d'essai l'ensemble des règles du titre intitulé « la rupture du contrat de travail à durée indéterminée ». Mais ce titre a un contenu très substantiellement différent de la section exclue par la lettre de l'ancien Code. Et la recodification est présumée à droit constant. De plus, l'exclusion en bloc des règles du titre expressément visé et d'elles seules conduirait à certaines incohérences. Le droit constant doit donc se comprendre ici comme la préservation d'une certaine logique juridique. Laquelle a inspiré jusqu'ici la jurisprudence.

Il demeure que la logique juridique est plus solide lorsqu'elle peut s'appuyer sur une lettre claire. Une distinction s'impose dès lors. Les règles du droit du licenciement maintenues par la logique *et* par la lettre du nouveau Code seront évoquées dans un premier temps (A). Celles qui ne devraient être maintenues que par la grâce de la logique et de la jurisprudence, mais *contre* la lettre du nouveau Code mériteront un traitement séparé (B).

A. Quand la lettre soutient la logique

206 Si l'on en croit l'article L. 1231-1 du Code du travail, issu de la recodification, d'assez nombreuses règles continuent à s'appliquer en cours d'essai, à savoir toutes celles qui ne sont pas situées dans le titre qu'il vise. Demeurent ainsi applicables les règles qui encadrent l'évaluation des salariés (L. 1221-8 du Code du travail), celles qui prohibent les discriminations (art. L. 1132-1 et s. du Code du travail), celles qui protègent certains salariés particulièrement exposés, comme les représentant du personnel ou les femmes enceintes, ou encore les règles de la procédure disciplinaire. D'autres règles sont exclues, comme l'exigence d'une cause réelle et sérieuse, les règles relatives à la procédure de licenciement pour motif personnel, dont celles relatives à l'énonciation du motif.

Ces différentes solutions, conformes à la lettre du texte, devraient perdurer en ce qu'elles sont aussi conformes à la jurisprudence antérieure (à une petite nuance près, v. ci-dessous) et surtout à la finalité des clauses d'essai. Ce qui nécessite quelques mots d'explication.

En principe, la première évaluation du salarié par l'employeur se situe au cours du recrutement, avant l'embauche. L'essai a pour objet et pour finalité de reporter cette *première* évaluation dans le temps afin de permettre à l'employeur de juger le salarié en situation réelle de travail. L'évaluation de l'essai et celle du recrutement n'en sont pas moins similaires. *Il s'agit de se faire une première opinion à partir d'un doute initial.* Une fois l'essai achevé, cette première opinion est faite. On dit que l'essai est concluant : l'employeur s'est forgé une première opinion, positive, du salarié.

L'évaluation ne cesse pas pour autant. À l'avenir, la découverte d'une incompétence ou d'une faute pourra fort bien légitimer un licenciement. Simplement, cette nouvelle évaluation ne sera plus un acte tout à fait similaire à celle qui avait eu lieu pendant l'essai. Il s'agit désormais non plus d'une première opinion, mais d'un *changement d'opinion*, assez radical, sur les capacités d'un salarié précédemment évalué de manière positive. Un tel changement suscite une méfiance *a priori* du droit. Elle s'exprime au sein de diverses règles du droit du licenciement, comme l'exigence d'une cause réelle et sérieuse, les formes et procédures qui encadrent l'expression du motif ou encore comme l'article L. 1235-1 du Code du travail qui fait peser sur l'employeur le risque de la preuve de la cause réelle et sérieuse de licenciement. *À la confiance accordée au rendu d'un premier avis succède la méfiance qui s'attache à un changement d'avis.* C'est parce que cette méfiance n'a pas lieu d'être pendant l'essai, que certaines règles du droit du licenciement sont inapplicables.

Il est, en revanche, des règles qui encadrent la rupture sans être en rien fondées sur cette méfiance qui entoure une deuxième évaluation, contraire à la première. Et ces règles devraient, en principe, s'appliquer à l'essai. **207**

Il en va ainsi clairement des quelques règles qui ne se contentent pas d'encadrer le licenciement mais régissent aussi expressément le recrutement lui-même. Le législateur a en effet considéré que la liberté d'évaluation qui caractérise le recrutement n'était pas exclusive d'un encadrement minimal. Et cet encadrement minimal doit *logiquement* être considéré comme applicable, *a fortiori*, à l'évaluation au cours de la période d'essai. Il en va ainsi, par exemple, des exigences de transparence et de pertinence des méthodes d'évaluation (L. 1221-8 du Code du travail) et de la prohibition des discriminations (art. L. 1132-1 et s. C. trav.) : ces différents textes visent expressément le recrutement dans leur champ d'application. L'application de la prohibition des discriminations au cours de la période d'essai a été au demeurant confirmée en jurisprudence (Soc. 16 février 2005, *Bull. civ.* V, n° 52 ; *RJS* 2005, n° 469), y compris en matière pénale (Crim. 14 octobre 1986, *Bull. crim.*, n° 287).

La confiance *a priori* accordée à la rupture en cours d'essai est parfois contrebalancée par un motif particulier de méfiance du législateur envers l'acte de rompre le contrat de travail. En présence de ce conflit, ordinairement, la jurisprudence faisait prévaloir la règle spéciale du droit du licenciement sur l'essai. Ainsi, la protection contre le licenciement des représentants du personnel est applicable en cours d'essai (v. Crim. 5 novembre 1974, *Jur. Soc UIMM* 1975, n° 349, p. 124 ; Soc. 26 octobre 2005, 2 arrêts, *Bull. civ.* V, n° 306 ; *D.* 2006. Jur. 115-118, obs. J. Mouly). Ainsi encore, la protection contre le licenciement des salariés victimes d'un accident du travail s'appliquait-elle aux salariés accidentés pendant leur période d'essai, y compris l'obligation de l'employeur de suivre les indications du médecin du travail et de reclasser, si nécessaire, le salarié sur un poste différent de celui qu'il occupait à l'origine (Soc. 25 février 1997, *Bull. civ. V*, n° 80 ; *Dr. soc.* 1997. 409, note C. Roy-Loustaunau). **208**

L'application du droit protecteur des femmes enceintes était plus nuancée dans la jurisprudence. Les règles concernant le congé maternité doivent, bien entendu être appliquées. L'article L. 1225-1 du Code du travail (L. 122-25 anc. C. trav.) qui interdit de prendre en compte l'état de grossesse d'une femme pour résilier son contrat est expressément applicable (Soc. 27 février 1997, *Bull. civ.* V, n° 80) et la Cour de cassation en déduit que des dommages-intérêts sont dus en application de l'article L. 1225-71 du Code du travail (L. 122-30 alinéa 1er anc. C. trav.). En revanche, la Cour a refusé à la femme enceinte en période d'essai la protection contre le licenciement qui s'applique pendant toute la période de la grossesse (art. L. 1225-4, L. 1225-5, L. 1225-6 C. trav. ; L. 122-25-2 anc. C. trav.) et qui interdit à l'employeur de licencier la salariée pour tout autre motif qu'une faute grave ou une impossibilité de maintenir le contrat non liée à la grossesse (Soc. 31 mars 1971, *Bull. civ.* V, n° 273 ; Soc. 21 décembre 2006, n° 05-44806, *Bull. civ.* V, n° 415). Le conflit entre cette disposition et l'objet même de l'essai est patent. La Cour a tranché ce conflit au profit de la stipulation d'un essai et a ainsi sacrifié la protection de la femme enceinte au profit de la liberté de l'employeur de rompre en cours d'essai. Cette solution, très discutable, était cependant fragile dans son existence et dans sa portée, du fait du droit communautaire. Un licenciement pour un motif lié à la grossesse caractérise dans tous les cas une discrimination sexiste directe (v. CJCE 8 novembre 1990, *Dekker*, C-177/88, *Rec. CJCE* p. I-3941 et plus spécifiquement, CJCE 14 juillet 1994, *Webb*, C-32/93, *Rec. CJCE* p. I-3567 ; CJCE 4 octobre 2001, *Tele Danmark*, C-109/00, *Rec. CJCE* p. I-6993 ; CJCE 27 février 2003, *Busch*, C-320/01 ; CJCE 11 octobre 2007, *Paquay*, C-460/06). Il est par conséquent nul en application des articles L. 1132-1 et L. 1132-4 du Code du travail, lesquels s'appliquent à la période d'essai (v. ci-dessus).

Enfin, la Cour de cassation affirmait nettement que la procédure disciplinaire devait être respectée, même en cours d'essai, dès lors que la rupture est justifiée par un motif disciplinaire (Soc. 10 mars 2004*, *Bull. civ.* V, n° 80 ; *Dr. soc.* 2004. 733, note M. Dubertet ; *JCP G* 2004. II. 10088, note D. Corrigan-Carsin). L'idée est sans doute cette fois que les clauses d'essai n'ont pour objet que de faciliter la rupture et que, comme telles, elles ne peuvent écarter le droit disciplinaire, lequel a une finalité plus large puisqu'il vise à protéger les salariés contre toute mesure de rétorsion (v. n° 109 et s.).

Dans tous ces exemples, la jurisprudence antérieure se fondait sur l'objet ou la finalité des clauses d'essai pour maintenir l'application de règles relatives à la rupture. Cette jurisprudence devrait être préservée, la lettre du Code allant désormais dans le même sens. Seul le cas un peu particulier des femmes enceintes devrait évoluer, sous l'influence du droit communautaire, plus encore que sous l'influence de la lettre du nouveau Code.

Cette lettre apparaît en effet peu fiable, du moins lorsqu'elle s'oppose à la logique antérieurement dominante.

B. Quand la lettre s'oppose à la logique

209 La question de l'application du droit spécial du licenciement pour motif économique est sans doute la plus difficile.

Après certaines hésitations (en faveur de l'application du droit du licenciement en cours d'essai, v. Soc. 8 mars 1956, *Bull. civ.* IV, n° 228 ; *contra* v. Soc. 2 juin 1981, *D.* 1982. 206, note J. Mouly et, de manière très ambiguë, Soc. 30 septembre 1992, *Bull. civ.* V, n° 484), la jurisprudence immédiatement antérieure à la recodification semblait avoir pris parti pour une application du droit du licenciement en cours de période d'essai. Tel était le sens de l'arrêt *Cofiroute* du 20 novembre 2007*. Selon cet arrêt, la seule constatation d'une rupture de l'essai « pour un motif non inhérent à la personne du salarié » suffit à caractériser l'abus du droit de rompre l'essai (v. déjà Soc. 24 novembre 1999, n° 97-43054). Cette référence exprès par la Cour de cassation au « motif non inhérent à la personne du salarié » est une reprise des termes par lesquels le motif économique est défini dans le Code du travail (L. 1233-3 C. trav. ; L. 321-1 anc. C. trav.). Il en résulte que la rupture d'essai pour motif économique est abusive.

Cela ne signifiait pas, bien entendu, que *toute* rupture du contrat de travail pour un motif économique était interdite pendant l'essai. Rien ne permet de justifier que le salarié soit protégé contre toute perte d'emploi pour motif économique pendant la durée de l'essai. L'arrêt *Cofiroute* du 20 novembre 2007 exclut simplement *les ruptures d'essai* pour motif économique. Il n'interdisait pas le *licenciement* économique du salarié, y compris pendant la durée de l'essai. Les règles du licenciement devaient alors, simplement, être respectées.

Le maintien de la jurisprudence *Cofiroute* est toutefois subordonné à l'impact qui sera accordé à la recodification. Littéralement, les règles du licenciement économique sont désormais situées au sein du titre dont l'article L. 1231-1 du Code du travail exclut l'application en cours d'essai (alors que sous le règne de l'ancien Code, le droit du licenciement était situé hors de la section exclue littéralement en cours d'essai). On peut espérer que cette maladresse de rédaction n'empêchera pas les juges de maintenir leur jurisprudence, d'autant que la finalité des clauses d'essai a été récemment entérinée et précisée à l'article L. 1221-20 du Code du travail, et que cette finalité est d'apprécier les qualités du salarié et certainement pas d'évaluer la profitabilité ou la compétitivité d'un poste de travail.

section 3

Clauses de non-concurrence

Les clauses de non-concurrence sont des clauses par lesquelles un salarié se voit interdire certaines activités risquant de concurrencer son ancien employeur, après la rupture du contrat de travail qui le liait à celui-ci. Depuis l'accord national interprofessionnel sur la modernisation du marché du travail du 11 janvier 2008, ces clauses doivent être intégrées au sein des contrats individuels, même si elles sont prévues par une convention collective (sur cette solution et sur les ambiguïtés de la jurisprudence antérieure, v. n° 77). 210

Ces clauses de non-concurrence contractuelles sont aujourd'hui fermement encadrées. La suspicion de principe qui les frappe résulte de leur objet. Restreindre le champ des activités possibles d'un ancien salarié et ses possibilités de retrouver du travail, c'est aussi porter atteinte à plusieurs libertés fondamentales. Le principal objet des clauses de non-concurrence est d'interdire au salarié d'être réembauché par certaines entreprises ou sur certains emplois. Ceci porte directement atteinte à la liberté du travail, visée par l'article 6.1 du pacte international relatif aux droits économiques, sociaux et culturels du 16 décembre 1966. Est aussi en cause la liberté d'entreprendre, dont la valeur constitutionnelle a été maintes fois affirmée (v. not. Cons. const. 16 janvier 1982, n° 81-132, pt. 16). C'est un des intérêts de l'arrêt *Barbier* du 10 juillet 2002* de l'avoir expressément incluse dans le débat. L'arrêt vise en effet le « libre exercice d'une activité professionnelle », expression qui inclut, plus clairement que le seul visa de la liberté du travail, la liberté pour le salarié de s'installer à son compte. Il faut encore mentionner la liberté de la concurrence. Celle-ci peut apparaître comme dérivée de la précédente, même si elle n'a, pour l'heure, été reconnue qu'en qualité de liberté publique (CE 6 mars 1914, *Syndicat de la boucherie*, *Lebon*, p. 308). Elle permet de rappeler que la concurrence est autorisée par le droit positif et qu'elle est juridiquement protégée comme liberté fondamentale.

Cet effet attentatoire aux libertés des clauses de non-concurrence apparaît aujourd'hui évident. Il a cependant été longtemps ignoré par la jurisprudence. Certes, dès l'arrêt *Bedaux* du 8 mai 1967 (*Bull. civ.* IV, n° 373 ; *Grands arrêts*, n° 44), la Cour de cassation a affirmé que *certaines* clauses de non-concurrence pouvaient porter atteinte à la liberté du travail. Cette atteinte n'était cependant reconnue 211 qu'exceptionnellement, en cas de privation de toute liberté du travail. Seules les clauses qui, par leur durée et la généralité de leurs champs d'application géographique et professionnel, revenaient à interdire « de façon absolue » à un salarié l'exercice d'une activité « conforme à sa formation et à ses connaissances » étaient alors invalidées comme attentatoires à la liberté du travail. La règle était clairement posée : « une clause de non-concurrence est en principe licite ». De fait, à la suite de l'arrêt *Bedaux*, les clauses de non-concurrence furent très largement admises en jurisprudence, malgré les vives protestations doctrinales qu'elles pouvaient susciter.

Il faudra attendre le début des années 1990 et l'arrêt *Godissart* (Soc. 14 mai 1992, *Bull. civ.* V, n° 309 ; *Grands arrêts*, n° 45) pour qu'un mouvement de recul s'esquisse, parallèlement à la montée en puissance de la problématique des droits de l'homme en droit du travail. Cette évolution a été complétée et synthétisée par l'arrêt *Barbier* du 10 juillet 2002, lequel a posé les actuelles conditions de validité d'une clause de non-concurrence dans un attendu de principe, repris par deux arrêts du même jour (*Salambier c. SA La Mondiale*, *Bull. civ.* V, n° 239, 1re esp. n° 2723 et *Molines c. Sté MSAS cargo international*, *Bull. civ.* V, n° 239, 3e esp., n° 2725) : « une clause de non-concurrence n'est licite que si elle est indispensable à la protection des intérêts légitimes de l'entreprise, limitée dans le temps et dans l'espace, qu'elle tient compte des spécificités de l'emploi du salarié et comporte l'obligation pour l'employeur de verser au salarié une contrepartie financière, ces conditions étant cumulatives » (pour une reprise mot à mot de cet attendu, v. encore, notamment, Soc. 29 janvier 2003, *Bull. civ.* V, n° 27 ; Soc. 29 avril 2003, *Bull. civ.* V, n° 143).

Comparativement à l'arrêt *Bedaux*, la distance franchie est considérable. La question de la validité des clauses de non-concurrence est clairement inscrite au sein de la problématique des droits et libertés fondamentaux du salarié par le visa de l'article L. 120-2 de l'ancien Code du travail (art. L. 1121-1 actuel du C. trav.) et par celui « du principe fondamental de libre exercice d'une activité professionnelle », visa dont la portée est renforcée par le fait que la Cour a pris le soin de relever d'office le moyen qui en est tiré. Il en résulte logiquement que, d'un principe de licéité, on est passé à un principe d'illicéité : « une clause de non-concurrence n'est licite que si... », (en ce sens, v. déjà Soc. 19 novembre 1996, *Bull. civ.* V, n° 392). Et les conditions de cette licéité, clairement posées comme « cumulatives », sont strictement définies : par son objet, la clause doit être « limitée dans le temps et dans l'espace » et tenir « compte des spécificités de l'emploi du salarié » (§ 1) ; elle doit être « indispensable à la protection des intérêts légitimes de l'entreprise » (§ 2) ; elle doit enfin comporter « l'obligation pour l'employeur de verser au salarié une contrepartie financière » (§ 3). Ces différentes exigences sont sanctionnées avec efficacité (§ 4).

§ 1 Le temps, l'espace et la nature de l'activité

212 L'exigence d'une limitation dans le temps et l'espace, comme la prise en compte de l'emploi du salarié, trouvent leur origine au sein de la jurisprudence antérieure. L'arrêt *Bedaux* avait déjà remarqué en 1967 qu'une clause de non-concurrence pouvait être annulée « dans la mesure où elle porte atteinte à la liberté du travail, en raison de son étendue dans le temps et dans l'espace et quant à la nature de l'activité de l'intéressé ». Mais l'analyse des champs d'application temporel, géographique et professionnel de la clause de non-concurrence était alors strictement orientée vers l'étude d'une éventuelle atteinte à la liberté du travail, laquelle était

alors perçue de manière fort restrictive. Et la jurisprudence se contentait pour l'essentiel de vérifier si le salarié conservait une possibilité, même limitée, d'exercer sa profession. Elle validait ainsi des clauses illimitées dans le temps (Com. 7 novembre 1977, *Bull. civ.* IV, n° 250) ou dans l'espace (Soc. 29 mai 1991, *RJS* 1991, n° 836) ou encore des clauses dont la limite professionnelle largement indéfinie « ne portait pas atteinte à la liberté du travail » du fait du « caractère polyvalent » de l'activité du salarié (Com. 7 novembre 1984, *Bull. civ.* IV, n° 302). Les limites géographique, temporelle et professionnelle d'une clause de non-concurrence apparaissaient ainsi comme alternatives.

C'est l'une des innovations marquantes de l'arrêt *Barbier* que de revenir sur cette analyse. Désormais une clause de non-concurrence n'est licite « que si elle est limitée dans le temps et dans l'espace, (et) qu'elle tient compte des spécificités de l'emploi du salarié, (...) ces conditions étant cumulatives ». Les limites dans le temps, dans l'espace et quant à l'activité sont désormais trois conditions cumulatives nécessaires à la validité d'une clause de non-concurrence.

Ce caractère cumulatif conduit notamment à accroître l'impact de la condition relative à l'activité. La clause de non-concurrence ne saurait en aucun cas empêcher le salarié « d'exercer une activité conforme à sa formation et à son expérience professionnelle » (Soc. 18 septembre 2002, *D.* 2002. 3229, note Y. Serra, et déjà, dans le même sens, Soc. 18 décembre 1997, *Dr. soc.* 1998. 194, obs. J. Savatier et Soc. 3 janvier 1998, *ibid.*, 279, obs. J. Savatier). Cette interdiction est absolue. L'arrêt précité du 18 septembre 2002 le précise clairement lorsqu'il affirme qu'un tel empêchement est exclu, même lorsqu'il apparaît « indispensable à la protection des intérêts légitimes de l'entreprise ». L'intérêt de l'employeur, alors même qu'il est reconnu « légitime », doit ici céder face à l'intérêt du salarié. Il existe ainsi un droit du salarié sur la qualification qu'il a acquise au cours de sa formation et de sa vie professionnelle, y compris celle qu'il a acquise auprès de son ancien employeur. Ce droit, auquel le salarié ne peut renoncer, est en quelque sorte le « noyau dur » irréductible de la liberté du travail. C'est une limite au-delà de laquelle aucune clause de non-concurrence ne saurait aller et ce, quelles que soient les justifications qui pourraient être apportées au soutien de la clause. 213

Lorsque la clause est jugée « indispensable à la protection des intérêts légitimes de l'entreprise » tout en étant attentatoire à ce noyau dur de la liberté du travail, elle n'est pas nécessairement nulle. La Cour de cassation reconnaît alors une faculté de réfaction judiciaire de la clause. Amputée de la part qui portait atteinte au droit du salarié sur sa qualification, la clause peut être sauvée. C'est le sens de l'arrêt précité du 18 septembre 2002. En l'espèce, le salarié d'une société d'assurance s'était vu interdire de placer des assurances dans le département où il exerçait précédemment cette activité et ce pendant deux ans. Cette clause est jugée par la Cour « indispensable à la protection des intérêts légitimes de l'employeur » ; elle n'en est pas moins attentatoire au droit du salarié sur sa qualification, en ce qu'elle ne lui permet pas d'exercer une « activité conforme à sa formation et son expérience professionnelle ». La Cour en déduit que la Cour d'appel avait pu décider de réduire le champ d'application de cette clause, en la limitant à une prohibition pour l'ancien salarié de démarcher les clients qu'il avait apportés à son ancien employeur. La clause ainsi réduite, les intérêts de l'employeur ne sont pas nécessairement sauvegardés. Mais le salarié peut exercer un métier conforme à sa qualification et le « noyau dur » de la 214 liberté du travail est sauvegardé. Ce sauvetage par réfaction d'une clause de non-concurrence, quoique critiqué en doctrine, est aussi reconnu lorsque les champs d'application géographique ou temporel sont excessifs (v. Soc. 25 mars 1998, deux arrêts, l'un portant sur une réduction de la durée et l'autre sur une réduction du champ d'application territorial, *Dr. soc.* 1998. 544, obs. R. Vatinet).

§ 2 « Indispensable à la protection des intérêts légitimes de l'entreprise »

■ 215 Une clause de non-concurrence est une atteinte au libre exercice d'une activité professionnelle, même lorsqu'elle est convenablement limitée à la fois dans le temps, dans l'espace et quant à l'activité du salarié. Cette atteinte, aussi minime soit-elle, ne peut être admise qu'à la condition d'obéir à une finalité légitime et d'être strictement proportionnée aux exigences de cette finalité (v. art. L. 1121 C. trav. et n° 148 et s.). Ces conditions ont été posées pour la première fois par l'arrêt *Godissart* du 14 mai 1992 (Soc. 14 mai 1992, *Bull. civ.* V, n° 309 ; *JCP* 1992. II. 21889, note J. Amiel-Donat ; *D.* 1992. 350, note Y. Serra ; D. Corrignan Carsin ; *Dr. soc.* 1992. 967), aux termes duquel une clause de non-concurrence ne peut être valide que si elle est « indispensable à la protection des intérêts légitimes de l'entreprise ». Elle a été depuis reprise, dans les mêmes termes, par de nombreux arrêts et notamment par l'arrêt *Barbier* du 10 juillet 2002* (préc.). Cette jurisprudence *Godissart* a réalisé une importante avancée comparativement à la jurisprudence antérieure. En 1998 encore, la Cour de cassation affirmait que l'utilité d'une clause de non-concurrence ne conditionnait en rien sa validité (Soc. 13 oct. 1988, *D.* 1989. 122, note Y. Serra).

■ 216 La « protection des intérêts légitimes de l'entreprise » désormais exigée vise le but légitime que doit poursuivre une clause de non-concurrence. Le caractère « indispensable » exprime l'exigence de nécessité de la restriction faite à la liberté du salarié et de proportionnalité entre l'étendue de cette restriction et le but recherché (sur cette exigence de proportionnalité, v. aussi Com. 4 janvier 1994, *D.* 1995. 205, note Y. Serra, arrêt qui casse la décision d'une cour d'appel au motif que celle-ci n'avait pas recherché si la clause litigieuse « n'était pas disproportionnée »). Lorsqu'une clause de non-concurrence est assortie d'une faculté de rachat par le salarié, cette faculté acceptée par l'employeur démontre à elle seule que la clause n'est pas nécessaire ou « indispensable », ce qui suffit à condamner la clause (Soc. 7 avril 1998, *Dr. soc.* 1998. 546).

■ 217 Ce contrôle de nécessité et de proportionnalité, qui donne de grands pouvoirs d'appréciation aux juges, n'est plus spécifique à la question des clauses de non-concurrence. En vertu de l'article L. 1121-1 du Code du travail, il s'applique à toute clause qui restreint les droits et libertés fondamentaux du salarié. Ainsi, par exemple, l'attendu de principe de l'arrêt *Godissart* se retrouve, quasiment à l'identique, au sujet des clauses d'exclusivité (v. quatre arrêts du 11 juillet 2000, *Bull. civ.* V, n° 276, n° 277 et deux arrêts non publiés, n°s 98-41486 et 98-43945) : « Attendu que la clause par laquelle un salarié s'engage à consacrer l'exclusivité de son activité à un employeur porte atteinte à la liberté du travail ; qu'elle n'est valable que si elle est indispensable à la protection des intérêts légitimes de l'entreprise et si elle est justifiée par la nature de la tâche à accomplir et proportionnée au but recherché ».

L'exigence d'un intérêt de l'entreprise qui soit « légitime » conduit à une difficulté particulière en matière de clauses de non-concurrence. Dans une économie de marché, la concurrence est une liberté fondamentale. Sa restriction, même « utile » à l'entreprise, n'est pas *a priori* « légitime ». Elle est même éminemment suspecte. Au-delà d'un certain seuil, la restriction de la concurrence est même passible de sanctions pénales (art. L. 420-6 C. Com.), au travers de la prohibition des ententes (art. 81 traité CE et L. 420-1 C. com.), des abus de position dominante (art. 82 traité CE et. L. 420-2 al. 1er C. com.) ou des abus de dépendance économique (L. 420-2 al. 2 C. com.). On peut notamment citer l'article L. 420-1 du Code de commerce lequel prohibe expressément, sous peine de sanctions pénales, les « conventions » qui « tendent à (...) limiter l'accès au marché ou le libre exercice de la concurrence par d'autres entreprises ». 218

Ainsi, même si elle peut présenter un intérêt pour l'ancien employeur du salarié, la limitation du libre exercice de la concurrence n'est pas un intérêt *a priori* légitime. Ce n'est que par exception qu'il peut le devenir, dans la mesure où il ne s'agit plus que de protéger l'entreprise contre *certaines* formes de concurrence jugées excessives. Cette protection vient s'ajouter à celle que procure l'article 1382 du Code civil contre la concurrence déloyale. L'intérêt des clauses de non-concurrence se situe donc dans la prohibition de comportements qui, sans être des actes de concurrence déloyale, vont au-delà du jeu normal de la concurrence.

Il y a là une question de mesure casuistique difficile. Peuvent être considérées comme légitimes, les protections des secrets professionnels, des fichiers de clientèle ou même de certains savoir-faire spécifiques à l'entreprise. La jurisprudence accepte d'aller plus loin encore. Elle valide ainsi l'interdiction de retirer un avantage concurrentiel, pour lui-même ou pour son nouvel employeur, du rapport privilégié qu'il a pu nouer avec la clientèle de son ancien employeur (v. pour la reconnaissance de la validité d'une clause de non-concurrence applicable à un garçon de café, Soc. 1er mars 1995, *RJS* 1995, n° 377 ; ou à un coiffeur, Soc. 2 décembre 1997, *Bull. civ.* V, n° 414). Il demeure que la légitimité de l'intérêt invoqué devient vite problématique et qu'elle ne doit pas être acceptée lorsqu'il s'agit de prohiber un comportement concurrentiel banal.

§ 3 La contrepartie financière

La dernière condition posée à la validité d'une clause de non-concurrence tient à l'existence d'une « contrepartie financière ». Cette exigence a été posée par l'arrêt *Barbier* et les deux autres arrêts rendus dans les mêmes termes le 10 juillet 2002 (préc.). Elle doit être comprise comme l'exigence d'une contrepartie suffisante et non dérisoire. Réclamée depuis fort longtemps par un fort courant doctrinal, cette exigence d'une contrepartie avait été posée pour la première fois par un arrêt du 24 janvier 1866 (*D.* 1866. 1. 81), avant d'être abandonnée par la Cour de cassation tout au long du XXe siècle. Il aura fallu attendre le début du XXIe siècle pour que la Cour revienne sur cette position, suivant ainsi l'opinion de la plus grande partie de la doctrine. 219

L'exigence de contrepartie apparaît pleinement justifiée. La position qui voyait dans la relation de travail antérieure et dans le salaire perçu la contrepartie de l'obligation de non-concurrence est effectivement difficilement acceptable. Elle s'accordait mal aux espèces dans lesquelles la clause est amenée à s'appliquer alors même que le contrat a été rompu au cours de l'essai (Soc. 17 juillet 1997, *Dr. soc.* 97. 972, obs. C. Roy-Loustaunau), ce qui rendait la supposée contrepartie dérisoire. De plus, la faculté reconnue aux parties de créer par avenant au contrat de travail une clause de non-concurrence, sans modifier simultanément le salaire, laisse bien entendre que ce dernier n'est que la contrepartie du travail et non celle d'une absence future de concurrence. Enfin, pour une partie de la doctrine, il est possible de considérer que la clause de non-concurrence est divisible du reste du contrat. Cette doctrine s'appuie sur le fait que la clause demeure obligatoire alors que le contrat est résilié.

Elle semble aujourd'hui entérinée par la Cour de cassation, qui précise que la contrepartie financière est bien *exclusivement* causée par l'obligation de non-concurrence. Elle n'est ni une récompense pour bons et loyaux services, ni une récompense pour l'ancienneté passée. Ainsi la contrepartie due pour l'obligation de non-concurrence ne peut être réservée aux seuls cas de rupture à l'initiative de l'employeur (Soc. 9 mai 2006, *Bull. civ.* V, n° 198 ; *RDT* 2006. 171, obs. G. Auzero ; Soc. 31 mai 2006, *Bull. civ.* V, n° 198) ; ni à l'absence de faute grave (Soc. 28 juin 2006, *Bull. civ.* V, n° 231).

La Cour précise que la contrepartie désormais exigée doit être « financière », ce qui vise le versement d'une somme d'argent. Le statut juridique de cette contrepartie est connu depuis longtemps, la Cour de cassation ayant été amenée à régler le sort des contreparties financières fréquemment prévues au sein des conventions collectives, du temps même où elles n'étaient pas obligatoires. La contrepartie a « la nature d'une indemnité compensatrice de salaire » (v. not. Soc. 26 septembre 2002, *Bull. civ.* V, n° 283 ; Soc. 10 octobre 2007, *Dr. soc.* 2008. 251, obs. J. Mouly), ce qui implique sa soumission aux principaux éléments du régime juridique du salaire : cotisations sociales (Soc. 13 janvier 1998, *Dr. soc.* 1998. 278, obs. J. Savatier), statut fiscal, application de la prescription quinquennale des salaires (Soc. 26 septembre 2002, préc.), application, limitée, des garanties de l'AGS (Soc. 6 mai 1997, deux arrêts, *Dr. soc.* 1997. 751, obs. R. Vatinet), et même ouverture de droits à congés payés (Soc. 10 octobre 2007, préc.) ce qui est peut-être pousser un peu loin l'assimilation à un salaire. On notera, en outre, que le rapport de causalité qui unit l'obligation de non-concurrence et sa contrepartie financière permet logiquement le jeu de l'exception d'inexécution : l'indemnité de non-concurrence cesse d'être due à compter de la violation par le salarié de ses obligations (Soc. 25 février 2003, *Bull. civ.* V, n° 65) et réciproquement, le salarié est libéré de ses obligations si l'employeur cesse de verser la contrepartie (Soc. 3 octobre 1991). Enfin, l'indemnité ne peut être versée avant la rupture du contrat, un tel versement étant présumé sans lien avec l'exécution de l'obligation de non-concurrence (v. Soc. 7 mars 2007, n° 05-45511, *Bull. civ.* V, n° 44 ; *RDT* 2007. 308, note G. Auzero).

Ce lien de causalité est aussi important lors de l'évaluation du montant nécessaire à la validité de l'indemnité. Cette contrepartie doit ne pas être dérisoire (pour un rejet du pourvoi formé contre une décision d'appel ayant qualifié de dérisoire une indemnité d'un dixième de mois de salaire par mois de non-concurrence : Soc. 15 novembre 2006, n° 05-46721, *Bull. civ.* V, n° 341 ; *RDT* 2007. 95, obs. J. Pélissier). Et parce qu'elle est destinée à compenser le préjudice que crée l'obligation de non-concurrence, elle ne saurait dépendre que de l'intensité de ce préjudice et non de la durée de l'ancienneté (Soc. 7 mars 2007, préc.).

§ 4 Sanctions

La responsabilité de l'employeur est engagée du fait de l'illicéité de la clause, l'existence d'une telle clause provoquant nécessairement un préjudice au salarié (Soc. 18 mars 2003, *Bull. civ.* V, n° 98 ; Soc. 11 janvier 2006, *Bull. civ.* V, n° 8 ; *Dr. soc.* 2007. 465-466, obs. J. Mouly ; *RTD civ.* 2006. 311, obs. J. Mestre et B. Fages ; Soc. 18 octobre 2006, n° 05-42706 ; Soc. 15 novembre 2006, n° 05-46721, *Bull. civ.* V, n° 341 ; *RDT* 2007. 95, obs. J. Pélissier, v. aussi n° 104-105). 220

L'absence de contrepartie financière est un trouble manifestement illicite que le juge des référés a le pouvoir de faire cesser, en déclarant la clause de non-concurrence inopposable au salarié (Soc. 25 mai 2005, *Bull. civ.* V, n° 180).

En revanche, si le salarié souhaite bénéficier de la contrepartie financière d'une clause illicite, cette possibilité lui est offerte. La nullité de la clause est une nullité relative, qui ne peut être invoquée que par le salarié (v. not. Soc. 17 juillet 1997, *Dr. soc.* 1997. 972, obs. C. Roy-Loustaunau).

La renonciation unilatérale de l'employeur à l'application de la clause n'est en principe plus valide, dès lors que la présence d'une contrepartie fait de cette clause un élément contractuel d'intérêt commun entre l'employeur et le salarié (Soc. 17 février 1993, *D.* 1993. 347, note Y. Serra ; Soc. 4 juin 1998, *RJS* 1998, n° 856).

Toutefois, une clause contractuelle peut accorder expressément une faculté de renonciation à l'employeur. La validité d'une stipulation pourrait être contestée au nom de la prohibition des conditions potestatives. Elle semble cependant admise actuellement par la jurisprudence. La Cour de cassation se contente d'exiger que, lorsque la rupture du contrat de travail est un licenciement, la renonciation ait lieu au plus tard à la date de ce licenciement (Soc. 15 juillet 1998, *Bull. civ.* V, n° 382), afin que le salarié puisse immédiatement rechercher du travail en connaissance de cause.

En cas de démission ou de prise d'acte de la rupture par le salarié, l'impossibilité pour l'employeur d'anticiper la rupture du contrat a conduit les juges à accorder à l'employeur un délai pour prendre sa décision de renoncer, ou non, à l'application de la clause (Soc. 15 mars 2006, *Bull. civ.* V, n° 105, pour une démission, et Soc. 13 juin 2007, n° 04-42740, [P], *RDT*, 2007. 579-580, note J. Pélissier, pour une prise d'acte). Ce délai, qui court à compter de la date à laquelle l'employeur a eu connaissance de la rupture est, aux dires de la Cour, un délai "raisonnable". Dans l'espèce qui a donné lieu à l'arrêt du 13 juin 2007 (préc.), l'employeur avait attendu près d'un mois à compter de la notification de prise d'acte de la rupture. Selon la Cour de cassation, un tel délai a pu être considéré comme "raisonnable" par la cour d'appel. Il est cependant permis de juger un tel délai fort long : il faut en effet rappeler que dans l'attente de la décision de l'employeur, le salarié doit, à titre conservatoire, respecter la clause et qu'il ne peut, en conséquence, rechercher librement un nouvel emploi. Il aurait pu sembler plus "raisonnable" de n'accorder que quelques jours de délai à l'employeur, afin de ne pas laisser le salarié durablement dans l'ignorance de l'étendue du champ dans lequel il peut rechercher un emploi.

Il faut regretter la validité de ces facultés de renonciation unilatérale qui font du droit à la contrepartie financière un droit potestatif, qui dépend du bon vouloir de l'employeur.

Ces dernières solutions apparaissent encore relativement laxistes pour les employeurs. Mais elles ne doivent pas cacher que, dans l'ensemble, la jurisprudence relative aux clauses de non-concurrence est sévère. Ces clauses, qui furent longtemps des clauses de style, sont désormais précisément contrôlées. Elles devraient devenir exceptionnelles. Ce qui peut apparaître comme la moindre des choses, s'agissant de clauses attentatoires aux libertés fondamentales.

Biblio

- J.-Y. Frouin, « Période d'essai, période probatoire et changement d'emploi », *RJS* 2005, n° 423.
- J. Mouly, « La rupture de l'essai pour un motif non inhérent à la personne du salarié : fraude, abus de droit ou absence de cause réelle et sérieuse », *D.* 2008. Jur. 196.
- J. Dirringer, Y. Ferkane, M. Sweeney, A.-C. Creplet et T. Sachs, « Variations sur la période d'essai », E. Pekine (dir.), *RDT* 2008. 515-521.
- Y. Serra, « Tsunami sur la clause de non-concurrence en droit du travail », note sous Soc. 14 mai 1992, *Godissart*, *D.* 1992. 350.
- Y. Serra, note sous Soc. 10 juillet 2002, *Barbier**, *D.* 2002. 2491.
- J. Pélissier, note sous Soc. 10 juillet 2002, *Barbier**, *D.* 2002. Somm. 3111.
- R. Vatinet, « Les conditions de validité des clauses de non-concurrence : l'imbroglio », *Dr. soc.* 2002. 949.
- O. Leclerc, « Sur la validité des clauses de confidentialité », *Dr. soc.* 2005. 173.

Documents

1) Formes du contrat de travail

Directive du 14 octobre 1991 relative à l'obligation de l'employeur d'informer le travailleur des conditions applicables au contrat ou à la relation de travail (91/533/CEE)

« Article 2 : Obligation d'information

1. L'employeur est tenu de porter à la connaissance du travailleur salarié auquel la présente directive s'applique, ci-après dénommé "travailleur", les éléments essentiels du contrat ou de la relation de travail.

2. L'information visée au paragraphe 1 porte au moins sur les éléments suivants :

a) l'identité des parties ;

b) le lieu de travail ; à défaut de lieu de travail fixe ou prédominant, le principe que le travailleur est occupé à divers endroits ainsi que le siège ou, le cas échéant, le domicile de l'employeur ;

c) i) le titre, le grade, la qualité ou la catégorie d'emploi en lesquels le travailleur est occupé

ou

ii) la caractérisation ou la description sommaires du travail ;

d) la date de début du contrat ou de la relation de travail ;

e) s'il s'agit d'un contrat ou d'une relation de travail temporaire, la durée prévisible du contrat ou de la relation de travail ;

f) la durée du congé payé auquel le travailleur a droit ou, si cette indication est impossible au moment de la délivrance de l'information, les modalités d'attribution et de détermination de ce congé ;

g) la durée des délais de préavis à observer par l'employeur et le travailleur en cas de cessation du contrat ou de la relation de travail, ou, si cette indication est impossible au moment de la délivrance de l'information, les modalités de détermination de ces délais de préavis ;

h) le montant de base initial, les autres éléments constitutifs ainsi que la périodicité de versement de la rémunération à laquelle le travailleur a droit ;

i) la durée de travail journalière ou hebdomadaire normale du travailleur ;
j) le cas échéant :
i) la mention des conventions collectives et/ou accords collectifs régissant les conditions de travail du travailleur
ou
ii) s'il s'agit de conventions collectives conclues en dehors de l'entreprise par des organes ou institutions paritaires particuliers, la mention de l'organe compétent ou de l'institution paritaire compétente au sein duquel/de laquelle elles ont été conclues.
3. L'information sur les éléments visés au paragraphe 2 points f), g), h) et i) peut, le cas échéant, résulter d'une référence aux dispositions législatives, réglementaires, administratives ou statutaires ou aux conventions collectives régissant les matières y visées.
Article 3 : Moyens d'information
1. L'information sur les éléments visés à l'article 2 paragraphe 2 peut résulter de la remise au travailleur, deux mois au plus tard après le début de son travail :
a) d'un contrat de travail écrit
et/ou
b) d'une lettre d'engagement
et/ou
c) d'un ou de plusieurs autres documents écrits, dès lors que l'un de ces documents comporte au moins l'ensemble des éléments visés à l'article 2 paragraphe 2 points a), b), c), d), h) et i). »

2) Clauses d'essai

Soc. 7 janvier 1988, *Bull. civ.* V, n° 13

« … la notification de la rupture avait été provoquée par la réception d'une lettre du 30 octobre 1981 par laquelle M. Legros sollicitait des éclaircissements sur la portée des relations contractuelles, la cour d'appel a pu déduire de ces circonstances que la décision de rompre le lien contractuel ainsi prise par le GIE-DAG, sans que soit intervenue entre-temps une cause de nature à la justifier, constituait un abus du droit de l'employeur de mettre fin à la période d'essai… »

Soc. 20 avril 1989, *Bull. civ.* V, n° 300

« (…) Mlle Sanchez a été engagée par l'Académie des hôtesses à compter du 1er octobre 1984, avec une période d'essai de trois mois ; que, le 27 décembre 1984, l'employeur a mis fin au contrat ; (…)
Mais attendu qu'ayant constaté que, par lettre du 21 décembre 1984, l'employeur avait proposé à la salariée de prolonger la période d'essai, et, ayant retenu que la notification de la rupture, qui n'avait pas été prise en considération d'insuffisances professionnelles, avait été provoquée par une lettre du 26 décembre 1984, par laquelle Mlle Sanchez avait donné son accord en faisant observer que cette façon de procéder créait un sentiment d'insécurité, le conseil de prud'hommes, qui a relevé une légèreté blâmable de l'employeur, a pu en déduire un abus du droit de mettre fin à l'essai… »

Soc. 27 novembre 1990, *Bull. civ.* V, n° 592

« Attendu que la fédération fait grief à l'arrêt de l'avoir condamnée à des dommages et intérêts envers Mme Durbesson pour rupture abusive de la période d'essai…
Mais attendu que (…) si, en principe, chaque partie au contrat de travail est libre de le rompre pendant la période d'essai, sans donner de motif, il n'en résulte pas que cette rupture ne puisse

être fautive ; qu'ayant relevé que l'employeur avait laissé Mme Durbesson commencer la période d'essai, bien qu'il connût alors le motif pour lequel il a ensuite mis fin à l'essai, à savoir que l'intéressée était interdite de chèques, la cour d'appel en a exactement déduit que la société avait commis une faute dont elle devait réparation ».

Soc. 10 mars 2004, *Bull. civ.* V, n° 80 ; *Dr. soc.* 2004. 733, note M. Dubertet ; *JCP G* 2004. II. 10088, note D. Corrigan-Carsin

« Si l'employeur peut sans motif et sans formalité mettre fin à la période d'essai, il doit, lorsqu'il invoque un motif disciplinaire, respecter la procédure disciplinaire ».

Soc. 20 novembre 2007, *Cofiroute*, n° 06-41212, [P] ; *RDT* 2008. 29 note J. Pélissier ; *SSL* 3 décembre 2007, rapp. M. Duplat ; *Dr. ouvrier* 2007. 298, obs. J. Ferraro

« la période d'essai étant destinée à permettre à l'employeur d'apprécier la valeur professionnelle du salarié, la cour d'appel, qui a constaté dans l'exercice de son pouvoir souverain d'appréciation, que la résiliation du contrat de travail était intervenue au cours de la période d'essai pour un motif non inhérent à la personne du salarié, a décidé à bon droit qu'elle était abusive ».

3) Clauses de non-concurrence

Soc. 10 juillet 2002, *Barbier, Grands arrêts*, n° 46 ; *Bull. civ.* V, n° 239, 2e espèce n° 2724 ; *D.* 2002. 2491, note Y. Serra ; *D.* 2002. Somm. 3111, obs. J. Pélissier ; *Dr. soc.* 2002. 954, obs. R. Vatinet

« Sur le moyen relevé d'office, pris de la violation du principe fondamental de libre exercice d'une activité professionnelle, ensemble l'article L. 120-2 du Code du travail [art. L. 1121-1 du C. trav.] :

Attendu qu'une clause de non-concurrence n'est licite que si elle est indispensable à la protection des intérêts légitimes de l'entreprise, limitée dans le temps et dans l'espace, qu'elle tient compte des spécificités de l'emploi du salarié et comporte l'obligation pour l'employeur de verser au salarié une contrepartie financière, ces conditions étant cumulatives… ».

chapitre 10

Le contrat à durée déterminée

Plan analytique

section 1

Contrat à durée déterminée et perte d'emploi

§ 1 La justification d'une rupture avant terme

§ 2 La survenance du terme

section 2

Conditions légales de formation

§ 1 Champ du recours au contrat à durée déterminée

- **A.** Liste des motifs autorisés
- **B.** Prohibitions
- **C.** Durée, renouvellement et contrats successifs

§ 2 La sanction de requalification

- **A.** Bénéficiaire de la sanction
- **B.** Qualification et requalification
- **C.** Domaine de la requalification

section 3

La jurisprudence des contrats à durée déterminée formant un ensemble à durée indéterminée

Prototype des contrats de travail précaires, le contrat à durée déterminée a été l'objet d'une attention constante du législateur depuis un quart de siècle. Se sont notamment succédées la loi du 3 janvier 1979, les ordonnances du 5 février 1982 et du 11 août 1986, et les lois du 12 juillet 1990, du 17 juillet 2001, du 21 décembre 2001, du 17 janvier 2002, et du 3 janvier 2003. 221

Les règles qui sont issues de ces textes sont, à quelques nuances près, communes aux contrats de travail temporaires, autrement dits « contrats de mission » (v. n° 263 et s.). Elles servent en outre de droit commun à l'ensemble des contrats à durée déterminée spéciaux, issus des politiques de l'emploi. Ces multiples petits contrats, destinés tantôt aux jeunes, tantôt aux vieux, tantôt aux handicapés, tantôt aux chômeurs de plus ou moins longue durée, tantôt au RMIstes, sont censés permettre de lutter contre le chômage. Le législateur, toujours soucieux de montrer combien il est actif dans ce domaine, n'a de cesse d'en créer de nouveaux et de modifier les anciens. À chaque instant, il existe ainsi sur le « supermarché du travail » toutes sortes de promotions spéciales, à base de réduction des charges sociales ou d'exceptions faites aux protections du droit du travail. Il est de la nature de ces promotions d'être éphémères, changeantes. Étaient notamment disponibles en 2009, outre quelques contrats à durée indéterminée spéciaux comme le contrat de chantier (art. L. 1236-8 C. trav.), des contrats initiative-emploi, d'avenir, de mission, d'accompagnement dans l'emploi, de professionnalisation, de volontariat de solidarité internationale, de volontariat associatif, d'insertion dans la vie sociale (CIVIS), pour la réalisation d'un objet défini, jeune en entreprise, emploi-jeune, de transition professionnelle, etc. L'un des derniers nés est le « contrat unique d'insertion », issu de la loi du 1er décembre 2008 (art. L. 5134-19-1 et s. C. trav.). Malgré son nom, ce contrat est venu s'ajouter aux contrats précédents sans les remplacer. Sans doute s'agit-il d'un contrat « unique » au sens où l'on dit que chaque individu est « unique », même s'il existe des milliards d'individus...

Certains de ces contrats permettent d'obtenir des salariés pour des sommes dérisoires (il n'est pas rare d'y trouver du salarié à temps complet pour un coût très inférieur au SMIC). L'employeur qui cherche à embaucher a fortement intérêt à promener son caddie à la recherche des dernières « affaires » proposées par le législateur, véritables têtes de gondoles du supermarché de l'emploi.

L'effet de ces mesures multiples est pourtant douteux. L'employeur-consommateur est souvent un peu noyé devant toutes ces propositions et, surtout, lorsque le travail manque, un employeur refuserait même un travailleur gratuit (« on ne fait pas boire un âne qui n'a pas soif », comme dit le proverbe). Sauf bien sûr à remplacer un salarié en place, rémunéré normalement, par un salarié en promotion... Cet effet de substitution, fréquent, explique que le succès de tel ou tel contrat spécial n'a souvent guère d'effet sur la réduction du chômage.

Les différents contrats de travail au rabais conservent néanmoins une importance pratique considérable. Les derniers chiffres disponibles faisaient état de plus de

400 000 personnes ayant « bénéficié » à un titre ou à un autre d'un contrat spécial aidé pour l'année 2005. Personnes auxquelles il faut ajouter les 1,7 million d'autres embauchés en contrat à durée déterminée et les plus de 500 000 intérimaires, apprentis, etc. pour obtenir un total, sur l'année 2005 de plus de 5 millions de salariés en statut précaire, soit environ 20 % de la population active occupée (INSEE, *Enquêtes emploi*).

Cette importance explique l'intensité des débats relatifs à ces statuts précaires multiples. Un pic ayant même été atteint à propos du contrat nouvelles embauches (CNE) et du contrat première embauche (CPE), contrats qui visaient à inclure deux ans de précarité au sein des contrats à durée indéterminée.

Sur un plan juridique, deux importants contentieux fondés sur le droit international ont permis de freiner un peu le mouvement d'éclatement du droit du travail.

222 Le premier s'est basé sur la possible discrimination que peut générer la mise en place d'un statut spécial, défavorable, réservé à certaines catégories de travailleurs. C'est ainsi que, notamment, a pu être condamné un contrat de travail spécial de droit allemand, réservé aux vieux (CJCE *Mangold* 22 novembre 2005, C-144/04. Sur cet important arrêt, v. n° 170).

223 Le second contentieux a pris pour cible le CNE. Issu de la discrète ordonnance estivale du 3 août 2005, ce contrat comportait, comme le CPE, une période de précarité de deux ans. Il était réservé aux entreprises de moins de 20 salariés et avait pu survivre à la crise du CPE. Ce dernier contrat, réservé aux moins de 26 ans, avait en effet été construit sur le même modèle. Les grèves et manifestations organisées contre lui conduisirent à son abrogation quasi immédiate (adoption par la loi du 31 mars 2006, abrogation par la loi du 21 avril 2006 : record à battre !).

Contre le CNE, c'est une contestation juridique qui devait l'emporter. Celle-ci s'est concentrée sur la convention n° 158 de l'OIT, reconnue d'application directe par la Cour de cassation (Soc. 29 mars 2006, *Bull. civ.* V, n° 131 ; *RDT* 2006. 276, obs. P. Lokiec ; *Dr. soc.* 2006. 641, avis J. Duplat). Cette convention prévoit que tout licenciement doit être appuyé sur un « motif valable » (art. 4). Elle prévoit aussi la possibilité pour un État signataire de faire exception à cette exigence pour les salariés n'ayant pas acquis une période d'ancienneté minimale, à la condition que cette durée soit fixée d'avance et qu'elle soit « raisonnable » (art. 2.2 de la convention de l'OIT). Le débat judiciaire tournait donc autour d'une question simple à la réponse difficile : deux ans de précarité, est-ce bien « raisonnable » ? Le Conseil d'État a jugé, avec la déférence qu'on lui connaît pour les actes du gouvernement, qu'assurément pareille durée était bien raisonnable (CE 19 octobre 2005, *CGT et a.*, *JCP S* 2005. 1317, note R. Vatinet ; *Dr. ouvrier* 2006. 84, obs. G. Koubi). Mais lorsque l'ordonnance sur le CNE a été implicitement ratifiée par le législateur, ce sont les juges judiciaires qui sont devenus compétents pour répondre à la question posée (v. T. confl. 19 mars 2007, n° C3622, *Lebon*, *RDT* 2007. 369, étude D. Guirimand). Et, pour ces juges, la période de deux ans n'est pas très « raisonnable » (v. Soc. 1er juillet 2008, préc.). L'OIT, elle-même saisie, a confirmé cette appréciation (CA du BIT, 14 nov. 2007, GB.300/20/6 ; *RJS* 2008, n° 59). Le CNE a été abrogé par la loi du 25 juin 2008 sur la modernisation du marché du travail.

Ces victoires juridiques n'ont pas pour autant sonné le glas des petits statuts précaires. En même temps que le CNE était abrogé, un nouveau contrat de travail spécial a été créé : le contrat « pour la réalisation d'un objet défini » (art. 6 de la loi sur la modernisation du marché du travail du 25 juin 2008, v. n° 245) et la légalisation du portage salarial a été prévue (art. 8 de la loi). Le morcellement des contrats de travail semble ainsi reparti de plus belle. Et la promesse de contrat de travail unique, formulée par M. Sarkozy lorsqu'il était candidat à l'élection présidentielle, semble abandonnée, au moins pour les prochaines années.

Dans la multitude des petits statuts particuliers, le droit des contrats à durée déterminée apparaît comme un droit au large champ d'application. Il s'applique dans le silence des règles particulières à tel ou tel petit contrat spécial à durée déterminée. Le contrat de travail à durée indéterminée reste, en droit du travail, le contrat de principe (art. L. 1221-2 du Code du travail). Mais au sein du droit des statuts spéciaux, c'est le droit des contrats à durée déterminée qui sert de droit commun.

Le contrat à durée déterminée est un contrat précaire par son terme, mais stable jusqu'à la survenance de ce terme (section 1). Depuis 1979, sa formation est strictement réglementée par la loi (section 2). La jurisprudence antérieure à cette date, toujours présente, permet de compléter un peu cette réglementation (section 3).

section 1

Contrat à durée déterminée et perte d'emploi

À la survenance du terme, le contrat à durée déterminé cesse immédiatement et totalement ses effets. C'est ce qui fait du contrat à durée déterminée un contrat précaire. Cette survenance du terme, en l'absence de renouvellement, est cependant significative pour le salarié d'une perte d'emploi. Ce qui peut expliquer l'application de certaines protections (§ 2). 224

En revanche, avant la survenance du terme, le contrat à durée déterminée est extrêmement solide, surtout comparativement aux contrats à durée indéterminée (§ 1).

§ 1 La justification d'une rupture avant terme

Le contrat à durée déterminée peut prévoir une période d'essai, laquelle est limitée, en fonction de la durée du contrat, par l'article L. 1242-10 du Code du travail : un jour par semaine pour les contrats d'une durée inférieure à six mois, un mois au-delà. Pendant cette période le contrat à durée déterminée n'est pas plus solide qu'un contrat à durée indéterminée en cours d'essai (sur les clauses d'essai, v. n° 198 à 209). En revanche, une fois la durée de l'essai achevée et jusqu'à l'arrivée du terme, le contrat à durée déterminée est doté d'une grande stabilité. 225

Au nom de la prohibition des engagements perpétuels, les contrats à durée indéterminée peuvent être rompus unilatéralement par l'une des parties. En matière de contrat de travail, ces ruptures unilatérales ont pour nom le licenciement et la démission. De telles ruptures ne sont autorisées que pour les contrats à durée indéterminée, justement parce que ces contrats sont à durée indéterminée. Liés par un contrat à durée déterminée, l'employeur n'a aucun droit de licencier, ni le salarié de démissionner.

Une rupture avant terme du contrat de travail à durée déterminée ne peut donc, en principe, avoir lieu que du commun accord des parties. L'article L. 1243-1 du Code du travail prévoit deux exceptions à ce principe : la force majeure et la faute grave. Cette dualité n'est cependant qu'apparente.

■ 226 Depuis la loi du 17 janvier 2002, il est devenu plus qu'improbable qu'une des parties se laisse aller à invoquer un cas de force majeure : si une partie rompt le contrat en invoquant un cas de force majeure, la rupture aura les conséquences indemnitaires d'une rupture fautive de sa part (art. L. 1243-4 C. trav.). Rompre pour un cas de force majeure ou rompre sans raison ont désormais les mêmes effets. La force majeure n'est donc plus, en pratique, une cause justificative de la rupture du contrat à durée déterminée. Le législateur complète ainsi une longue évolution de la jurisprudence, qui interprétait la notion de « force majeure » d'une manière de plus en plus restrictive. Au point que l'on pouvait se demander si cette cause de rupture du contrat à durée déterminée conservait une quelconque actualité (sur la quasi-disparition en jurisprudence de la rupture pour force majeure en droit du licenciement, v. n° 426).

Pour éviter les sanctions d'une rupture illégale du contrat à durée déterminée, seule demeure donc la faute grave. La solution est valable quelle que soit la partie qui souhaite rompre : le salarié pour rompre le contrat doit prouver la faute grave de l'employeur et l'employeur, pour rompre, doit prouver la faute grave du salarié.

■ 227 La faute grave du salarié est l'objet d'une jurisprudence abondante, notamment parce que c'est aussi la faute grave du salarié qui peut, en matière de contrat à durée indéterminée, justifier un licenciement sans préavis ni indemnité. La faute grave est une faute d'une intensité telle qu'elle doit rendre nécessaire la rupture *immédiate* du contrat de travail. Cette gravité s'apprécie, *in concreto*, c'est-à-dire en vue de l'espèce concrète (pour plus de détail sur la notion de « faute grave », v. n° 469 et 470). La faute grave de l'employeur, justificatrice de la rupture du contrat par le salarié a donné lieu à moins de contentieux. Une violation mineure et exceptionnelle du contrat par l'employeur ne doit pas suffire. En revanche, une violation répétée ou touchant à un élément central du rapport de travail, comme le non-paiement d'un élément de salaire (Soc. 18 juillet 2001, *RJS* 2001, n° 1264) ou la non-fourniture de travail (Soc. 14 janvier 2004, *RJS* 2004, n° 291) est en principe qualifiée de suffisamment « grave » pour justifier la rupture du salarié.

■ 228 En dehors de la rupture pour faute grave de l'employeur, le salarié s'est vu reconnaître le droit supplémentaire de rompre un contrat de travail à durée déterminée en cours s'il a trouvé un autre emploi à durée indéterminée (art. L. 1243-2 C. trav.). Le législateur accorde ainsi au salarié le droit de quitter son emploi précaire, afin d'intégrer un emploi *a priori* plus stable. Dans ce cas, en vertu de l'article L. 1243-2 du Code du travail, le salarié devra accorder à l'employeur une période de préavis, calculée selon la durée prévue au contrat et qui ne peut en aucun cas dépasser les deux semaines.

■ 229 Toute rupture du contrat de travail à durée déterminée qui ne peut se prévaloir ni d'une faute grave, ni, pour le salarié, de la découverte d'un nouvel emploi à durée indéterminée, entraîne les sanctions prévues par les articles L. 1243-3, -4 et -5 du Code du travail.

En cas de rupture anticipée illicite par le salarié, celui-ci doit à l'employeur des dommages-intérêts selon le préjudice subi. L'employeur devra donc prouver la perte que le départ du salarié lui occasionne. Ce qui ne sera pas toujours facile.

En cas de rupture anticipée illicite de la part de l'employeur, celui-ci devra payer au salarié des indemnités qui couvrent au minimum l'ensemble des salaires que le salarié aurait perçu s'il avait travaillé jusqu'au terme de son contrat et les indemnités de fin de contrat dues à la survenance du terme.

§ 2 La survenance du terme

À la survenance du terme, s'il n'est pas renouvelé, le contrat prend fin sans que le salarié ne bénéficie de protections particulières. Il a simplement droit à une indemnité qui compense les congés payés qu'il n'a pas eus le temps de prendre, laquelle représente au minimum 10 % de la rémunération perçue (L. 1242-16 C. trav.). Il a droit en outre à une indemnité de précarité, qui se monte au dixième de la rémunération perçue pendant toute la durée du contrat, y compris ses éventuels renouvellements antérieurs (L. 1243-8 C. trav.). 230

Cette indemnité de précarité n'est pas due en cas de rupture anticipée par le salarié, en cas de rupture pour force majeure ou en cas de rupture pour faute grave du salarié. 231

Elle n'est pas due non plus lorsque l'employeur propose au salarié un contrat de travail à durée indéterminée ou en cas de refus de la part du salarié de poursuivre la relation de travail aux mêmes conditions que précédemment. La jurisprudence a interprété cette dernière exception de manière restrictive. L'indemnité reste due en cas de poursuite des relations contractuelles après le terme du contrat (Soc. 3 octobre 2007, n° 05-44958, [P], *RDT* 2007. 721, obs. B. Reynès ; *contra* v. précédemment Soc. 20 septembre 2006, *Bull. civ.* V, n° 270 ; *Dr. soc.* 2006. 1184, obs. C. Roy-Loustaunau). Ce versement est une interprétation téléologique assez créatrice. L'article L. 1243-8 du Code du travail qui prévoit l'indemnité de précarité affirme qu'elle n'est due que lorsque « les relations contractuelles de travail ne se poursuivent pas par un contrat à durée indéterminée ». Or, en cas de poursuite du travail au-delà du terme, les relations se « poursuivent » bien par un tel contrat à durée indéterminée. L'arrêt du 3 octobre 2007 (précité) permet cependant de comprendre la logique de la jurisprudence. Cet arrêt affirme que l'indemnité de précarité reste due tant qu'un contrat de travail à durée indéterminée n'a pas été « proposé » au salarié. L'arrêt distingue ainsi selon que la transformation du CDD en CDI a été subie par un employeur négligeant, ou bien expressément voulue par lui, volonté exprimée dans la proposition faite au salarié. Seul le second cas permet de « racheter » la précarité subie par le salarié pendant toute la durée de son contrat à durée déterminée. Cette interprétation, peut se prévaloir de l'esprit des textes interprétés. L'indemnité de précarité, comme son nom l'indique, compense l'incertitude sur l'avenir, autrement dit la précarité, que le salarié a subie pendant toute la durée de son contrat à durée déterminée. Ce préjudice est subi, même en cas de poursuite ultérieure du contrat : la stabilité nouvelle, à supposer qu'elle existe, n'a pas fait disparaître la précarité passée. L'exception faite à la dette d'indemnité de précarité s'explique simplement comme une incitation en faveur d'un maintien de la relation de travail sous une forme plus stable, plus définitive. Elle est la rétribution d'une volonté de conserver de manière définitive le salarié. Elle n'est pas la rétribution d'une négligence sur les dates, dépourvue de toute intention réelle de conserver le salarié à moyen terme. Pour ces raisons tirées de l'esprit du texte, la solution de l'arrêt du 3 octobre 2007 doit être approuvée.

Ces exceptions à la dette d'indemnité de précarité, correctement circonscrites, semblent assez cohérentes. Mais le législateur ne l'a pas entendu ainsi. Une autre logique a prévalu. L'indemnité de précarité est un véritable avantage financier accordé aux salariés les plus faibles. Il y a là une aberration pour le législateur moderne : les plus faibles doivent être les plus mal lotis. Aussi les lois récentes ont tenté d'en réduire le champ d'application (v. art. L. 1243-10 C. trav.).

En plus des exceptions précédentes, l'indemnité de précarité n'est pas due :

– si le contrat à durée déterminée a été conclu « avec des jeunes pour une période comprise dans leurs vacances scolaires ou universitaires » ;

– pour les emplois saisonniers ;

– pour les emplois conclus dans des secteurs où il est d'« usage constant » de conclure des contrats à durée déterminée (sur ces secteurs, v. n° 237 et 238) ;

– et lorsqu'il s'agit d'un contrat spécial créé dans le cadre des politiques de l'emploi.

Cette liste en dit long sur l'esprit du droit actuel : dans tous ces cas, il semble que le législateur considère qu'il est normal d'être précaire et qu'il n'y a rien à indemniser. Ces situations recouvrent pourtant des cas dans lesquels la précarité n'est ni moins intense, ni moins durement ressentie qu'ailleurs. Ces dernières exceptions ne sont qu'une manière pour le législateur d'essayer de réduire ou de supprimer le surcoût que représentent, pour l'employeur, les primes de précarité. Ces dernières exceptions (contrairement aux précédentes) s'opposent frontalement à la logique de la prime de précarité. Il ne s'agit plus d'exceptions motivées, mais d'abrogation progressive, par petites touches successives. Déjà, des lois de 2003 et 2004 avaient dans cet esprit permis aux syndicats de salariés et aux employeurs de disposer, d'un commun accord, d'une partie des primes des salariés précaires : il leur suffit, pour réduire ces primes à 6 % de la rémunération, de prévoir par accord collectif, une « contrepartie », assez indéfinie, en matière de formation professionnelle (art. L. 1243-9 C. trav., v. cpdt le contrôle effectué par la Cour de cassation du caractère effectif de cette contrepartie pour les salariés précaires : Soc. 11 juillet 2007, n° 06-41765, [P] ; Soc. 23 janvier 2008, n° 06-44190, [P]).

■ 232 Les contrats à durée déterminée servent souvent de longue période d'essai aux salariés nouvellement embauchés. Une telle situation est parfaitement illégale (v. n° 236). Elle n'en est pas moins fréquente. Pour cette raison (notamment), il est assez commun de renouveler les contrats à durée déterminée ou de les transformer en contrat à durée indéterminée.

Le non-renouvellement est alors la déception d'un espoir d'emploi à plus long terme. Il peut être vécu, en pratique, comme un licenciement. Encore une fois, l'abstraction juridique (le contrat cesse de lui-même) est parfois assez éloignée de la situation concrète, vécue (le salarié qui perd son emploi pour non-renouvellement ressemble souvent à s'y méprendre au salarié qui perd son emploi à la suite d'un licenciement).

Ceci explique que certaines des règles créées pour protéger les salariés du licenciement soient transposées et appliquées aux non-renouvellements du contrat à durée déterminée. Il en va ainsi de la prohibition des discriminations : le non-renouvellement discriminatoire est nul (art. L. 1132-1 et L. 1132-4 C. trav. ; L. 122-45 anc. C. trav.), ce qui permet la réintégration du salarié dans l'entreprise. De même, la procédure spéciale qui protège du licenciement certains salariés exposés (délégué du personnel, membre du comité d'entreprise...) est applicable en cas de non-renouvellement du contrat à durée déterminée de ces salariés (ce non-renouvellement devra alors, à peine de nullité, faire l'objet d'une d'autorisation préalable de l'inspecteur du travail, v. n° 1132). 233

section 2

Conditions légales de formation

En principe, « le contrat de travail à durée indéterminée est la forme normale et générale de la relation de travail » (art. L. 1221-2 C. trav.). La stipulation d'un terme dans un contrat de travail n'est donc valide que de manière exceptionnelle, sous condition du respect des règles légales suivantes. 234

Le terme du contrat doit être précis, c'est-à-dire être fixé à une date donnée (art. L. 1242-7 C. trav.). Par exception, en cas de contrat conclu pour remplacer un salarié absent, de contrat saisonnier ou de contrat d'usage constant (sur ces cas de recours, v. n° 235), le terme peut être imprécis : la cessation du contrat est alors fixée à un événement futur certain, comme le retour de l'absent ou l'achèvement de la tâche, mais dont la date est encore inconnue. Une durée minimale d'embauche doit alors être prévue (art. L. 1242-7 C. trav.).

Le contrat doit être écrit et comprendre un certain nombre de mentions obligatoires (art. L. 1242-12 C. trav.). Parmi ces mentions, la plus importante est sans doute la mention du motif pour lequel il a été conclu un contrat à durée déterminée. Cette mention doit permettre de contrôler que le contrat a bien été conclu dans le cadre des cas de recours limitativement énumérés par la loi. Aussi la loi affirme que cette mention du motif doit être « précise » (art. L. 1242-12 C. trav.).

Malgré ce texte, la Cour de cassation s'est longtemps contentée d'une expression très générale et floue. Ainsi, par exemple, elle a considéré comme suffisamment précise la mention d'un « accroissement temporaire d'activité », sans aucune précision supplémentaire (v. Soc. 30 septembre 2005, *Bull. civ.* V, n° 271).

Dans un contexte de prolifération des contrats précaires, cette solution très discutable a finalement été abandonnée. La Cour de cassation exige désormais que soient stipulées « toutes précisions permettant d'apprécier la réalité du motif » (Soc. 29 novembre 2007, n° 06-41847). Et cette exigence est renforcée par l'arrêt *Calori* du 23 janvier 2008*, lequel exige que soit démontrée « l'existence d'éléments concrets et précis établissant le caractère par nature temporaire » de l'emploi. L'expression est inspirée de la jurisprudence européenne, interprétant la directive 1999/70 issue de l'accord-cadre sur le travail à durée déterminée du 18 mars 1999 (CJCE 4 juillet 2006, *Adeneler*, C-212/04, *Dr. soc.* 2007. 97, obs. C. Vigneau ; *RDT* 2006. 141, obs. F. Guiomard, pt. 74 ; *SSL* suppl. n° 1288, p. 11, obs. S. Laulom). Le motif du contrat à durée déterminé rejoint ainsi le motif du licenciement (v. n° 454) : sans mention de faits précis et matériellement vérifiables, il n'est pas de motivation suffisante du contrat à durée déterminée.

Les principales restrictions faites à l'usage de contrats de travail à durée déterminée touchent aux domaines dans lesquels un terme peut être valablement conclu (§ 1). Les conditions mises à la validité de la stipulation d'un terme dans un contrat de travail sont, logiquement, sanctionnées par la nullité de ce terme, ce qui équivaut à la requalification du contrat de travail en contrat de travail à durée indéterminée (§ 2).

§ 1 Champ du recours au contrat à durée déterminée

235 Le législateur a dressé une liste limitative de motifs qui peuvent justifier le recours au contrat à durée déterminée (A). Il a de plus posé un certain nombre de prohibitions générales (B). Il a enfin limité la durée, le renouvellement et la succession des contrats à durée déterminée (C).

A. Liste des motifs autorisés

236 Ce n'est qu'au sein d'un certain nombre de cas limitativement énumérés par la loi qu'un terme peut être stipulé de manière valide au sein d'un contrat de travail. La liste actuelle des cas de recours au contrat à durée déterminée résulte pour l'essentiel de la loi du 12 juillet 1990, laquelle a été retouchée depuis sur quelques points de détails notamment par les lois du 17 juillet 2001, du 21 décembre 2001, du 3 janvier 2003. Tout contrat à durée déterminée doit être situé expressément au sein de l'un de ces cas de recours (v. n° 234). Et il ne peut se référer qu'à un seul de ces cas (Soc. 23 janvier 2008, n° 06-41536, [P]).

237 Les motifs autorisés sont les suivants (art. L. 1242-2 et L. 1242-3 C. trav.) :

– l'accroissement temporaire de l'activité de l'entreprise (art. L. 122-1-1, 1° ; L. 1242-2, 1°, C. trav.) : il s'agit du cas le plus général, de celui dont on use lorsqu'il n'est pas possible de se référer aux autres cas. Ce cas a, dans un premier temps, été interprété de manière très extensive par la Cour de cassation. Celle-ci admettait des accroissements d'activité réguliers, habituels (v. Soc. 21 janvier 2004, n°s 03-42769 à 03-42784, *Bull. civ.* V, n° 27). Une interprétation sensiblement plus restrictive semble désormais l'emporter. Les activités intermittentes sont considérées comme permanentes dès lors qu'elles ont une certaine régularité (Soc. 10 décembre 2008, n° 06-46349, [P], *RDT* 2009.161, note B. Reynès ; *Dr. ouvrier* 2009, p. 270-275, note R. Marié, au sujet d'expositions temporaires, mais régulières présentées dans un musée).

– le remplacement d'un salarié absent (art. L. 1242-2, 1°, C. trav.), ou plus généralement d'un travailleur absent (art. L. 1242-2, 4° et 5°, C. trav.). La catégorie inclut l'hypothèse d'un salarié absent de son poste, sans être absent de l'entreprise (Soc. 25 février 2009, n° 07-43513, [P]) ;

– le travail saisonnier (art. L. 1242-2, 3° C. trav.). Il « porte sur des tâches normalement appelées à se répéter chaque année à des dates à peu près fixes, en fonction du rythme des saisons ou des modes de vie collectifs » (Soc. 17 septembre 2008, n° 07-42463). Ce qui revient à exiger sa réapparition sur un rythme annuel et une interruption dans l'année qui soit suffisamment longue, pour ne pas pouvoir être confondue avec de simples congés annuels. Un travail saisonnier de plus de sept ou huit mois commence, de ce fait, à être suspect de permanence. L'entreprise entière doit être saisonnière pour employer des travailleurs saisonniers. Si l'entreprise fonctionne toute l'année, les augmentations temporaires de travail, fussent-elles liées aux saisons, ne peuvent pas faire l'objet de contrats saisonniers, mais seulement de contrat à durée déterminée pour « surcroît temporaire d'activité » (Soc. 5 décembre 2007, n° 06-41313, [P]) ;

– les différents contrats liés aux politiques de l'emploi et qui ont pour objectif soit de favoriser l'embauche de personnes privées d'emploi, soit de favoriser leur formation (L. 1242-3 C. trav.) ;

– les « emplois (...) pour lesquels (...) il est d'usage constant de ne pas recourir au contrat de travail à durée indéterminée en raison de la nature de l'activité exercée et du caractère par nature temporaire de ces emplois », à la condition que ces emplois soient exercés « dans certains secteurs d'activité définis par décret ou par voie de convention ou d'accord collectif étendu » (L. 1242-2, 3°, C. trav.). L'article D. 1242-1 du Code du travail donne une liste des secteurs concernés, liste qui peut être complétée par convention collective étendue. On trouve dans la liste du décret une vingtaine de secteurs dont notamment l'hôtellerie, la restauration, l'enseignement, le spectacle, l'action culturelle et l'information.

Cette dernière catégorie de cas de recours est celle qui a donné lieu aux abus les plus criants. Elle est aujourd'hui plus fermement encadrée. Il n'est pas suffisant que l'employeur ait une activité incluse dans un des secteurs susvisés pour que le recours au contrat à durée déterminée soit automatiquement valide. Il faut encore qu'il s'agisse d'un de ces « emplois (...) pour lesquels (...) il est d'usage constant de ne pas recourir au contrat de travail à durée indéterminée ». Un arrêt du 28 juin 2005 (n° 03-43521) permet de mieux l'expliciter. Selon cet arrêt, il ne suffit pas que le salarié soit embauché dans une entreprise de spectacle comme l'association opéra de Lyon pour que son contrat puisse être à durée déterminée, il faut encore que l'employeur démontre que l'emploi du salarié, « l'emploi de violoncelle super-soliste » est bien un type d'emploi pour lequel il est d'usage constant de recourir au contrat à durée déterminée. 238

Ainsi que le montre cet arrêt, il s'agit d'une recherche qui doit être menée type d'emploi par type d'emploi et ce après qu'un découpage assez minutieux des types d'emplois ait été opéré (la Cour prend bien soin de distinguer l'étude de l'emploi de « violoncelle super-soliste » susvisé de celle de l'emploi de « chef de chœur », lequel est l'objet d'un autre arrêt du même jour impliquant le même employeur ; Soc. 28 juin 2005, n° 03-43522).

L'appréciation de l'usage constant est alors laissée à l'appréciation souveraine des juges du fond (Soc. 26 novembre 2003, *Bull. civ.* V, n° 298, n° 01-44263). Ainsi, dans l'arrêt du 23 novembre 2003 susvisé, la Cour d'appel avait considéré que l'emploi de formateur en cause n'était pas de ceux pour lesquels il était d'usage constant de recourir à un contrat à durée déterminée et qu'en conséquence, bien que l'employeur ait travaillé dans le domaine de l'enseignement, le terme du contrat du salarié devait être invalidé. 239

La preuve de l'usage constant de recourir au contrat à durée déterminée dans tel ou tel secteur incombe à l'employeur (Soc. 20 septembre 2006, *Bull. civ.* V, n° 269 ; *Dr. soc.* 2007. 488, obs. C. Roy-Loustaunau). Et cette preuve est souvent difficile, puisqu'elle suppose le recueil de données sur un emploi particulier dans tout un secteur d'activité.

B. Prohibitions

240 Aucun contrat à durée déterminée ne peut être conclu pour remplacer un salarié gréviste (art. L. L. 1242-6, 1°, C. trav.). Il s'agit d'une mesure destinée à protéger le droit de grève, en interdisant d'employer en masse des remplaçants.

Le contrat à durée déterminée ne peut être utilisé pour effectuer les travaux particulièrement dangereux, dont une liste est dressée par arrêté ministériel (art. L. 1242-6, 2°, C. trav.). Il s'agit là simplement de lutter contre une pratique : il était fréquent de voir affecter aux tâches les plus dangereuses les salariés précaires. Ce qui présentait le double « avantage » d'épargner le personnel permanent et de faire en sorte que les blessures et les maladies professionnelles soient subies par des personnes n'appartenant déjà plus à l'entreprise. Préserver le personnel permanent en risquant le personnel jetable est un bon calcul économique, d'où la nécessité d'une prohibition ferme de ce genre de pratique.

Il est encore, en principe, interdit d'embaucher par contrat à durée déterminée sur des postes qui viennent de faire l'objet d'un licenciement économique dans les six mois précédents (art. L. 1242-5 C. trav.). L'idée est simple : on ne remplace pas le personnel permanent par du personnel précaire. Il s'agit aussi de protéger les droits des salariés en matière de licenciement. Ce texte prévoit cependant quelques exceptions à la règle qu'il pose.

241 La plus importante des prohibitions est celle prévue à l'article L. 1242-1 du Code du travail, parce qu'elle est tout à fait générale.

L'article L. 1242-1 du Code du travail interdit tout contrat à durée déterminée qui aurait pour objet ou pour effet « de pourvoir durablement un emploi lié à l'activité normale et permanente de l'entreprise ». Ce texte n'interdit pas d'user du contrat à durée déterminée pour pourvoir *temporairement* un emploi lié à l'activité normale et permanente de l'entreprise, comme c'est le cas lors du remplacement d'un salarié absent, ou pour certains contrats des politiques de l'emploi (Soc. 18 novembre 2003*). Il n'interdit pas non plus l'usage du contrat à durée déterminée pour pourvoir *durablement* un emploi lié à l'activité qui *n'est pas normale ou permanente* de l'entreprise.

Cette seconde ouverture pose problème. On comprend bien ce que peut être une activité de l'entreprise qui n'est pas « normale » : il s'agit d'une tâche exceptionnelle, par exemple des travaux de rénovation ou l'introduction de nouvelles technologies. On comprend bien ce que peut être une tâche « non permanente » : ceci vise, notamment tous les surcroîts temporaires d'activité. Mais on comprend moins comment il est possible de pourvoir *durablement* de tels emplois par nature temporaire. Il faudrait faire passer un salarié d'une tâche exceptionnelle à une autre, d'un surcroît d'activité à un autre et ce, de manière permanente. Mais alors cet emploi durable démontre qu'il y a là une activité, polyvalente peut-être, hachée sans doute, mais liée à l'activité normale et permanente de l'entreprise (en ce sens, v. Soc. 4 décembre 1996, *Bull. civ.* V, n° 414 ; Soc. 26 janvier 2005* ; Soc. 11 octobre 2006*, arrêts qui invalident le terme de contrats conclus par des salariés ayant remplacé successivement divers absents, pendant plusieurs années).

Dès lors, la signification de l'article L. 1242-1 du Code du travail peut être simplifiée : ce texte interdit tout simplement de pourvoir durablement un emploi par des contrats à durée déterminée.

242 L'article L. 1242-2 C. trav. précise l'idée d'une manière positive, en affirmant qu'un contrat de travail à durée déterminée ne peut être conclu « que pour l'exécution

d'une tâche précise et temporaire». Ce texte réserve cependant une exception de taille: pour les contrats visés par l'article L. 1242-3 du Code du travail, à savoir les contrats spéciaux liés aux politiques de l'emploi, l'exigence de «tâche précise et temporaire» ne s'applique plus.

Toutefois, l'exception ne vise pas l'article L. 1242-1 du Code du travail. Ce texte prohibe donc toujours de pourvoir durablement des emplois par des petits contrats successifs liés aux politiques de l'emploi. Au demeurant, ce texte précise expressément que la prohibition qu'il édicte vaut «quel que soit (le) motif» du contrat à durée déterminée.

La Cour de cassation a un temps résisté à l'application de ce texte dans le domaine des contrats dits «d'usage constant» en acceptant que de petits contrats à durée déterminée successifs puissent pourvoir durablement, parfois pendant de nombreuses années, certains emplois permanents de l'entreprise (Soc. 26 novembre 2003, quatre arrêts, *Bull. civ.* V, n° 298; *Dr. soc.* 2004. 632; *Dr. ouvrier* 2004. 217; Soc. 28 juin 2005, n° 03-43521). **243**

Il a fallu que le droit européen intervienne (accord cadre du 18 mars 1999, dir. 1999/70 et CJCE 4 juillet 2006, *Adeneler* préc.) pour que la Cour de cassation revienne sur cette position. Par un arrêt *Calori* du 23 janvier 2008*, elle affirme que le recours à des contrats à durée déterminée doit être «justifié par des raisons objectives (...) établissant *le caractère par nature temporaire de l'emploi*», et ce y compris s'agissant des contrats d'«usage constant». Cet arrêt sonne le glas de la jurisprudence antérieure (v. not. pour une application de nouvelle jurisprudence par la Chambre criminelle de la Cour de cassation, Crim. 6 mai 2008, n° 06-82366, [P], *Dr. ouvrier* 2009. 115, note E. Lafuma; *RDT* 2008. 594, obs. J. Levy-Amsallem). Désormais, le Code du travail, le droit communautaire et la jurisprudence s'accordent enfin pour affirmer la prohibition générale de la précarité durable dans l'entreprise.

C. Durée, renouvellement et contrats successifs

Un contrat à durée déterminée ne peut être renouvelé qu'une seule fois (art. L. 1243-13 C. trav.). **244**

Et, sauf exceptions, un même poste de travail ne peut être occupé par deux contrats à durée déterminée successifs, sans qu'ait été respecté un délai de carence entre ces contrats (art. L. 1244-3 C. trav.). Ce délai est égal à la moitié de la durée du premier contrat, renouvellement inclus, si celle-ci est inférieure à quatorze jours. Sinon, il est égal au tiers de la durée du premier contrat.

Cette règle du délai de carence entre deux contrats successifs ne s'applique pas en cas de remplacement d'un salarié absent, ni en matière de contrats à durée déterminée saisonniers, ni pour les contrats d'«usage constant» (v. art. L. 1244-4 C. trav.). Ces domaines exclus de la règle de carence sont donc les domaines dans lesquels le découpage d'un emploi permanent en petits contrats à durée déterminée successifs est le plus dangereux. Même si ce découpage est limité par l'article L. 1242-1 du Code du travail (v. ci-dessus, n° 243).

En principe, un contrat à durée déterminée ne peut pas durer plus de 18 mois, renouvellement inclus (L. 1242-8 C. trav.). Ce texte prévoit cependant quelques cas dans lesquels cette durée maximale est réduite à 9 mois ou allongée à 24 mois. Il faut cependant noter que cette règle ne s'applique pas aux contrats des politiques de **245** l'emploi (art. L. 1242-8 *in fine* C. trav.), ce qui laisse ouverte la porte à de longs contrats à durée déterminée. La loi du 25 juin 2008 sur la modernisation du marché du travail a de plus inventé un contrat à durée déterminée de trois ans au maximum, qui s'achève à la réalisation d'un objet défini (art. 6 de la loi). Ce contrat reste réservé aux ingénieurs et cadres et suppose la conclusion préalable d'un accord de branche étendu ou d'un accord d'entreprise.

La jurisprudence a, enfin, construit deux autres exceptions : les contrats conclus pour remplacer un salarié absent et les contrats d'usage constant ne sont pas soumis aux limites maximales lorsque leur terme est imprécis et qu'ils ne comportent donc qu'une durée minimale (Soc. 26 octobre 1999, *RJS* 1999, n° 1444, 2e esp. ; *Bull. civ.* V, n° 399). Ces exceptions jurisprudentielles ont même été étendues à l'ensemble des contrats à durée déterminée pour remplacement d'un salarié absent, même dotés d'un terme précis (Soc. 8 février 2006, *Bull. civ.* V, n° 63). Ces solutions peuvent se comprendre, pour des raisons pratiques, s'agissant des contrats qui prennent comme terme imprécis le retour de l'absent. En revanche, l'exclusion des durées maximales est peu opportune pour les contrats d'« usage constant ».

Elle était déjà très éloignée de la lettre de l'ancien Code (l'article L. 122-1-2 III ne faisait pas clairement exception au II). Avec la recodification, la distance du texte par rapport à la jurisprudence semble même s'être accrue : l'article L. 1242-7, qui remplace le III de l'ancien texte, précède l'article L. 1242-8, qui remplace le II. Si la jurisprudence se maintient, l'exception précédera la règle. Ce qui semble exclure davantage encore cette interprétation restrictive de la limitation de la durée des contrats à durée déterminée. De plus et surtout, la durée qui s'allonge est une difficulté croissante pour qui entend démontrer « la nature temporaire de l'emploi » qu'exigent ensemble le droit communautaire, le Code du travail (art. 1242-1) et la jurisprudence *Calori* du 23 janvier 2008*.

§ 2 La sanction de requalification

■ 246 La violation des règles qui conditionnent la validité du terme conduit logiquement à l'invalidation de ce terme et donc à la requalification en contrat à durée indéterminée (v. art. L. 1245-1 C. trav.). Afin de lutter contre l'ineffectivité persistante des limitations légales à l'usage du contrat à durée déterminée, le législateur a même prévu que cette requalification pouvait être demandée et obtenue de manière accélérée : l'affaire est portée directement devant le bureau de jugement du conseil de prud'hommes qui doit statuer dans le mois qui suit sa saisine (art. L. 1245-2 C. trav.). De plus, cet article prévoit, en cas de requalification, une indemnité d'un mois de salaire au minimum en faveur du salarié, sans préjudice des autres sommes que cette requalification peut lui permettre d'obtenir (les éventuelles indemnités de licenciement injustifié notamment).

La jurisprudence a eu l'occasion de préciser le bénéficiaire (A) et le domaine (C) de la requalification. Elle a aussi su distinguer la question de la qualification et celle de la requalification à titre de sanction (B).

A. Bénéficiaire de la sanction

■ 247 Depuis son arrêt *Huguenot c. Goguet* (Soc. 16 juillet 1987, *Bull. civ.* V, n° 481 ; *Grands arrêts*, n° 35), la Cour de cassation affirme que les dispositions du droit du contrat de travail à durée déterminée sont « édictées dans un souci de protection du salarié qui peut seul se prévaloir de leur inobservation » (dans le même sens, v. par ex. Soc. 13 février 1991, *Dr. soc.* 1991. 418, obs. J. Savatier). L'employeur ne peut donc invoquer la méconnaissance de ces dispositions pour obtenir la requalification d'un contrat de travail à durée déterminée. Cette solution a été implicitement consacrée par le législateur : l'article L. 1245-2 al. 2 du Code du travail, issu de la loi du 12 juillet 1990, ne mentionne que le seul salarié comme demandeur à l'action en requalification. Ce qui conduit logiquement à interdire au juge de requalifier d'office un contrat de travail à durée déterminée (Soc. 30 octobre 2002, *Dr. soc.* 2003. 473, obs. C. Roy-Loustaunau).

Ce monopole accordé au salarié permet de retrouver les principaux effets de la jurisprudence dite des « contrats à durée déterminée formant un ensemble à durée indéterminée » (v. n° 251). Le salarié embauché par contrat à durée déterminée en violation de la loi bénéficie du droit du licenciement s'il demande la requalification. Mais, si cela s'avère plus avantageux, il peut aussi bénéficier d'une garantie d'emploi pour la durée stipulée, garantie qui découle du droit des contrats à durée déterminée. Il lui suffit, pour cela, de s'abstenir de réclamer la requalification. Au cumul des protections accordées par la jurisprudence des contrats « à durée déterminée formant un ensemble à durée indéterminée » (v. n° 251) succède ainsi un droit du salarié d'opter pour la protection qu'il juge la plus favorable. 248

B. Qualification et requalification

La « requalification », qui ne peut être invoquée que par le salarié et qui sanctionne l'irrespect des règles applicables au contrat à durée déterminée, doit être nettement distinguée de la simple « qualification » du contrat qui peut, elle, être débattue à l'initiative de l'employeur comme du salarié. La *qualification* consiste à interpréter la volonté des parties pour savoir si le contrat a, ou non, été conclu pour une durée déterminée. Elle est première : c'est seulement si le contrat est *ab initio* qualifié de « à durée déterminée », que les règles légales applicables à ce type de contrat s'appliquent. Comme son nom l'indique, la *requalification* est seconde. Elle sanctionne la violation des règles légales applicables aux contrats qualifiés de contrat « à durée déterminée ». 249

La qualification, opération première, est relativement simple : il suffit de regarder si le contrat comporte un terme, précis ou non. C'est au demeurant ce qu'affirme clairement l'article L. 1221-2 du Code du travail qui définit le contrat à durée déterminée comme celui qui comporte « un terme fixé avec précision dès sa conclusion ou résultant de la réalisation de l'objet pour lequel il est conclu ». Dès lors, il suffit qu'un terme soit prévu pour que l'ensemble des règles relatives au contrat à durée déterminée s'applique.

Ainsi, par exemple, il se peut qu'un contrat prévoie simultanément un terme et une faculté de résiliation unilatérale au profit des parties. La solution est alors claire. On constate d'abord l'existence d'un terme. Le contrat est donc qualifié de « à durée déterminée ». Le droit des contrats à durée déterminée s'applique et en particulier l'article L. 1243-1 du Code du travail. Ce texte limite à la faute grave et à la force majeure les causes de rupture du contrat de travail à durée déterminée. En application de cet article, la clause accordant un droit de rupture anticipée à l'employeur est nulle (v. not. Soc. 16 décembre 1998, *Dr. soc.* 1999. 285 ; Soc. 24 octobre 2000, *RJS*

2003, n° 18). En revanche, la clause de résiliation unilatérale créée au bénéfice du salarié peut être admise. Une telle clause est plus favorable au salarié que l'article. 1243-1 du Code du travail précité et ce texte est d'ordre public social (en ce sens, Soc. 23 mars 1999, *D.* 1999. 470, obs. F. Lagarde ; *Bull. civ.* V, n° 136).

Lorsque le contrat à durée déterminée se poursuit à l'échéance du terme, le terme échu apparaît caduc. Le contrat est alors considéré comme dépourvu de terme. Il doit, selon la jurisprudence, être « qualifié » de contrat à durée indéterminée (et non « requalifié »). Par conséquent, cette simple « qualification » peut être réclamée aussi bien par le salarié que par l'employeur (Soc. 13 décembre 2007, n° 06-44004, [P], *RDT* 2007. 97, note G. Auzero). Et l'indemnité de requalification prévue à l'article L. 1245-2 du Code du travail n'est pas accordée au salarié (Soc. 22 mars 2006, *Bull. civ.* V, n° 118 ; *RDT* 2006. 21, obs. critiques J. Pélissier ; Soc. 27 septembre 2007, n° 06-41086, [P]).

Ce rejet jurisprudentiel des conditions et effets de la requalification peut cependant apparaître peu compatible avec les textes. L'article L. 1245-1 C. trav., qui inaugure la section sur la « requalification », vise la poursuite du travail au-delà du terme au cœur des hypothèses de requalification. Et l'article qui suit (L. 1245-2 C. trav.), qui organise la procédure spéciale et impose l'indemnité de requalification, semble bien se référer à ce texte comme champ d'application.

Cet argument littéral, quelle que soit sa force, semble cependant de peu d'avenir. Dans le Code du travail antérieur à la recodification, seul applicable pour les faits des arrêts susvisés, les textes semblaient plus fermes encore que dans le cadre du texte recodifié. La jurisprudence n'en a pas tenu compte. Elle devrait donc se maintenir dans l'environnement textuel nouveau, lequel lui est légèrement plus favorable. C. trav.

Il faut prendre garde de ne pas confondre le sort de l'indemnité de requalification et celui de l'indemnité de précarité. Cette dernière, prévue à l'article L. 1243-8 du Code du travail, peut rester due en cas de poursuite des relations contractuelles après le terme du contrat (v. n° 231).

C. Domaine de la requalification

250 La requalification à titre de sanction ne peut être combattue par l'employeur par la preuve d'un accord du salarié sur la durée déterminée du contrat (v. not. Soc. 21 mai 1996, *Bull. civ.* V, n° 190 ; *Grands arrêts*, n° 37 ; Soc. 6 mai 1997, *Bull. civ.* V, n° 160 ; Soc. 16 janvier 2002, *RJS* 2002, n° 401). On dit parfois que la requalification est une présomption irréfragable de contrat à durée indéterminée. Il est plus exact de dire que ses conditions de validité n'ayant pas été respectées, le terme est inopposable au salarié. Et un contrat dépourvu de terme est, par définition, un contrat à durée indéterminée.

Dans l'ancien Code du travail se trouvait une difficulté, dont il n'est pas certain qu'elle ait disparu avec la recodification. L'article L. 122-3-13 alinéa 1er de l'ancien Code du travail dressait une liste des textes sanctionnés par cette requalification, qui pouvait être lue comme une liste des conditions de validité d'un terme contractuel en matière de contrat de travail. Cette liste recouvrait l'essentiel des règles de formation des contrats à durée déterminée et notamment l'article L. 122-3-1 alinéa 1er de l'ancien Code du travail, lequel exigeait un écrit et une définition précise du motif. Mais elle n'était pas exhaustive. Ainsi, le deuxième alinéa de cet article L. 122-3-1, qui précisait les mentions obligatoires que doit comporter un contrat à durée déterminée, n'était pas expressément mentionné. L'ancien Code ne répondait donc pas clairement sur la sanction applicable en cas d'omission d'une ou de plusieurs de ces mentions obligatoires.

La Cour de cassation avait répondu de manière nuancée à la difficulté. L'absence de certaines mentions était sanctionnée par la requalification automatique. Tel était le cas de la mention du nom et de la qualification du salarié remplacé par un contrat à durée déterminée (Soc. 6 mai 1997 et 16 janvier 2002, préc.). En revanche, la mention de la convention collective applicable pouvait être omise sans entraîner de requalification (Soc. 26 octobre 1999, *Bull. civ.* V, n° 399).

Ce tri entre les mentions substantielles et celles qui ne l'étaient pas n'était pas toujours aisé. Il apparaissait cependant que certaines mentions étaient de moindre importance, en ce qu'elles n'avaient d'utilité qu'informative, comme la mention du nom et de l'adresse de la caisse de retraite complémentaire. En revanche, la désignation précise du poste de travail, voire la précision du montant de la rémunération et de ses accessoires semblaient bien substantielles, en ce qu'elles permettaient de contrôler le motif du contrat de travail à durée déterminée pour la première et de contrôler le respect de l'égalité de traitement pour la seconde.

Cette difficulté pourrait avoir été résolue par la recodification. L'article L. 1245-1 actuel (qui remplace l'art. L. 122-3-13 al. 1er de l'anc. C. trav.) vise parmi les hypothèses de requalification *toutes* les entorses faites à l'article L. 1242-12 (lequel succède, dans le Code actuel, à l'art. L. 122-3-1er de l'anc. C. trav.). Ce renvoi à l'article entier, et non à son seul premier alinéa, intègre dans le champ de la sanction l'ensemble des mentions obligatoires du contrat à durée déterminée, y compris les mentions qui pouvaient apparaître non substantielles. Si la jurisprudence suit le texte nouveau, la requalification sera donc encourue plus largement qu'auparavant.

Pareille évolution peut apparaître cependant assez peu compatible avec la mission assignée par le législateur au recodificateur, lequel était tenu de respecter, pour l'essentiel, le droit constant. La soumission de la jurisprudence à cette évolution du texte reste, par conséquent, douteuse. La distinction des mentions substantielles et de celles qui ne le sont pas pourrait donc se maintenir, malgré la lettre nouvelle du Code.

section 3

La jurisprudence des contrats à durée déterminée formant un ensemble à durée indéterminée

Avant que la loi ne vienne les régir, à partir de 1979, le renouvellement ou la succession de contrats à durée déterminée avait fait l'objet d'un encadrement jurisprudentiel. Le raisonnement de la Cour était fort simple. Lorsqu'un contrat de travail à durée déterminée est renouvelé de nombreuses fois, une incertitude apparaît sur la date de cessation effective de la relation de travail. La relation s'installe, de fait, dans une durée indéterminée. En un sens, l'imprévisibilité du terme réel conduit à une réinterprétation du terme stipulé. Celui-ci perd sa signification première. Il n'est plus une échéance à laquelle le contrat est rompu. Il devient une échéance à 251 laquelle une faculté de résiliation unilatérale est ouverte (en ce sens, v. not. Soc. 26 novembre 1970, *Bull. civ.* V, n° 667 ; Soc. 19 février 1975, *Bull. civ.* V, n° 76).

Le contrat de travail se voit alors reconnaître une double nature : il est à la fois contrat à durée déterminée et contrat à durée indéterminée. Pendant la durée qui a été précisée au contrat, les parties sont tenues de respecter les obligations inhérentes aux contrats à durée déterminée et ne peuvent pas, en principe, rompre unilatéralement le contrat. Mais à l'expiration du terme convenu, si une des parties ne veut pas renouveler le contrat, tout se passe comme s'il y avait rupture d'un contrat à durée indéterminée. Le non-renouvellement du contrat est assimilé à une démission ou à un licenciement, selon l'auteur du refus de renouvellement.

Cette jurisprudence du « contrat à durée déterminée dans un ensemble à durée indéterminée » a acquis, au cours du temps, un champ d'application de plus en plus large. La question était, conformément à la logique suivie, de déterminer les situations dans lesquelles la perspective d'un renouvellement faisait perdre toute crédibilité au terme. Au départ, seule l'application répétée d'une clause de renouvellement expresse fut considérée comme ayant cet effet. Peu à peu, cette solution fut élargie aux contrats renouvelés dans les faits à plusieurs reprises, même en l'absence de clause de renouvellement (Soc. 23 octobre 1963, *JCP* 1963. II. 13436 ; Soc. 3 mars 1965, *Bull. civ.* IV, n° 176 ; Soc. 19 février 1975, préc.). Elle fut finalement étendue à un unique contrat à durée déterminée, non renouvelé, mais qui prévoyait une clause de renouvellement tacite (Soc. 21 décembre 1977, *Jur. Soc. UIMM* n° 6, F 23).

252 Depuis la loi du 3 janvier 1979, il existe une réglementation du renouvellement et de la succession de contrats à durée déterminée. Cette réglementation a fait perdre une bonne part de son champ d'application à cette jurisprudence traditionnelle. Et la loi de 1979 avait même pour objectif de s'y substituer.

Mais un tel objectif était difficile à atteindre du fait des lacunes de la loi et, surtout, du fait du rôle du juge. Il appartient en effet aux juges d'interpréter la signification des stipulations contractuelles et en particulier de rechercher le sens que prend la soi-disant stipulation d'un « terme » en cas de renouvellements répétés ou en présence d'une clause de renouvellement tacite.

Aussi, après une mise en sommeil temporaire, la jurisprudence de l'ensemble à durée indéterminée est revenue sur le devant de la scène, avec l'arrêt *Institut marin de Rockroum* (Soc. 22 janvier 1991*). En l'espèce, une salariée avait été embauchée par deux contrats de travail à durée déterminée successifs pendant la saison d'été, saison en dehors de laquelle l'établissement était fermé. La conclusion de contrats saisonniers successifs à durée déterminée n'est pas limitée par la loi. Mais cela n'a pas empêché la Cour d'affirmer que la « relation de travail qui s'était établie entre les parties était d'une durée globale indéterminée » (dans le même sens, v. not. Soc. 6 juin 1991, *Bull. civ.* V, n° 228 ; Soc. 22 février 1994, *Dr. soc.* 1994. 372 ; Soc. 13 décembre 1995, *RJS* 1996, n° 101). Une relation à durée globale indéterminée est encore reconnue lorsqu'un salarié remplace successivement plusieurs salariés absents, tout en conservant la même qualification et le même salaire (Soc. 4 décembre 1996, *Bull. civ.* V, n° 414) ou lorsqu'une convention collective prévoit un droit au renouvellement des contrats saisonniers successifs (Soc. 1er février 2000, *Bull. civ.* V, n° 51 ; Soc. 29 octobre 2002, *Bull. civ.* V, n° 329 ; Soc. 18 novembre 2003, *Bull. civ.* V, n° 289). Ces reconnaissances d'ensembles à durée indéterminée ont pour effet principal de rendre les règles du licenciement applicables au refus de renouvellement. Mais, conformément à la jurisprudence traditionnelle, cette applicabilité n'exclut pas l'application d'une « garantie d'emploi » pendant la durée stipulée au sein de chacun des contrats successifs (v. Soc. 29 octobre 2002, préc.).

Cette jurisprudence présente l'intérêt de pallier certaines carences de la réglementation légale. Elle n'en demeure pas moins timorée quant à son champ d'application. Ainsi, en cas de contrats de travail saisonniers successifs, la Cour refuse de reconnaître une relation de travail d'une durée globale indéterminée dès lors que le salarié ne travaille pas pendant toute la durée d'ouverture de l'entreprise, toutes les saisons, et qu'il ne bénéficie pas d'une clause de reconduction pour la saison suivante (v. Soc. 30 mai 2000, *Bull. civ.* V, n° 205 ; Soc. 12 octobre 1999, *Bull. civ.* V, n° 313 ; Soc. 15 octobre 2002, *Bull. civ.* V, n° 306 ; Soc. 16 novembre 2004, *Bull. civ.* V, n° 285 ; Soc. 31 mai 2007, 06-42112). Cette solution extrêmement restrictive est étonnante, particulièrement lorsque, comme dans l'espèce ayant donné lieu à l'arrêt du 15 octobre 2002 précité, elle conduit à exclure toute protection contre le non-renouvellement du contrat d'un salarié ayant plus de 20 ans d'ancienneté et qui pouvait dès lors légitimement croire qu'il appartenait au personnel permanent de l'entreprise. Cette réticence de la Cour de cassation à accepter pleinement la logique de sa jurisprudence traditionnelle a permis aux employeurs de maintenir dans la précarité certains salariés pendant plusieurs dizaines d'années. Et ce, même lorsque ces salariés sont engagés dans une relation dont le terme réel est devenu totalement imprévisible.

Depuis l'arrêt *Calori* du 23 janvier 2008*, ces solutions ne peuvent plus être maintenues en l'état. Deux évolutions sont possibles. La première reviendrait à élargir la jurisprudence des contrats de travail à durée déterminée formant un ensemble à durée indéterminée, pour englober l'ensemble des cas dans lesquels la succession ou le renouvellement de contrat à durée déterminée font perdre au terme stipulé sa crédibilité. Cette solution aurait l'avantage de conserver un sens, celui de la garantie d'emploi à durée déterminée, à la stipulation du terme.

La seconde consisterait à considérer que, dans ces hypothèses, l'emploi est par nature durable. Alors, par application du droit communautaire, du Code du travail et de la jurisprudence *Calori**, la requalification en contrat à durée indéterminée s'imposerait. Dans ce second cas, la jurisprudence des contrats de travail à durée déterminée formant un ensemble à durée indéterminée serait privée de tout champ d'application. Elle aurait alors vécu.

Biblio

- P.-Y. Verkindt, « L'application du principe d'égalité de traitement aux travailleurs précaires », *Dr. soc.* 1995. 870.
- J.-P. Karaquillo, obs. sous Soc. 16 décembre 1998, *Dr. soc.* 1999. 398.
- C. Roy-Loustaunau, obs. sous Soc. 26 novembre 2003, *Dr. soc.* 2004. 629 et s.
- M. Henry et M.-F. Bied-Charreton, obs. sous Soc. 26 novembre 2003, *Dr. ouvrier* 2004. 217.
- G. Auzero, « Mutation du CDD en CDI : quelles règles applicables à la rupture ? », *RDT* 2008. 97-98.
- G. Auzero, « Contrat à durée déterminée d'usage : le retour à la ratio legis », *RDT* 2008. 170.

Documents

1) CDD et emplois durables

Soc. 11 octobre 2006, *Bull. civ.* V, n° 299 (et, dans le même sens, Soc. 26 janvier 2005, *Bull. civ.* V, n° 21)

« Qu'en statuant comme elle l'a fait, sans rechercher comme il lui était demandé si l'employeur n'avait pas eu recours de façon systématique aux contrats à durée déterminée de remplacement pour faire face à un besoin structurel de main-d'œuvre, la cour d'appel a privé sa décision de base légale au regard des textes susvisés ».

Soc. 23 janvier 2008, *Calori*, n° 06-43040, [P], *Grands arrêts*, n° 38 ; *RDT* 2008. 170, obs. G. Auzero ; *RJS* 2008, n° 256 et rapp. D. Ludet, p. 189 ; *Dr. ouvrier* 2008. 245, obs. J. Guyon

« Vu les articles L. 122-1, L. 122-1-1, L. 122-3-10 et D. 121-2 du Code du travail ensemble les clauses 1 et 5 de l'accord-cadre sur le travail à durée déterminée conclu le 18 mars 1999 et mis en œuvre par la directive 1999/70/CE du 28 juin 1999 ;
Attendu que s'il résulte de la combinaison des articles susvisés du Code du travail que dans les secteurs d'activité définis par décret ou par voie de convention ou d'accord collectif étendu, certains des emplois en relevant peuvent être pourvus par des contrats de travail à durée déterminée lorsqu'il est d'usage constant de ne pas recourir à un contrat à durée indéterminée, en raison de la nature de l'activité exercée et du caractère par nature temporaire de ces emplois, et que des contrats à durée déterminée successifs peuvent, en ce cas, être conclus avec le même salarié, l'accord-cadre susvisé, qui a pour objet, en ses clauses 1 et 5, de prévenir les abus résultant de l'utilisation de contrats à durée déterminée successifs, impose de vérifier que le recours à l'utilisation de contrats successifs est justifié par des raisons objectives qui s'entendent de l'existence d'éléments concrets établissant le caractère par nature temporaire de l'emploi ;
(...)
Qu'en se déterminant ainsi par des motifs inopérants tirés du caractère temporaire des programmes de télévision sans rechercher si l'emploi de journaliste pigiste occupé par la salariée dans le secteur de l'audiovisuel faisait partie de ceux pour lesquels il est d'usage constant de ne pas recourir au contrat à durée indéterminée et si l'utilisation de contrats à durée déterminée successifs était justifiée par l'existence d'éléments concrets et précis établissant le caractère par nature temporaire de cet emploi, la cour d'appel n'a pas donné de base légale à sa décision... »

2) Sur les contrats des politiques de l'emploi

Soc. 18 novembre 2003, *Bull. civ.* V, n° 284 ; *Dr. soc.* 2004. 131, obs. C. Roy-Loustaunau

« Attendu qu'en vertu des articles L. 322-4-2, L. 322-4-3 et L. 322-4-4 du Code du travail et de l'article 7 du décret n° 95-925 du 19 août 1995, les contrats initiative-emploi sont des contrats de travail de droit privé réservés aux demandeurs d'emploi de longue durée, aux bénéficiaires de minima sociaux et aux personnes qui, du fait de leur âge, de leur handicap, de leur situation sociale ou familiale, rencontrent des difficultés particulières d'accès à l'emploi, et conclus en application de conventions passées par les employeurs avec l'État ; qu'il en résulte que lorsqu'ils sont conclus pour une durée déterminée, qui ne peut excéder 24 mois aux termes de l'article L. 322-4-4, ils peuvent, par exception au régime de droit commun des contrats à durée déterminée, être contractés pour pourvoir des emplois liés à l'activité normale et permanente de l'entreprise ;

Et attendu qu'ayant retenu que le contrat de travail était un contrat initiative-emploi à durée déterminée destiné à assurer à la salariée un emploi de caissière, la cour d'appel a exactement décidé qu'il pouvait avoir pour objet de pourvoir un emploi lié à l'activité normale et permanente de l'entreprise ».

3) Sur les ensembles à durée indéterminée

Soc. 22 janvier 1991, *Bull. civ.* V, n° 30 ; *Grands arrêts*, n° 36

« … la cour d'appel, qui a retenu que la salariée avait été embauchée par deux contrats de travail à durée déterminée successifs pendant toute la durée d'ouverture de l'établissement, a pu décider que la relation de travail qui s'était établie entre les parties était d'une durée globale indéterminée, alors même que ces contrats avaient été qualifiés de "saisonniers" ».

4) Sur la requalification

Soc. 16 juillet 1987, *Huguenot, D.* 1988. Somm. 97, obs. J.-M. Béraud ; *Bull. civ.* V, n° 481 ; *Grands arrêts*, n° 35

« … les dispositions prévues par les articles L. 122-1 et suivants du Code du travail ont été édictées dans un souci de protection du salarié qui peut seul se prévaloir de leur inobservation… ».

NB : l'article L. 122-1 du Code du travail était le premier article de la section de l'ancien Code du travail consacrée au contrat à durée déterminée… On devait en déduire que cette section était entièrement composée de dispositions d'ordre public de protection, comme telles insusceptibles d'être invoquées par l'employeur. Cette remarque reste valable au sein de l'actuel Code du travail : le successeur de l'article L. 122-1, l'article L. 1242-1, est lui aussi placé en tête du titre sur les contrats à durée déterminée, si l'on excepte l'article L. 1241-1 qui porte sur le champ d'application de ce titre.

chapitre 11

L'intermédiaire en main-d'œuvre

Plan analytique

L'intermédiaire en main-d'œuvre

Le prêt de main-d'œuvre est une opération tripartite, qui met en présence un prêteur de main-d'œuvre, un utilisateur de main-d'œuvre et un salarié prêté. Le prêteur de main-d'œuvre conclut un contrat de travail avec un salarié, puis il met ce salarié à la disposition de l'utilisateur. L'utilisateur exercera le pouvoir de direction sur ce salarié et il bénéficiera de son travail. 253

Cette opération est loin d'être anodine. Elle est en principe prohibée sous le nom de marchandage (section 1). Elle n'est tolérée que sous conditions. Lorsqu'elle remplit ces conditions, elle prend la forme, le plus souvent, du travail temporaire, autrement dit travail intérimaire (section 2).

section 1

La prohibition du marchandage

Dans un prêt de main-d'œuvre, l'utilisateur du travail n'est pas contractuellement lié au salarié. Il exerce le pouvoir de direction, bénéficie d'un travail subordonné, mais échappe à la qualification d'employeur et à la plupart des charges qui lui sont associées. Le prêteur de main-d'œuvre ne vend certes pas des travailleurs, ce qui serait de l'esclavage, mais il vend tout de même du travail humain. Et ce n'est pas tout à fait par hasard, que la prohibition du prêt de main-d'œuvre est apparue en même temps que la prohibition de l'esclavage en 1848 (Décr. 2 mars 1848 et Arr. 21 mars 1848). 254

Le prêt de main-d'œuvre devient alors, sous certaines conditions, une infraction pénale et il prend le nom de « marchandage ». La répression ne commence pourtant à devenir effective qu'à la fin du XIXe siècle et encore, c'est pour bien peu de temps. Les premières condamnations commençaient à peine à tomber quand la Cour de cassation rendit un arrêt resté fameux, l'arrêt *Loup c. Bœuf*, du 31 janvier 1901 (*DP* 1901. 169 ; *Grands arrêts*, n° 40). Cet arrêt interprète le marchandage de manière si restrictive que la prohibition perd alors l'essentiel de sa portée. La jurisprudence *Loup c. Bœuf* ayant perduré, la prohibition du marchandage a été vidée de l'essentiel de sa substance pendant presque trois quarts de siècle. Pour revenir à une certaine répression juridique, il a fallu attendre que le législateur intervienne, tardivement, par la loi du 2 janvier 1973, dont le texte, aujourd'hui reproduit aux articles L. 8231-1 et L. 8241-1 du Code du travail, est resté, à quelques détails près, inchangé.

Ces deux articles définissent deux infractions assez proches, toutes deux passibles de deux ans d'emprisonnement (L. 8234-1 et L. 8243-1 C. trav.). À la suite de l'interprétation jurisprudentielle qui en a été faite, ces deux infractions sont aujourd'hui confondues. On peut regretter que la recodification n'ait pas été l'occasion d'une fusion de ces textes : la séparation formelle de l'ancien Code (L. 125-1 et L. 125-3 anc. C. trav.) a été scrupuleusement et inutilement maintenue.

Les infractions prévues par le Code demeurent donc distinctes. Mais leurs différences formelles, maintenues, ont été progressivement aplanies par la jurisprudence.

Selon l'article L. 8241-1 du Code du travail : « Toute opération à but lucratif ayant pour objet exclusif le prêt de main-d'œuvre est interdite ». Selon l'article L. 8231-1 du Code du travail : « Le marchandage, défini comme toute opération à but lucratif de fourniture de main-d'œuvre qui a pour effet de causer un préjudice au salarié qu'elle concerne ou d'éluder l'application de dispositions légales ou de stipulations d'une convention ou d'un accord collectif de travail, est interdit ».

Il s'agit de préciser les éléments constitutifs de ces infractions.

■ 255 « ... (un) prêt de main-d'œuvre » : le prêt ou fourniture de main-d'œuvre prohibé par ces deux textes s'oppose à l'opération que réalise un contrat d'entreprise ou un contrat de sous-traitance. Fournir de la main-d'œuvre n'est pas simplement fournir un travail, c'est surtout fournir un pouvoir de direction sur ce travail.

La mise à jour du véritable détenteur du pouvoir de direction est donc cruciale. Si le pouvoir de direction demeure entre les mains du cocontractant du salarié, celui-ci est son unique patron. Et le tiers bénéficiaire du travail n'est qu'un maître d'ouvrage ou un maître d'œuvre. Si, en revanche, ce bénéficiaire du travail détient dans les faits un pouvoir de direction, ce n'est plus un travail, mais une « main-d'œuvre » qui est fournie. Et l'opération, qualifiée de prêt de main-d'œuvre, peut tomber sous le coup de la loi pénale. C'est sur cette question de la détermination du titulaire, en pratique, du pouvoir de direction que se concentre la plus grande part du contentieux (v. par exemple, Crim. 25 avril 1989, *Prouveur*, *Bull. crim.*, n° 169 ; Crim. 3 mai 1994, n° 93-83104, *RJS* 1994, n° 1224 ; Crim. 15 mars 1994, *RJS* 1994, n° 1233 ; Soc. 19 juin 2002, *RJS* 2002, n° 1189).

■ 256 « ... à but lucratif » : les articles L. 8231-1 et L. 8241-1 du Code du travail exigent encore, pour que l'opération soit prohibée, qu'elle soit « à but lucratif ». Cette exigence a, un temps, conduit à n'accepter que les prêts de main-d'œuvre à titre gratuit et à prohiber conséquemment toute opération de prêt dotée d'une contrepartie (v. Soc. 4 avril 1990, *Bull. civ.* V, n° 157). La Cour a finalement admis les prêts de main-d'œuvre dans lesquels le prêteur ne fait que récupérer auprès du locataire de main-d'œuvre les salaires qu'il a versés ainsi que les charges sociales correspondantes. Mais cette récupération doit être limitée à ces sommes. Un supplément, fut-il justifié par des frais de gestion, rendrait l'opération « à but lucratif », la faisant entrer dans le champ de la répression (Soc. 16 mai 1990, *Bull. civ.* V, n° 225 ; Soc. 25 septembre 1990, *Bull. civ.* V, n° 382).

En revanche, avec l'adoption définitive du projet de loi du 8 avril 2009 (dans sa version adoptée par l'Assemblée nationale le 15 juillet 2009), rien n'interdira plus au bénéficiaire de la main-d'œuvre de réaliser un bénéfice. Il pourra emprunter de la main-d'œuvre sans en assumer totalement le coût, et réaliser ainsi de substantiels gains (art. L. 8241-2 al. 2 en projet). Cette solution peut apparaître fort inquiétante pour le salarié. Le prêteur de main-d'œuvre est le débiteur du salaire. Il prête à perte et pourrait bien se retrouver vite insolvable. Ce qui pourrait lui créer des difficultés, voire justifier un licenciement pour motif économique, alors même que prospère le locataire de main-d'œuvre, bénéficiaire direct du travail.

C'est sans doute pour ce motif pratique que le prêt de main-d'œuvre à perte était, jusqu'à l'adoption du projet du 8 avril 2009 prohibée par la jurisprudence, laquelle n'autorisait que les prêts à prix coûtant (Crim. 23 mars 1993, *Cah. soc. barreau* 1993, *S.* 101. 185 ; Crim. 20 mars 2007 n° 05-85253, *Bull. crim* n° 86, *RJS* 7/07, n° 898).

Le prêt de main-d'œuvre sans but lucratif peut permettre à un employeur, sur le papier, d'éviter une mise au chômage partiel en plaçant provisoirement ses salariés auprès d'autres entreprises. En pratique, il est surtout utilisé à la mobilité au sein des groupes de société, l'intérêt pour une société filiale de faire un bénéfice sur une autre société filiale étant fort réduit. La fiction de la personne morale peut alors être érigée comme un rempart entre le salarié et celui qui le dirige. Ce qui peut présenter certains dangers, malgré les quelques règles de droit protectrices, inspirées du droit du travail temporaire, qui sont applicables aux salariés objet d'un prêt de main-d'œuvre à but non lucratif (art. L. 8241-2 al. 2, C. trav.).

Le prêt de main-d'œuvre sans but lucratif peut encore être réalisé par des groupements d'employeurs. Ces groupements, régis aux articles L. 1253-1 et suivant du Code du travail, sont des entités créées par plusieurs personnes morales et qui ont pour objet d'embaucher des salariés aux fins de les mettre à la disposition des membres du groupement. Ces groupements étaient à l'origine pensés pour les petites entreprises. Il s'agissait de permettre à plusieurs employeurs de se réunir pour embaucher ensemble un salarié, qui travaillerait tantôt chez l'un tantôt chez l'autre. Ils ont vu leur domaine s'accroître progressivement. La dernière étape actuellement en cours d'adoption autorise les entreprises de plus trois cent salariés à adhérer à de tels groupements (v. le projet de loi du 8 avril 2009, dans sa version adoptée par l'Assemblée nationale le 15 juillet 2009). L'idée est donc désormais différente. Il s'agit de simplifier la mise en place de barrière entre l'utilisateur de la main-d'œuvre et le salarié. Cette complexité structurelle risque de se retourner contre les salariés. Et ce d'autant plus que l'importante garantie de constituer la solidarité entre les membres du groupement pour le paiement des dettes salariales est en passe de devenir facultative (art. L. 1253-8 en projet C. trav.).

257

«... qui a pour effet de causer un préjudice... » : cette exigence supplémentaire est absente de l'article L. 8241-1 ; elle est propre à l'article L. 8231-1. Ce texte précise qu'« éluder l'application des dispositions légales ou de stipulations d'une convention ou d'un accord collectif de travail » équivaut à réaliser un préjudice au dépend du salarié. Or, il est vite apparu que l'opération de prêt de main-d'œuvre élude toujours, plus ou moins, l'application de certaines dispositions légales ou conventionnelles.

L'opération élude souvent les règles sur la représentation du personnel (v. par ex. Crim. 23 mars 1993, n° 92-83381 D) ; ou celles du contrat de travail à durée déterminée (Crim. 16 juin 1998, *Bull. crim.*, n° 195). Elle élude quasi automatiquement les règles du licenciement. Dans une opération de prêt de main-d'œuvre, par définition, l'utilisateur est un tiers au contrat de travail. Ses relations contractuelles sont limitées au contrat de prêt de main-d'œuvre conclut avec l'entreprise prêteuse de main-d'œuvre. Ce contrat n'est pas un contrat de travail. Il peut donc être rompu selon les règles du droit civil ou du droit commercial, sans justifier d'une cause réelle et sérieuse. Cette rupture peut, par exemple, avoir lieu pour une simple perte de confiance, nullement appuyée sur des éléments objectifs. Au sein de l'entreprise de prêt de main-d'œuvre, la cause du licenciement sera la rupture du contrat de prêt de main-d'œuvre et la suppression de l'emploi du salarié qui en résulte. La cause réelle et sérieuse sera dès lors facilement constatée. L'utilisation d'un intermédiaire permet ainsi à l'utilisateur d'exercer les prérogatives d'un employeur sans être pour autant tenu de respecter le droit du licenciement.

Cette seule constatation a permis à la jurisprudence de reconnaître un contournement des règles légales et de retenir l'existence d'un marchandage (Crim. 15 novembre 1983, *Bull. crim.*, n° 299 ; *D.* 1984. IR. 374, obs. A. Lyon-Caen ; Crim. 25 avril 1989, *Lucas et Dransart*, *Dr. soc.* 1990. 425 ; *Bull. crim.*, n° 170 ; comp. la protection au champ d'application fort limité qu'accorde l'art. L. 1231-5 C. trav. aux salariés mis à la disposition d'une filiale étrangère).

Au surplus, certains arrêts se contentent de noter que l'opération de prêt de main-d'œuvre à but lucratif est un moyen d'éluder les règles relatives au travail temporaire, pour caractériser le délit de marchandage (Crim. 26 mai 1988, *Dr. ouvrier* 1989. 362). Ce qui, on en conviendra, finit de généraliser la prohibition du prêt de main-d'œuvre à but lucratif).

Cette opération est finalement considérée comme éludant toujours au moins certaines règles légales. Et l'on en est finalement revenu à la logique qui guidait les cours d'appel de la fin du XIXe siècle, dans leurs arrêts rendus avant le blocage réalisé par l'arrêt *Loup* c. *Bœuf* : celles-ci considéraient le sous-salariat comme en lui-même générateur d'« exploitation » au sens du décret de 1848.

258 « ... *ayant pour objet exclusif* le prêt de main-d'œuvre » : il s'agit cette fois d'une exigence supplémentaire absente de l'article L. 8231-1 et propre à l'article L. 8241-1. Depuis que l'existence d'un préjudice est reconnue au sein de toute opération de prêt de main-d'œuvre à but lucratif, cet ajout de l'article L. 8241-1 ne présente plus d'intérêt. Il pose une condition supplémentaire, l'« objet exclusif ». Mais l'absence d'un tel objet exclusif ne fait pas sortir du champ de la prohibition : il conduit simplement à ne plus se référer qu'au seul article L. 8231-1 du Code du travail. Ce qui ne produit pas d'effet particulier, ces deux textes étant passibles des mêmes sanctions pénales.

Dans un tel contexte, l'objet exclusif visé par l'article L. 8241-1 ne vaut plus que comme rappel d'un indice du transfert du pouvoir de direction. Lorsque les salariés amenés à travailler chez un client sont équipés d'un matériel particulier ou sont chargés de mettre en place un équipement nouveau fourni par leur employeur, il apparaît probable que l'entreprise qui les envoie conserve un pouvoir de direction sur eux, soit pour veiller à la sauvegarde de son matériel, soit parce qu'elle seule détient les compétences propres à contrôler la mise en place du nouveau matériel chez l'utilisateur. Le caractère non exclusif de la mise à disposition de personnel sert alors naturellement d'indice aidant à la qualification de contrat d'entreprise et non de prêt de main-d'œuvre. Mais cet indice se situe parmi de nombreux autres utilisés par la jurisprudence lors de la recherche du détenteur du pouvoir de direction. Parmi ces différents indices, on peut encore citer l'encadrement des salariés par des membres de l'entreprise utilisatrice, le prix calculé sur les heures de travail et non de manière forfaitaire ou l'absence de spécificité de l'activité fournie par rapport à l'activité de l'entreprise bénéficiaire (sur ces différents indices, v. not. Crim. 3 mai 1994, préc., ou Crim. 25 février 1997, *Dr. ouvrier* 1997. 268).

259 L'article L. 8241-1, désormais inclus dans le champ de l'article L. 8231-1, a perdu toute valeur normative propre. Il demeure que ces deux articles sont généralement utilisés de concert et visés tous deux dans la quasi-totalité des arrêts rendus par la Cour de cassation. Cette fusion de fait n'emporte au demeurant pas de difficulté particulière.

Derrière une complexité apparente, on retrouve la simplicité d'une prohibition unique, celle du prêt de main-d'œuvre à but lucratif.

La prohibition du prêt de main-d'œuvre à but lucratif n'est qu'un principe. Non seulement le prêt de main-d'œuvre « à prix coûtant » demeure licite, mais le législateur est intervenu pour autoriser certains prêts de main-d'œuvre à but lucratif.

section 2

Les prêts de main-d'œuvre à but lucratif licites

Le travail temporaire reste le principal type de prêt de main-d'œuvre à but lucratif licite (§ 1). Il est désormais concurrencé par d'autres exceptions (§ 2). Dans tous les cas, le prêt de main-d'œuvre pose la question des recours du salarié prêté contre le bénéficiaire direct de son travail, à savoir l'utilisateur de la main-d'œuvre (§ 3). 260

§ 1 Le travail temporaire

Le « travail temporaire » est l'expression juridique qui vise ce que la pratique nomme, le plus souvent, « travail intérimaire ». 261

L'idée que poursuit la réglementation du travail temporaire est de garantir les salariés contre les principaux risques du prêt de main-d'œuvre à but lucratif. Il s'agit d'abord de s'assurer que le prêteur de main-d'œuvre présente certaines qualités et garanties (A). Il s'agit ensuite de préciser les rapports juridiques qui lient les trois personnes impliquées dans l'opération (B à E).

Dans le cadre du travail temporaire, le prêteur de main-d'œuvre est qualifié d'« entreprise de travail temporaire », le salarié prêté est un « travailleur temporaire » et le locataire de la main-d'œuvre reste qualifié d'« utilisateur ».

A. L'entreprise de travail temporaire

On peut craindre qu'une entreprise normale, qui travaillerait dans le bâtiment par exemple, décide de créer une succursale ayant pour fonction d'être l'employeur de ses salariés. Cette succursale serait seul employeur et donc en principe le seul débiteur des obligations du droit du travail. L'intermédiaire en main-d'œuvre n'est plus alors qu'une fiction juridique visant à dégager le bénéficiaire de la main-d'œuvre de ses obligations d'employeur. 262

Pour lutter contre ce danger, l'article L. 1251-2 du Code du travail précise qu'une entreprise de travail temporaire a pour « activité exclusive » le prêt de main-d'œuvre à but lucratif. Il lui est interdit d'avoir une activité annexe. Il lui est *a fortiori* interdit d'être elle-même l'annexe d'une activité principale.

Cette exigence d'objet « exclusif » se heurte à l'écran de la personnalité morale. Une personne morale peut bien avoir pour objet exclusif le prêt de main-d'œuvre. Elle n'en demeure pas moins une fiction juridique qui peut servir aux fins d'écarter la main-d'œuvre de son véritable employeur, dès lors qu'elle est contrôlée, d'une manière ou d'une autre, par une entreprise dotée d'une autre activité. Pour cette raison, en la matière, les juges lèvent facilement le voile de la personnalité morale. Afin de montrer l'unité réelle existante sous l'apparence des personnes morales distinctes, les juges se contentent de remarquer que l'entreprise utilisatrice et l'entreprise de travail temporaire ne sont qu'un « ensemble économique unique » (Crim. 15 février 1983, *Bull. crim.* n° 56 ; *adde* Crim. 12 décembre 1989, *RJS* 1990, n° 180). Ils se basent, pour ce faire, sur des critères similaires de ceux de l'unité économique et sociale. Les sanctions pénales relatives à l'absence d'objet exclusif sont alors, à juste titre, encourues.

Pour éviter que l'écran du prêt de main-d'œuvre ne prive les salariés de salaire, il était essentiel, en outre, qu'un certain contrôle s'exerce sur ces entreprises. Elles doivent donc être officiellement déclarées à l'inspecteur du travail avant de commencer à prêter de la main-d'œuvre (art. R. 1251-6 C. trav.). Et leur solvabilité doit être garantie (art. L. 1251-49 et R. 1251-11 C. trav.).

B. Entreprise de travail temporaire et travailleur temporaire : le contrat de mission

263 L'entreprise de travail temporaire (ETT) est l'employeur du travailleur mis à disposition. Et le contrat entre cette entreprise et son salarié est bien un contrat de travail.

Au sein de l'ancien Code du travail, le contrat était parfois qualifié de « contrat de travail temporaire » (art. L. 124-2) et parfois de « contrat de mission » (art. L. 124-7), sans qu'il faille voir dans cette différence terminologique autre chose qu'une indifférence des législateurs successifs à la précision du vocabulaire.

Le recodificateur est resté dans cette tradition de relative indifférence. Le « contrat de travail temporaire » est retenu pour intituler le titre 5 du Livre II ; mais le « contrat de mission » ouvre, lui, la section 3 du chapitre 1er de ce même titre. Cette dernière expression l'emporte cependant. Elle est solennellement consacrée par l'article L. 1251-1, dont la fonction est de poser quelques définitions de base. Et plusieurs anciens « contrat de travail temporaire » ont été gommés par le recodificateur (v. par ex. le « contrat de travail temporaire » devenu « contrat de mission » en passant de l'art. L. 124-2 anc. C. trav. à l'art. L. 1251-5 C. trav.). Bien sûr, l'imperfection étant le signe de la recodification, à d'autres endroits du Code le « contrat de travail temporaire » demeure (v. not. les art. L. 1244-3, L. 3122-15 ou L. 3322-4...). Mais ces restes n'ont aucune signification particulière. Ils s'ajoutent simplement à l'intitulé précité du titre 5 du Livre II, pour prendre place parmi les nombreuses scories d'un travail de recodification bâclé. « Contrat de travail temporaire » et « contrat de mission » sont bien deux expressions synonymes. L'expression « contrat de mission », majoritaire, sera retenue par la suite.

Ce contrat est conclu pour une « mission », c'est-à-dire pour une tâche particulière à durée déterminée. À chaque nouvelle mission, le travailleur temporaire signe un nouveau contrat de travail avec l'entreprise de travail temporaire.

Le contrat de travail temporaire est un contrat de travail à durée déterminée. Il doit respecter l'ensemble de la législation qui régit ces contrats, notamment sur la forme, les cas de recours, les conditions de renouvellement et de succession de contrat, les interdictions d'utilisation, l'indemnité de précarité, etc.

Cependant, plutôt que d'opérer simplement par renvoi global, suivi des quelques précisions et exceptions liées à la spécificité du travail temporaire, le législateur a choisi la voie, plus lourde et plus complexe, de la répétition. La recodification commence le titre sur le contrat à durée déterminée par un article L. 1241-1 qui exclut fermement le contrat de mission du champ d'application du droit des contrats à durée déterminée. Mais c'est pour mieux mettre en valeur le soigneux travail de copie qui est fait dans la partie sur le contrat de travail temporaire. Le Code du travail recopie en effet soigneusement la législation applicable aux contrats à durée déterminée pour les contrats de missions. Ici ou là, on retrouve simplement de menues différences, de petits aménagements.

Ainsi, par exemple, le contrat de mission doit reproduire expressément l'ensemble des dispositions exigées pour les contrats à durée déterminée. Ces clauses sont aussi exigées pour le contrat de mise à disposition conclu entre l'utilisateur et l'entreprise de travail temporaire. Mais ces contrats doivent encore prévoir quelques dispositions spécifiques au travail temporaire, comme la mention expresse du droit, pour l'utilisateur, d'embaucher à durée indéterminée le salarié mis à sa disposition (art. L. 1251-16 C. trav.).

Pour prendre un autre exemple, plus important en pratique, la spécificité du contrat de mission fait que, lorsque les conditions de sa conclusion ne sont pas remplies, une double requalification doit avoir lieu. Comme tout contrat à durée déterminée illicite, il doit être requalifié en contrat à durée indéterminée. Mais, de plus, comme l'opération de prêt de main-d'œuvre est illicite, elle doit aussi être invalidée. L'écran réalisé par cette opération ainsi écartée, les faits qui demeurent sont faciles à qualifier. **264**

Un salarié a travaillé sous la subordination d'un utilisateur moyennant une rémunération : tous les caractères du contrat de travail sont présents entre l'utilisateur et le travailleur temporaire. En d'autres termes, l'utilisateur devient le seul employeur du travailleur temporaire. La requalification de l'utilisateur de main-d'œuvre en employeur vient donc s'ajouter à la requalification du contrat en contrat à durée indéterminée.

Ces deux requalifications sont également prévues par l'article L. 1251-39 du Code du travail et par l'article L. 1251-41 qui recopie, en matière de travail temporaire, la procédure spéciale accélérée des requalifications prévues pour les contrats à durée déterminée.

Il est à noter que ces requalifications font peser l'essentiel de la sanction sur l'utilisateur de la main-d'œuvre. Et ce alors que l'auteur principal de la violation des formes du contrat de mission est l'entreprise de travail temporaire. Le choix de ces sanctions s'explique cependant facilement par l'utilité qu'elles présentent pour la victime, à savoir le travailleur qui n'a pas bénéficié des protections légales. De plus, l'entreprise de travail temporaire pourra, elle aussi, être condamnée : elle est reconnue civilement responsable de l'absence ou de l'irrégularité du contrat de mission. Et cette faute de l'entreprise de travail temporaire produit nécessairement un préjudice au salarié (Soc. 13 décembre 2006, n° 05-44956, *Dr. soc.* 2007. 770, note C. Roy-Loustaunau ; *Bull. civ.* V, n° 385).

Le contrat de mission peut, comme tout contrat à durée déterminée, être rompu pour faute grave ou pour cas de force majeure. L'article L. 1251-26 du Code du travail a cependant prévu une souplesse supplémentaire, en ayant à l'esprit les hypothèses dans lesquelles la mission s'arrête pour des motifs indépendants de la volonté de l'entreprise de travail temporaire, notamment du fait de la rupture du contrat de mise à disposition par l'utilisateur de la main-d'œuvre. **265**

En cas de rupture avant terme du contrat de mission, l'entreprise de travail temporaire doit simplement retrouver une nouvelle mission au salarié dans un délai de trois jours. Celle-ci doit avoir le même salaire, la même qualification, le même type d'horaire, de temps de trajet et une durée égale ou supérieure au contrat rompu (art. L. 1251-26 C. trav.). Ainsi le nouveau contrat peut se substituer à l'ancien. À défaut d'une telle substitution de mission, l'entreprise de travail temporaire devra verser au salarié une rémunération équivalente à celle qu'il aurait perçue jusqu'au terme du contrat qui a été rompu (art. L. 1251-26 al. 3 C. trav.).

■ 266 D'autres différences sont moins facilement compréhensibles. Ainsi, par exemple, la différence des sanctions encourues en cas de violation du délai de carence qui doit être respecté entre deux contrats successifs.

Cette règle du délai de carence entre deux contrats successifs est prévue, à l'identique, pour les contrats de travail temporaire (art. L. 1251-36 C. trav.) et pour les contrats à durée déterminée (art. L. 1244-3 C. trav., v. n° 245). Mais la sanction n'est pas la même. En matière de contrat à durée déterminée, l'article L. 1245-1 du Code du travail affirme expressément que la requalification sanctionne les violations faites au délai de carence de l'article L. 1244-3. En matière de contrat de mission, en revanche, l'article L. 1251-40 qui fixe la sanction de requalification oublie d'affirmer qu'il s'applique aussi en cas de violation de ces mêmes délais de carence, prévus cette fois à l'article L. 1251-36.

Cette maladresse de copie, soigneusement préservée par la recodification, a eu de graves conséquences. La Cour de cassation considère en effet qu'à la différence de ce qui se produit pour les autres contrats à durée déterminée, le non-respect du délai de carence entre deux contrats de travail temporaire successifs ne permet pas la requalification (Soc. 23 février 2005*, et trois arrêts du même jour allant dans le même sens). Cette solution, très respectueuse des maladresses du législateur, permet au droit de sombrer dans le grotesque. L'utilisateur de main-d'œuvre qui n'a pas respecté le délai de carence est passible d'une amende de 3 750 euros, doublée en cas de récidive, et/ou d'un emprisonnement de six mois (art. L. 1254-9 C. trav.). Mais les sanctions civiles sont, elles, écartées. La faute est assez grave pour être pénalement sanctionnée, mais trop légère pour être civilement sanctionnée...

Il aurait pourtant été facile à la Cour de cassation d'étendre la sanction de requalification par analogie. D'autant que la requalification est une solution logique, qui doit s'appliquer *même si aucun texte ne la prévoit expressément* : il s'agit de la conséquence naturelle d'une invalidation du terme et de l'opération de prêt de main-d'œuvre : si l'on écarte le prêt de main-d'œuvre, il ne reste plus qu'à qualifier juridiquement la relation de fait qui unit l'utilisateur et le salarié. Celle-ci répond précisément à la notion de contrat de travail élaborée par la jurisprudence (v. n° 26-35). Et, une fois le terme invalidé, le contrat devient à durée indéterminée... À cette interprétation, la Cour de cassation a préféré la maladresse du législateur et l'incohérence du droit.

C. Entreprise de travail temporaire et utilisateur : le contrat de mise à disposition

■ 267 Le contrat entre l'entreprise de travail temporaire et l'utilisateur se nomme « contrat de mise à disposition » (v. L. 1251-1 C. trav.). C'est un contrat entre deux entreprises qui relève du droit civil ou du droit commercial. Il n'engage en principe l'entreprise de travail temporaire qu'à une obligation de moyen, l'obligation d'avoir été diligente dans le choix du salarié mis à disposition. Mais il peut contenir toutes sortes de clauses, qui réduisent ou accroissent la responsabilité de l'entreprise de travail temporaire en cas de faute commise par le salarié mis à disposition. Et ces clauses sont validées par la jurisprudence, dans la mesure où elles ne vont pas jusqu'à exonérer la faute lourde ou le dol (Civ. 1er mars 1983, *Jur. Soc. UIMM* 1984, p. 54).

Le contrat de mise à disposition intéresse fortement le droit du travail : il s'agit d'un contrat par lequel un utilisateur de main-d'œuvre devient détenteur d'un pouvoir de direction sur des salariés qui ne sont pas juridiquement les siens. Par le contrat de mise à disposition, l'utilisateur bénéficie de travail subordonné sans assumer les obligations d'un employeur.

Ce qui pose de nombreux problèmes. Le droit du travail a été conçu pour être imposé aux utilisateurs de main-d'œuvre et non à des intermédiaires.

Ainsi, par exemple, c'est l'utilisateur qui détient seul la plupart des informations indispensables au respect de la législation du travail. Lui seul sait si la mission entre dans un des cas de recours au contrat à durée déterminée. L'objet de la mission, sa durée et tous les principaux éléments qui caractérisent la mission doivent pour cette raison être expressément rédigés dans le contrat de mise à disposition et ce pour obliger l'utilisateur à donner toutes ces informations (art. L. 1251-43 C. trav.). Ce qui permettra à l'entreprise de travail temporaire de les transmettre au salarié. Ce qui permettra encore le contrôle : le contrat de mise à disposition n'est en effet valable que s'il s'inscrit dans un des cas où le recours au contrat à durée déterminée est autorisé.

La rupture du contrat de mission relève du droit commun des obligations. Un contrat 268 ■
de mise à disposition peut notamment prévoir qu'il pourra être rompu à tout moment par l'utilisateur. Et ce alors même qu'une telle clause est parfaitement illicite dans le contrat de mission du salarié mis à disposition.

Si l'utilisateur rompt le contrat de mise à disposition avant terme, le contrat de mission demeure en vigueur avec l'entreprise de travail temporaire (Soc. 9 juillet 2003*). Les salaires restent donc dus. L'entreprise de travail temporaire pourra cependant suivre l'exemple de son client et rompre le contrat de mission avant terme. Mais alors elle devra respecter les conditions d'une telle rupture (sur celles-ci, v. n° 265).

D. Travailleur temporaire et utilisateur

L'utilisateur commande le travailleur temporaire, sans être son employeur. Il a le 269 ■
pouvoir de direction, mais aucune autre responsabilité ou pouvoir de l'employeur. Le pouvoir disciplinaire, notamment, reste entièrement aux mains de l'entreprise de travail temporaire.

Cependant, dans les faits, le travailleur est installé dans l'entreprise de l'utilisateur exactement comme s'il en était le salarié. Il y prend d'ailleurs pleinement la place d'un salarié de cette entreprise.

Le législateur n'a pas voulu que le travailleur temporaire soit une sorte de remplacement à moindre coût d'un salarié direct. Il a donc prévu une obligation, pour l'utilisateur, de traiter en tout point le travailleur intérimaire comme il traite ses salariés : même rémunération, même accès aux avantages collectif, même accès aux avantages accordés par le comité d'entreprise (art. L. 1251-24 C. trav.). L'utilisateur est en outre responsable à son égard de l'ensemble des règles liées aux conditions de travail : réglementation du temps de travail, réglementation de l'hygiène et de la sécurité, etc. (art. L. 1251-21 C. trav.).

En cas de violation des conditions mises à la conclusion d'un contrat de mission ou en cas de poursuite du travail au-delà du terme fixé, l'utilisateur devient l'employeur du travailleur temporaire (v. n° 264).

E. Sanctions pénales

270 En cas de violation des conditions du travail temporaire, la logique voudrait que l'on retombe dans le cadre de la prohibition du prêt de main-d'œuvre à but lucratif, du marchandage. Ces sanctions ayant pu paraître trop élevées pour les « petites » violations du droit du travail temporaire, certaines infractions de moindre ampleur ont été prévues à leur égard. La violation des principales règles du travail temporaire est passible des peines des articles L. 1254-1 à L. 1254-10 du Code du travail : six mois d'emprisonnement au maximum. Ce n'est que si la violation est suffisamment grave que les peines, plus lourdes, du marchandage seront encourues (deux ans d'emprisonnement, v. n° 254).

§ 2 Les autres prêts de main-d'œuvre à but lucratif licites

271 Le législateur a, depuis quelques années, prévu des cas dans lesquels le formalisme du travail temporaire peut être assez fortement atténué. De nouveaux prêteurs de main-d'œuvre à but lucratif, qui ne sont pas des entreprises de travail temporaire, sont alors apparus. Tel est le cas, principalement, des associations intermédiaires et des associations de service aux personnes.

Les associations et entreprises de services à la personne se caractérisent par l'objet de leur activité, à savoir l'aide à domicile. Ce qui inclut notamment les gardes d'enfant, les aides ménagères, les aides aux personnes âgées dépendantes, aux handicapés, etc. (L. 7231-1 C. trav.). Pour favoriser ces activités, les entreprises en question peuvent recourir au prêt de main-d'œuvre dans des conditions extrêmement simplifiées (L. 7232-6 C. trav.). En guise de contrat de mise à disposition, par exemple, l'utilisateur de la main-d'œuvre peut se contenter de signer un chèque emploi-service universel (art. L. 1271-1 et s. C. trav.). Les formes du contrat de mission ne sont guère plus explicites. Et ces contrats bénéficient en outre d'exemptions de charges sociales et d'aides diverses. L'absence de forme et la faculté de conclure avec le même salarié une foule de petits contrats de mise à disposition peut conduire à une précarité doublée d'une flexibilité extrême pour les salariés ayant pour profession l'aide à domicile.

Les associations intermédiaires sont des associations agréées, qui ont pour spécificité d'employer des « personnes sans emploi, rencontrant des difficultés sociales et professionnelles particulières » (art. L. 5132-7 C. trav.) et de les prêter à but lucratif dans des formes et à des conditions très simplifiées (Soc. 23 février 2005, *Dr. soc.* 2005. 817). La définition des personnes employables par ces associations est floue au possible. Elle ouvre des possibilités de dérapage nombreuses : elle permet la création d'associations qui ressemblent à des entreprises de travail temporaire, mais pour lesquelles la réglementation aurait été en partie abrogée, en échange d'une simple obligation d'accueillir un public en difficulté sur le marché du travail (ce qui est généralement le cas des salariés qui passent par le travail intérimaire...).

§ 3 L'action directe : le fâcheux oubli des salariés prêtés à prix coûtant

Il existe une action directe du salarié prêté contre l'utilisateur de main-d'œuvre. Elle est issue du décret-loi du 8 août 1935 et a été plus récemment élargie par la loi du 12 juillet 1990. Cette action directe, mentionnée à l'article L. 8232-2 du Code du travail, permet au salarié de réclamer directement à l'utilisateur ses salaires, ainsi que quelques autres avantages. Elle n'est cependant reconnue qu'à la condition que le prêteur de main-d'œuvre ne soit pas propriétaire d'un fonds de commerce ni d'un fonds artisanal. Mais cette condition est très généralement remplie, dans le cas du prêt de main-d'œuvre à but lucratif licite. Ni les entreprises de travail temporaire, ni les associations intermédiaires, ni normalement les associations de services à la personne ne sont propriétaires de tels fonds. 272

Il existe ainsi une protection applicable, en pratique, à l'ensemble des prêts de main-d'œuvre licite à but lucratif.

En revanche, la mise à disposition à prix coûtant, elle aussi licite, n'a guère fait l'objet d'une réglementation protectrice. Seules quelques règles éparses, tirées du droit du travail temporaire ont été transposées par la loi du 25 juillet 1985 (art. L. 8241-2 C. trav.). Ce type de mise à disposition pratiqué soit par l'intermédiaire des groupements d'employeurs (L. 1253-1 et s. C. trav.), soit beaucoup plus fréquemment en dehors de toute réglementation légale, notamment à l'intérieur des groupes de société, est pourtant la source de graves dangers pour les salariés, notamment en matière de représentation de la collectivité de travail ou en cas d'insolvabilité du prêteur de main-d'œuvre. L'action directe prévue à l'article L. 8232-2 ne leur est pas applicable, dès lors que le prêteur de main-d'œuvre est détenteur d'un fonds de commerce ou d'un fonds artisanal, ce qui, cette fois, sera très généralement le cas. 273

Le salarié prêté ne peut plus alors se retourner contre celui qui a tiré profit de son travail, pour le paiement de ses salaires. La défaillance du prêteur le laisse sans recours.

Le salarié prêté est alors moins bien traité que le salarié d'un sous-traitant. Les salariés d'un employeur ayant conclu un contrat d'entreprise bénéficient d'une action directe contre le maître de l'ouvrage (art. 1798 C. civ.). Il est pour le moins incongru que, parce qu'ils sont subordonnés au bénéficiaire et qu'ils devraient d'autant plus mériter d'être protégés, les salariés prêtés ne bénéficient plus d'une telle action directe. Le sous-traitant lui-même, alors même qu'il n'est pas un salarié mais un indépendant, s'est vu reconnaître une action directe contre le maître de l'ouvrage, (art. 12 et 13 de la loi du 31 décembre 1975), là où un salarié prêté serait sans recours. 274

S'ils veulent agir contre le bénéficiaire de leur travail, les salariés mis, sans but lucratif, à la disposition d'un tiers par leur employeur devront se contenter du recours, fort limité dans ses effets, à la théorie de l'enrichissement sans cause.

Il faut espérer qu'un tel vide dans la protection, difficilement justifiable, pourra bientôt être comblé, soit par le législateur, soit par la jurisprudence.

Biblio

- Y. Chalaron, « Pour un nouveau concept pénal de marchandage ou trafic de main-d'œuvre », *Dr. soc.* 1980. 507.
- Y. Chalaron, « La réforme du travail temporaire », *Dr. soc.* 1982. 372 et s.
- H. Blaise, « À la frontière du licite et de l'illicite : la fourniture de main-d'œuvre », *Dr. soc.* 1990. 418.

Documents

1) Prêt de main-d'œuvre à but lucratif

Soc. 29 avril 2003, *Bull. civ.* V, n° 147

« Attendu... qu'en vertu d'un contrat passé entre l'établissement public des Aéroports de Paris (ADP) et la société Air portage, cette dernière s'est vue confier le portage des bagages des passagers à l'aéroport Charles-de-Gaulle (...). Attendu (...) que l'arrêt relève d'une part qu'en réalité les porteurs étaient placés sous l'autorité d'ADP pour l'accomplissement d'activités relevant des obligations lui incombant envers les voyageurs (...) d'autre part que ces porteurs avaient été privés (...) de leurs droits sociaux ; que la cour d'appel a pu en déduire (...) que les dispositions de l'article L. 125-1 du Code du travail avaient été violées par ADP... »

2) Le travail temporaire

Soc. 23 février 2005, *Bull. civ.* V, n° 61 ; *RJS* 2005, n° 586

« Sur le premier moyen : (...) en cas d'accroissement temporaire d'activité (...), le recours à des salariés intérimaires ne peut être autorisé que pour les besoins d'une ou plusieurs tâches résultant du seul accroissement temporaire de l'activité de l'entreprise, notamment en cas de variations cycliques de production, sans qu'il soit nécessaire ni que cet accroissement présente un caractère exceptionnel, ni que le salarié recruté soit affecté à la réalisation même de ces tâches...

Sur le second moyen : (...) les dispositions de l'article L. 124-7 alinéa 2 du Code du travail qui sanctionnent l'inobservation par l'entreprise utilisatrice des dispositions des articles L. 124-2 à L. 124-2-4 du même Code par la requalification du contrat de travail temporaire en contrat à durée indéterminée ne sont pas applicables à la méconnaissance de l'article L. 124-7 alinéa 3 relatif au délai de carence... ».

Soc. 9 juillet 2003, *Bull. civ.* V, n° 230

« La décision de l'entreprise utilisatrice de rompre le contrat de mise à disposition avant le terme de la mission du salarié intérimaire n'entraîne pas la rupture de plein droit du contrat de travail ; qu'il en résulte qu'en l'absence de rupture anticipée du contrat de travail par l'entreprise de travail temporaire, celle-ci n'est pas tenue de proposer au salarié un nouveau contrat dans les conditions prévues par l'article L. 124-5 du Code du travail ».

Quiz

Sujet corrigé : cas pratique

Énoncé

M. Paul a été embauché en qualité d'ingénieur au sein de la société Supexpert, laquelle a pour activité le conseil en informatique. Dans ce cadre, M. Paul est amené à travailler sur le site de plusieurs clients, pendant trois ans. Le 3 septembre 2006, il lui est demandé d'aller aider la maintenance informatique de la société Aubopied, laquelle fabrique des chaussures. Pour cette intervention, des conditions financières particulièrement avantageuses sont accordées à la société Aubopied, eu égard au fait qu'elle appartient au même groupe de sociétés que la société Supexpert et que leur société mère commune a suggéré fermement d'accorder de telles conditions avantageuses (à prix coûtant).

Au sein de cette société, M. Paul est intégré dans une équipe d'informaticiens, dont deux ont été directement embauchés par la société Aubopied. Les trois hommes travaillent dans un esprit d'égalité pendant deux ans. M. Paul continue à recevoir sa rémunération de la société Supexpert et celle-ci continue à facturer ses services à la société Aubopied. M. Paul lui envoie tous les trois mois un court rapport (deux pages) sur le travail qu'il a fourni.

À partir de juin 2008, M. Paul ne reçoit plus aucun salaire de la société Supexpert. Il apprend en septembre 2008 que celle-ci est en cessation de paiement et qu'une procédure de liquidation judiciaire est engagée à son encontre.

Il vient vous voir pour connaître ses droits, vis-à-vis de la société Aubopied : celle-ci doit-elle lui verser les salaires dus ? Est-il juridiquement possible de la faire reconnaître comme son employeur ?

Corrigé

Il s'agit tout d'abord de qualifier la relation entre la société Aubopied et M. Paul, de la ranger dans une case.

Il faut alors se poser une première question : qui détient, dans les faits, le pouvoir de direction ? la société Aubopied ou la société Supexpert ?

Pour répondre à cette question, il faut faire jouer les indices habituels de la subordination (sur lesquels, v. n° 34-35). Dans le sens d'un pouvoir détenu par la société Aubopied, on notera l'intégration dans un service organisé, la présence de salariés de la société Aubopied dotés des compétences nécessaires au contrôle et à la supervision du travail de M. Paul, etc. En sens inverse, on notera les compétences spécifiques de M. Paul, compétences fort peu répandues au sein de la société Aubopied ; on montrera qu'aucun des informaticiens avec lesquels il travaillait n'était son supérieur hiérarchique ; on rappellera les rapports envoyés, significatifs du contrôle et de la direction toujours assurés par la société Supexpert…

En fonction de ces éléments, les juges tenteront de se forger une opinion. Si M. Paul avait été le seul informaticien de la société Aubopied, l'incompétence des membres de cette société en informatique l'aurait sans doute maintenu dans la sphère de commandement de la société Supexpert. Dans le cas d'espèce cependant, tel qu'il est décrit, les liens avec la société Supexpert semblent un peu trop lâches pour qu'ils soient significatifs d'une subordination maintenue et les liens avec la société Aubopied semblent un peu trop fort pour ne pas considérer que c'est cette société qui, de fait, exerçait le pouvoir de direction. Mais il s'agit d'une question, difficile, d'appréciation des faits, et les deux solutions doivent donc être envisagées.

• Hypothèse 1 : la société Supexpert est restée détentrice du pouvoir de direction

Dans ce cas, le contrat qui lie les sociétés Supexpert et Aubopied est un contrat d'entreprise. M. Paul bénéficie d'une action directe pour le paiement de ses salaires contre le maître de l'ouvrage, la société Aubopied, en vertu de l'article 1798 du Code civil : dans la limite des sommes que la société Aubopied reste à devoir à la société Supexpert, M. Paul pourra réclamer que ses arriérés de salaires lui soient payés directement par la société Aubopied. En revanche, M. Paul ne pourra pas être considéré comme un salarié de cette société. Et si celle-ci l'embauche pour continuer le travail en son sein, il n'aura aucune ancienneté dans ce nouvel emploi.

• Hypothèse 2 : la société Aubopied est détentrice du pouvoir de direction

Dans ce cas, le contrat qui lie les sociétés Supexpert et Aubopied est un contrat de prêt de main-d'œuvre. Il est à prix coûtant. Il faudra vérifier qu'aucune des deux parties au contrat n'en tire de bénéfice. Si tel est le cas, il s'agira d'un prêt de main-d'œuvre licite parce qu'à but non lucratif. Sinon, il s'agira d'un prêt de main-d'œuvre à but lucratif conclu hors des règles du travail temporaire et donc d'un délit de marchandage ou de prêt de main-d'œuvre à but lucratif (le caractère exclusif du prêt de main-d'œuvre est ici facilement démontré ; de plus, le préjudice subi par le salarié découle simplement de la perte des garanties qu'un licenciement par la société Supexpert lui aurait assurées).

– Hypothèse 2.1 : il s'agit d'un prêt de main-d'œuvre à but non lucratif. C'est l'hypothèse que suggère le plus l'énoncé du cas pratique. Dans ce cas, le prêt est licite. Le salarié ne peut pas être considéré comme ayant pour employeur la société Aubopied. Il ne bénéficie pas non plus d'une action directe en paiement de ses arriérés de salaires contre le locataire de main-d'œuvre : l'article L. 8232-2 du Code du travail ne prévoit une telle action que pour les locataires qui n'ont pas de fond de commerce et la société Aubopied est clairement le propriétaire d'un tel fonds de commerce. C'est la pire des situations pour le salarié.

– Hypothèse 2.2 : le prêt de main-d'œuvre représente un gain pour une des parties au contrat de prêt (le « prix coûtant » a été sous-évalué ou sur-évalué). Les délits des articles L. 8234-1 et L. 8243-1 du Code du travail sont constitués. L'opération de prêt est donc invalidée. Comme dans le cas du travail temporaire illicite, le salarié peut se considérer comme étant le salarié de la société Aubopied et ce, depuis le début. Il pourra donc lui réclamer ses arriérés de salaires, mais aussi conserver son emploi, sauf à subir un licenciement que la société Aubopied devrait alors justifier et indemniser. C'est la solution la plus favorable pour le salarié.

chapitre 12

Le contrat de travail à temps partiel

Plan analytique

12

Le contrat de travail à temps partiel

En 2005, sur les plus de quatre millions de salariés qui travaillaient à temps partiel, 275 ■
82,1 % étaient des femmes (INSEE, *Enquêtes emploi*). Ce chiffre, qui est à peu près constant depuis de nombreuses années, montre que le travail à temps partiel demeure quasi exclusivement un travail réservé aux femmes. Ce constat est d'abord significatif des fortes inégalités persistantes devant les tâches ménagères et d'éducation des enfants, lesquelles conduisent les femmes à demander davantage que les hommes à travailler à temps partiel. Mais il est aussi dû, en partie, au sexisme de certains employeurs, qui les conduit à imposer aux femmes plutôt qu'aux hommes de travailler à temps partiel. La part respective de ces deux causes est bien évidemment impossible à chiffrer.

Ce déséquilibre homme-femme face au temps partiel doit rester à l'esprit lors de l'étude des règles applicables. Ainsi, lorsque les salariés à temps partiel sont considérés comme n'appartenant qu'en partie à l'entreprise et qu'il en résulte des inégalités de traitement entre travailleurs à temps partiel et travailleur à temps plein (ce qui est fréquent en pratique), il s'agira aussi, le plus souvent, de discriminations sexistes, directes ou indirectes (v. n° 171 à 173).

La définition du travail à temps partiel est devenue simple (art. L. 3123-1 C. trav.) : est 276 ■
à temps partiel le salarié qui travaille moins qu'un temps plein. Le travailleur à temps plein est en principe celui qui effectue au moins 35 heures par semaine, ou l'équivalent de cette durée en moyenne, sur le mois ou sur l'année (sur cette durée, dite « durée légale du travail », v. n° 329). La durée légale peut être réduite par une convention collective. Le salarié à temps partiel sera alors celui qui travaille moins que la durée conventionnelle applicable à son établissement.

L'instauration du temps partiel dans une entreprise peut être prévue par une convention collective. Mais elle peut tout aussi bien être le fruit d'une décision unilatérale de l'employeur. Celui-ci doit alors simplement consulter les représentants du personnel et transmettre leur avis à l'inspecteur du travail (art. L. 3123-2 C. trav.). À défaut de représentants du personnel, il suffit d'informer directement l'inspecteur du travail (*ibid.*).

Le travail à temps partiel peut être un choix de vie, opéré par le salarié, éminemment respectable. Il est cependant souvent subi, plus que choisi, élément que le législateur a pris en compte en créant une priorité, pour les salariés à temps partiel, sur les emplois à temps plein qui se libèrent (art. L. 3123-8 C. trav.).

Après l'étude du principe d'égalité appliqué aux salariés à temps partiel (section 1) et la précision des formes du contrat de travail à temps partiel (section 2), le principal danger subi par ces salariés, à savoir la flexibilité du temps de travail, fera l'objet d'une étude détaillée (sections 3 et 4).

section 1

Égalité des salariés à temps partiel et des salariés à temps plein

277 Le principe d'égalité entre salariés à temps partiel et à temps plein est affirmé avec force par les articles L. 3123-9 et s. du Code du travail. L'article L. 3123-11 affirme même plus qu'une égalité, il exige une identité des droits : « le salarié à temps partiel bénéficie des droits reconnus au salarié à temps complet… ». Ce qui pose comme principe que les salariés à temps partiel bénéficient des exacts mêmes droits, en qualité comme en quantité, que les salariés à temps complet. L'article L. 3123-9 applique cette solution aux périodes d'essai : celles-ci ne peuvent avoir une durée calendaire plus longue que celles des salariés à temps plein. De même, le calcul de l'ancienneté se fait exclusivement eu égard à la date d'embauche, comme pour les salariés à temps plein, sans aucunement prendre en compte le fait que le salarié n'a travaillé qu'à temps partiel (L. 3123-12 C. trav.).

En revanche, bien entendu, la rémunération d'un salarié à temps partiel doit simplement être proportionnelle à celle d'un salarié à temps plein (art. L. 3123-10 C. trav.).

Enfin, il s'agit d'éviter que le salarié licencié alors qu'il était à temps plein et n'est à temps partiel que depuis peu temps ne reçoive qu'une indemnité de licenciement calculée sur ses derniers salaires, partiels. L'article L. 3123-13 C. trav. prévoit en conséquence que les indemnités de licenciement soient calculées en prenant en compte proportionnellement les périodes travaillées à plein temps et à temps partiel par le salarié, depuis son entrée dans l'entreprise.

278 Malgré ces dispositions, dont certaines peuvent apparaître comme favorisant les travailleurs à temps partiel par rapport aux salariés à temps plein, la pratique reste généralement défavorable aux salariés à temps partiel. Ce qui est d'autant plus grave que, comme on l'a dit précédemment, cette égalité est fortement corrélée avec l'égalité homme-femme. C'est au demeurant sous cet angle que la jurisprudence de la Cour de justice européenne aborde la question : les mesures qui touchent le temps partiel, si elles dénotent une inégalité de traitement comparativement aux salariés à temps plein, sont condamnées comme discrimination sexiste indirecte, dès lors que la répartition des travailleurs à temps partiel ou à temps plein est fortement différenciée selon les sexes, ce qui est généralement le cas (v. par exemple, CJCE 27 mai 2004*).

section 2

Le formalisme du contrat et sa sanction

En vertu de l'article L. 3123-14 du Code du travail, le contrat de travail à temps partiel est un contrat écrit, comprenant plusieurs mentions obligatoires, parmi lesquelles la rémunération, la qualification, la durée du travail et la répartition de cette durée entre les jours de la semaine ou les semaines du mois. 279

Ce formalisme n'est cependant pas sanctionné avec la même vigueur qu'en matière de contrat à durée déterminée.

On dit parfois, de manière peu rigoureuse mais parlante, que le contrat à durée déterminée irrégulier en la forme est présumé être un contrat à durée indéterminée et que cette présomption est irréfragable. En réalité, le contrat écrit et ses principales mentions obligatoires sont des conditions de validité de la stipulation d'un terme, d'une durée déterminée. D'où ce caractère automatique de la requalification du contrat de travail à durée déterminée en contrat à durée indéterminée.

En revanche, depuis 1987, il est constant que la violation des conditions de formes du contrat de travail à temps partiel n'emporte qu'une *présomption simple* de contrat de travail à temps complet (Soc. 14 mai 1987, *Dr. soc.* 1988. 444, obs. J. Savatier; Soc. 29 janvier 1997, *Bull. civ.* V, n° 39; Soc. 12 novembre 1997, *Bull. civ.* V, n° 362). Le formalisme du contrat de travail à temps partiel n'est donc pas une condition de validité de la stipulation d'un temps partiel. Il ne s'agit que d'une exigence qui relève du droit de la preuve: la stipulation d'un temps partiel doit, en principe, être prouvée par écrit. En l'absence d'écrit ou en l'absence de l'une des stipulations obligatoires essentielles de cet écrit, le contrat est présumé à temps plein. Mais il s'agit d'une présomption simple qui peut être renversée par tous moyens.

Cette différence de portée du formalisme du contrat de travail à temps partiel s'explique difficilement en droit: on comprend mal pourquoi les exigences formelles expresses du Code du travail à la stipulation d'un temps partiel ne seraient pas requises pour la validité de cette stipulation. L'explication d'une telle différence n'est guère juridique, elle est plutôt d'ordre pratique. La requalification en contrat à durée indéterminée permet essentiellement au salarié de bénéficier de la protection du droit du licenciement. La requalification en temps plein est nettement plus avantageuse pour le salarié et, symétriquement, elle est nettement plus grave pour l'employeur. La requalification en contrat de travail à temps complet signifie qu'un salaire à temps complet était dû, alors qu'un salaire calculé sur un temps partiel a été versé. Le salarié à tiers-temps qui voit son contrat requalifié en contrat de travail à temps complet recevra un rappel égal aux deux tiers du salaire à plein temps, et ce sur cinq ans, car les dettes de salaire se prescrivent sur cinq ans. La requalification en temps complet peut donc coûter très cher à l'employeur. Et c'est probablement pour cette raison que les juges n'en usent qu'avec parcimonie, réservant cette sanction aux hypothèses dans lesquelles l'employeur est incapable de renverser la présomption de travail à temps plein que créée la violation des obligations de formes du contrat de travail à temps partiel. 280

281 Pour renverser la présomption, il ne suffit pas de prouver que le salarié a, de fait, travaillé moins d'heures qu'un salarié à temps complet. Il faut encore prouver la durée exacte convenue et la répartition de cette durée de travail sur la semaine, le mois et le cas échéant, l'année (Soc. 29 janvier 1997*, *Barba* ; Soc. 12 mars 2002, *Bull. civ.* V, n° 90 ; Soc. 12 novembre 2002, *Bull. civ.* V, n° 341). Il faut, plus précisément encore, prouver que « le salarié connaissait à l'avance ses horaires de travail, n'était pas placé dans l'impossibilité de prévoir à quel rythme (il) devait travailler et n'avait pas à se tenir en permanence à disposition de l'employeur » (Soc 27 septembre 2007*, et déjà Soc. 12 juillet 1999, *Bull. civ.* V, n° 351 ; 29 septembre 2004*).

282 Ces solutions sont pleinement justifiées par l'importance que revêt la précision de la durée et de la répartition du temps de travail, particulièrement pour le salarié à temps partiel. Du fait de sa durée réduite de travail, celui-ci n'a vocation qu'à recevoir un salaire partiel, lequel apparaît souvent insuffisant pour garantir à lui seul un niveau de vie minimal. Or, l'absence de répartition fixe du temps de travail bloque, en pratique, la recherche d'un complément de rémunération. Un salarié à temps partiel auquel l'employeur impose d'importantes variations dans la répartition de son temps de travail ne peut prévoir les périodes pendant lesquelles il pourrait s'engager envers un second employeur. Il se trouve ainsi contraint, dans les faits, à demeurer au service exclusif d'un seul employeur et ce pour un salaire pouvant être réduit à une petite fraction de SMIC mensuel. Il ne travaille qu'à temps partiel, mais il est au service de l'employeur à temps plein. Pour cette raison, un salaire à temps plein lui est dû. C'est au demeurant ce que la Cour de cassation a très bien exprimé (v. not. Soc. 29 septembre 2004* et 27 septembre 2007* préc.).

283 Pour cette raison encore, les stipulations expresses de la durée exacte et de la répartition du temps de travail peuvent ne pas être suffisantes : encore faut-il que cette durée et que cette répartition soient respectées. Un employeur qui fait varier la durée ou la répartition du temps de travail au-delà des prévisions du contrat écrit opère une modification du contrat de travail, laquelle doit obéir aux mêmes conditions de formes que le contrat initial. Toute modification de la durée et de la répartition dépassant les prévisions du contrat doit être formalisée au sein d'un avenant écrit au contrat, sous peine de voir la présomption de contrat à temps plein s'appliquer à nouveau (v. Soc. 15 octobre 2002, *Bull. civ.* V, n° 311).

284 Enfin, et peut-être surtout, certains horaires rendent en pratique impossible toute recherche d'emploi complémentaire, *même s'ils sont fixes et connus à l'avance*. Dans ces cas, quoiqu'embauché à temps partiel, le salarié est *de facto* contraint de réserver toute son activité professionnelle à un seul employeur. C'est sur ce motif qu'a été requalifié en travail à temps plein le travail d'un salarié qui travaillait six jours sur sept durant trois semaines avant de bénéficier d'une semaine de repos la quatrième semaine et d'une semaine de repos supplémentaire toutes les trente-six semaines. Cette situation, pour la Cour, contraignait nécessairement le salarié « à demeurer constamment à la disposition de son employeur » (Soc. 9 janvier 2008*).

285 En définitive, la sanction du formalisme imposé par la loi en matière de contrat de travail à temps partiel n'est pas à proprement parler la requalification en contrat de travail à temps plein. Simplement, en l'absence des formes écrites requises, le salarié n'a rien à quoi se rattacher. Une stricte régularité de la durée du temps de travail et de la répartition de cette durée sera alors exigée en compensation. Cette régularité stricte doit pouvoir être prouvée par l'employeur. Et la moindre irrégularité conduira à la requalification du contrat de travail en contrat à temps plein. Une même requalification s'imposera s'il est démontré que l'organisation du temps de travail rend impossible toute recherche d'emploi complémentaire.

En présence des formes requises, et si des plages de liberté suffisamment régulières sont ménagées, en revanche, l'employeur peut bénéficier d'une certaine souplesse dans l'organisation du temps de travail de son salarié à temps partiel.

section 3

Variations de la durée et de la répartition du temps de travail

Si les formes sont respectées, la durée du temps de travail peut être augmentée (§ 1) 286
et la répartition de cette durée peut être modifiée (§ 2).

§ 1 Les heures complémentaires

Les heures complémentaires sont des heures effectuées au-delà du temps partiel dont 287
la durée a été contractuellement stipulée. Si ce temps partiel est de 15 heures par semaine, la 16e heure travaillée dans la semaine est une heure complémentaire. Cette notion « d'heure complémentaire » ne doit pas être confondue avec la notion « d'heure supplémentaire » : les heures supplémentaires sont des heures effectuées au-delà du temps plein, au-delà de la durée légale du travail actuellement fixée à 35 heures par semaine (sur les heures supplémentaires, v. n° 329 et s.).

L'article L. 3123-14 du Code du travail précise que le contrat de travail doit spécifier expressément les conditions et limites dans lesquelles des heures complémentaires peuvent être demandées aux salariés à temps partiel.

Ces heures complémentaires ne peuvent avoir pour effet d'accroître de plus d'un dixième la durée hebdomadaire ou mensuelle de travail du salarié. Par exemple, un salarié dont le contrat prévoit 20 heures par semaine pourra être conduit à travailler en plus 2 heures complémentaires ; un salarié dont le contrat prévoit une durée mensuelle de 100 heures, pourra se voir demander 10 heures complémentaires. La variation légalement autorisée apparaît ainsi relativement modérée. Une convention collective de branche étendue ou un accord d'entreprise peuvent cependant porter cette limite supérieure au tiers de la durée (art. L. 3123-18 C. trav.). La variation de la durée pouvant être demandée par l'employeur est alors importante. Il est cependant prévu alors que les heures complémentaires effectuées au-delà de 10 % de la durée contractuelle fassent l'objet d'une majoration de salaire de 25 % (L. 3123-19 C. trav.). Leur régime se rapproche alors un peu du régime juridique des heures supplémentaires (v. n° 331).

Les heures complémentaires peuvent être ordonnées par l'employeur au salarié qui doit s'y soumettre, à la condition d'avoir été demandées au moins trois jours à l'avance (art. L. 3123-20 C. trav.). La solution est un peu plus avantageuse que celle que la jurisprudence retient pour les heures supplémentaires, lesquelles peuvent être imposées sans aucun délai de prévenance particulier (v. not. Soc. 9 mars 1999, *Bull. civ.* V, n° 103).

Il est encore prévu que les heures complémentaires ne puissent avoir pour effet de porter la durée du travail au niveau de la durée légale du travail. En d'autres termes, cela signifie que le salarié à temps partiel peut toujours refuser de travailler à temps complet (art. L. 3123-17 al. 2 C. trav.).

L'utilisation systématique d'heures complémentaires peut, en outre, provoquer une modification du contrat de travail. Si, pendant douze semaines sur une période de quinze semaines, l'horaire réellement effectué a dépassé celui prévu au contrat d'au moins 2 heures par semaine, la durée du travail contractuelle est automatiquement modifiée : on ajoute le temps complémentaire à la durée contractuelle de base, sauf opposition du salarié (art. L. 3123-15 C. trav.). Cette disposition a pour objet d'interdire à l'employeur de revenir à une durée moindre de travail et donc à un salaire moindre sans l'accord exprès du salarié.

Il demeure que, lorsque les formes et conditions sont respectées, la technique des heures complémentaires peut permettre à l'employeur de se saisir unilatéralement du temps libre du salarié. Ce pouvoir unilatéral sur le temps libre peut encore être accru par de possibles clauses de variation de la répartition du temps de travail (pour une critique en général des pouvoirs juridiques accordés aux employeurs sur le temps libre de leurs salariés, v. n° 312).

§ 2 Variation de la répartition du temps de travail

288 Les horaires de travail d'un salarié à temps partiel ne peuvent être modifiés que du commun accord des parties au contrat de travail, à moins que ce contrat ait expressément prévu une clause de variation (art. L. 3123-24 C. trav.).

La clause de variation doit prévoir un délai de prévenance d'au moins 7 jours (L. 3123-21 C. trav.), délai qui peut, en échange d'une « contrepartie », être réduit à 3 jours par une convention collective étendue ou d'entreprise (art. L. 3123-22 C. trav.). La clause doit préciser l'ampleur des variations possibles et, surtout, elle doit spécifier les cas dans lesquels elles peuvent intervenir (art. L. 3123-14, 2° C. trav.).

Cette dernière condition est peut-être la plus importante. L'imprécision des cas dans lesquels une variation peut intervenir équivaut en effet, pour la jurisprudence, à une absence de spécification de ces cas. Les clauses imprécises sont donc invalidées. Tel est le cas, par exemple, de clauses de variation « en fonction des nécessités du service » (Soc. 6 avril 1999*) ou « si les circonstances le demandent » (Soc. 7 juillet 1998, *Bull. civ.* V, n° 373).

Lorsque la clause est correctement stipulée, le législateur a prévu que dans certains cas exceptionnels, le salarié pourrait tout de même refuser la modification de ses horaires. Pour bénéficier de ce droit au refus, le salarié doit démontrer des obligations familiales impérieuses ou le suivi d'un enseignement scolaire ou supérieur ou encore une période d'activité, soit chez un autre employeur, soit dans le cadre d'une activité professionnelle non salariée (art. L. 3123-24 C. trav., pour la reconnaissance de telle obligations familiales impérieuses dans le cas d'une veuve ayant deux enfants, v. Soc. 13 janvier 2009, n° 06-45562, [P]).

Il est très regrettable que ces « excuses » légales n'aient pas été expressément généralisées à l'ensemble des cas dans lesquels l'employeur s'empare du temps libre du salarié, et notamment aux hypothèses dans lesquelles il commande d'exécuter des heures complémentaires.

Une garantie essentielle contre les excès qui peuvent être commis dans la répartition du temps de travail est en outre prévue à l'article L. 3123-16 al. 1er du Code du travail. Cet article prohibe le hachage du temps de travail tout au long de la journée. Par exemple, un salarié pourrait recevoir les horaires suivants : 8h/9h, 12h/13h, 16h/17h, 20h/21h. De tels horaires, qui peuvent permettre au salarié de servir de « bouche-trous », bloquent de fait toute la journée de ce salarié, surtout s'il habite à une certaine distance de son lieu de travail et le tout pour une rémunération de 4 heures dans la journée... C'est exactement pour empêcher ce type d'horaire que l'article L. 3123-16 al. 1er interdit que les salariés subissent plus d'une interruption du travail par jour et que cette interruption soit supérieure à 2 heures : les horaires des travailleurs à temps partiel doivent être suffisamment ramassés pour qu'en échange du montant partiel de leur salaire, ils aient au moins la possibilité de jouir de davantage de temps libre qu'un travailleur à temps complet. Cette idée assez simple est cependant loin d'être garantie. Une convention collective étendue ou d'entreprise peut y déroger (L. 3123-16 C. trav.). 289

Finalement, la protection principale qui demeure reste la jurisprudence qui considère qu'un salarié à temps partiel doit être requalifié en salarié à temps plein lorsque la répartition de son temps de travail lui interdit de fait la recherche de tout travail complémentaire (Soc. 9 janvier 2008*, préc.).

Les protections légales du salarié à temps partiel restent ainsi relativement fragiles. Elles le sont d'autant plus que, dans leur quasi-totalité, elles sont susceptibles d'être détruites ou contournées par la conclusion d'une convention collective d'annualisation du travail à temps partiel.

section 4

Le temps partiel modulé

Il est possible d'organiser la répartition du temps de travail du salarié à temps partiel non plus sur la semaine ou le mois, mais sur des durées supérieures pouvant aller jusqu'à une annualisation du temps de travail. Un salarié à temps partiel pourra ainsi travailler à temps plein pendant les mois de forte activité de l'entreprise et ne pas travailler du tout pendant les mois où le travail est moins important. Pour que cette organisation soit possible, il suffit de respecter les règles de modulation du temps de travail prévues aux articles L. 3122-2 et s. du Code du travail (v. n° 434). Ceci suppose une convention d'entreprise ou, à défaut, une convention de branche. De plus, le passage du temps partiel au temps partiel modulé est une modification du contrat de travail. Il suppose donc l'accord du salarié (Soc. 20 février 2008, n° 06-43349, [P], *RDT* 2008. 230, note G. Auzero). Ces conditions sont cependant, à peu de choses près suffisantes. Les accords collectifs et individuels obtenus, l'employeur pourra bénéficier d'une flexibilité très importantes et les salariés à temps partiel être soumis à des horaires de travail très irréguliers. 290

291 Outre la possibilité de plus grandes variation dans la fixation des horaires de travail, la modulation du temps de travail des salariés à temps partiel permet une plus grande flexibilité dans l'usage des heures complémentaires. Celles-ci sont alors calculées comme les heures qui dépassent la durée hebdomadaire prévue dans le contrat, *en moyenne* sur l'année (ou sur la période inférieure prévue par l'accord de modulation du temps de travail, art. L. 3123-17 C. trav.). Ce qui provoque, bien entendu, les même difficultés probatoires que celles existantes pour les heures supplémentaires des salariés annualisés à temps plein. Sont notamment plus difficile à vérifier le respect de la limitation à 10 % du nombre d'heures complémentaires (art. L. 3123-17). Et les heures dépassant cette limite, qui doivent être payées 25 % de plus que des heures normales (art. L. 3123-19 C. trav.) sont bien plus rares et bien plus difficiles à prouver que lorsque le temps partiel est organisé sur la semaine ou sur le mois.

292 La modulation du temps travail partiel permet aux employeur de s'affranchir de l'obligation de fixer dans le contrat la répartition contractuelle du temps de travail obligatoire. Cette exclusion est expressément prévue par l'article L. 3123-14 du Code du travail. Elle pourrait être ravageuse. Fort heureusement, selon la jurisprudence, un salarié à temps partiel doit être requalifié en salarié à temps plein lorsque la répartition de son temps de travail lui interdit de fait la recherche de tout travail complémentaire (Soc. 9 janvier 2008*, préc.), ce qui serait le cas si aucune information sur la répartition du temps de travail n'était communiquée au salarié. L'information du salarié sur la répartition de son temps de travail s'impose donc, pour ce motif, y compris pour les salariés à temps partiel modulé. Simplement cette information n'est pas une mention obligatoire du contrat.

Des variations de la répartition du travail sont possibles, pourvu qu'elles respectent la possibilité pour le salarié de trouver un travail complémentaire.

Selon les règles générales relatives à la modulation, applicables au travail à temps partiel depuis la loi du 20 août 2008, il appartient à la convention de modulation de fixer les modalités de communication et de modification de la répartition de la durée et des horaires de travail (art. L. 3122-2 al. 5 C. trav.). L'article L. 3122-2 alinéa 6 fixe un délai de prévenance de 7 jours pour tout changement de durée ou d'horaires. Mais ce délai peut être réduit par l'accord collectif, sans qu'aucun minimum ne soit expressément prévu (art. L. 3122-2 al. 6 C. trav., v. aussi n° 434).

Un délai minimum résulte toutefois du droit du temps partiel. L'abrogation du régime spécial du temps partiel annualisé a fait retomber ce temps non seulement dans le droit commun de la modulation, mais aussi dans le droit commun du travail à temps partiel. Les disposition sur les travailleurs à temps partiel sont donc applicables, sauf dispositions expresses contraires, aux temps partiels modulés. Il en résulte, notamment, que le délai de prévenance d'une variation dans l'organisation du temps de travail ne peut être réduit par convention collective en deçà de trois jours (art. L. 3123-22 C. trav.). Et cette variation suppose une clause qui précise les cas dans lesquels la variation peut intervenir (art. L. 3123-14, 2° C. trav.).

Biblio

- *Minima sociaux, revenus d'activité, précarité, Dr. soc.* n° spécial juillet-août 2000, avec not. les articles de M. Borgetto, « Minima sociaux et revenus d'activité : éléments d'une problématique générale » et de P. Concialdi, « Les travailleurs pauvres ».
- M.-T. Join-Lambert, « Le cumul salaires/allocations représente-t-il une voie d'avenir ? », *Dr. soc.* 2000. 632.
- M. Del Sol, « Travail à temps partiel : le renforcement de la logique du temps choisi ? », *Dr. soc.* 2001. 728.

Documents

1) Temps partiel et discriminations sexistes

CJCE 27 mai 2004, C-285/02

« 17. Si cette rémunération apparaît égale dans la mesure où le droit à une rémunération des heures supplémentaires ne naît qu'au-delà de 3 heures supplémentaires pour les enseignants à temps partiel ainsi que pour les enseignants à temps plein, il convient cependant de constater que 3 heures supplémentaires représentent une charge plus grande pour les enseignants à temps partiel que pour ceux à temps plein. En effet, si un enseignant à temps plein doit travailler 3 heures de plus que son temps de travail mensuel de 98 heures, soit une augmentation d'environ 3 %, pour recevoir une rémunération de ses heures supplémentaires, un enseignant à temps partiel doit travailler 3 heures de plus que son temps de travail mensuel de 60 heures, soit une augmentation d'environ 5 %. Étant donné que, pour les enseignants à temps partiel, le nombre d'heures de cours supplémentaires qui donne droit à une rémunération n'est pas réduit de manière proportionnelle à leur temps de travail, il y a donc un traitement inégal de ceux-ci par rapport aux enseignants à temps plein en ce qui concerne la rémunération pour leurs heures supplémentaires de cours.

18. Il appartient à la juridiction nationale de déterminer, premièrement, si la différence de traitement instituée par la législation en cause affecte considérablement plus de femmes que d'hommes et, deuxièmement, si cette différence de traitement répond à un objectif étranger à toute appartenance à un sexe déterminé et est nécessaire pour atteindre l'objectif poursuivi (v., en ce sens, arrêt du 7 mars 1996, Freers et Speckmann, C278/93, Rec. CJCE, p. I-1165, pt. 28).

19. Dans ces circonstances, il convient de répondre à la question posée que les articles 141 CE et 1er de la directive 75/117 doivent être interprétés en ce sens qu'ils s'opposent à une réglementation nationale selon laquelle les enseignants à temps partiel ne perçoivent — tout comme ceux employés à temps plein — aucune rémunération pour les heures supplémentaires lorsque le travail supplémentaire n'excède pas trois heures dans le mois civil, si cette différence de traitement affecte un nombre considérablement plus élevé de femmes que d'hommes et si une telle différence de traitement ne peut pas être justifiée par un objectif étranger à toute appartenance à un sexe déterminé ou n'est pas nécessaire pour atteindre l'objectif poursuivi… »

2) La requalification en temps plein

Soc. 29 janvier 1997, *Barba*, *Bull. civ.* V, n° 39 ; *Dr. soc.* 1997. 311, note F. Favennec ; *Grands arrêts*, n° 39

« … en l'absence d'écrit, le contrat de travail est présumé conclu à temps complet, il appartient à l'employeur qui se prévaut d'un contrat à temps partiel de rapporter la preuve non seulement de la durée exacte du travail convenu mais également de sa répartition sur la semaine ou le mois ».

Soc. 29 septembre 2004, *Bull. civ.* V, n° 232

« Attendu que l'employeur fait encore grief à l'arrêt d'avoir décidé que le contrat de travail conclu par Mme Thèze avec la société des Autoroutes du Sud de la France le 5 décembre 1999 était un contrat à temps complet, alors, selon le moyen que (…) la société des Autoroutes du Sud de la France faisait valoir que par exemple, du 1er septembre au 31 décembre 1999, Mme X… n'a travaillé que vingt-sept jours (…), soit 22,5 % d'un temps plein (…).
Mais attendu que la cour d'appel, qui a fait ressortir que la salariée était placée dans l'impossibilité de prévoir à quel rythme elle devait travailler et qu'elle devait se tenir constamment à la disposition de l'employeur, a légalement justifié sa décision ».

Soc 27 septembre 2007, *Afeji Résidence Rembrandt*, n° 06-41086, [P], *RJS* 2007, n° 1312

Sur le moyen relatif à une requalification du contrat en contrat de travail à temps complet :
« Mais attendu que la cour d'appel a retenu que l'employeur avait rapporté la preuve de ce que l'emploi de la salariée était à temps partiel et que celle-ci, qui connaissait à l'avance ses horaires de travail, n'était pas placée dans l'impossibilité de prévoir à quel rythme elle devait travailler et n'avait pas à se tenir en permanence à disposition de l'employeur ; que le moyen ne peut être accueilli (…).

Soc. 9 janvier 2008, n° 06-44458

« Mais attendu que la cour d'appel qui, par motifs adoptés, a constaté que la répartition des horaires était telle que le salarié travaillait six jours sur sept durant trois semaines avant de bénéficier d'une semaine de repos la quatrième semaine et d'une semaine de repos supplémentaire toutes les trente-six semaines et retenu qu'une telle répartition des horaires de travail n'était pas compatible avec un autre emploi à temps partiel et le contraignait nécessairement à demeurer constamment à la disposition de son employeur, a, sans encourir les griefs du moyen, légalement justifié sa décision. … »

3) Les clauses de variation

Soc. 6 avril 1999, *Bull. civ.* V, n° 166

« Mais attendu, d'abord, que la répartition du travail, telle qu'elle doit être prévue, en application de l'article L. 212-4.3 du Code du travail, constitue un élément du contrat de travail à temps partiel, qui ne peut être modifié sans l'accord du salarié ;
Attendu, ensuite, qu'une clause du contrat ne peut valablement permettre à l'employeur de modifier l'horaire convenu en prévenant le salarié au moins 7 jours à l'avance qu'à la double condition, d'une part, de la détermination par le contrat de la variation possible, d'autre part, de l'énonciation des cas dans lesquels cette modification pourra intervenir ;

D'où il suit que la répartition du travail à temps partiel sur 6 jours au lieu de 5 jours constituait une modification du contrat de travail et que la clause contractuelle visée par le jugement, en accordant à l'employeur le pouvoir de modifier la répartition des horaires en fonction des nécessités du service, ne correspondait pas aux exigences légales… ».

Quiz

Sujet corrigé : cas pratique

Énoncé

La convention collective de l'entreprise Mélusine contient les deux clauses suivantes :

« Article 7 : Crèche

Une crèche est organisée dans les locaux de l'entreprise. Les salarié(e)s peuvent y déposer leur enfant gratuitement quatre demi-journées par semaine. Au-delà, les places sont attribuées selon les disponibilités et une contribution aux frais de garde est demandée aux salarié(e)s.

(…)

Article 29 : Prime de rendement

Tout salarié ayant assemblé plus de 3 000 parapluies dans la semaine recevra, en fin de mois, une prime de 150 euros ».

La directrice du personnel, Mme Albertine, vient vous trouver. Elle vous demande ce qu'elle doit répondre à M. Marcel. Celui-ci travaille à mi-temps. Mais il demande à bénéficier des quatre demi-journées par semaine de crèche. Elle pense, qu'en bonne logique il devrait se contenter de deux demi-journées, d'autant qu'il a plus de temps libre que les autres pour s'occuper lui-même de ses enfants.

Ce M. Marcel réclame en outre qu'on lui paie une prime de rendement de 150 euros à chaque fois qu'il dépasse les 1 500 parapluies. Elle pense pour sa part que l'article 29 est très clair et qu'il n'accorde de prime qu'aux salariés qui atteignent les 3 000 parapluies.

Corrigé

- Sur les jours de crèche :

L'article L. 3123-11 du Code du travail est clair : « les salariés employés à temps partiel bénéficient des droits reconnus aux salariés à temps complet… sous réserve, en ce qui concerne les droits conventionnels, des modalités spécifiques prévues par une convention ou un accord collectif ». En l'absence de dispositions contraires, ils bénéficient donc exactement des mêmes droits que ceux des salariés à temps plein. L'article 7 de la convention collective aurait pu spécifier que pour les salariés à temps partiel le nombre de jours dû était réduit en proportion du temps travaillé. Il n'en a rien fait. Les salariés à temps partiel bénéficient donc tous de quatre demi-journées de crèche gratuites par semaine, comme les autres salariés.

- Sur la prime de rendement :

Il s'agit d'un élément de rémunération. L'article L. 3123-10 C. trav. prévoit qu'en matière de rémunération la règle n'est pas celle de l'identité de l'alinéa 1er, mais celle de la proportionnalité selon le temps travaillé. Pour savoir ce à quoi M. Marcel a droit, il faut prendre la situation d'un salarié de même capacité, de mêmes fonctions, de même ancienneté... mais à temps plein. Puis il faut rechercher ce que gagne, ou ce que gagnerait un tel salarié. Il suffit alors de réduire la rémunération de ce salarié en proportion du temps de travail réalisé par M. Marcel, pour connaître le minimum de rémunération auquel il a droit.

M. Marcel est à mi-temps. À chaque fois qu'il dépasse les 1 500 parapluies hebdomadaires, on peut penser qu'il aurait dépassé les 3 000 parapluies s'il avait travaillé à temps plein. Et, toujours *s'il avait travaillé à plein temps*, il aurait touché la somme de 150 euros. M. Marcel ne doit pas, cependant toucher cette somme. Il est à mi-temps et, selon l'article L. 3123-10 précité, il n'a droit qu'à une rémunération proportionnelle à celle qu'il aurait touchée s'il avait travaillé à plein temps. Puisqu'il travaille à mi-temps, il aura droit à la moitié de la prime de rendement (soit 75 euros) et ce, à chaque fois qu'il aura réalisé 1 500 parapluies hebdomadaires (sur ce nécessaire calcul au prorata, on peut citer, notamment, l'arrêt CJCE 27 mai 2004*).

titre 4

L'exécution du contrat de travail

L'exécution du contrat de travail est l'affaire de toute la vie professionnelle des salariés. 293 Il ne s'agit pas ici de traiter l'ensemble des questions qui peuvent, à un titre ou à un autre, se rattacher à cette exécution. Nous nous concentrerons sur les deux obligations principales qui sont issues du contrat de travail. La première est la contrepartie du travail, l'obligation principale de l'employeur : il s'agit du salaire (chapitre 13). La seconde est l'obligation du salarié de fournir un travail subordonné. En pratique, cela signifie essentiellement qu'il s'engage à consacrer une partie de son temps à l'employeur. Ce temps pendant lequel le salarié s'est contractuellement engagé à obéir est désigné sous le nom de « temps de travail » (chapitre 14).

Ces deux éléments sont le cœur de l'échange que réalise le contrat de travail : un salaire contre un temps de travail. Ce sont logiquement à propos d'eux qu'eurent lieu les premières grandes grèves et que furent adoptées les premières règles protectrices du droit du travail.

chapitre 13

Le salaire

Plan analytique

13

Le salaire

Le salaire est évidemment un élément crucial. Les questions qu'il pose se déclinent autour de deux thèmes. Le premier tente de répondre à l'éternelle question : « combien ? ». Il s'agit du montant du salaire. En droit, plus précisément, c'est la question de son montant minimum qui importe (section 1). Le second thème est celui du versement du salaire : il ne suffit pas en effet d'avoir droit à un salaire. Encore faut-il que ce droit soit respecté, que le salaire soit bel et bien versé (section 2). 294

section 1

Le salaire minimum

Le droit français connaît de nombreux minima de salaires. La plupart sont prévus par des conventions collectives, notamment au niveau des branches. En effet, les conventions collectives de branche contiennent, en principe, des grilles de classification, qui dressent la liste des métiers de la branche et qui associent à chacun de ces métiers un niveau de salaire minimum. 295

Au niveau national et interprofessionnel, il existe deux minima. Le premier est de très loin le mieux connu. Il s'agit du salaire minimum de croissance. Sous sa désignation abrégée de « SMIC », il est devenu un mot à part entière, avec ses dérivés légèrement argotiques, comme « smicard ». C'est dire l'importance qui lui est accordée (§ 1).

La rémunération mensuelle minimale n'a pas eu le même succès. Il est vrai que son rôle est nettement plus modeste (§ 3). La mensualisation vient compléter le dispositif, en lissant les salaires d'un mois sur l'autre et en permettant la rémunération des jours fériés (§ 2).

Il fut un temps où, du fait de la réduction de la durée légale du travail à 35 heures, le législateur avait cru nécessaire de mettre en place toutes sortes de rémunérations minimales, pour ceux qui étaient passés aux 35 heures à telle date ou à telle date, ou pour ceux embauchés après telle date, etc. Ces éléments de complexité, créés dans la foulée de la loi Aubry du 19 janvier 2000, resteront à la postérité comme un exemple de la subtile intelligence des techniciens qui nous gouvernent. Ils ont fort heureusement disparu (les minima, pas les techniciens).

Les rémunérations minimales ont une importance considérable : le libre cours laissé aux rapports de force dans la négociation des contrats individuels pourrait conduire des travailleurs à vivre dans la grande misère tout en travaillant bien plus qu'à temps plein. L'« exemple » de certains pays anglo-saxons est ici pour rappeler que ce risque n'est pas de pure forme. 296

Il faut aussi garder à l'esprit que, même en présence d'une législation protectrice importante sur le salaire minimum, comme c'est encore le cas de la France, cette protection ne suffit pas à elle seule à garantir un travailleur contre la pauvreté. Les rémunérations minimales ne sont des protections contre la pauvreté qu'à l'égard des salariés à temps plein et elles ne jouent que durant le temps où ces salariés ont un emploi. Le développement des emplois précaires et du travail à temps partiel, ajouté aux diverses violations du SMIC dont sont notamment victimes les travailleurs dissimulés, ont conduit au développement considérable du nombre des travailleurs pauvres, y compris en France. Avoir du travail ne suffit donc plus toujours à éviter l'exclusion ou la misère.

§ 1 Le SMIC

■ 297 Le salaire minimum de croissance (SMIC) a succédé en 1970 au salaire minimum interprofessionnel garanti (SMIG), qui avait lui été créé par une loi de 1950. Il est aujourd'hui une des dispositions du droit du travail les plus importantes, tant au niveau pratique qu'au niveau symbolique. Pour cette raison sans doute, sa destruction ou sa réduction, souvent rêvées par les milieux patronaux, n'ont toujours pas été obtenues.

Le champ d'application du SMIC est tout à fait général. N'en sont guère exclus que certains apprentis et les salariés de moins 18 ans (avant 17 ans les salariés souffrent d'un abattement de 20 %, et de 17 à 18 ans l'abattement est de 10 % : art. D. 3231-3 C. trav. ; cet abattement est supprimé après 6 mois de pratique professionnelle).

Le SMIC est une somme minimale due par heure travaillée, c'est un taux horaire. L'employeur qui ne le respecte pas s'expose à des sanctions pénales (art. R. 3233-1 C. trav.), à savoir des amendes prévues pour les contraventions de 5e classe, soit 1 500 euros et 3 000 euros en cas de récidive. Ces amendes sont appliquées autant de fois qu'il y a de salariés rémunérés en dessous du SMIC.

■ 298 Le SMIC présente l'originalité et la force d'être soumis à une double indexation.

Lorsque l'indice des prix à la consommation croit d'au moins 2 %, le SMIC est relevé dans la même proportion à compter du premier jour du mois qui suit la publication de l'indice qui a noté cette croissance (L. 3231-5 C. trav.). Le pouvoir d'achat que représente le SMIC est ainsi garanti.

De plus, tous les ans, le SMIC est augmenté de la moitié au moins de l'augmentation du pouvoir d'achat des salaires moyens (art. L. 3231-8 C. trav.). Lorsqu'en moyenne les salariés s'enrichissent, lorsque leur pouvoir d'achat croît, les salariés les moins bien payés doivent aussi s'enrichir. L'idée est très simple : l'enrichissement de la nation doit bénéficier aux salariés les moins biens payés. Entre les salariés les moins bien payés et les salariés moyennement payés, il existe un écart. Il n'a pas été prévu d'aller jusqu'à interdire à cet écart de s'accroître. Mais il a été prévu que lorsque le salaire moyen croissait de 2, le salaire minimum devait croître de 1. Cette protection a permis au salaire minimum français de rester à un niveau honorable. D'autant que cette obligation de revalorisation annuelle a été l'occasion de nombreux « coups de pouce », allant plus loin que la revalorisation minimale ordonnée par la loi.

Jusqu'en 2009, la revalorisation annuelle du SMIC a eu lieu le 1er juillet de chaque année civile. À compter de l'année 2010, cette revalorisation annuelle sera calculée le 1er janvier.

La principale difficulté juridique que pose le SMIC est celle des sommes qui doivent, ou non, être intégrées dans son assiette. Ce qui se comprend mieux au travers d'un exemple. 299

Au 1er juillet 2009, le SMIC était à 8,82 euros brut de l'heure. Pour un travail de 35 heures par semaine (soit 151,67 heures de travail par mois en moyenne dans l'année), ce taux conduit à un minimum de 1 337,7 euros brut par mois, pour un salarié mensualisé.

Soit un salarié dont la rémunération brute comprend un fixe de 1 000 euros par mois et une prime de dureté de 450 euros par mois. Au total, ce salarié touche 1 450 euros pas mois. La règle du SMIC est-elle pour autant respectée ? Tout dépend de l'intégration ou non de la prime dans l'assiette du SMIC. Si l'on considère que cette prime doit être additionnée au salaire de base pour former le « salaire » qui doit être comparé au SMIC, le minimum est respecté. Si l'on considère au contraire qu'elle doit en être exclue, le SMIC n'est pas respecté. Et des sanctions pénales sont encourues.

À cette question de l'intégration des primes dans l'assiette du SMIC, la Cour de cassation a choisi de répondre de manière nuancée. Pour elle, certaines primes sont incluses, d'autres ne le sont pas. Plus précisément, sont incluses toutes les primes directement liées au travail, comme un supplément de salaire calculé à la pièce, des primes de 13e mois ou d'objectif les mois où elles sont payées (Soc. 4 juin 2002*). En revanche, il faut exclure les primes qui présentent une exigence supplémentaire, spécifique, comme les primes d'assiduité ou d'ancienneté (Soc. 19 juin 1996*), de rendement, ou encore celles qui sont liées à des éléments distincts de la prestation de travail proprement dite. Sont ainsi, par exemple, exclues une prime liée aux résultats de l'entreprise et non au travail individuel du salarié (Soc. 2 avril 2003, *RJS* 2003, n° 742) ou une prime justifiée par la cherté de la vie dans les départements d'outre-mer (Soc. 4 mars 2003*).

La distinction est souvent extrêmement subtile. Elle s'appuie de plus sur des arguments peu convaincants. Dire qu'une prime d'ancienneté récompense la stabilité, c'est aussi dire que cette stabilité a une valeur, qu'elle permet au travail d'avoir une meilleure qualité, une meilleure constance. De même, une prime d'assiduité rémunère un élément, l'assiduité, qui donne de la valeur au travail (sur l'exclusion de l'assiette des primes d'ancienneté et d'assiduité, v. pourtant Soc. 19 juin 1996*). La prime de cherté de la vie dans les départements d'outre-mer (DOM) qui a fait l'objet de l'arrêt du 4 mars 2003* était calculée par rapport au salaire versé, et était conditionnée par le versement de ce salaire. Elle était clairement un supplément de rémunération *du travail* accordé aux salariés travaillant dans les DOM. Elle n'était pas une aide octroyée généreusement aux habitants des DOM, indépendamment du travail réalisé. 300

Plus généralement, les sommes reçues par le salarié, à un titre ou à autre, de la part de l'employeur ne peuvent guère être considérées comme des cadeaux, ni comme des récompenses indépendantes du travail. Elles sont toutes, à un degré ou à un autre, la contrepartie du travail. Au demeurant, elles cessent toutes d'être dues lorsque le travail n'est pas exécuté. Distinguer, comme prétend le faire la Cour de cassation, ce qui est ou non « contrepartie » du travail est donc en réalité impossible :

toutes les sommes versées par l'employeur, quelle que soit leur dénomination, sont, en réalité, à un titre ou à un autre, des contreparties du travail.

301 Il eut été plus logique de faire un raisonnement en deux temps.

Le salaire minimum a pour objectif d'éviter que les salariés qui travaillent à temps plein tombent en dessous d'un certain niveau de vie. Les sanctions pénales sont d'ailleurs significatives de ce fondement essentiel. Tout salaire au sens très large du terme, toute somme reçue en contrepartie ou à l'occasion du travail, est un élément qui entre en compte dans le calcul du pouvoir d'achat du salarié, un élément qui l'éloigne de la pauvreté. Toutes ces sommes doivent donc pouvoir être intégrées pour savoir si le montant du SMIC a été atteint. Si l'employeur a versé une rémunération supérieure à ce montant, même si c'est à l'aide de diverses primes plus ou moins ésotériques, il n'a pas laissé son salarié en dessous du niveau de vie prescrit par la loi. Il ne devrait donc pas encourir de sanctions pénales pour non-versement du SMIC.

En revanche, d'un point de vue civil et non plus pénal, un employeur qui rémunère au SMIC, rémunère au minimum légal. Il n'accorde aucun supplément à ses salariés et il viole ainsi les règles qui ordonnent le versement de « primes » : toute « prime » est, par définition, un supplément.

Ceci apparaîtra mieux en reprenant l'exemple précédent. Soit un salarié à temps plein dont la rémunération comprend un fixe de 1 000 euros par mois et une prime de dureté de 450 euros par mois. Au total, ce salarié touche 1 450 euros pas mois. Selon le raisonnement précédent et contrairement à la jurisprudence, il faudrait considérer que le SMIC est respecté (le SMIC, mensualisé, conduit à salaire minimum de 1 337,7 euros). En revanche, la prime de dureté a-t-elle été payée ? Il faut ici dire qu'en plus du SMIC, le salarié n'a touché qu'un peu moins de 150 euros. La prime, c'est-à-dire le supplément dû est de 450 euros. Le compte n'y est pas. L'employeur doit des arriérés de salaires. Mais il n'encourt pas de sanction pénale pour non-versement du SMIC.

Ce raisonnement, préconisé dès 1985 par Jean Savatier, n'a pas été reconnu par la Cour de cassation. Et il faut donc, encore aujourd'hui, souffrir la casuistique byzantine de la jurisprudence.

§ 2 La mensualisation

302 La mensualisation est un mode de calcul du salaire, issu d'un accord national interprofessionnel du 10 décembre 1977, lequel a été consacré et élargi par la loi du 19 janvier 1978, puis intégré dans le Code du travail à l'occasion de la recodification.

La mensualisation est d'abord un mode de calcul simplifié du salaire. Le nombre de jours ouvrables, et donc d'heures travaillées, est variable d'un mois à l'autre. Et il est plus simple de verser tous les mois un même salaire. Pour arriver à ce résultat, il suffit d'opérer ce qu'on appelle un « lissage » du salaire, c'est-à-dire de faire une moyenne. Travailler 35 heures par semaine, revient à travailler par mois 35 heures multipliées par le nombre de semaines dans l'année, divisé par le nombre de mois dans l'année, soit 35x52/12 = 151,6667 heures par mois.

Ce lissage est expressément autorisé (art. L. 3242-1 C. trav.). Cela permet notamment de verser tous les mois aux salariés qui travaillent 35 heures par semaine une rémunération de 1 337,7 euros brut par mois (soit 151,6667 multiplié par le SMIC qui est de 8,82 euros brut de l'heure au 1er juillet 2009), tout en respectant le SMIC, alors même que cela revient à rémunérer l'heure de travail en dessous du SMIC les mois où l'on travaille plus d'heures, cette perte étant compensée par une rémunération par heure plus forte, les mois où l'on travaille moins d'heures.

La mensualisation a présenté comme intérêt majeur pour les salariés d'imposer que le chômage des jours fériés ne soit pas pris en compte dans le calcul (art. L. 3133-3 C. trav.). Ce qui assure le paiement de ces jours fériés. 303

L'accord sur la mensualisation de 1977 a, de plus, été la source d'un grand nombre d'avantages notamment en matière de congés de maladie, de congés pour événements personnels, d'indemnité de licenciement, de mise à la retraite, etc.

§ 3 La rémunération mensuelle minimale

Les articles L. 3232-1 et s. du Code du travail mettent en place une rémunération mensuelle minimale (RMM). Le montant de cette rémunération est égal au SMIC, multiplié par la durée légale du travail par mois. Couplée avec les dispositions sur la mensualisation, elle revient à poser un montant minimal par mois pour un salarié travaillant à plein temps, égal au SMIC mensualisé. 304

Ce minimum peut être réduit, en cas de grève, de maladie, d'absence injustifiée, de maternité... Mais, et c'est là tout son intérêt, *il ne peut pas être réduit en cas de réduction de la durée du travail sur ordre de l'employeur*. En d'autres termes, une mise au chômage partiel décidée par l'employeur ne pourra pas réduire la rémunération due aux salariés en dessous de la RMM. Le chômage partiel décidé par l'employeur ne peut donc affecter que la part du salaire située au-dessus du SMIC.

Plus précisément, la règle impose à l'employeur de verser, en plus du salaire dû pour les heures travaillées, un complément qui monte ce salaire jusqu'au niveau de la RMM. La moitié de ce complément lui sera remboursée par l'État.

La RMM est ainsi l'une des modalités d'indemnisation du chômage partiel (sur la seconde de ces indemnisations, v. nº 385 à 388).

section 2

Le versement du salaire

C'est à l'aide du salaire versé par l'employeur que le salarié paie son loyer, fait ses courses, achète des habits... Il est ainsi en partie consacré aux besoins élémentaires du salarié. Les créances de ce type sont juridiquement qualifiées de créances « alimentaires ». L'ensemble de la créance de salaire ne présente pas ce caractère. Le salaire est aussi le moyen de satisfaire des envies qui ne relèvent pas des besoins élémentaires. En un mot, le salaire est une créance partiellement alimentaire. 305

Ce caractère explique les protections dont son versement fait l'objet.

Ces protections s'exercent d'abord contre les créanciers du salarié qui, s'ils se saisissaient de l'entier salaire pourraient priver le salarié de tout moyen de subsistance. Pour cette raison, la créance de salaire est partiellement insaisissable.

Logiquement, plus le salaire est élevé et plus la partie saisissable est importante (v. art. R. 3252-2 C. trav.*).

Ces protections sont cependant principalement dirigées contre le débiteur du salaire, l'employeur. Le droit tente de limiter les conséquences de l'insolvabilité de l'employeur (§ 1) et de parer les diverses manœuvres auxquelles les employeurs peuvent avoir recours pour contourner leur obligation de verser le salaire (§ 2).

Les dettes de salaires se prescrivent au bout de 5 ans (art. L. 3245-1 C. trav.). Cette solution est désormais celle du droit commun pour toutes les actions personnelles ou mobilières (art. 2224 C. civ.). La prescription court à compter du jour où le titulaire du droit à salaire a connu, ou aurait dû connaître, les faits qui lui permettent d'exercer son droit (art. 2224 C. civ. préc.).

§ 1 L'employeur insolvable

306 Le salarié détient un privilège qui lui permet d'être payé en priorité sur les autres créanciers de l'entreprise. Le salaire bénéficie tout d'abord d'un privilège général (art. 2101, 4° et 2104, 2° C. civ.). De plus, le salaire dû pour les 90 derniers jours de travail bénéficie d'un droit au paiement immédiat, avant tous les autres créanciers, que l'on désigne habituellement sous le nom de « superprivilège » (art. L. 3253-2 et L. 3253-3 C. trav.).

Ces éléments s'étant encore souvent révélés insuffisants face aux employeurs insolvables, un mécanisme d'assurance a, de plus, été mis en place. Cette assurance est gérée par une association patronale, l'Association pour la gestion des créances d'origine salariale, dite « AGS ». Elle est régie par les articles L. 3253-6 et s. du Code du travail. Elle a désormais un rôle important dans les procédures de redressement et de liquidation judiciaires.

Elle couvre l'essentiel des créances que les salariés peuvent détenir sur l'entreprise, dans la limite d'un plafond (art. D. 3253-2 et -5 C. trav.). Toutes créances confondues, ce plafond est fixé, pour les salariés ayant au moins deux ans d'ancienneté, à six fois le plafond mensuel retenu pour le calcul des contributions au régime d'assurance chômage (11 092 euros en 2008). Il tombe à quatre mois pour les salariés de moins de six mois d'ancienneté.

La créance des salariés contre l'entreprise est donc fortement protégée par le droit. Mais seulement jusqu'à un certain montant. Les sommes dues aux salariés au titre de leur licenciement, additionnées à leurs arriérés de salaires, dépassent parfois largement les montants garantis. Les salariés doivent alors s'en remettre, avec assez peu d'espoir, à leur privilège général (le superprivilège étant lui, exercé en action récursoire, par l'AGS).

§ 2 Le paiement

Le salaire doit être payé tous les mois ou deux fois par mois si le salarié en fait la demande (art. L. 3242-1 C. trav.). Le mode de paiement a été réglementé (A). La remise d'un bulletin de paie a été exigée (B) et la compensation exercée par l'employeur sur les dettes du salarié a été réglementée (C).

A. Mode de paiement

Le mode paiement du salaire a dû faire l'objet d'interventions législatives. Au début du xxe siècle, certains patrons payaient leurs employés en jetons ou en bons d'achat, utilisables dans les seuls magasins de l'employeur, dits « économats ». Cette pratique, présentée comme un moyen de lutter contre l'alcoolisme, était aussi le moyen de faire payer cher des produits de mauvaise qualité. L'employeur récupérait ainsi d'une main ce qui avait été donné de l'autre. Cela permettait aussi à l'employeur une véritable emprise sur la vie extraprofessionnelle des salariés. Ce paternalisme fut rudement combattu. L'obligation de payer les salariés en monnaie date de 1908. Les économats patronaux restèrent cependant annexés aux bâtiments de travail, avec une très forte incitation des salariés à aller y dépenser leur paie... Le législateur en est venu à interdire à l'employeur, sous peine de sanctions pénales, d'annexer à son établissement un magasin destiné aux salariés ou à leurs familles (art. L. 3254-1 C. trav.). 307

Aujourd'hui, les salaires doivent être payés en monnaie, par chèque ou par virement bancaire ou postal. La voie du virement ou du chèque est de principe. Le salarié peut toutefois demander à être payé en monnaie, mais seulement jusqu'à un montant de 1 500 euros. Le paiement partiel par des avantages en nature reste possible, mais il est limité. Les avantages en nature ne peuvent faire descendre la rémunération versée en monnaie ou par voie bancaire au salarié en dessous du SMIC, que s'ils sont soumis aux règles d'évaluation très strictes du Code du travail. Ainsi, par exemple, le logement assuré par l'employeur ne peut faire descendre la rémunération versée en espèce aux salariés à un niveau inférieur au montant du SMIC qu'à raison de deux centimes d'euros par jour de logement assuré (art. D. 3231-11 C. trav.). Il s'agit, bien évidemment, d'empêcher que des salariés puissent être rémunérés exclusivement ou principalement, par un logement et une nourriture fournis par l'employeur.

La créance de salaire peut être partiellement saisie par les créanciers du salarié. Mais la fraction saisissable du salaire est réduite, notamment pour les bas salaire (sur le barème des fractions saisissables, v. art. R. 3252-2 C. trav. reproduit ci-dessous).

B. Le bulletin de paie

L'employeur doit accompagner le paiement du salaire de la remise d'un bulletin de paie papier. Depuis la loi du 12 mai 2009, avec l'accord du salarié cette remise peut se faire par voie électronique (art. L. 3243-2 C. trav.). Ce document comporte de nombreuses dispositions obligatoires (art. R. 3243-1 C. trav.). Il est régi par l'article L. 3243-2 du Code du travail. Il s'agit, pour le salarié, d'un élément de preuve central, tant vis-à-vis de l'employeur que vis-à-vis des tiers. Il démontre à ces derniers l'existence d'un emploi, d'un montant de la rémunération, et donc d'une solvabilité du salarié. De ce fait, le bulletin de paie est devenu une condition quasi indispensable pour accéder au logement et au crédit. 308

Bien entendu, le bulletin de paie n'a aucune valeur probante à l'encontre du salarié, qui n'en est pas l'auteur. Son acceptation sans protestation ne peut en aucun cas valoir accord du salarié sur les sommes versées, ni constituer une preuve du versement de ces sommes, ni bien sûr engager le salarié à ne pas agir en justice pour réclamer des arriérés de salaire. Pour que cela soit bien clair, le législateur a même prévu qu'une signature du salarié exigée au moment de la paie ne pouvait établir qu'une chose et une seule, à savoir que la somme reçue correspond bien au montant net figurant sur le bulletin de paie (art. L. 3243-2 C. trav.). La délivrance de bulletins de paie peut être réclamée sous astreinte. Et toute mention sur le bulletin de paie d'un nombre d'heure inférieur à celui réellement effectué constitue en principe une dissimulation d'emploi salarié (L. 8221-5 C. trav.), passible de trois ans d'emprisonnement (art. L. 8224-1 C. trav.).

L'obligation de délivrer un bulletin de paie connaît cependant aujourd'hui quelques importantes exceptions. Les très petites entreprises et les associations, ayant au plus neuf salariés (L. 1273-1 et s., L. 1272-1 C. trav., D. 133-13-1 et s. CSS) peuvent payer leurs salariés par un « titre emploi-service entreprise » pour les premières ou par un « chèque-emploi associatif » pour les secondes. Les titres emploi-service sont aussi autorisés pour les entreprises de toutes tailles, pour des salariés dont l'activité dans la même entreprise n'excède pas la limite de cent jours, consécutifs ou non, ou de 700 heures de travail, par année civile (L. 1273-2 C. trav.). Un organisme gestionnaire de ces titres remet au salarié un document, lequel sera, au dire des textes, « réputé » remplir les conditions relatives au bulletin de paie. Ces chèque et titres permettent en outre à l'employeur de ne plus respecter de nombreuses obligations, et notamment ses obligations relatives à la forme des contrats à durée déterminée ou à temps partiel, ou bien encore les formalités relatives à l'embauche (L. 1273-5 ; L. 1272-4 C. trav.). Ce qui offre des possibilités de flexibilité et de travail dissimulé vraiment importantes. La solution est particulièrement effarante en ce qu'elle prive de tout droit à un contrat écrit certains salariés à temps partiel dans de très grandes entreprises, sous prétexte qu'ils sont à temps très partiel et que, donc, il sont particulièrement fragiles...

C. La compensation

309 Il peut arriver que l'employeur soit créancier de sommes d'argent sur le salarié. Le plus souvent, il s'agira simplement de prêt qu'il a consenti au salarié.

Au XIXe siècle, en un temps où le salaire suffisait à peine pour survivre, les salariés étaient généralement totalement dépourvus d'épargne. L'employeur prêtait au salarié embauché de quoi s'installer, de quoi payer ses outils de travail (qui étaient alors souvent à sa charge) et de quoi survivre en attendant la première paie. Ces prêts, consignés sur le livret ouvrier du travailleur, n'étaient guère remboursés, les salariés dépensant l'intégralité de leur maigre paie à des fins alimentaires. Cette dette des salariés achevait de les placer dans un état de dépendance économique et juridique total. Tant qu'ils n'avaient pas remboursé, l'employeur pouvait garder leur livret ouvrier et ils avaient l'interdiction de partir chercher du travail ailleurs. De plus, les salariés débiteurs étaient totalement mis à la merci de l'employeur : celui-ci pouvait à tout moment réduire le salarié et sa famille à la famine en décidant de ne plus lui verser de salaire, les sommes dues étant directement affectées par l'employeur au remboursement de la dette du salarié.

De cette histoire il reste une certaine méfiance vis-à-vis des employeurs qui sont aussi créanciers de leurs salariés. Il n'est pas interdit aux employeurs de prêter de l'argent à leurs salariés, ce type de prêt étant souvent un des seuls crédits dont les salariés puissent bénéficier. Mais l'employeur cumule alors le pouvoir du patron et celui du créancier, ce qui représente d'incontestables risques. Le livret ouvrier, qui symbolisait le premier et le plus important de ces risques, a été aboli dès le 2 juillet

1890. Le second de ces dangers est la compensation pouvant être opérée par l'employeur.

La compensation est ce mécanisme qui permet, lorsque deux personnes sont débitrices l'une envers l'autre, d'éteindre simultanément les deux dettes, si elles sont liquides et exigibles, à concurrence du montant de la dette la moins importante. Ce mécanisme peut permettre à l'employeur de se rembourser des sommes que le salarié lui doit en opérant des retenues sur le salaire qu'il doit payer. Il n'a pas été réellement interdit, mais il a été strictement réglementé. 310

Pour se rembourser des « avances en espèce », dettes nées d'une remise de somme d'argent au salarié, l'employeur a l'interdiction d'opérer des retenues de plus du dixième des salaires dus (art. L. 3251-3 C. trav.). Ainsi, par exemple, si le salaire mensuel du salarié est de 2 000 euros net, l'employeur ne pourra se rembourser par une retenue sur salaire qu'à hauteur de 200 euros par mois. L'« avance en espèce » ainsi régie par l'article L. 3251-3 du Code du travail se distingue de l'« acompte ». Un acompte est le versement d'une partie du salaire que le salarié a déjà gagné par son travail. Lorsque l'heure de la paie viendra, celle-ci pourra être amputée de l'acompte déjà versé (v. Quiz).

Pour les dettes qui ne sont pas nées de la remise d'une somme d'argent, la compensation est en principe interdite. Seules les dettes issues de la fourniture par l'employeur d'outils et matériaux nécessaires au travail du salarié peuvent être compensées (art. L. 3251-2 C. trav.).

Biblio

- J. Savatier, « La portée du droit du SMIC selon les modalités de rémunération », *Dr. soc.* 1985. 811.

Documents

1) La fraction insaisissable du salaire

Article R. 3252-2 du Code du travail

« La proportion dans laquelle les sommes dues à titre de rémunération sont saisissables ou cessibles,
en application de l'article L. 3252-2, est fixée comme suit :
1° Le vingtième, sur la tranche inférieure ou égale à 3 460 € ;
2° Le dixième, sur la tranche supérieure à 3 460 € et inférieure ou égale à 6 790 € ;
3° Le cinquième, sur la tranche supérieure à 6 790 € et inférieure ou égale à 10 160 € ;
4° Le quart, sur la tranche supérieure à 10 160 € et inférieure ou égale à 13 490 € ;
5° Le tiers, sur la tranche supérieure à 13 490 € et inférieure ou égale à 16 830 € ;
6° Les deux tiers, sur la tranche supérieure à 16 830 € et inférieure ou égale à 20 220 € ;
7° La totalité, sur la tranche supérieure à 20 220 €. »

2) L'intégration des primes dans l'assiette du SMIC

Soc. 19 juin 1996, *RJS* 1996, n° 1048

« … le conseil de prud'hommes qui a fait ressortir que les primes d'ancienneté et d'assiduité n'étaient pas versées en contrepartie du travail, mais pour récompenser la stabilité et l'assiduité des salariés, a décidé à bon droit qu'elles ne pouvaient être prises en compte pour l'application du SMIC ».

Soc. 4 juin 2002, *Bull. civ.* V, n° 190

« … la réalisation des objectifs impartis au salarié étant directement liée à l'exécution par celui-ci de sa prestation de travail, il en résulte que la prime contractuelle, allouée en fonction de la réalisation de ces objectifs, constitue pour les mois où elle est versée un élément de salaire entrant dans le calcul du minimum conventionnel garanti ».

Soc. 4 mars 2003, *Bull. civ.* V, n° 78 ; *Dr. soc.* 2003. 658

« … une indemnité spéciale dite "Indemnité DOM" est versée douze fois par an et est calculée selon un pourcentage défini par note de service, appliqué au salaire à la grille du coefficient de chaque salarié ; qu'ayant relevé que l'"Indemnité DOM" avait pour objet de compenser la cherté de la vie dans les départements d'outre-mer, le conseil de prud'hommes a décidé à bon droit, sans encourir les griefs du moyen, que n'ayant pas été perçue en contrepartie du travail de la salariée, cette prime ne constituait pas un complément de salaire au sens de l'article D. 141-3 ».

Quiz

Sujet corrigé : cas pratique

Énoncé

M. Paul a un salaire mensuel de 3 000 euros net. Il reçoit sa paie, normalement, le dernier jour ouvrable du mois. Ce vendredi 15 septembre 2008, il vient voir M. Large dans son bureau. Il lui explique qu'il est vraiment « à sec » et même menacé d'être interdit bancaire. Il supplie l'employeur d'avancer un peu, pour cette fois, le jour de la paie. Bienveillant, M. Large lui signe immédiatement un chèque de 3 000 euros.

Le 1er octobre, M. Paul retourne voir M. Large : il se plaint de ne pas avoir reçu un centime de paie le 30 septembre dernier. M. Large lui rappelle qu'il l'a déjà payé au 15 du mois.

Ils vous prennent à témoin de leur différent. Vous leur donnez la solution que le droit prévoit dans un tel cas.

Corrigé

Sur les 3 000 euros versés le 15 septembre, 1 500 net ont déjà été gagnés par le travail effectué avant le 15 septembre : il ne s'agit pas d'un prêt, d'une avance, mais du paiement d'une dette, d'un acompte au sens juridique. La dette payée est éteinte. Le 30 septembre, ce demi-salaire payé n'est plus dû.

Les 1 500 euros supplémentaires versés le 15 septembre n'avaient pas, eux, été gagnés par le travail du salarié. Il ne s'agit plus du paiement d'une dette, mais d'un prêt, d'une « avance en espèce » au sens de l'article L. 3251-3 du Code du travail. Cette avance ne pourra être compensée qu'à hauteur d'un « dixième du montant des salaires exigibles » (L. 3251-3 C. trav. préc.). Ces salaires exigibles ne sont plus que de 1 500 euros. La retenue maximale au 30 septembre sera de 150 euros.

Au 30 septembre, M. Large devait donc payer 1 500-150 = 1 350 euros. M. Large pourra continuer, les mois suivants, à retenir un dixième du salaire de M. Paul. Cela lui permettra de retenir 300 euros par mois.

chapitre 14

Le temps de travail

Plan analytique

section 1

Limitation de la durée de travail

- § 1 Durées maximales
- § 2 Temps de repos minimal
- § 3 Spécificité du travail de nuit

section 2

Les heures supplémentaires

- § 1 Régime juridique
- § 2 La modulation par accord collectif
- § 3 La modulation sans accord collectif
- § 4 Les conventions de forfait
- § 5 Les cadres dirigeants

section 3

Horaire collectif et horaires individualisés

section 4

Notion de temps de travail effectif

section 5

L'astreinte

section 6

Preuve

14

Le temps de travail

Il est une différence fondamentale entre salariat et servitude. La servitude est un caractère attribué à la personne. Tel qui est serf est inférieur à son seigneur dans toute son existence. Rien de tel dans le contrat de travail. Le salarié n'y vend pas sa personne dans sa globalité. Il consent à se soumettre aux ordres de l'employeur, dans certaines limites ; et notamment dans certaines limites de temps. Ce n'est que pendant ce temps de travail, que le salarié est subordonné à l'employeur. En dehors de ce temps, pendant son temps libre, le salarié jouit de la pleine égalité juridique que lui accorde le droit. Il redevient un citoyen égal en droit à son employeur. Il ne lui est plus soumis. Et cette égalité retrouvée est sans doute aussi une question de dignité. 311

La question du temps de travail est profondément marquée par cette problématique. Il n'a jamais été question, au sens strict, de limiter le « temps de travail ». Le travail n'est pas limité dans le temps. Un travailleur indépendant peut fort bien décider de travailler 15 heures par jours. Personne ne viendra sanctionner un écrivain qui vient de décider de passer 90 heures par semaine à l'écriture. Et rien n'interdit à un salarié d'user de tout son temps libre à monter une activité professionnelle indépendante ou de travailler à construire sa maison, même si cela revient, pour lui, à travailler 90 heures par semaine.

Ce qui est limité n'est donc pas le temps de travail à proprement parler. Ce qui est limité, c'est le temps de travail subordonné, le temps de la subordination. *Ce ne sont pas les grands efforts qui sont interdits, mais les grandes soumissions.*

C'est alors que la limitation du temps de travail et l'accroissement du temps « libre », qui devrait être son corollaire, prennent tout leur sens.

La durée moyenne du travail réalisée par des salariés est encore globalement relativement basse en France. Mais les récents efforts du législateur devraient permettre son accroissement et même dans certains cas, son accroissement brutal. 312

L'évolution du droit en la matière est en effet chaotique, saccadée, mais rapide. Les réformes se sont accumulées de manière frénétique, le paroxysme ayant été atteint entre mai 2004 et août 2005, période qui a compté pas moins de neuf lois, accompagnées, comme il se doit, d'une pluie de décrets (loi du 4 mai 2004, ordonnance du 24 juin 2004, loi du 30 juin 2004, ordonnance du 12 novembre 2004, lois du 18 janvier 2005, du 11 février 2005, du 23 février 2005, du 31 mars 2005 et du 2 août 2005). L'année 2003 avait déjà connu trois lois sur la question (lois du 17 janvier 2003, du 1er août 2003 et du 21 août 2003). Après une relative accalmie, le mouvement semble relancé depuis l'élection présidentielle de 2007 (v. déjà les lois du 21 août 2007 et du 16 avril 2008 et surtout la loi relative à la démocratie sociale et au temps de travail du 20 août 2008). Cette accumulation a permis d'aveugler la plupart des observateurs et de faire passer des réformes de très grande envergure. Par la multiplication des exceptions, la plupart des grands principes applicables en la matière ont été largement détruits. Les frontières qui jusqu'ici tentaient d'endiguer le temps de travail et de préserver le temps libre ont été pour la plupart brisées. Et la durée possible du travail salarié a conquis quelques impressionnants sommets.

Il est aujourd'hui possible, par exemple, si sont remplies les conditions du « forfait-jour » (sur lequel, v. nº 338), d'ordonner à un salarié de travailler 57 heures par semaine en moyenne sur l'année, voire même 66 heures dans certains cas, en lui versant un salaire calculé sur seulement 35 heures de travail : les 66 heures payées 35 ! Et, si l'on accepte de verser des compléments de rémunération, il est possible d'exiger plus de 70 heures par semaine en moyenne sur l'année (sur ces possibilités v. nº 338). On est loin, très loin, des 35 heures par semaine.

Il faut en outre mentionner le développement des heures supplémentaires (v. nº 329 et s.), le temps d'astreinte (v. nº 352 et s.), les modifications unilatérales d'horaires (v. nº 335)... Le pouvoir juridique de l'employeur de se saisir du temps libre du salarié se généralise. Et les moyens de ce pouvoir sont aujourd'hui extrêmement développés (téléphones portables, GPS...). La subordination irradie hors du temps de travail. Cette évolution, porte en elle une possible atteinte continuelle au droit à la vie privée ou au droit à une vie familiale normale. C'est de moins en moins *du* temps de subordination qui est échangé par le salarié. C'est de plus en plus le salarié qui *est* subordonné à l'employeur, en permanence, en échange de son salaire. Bientôt, ce n'est plus que par la démission que le salarié pourra jouir de son rang d'être humain libre et égal en droits.

C'est ce genre de découverte que permet l'étude du droit du temps de travail.

313 *Avertissement* : la matière est très largement construite sur l'énoncé de principes pouvant être détruits par convention ou accord collectif. Longtemps les conventions collectives de branche non étendues ont été exclues de ces capacités à déroger. Seules les conventions d'entreprise et les conventions de branche étendues pouvaient déroger. Cette exclusion a pour l'essentiel été supprimée par la loi du 20 août 2008 relative à la démocratie sociale et au temps de travail. N'importe quelle convention peut désormais être destructrice.

Le danger vient surtout des conventions d'entreprise. Les négociations au niveau d'une branche de conventions collectives sont en principe encadrées et relativement équilibrées. Au niveau de l'entreprise, en revanche, tout est possible : il suffit souvent de pressions faites sur les salariés, lesquelles seront inévitablement répercutées sur les représentants syndicaux de l'entreprise, pour obtenir de ces derniers des renoncements importants aux droits tirés du Code du travail.

Seront successivement traités la limitation du temps de travail (section 1), le régime des heures supplémentaires (section 2), le caractère individuel ou collectif de la répartition du temps de travail (section 3), la notion de temps de travail effectif (section 4), l'astreinte (section 5) et, finalement, la question de la preuve du temps travaillé (section 6).

section 1

Limitation de la durée de travail

314 La fixation d'une durée maximale du travail a été l'un des premiers objectifs du droit du travail. Les lois de 1900, 1902, et 1904 ont réduit le temps de travail quotidien respectivement à 11 heures, à 10 heures 30 puis à 10 heures par jour. La convention internationale n° 1 de l'OIT, de 1919, (la toute première !) est même allée jusqu'à préconiser dans l'industrie une réduction de cette durée quotidienne à 8 heures par jour en principe et à 9 heures par jour si une convention collective en convenait. À l'époque, la France ne l'a ratifiée qu'à la condition que l'Allemagne et l'Italie la ratifient aussi. Cette condition n'ayant jamais été remplie, la Convention internationale de l'OIT n° 1 n'est toujours pas applicable en France. On verra que le temps est aujourd'hui venu de regretter la protection qu'une telle ratification aurait pu apporter aux salariés français.

Les durées maximales actuellement applicables en France (§ 1) sont complétées par des temps de repos minimaux (§ 2). Quelques maxima spécifiques s'appliquent en outre aux salariés qui travaillent de nuit (§ 3).

§ 1 Durées maximales

L'article L. 3121-34 du Code du travail prévoit que la durée maximale de travail par jour est de 10 heures. Cette durée peut être portée à 12 heures, par convention étendue ou d'entreprise (D. 3121-19 C. trav.). Même en l'absence d'une telle convention, en cas de « coup de chauffe », c'est-à-dire en termes plus juridiques en cas de « surcroît temporaire d'activité », l'inspecteur du travail peut accorder une possibilité de travailler y compris au-delà de 12 heures par jour (D. 3121-15). En cas de demande en ce sens, il a 15 jours pour répondre (D. 3121-16). En cas d'urgence, l'employeur peut au demeurant commencer par faire travailler les salariés plus de 12 heures par jour, puis demander à l'inspecteur du travail de régulariser (D. 3121-17 C. trav.). 315

L'article L. 3121-35 du Code du travail prévoit une limite maximale de 48 heures par semaine. Mais cette limite peut être dépassée « en cas de circonstance exceptionnelle entraînant temporairement un surcroît extraordinaire de travail », sur autorisation de la direction départementale du travail (art. R. 3121-23 C. trav.). 316

Le maximum en moyenne sur une durée de 12 semaines est fixé à 44 heures à l'article suivant (L. 3121-36 al. 1 C. trav.). Là encore des exceptions sont prévues. Un décret pris à la suite d'une convention collective de branche en ce sens, peut faire passer cette limite à 46 heures par semaine, pour un secteur d'activité (L. 3121-36 al. 2 C. trav.). L'avantage de cette dérogation est de pouvoir être permanente. Au-delà, il faut mais il suffit, que la dérogation soit « exceptionnelle », selon les termes de l'article L. 3121-36 alinéa 3 du Code du travail. Mais alors un simple arrêté ministériel suffit pour permettre à des secteurs d'activité entiers de passer à un nombre très supérieur d'heures par semaine en moyenne, sur un nombre de semaines quelconque, voire même sur toute l'année (art. R. 3121-24 et s.). 317

Et il ne faut guère attendre, sur ces questions, de secours venus de l'Union européenne.

La directive du 4 novembre 2003 prévoit bien une durée maximale du travail de 48 heures par semaine en moyenne (article 6 b), mais l'article 22 de la directive permet aux droits nationaux de prévoir que les salariés peuvent renoncer individuellement à cette protection. Le droit de l'Union européenne ne permet donc qu'une seule amélioration par rapport au droit français : les salariés ont le droit de refuser le 318 dépassement durable des 48 heures par semaine. L'exercice de ce droit supposant bien entendu qu'ils soient suffisamment en position de force dans leur entreprise pour se permettre de s'opposer frontalement à leur employeur.

Dans ces conditions, on se demande si les seules limites à un accroissement massif de la durée du travail ne doivent pas être recherchées dans les temps de repos minimaux que prévoit, par ailleurs, la loi française, inspirée du droit communautaire.

§ 2 Temps de repos minimal

319 L'espoir d'une limitation efficace du temps de travail par le temps de repos est vite déçu.

320 L'article L. 3131-1 du Code du travail et l'article 3 de la directive de 4 novembre 2003 prévoient un temps de repos quotidien minimal de 11 heures par jour. Mais l'article 17 de la directive a prévu à la règle des dizaines d'exceptions possibles. Ce qui n'a pas échappé aux autorités françaises. La durée quotidienne minimale de repos peut être réduite à 9 heures par jour (D. 3131-3 C. trav.) par convention étendue ou d'entreprise et ce pour toutes sortes de raisons (art. D. 3131-1 et -2 C. trav.) : surcroît temporaire d'activité ; activités caractérisées par l'éloignement entre le domicile et le lieu de travail du salarié ou par l'éloignement entre différents lieux de travail du salarié ; activités de garde, de surveillance et de permanence caractérisées par la nécessité d'assurer la protection des biens et des personnes ; activités caractérisées par la nécessité d'assurer la continuité du service ou de la production ; activités de manutention ou d'exploitation qui concourent à l'exécution des prestations de transport ; activités qui s'exercent par période de travail fractionnées dans la journée. En définitive, lorsque cela s'avère utile pour l'entreprise, il est le plus souvent possible de prévoir, par convention collective, des journées de travail ayant une amplitude de 15 heures par jours !

321 L'article L. 3121-33 du Code du travail prévoit qu'une pause de 20 minutes doit être accordée aux salariés toutes les 6 heures. Cette limite semble, jusqu'ici, assez solide. Il est vrai que, sur une journée de travail de 12 heures, accorder au salarié 20 minutes pour se nourrir et satisfaire ses besoins naturels ne semble pas excessif.

322 L'article L. 3132-2 du Code du travail et l'article 5 de la directive du 4 novembre 2003 prévoient encore un temps de repos de 24 heures tous les 7 jours. Ce droit au repos hebdomadaire, qui en droit français doit être accordé en principe le dimanche, s'additionne avec le droit au repos de 11 heures consécutives de l'article L. 3131-1 du Code du travail pour former un droit au repos de 35 heures par semaines. En droit communautaire, on retrouve ici la longue liste d'exceptions de l'article 17 de la directive. Mais pour l'heure, la règle du repos hebdomadaire demeure encore impérative en droit français.

En revanche, le principe selon lequel ce repos est pris le dimanche subit des pages et des pages d'exceptions (art. L. 3132-4 C. trav. et s. ; et R. 3132-5 et s. C. trav.), que le législateur ne cesse d'allonger (v. dernièrement la proposition de loi du 24 juin 2009 actuellement en débat devant le Parlement). L'amateur de pittoresque trouvera, dans la liste de ces exceptions, son bonheur. Ainsi, la nouvelle partie réglementaire du Code du travail a su conserver en annexe, dans la liste des établissements pouvant faire des exceptions au dimanche chômé, les « moulins à vent » et les « fabriques de paille pour chapeaux » les « chamoiseries » ou encore les « sécheries de cossettes de chicorée » (R. 3132-5 C. trav.). On pourra aussi découvrir au fil de la lecture de ce texte postmoderne, l'utile régime juridique spécifique applicable aux activités de « confection et réparation des voiles de navires armés pour la grande pêche » (R. 3132-1 C. trav.). Texte qui démontre que notre droit a su anticiper les brutales crises pétrolières...

On peut plus sérieusement s'étonner de ce que ces anachronismes aient survécu à la recodification de la partie réglementaire du Code du travail.

Le temps de repos annuel minimum porte le nom de « congés payés ». Ces congés, 323
créés en 1936, sont réglementés aux articles L. 3141-1 et s. du Code du travail. Le droit à congé est acquis d'une année (la période de référence) sur l'autre (la période de prise des congés). Le droit à congé est réduit en cas d'absence au cours de la période de référence, il est accru si le salarié prend ses congés de manière fractionnée. En principe, il est de 2,5 jours ouvrables par mois travaillé, sans que la durée totale du congé exigible puisse excéder 30 jours ouvrables, soit 5 semaines de congés (art. L. 3141-3 C. trav.). Ces congés sont payés en suivant le principe selon lequel le départ en congé du salarié ne doit être l'occasion d'aucune diminution de son salaire.

Il est toutefois notable que la cinquième semaine de congés payés (*i.e.* la part de 324
congés excédant la durée de 24 jours ouvrables) peut être placée sur un compte épargne-temps depuis la loi du 31 mars 2005 (L. 3153-2 C. trav.). Ce qui, en clair, signifie que le salarié ne bénéficiera pas dans l'immédiat de sa cinquième semaine de congés : il la conservera pour plus tard... En présence d'une convention collective en ce sens, il pourra même la conserver soigneusement jusqu'au jour où il prendra sa retraite (en espérant que l'entreprise reste solvable), à moins qu'il soit licencié, ce qui lui permettra de toucher une indemnité pour ces congés épargnés. Bien qu'en droit le choix d'épargner ses congés appartienne au salarié, la situation de faiblesse de ce dernier permettra souvent, en pratique, de créer une sorte d'épargne forcée du salarié au profit de l'entreprise.

Il existe toutes sortes d'autres congés, payés ou non, liés à des événements ponctuels 325
ou accidentels : congé maternité, congé parental, congé pour événements familiaux, mais aussi congés sabbatiques, pour création d'entreprise, de formation, etc. Le nombre des congés exigibles par le salarié est en constante augmentation. Il a là, peut-être, une des limites juridiques les plus solides (pour l'instant) face à l'essor des facultés accordées à l'employeur d'accroître son emprise sur le temps des salariés.

§ 3 Spécificité du travail de nuit

De nombreuses études ont démontré que le travail de nuit produit un important 326
surcroît de fatigue et qu'il présente un certain nombre de risques, à moyen terme, sur la santé des salariés qui y sont soumis. Ces raisons ont conduit à sa réglementation. Longtemps, cette réglementation avait pour objet exclusif de protéger les femmes et les enfants, pour lesquels le travail de nuit était en principe interdit. Le travail de nuit des hommes ne faisait en revanche pas l'objet de restriction, si ce n'est de détail.

Cette différence faite entre homme et femme était une disposition sexiste, qui a été condamnée comme telle par le droit communautaire (v. n° 63, 65 et 169). La suppression du régime protecteur destiné exclusivement aux femmes a été l'occasion de créer un régime de protection moins strict, mais applicable aux hommes comme aux femmes (loi du 9 mai 2001). Pour les mineurs de moins de 18 ans, le travail de nuit est toujours en principe prohibé (L. 3163-2 et L. 3163-3 C. trav.).

■ 327 Le travail de nuit s'entend du travail effectué entre 21 heures et 6 heures (L. 3122-29 C. trav.). Cette période de 9 heures consécutives peut cependant être décalée, dans un sens ou dans l'autre, par convention collective étendue ou d'entreprise, ou par décision de l'inspecteur du travail. Seule la période entre 24 heures et 5 heures reste nécessairement considérée comme un travail de nuit (L. 3122-29 C. trav.).

Est travailleur de nuit, celui dont le travail quotidien habituel contient au moins trois heures de nuit, deux fois par semaine (art. L. 3122-31, 1° C. trav.). Sauf convention étendue ou d'entreprise contraire, est en outre un travailleur de nuit celui qui exécute plus de 270 heures de travail de nuit par an (art. R. 3122-8 C. trav.). Ainsi, pour peu qu'il soit en dessous de cette limite annuelle, un salarié à temps partiel qui travaille de 2 heures à 4 heures, 5 jours par semaine n'est pas un travailleur de nuit, pas plus qu'un salarié qui travaille de 22h à 8h, mais seulement dans la nuit du jeudi au vendredi.

La mise en place, ou l'extension, du travail de nuit doit être motivée et faire l'objet d'une convention collective étendue ou d'entreprise (art. L. 3122-33 C. trav.) ou, à défaut, d'une autorisation de l'inspecteur du travail, lequel devra vérifier que l'employeur a préalablement essayé de conclure une convention collective, qu'il a, dit le texte, engagé « sérieusement et loyalement » des négociations (art. L. 3122-36 C. trav.). Cette notion de négociation « loyale et sérieuse », issue de la loi de 2001, pourrait être à l'origine d'une jurisprudence intéressante, généralisable à l'ensemble des cas de négociation obligatoire.

■ 328 Selon l'article L. 3122-34 du Code du travail le temps de travail d'un travailleur de nuit est limité, en principe, à 8 heures quotidiennes. Sur 12 semaines consécutives, il ne saurait dépasser, toujours en principe, les 40 heures par semaine (L. 3122-35 C. trav.). Limite qui peut être portée à 44 heures par décret ou par convention collective étendue ou d'entreprise. L'article L. 3122-39 du Code du travail exige que le travailleur de nuit reçoive une « contrepartie » du fait de ses horaires de nuit, sous forme de repos compensateur et, éventuellement, sous forme de salaire. Le texte ne prévoit pas de contrepartie minimale, mais une contrepartie dérisoire sera assimilée par les juges à une absence de contrepartie.

Les travailleurs de nuits bénéficient en outre d'une surveillance médicale particulière, eu égard aux dangers pour la santé de ce type de travail (art. R. 3122-18 et s.).

section 2

Les heures supplémentaires

■ 329 Les 35 heures par semaine, si débattues, si médiatiques, ne sont en rien une durée maximale du travail. Il s'agit de la « durée légale du travail », prévue à l'article L. 3121-10 du Code du travail. Cette durée légale n'a qu'une seule signification juridique : elle sert à la définition des heures supplémentaires. Toute heure réalisée au-delà de la durée légale du travail est une heure « supplémentaire ». Traiter de la portée des 35 heures, c'est parler du régime juridique des heures supplémentaires.

La réglementation des heures supplémentaires a été revue à la baisse à plusieurs reprises. La durée légale est toujours fixée à 35 heures par semaine. Mais la portée de cette règle a été à ce point amoindrie que, globalement, la législation actuelle apparaît aujourd'hui bien moins protectrice qu'elle ne l'était du temps des 39 heures, avant la loi Aubry du 19 janvier 2000.

Il est important de bien garder à l'esprit que les heures supplémentaires sont d'abord, en l'état actuel de la jurisprudence, un pouvoir qu'a l'employeur de préempter une partie du temps libre du salarié. Depuis 1961, la Cour de cassation affirme en effet que les heures supplémentaires peuvent être imposées unilatéralement par l'employeur (Soc. 20 mars 1961, *Dr. soc.* 1961. 424 ; Soc. 9 mars 1999, *Bull. civ.* V, n° 103 ; *Dr. soc.* 1999. 630, obs. P.-H. Antonmattéi). L'employeur peut aussi supprimer unilatéralement des heures supplémentaires précédemment imposées (Soc. 10 mars 1998, *Bull. civ.* V, n° 124).

Ce pouvoir unilatéral est limité. Il ne s'exerce, bien entendu, qu'à condition du respect de la réglementation des heures supplémentaires, ce qui suppose notamment le respect des règles sur le contingent annuel d'heures supplémentaires (v. n° 330). De plus, la Cour affirme qu'au-delà d'un certain nombre d'heures, dès lors que celles-ci deviennent systématiques, l'exigence de l'employeur s'analyse en une offre de modifier le contrat, offre que les salariés peuvent refuser (Soc. 16 mai 1991, *Dr. soc.* 1994. 863).

Même ainsi limité, le pouvoir unilatéral de l'employeur de préempter une partie du temps libre du salarié est fort discutable (v. n° 311 et 312).

L'exercice de ce pouvoir et l'accroissement du temps de travail qui en résulte sont aujourd'hui fortement encouragés par le législateur, lequel a prévu que les heures supplémentaires seraient largement exonérées de charges sociales et fiscales (loi n° 2007-1223 du 21 août 2007). Il est à noter que l'exonération touche non seulement les heures supplémentaires *stricto sensu*, mais aussi leurs cousines plus ou moins éloignées (heures choisies, heures complémentaires... : v. loi n° 2007-1223 du 21 août 2007, art. 1er).

Le régime juridique des heures supplémentaires (§ 1) peut être en partie contourné, notamment par l'annualisation du temps de travail (§ 2) ou par la stipulation de conventions de forfait (§ 3).

§ 1 Régime juridique

En principe, la durée légale du travail est une durée de 35 heures *par semaine*. Le calcul du nombre d'heures supplémentaires effectuées est donc hebdomadaire. 330

Le nombre d'heures supplémentaires pouvant être demandées au salarié est limité par les durées maximales du travail sus-décrites.

Un contingent annuel d'heures supplémentaires fixe une seconde limite. Mais celle-ci est devenue, au fil des textes, de plus en plus poreuse. Depuis la loi du 20 août 2008, les solutions sont les suivantes. Le nombre d'heures supplémentaires annuelles est en principe fixé par convention collective, sans qu'aucun maximum ne soit prévu (art. L. 3121-11 C. trav.). Rien n'interdit, par exemple, de fixer ainsi un contingent annuel d'heures supplémentaires de 423 heures, lequel permettrait de faire travailler les salariés 44 heures par semaine en moyenne sur les 47 semaines travaillées de l'année. En l'absence de convention collective, le contingent annuel est fixé par l'article D. 3121-14-1 du Code du travail à 220 heures annuelles, sauf convention de forfait en heures sur l'année (sur ces conventions de forfait, v. n° 337).

De plus, depuis cette loi, la réalisation d'heures supplémentaires *au-delà* du contingent est possible sans autorisation ni même information de l'inspection du travail. Pour dépasser le contingent annuel d'heures, il suffit de se plier aux éventuelles conditions posées par l'accord collectif, s'il y en a un. Le contingent annuel n'a donc plus de sens qu'en termes de coûts. Les heures réalisées au-delà de ce contingent doivent donner lieu à une « contrepartie obligatoire en repos », laquelle peut être fixée sans aucun minimum par la convention collective (v. ci-dessous n° 332).

■ 331 Les heures supplémentaires doivent être rémunérées davantage que les heures « normales ». Le supplément de rémunération dû va de 25 % à 50 % du montant du salaire au minimum, selon le nombre d'heures effectuées dans la semaine. Les dérogations dont bénéficiaient les entreprises de moins de 20 salariés (art. 4, I et III, loi 31 mars 2005) ont été abrogées par la loi du 21 août 2007. Les suppléments dus sont calculés selon le tableau ci-dessous (L. 3121-22 C. trav.) :

Heures par semaine	Majoration due
De la 36e à la 43e	25 %
44e et s.	50 %

Une convention étendue ou d'entreprise peut réduire ce supplément de rémunération à 10 %, dans tous les cas (art. L. 3121-22 al. 2 C. trav.).

■ 332 En plus de cette majoration, une « contrepartie obligatoire en repos » peut-être due. Cette contrepartie prévue par la loi du 20 août 2008 remplace l'ancien repos compensateur. Selon cette loi la durée et les conditions du repos compensateur devaient être fixées par convention collective sans qu'aucun minimum ne soit fixé. Cette abdication du législateur a été jugée contraire à l'article 34 de la Constitution aux termes duquel : « La loi détermine les principes fondamentaux (...) du droit du travail » (Cons. const. 7 août 2008, décision n° 2008-568 DC). Selon cette décision, la durée minimale de la contrepartie en repos doit être fixée par la loi, au moins en ce qui concerne les heures supplémentaires réalisées au-delà du contingent annuel. Pour faire réapparaître dans la loi d'août 2008 ces durées minimales, le Conseil constitutionnel a procédé par réfaction de la loi. Une disposition de cette loi prévoyait un maintien transitoire des durées minimales antérieures. Le Conseil constitutionnel a simplement censuré le caractère transitoire de ce maintien. Aussi, par l'effet de la décision du Conseil constitutionnel du 7 août 2008 les durées minimales de « contrepartie obligatoire en repos » sont désormais fixées, de manière pérenne, à l'article 18, IV de la loi du 20 août 2008. Ces durées sont résumées dans le tableau suivant.

HEURES SUPPLÉMENTAIRES ACCOMPLIES AU-DELÀ DU CONTINGENT ANNUEL

HEURES PAR SEMAINE	ENTREPRISES DE 20 SALARIÉS AU PLUS	ENTREPRISES DE PLUS DE 20 SALARIÉS
Dès la 36e	50 %	100 %

Le repos compensateur minimal dû pour heures supplémentaires réalisées à l'intérieur du contingent annuel reste abrogé, malgré la décision du Conseil constitutionnel. Surtout, le contingent annuel d'heures supplémentaires peut être fixé librement par convention collective sans aucun maximum. Il sera donc possible, en pratique, de supprimer toute contrepartie en repos, simplement en fixant un contingent annuel suffisamment élevé, lequel ne sera pas dépassé. La censure du Conseil constitutionnel pourrait ainsi n'avoir qu'un effet symbolique.

Mais le symbole est fort : il est désormais clairement reconnu que l'abandon par le législateur de toutes ses fonctions au profit des partenaires sociaux a des limites constitutionnelles (v. n° 75).

Il est important de noter que la rémunération des heures supplémentaires peut être partiellement ou totalement remplacée par du repos compensateur. Cette possibilité est ouverte par l'article L. 3121-24 du Code du travail. Une convention collective est en principe nécessaire. En l'absence de délégué syndical, cette convention peut être remplacée par un acte de l'employeur auquel le comité d'entreprise ou, à défaut, des délégués du personnel ne se seront pas opposés. 333

Le paiement des heures supplémentaires en repos peut alors permettre de faire varier d'une semaine sur l'autre la durée du travail. Une semaine, par exemple, les salariés travailleront 4 heures supplémentaires, soit 39 heures. Ces heures ne donneront lieu à aucune rémunération ; simplement, une autre semaine, les salariés remplaceront ces heures par du repos compensateur. Si l'on suppose que les heures supplémentaires auraient dû être payées au taux majoré de 25 % (ce qui est le principe), la semaine où est pris le repos compensateur les salariés travailleront 4 heures + 25 %, soit 5 heures de moins. Au lieu de travailler 35 heures, ils travailleront donc 30 heures sans réduction de salaire.

Cette solution peut être intéressante pour une entreprise où la quantité de travail est moins importante à certaines périodes de l'année qu'à d'autres périodes. Cette possibilité de payer en repos les heures supplémentaires, leurs majorations et bonifications, est au demeurant assez souple, puisque la convention ou l'acte dépourvu d'opposition qui la prévoit peuvent « aménager » très librement l'organisation du repos compensateur (rien n'interdit, par exemple, de l'organiser sous la forme de congés payés supplémentaires...).

De plus, cette flexibilité peut prendre une très grande ampleur puisqu'elle n'est pas limitée par la règle du contingent annuel : le législateur a en effet prévu que les heures supplémentaires rémunérées exclusivement en repos compensateur ne s'imputaient pas sur le contingent annuel (L. 3121-25 C. trav.).

Ce système ne supprime pas les majorations dues pour les heures supplémentaires. Il les convertit en repos. D'autres systèmes permettent d'aller plus loin, c'est-à-dire de faire travailler les salariés plus de 35 heures certaines semaines et moins d'autres semaines, sans que jamais aucune heure ne soit qualifiée d'heure supplémentaire et donc sans aucune majoration. C'est ce que permet l'annualisation du temps de travail.

§ 2 La modulation par accord collectif

334 Pour que les horaires varient d'une semaine sur l'autre, tantôt au-dessus des 35 heures, tantôt en dessous, sans qu'aucune majoration ou bonification ne soit due au titre des heures supplémentaires, ni sans qu'aucun complément de salaire ne soit dû au titre du chômage partiel, il est possible d'organiser le calcul des durées du travail sur une période supérieure à la semaine. Toutes sortes de références peuvent alors être choisies, un mois, deux mois, six mois... Le maximum est l'organisation du temps de travail sur l'année. On parle alors d'annualisation du temps de travail.

Seront alors dites « heures supplémentaires » les heures dépassant 35 heures *en moyenne* sur la période de référence choisie. En cas d'annualisation, le législateur a fait le calcul « à la louche » : 35 heures multipliées par 47 semaines (52 moins 5 semaines de congés payés) font 1 645. Enlevez une poignée de jours fériés, recherchez à faire un compte rond, et vous aurez 1 600 heures (loi du 19 janvier 2000). Rajoutez un bon gros jour férié de « solidarité » (loi du 30 juin 2004) et vous arrivez au total de 1 607 heures (L. 3122-4, 1° C. trav.). Les heures supplémentaires pourront alors être définies comme les heures travaillées au-delà de ces 1 607 heures. Ce qui ouvre de très importantes possibilités de variations d'une semaine à l'autre, d'un mois à l'autre, d'une saison à l'autre.

Pour bénéficier de cette souplesse (ou pour la subir selon le point de vue d'où l'on se place), un accord collectif de branche ou d'entreprise est nécessaire. Ces accords, que l'on désigne habituellement sous le nom d'« accords de modulation du temps de travail » peuvent permettre la variation d'une semaine à l'autre sans limites, si ce n'est celles, peu contraignantes, des durées maximales du travail. Certaines semaines pourront ne pas être travaillées du tout, et d'autres semaines connaître des journées de 10 heures de travail (art. L. 3121-34 C. trav.) et des totaux de 48 heures ou de 44 heures en moyenne sur 12 semaines, ou encore de 46 heures en moyenne sur 12 semaines en présence d'un décret en ce sens (art. L. 3121-36 C. trav.).

Le principal danger des accords de modulation tient dans l'accroissement considérable du pouvoir de l'employeur qui les accompagne. Des modifications unilatérales et brusques des horaires et de la durée du travail peuvent être ordonnées, sans que le salarié puisse s'y opposer. Pour édicter de tels ordres, l'employeur n'a qu'à respecter un délai de prévenance de 7 jours (L. 3122-2 C. trav.). Et encore, ce texte prévoit que l'accord de modulation peut réduire ce délai. Aucun délai minimal n'est fixé par la loi. Serait-il possible de prévoir un délai de prévenance d'une journée ? d'une heure ? Sans aller jusqu'à de tels extrêmes, la stipulation d'un délai de 2 ou 3 jours semble tout à fait envisageable. Dans ces conditions, si le programme indicatif prévoit que les mois de mars et avril seront chômés, les salariés devront bien comprendre qu'ils sont priés, pendant ces mois de temps « libre » de se tenir à disposition de l'employeur. La non-réponse à une convocation d'urgence, pour les prochains jours, serait en effet, juridiquement assimilée à un abandon de poste, lequel peut être une faute suffisamment sérieuse pour justifier un licenciement.

La réduction du délai de prévenance supposait une motivation et une contrepartie (art. L. 3122-14 ancien du C. trav.). Depuis la loi du 20 août 2008, cette maigre protection a disparu (art. L. 3122-2 C. trav.).

§ 3 La modulation sans accord collectif

En l'absence de convention collective, il reste possible à l'employeur d'aménager le temps de travail sur quatre semaines au plus (art. D. 3122-7-1 et s. C. trav.). Une semaine pourra ainsi être travaillée 45 h, la suivante 25 h, la troisième 48 heures et la dernière de 22 heures. Puis, le rythme reprendra pour une nouvelle série de quatre semaines, ... 335

Ce mode d'organisation du temps de travail peut être imposé par l'employeur sans convention collective, après consultation des représentants du personnel. Seules les heures travaillées au-delà de 35 heures par semaine *en moyenne* sur quatre semaines et les heures travaillées au-delà de 39 heures par semaines seront considérées comme des heures supplémentaires.

La régularité mensuelle de l'organisation du temps de travail n'est qu'un principe. L'employeur pourra modifier cette répartition indicative librement, pour peu qu'il respecte un délai de prévenance de sept jours ouvrés (art. D. 2132-7-1 al. 5 C. trav.). Seules les très grandes amplitudes dans le changement des horaires (comme un passage d'horaires de jour à des horaires de nuit) pourront être refusés par le salarié (v. n° 98 et s.).

Au final, il s'agit d'une organisation du temps travail moins dangereuse que les modulations sur plusieurs mois ou sur l'année. Elle n'en reste pas moins porteuse de risques, d'autant qu'elle peut s'imposer sans convention collective, par la seule volonté unilatérale de l'employeur.

§ 4 Les conventions de forfait

Une autre méthode pour parvenir à ne pas payer les heures supplémentaires peut être de conclure une convention de forfait. La refonte de la réglementation de ces conventions est l'un des points importants de la loi du 20 août 2008 sur la démocratie sociale et le temps de travail. 336

Les conventions de forfait, plutôt que de permettre le non-paiement des heures supplémentaires, ont été conçues pour simplifier la gestion de ces heures. Il est parfaitement possible, en effet, de stipuler au contrat de travail que la rémunération mensuelle du salarié comprend la réalisation d'un nombre précis d'heures supplémentaires. Une telle stipulation ne pose guère de problèmes, dès lors que la rémunération convenue est suffisamment élevée pour dépasser le montant de la rémunération minimum augmenté des majorations dues pour les heures supplémentaires stipulées au contrat. L'éventuelle réalisation d'heures supplémentaires en plus de celles prévues au contrat suit alors le régime normal des heures supplémentaires.

De telles conventions de forfait relèvent de la liberté contractuelle, pourvu qu'elles soient écrites (L. 3121-40 C. trav.) et que le forfait stipulé soit calculé par semaine ou par mois (L. 3121-38 C. trav.).

Les conventions de forfait *sur l'année* sont porteuses de plus de dangers : il est plus difficile au salarié d'apporter la preuve du nombre d'heures réalisé dans l'année, et donc de prouver un éventuel dépassement du nombre d'heures prévu au forfait. Ces conventions sur l'année sont conditionnées par l'existence d'une convention collective de branche ou d'entreprise (art. L. 3121-39 C. trav.). De plus, elles sont 337 exclusivement réservées aux cadres qui ne suivent pas l'horaire collectif et, plus généralement, à l'ensemble des salariés « qui disposent d'une réelle autonomie dans l'organisation de leur emploi du temps » (art. L. 3121-42 C. trav.).

La législation sur les heures supplémentaires demeure applicable (sur ces règles dont l'impact a été fortement réduit par la loi du 20 août 2008, v. n° 330). Surtout, il reste que les heures devront être comptées et que la rémunération accordée devra respecter les minima applicables, augmentés de la rémunération dûment majorée du nombre d'heures supplémentaires effectivement réalisées. Et, si des heures réalisées dépassent la convention de forfait, elles devront être payées en plus de la rémunération forfaitaire prévue. En bref, par convention collective, des rythmes de travail assez rudes pourront être admis, mais la rémunération devra suivre.

■ 338 Cette obligation de compter les heures de travail réalisées a semblé trop lourde pour le législateur. Dans sa bienveillance pour les employeurs, celui-ci a inventé une technique, bien plus élaborée : le « forfait-jour ». Cette technique est issue de la loi Aubry du 19 janvier 2000. Elle a été étendue successivement, par petits pas discrets mais réguliers, par les lois du 17 janvier 2003, du 31 mars 2005 et du 2 août 2005. Il s'agit sans doute de la modalité d'organisation du temps de travail existant aujourd'hui en droit français qui présente le plus de dangers.

Cette technique, décrite aux articles L. 3121-43 et suivants du Code du travail, permet, avec l'aide d'une convention collective, de ne plus compter les heures. Le temps plein n'est plus compté en heures, mais en jours : il est supposé valoir 218 jours dans l'année. Moyennant quoi, les obligations de décompte des heures, ainsi que les durées maximales quotidiennes et hebdomadaires ne sont plus applicables.

Il reste à regarder les bribes de législation qui demeurent et à faire les calculs.

Le temps de repos minimum de 11 heures par jour, prévu par l'article L. 3131-1 du Code du travail reste applicable. Le temps de repos de 20 minutes toutes les 6 heures de l'article L. 3121-33 du Code du travail est lui aussi applicable (bien qu'il ne soit pas expressément visé par l'art. L. 3121-41 du C. trav., cette interprétation est dictée par la directive 2003/88/CE). Pour travailler plus de 12 heures, il faut donc deux pauses. Il faut encore rappeler que les articles L. 3132-1 et L. 3132-2 du Code du travail, qui restent applicables, prévoient un repos hebdomadaire obligatoire de 35 heures par semaine.

Cela nous fait des maxima de 12 heures et 20 minutes de travail par jour. Mieux, sous certaines conditions, qui sont loin d'être impossibles à réaliser, une convention étendue ou d'entreprise peut réduire à 9 heures le temps de repos quotidien minimal (art. D. 3131-1, -2 et -3 C. trav. et n° 320). Ce qui permet d'atteindre les 14 heures et 20 minutes par jour et des semaines de pointe à 92 heures. Sur 218 jours, on obtient un total dans l'année de plus 3 124 heures, soit une moyenne de plus de 66 heures par semaine sur l'année. Et le tout, faut-il le rappeler, sans qu'aucune heure ne soit considérée comme une heure supplémentaire. Les 66 heures payées 35. Record à battre...

Pour le salarié courageux qui souhaite travailler plus, l'article L. 3121-45 a prévu qu'une « majoration de son salaire » devra lui être versée. Cette majoration ne peut être inférieure à 10 % (art. L. 3121-45 *in fine* C. trav.). Le nombre maximal de jours travaillés est fixé, en principe, à 235 (art. L. 3121-45 al. 1 C. trav.). Mais ce nombre peut être augmenté par la convention collective sans autres limites que celles qui résultent des congés payés, du repos hebdomadaire et des jours fériés chômés dans l'entreprise. Les employeurs prêts à payer la majoration pour jours supplémentaires pourraient ainsi obtenir 282 jours, à 12h20 par jour. Soit en moyenne sur l'année, plus de 73 heures de travail par semaine. Dans le cas où le repos quotidien peut être réduit à 9 heures (v. n° 320), on pourrait observer des moyennes de plus de 85 heures par semaine. De telles cadences n'ont plus rien à envier au système juridique chinois.

Pareil rythme n'est pas généralisable à tous les salariés. Peuvent le subir les cadres non soumis à l'horaire collectif qui bénéficient d'une certaine « autonomie dans l'organisation de leur emploi du temps ». Depuis la loi du 2 août 2005 en faveur des petites et moyennes entreprises, si la convention collective en convient, ce régime peut encore être étendu aux salariés non-cadres dont la durée du temps de travail « ne peut être prédéterminée et qui disposent d'une réelle autonomie dans l'organisation de leur emploi du temps pour l'exercice des responsabilités qui leur sont confiées » (art. L. 3121-40 C. trav.).

Ces limites ont été maintenues par la loi du 20 août 2008. Elles sont légèrement plus rigoureuses que celles prévues pour les conventions de forfait en heures (v. n° 337). Elles ne doivent pas être sous-estimées. Le forfait-jour n'est pas (encore ?) ouvert à tous les salariés. Les juges vérifient notamment l'existence d'une *réelle* autonomie dans l'organisation de son emploi du temps. Un emploi du temps déterminé par les supérieurs hiérarchiques du salarié suffira à invalider, pour ce salarié, tout recours au système du forfait-jour, nonobstant toute convention collective contraire (Soc. 31 octobre 2007, n° 06-43876, [P], *RDT* 2008. 110, note M. Véricel ; *Dr. soc.* 2008. 448, chron. A. Bugada).

Lorsque la possibilité du forfait-jour est ouverte, il ne restera aux salariés qu'à invoquer le droit à « la limitation raisonnable de la durée du travail » que prévoit l'article 7 d, du pacte international relatif aux droits économiques, sociaux et culturels de 1966. Une telle défense devrait, logiquement, permettre d'écarter les aspects les plus condamnables du forfait-jour. Au demeurant, la décision du Comité européen des droits sociaux du 11 décembre 2001 a reconnu que ce mécanisme était contraire à l'article 2 § 1er de la Charte sociale européenne révisée, selon lequel « les parties s'engagent à fixer une durée raisonnable au travail journalier et hebdomadaire ». Conforme à son habitude cependant, le Comité des ministres du Conseil de l'Europe a démontré qu'il était un organe politique avant tout et qu'il était comme tel incapable d'exercer une fonction juridictionnelle. Il s'est contenté de « prendre note », sans renier la décision du Comité européen, ni adopter une recommandation ordonnant une mise en conformité du droit français (résolution 2002.4 du 26 mars 2002, *RJS* 2002, n° 513). L'avis du Comité européen des droits sociaux demeure toutefois comme un exemple à suivre. Le texte du pacte international de 1966 est de contenu similaire à celui de la Charte européenne. Et la conformité au droit de l'Union européenne est, elle aussi, très problématique (Dir. 2003/88/CE du 4 novembre 2003). Ces différents textes étant d'application directe et supra-législative, le forfait-jour pourrait être prochainement invalidé par les juges, au moins dans ses conséquences les plus abruptes. 339

Dans l'attente d'une telle décision, les possibilités théoriquement ouvertes par le système du forfait-jour apparaissent délirantes. Le législateur a cependant imaginé pire. Mais il l'a réservé aux cadres les plus haut placés, les cadres dirigeants.

§ 5 Les cadres dirigeants

Les cadres dirigeants sont définis par l'article L. 3111-2 du Code du travail comme des « cadres auxquels sont confiées des responsabilités dont l'importance implique une 340 grande indépendance dans l'organisation de leur emploi du temps, qui sont habilités à prendre des décisions de façon largement autonome et qui perçoivent une rémunération se situant dans les niveaux les plus élevés des systèmes de rémunération pratiqués dans l'entreprise ou leur établissement ». Selon l'interprétation que l'on peut faire de ce texte, la catégorie peut apparaître plus ou moins grande. Il faut cependant noter que la qualification de « cadre dirigeant » conduit à une importante exception au droit du temps de travail et que les exceptions sont d'interprétation stricte (*exceptio est strictissimae interpretationis*). Mieux, il s'agit d'une exception si extrême, si brutale (v. ci-dessous), qu'elle devrait être interprétée de manière très restrictive. Seule la frange extrême la plus élevée de la hiérarchie des très grandes entreprises devrait être susceptible d'être touchée.

■ 341 Pour les cadres dirigeants, le droit du temps de travail est vraiment très simple : plus rien ou presque, ne leur est applicable (art. L. 3111-2 C. trav.). Ils n'ont ni temps de travail maximal, ni temps de repos minimal quotidien ou hebdomadaire, ni jours fériés. Sont encore inapplicables, notamment, le droit des heures supplémentaires et les dispositions sur le travail de nuit ou sur le temps partiel. Ils ne conservent que le droit à quelques congés, comme les congés payés et le congé maternité. Il est donc légal de les faire travailler 24 heures sur 24, 7 jours sur 7 et pendant 47 semaines par an.

La disparition de la législation du temps de travail est ici rendue possible par l'idée selon laquelle, à ce niveau hiérarchique, les salariés ne sont plus tout à fait des salariés. Et que, dès lors, leurs horaires peuvent être calqués sur ceux des dirigeants d'entreprise non salariés.

■ 342 La vision du cadre dirigeant dévoué corps et âme, 24 heures sur 24, à son entreprise, est ainsi entérinée par le législateur. Dans un contexte social sexiste où les femmes s'occupent le plus souvent des enfants, pareille vision juridique du cadre dirigeant conduit à interdire un peu plus encore l'accès des femmes aux fonctions supérieures.

section 3

Horaire collectif et horaires individualisés

■ 343 Les horaires de travail sont, en principe, collectifs. Ce qui signifie que les mêmes horaires doivent être appliqués à tout un établissement, à tout un atelier, ou à tout le moins, à toute une équipe. Ces horaires doivent être affichés (L. 3171-2 C. trav.).

Les horaires qui varient de salarié à salarié, autrement dit « horaires individualisés », ne peuvent être mis en place qu'à la condition de ne pas avoir fait l'objet d'une opposition de la part du comité d'entreprise ou, à défaut, des délégués du personnel. Il s'agit de l'une des très rares mesures où le comité d'entreprise a un rôle qui n'est pas simplement consultatif et où il détient un véritable droit de veto (art. L. 3122-23 C. trav.). En l'absence de représentation du personnel, l'inspecteur du travail peut accorder l'autorisation à l'employeur de pratiquer des horaires individualisés, à la condition d'avoir préalablement recueilli l'accord du personnel en ce sens (art. L. 3122-24 C. trav.). En pratique, les horaires individualisés supposent le plus souvent la mise en place d'un appareillage approprié et fiable pour comptabiliser les heures travaillées (une pointeuse, une badgeuse, etc.).

section 4

Notion de temps de travail effectif

Les différentes limitations de la durée du travail s'entendent en temps de travail effectif. De plus, le salaire est en principe calculé en fonction du temps de travail. Les enjeux d'une qualification de travail effectif sont donc cruciaux : une heure de travail effectif est rémunérée et comptée dans la durée du travail ; une heure qui n'est pas un temps de travail effectif n'est ni rémunérée, ni imputée sur les durées maximales du temps de travail. 344

L'article L. 3121-1 du Code du travail donne une définition : « La durée du travail effectif est le temps pendant lequel le salarié est à la disposition de l'employeur et doit se conformer à ses directives sans pouvoir vaquer librement à des occupations personnelles ». L'idée est simple, au point que le texte semble se répéter trois fois. Le « est à la disposition de l'employeur » signifie que l'employeur peut disposer du salarié, en faire ce qu'il veut, ce qu'il peut, en d'autres termes lui donner des ordres. Ce qui revient encore à dire que le salarié « doit se conformer à ses directives ». Il suffit alors de constater qu'ainsi soumis le salarié ne peut pas « vaquer librement à des occupations personnelles » : il peut profiter d'un temps mort, ou d'une absence d'ordre donné pour « vaquer » rapidement à quelque occupation personnelle ; mais il ne peut certainement pas le faire « librement », alors qu'il est soumis et qu'il doit obéir à tout moment à l'employeur. Ainsi, la définition semble facile : le temps de travail effectif est le temps soumis, le temps subordonné. C'est bien ainsi que le conçoit la jurisprudence. 345

Ce temps à la disposition de l'employeur est un temps que l'employeur *peut* faire travailler, mais ce n'est pas nécessairement un temps travaillé. Par exemple, le temps du salarié qui doit rester à proximité immédiate de son lieu de travail pour pouvoir répondre à tout moment aux ordres de l'employeur est bien considéré par les juges comme un temps de travail effectif. Cela vaut pour les salariés qui, placés en « salle de repos », n'attendent qu'un ordre de l'employeur pour travailler. Cela vaut aussi pour un salarié, installé par l'employeur dans un petit studio situé dans l'entreprise et auquel il était demandé d'y rester afin d'être capable d'intervenir à tout moment (Soc. 2 juin 2004*). Cette solution s'est retrouvée dans plusieurs arrêts dans lesquels les salariés bénéficiaient d'aménagements plus ou moins confortables, privatifs, situés dans l'entreprise (v. not. Soc. 2 avril 2003, *Dr. soc.* 2003. 62, obs. Ph. Waquet ; Soc. 31 janvier 2006, *RDT* 2006. 34, obs. M. Véricel). Dans toutes ces espèces, les salariés bénéficiaient au moins d'une chambre dans laquelle ils pouvaient dormir, temps de sommeil qui n'en était pas moins du temps de travail effectif dès lors qu'à tout moment le salarié pouvait être amené à intervenir immédiatement. On ne saurait mieux exprimer l'idée d'un temps de travail qui est un temps de subordination, qui peut ne pas être un temps actif, productif. 346

De même, si le temps de pause peut être interrompu à tout moment pour exécuter un travail, il ne s'agit pas d'un temps de pause, mais d'un temps de travail effectif, qui doit être rémunéré comme tel (Soc. 12 octobre 2004*). Il est en revanche toléré que l'employeur puisse, de manière tout à fait exceptionnelle, pour des raisons de sécurité notamment, interrompre la pause de ses salariés, sans pour autant que toutes les pauses deviennent, de ce fait, des temps de « travail effectif » (Soc. 1er avril 2003, *Bull. civ.* V, n° 129 ; *Dr. soc.* 2003. 651, obs. Ph. Waquet ; *Grands arrêts*, n° 61). En bref, la pause est un temps durant lequel, normalement, on n'est pas dérangé par l'employeur. Si le possible dérangement dépasse les hypothèses d'interventions « exceptionnelles demandées (...) en cas de nécessité », il s'agit d'un temps de travail effectif.

347 Ainsi confirmée par la jurisprudence, l'assimilation de la notion de « temps de travail effectif » à la notion de « temps soumis », « subordonné », comprend encore quelques menues atténuations légales. La principale, cependant, est devenue plus rare depuis qu'elle s'est heurtée au droit de l'Union européenne.

Il s'agit des horaires d'équivalence, prévus à l'article L. 3121-9 du Code du travail. L'idée, qui date de 1936, consiste à dire que certains emplois comportent des périodes improductives, des périodes d'inaction. Il a été prévu qu'alors le temps improductif, même subordonné, pouvait être soustrait de manière forfaitaire. Par exemple, le décret 2005-908 du 2 août 2005 prévoit que dans le secteur de l'animation, pour les salariés qui accompagnent un groupe et qui doivent être présents y compris la nuit, une journée de 13 heures de présence journalière équivaut à une journée de 7 heures de travail effectif. Pour ces salariés, les 13 heures de subordination sont payées 7 heures. Et ces 7 heures seront seules prises en compte pour l'application de la réglementation du travail. En d'autres termes, ils ne percevront d'heures supplémentaires qu'au-delà de 65 heures de présence par semaine.

Ce mécanisme a permis à certains secteurs d'échapper en partie aux 40 heures en 1936 et aux 35 heures en 2000. Il a été fermement condamné par la Cour de justice de l'Union européenne (v. not. CJCE 1er décembre 2005, aff. C-14/04, *Abdelkader Dellas**) et ce, alors même que les termes de la définition européenne du temps de travail semblaient plus souples que ceux du Code du travail (art. 2, 1, Dir. 2003/88/CE du 4 novembre 2003, reprenant la définition de la directive de 1993).

Cette condamnation générale par la Cour de justice des Communautés européennes des temps d'équivalence a cependant été interprétée de manière restrictive, subtile et légèrement byzantine, par le Conseil d'État (CE 28 avril 2006, *Dellas*, *Lebon* 2006, p. 206), puis par la Cour de cassation (Soc. 13 juin 2007, n° 06-40823, [P], *Dr. soc.* 2007. 1178, obs. M. Morand ; Soc. 26 mars 2008, n° 06-45469, [P], *RJS* 2008, n° 549 et p. 400, rapp. H. Gosselin). Cette jurisprudence s'appuie sur ce que le droit communautaire ne peut condamner les horaires d'équivalence qu'en ce qui concerne l'application du droit communautaire. Il est dès lors nécessaire de procéder en deux temps. En présence d'horaires d'équivalence, le premier temps consiste à compter l'ensemble des heures subordonnées pour vérifier que les règles européennes sont respectées (48 heures hebdomadaires maximum, 11 heures de repos consécutives...). Alors seulement il devient possible, dans un second temps, d'appliquer l'équivalence, pour l'application du droit français et notamment pour l'application des règles relatives aux salaires : dans l'exemple précité, les salariés n'auront droit qu'à 7 heures de SMIC pour 13 heures de présence...

Le droit français conserve ainsi son particularisme et sa subtile complexité : en droit français, l'heure juridique n'est pas toujours l'heure des pendules.

Les temps de trajet du domicile à l'entreprise ne sont pas, en principe, du temps de travail (Soc. 5 nov. 2003, *D.* 2004. Somm. 391, obs. C. Wolmark). Cette exclusion, traditionnelle, a une logique et avait des limites imposées par cette logique. L'exclusion de la qualification de « temps de travail effectif » du temps de trajet s'impose parce que la durée du trajet dépend de la situation du domicile du salarié, laquelle relève de la vie privée du salarié. Cette raison d'exclure permettait aussi d'inclure. Ainsi, étaient qualifiés de « temps de travail » les trajets que le salarié faisait, depuis son lieu habituel de travail, jusqu'au lieu d'une intervention particulière demandée par l'employeur. Étaient encore requalifiés les temps de déplacement à partir du domicile, dans la limite où ils étaient nettement plus longs que ceux habituellement réalisés, à la suite d'une demande de l'employeur d'aller effectuer un travail situé exceptionnellement loin du domicile (Soc. 5 mai 2004*). 348

Ces solutions logiques ont été considérées comme excessivement protectrices par le législateur, qui a prévu par la loi du 18 janvier 2005 que tous les temps de trajet devaient être exclus du temps de travail effectif (art. L. 3121-4 C. trav.). Ces temps devront, désormais, faire l'objet d'une simple « contrepartie », sans aucune garantie de montant, s'ils dépassent le temps habituel du trajet du travail au domicile. Cette nouvelle disposition n'interdit toutefois pas aux juges de considérer que ce temps supplémentaire de trajet, s'il n'est plus un temps de travail effectif, n'est pas non plus un temps de repos. Il ne devrait donc pas pouvoir être compté dans les 11 heures quotidiennes minimales de repos dues aux salariés.

Le déplacement en vue d'une intervention dans une période d'astreinte constitue, lui, un temps de travail effectif (Soc. 31 octobre 2007, n° 06-43834, [P], *RDT* 2008. 41, note. M. Véricel et, sur l'astreinte, n° 352 et s.). Cette solution doit être approuvée. La durée du trajet est certes causée à la fois par l'emplacement du domicile et par l'ordre donné de venir travailler. S'agissant du trajet pour venir travailler aux horaires habituels, la durée du trajet est imputée au choix du domicile. En revanche, pour l'intervention en période d'astreinte, c'est l'ordre donné qui retient le plus l'attention : cet ordre est une emprise atypique sur le temps libre. Il interrompt une période vouée aux occupations personnelles du salarié. Anormalité, il est la cause que l'on doit considérer comme déterminante, ce qui impose la qualification de « temps de travail effectif ».

Le législateur a également exclu, à l'occasion de la réduction de la durée légale du travail à 35 heures (loi du 19 janvier 2000), le temps d'habillage et de déshabillage du temps de travail effectif, même lorsque, sur ordre de l'employeur, des tenues de travail spéciales sont exigées (art. L. 3121-3 C. trav.). Cette petite restriction prise sur la définition du temps de travail effectif n'était qu'un moyen, assez mesquin il faut le reconnaître, de réduire les effets de la réduction de la durée légale du travail. 349

En revanche, les autres temps nécessaires à la mise en condition ou à la sortie du travail demeurent qualifiés de « temps de travail », s'ils sont ordonnés par l'employeur ou s'ils sont indispensables au travail ordonné par l'employeur, ce qui revient au même (v. par ex. pour la qualification du temps de douche de « temps de travail effectif » lorsque la nature du travail rend la douche impérative, Soc. 11 février 2004*).

Il est à noter que ces temps de trajet d'habillage et de déshabillage exclus du temps de travail l'ont été en échange du versement de « contreparties » dont le montant n'est pas fixé par la loi, mais dont la fixation préalable est impérative. Ces contreparties peuvent être fixées par convention collective. Elles peuvent encore être fixées soit par le contrat individuel de travail (cas de l'habillage et du déshabillage), soit par décision unilatérale précédée de l'avis du comité d'entreprise (cas des trajets). Mais dans les deux cas, un minimum d'anticipation et de formes est requis de l'employeur. À défaut, il devrait être privé de ces exceptions légales et payer les temps susvisés comme du temps de travail effectif. Cette solution a eu les faveurs de la jurisprudence (Soc. 12 juillet 2006, *Bull. civ.* V, n° 264). Mais la Cour de cassation semble accorder aujourd'hui un pouvoir au juge de fixer lui-même la contrepartie due, ce qui lui permet de sauver l'employeur de la requalification en temps de travail effectif (Soc. 16 janvier 2008, 3e moyen, n° 06-42983, [P]). De plus, interprétant de manière extensive le texte de l'article L. 3121-3 du Code du travail, la Cour considère que lorsque l'employeur n'impose pas l'habillage et le déshabillage sur place, aucune contrepartie n'est due pour ce temps (Soc. 26 mars 2008, n° 05-41476, [P], *Dr. ouvrier* 2008. 499, note. N. Bizot et A. Mazières). Il suffit dès lors que l'employeur autorise le port de ses uniformes pendant les trajets, pour que les primes d'habillage-déshabillage ne soient plus dues.

■ 350 Le temps de travail effectif est un temps soumis. Plus précisément, c'est soit un temps utilisé directement par l'employeur – c'est le temps de l'exécution des ordres –, soit un temps qui peut être *immédiatement* préempté par l'employeur. Lorsque le temps ne peut pas être saisi immédiatement, mais qu'un délai de prévenance plus ou moins long est nécessaire, on sort du temps de travail effectif.

Souvent, plusieurs jours de délai sont nécessaires pour que le temps puisse être saisi par l'employeur. C'est le cas des nombreuses hypothèses de travail à temps flexible, notamment lorsque le temps de travail est annualisé (sur ces hypothèses, v. n° 290, 334 et 335). Alors, le temps du salarié n'est pas totalement libre. Le salarié ne peut notamment pas, dans ces conditions, prévoir un voyage lointain, se déconnecter complètement du monde, ni prévoir un travail complémentaire sur plusieurs jours. Un temps qui ne peut être troublé qu'avec un délai de prévenance de plusieurs jours est toutefois suffisamment libre pour de nombreuses activités. C'est pourquoi il est, en droit, qualifié de « temps de repos ».

■ 351 Le temps susceptible d'être saisi par l'employeur au titre des heures supplémentaires est plus ambigu. À une époque où le nombre d'heures supplémentaires était très limité et où il s'agissait presque de la seule flexibilité offerte aux employeurs, la jurisprudence a décidé que les heures supplémentaires pouvaient, sans grands dommages, être situées dans le champ du pouvoir de l'employeur. Cette jurisprudence est toujours actuelle, bien que son contexte soit aujourd'hui bien différent. Il est en tout cas très clair que la faculté de commander des heures supplémentaires accordées à l'employeur n'empêche pas de qualifier de « temps de repos » le temps auquel des heures supplémentaires pourraient être demandées.

L'acceptation par la jurisprudence d'un pouvoir de l'employeur d'ordonner des heures supplémentaires suppose cependant un contrôle des conditions d'exercice de ce pouvoir. Un délai de prévenance suffisant (de quelques heures à quelques jours selon les cas) devrait à ce titre pouvoir être exigé.

De plus, le pouvoir d'ordonner des heures supplémentaires ne doit pas permettre de troubler un temps de repos en cours. En droit positif, cela seul permet de préserver une distinction entre le pouvoir d'ordonner des heures supplémentaires et le pouvoir qu'offre la stipulation d'une période d'astreinte.

section 5

L'astreinte

Pour aller chercher le salarié au cours de son temps libre et le ramener au travail, il faut que le salarié soit d'astreinte. 352

L'article L. 3121-5 du Code du travail définit ainsi le temps d'astreinte : « Une période d'astreinte s'entend comme une période pendant laquelle le salarié, sans être à la disposition permanente et immédiate de l'employeur, a l'obligation de demeurer à son domicile ou à proximité afin d'être en mesure d'intervenir pour effectuer un travail au service de l'entreprise ».

Le salarié d'astreinte, comme le dit le texte, n'est pas « à la disposition permanente et immédiate de l'employeur ». S'il l'était, il serait en temps de travail effectif. Il n'est donc à la disposition de l'employeur qu'à terme, qu'après un certain délai. Ce délai au demeurant est au moins égal au temps de trajet entre le domicile du salarié et son lieu de travail, le texte exprimant clairement qu'en principe, le salarié d'astreinte est « à son domicile ou à proximité ». Il doit surtout être « en mesure d'intervenir pour effectuer un travail », c'est-à-dire qu'il doit d'abord être joignable. Le salarié peut alors se voir commander de partir de chez lui et de cesser ses activités, sinon immédiatement, du moins très rapidement. Aucun délai de prévenance précis n'est exprimé. Mais on l'imagine bref.

Alors la liberté est bien réduite. Le salarié doit, constamment, se tenir prêt, il peut être « sonné », « sifflé », bref dérangé à tout moment. Il ne peut s'engager dans aucune activité qui ne puisse être immédiatement interrompue. Et son esprit reste pris par le déclenchement possible, à tout moment, d'obligations professionnelles.

C'est pourquoi la Cour de cassation a décidé qu'il ne s'agissait pas d'un temps de repos (Soc. 4 mai 1999, *Dinoto*, *Bull. civ.* V, n° 187 ; *Grands arrêts*, n° 59 ; Soc. 10 juillet 2002*). 353

Le législateur français a tenté de contredire cette solution (art. L. 3121-6 C. trav., L. 212-4 bis al. 1er anc. C. trav. issu de la loi du 17 janvier 2003). Ce qui a conduit la France à être fermement condamnée par le Comité européen des droits sociaux du Conseil de l'Europe (décision du 7 décembre 2004*), sans que cela prête outre mesure à conséquence : le Comité des ministres s'étant contenté d'en « prendre note » (résolution du 4 mai 2005*). L'application directe de la Charte européenne étant débattue, il n'est pas certain que cette solution s'impose.

Il faut cependant remarquer que la ferme volonté du législateur de transformer les temps d'astreinte en temps de repos n'est choquante qu'en principe. En pratique, cette volonté clairement affichée est largement dépourvue de conséquences. 354

L'enjeu du débat est en effet de savoir s'il est possible de placer un salarié en temps d'astreinte pendant ses périodes de repos minimales, de 11 heures quotidiennes et de

BIBLIOTHÈQUE UNIVERSITAIRE DROIT VILLETANEUSE LETTRES

35 heures hebdomadaires. Si la loi française l'emporte, la réponse à cette question sera positive. Un salarié pourra alors fort bien, par exemple, être d'astreinte pendant son temps de repos hebdomadaire minimal. Mais attention, si d'aventure l'employeur s'avise d'appeler le salarié pendant une telle période pour le faire travailler, il interrompt son repos, son repos minimal. En d'autres termes, appeler le salarié d'astreinte pendant sa période de repos minimal revient à violer la période de repos minimal... Ce qui est illégal. Le législateur a permis de placer en astreinte pendant le repos minimal, mais il n'a pas donné la faculté de faire travailler pendant le repos minimal. L'astreinte en cours de repos minimal est une astreinte qui ne peut donc être utilisée que dans les cas, très limités, où une atteinte au temps de repos est autorisée (not. en cas de sauvetage ou d'accidents imminents, art. L. 3132-4 C. trav.), ce qui suppose toujours une information *a posteriori* de l'inspecteur du travail.

■ 355 L'astreinte peut être mise en place par convention collective étendue ou d'entreprise. Mais, ces conventions ne sont pas nécessaires. La décision unilatérale de l'employeur peut y suppléer. Il suffit alors de consulter les institutions représentatives et d'informer l'inspecteur du travail (art. L. 3121-7 C. trav.). Les articles L. 3121-6 à L. 3121-8 du Code du travail prévoient un encadrement minimal de l'astreinte, lequel a été complété par la jurisprudence. Celui-ci touche la rémunération de l'astreinte et son organisation.

■ 356 L'astreinte doit donner lieu à une « contrepartie ». Une contrepartie dérisoire serait assimilée à une absence de contrepartie. En l'absence de contrepartie contractuelle ou conventionnelle, il appartient aux juges du fond d'évaluer souverainement le montant de la contrepartie due (pour une contrepartie fixée au niveau du salaire horaire normal par la cour d'appel et un rejet du pourvoi formé contre cet arrêt, v. Soc. 10 mars 2004, *Bull. civ.* V, n° 77). Le temps de déplacement pour une intervention dans le cadre d'une astreinte doit être rémunéré comme un temps de travail effectif (Soc. 31 octobre 2007, n° 06-43834, [P], *RDT* 2008. 41, note. M. Véricel).

■ 357 Les périodes d'astreinte sont communiquées 15 jours à l'avance, sauf circonstances exceptionnelles (L. 3121-8 C. trav.). Celles-ci permettent de réduire le délai de prévenance à un jour franc.

De plus, le texte ne le dit pas mais cela semble aller de soi, la soumission à des temps d'astreinte doit avoir fait l'objet d'un accord préalable avec le salarié. La *répartition* exacte des périodes d'astreinte n'est pas nécessairement contractuelle, si l'on en croit les flexibilités visées par l'article L. 3121-8. Mais *la soumission* à de telles périodes est, elle, nécessairement de source contractuelle.

L'astreinte est ainsi un temps flexible que l'on peut imposer avec beaucoup de flexibilité.

section 6

Preuve

■ 358 C'est, en principe, l'employeur qui détient le plus souvent les moyens de la preuve du temps travaillé. Cette capacité à prouver a conduit le législateur à faire peser sur l'employeur l'essentiel du fardeau de la preuve. Aux termes de l'article L. 3171-4 du Code du travail (C. trav.), « ... l'employeur doit fournir au juge les éléments de nature à justifier les horaires effectivement réalisés ». Les juges en déduisent que : « la preuve des heures de travail effectuées n'incombe spécialement à aucune des parties » (v. not. Soc. 7 février 2001* ; Soc. 24 avril 2003*), alors que le texte semble bien mettre cette charge sur l'employeur. Cependant, de leurs curieux motifs, les juges déduisent que « le juge ne peut fonder sa décision sur l'insuffisance des preuves apportées par le salarié ».

Cette solution ne semble pas pouvoir être appliquée, de manière réciproque, à l'employeur. L'insuffisance des preuves apportées par l'employeur est, pour ce dernier, une défaillance : l'article L. 3171-4 lui imposant de « fournir au juge les éléments de nature à justifier les horaires effectivement réalisés ». Il faut en déduire que, bien qu'il n'ait pas seul la charge de la preuve des heures réalisées, il doit assumer le risque de cette preuve. En cas de doute irréductible, c'est l'employeur qui sera, en conséquence, condamné.

Cette règle doit cesser de s'appliquer en matière pénale. L'infraction de travail 359
dissimulé est réalisée si, intentionnellement, certaines heures supplémentaires effectuées n'ont pas été reportées sur le bulletin de paie (sur le travail dissimulé, v. n° 24 ; sur son application à l'omission des heures supplémentaires, v. not. Crim. 24 mars 2004, *Dr. soc.* 2004. 664). Le principe de droit pénal selon lequel le doute irréductible doit profiter à l'accusé est un principe fondamental qui doit l'emporter sur la règle civile qui fait porter le risque de la preuve sur l'employeur.

Biblio

- J. Mouly, « Le refus du salarié d'accomplir des heures supplémentaires », *Dr. soc.* 1994. 856.
- A. Supiot, « Temps de travail : pour une concordance des temps », *Dr. soc.* 1995. 947.
- A. Jeammaud, « Le temps de travail effectif, entre jurisprudence et législation », *Dr. soc.* 1998. 744.
- M. Grévy, « Où en est le temps de travail ? », *Dr. ouvrier* 2009. 193-199

Documents

1) Notion de temps de travail effectif

Directive 2003/88/CE du 4 novembre 2003

« Article 2 : Définitions
Aux fins de la présente directive, on entend par :
1. "temps de travail" : toute période durant laquelle le travailleur est au travail, à la disposition de l'employeur et dans l'exercice de son activité ou de ses fonctions, conformément aux législations et/ou pratiques nationales ;
2. "période de repos" : toute période qui n'est pas du temps de travail (...) ».

Article L. 3121-1 C. trav. (L. 212-4 alinéa 1er anc. C. trav.)

« La durée du travail effectif est le temps pendant lequel le salarié est à la disposition de l'employeur et doit se conformer à ses directives sans pouvoir vaquer librement à des occupations personnelles. »

Soc. 2 juin 2004, *Bull. civ.* V, n° 147

« Vu l'article L. 212-4 du Code du travail, dans sa rédaction alors en vigueur ;
Attendu que constitue un travail effectif, au sens de ce texte, le temps pendant lequel le salarié est à la disposition de son employeur et doit se conformer à ses directives sans pouvoir vaquer librement à des occupations personnelles ; que constitue, en revanche, une astreinte et non un travail effectif une période pendant laquelle le salarié, sans être à la disposition permanente et immédiate de l'employeur, a l'obligation de demeurer à son domicile ou à proximité afin d'être en mesure d'intervenir pour effectuer un travail au service de l'entreprise (...) la cour d'appel, (...) retient que lorsqu'il assurait sa permanence, ayant alors la responsabilité générale de l'internat, le directeur adjoint avait la disposition non pas d'un local de permanence mais d'un studio, où il avait placé des meubles lui appartenant, qu'il occupait avec son épouse, ; que la cour d'appel en a déduit que ce studio était « l'un de ses domiciles » où il pouvait assumer ses obligations professionnelles tout en vaquant à ses occupations personnelles,
Qu'en statuant ainsi, alors qu'il résulte de ses constatations que le salarié était tenu de rester sur le lieu du travail afin de répondre à toute nécessité d'intervention sans pouvoir vaquer librement à ses occupations personnelles, dans des locaux déterminés par l'employeur, peu importants les conditions d'occupation de tels locaux, la cour d'appel a violé le texte susvisé ;... »

Soc. 12 octobre 2004, *Bull. civ.* V, n° 253 ; *Dr. soc.* 2005. 102 ; *Dr. ouvrier* 2005. 180, note A. Johansson

« Mais attendu que si la période de pause, qui s'analyse comme un arrêt de travail de courte durée sur le lieu de travail ou à proximité, n'est pas incompatible avec des interventions éventuelles et exceptionnelles demandées durant cette période au salarié en cas de nécessité, en particulier pour des motifs de sécurité, la cour d'appel, qui a relevé que les salariés, employés de la société Atofina dans son établissement de Pierre Bénite classé "Seveso 2", étaient tenus pendant leur pause de rester dans un local vitré d'où ils devaient surveiller leurs machines pour répondre et intervenir en cas d'alerte des signaux de leur poste de travail, aucun roulement n'étant mis en place pour leur remplacement, a pu en déduire que ces périodes de pause, rémunérées mais non prises en compte dans le décompte du temps de travail effectif, n'étaient pas conformes aux dispositions légales et conventionnelles ».

Soc. 11 février 2004, *Bull. civ.* V, n° 53

« Attendu que M. Bloch et 8 autres salariés de la société Arlux, exerçant une activité nécessitant l'utilisation de peinture et préparations contenant du plomb, ont saisi la juridiction prud'homale de demandes en paiement d'un quart d'heure par jour, temps nécessaire pour la prise d'une douche, sur les cinq dernières années ;
… les salariés effectuaient des travaux nécessitant la prise d'une douche quotidienne, ce dont il résultait que l'employeur devait payer le temps quotidien de douche au tarif normal des heures de travail… »

Soc. 5 mai 2004, *Bull. civ.* V, n° 121

« … les déplacements de la salariée, qui devait se rendre régulièrement à Lyon, Marseille, Lille, Paris, auprès d'entreprises clientes de l'employeur et à la demande de ce dernier, étaient effectués hors période de travail et dépassaient en durée le temps normal du déplacement entre le domicile et le lieu de travail habituel, a exactement décidé qu'ils devaient être assimilés à un temps de travail effectif ».

2) Horaires d'équivalence

CJCE 1er décembre 2005, aff. C-14/04, *Abdelkader Dellas, RDT* 2006. 33, obs. M. Véricel

« 43. Force est de constater dans ce contexte que, d'une part, la directive 93/104 ne prévoit pas de catégorie intermédiaire entre les périodes de travail et celles de repos et que, d'autre part, parmi les éléments caractéristiques de la notion de "temps de travail" au sens de cette directive, ne figure pas l'intensité du travail accompli par le salarié ou le rendement de ce dernier.
44. La Cour a également jugé à cet égard que les notions de "temps de travail" et de "période de repos" au sens de la directive 93/104 ne doivent pas être interprétées en fonction des prescriptions des différentes réglementations des États membres, mais qu'elles constituent des notions de droit communautaire qu'il convient de définir selon des caractéristiques objectives, en se référant au système et à la finalité de ladite directive, visant à établir des prescriptions minimales destinées à améliorer les conditions de vie et de travail des travailleurs. En effet, seule une telle interprétation autonome est de nature à assurer à cette directive sa pleine efficacité ainsi qu'une application uniforme des dites notions dans l'ensemble des États membres (v. arrêt Jaeger, préc., pt. 58).

45. La Cour en a déduit que les États membres ne sauraient déterminer unilatéralement la portée de ces mêmes notions ainsi que des autres dispositions de la directive 93/104, en subordonnant à quelque condition ou restriction que ce soit le droit, reconnu aux travailleurs par cette directive, à ce que les périodes de travail et, corrélativement, celles de repos soient dûment prises en compte. Toute autre interprétation tiendrait en échec l'effet utile de cette dernière et méconnaîtrait sa finalité, qui vise à garantir une protection efficace de la sécurité et de la santé des travailleurs au moyen de prescriptions minimales (v. arrêts préc. Jaeger, pts. 59, 70 et 82, ainsi que Pfeiffer e.a., pt. 99).
46. Or, d'une part, il ressort d'une jurisprudence constante que les services de garde que le travailleur effectue selon le régime de la présence physique dans l'établissement de l'employeur doivent être considérés dans leur intégralité comme du temps de travail au sens de la directive 93/104, indépendamment des prestations de travail réellement effectuées par l'intéressé durant ces gardes (v. arrêts préc. Simap, pt. 52 ; Jaeger, pts. 71, 75 et 103 ; Pfeiffer e.a., pt. 93, et ordonnance du 3 juillet 2001, CIG, C-241/99, Rec. CJCE p. I 5139, pt. 34).
47. Le fait que les services de garde comportent certaines périodes d'inactivité est donc dépourvu de toute pertinence dans ce contexte.
48. En effet, selon ladite jurisprudence, même si des périodes d'inactivité professionnelle sont inhérentes aux services de garde que le travailleur effectue selon le régime de la présence physique dans l'établissement de l'employeur, étant donné que, à la différence du temps de travail normal, la nécessité des interventions urgentes pendant l'accomplissement desdits services n'est pas susceptible d'être planifiée à l'avance et l'activité effectivement déployée varie selon les circonstances, le facteur déterminant pour considérer que les éléments caractéristiques de la notion de "temps de travail", au sens de la directive 93/104, sont présents dans de tels services de garde qu'un travailleur effectue sur le lieu même de son emploi est le fait qu'il est contraint d'être physiquement présent au lieu déterminé par l'employeur et de s'y tenir à la disposition de ce dernier pour pouvoir immédiatement fournir les prestations appropriées en cas de besoin. Il y a dès lors lieu de considérer ces obligations comme relevant de l'exercice des fonctions de ce travailleur (v. arrêts préc. Simap, pt. 48, ainsi que Jaeger, pts. 49 et 63) (...) ».

CE, 1re et 6e ss-sect. réun., 30 juin 2006, *Dellas*, n° 243766, *Lebon T.*

« (...) Considérant que s'il résulte des dispositions de la directive, telles qu'interprétées par la Cour de justice des Communautés européennes, que le temps pendant lequel les fonctionnaires hospitaliers sont physiquement présents sur leur lieu de travail doit être regardé dans sa totalité comme du temps de travail, quelle que soit la durée réelle de leur activité pendant cette période, les dispositions de la directive visent à fixer des prescriptions minimales de sécurité et de santé en matière d'aménagement du temps de travail ; qu'elles n'ont ni pour objet ni pour effet d'interdire la définition au niveau national de durées d'équivalence, dès lors que l'application de celles-ci ne conduit pas à la méconnaissance des normes qu'elles édictent, notamment celles relatives à la durée maximale hebdomadaire de travail ; qu'ainsi, l'article 18 du décret attaqué, qui s'est borné à prévoir l'institution par décret en Conseil d'État d'une durée équivalente à la durée légale du travail pour ceux des personnels dont les fonctions impliquent une présence dans l'établissement comportant des temps d'inaction, n'a pas méconnu les dispositions de la directive 93/104/CE du Conseil (...) ».

3) Astreinte et repos

– La Cour de cassation

Soc. 10 juillet 2002, *Bull. civ.* V, n° 238 (sur cet arrêt v. l'art. de J.-E. Ray, préc.)

« … les périodes d'astreinte si elles ne constituent pas un temps de travail effectif durant les périodes où le salarié n'est pas tenu d'intervenir au service de l'employeur, ne peuvent être considérées comme un temps de repos, lequel suppose que le salarié soit totalement dispensé directement ou indirectement, sauf cas exceptionnels, d'accomplir pour son employeur une prestation de travail même si elle n'est qu'éventuelle ou occasionnelle ; qu'il en résulte qu'un salarié ne bénéficie pas de son repos hebdomadaire lorsqu'il est d'astreinte ».

– La loi

Articles L. 3121-5 et -6 C. trav. (L. 212-4 bis anc. C. trav.)

L. 3121-5 : « Une période d'astreinte s'entend comme une période pendant laquelle le salarié, sans être à la disposition permanente et immédiate de l'employeur, a l'obligation de demeurer à son domicile ou à proximité afin d'être en mesure d'intervenir pour effectuer un travail au service de l'entreprise, la durée de cette intervention étant considérée comme un temps de travail effectif. »

L. 3121-6 : « Exception faite de la durée d'intervention, la période d'astreinte est prise en compte pour le calcul de la durée minimale de repos quotidien prévue à l'article L. 3131-1 et des durées de repos hebdomadaire prévues aux articles L. 3132-2 et L. 3164-2. »

– Condamnation de la France par le Conseil de l'Europe

Charte sociale européenne révisée du 3 mai 1996, ratifiée par la France le 7 mai 1999

« Article 2 : … les Parties s'engagent :

§2 : à fixer une durée raisonnable au travail journalier et hebdomadaire, la semaine de travail devant être progressivement réduite pour autant que l'augmentation de la productivité et les autres facteurs entrant en jeu le permettent (…)

§5 : à assurer un repos hebdomadaire qui coïncide autant que possible avec le jour de la semaine reconnu comme jour de repos par la tradition ou les usages du pays ou de la région ».

Décision du Comité européen des droits sociaux du 7 décembre 2004, sur la réclamation n° 22/2003, *CGT c. la France* (www.coe.int/)

« 35. Le Comité considère que les périodes d'astreinte pendant lesquelles le salarié n'a pas été amené à intervenir au service de l'employeur, si elles ne constituent pas un temps de travail effectif, ne peuvent néanmoins être, sans limitation, assimilées à un temps de repos au sens de l'article 2 de la Charte sauf dans le cadre de professions déterminées ou dans des circonstances particulières et selon des mécanismes appropriés.

36. Les périodes d'astreinte sont en effet des périodes au cours desquelles le salarié est tenu de rester à la disposition de son employeur pour accomplir, si ce dernier le requiert, une prestation de travail. Or cette obligation, alors même que la réalisation de la prestation présente un

caractère purement éventuel, empêche incontestablement le salarié de se consacrer à des activités relevant de son libre choix, programmées dans les limites du temps disponible avant la reprise du travail à un terme certain, et ne souffrant d'aucun aléa lié à l'exercice de l'activité salariée ou à la situation de dépendance qui en découle.

37. L'absence de travail effectif, constatée a posteriori pour une période de temps dont le salarié n'a pas eu a priori la libre disposition, ne constitue dès lors pas un critère suffisant d'assimilation de cette période à une période de repos.

38. Le Comité dit par conséquent que l'assimilation des périodes d'astreinte au temps de repos constitue une violation du droit à une durée raisonnable du travail prévue par l'article 2§1 de la Charte révisée. (...)

57. ... la situation des cadres avec forfait en jours constitue une violation de l'article 2§1 de la Charte révisée en raison de la durée excessive du travail hebdomadaire autorisé ainsi que de l'absence de garanties suffisantes. »

Résolution du 4 mai 2005 ((2005)8) du Comité des ministres du Conseil de l'Europe, sur la réclamation collective n° 22/2003, *CGT c. France* (www.coe.int/)

« ... Vu le rapport qui lui a été transmis par le Comité européen des droits sociaux, dans lequel celui-ci conclut que l'assimilation des périodes d'astreinte aux périodes de repos constitue une violation des articles 2§1 et 2§5 de la Charte révisée et que la situation des cadres avec forfait en jours constitue une violation de l'article 2§1 de la Charte révisée...

Prend note du rapport du Comité européen des droits sociaux. »

4) Preuve

Soc. 7 février 2001, *RJS* 2001, n° 457 ; Soc. 24 avril 2003, *RJS* 2003, n° 864

« ... la preuve des heures de travail effectuées n'incombe spécialement à aucune des parties et (...) le juge ne peut fonder sa décision sur l'insuffisance des preuves apportées par le salarié ».

Quiz

Sujet corrigé : commentaire de texte

Énoncé

Commentez cet extrait de l'article L. 3121-6 du Code du travail :

« Exception faite de la durée d'intervention, la période d'astreinte est prise en compte pour le calcul de la durée minimale de repos quotidien prévue à l'article L. 3131-1 et des durées de repos hebdomadaire prévues aux articles L. 3132-2 et L. 3164-2 ».

Corrigé

De nombreux plans sont possibles. L'important est de bien faire figurer l'ensemble des débats qu'a suscité le texte en France et au sein du Conseil de l'Europe. Un plan possible peut être de suivre le fil du texte en inversé.

I. « … la période d'astreinte est prise en compte pour le calcul de la durée minimale de repos quotidien prévue à l'article L. 3131-1 et des durées de repos hebdomadaire prévues aux articles L. 3132-2 et L. 3164-2. »

A. « … durée minimale de repos quotidien prévue à l'article L. 3131-1 et des durées de repos hebdomadaire prévues aux articles L. 3132-2 et L. 3164-2 »

Sont visés le repos quotidien de 11 heures par jour (art. L. 3131-1 C. trav.) et le repos hebdomadaire supplémentaire de 24 heures consécutives (art. L. 3132-2 C. trav.). Parmi les temps de repos, outre la pause de 20 minutes toutes les 6 heures (L. 3121-33 C. trav.) ne sont pas visés les différents congés, et notamment les congés annuels payés. Ces temps de repos ne sont donc pas concernés par le texte et la jurisprudence qui distingue astreinte et repos n'est donc pas, dans cette mesure, remise en cause.

B. « … la période d'astreinte est prise en compte… »

Cela signifie que, pour le Code du travail, les périodes d'astreinte sont assimilées à du temps de repos, que ce soit pour le repos quotidien ou le repos hebdomadaire. La solution est critiquable. On pourra reprendre ici, notamment, les fondements de la jurisprudence contraire de la Cour de cassation et les motifs de la condamnation adoptée par le Comité européen des droits sociaux du Conseil de l'Europe (v. documents). Il faut aussi évoquer la possibilité pour les juges d'écarter le texte au nom du pacte international de 1966.

II. « Exception faite de la durée d'intervention… »

A. « … la durée d'intervention… »

Il s'agit de la période travaillée effectivement, à la suite d'un appel. La jurisprudence considère que le temps de trajet est, dans ce cas, un temps de travail effectif. On discutera ici cette solution (v. n° 348).

B. « Exception faite… »

L'exception de la durée d'intervention interdit de réclamer le travail du salarié pendant l'écoulement de sa durée de repos minimale. Ce qui, dans la plupart des cas, prive le texte de tout impact. Voir cependant les articles L. 3132-4, R. 3172-6 et s. du Code du travail.

titre 5

L'emploi menacé

La maladie, la maternité, la grève, la vente de l'usine... tous ces événements, au début du XXe siècle, rompaient d'eux-mêmes le contrat de travail. Aujourd'hui, ce contrat n'a plus cette fragilité originelle. Il résiste grâce à deux mécanismes désormais bien rodés : la suspension du contrat de travail (chapitre 15) et le transfert des contrats de travail en cas de changement d'employeur (chapitre 16). 360

chapitre 15

La suspension du contrat de travail

Plan analytique

La suspension du contrat de travail

Certains événements peuvent venir bloquer, de manière temporaire, l'exécution des principales obligations du contrat de travail. Afin d'assurer une certaine pérennité à la relation de travail, le contrat n'en est pas pour autant résilié : les obligations sont considérées momentanément mises en sommeil. On parle alors de « suspension du contrat de travail ». La terminologie est légèrement imprécise, puisque à proprement parler ce n'est pas la totalité du contrat qui cesse de s'appliquer, mais seulement ses principales obligations. Certaines obligations annexes demeurent, comme par exemple l'obligation de loyauté. L'expression « suspension du contrat de travail » est cependant commune et sera à ce titre conservée. 361

Les causes de suspension du contrat de travail sont diverses. Elles comprennent notamment les différents types de congés auxquels un salarié peut avoir droit, parmi lesquels on compte les congés payés, les congés maladie, les congés maternité, les congés parentaux d'éducation, les congés formation, sabbatiques, pour événements familiaux, etc. L'essor de ces congés, aux conditions d'octroi diverses et dont certains sont rémunérés, est une évolution majeure du droit du travail. 362

Le contrat peut aussi être suspendu du fait de la grève du salarié ou du fait de la mise en chômage partiel décidée par l'employeur.

Ces causes de suspension, dont le nombre est en constante augmentation, sont pour la plupart l'objet d'une réglementation spécifique. En raison de son importance, la grève fera l'objet d'un traitement séparé. Parmi les autres causes de suspension, la maladie et l'accident ont une place spéciale, du fait de l'abondance du contentieux qu'elles suscitent mais aussi du rôle moteur qu'elles ont eu dans l'évolution du droit de la suspension du contrat de travail (section 1). L'étude du chômage partiel s'impose en outre : il s'agit de la seule cause de suspension liée à l'inexécution par l'employeur (et non par le salarié) de ses obligations (section 2). Les différentes causes de suspension peuvent être simultanément présentes, ce qui pose la question du régime juridique alors applicable (section 3). 363

section 1

La maladie et l'accident

Du fait de la détérioration de son état de santé, un salarié peut être physiquement incapable de réaliser le travail pour lequel il a été embauché, de manière temporaire ou définitive. Atteint dans son corps, il risque alors de perdre en outre, avec son salaire, ses moyens de subsistance et ceux de sa famille. Il est aussi menacé de perdre 364 son emploi. En réaction, un certain nombre de règles protectrices ont été mises en place.

La conséquence la plus immédiatement brutale étant la perte de salaire, c'est contre elle que furent mises en place les premières garanties. Les premières réactions relèvent du droit des assurances sociales. Les années 1898 et 1945 furent particulièrement fécondes.

■ 365 La loi du 9 avril 1898 a créé la première grande assurance sociale obligatoire et générale. Celle-ci était chargée de garantir les salariés contre les conséquences des accidents du travail et des maladies professionnelles. Il est vrai que les salariés qui perdaient la santé au service de l'entreprise et qui, loin de recevoir des secours de la part de celle-ci, perdaient d'un coup salaire et emploi, avaient de quoi susciter une certaine compassion.

L'importance de cette loi sur les accidents du travail occulte parfois une autre loi, du même mois, la loi du 1er avril 1898. Celle-ci fut une grande avancée dans la voie d'une protection des accidents et maladies non professionnels. Elle accorde aux sociétés de secours mutuels un véritable statut et le droit d'être créées, sur simple déclaration. Ces sociétés, dont on trouve quelques ancêtres à la fin de l'Ancien Régime, se sont développées tout au long du XIXe siècle, dans la clandestinité, au temps où la prohibition des coalitions frappait sans discernement, puis à partir du Second Empire, sous le contrôle méfiant de l'État. Ce n'est qu'à partir de la loi du 1er avril 1898 qu'elles pourront véritablement prendre leur essor.

■ 366 En 1945-1946 se met en place la Sécurité sociale. L'assurance maladie comme les garanties applicables en matière d'accidents du travail sont alors rattachées à ce régime général, qui bénéficie à tous les salariés. Une rémunération, qui prend le nom d'indemnités journalières, est versée aux salariés malades ou accidentés. Elle est égale à une fraction du salaire perdu : la moitié, en principe, en cas de simple maladie et de 60 à 80 % en cas de maladie professionnelle ou d'accident du travail.

■ 367 Le droit de la Sécurité sociale ayant alors assuré un minimum nécessaire à la subsistance des malades, le droit du travail est intervenu pour améliorer les protections. Il l'a fait d'abord pour compléter le salaire de substitution accordé par les assurances sociales. De nombreuses conventions collectives traitent, depuis longtemps, de cette question. La plus importante est l'accord national interprofessionnel sur la mensualisation du 10 décembre 1977, consacré et élargi par la loi du 19 janvier 1978, puis intégré dans le Code du travail à l'occasion de la recodification. La loi du 25 juin 2008 sur la modernisation du marché du travail et ses décrets d'application en ont légèrement amélioré les protections. Les articles L. 1226-1 et D. 1226-1 du Code du travail prévoient désormais que, pour les salariés ayant plus d'un an d'ancienneté, l'employeur est tenu de compléter les indemnités journalières reçues jusqu'à hauteur de 90 % du salaire pendant 30 jours et de 60 % du salaire pendant les 30 jours suivants. Ces deux durées de 30 jours sont augmentées de 10 jours chacune par tranche de 5 ans d'ancienneté (D. 1226-2 C. trav., la première année ne comptant pas). L'indemnisation commence au 1er jour d'absence pour les maladies professionnelles et les accidents du travail (D. 1226-3 al. 2 C. trav.). Elle commence à partir du 7e jour pour les autres maladies et accidents (D. 1226-3 al. 2 C. trav.).

Ces solutions adoptées, la grande question a été celle de la protection des salariés malades et accidentés contre la perte d'emploi.

La protection de l'emploi, historiquement seconde, a suivi les mêmes chemins que ceux parcourus en leur temps par les substituts de salaire. Elle a d'abord été créée pour les salariés victimes d'accident du travail ou de maladie professionnelle. Elle a ensuite été élargie aux salariés dont la maladie ou l'accident ont une cause non professionnelle. Seules certaines nuances opposent encore le droit applicable aux uns et aux autres et les solutions de principe sont désormais les mêmes. 368

L'étude de ces solutions exige de distinguer nettement, dès l'abord, le temporaire et le définitif. L'incapacité physique temporaire, qu'elle soit de source professionnelle ou non, entraîne la suspension du contrat de travail, période au cours de laquelle le salarié bénéficie d'une protection contre le licenciement (§ 1). Lorsque le salarié est rétabli ou lorsque son incapacité physique devient définitive, la suspension doit, en principe, cesser et le salarié doit être réintégré, dans toute la mesure du possible (§ 2). 369

§ 1 La rupture du contrat en cours de suspension

Lorsque, du fait de son état de santé, un salarié est temporairement dans l'impossibilité d'exécuter son travail, le principe est celui de la suspension de son contrat de travail. Ce principe a été posé dès 1934*, par l'arrêt *Hôtel Terminus* (Civ. 3 décembre 1934). Il souffre cependant d'exceptions. L'incapacité physique temporaire du salarié peut alors devenir la cause, au moins indirecte, d'une rupture du contrat de travail. Cette rupture est aujourd'hui qualifiée de licenciement (A). Elle est de plus en plus contrôlée (B). 370

A. Qualification de la rupture

La Cour de cassation a, dans un premier temps, autorisé l'employeur à « prendre acte » de la rupture du contrat en cas de maladie prolongée ou de maladies répétitives. L'absence était alors qualifiée de « force majeure » (Soc. 14 décembre 1960, *Le Figaro*, *Bull. civ.* IV, n° 1181) ou plus simplement de cause de rupture non imputable à l'employeur (Soc. 28 février 1973, *Manuvire*, *Bull. civ.* V, n° 121 ; Soc. 5 octobre 1977, *D.* 1978. 408, note A. Jeammaud). Cette qualification privait le salarié des indemnités et des garanties procédurales du licenciement. Excessivement rigoureuse pour le salarié, elle a été progressivement abandonnée. 371

Les absences pour accident du travail ou maladie professionnelle ont, tout d'abord, été jugées imputables à l'entreprise. Et, conséquemment, les ruptures prononcées pour de telles absences ont été qualifiées de licenciement avec toutes les conséquences indemnitaires et procédurales qui s'ensuivent (v. Soc. 10 juillet 1975, *Barba*, *Bull. civ.* V, n° 396 ; Soc. 1er février 1979, *Bull. civ.* V, n° 109).

Puis, la Cour de cassation a fait évoluer sa jurisprudence au sujet des maladies et des accidents d'origine non professionnelle. Elle a alors adopté une position intermédiaire, passablement baroque, entre le licenciement et la force majeure. Cette position conduisait à distinguer l'initiative et l'imputabilité de la rupture. Lorsque l'employeur prenait acte de la rupture, il en avait l'initiative et était tenu, à ce titre, de respecter la procédure de licenciement. En revanche, parce que la rupture était justifiée par une cause considérée comme n'étant pas imputable à l'employeur, celui-ci était libéré de l'obligation de verser une indemnité de licenciement (Soc. 29 juin 372

1977, 2 arrêts, *Bull. civ.* V, n° 430 et 433 ; *D.* 1978. 439, note A. Jeammaud, Soc. 21 février 1979 *D.* 1979. 413, note J. Pélissier). Ce découpage étrange du droit du licenciement a duré plus de dix ans.

373 Il s'appuyait pourtant sur un raisonnement peu convaincant. À partir du moment où la Cour reconnaît qu'une initiative de l'employeur est nécessaire pour que le contrat soit rompu, la maladie cesse d'être considérée comme un cas de force majeure rompant de lui-même le contrat. Il ne peut alors s'agir que d'une rupture imputable à l'employeur, autrement dit d'un licenciement. En effet, ce n'est pas parce que le *motif* de licenciement n'est pas imputable à l'employeur, que la *rupture* dont il prend l'initiative ne lui est pas imputable. Ainsi, par exemple, l'insuffisance professionnelle du salarié ou sa faute ne sont pas en principe imputables à l'employeur. Les ruptures du contrat de travail décidées par l'employeur pour de tels motifs n'en sont pas moins incontestablement des licenciements. De même, lorsque l'employeur prend l'initiative de rompre le contrat de travail d'un salarié malade, il en prend aussi la responsabilité. Et cette rupture mérite pleinement la qualification de licenciement.

374 Ce n'est qu'à partir du 21 avril 1988 que la Cour de cassation a appliqué cette qualification aux ruptures du contrat de travail initiées par l'employeur (Soc. 21 avril 1988, deux arrêts, *Mosnier* et *Borghese*, *Bull. civ.* V, n° 250 ; *Grands arrêts*, n° 75 ; dans le même sens, v. par ex. Soc. 30 janvier 1991, *RJS* 1991, n° 443).

La qualification de licenciement acquise, il restait à préciser les conditions d'une justification de ce licenciement.

B. Protection contre le licenciement en cours de suspension du contrat

375 Le licenciement d'un salarié en cours de suspension du contrat de travail pour maladie ou accident a tout d'abord été soumis au droit commun du licenciement, soit encore au contrôle de l'abus de droit avant la loi de 1973, puis à celui de l'existence d'une cause réelle et sérieuse de licenciement. Ce fut pour la jurisprudence l'occasion de poser les premiers jalons des justifications possibles du licenciement d'un salarié malade ou accidenté. Il a ainsi été décidé que l'absence temporaire du salarié ne peut permettre de justifier un licenciement que dans la mesure où elle rend le remplacement du salarié nécessaire (v. Soc. 23 octobre 1968, *Bull. civ.* V, n° 453 ; Soc. 7 juillet 1972, *Bull. civ.* V, n° 513).

376 Un encadrement plus strict du licenciement d'un salarié en cours de suspension a ensuite été mis en place pour les seuls salariés absents pour cause d'accident du travail ou de maladie professionnelle, par la loi du 7 janvier 1981. Depuis lors, pour ces salariés, tout licenciement en cours de période de suspension est nul, sauf faute grave du salarié ou impossibilité de maintenir le contrat pour un motif non lié à la maladie ou à l'accident (art. L. 1226-9 et 1226-13 C. trav.). La jurisprudence a eu l'occasion de préciser ces exceptions. Ni l'existence d'une cause économique, ni l'application des critères d'ordre des licenciements ne suffisent pour caractériser une impossibilité de maintenir le contrat (Soc. 12 mai 1998, *Bull. civ.* V, n° 242 ; Soc. 21 novembre 2000, *Bull. civ.* V, n° 381). Il doit donc s'agir d'une situation contraignante proche de la force majeure, et une telle situation est tout à fait exceptionnelle. Quant aux fautes non graves commises au cours de la période de suspension, la

Cour de cassation a précisé qu'elles ne pouvaient en aucun cas justifier un licenciement, même prononcé après qu'a cessé la période de suspension (Soc. 12 mars 2002, *Bull. civ.* V, n° 88 ; Soc. 8 janvier 2003, *Bull. civ.* V, n° 1).

La situation des salariés dont le contrat est suspendu pour maladie ou accident non professionnels demeure moins favorable. En cours de période de suspension, l'employeur doit simplement démontrer que la durée de l'absence du salarié ou la répétition de ses absences rendent nécessaires son remplacement définitif (Soc. 3 juillet 1986, *Bull. civ.* V, n° 346 ; Soc. 13 mars 2001, *Herbaut** ; Soc. 27 mars 2001, *Bull. civ.* V, n° 106 ; Soc. 19 octobre 2005, *Bull. civ.* V, n° 294 ; *Dr. soc.* 2006. 106, obs. J. Savatier). Cette solution a perduré après même que la loi du 12 juillet 1990 a inscrit parmi les causes de discrimination prohibées « l'état de santé du salarié » et interdit ainsi, à peine de nullité, tout licenciement qui serait justifié par la maladie du salarié (art. L. 1132-1 C. trav. ; L. 122-45 anc. C. trav.). 377

Pour maintenir sa jurisprudence malgré cette nouvelle rédaction de la loi, la Cour de cassation a adopté le raisonnement suivant. Lorsque le remplacement définitif du salarié s'avère nécessaire, le licenciement est justifié « non par l'état de santé du salarié, mais par la situation objective de l'entreprise dont le fonctionnement est perturbé par l'absence prolongée ou les absences répétées de l'intéressé » (en ce sens, v. l'arrêt *Herbaut* préc. et déjà Soc. 16 juillet 1998, *Bull. civ.* V, n° 394 ; Soc. 10 novembre 1998, *Bull. civ.* V, n° 485). En revanche, en l'absence de nécessité démontrée de procéder à un remplacement définitif, l'article L. 1132-4 du Code du travail s'applique pour fixer la sanction applicable : le licenciement est nul (v. not., dans des hypothèses de licenciement pour longue maladie, Soc. 5 juin 2001, deux arrêts, *Bull. civ.* V, n° 209 et 211 ; *Dr. soc.* 2001. 1045, note J. Savatier). 378

Ce raisonnement apparaît légèrement maladroit. Les solutions auquel il conduit, opportunes, seraient mieux justifiées de la manière suivante. Il faut reconnaître que la cause première du licenciement, seule invocable (v. n° 456), est bien l'état de santé du salarié, soit un des critères prohibés par l'article L. 1132-1 du Code du travail (L 122-45 anc. C. trav.). La question serait alors de savoir si cette discrimination selon l'état de santé peut, à titre exceptionnel, se révéler justifiée. Pareille exception dans l'utilisation d'un critère prohibé n'est nullement impossible, lorsque peut être démontrée l'existence d'un trouble caractérisé dans le bon fonctionnement de l'entreprise (v. n° 163). Eu égard à son caractère exceptionnel, la reconnaissance d'un tel trouble caractérisé doit simplement être appréciée avec rigueur.

Cette rigueur est, au demeurant, bien présente dans la jurisprudence de la Cour de cassation relative au licenciement au nom de l'état de santé du salarié.

Ainsi, dans l'arrêt *Herbaut* du 13 mars 2001*, la cour d'appel avait reconnu l'existence d'une cause réelle et sérieuse de licenciement, au motif que les absences « fréquentes et subites » de la salariée licenciée avait créé une « perturbation certaine » dans le fonctionnement du service auquel elle était affectée, eu égard notamment au faible nombre de personnes employées par l'entreprise (sept, en l'espèce). La Cour de cassation a cassé cependant l'arrêt déféré. Cette décision s'explique. La cour d'appel avait précisé que seul « un travail supplémentaire des autres employées ou l'embauche d'une travailleuse intérimaire » pouvait permettre de résoudre la perturbation occasionnée par les absences de la salariée. Cette perturbation n'était donc pas sans solutions. Et la Cour de cassation en déduit que la Cour d'appel « n'avait pas constaté que les absences répétées de la salariée avaient rendu *nécessaire* son remplacement *définitif* ». Il suffit ainsi que le remplacement du salarié soit possible, notamment par l'embauche d'un travailleur temporaire ou d'un salarié sous contrat à durée déterminée, pour que la rupture soit illicite et par conséquent nulle, en application de l'article L. 1132-4 C. trav. (L. 122-45 anc. C. trav.). Or une telle possibilité est très fréquemment présente.

§ 2 La fin de la période de suspension

■ 379 La fin de la période de suspension a lieu, en principe, à la date de la consolidation de l'état de santé du salarié, soit qu'il soit guéri, soit que son incapacité physique soit désormais permanente. Cette fin de suspension est reportée par la jurisprudence de manière artificielle et contestable, jusqu'à la date de la visite médicale auprès du médecin du travail, lorsque celle-ci est obligatoire (v. not. Soc. 22 mars 1989, *Grands arrêts*, n° 76 ; Soc. 8 janvier 2003, *Bull. civ.* V, n° 1). La Cour de cassation a, un temps, hésité sur cette jurisprudence. Elle a d'abord semblé abandonner le maintien artificiel de la suspension (v. Soc. 29 septembre 2004, *Dr. soc.* 2004. 1093). Puis elle a tenté de l'atténuer (v. Soc. 16 novembre 2005, *Bull. civ.* V, n° 323, arrêt qui reconnaît le maintien de la suspension et affirme dans le même temps, de manière contradictoire, que l'employeur était détenteur d'un pouvoir disciplinaire sur le salarié qui avait repris le travail sans passer sa visite médicale obligatoire).

Cette période de doute semble cependant passée ; la Cour a récemment réaffirmé sa position traditionnelle d'un maintien de la suspension en l'absence de respect de la visite médicale obligatoire (Soc. 28 février 2006, *Bull. civ.* V, n° 87 ; *RDT* 2006. 24, obs. B. Lardy-Pélissier ; et Soc. 7 mars 2007, n° 05-42279, *Bull. civ.* V, n° 42).

Cette solution un peu ubuesque d'un contrat de travail suspendu mais dont les obligations principales et accessoires sont exécutées s'explique sans doute par l'importance qu'accorde la Cour de cassation à la visite médicale de reprise du travail, visite qu'elle rattache désormais directement à l'obligation de sécurité de résultat de l'employeur (Soc. 13 décembre 2006, n° 05-44580, *Bull. civ.* V, n° 373). La période de protection du salarié est ainsi prorogée jusqu'à l'exécution effective de la visite. Le salarié ne saurait pour autant en profiter pour conserver sa protection en refusant de passer sa visite médicale de reprise : le refus d'une telle visite peut être considéré comme fautif et même, dans certains cas, comme une faute grave autorisant le licenciement du salarié sans préavis, et ce y compris en cours de période de suspension (Soc. 29 novembre 2006, *Bull. civ.* V, n° 361).

Ces différentes solutions ont une certaine cohérence entre elles. Mais l'ensemble n'en demeure pas moins très discutable. Un contrat ne devrait pas pouvoir être considéré comme suspendu lorsque ses obligations principales sont exécutées. Et les dangers d'une vision trop rigoureuse de l'obligation de sécurité qui pèse sur l'employeur apparaissent assez clairement lorsque l'on en vient à qualifier de « faute grave » le refus par un salarié de se laisser ausculter par un médecin choisi par l'employeur. Cette qualification pourrait s'interpréter comme une violation du droit du malade au libre choix de son praticien, droit pourtant garanti par l'article L. 1110-8 du Code de la santé publique.

Il est à noter que le salarié peut prendre l'initiative d'une visite de reprise auprès du médecin du travail, à la condition d'en informer préalablement l'employeur. Si cette information est omise, la visite médicale n'est, curieusement, pas qualifiée de visite de reprise et l'avis du médecin du travail sera inopposable à l'employeur (Soc.

4 févr. 2009, n° 07-44.498, [P], *SSL* 27 avril 2009, n° 1397, p. 10, note crit. P. Bouaziz et N. Collet-Thiry).

Quoi qu'il en soit, lorsque la date de fin de suspension survient, l'employeur est soumis à certaines obligations. La principale est l'obligation de réintégrer ou de reclasser le salarié.

En l'absence de déclaration d'inaptitude à son ancien poste de travail par le médecin du travail, l'employeur doit réintégrer le salarié sur son ancien poste de travail ou, si celui-ci a disparu, sur un poste équivalent. Si l'employeur n'offre qu'un reclassement qui s'analyserait en une modification du contrat de travail, cette inexécution par l'employeur de son obligation de réintégration peut, à la demande du salarié, être qualifiée de licenciement illicite donc nul (Soc. 23 novembre 1999, *Bull. civ.* V, n° 450 ; Soc. 26 novembre 2002, *Bull. civ.* V, n° 353). 380

Il se peut, cependant, que le salarié soit déclaré inapte à son ancien poste par le médecin du travail. Cette déclaration peut, évidemment, être très lourde de conséquences pour l'avenir professionnel du salarié. Elle ne peut être prise qu'après mûre réflexion. Elle suppose, sauf dans le cas où le maintien du salarié à son poste de travail entraîne un danger immédiat pour la santé ou la sécurité de l'intéressé ou celles des tiers, une étude du poste de travail, des conditions de travail et deux examens médicaux de l'intéressé espacés, de deux semaines (art. R. 4624-31 3° du Code du travail). La violation de cette procédure est sévèrement sanctionnée : l'irrégularité de l'avis du médecin du travail rend celui-ci sans valeur et l'éventuel licenciement basé sur cet avis sera, par conséquent, nul (v. not. Soc. 19 octobre 2005, *Bull. civ.* V, n° 292, deux arrêts, et Soc. 20 septembre 2006, *Bull. civ.* V, n° 275 ; *RDT* 2006. 385, obs. G. Pignarre : dans ce dernier arrêt le délai de deux semaines n'avait pas été respecté, seuls 13 jours s'étant écoulés). 381

Lorsque le salarié est régulièrement déclaré inapte à son ancien poste de travail par le médecin du travail, l'employeur est tenu de lui proposer un reclassement sur un poste aussi proche que possible de son ancien poste, dans la limite des postes disponibles dans l'entreprise, tout en tenant compte des observations du médecin du travail. Suivant le cours ordinaire de la matière, cette obligation de reclassement a d'abord été créée pour les salariés victimes d'accidents du travail ou de maladies professionnelles par la jurisprudence, puis par la loi (la loi du 7 janvier 1981 devenue L. 1226-10 C. trav.). Elle a ensuite été étendue aux salariés victimes d'accidents ou de maladies non professionnels, encore une fois d'abord par la jurisprudence, avant d'être consacrée par la loi (loi du 31 décembre 1992, art. L. 1226-2 C. trav.). L'obligation de reclassement est désormais érigée au rang de principe général du droit par le Conseil d'État (CE 2 octobre 2002, *RJS* 2003, n° 94).

Cette obligation de reclassement impose à l'employeur de proposer aux salariés les postes disponibles dans l'entreprise ou même au sein du groupe auquel appartient l'entreprise (Soc. 10 mars 2004, *Bull. civ.* V, n° 84 ; Soc. 7 juillet 2004, *Bull. civ.* V, n° 196 ; Soc. 24 juin 2009, n° 07-45656, [P]), y compris ceux qui, le cas échéant, relèvent de catégories supérieures à celles occupées précédemment par le salarié (Soc. 21 juin 2000, *RJS* 2000, n° 903). Même lorsque le médecin du travail rend un avis d'inaptitude totale à exercer un emploi dans l'entreprise, l'employeur est tenu de chercher à le reclasser, par une mutation, par la création d'un poste spécialement 382 adapté, ou par la proposition d'un aménagement du temps de travail (Soc. 7 juillet 2004, trois arrêts, *Bull. civ.* V, n° 196*, 197 et 198).

L'obligation de reclassement est cependant limitée : l'employeur n'est tenu que de proposer les postes disponibles. Il ne lui est pas demandé de créer un nouveau poste, ni d'en libérer un en imposant à un autre salarié une modification de son contrat de travail (Soc. 15 novembre 2006, *Bull. civ.* V, n° 339 ; *Dr. soc.* 2007. 106-108, obs. G. Couturier ; *RDT* 2007. 96, obs. J.-Y. Froin). En revanche, l'employeur semble tenu de proposer à d'autres salariés une modification de leur contrat, si cela doit permettre d'offrir un poste au salarié devenu inapte (Soc. 14 décembre 2005, n° 04-40021). Si le salarié conteste la compatibilité du poste proposé avec les recommandations du médecin du travail, l'employeur est tenu de solliciter à nouveau son avis (Soc. 6 février 2008, n° 06-44413, [P], *RDT* 2008. 232, note J. Levy-Amsalem).

Si aucune permutation n'est envisageable, ou si les salariés qui pourraient permuter refusent la modification de leur contrat de travail et si aucun autre poste n'est disponible, l'employeur pourra procéder au licenciement du salarié inapte. Ce licenciement sera l'une de ces mesures « objectives, nécessaires et appropriées » qu'autorise l'article L. 1133-2 du Code du travail (L. 122-45-4 anc. C. trav.) en cas d'inaptitude dûment constatée du salarié. Le licenciement pourra alors être considéré comme doté d'une cause réelle et sérieuse. Les indemnités légales ou conventionnelles de licenciement seront dues. Seule l'indemnité compensatrice de préavis n'est pas due, dans la mesure où le salarié aurait été inapte à exécuter son préavis. En cas d'accident du travail ou de maladie professionnelle, l'indemnité légale de licenciement est multipliée par deux et à elle s'ajoute une indemnité compensatrice de préavis même dans les cas où le salarié aurait été inapte à exécuter ce préavis (art. L. 1226-14 C. trav.).

383 Aucun autre mode de rupture du contrat de travail que le licenciement ne peut être utilisé par l'employeur.

Cette solution exclut d'abord toute « prise d'acte » de la rupture par l'employeur. Cette exclusion a été initiée en matière d'accidents du travail et de maladies professionnelles par la jurisprudence (Soc. 10 juillet 1975, *Barba, Bull. civ.* V, n° 396) puis par le législateur (loi du 7 janvier 1981, L. 1226-12 et L. 1226-14 C. trav.). Elle a été étendue ultérieurement en cas d'inaptitude, même totale, pour une cause non professionnelle (v. Soc. 29 novembre 1990, *Bull. civ.* V, n° 600 et l'art. L. 1226-4 C. trav., issu de la loi du 31 décembre 1992). Elle s'est finalement généralisée : aucune prise d'acte de la rupture par l'employeur n'est plus admise, quelqu'en soit le motif (v. n° 427, Soc. 25 juin 2003, *Faucher*, reproduit dans les doc. du chapitre 17).

Sont aussi exclues les ruptures d'un commun accord signées après qu'a été constatée une inaptitude définitive, ce qui est plus original (v. Soc. 12 février 2002, *Bull. civ.* V, n° 66).

Cet exclusivisme du droit du licenciement des salariés victimes de problèmes de santé n'est pas sans rappeler la solution admise dès les arrêts *Perrier* du 21 juin 1974, en matière de protection de l'emploi des représentants du personnel et des délégués syndicaux (sur cet arrêt, v. n° 1137-1139 ; *Grands arrêts*, n° 151). Ce rapprochement du droit des salariés protégés est aussi perceptible en ce qui concerne les sanctions applicables.

384 Dans toutes les hypothèses où le licenciement d'un salarié victime d'un problème de santé est illicite, notamment en cas de violation de l'obligation de reclassement, il est nul pour discrimination selon l'état de santé, en application de l'article L. 1132-1 du Code du travail (L. 122-45 anc. C. trav.). C'est en ce sens que s'est prononcée la jurisprudence depuis quelques années (v. not. Soc. 16 juillet 1998, *Bull. civ.* V, n° 393 ; Soc. 23 novembre 1999, *Bull. civ.* V, n° 450 ; Soc. 17 octobre 2000, *RJS* 2001, n° 31 ; Soc. 5 juin 2001, 2 arrêts, *Bull. civ.* V, n° 209 et 211 ; Soc. 26 mai 2004, *Bull. civ.* V, n° 139 ; Soc. 16 février 2005, *Bull. civ.* V, n° 52 ; *RJS* 2005, n° 469 ; Soc. 20 septembre 2006, n° 05-40241, *Bull. civ.* V, n° 275 ; v. cpdt Soc. 26 novembre 2002, *Bull. civ.* V, n° 353, arrêt resté isolé).

Le salarié a alors une option. Il peut réclamer sa réintégration, y compris en référé (Soc. 23 novembre 1999, préc.). Il peut aussi, s'il le préfère, réclamer une indemnisation. Auquel cas, il a droit à la réparation de son entier préjudice, lequel ne peut être inférieur aux indemnités dues pour licenciement sans cause réelle et sérieuse (Soc. 17 octobre 2000, préc. ; Soc. 8 avril 2004, *Bull. civ.* V, n° 118). La jurisprudence lui reconnaît en outre un droit à des indemnités compensatrices de préavis, peu importante le fait qu'il ait été ou non dans l'incapacité d'exécuter ce préavis du fait de son état de santé, et ce même en cas d'inaptitude pour une cause non professionnelle (v. Soc. 5 juin 2001, deux arrêts, préc.). En cas de violation de l'obligation de reclassement d'un salarié victime d'un accident du travail ou d'une maladie professionnelle, l'indemnisation du licenciement illicite est égale au minimum à 12 mois de salaire, lesquels s'ajoutent à l'indemnité de préavis et au doublement de l'indemnité de licenciement (art. L. 1226-15 C. trav.).

section 2

Le chômage partiel

La mise à pied économique ou chômage partiel est la situation dans laquelle se trouve un salarié lorsque l'employeur ne remplit plus son obligation de fournir un travail, lorsqu'il réduit unilatéralement et provisoirement le temps de travail de ses salariés. Le contrat de travail est alors suspendu et les salaires réduits. Le salarié en chômage partiel peut toutefois avoir droit, dans certaines limites, à une indemnisation lui permettant de réduire sa perte de salaire. 385

L'article L. 5122-1 du Code du travail prévoit une allocation spécifique, à la charge de l'État, fixée par heure perdue. Elle est égale à 3, 84 € par heure dans les entreprises de 250 salariés au plus et à 3, 33 € dans les entreprises de plus de 250 salariés (art. D. 5122-13 C. trav., décret n° 2009-110 du 29 janvier 2009, *JO* 31 janvier).

Cette indemnisation n'est due qu'en présence de certaines causes de privation partielle d'emploi et elle est limitée dans le temps.

L'article R. 5122-1 du Code du travail mentionne l'exigence d'une « contrainte » de suspendre ou réduire temporairement l'activité de l'entreprise. Mais l'énoncé des possibles raisons de cette « contrainte » démontre que l'on est loin du caractère contraignant de la force majeure. Ces raisons, outre les traditionnelles « sinistre ou intempéries de caractère exceptionnel » et autres « difficultés d'approvisionnement », incluent notamment la « conjoncture économique », la « transformation, restructuration ou modernisation de l'entreprise » ou encore « toute autre circonstance de 386 caractère exceptionnel ». En particulier, cette contrainte peut être, si l'on en croit le texte, le fait d'une entreprise prospère, procédant, par exemple, à l'introduction de nouvelles technologies. Le recours au chômage partiel indemnisé demeure ainsi très ouvert, nonobstant l'existence d'un contrôle *a priori* de l'administration (art. R. 5122-3 et s. C. trav.).

■ 387 L'indemnisation du chômage partiel est limitée, en principe, à 800 heures par an (v. arrêté du 30 décembre 2008, *JO* du 3 janvier 2009). De plus, au-delà de 6 semaines d'interruption totale du travail dans un établissement, les salariés cessent d'être considérés comme chômeurs à temps partiel, et l'article L. 5122-1 laisse alors place à l'application de l'indemnisation du chômage total (art. R. 5122-8 3° et R 5122-9 C. trav.). Ces différentes limitations de durée peuvent permettre tout de même de réduire de près de la moitié la durée du travail sur l'année des salariés à temps complet.

■ 388 Les sommes versées au titre de l'indemnisation du chômage partiel sont complétées par l'application de la rémunération mensuelle minimale (art. L. 3232-1 et s. ; v. n° 304) et par la convention collective nationale interprofessionnelle étendue du 21 février 1968, révisée le 15 décembre 2008, qui ordonne à l'employeur de verser un minimum de 60 % de la rémunération perdue en cas de mise au chômage partiel, avec un minimum horaire fixé à 6,84 euros (l'allocation d'aide publique est incluse dans cette somme). Ce complément d'indemnisation est versé, en principe, par l'employeur. Mais, au vu de la crise et afin de favoriser le chômage partiel et éviter des licenciements, il est prévu que cette indemnisation complémentaire pourra être au moins en partie à la charge de l'État, dans certaines régions et professions particulièrement touchées par le chômage (Arr. 13 mars 2009, *JO* 20 mars).

■ 389 Il demeure que le chômage partiel indemnisé se traduit par une baisse de rémunération, variable selon le niveau du salaire des personnes concernées, mais qui peut atteindre 40 % du salaire en cas de chômage partiel à temps complet.

■ 390 Une telle réduction de salaire, suite à la décision unilatérale de l'employeur de ne pas honorer ses engagements peut, en principe, être refusée par le salarié. L'employeur, auquel il est alors demandé de respecter les termes du contrat, aura alors le choix soit de maintenir intégralement le salaire, soit de licencier pour un motif économique, si la cause de la violation de son engagement de fournir un travail a les caractères d'une cause économique réelle et sérieuse de licenciement. La solution est ancienne (v. not. Soc. 11 janvier 1962, *Bull. civ.* IV, n° 5 ; Soc. 24 juin 1982, *Bull. civ.* V, n° 418 ; Soc. 23 octobre 1991, *Dr. soc.* 1991. 961).

■ 391 La jurisprudence a cependant posé une très importante exception à cette solution de principe. Lorsque le chômage à temps partiel remplit les conditions de l'indemnisation de l'article L. 5122-1 du Code du travail, l'employeur peut imposer la réduction de travail et la réduction de salaire qui s'en suit, sans que le salarié puisse la refuser. Le salarié qui refuse l'amputation de sa rémunération, n'aura plus que la possibilité de démissionner (Soc. 18 juin 1996, *Gury**). La solution a été confirmée (v. not. Soc. 9 mars 1999, deux arrêts, *Bull. civ.* V, n° 103 et n° 110).

■ 392 Cette jurisprudence *Gury* réalise une exception à la jurisprudence qui considère que toute réduction du salaire par l'employeur s'analyse en une modification du contrat de travail (sur cette jurisprudence, v. n° 94). En créant de toutes pièces cette exception, juridiquement difficilement justifiable, la Cour de cassation poursuit un objectif très pratique : il s'agit de simplifier le recours au chômage partiel, en espérant ainsi éviter d'éventuels licenciements économiques.

Aussi louable que soit cet objectif, l'opportunité de la solution n'en apparaît pas moins discutable. En interdisant au salarié de choisir d'être licencié plutôt que de voir sa rémunération amputée, la jurisprudence protège l'emploi du salarié contre la volonté de ce même salarié. Les salariés sont en quelque sorte tenus de se soumettre à la baisse de leur rémunération, dans leur propre intérêt. Ne serait-il pas préférable de les laisser choisir par eux-mêmes ce qui leur semble préférable ? D'autant que ceux qui choisiront le licenciement libéreront du temps de travail, lequel pourra permettre de limiter le chômage partiel des autres salariés. 393

section 3

Concours de causes de suspension

Lorsque le contrat de travail est suspendu, il importe de déterminer la cause de cette suspension. À chaque cause de suspension du contrat de travail correspond en effet un régime juridique spécifique. Ainsi, par exemple, le salarié malade bénéficie d'un maintien partiel de son salaire et non le salarié gréviste ; l'indemnité de congés payés ne se calcule pas selon les mêmes règles que la garantie de rémunération en cas de maladie, etc. 394

Or, la détermination juridique de la cause de la suspension peut être problématique, lorsque plusieurs causes de suspension sont présentes simultanément. On peut se demander, par exemple, si le contrat d'un salarié malade pendant ses congés payés est juridiquement suspendu pour maladie ou pour congés payés. Cette difficulté est désignée sous l'expression de « concours de causes de suspension ».

La Cour de cassation a, longtemps, adopté la solution de principe suivante : la cause de suspension survenue en premier l'emporte sur la cause qui n'est apparue qu'ultérieurement. Ainsi, un salarié tombé malade au cours de ses congés payés devait être considéré comme en congé (Soc. 4 juin 1962, *Bercot*, *Bull. civ.* IV, n° 525 ; *Grands arrêts*, n° 80 ; Soc. 8 novembre 1984, *Bull. civ.* V, n° 427). À l'inverse, si la maladie avait commencé avant la date prévue pour le départ en congé du salarié, le salarié restait juridiquement considéré comme malade. Le temps de la maladie ne s'imputait pas sur le temps des congés et à la date initialement prévue pour son retour, il bénéficiait d'un reliquat de congés payés (v. Soc. 4 décembre 1996, *Col**, *Bull. civ.* V, n° 420 ; *Grands arrêts*, n° 82). 395

Suivant le même raisonnement, en cas de concours entre grève et maladie, le salarié gréviste qui tombait malade en cours de grève restait juridiquement considéré gréviste jusqu'à la fin de la grève. Pendant cette période, il ne bénéficiait pas des garanties de rémunération normalement associées à la maladie (Soc. 21 avril 1971, *Bull. civ.* V, n° 288 ; Soc. 17 juin 1982, *Bull. civ.* V, n° 405). En revanche, le salarié qui était déjà malade lorsque débutait la grève restait juridiquement malade et bénéficiait des garanties de rémunération associée à cette cause de suspension (Soc. 16 juillet 1987, *Bull. civ.* V, n° 497).

396 La critique a porté sur les situations, un peu ubuesques parfois, auxquelles conduisait la jurisprudence. Un salarié tombé malade au cours d'un mouvement de grève d'une heure par jour était ainsi considéré comme gréviste une heure par jour et comme malade le reste de la journée. Lorsque la grève devenait totale, elle changeait de nature et devenait postérieure à l'arrêt maladie. Le salarié était alors considéré comme totalement malade (Soc. 20 févr. 1980, *Bull. civ.* V, n° 161 ; *Grands arrêts*, n° 81). Cette jurisprudence engendrait aussi des situations inextricables. Lorsqu'une grève est perdue, la reprise du travail est généralement désordonnée, progressive. Quelle est alors la date de reprise du travail d'un salarié tombé malade en cours de grève ? Considéré comme gréviste par application du critère chronologique, le reste-t-il jusqu'au retour au travail des derniers irréductibles ? Est-il le premier à reprendre le travail ?

Ces questions n'ont guère de sens pour un salarié, qui, en toute hypothèse, ne peut reprendre le travail... Surtout, la critique portait sur l'impossibilité de mettre toutes les causes de suspension sur le même plan. Ainsi, par exemple, lorsque le point de départ d'un congé maternité se situe au cours des congés annuels, il apparaît difficile d'en tirer argument pour priver la salariée de la protection spécifique du congé maternité.

397 La Cour de cassation a progressivement abandonné ce critère chronologique, sous l'influence du droit communautaire.

Elle a d'abord affirmé nettement que les règles de protection de la maternité l'emportaient sur les règles du congé parental d'éducation et ce, alors même que c'était en cours de congé parental qu'une salariée était tombée enceinte (Soc. 11 février 2004, *Bull. civ.* V, n° 47 et CJCE 20 septembre 2007, aff. C 116/06, *Kiiski c/ Tampereen Kaupunki*). Un deuxième pas a été franchi le 27 septembre 2007, avec l'arrêt *Sté Arcadie Sud-Ouest* de la Chambre sociale (n° 05-42.293, [P]). Cet arrêt décide que les règles de protection applicables aux salariés accidentés du travail sont prioritaires sur les règles des congés payés. En conséquence de quoi, un salarié dont le contrat de travail est suspendu pour cause d'accident du travail ou de maladie professionnelle conserve ses droits à congés, *même si la suspension liée à l'accident ou à la maladie est postérieure à la date de départ en congé.*

L'abandon du critère chronologique a encore été confirmé dans une affaire de confrontation d'une suspension pour cause de maladie survenue avant le point de départ d'un congé sans solde. Cette fois c'est le congé sans solde qui est apparu comme la cause prépondérante. Et l'employeur a été libéré de son obligation de verser un complément de salaire pour cause de maladie, dès le départ de ce congé (Soc. 18 mai 2008, n° 06-41498, [P], *D.* 2009. Pan. 192).

Enfin, cette logique a emporté la solution du concours d'une maladie et d'une période de congés payés. Selon la Cour de cassation, la finalité des congés payés est de prendre du repos (finalité attestée par la directive n° 2003/88/CE, consid. 5). Et pour cette raison, et non pour d'obscures raisons chronologiques, un salarié empêché de prendre ses congés pour maladie pendant la période de prise de congé, les conserve et peut en bénéficier à son retour au travail (CJCE 20 janvier 2009, aff. 350/06 et 520/06 ; Soc. 24 février 2009, n° 07-44488, *RDT* 2009. 241, obs. M. Véricel ; Soc. 24 février 2009, n° 07-43479).

Avec ces arrêts, le critère chronologique semble définitivement abandonné. Il a laissé place à un autre mode de résolution des conflits, qui compare les causes de suspension et leur régime, et détermine en fonction de la nature de ces causes laquelle l'emporte, indépendamment de leurs dates de survenance. 398

La généralité de cette solution reste cependant à confirmer. Chacun des arrêts précités a traité d'un concours particulier de causes de suspension, sans poser de règle générale. La solution du conflit entre grève et maladie, notamment, reste attendue. Le plus probable est cependant, désormais, que la hiérarchie des causes de suspension s'imposera ici encore et que la Cour reconnaîtra qu'il est tout bonnement impossible d'être en grève si l'on est malade. 399

Biblio

- G. Lyon-Caen, « Les travailleurs et les risques économiques », *D.* 1974. Chron. 47.
- J. Pélissier, « Inaptitude et modification d'emploi », *Dr. soc.* 1991. 608.
- Y. Saint-Jours, « Contrôle médical patronal et responsabilité sous-jacente du médecin contrôleur », *Dr. ouvrier* 1995. 541.
- T. Aubert, B. Pélissier, P.-Y. Verkindt *et al.*, *La santé du salarié*, Dalloz, coll. « Thèmes & commentaires », 1999.
- D. Boulmier, « Le remplacement du salarié malade à l'épreuve du pouvoir d'organisation de l'employeur », *Dr. ouvrier* mai 2008, 233-237.
- P.-Y. Verkindt, « Le licenciement pour inaptitude médicale », *Dr. soc.* 2008. 941.
- P. Lokiec, « Chômage partiel : pour une autre approche », *Dr. soc.* 2009. 399.

Documents

1) La maladie

Civ. 3 décembre 1934, *Hôtel Terminus P.L.M. c. Dame Spagnoli, DH* 1935. 84 ; *Grands arrêts*, n° 74

« La maladie de l'employé ne rompt pas de plein droit le contrat de travail ».

Soc. 13 mars 2001, *Herbaut, Bull. civ.* V, n° 84 ; *Grands arrêts*, n° 77

« Attendu que, si l'article L. 122-45 du Code du travail, qui fait interdiction de licencier un salarié notamment en raison de son état de santé ou de son handicap, sauf inaptitude constatée par le médecin du Travail dans le cadre du titre IV du Livre II de ce même Code, ne s'oppose pas à son licenciement motivé, non par l'état de santé du salarié, mais par la situation objective de l'entreprise dont le fonctionnement est perturbé par l'absence prolongée ou les absences répétées de l'intéressé, celui-ci ne peut toutefois être licencié que si ces perturbations entraînent la nécessité pour l'employeur de procéder à son remplacement définitif… ».

Soc. 7 juillet 2004, *Bull. civ.* V, n° 196

« … l'avis du médecin du travail déclarant un salarié inapte à tout travail s'entend nécessairement d'une inaptitude à tout emploi dans l'entreprise ; qu'un tel avis ne dispense pas l'employeur de rechercher une possibilité de reclassement au sein de l'entreprise et, le cas échéant, du groupe auquel elle appartient, au besoin par la mise en œuvre de mesures telles que mutations, transformations de poste ou aménagement du temps de travail… ».

2) Le chômage partiel

Soc. 18 juin 1996, *Gury, Bull. civ.* V, n° 252 ; *Dr. soc.* 1996. 978, obs. H. Blaise ; *Grands arrêts*, n° 79

« … la mise au chômage partiel du personnel, pendant la période d'indemnisation, prévue par l'article L. 351-25 du Code du travail, ne constitue pas une modification des contrats de travail ».

3) Les concours de cause de suspension

Soc. 4 décembre 1996, *Col*, *Bull. civ.* V, n° 420 ; *Grands arrêts*, n° 82

« … si le salarié qui tombe malade au cours de ses congés payés ne peut exiger de prendre ultérieurement le congé dont il n'a pu bénéficier du fait de son arrêt de travail, l'employeur s'étant acquitté de son obligation à son égard, le salarié dont le contrat de travail est déjà suspendu par un arrêt de travail pour maladie à la date des départs en congé fixée par l'employeur conserve son droit à congé et peut demander à en bénéficier ultérieurement en sorte que l'employeur, qui n'est pas libéré de son obligation, demeure tenu de lui permettre d'exercer ce droit pour la part de congé non prise du fait de l'arrêt de travail, lorsque celui-ci prend fin avant que ne soit close la période des congés payés… ».

Soc. 27 septembre 2007, *Sté Arcadie Sud-Ouest*, n° 05-42293, [P]

« …Mais attendu qu'eu égard à la finalité qu'assigne aux congés payés annuels la directive 93/104/CE du conseil de l'Union européenne, du 23 novembre 1993, concernant certains aspects de l'aménagement du temps de travail, lorsque le salarié s'est trouvé dans l'impossibilité de prendre ses congés payés annuels au cours de l'année prévue par le Code du travail ou une convention collective, en raison d'absences liées à un accident du travail ou une maladie professionnelle, les congés payés acquis doivent être reportés après la date de la reprise du travail ; qu'il s'ensuit que le jugement a, à bon droit, alloué au salarié des dommages-intérêts en réparation du préjudice que lui a causé le refus de l'employeur de le faire bénéficier du report des congés payés non pris en raison de l'accident du travail dont il avait été victime… ».

chapitre

16

Transferts d'entreprise

Plan analytique

16

Transferts d'entreprise

La question de départ est simple. Une entreprise change de mains. Les salariés avaient contracté avec l'ancien propriétaire. Ils n'ont rien conclu avec le nouveau propriétaire. Les salariés se retrouvent ainsi liés à une personne qui n'a plus de travail à fournir. L'acquéreur, lui, a besoin de travail, mais il n'a aucun salarié. L'intérêt des salariés est généralement de conserver leur emploi et donc de continuer leur travail avec l'acquéreur de l'entreprise. L'intérêt de cet acquéreur est généralement de reprendre les anciens salariés, qui connaissent l'entreprise, ont un savoir-faire spécifique, etc. La solution s'est vite imposée : les salariés suivent le sort de l'entreprise ; ils sont en quelque sorte transférés avec l'usine. De manière un peu plus précise, on dit qu'en cas de transfert d'entreprise, les contrats individuels de travail sont maintenus entre le nouvel employeur et le personnel de l'entreprise. 400

Cette règle consensuelle dans son principe est l'une des premières exceptions à l'effet relatif des contrats à avoir été édictée. Elle est issue de la loi du 19 juillet 1928, bien connue sous la numérotation qui était la sienne dans l'ancien Code du travail : il s'agit de son article L. 122-12 alinéa 2. Elle est actuellement reproduite à l'article L. 1224-1 du Code du travail, lequel ne tardera pas à devenir tout aussi fameux. 401

Le droit communautaire a repris cette solution dès 1977 (Dir. 77/187 du 14 février 1977). Elle est aujourd'hui reformulée par la directive 2001/23 du 12 mars 2001. Malgré son ancienneté, la règle de l'article L. 1224-1 du Code du travail n'est donc plus qu'une transposition en droit français du droit communautaire. Il doit en conséquence être interprété conformément à la jurisprudence communautaire. Celle-ci est dense, précise et respectée, tant par la Cour de cassation que par le Conseil d'État. Le droit français en la matière est donc aujourd'hui, pour l'essentiel, du droit communautaire. Ce n'est que dans la mesure où ce dernier laisse une marge de choix qu'une jurisprudence proprement française peut exister. Mais cette mesure est assez restreinte.

Le maintien des contrats de travail en cas de transfert d'une entité économique est une règle située au cœur des mouvements qui affectent l'organisation des entreprises. Elle traite d'une réalité souvent brutale, faite d'externalisation, de destruction de filiales, de concentration et de bien d'autres formes de « restructurations » ou de « déstructurations ». Son domaine d'application (section 1) et ses effets (section 2) sont le lieu d'importants débats. 402

section 1

Domaine

403 Le maintien des contrats de travail est clair lorsque rien ne change, si ce n'est le titulaire du pouvoir de direction. Les bâtiments, les clients, les machines, les salariés, tout reste, sauf l'employeur. Alors le maintien des contrats de travail est évident. La difficulté vient du fait que les restructurations ne sont que rarement des moments de stabilité exemplaires. Et surtout, les opérations qui peuvent prendre les emplois comme objets sont d'une variété quasi infinie. Le champ d'application de l'article L. 1224-1 du Code du travail n'a jamais pu, dans un tel contexte, être dessiné qu'avec une certaine zone de flou.

404 Les premières interprétations du domaine de ce qui allait devenir l'article L. 1224-1 furent très larges. Le raisonnement inauguré par l'arrêt *Goupy* du 27 février 1934* était simple. Aux termes de l'arrêt, la règle est « destinée à assurer aux salariés des emplois plus stables ». Ce fondement connu, le sens de la règle devenait clair : à chaque fois qu'une opération conduit à déplacer un emploi, le salarié doit suivre. Il y aurait une sorte de droit du salarié à conserver son emploi, voire un droit réel du salarié sur son emploi. Le champ d'application de la règle, logiquement, s'étendrait alors à toutes les hypothèses dans lesquelles l'emploi du salarié est transféré.

405 Pareil champ d'application peut cependant apparaître excessivement large. On le comprendra mieux au travers d'un exemple. Soit une entreprise Pom qui aurait conclu un contrat de maintenance informatique avec une entreprise Info. L'entreprise Pom est mécontente du travail de maintenance réalisé. Elle rompt le contrat qui la liait avec l'entreprise Info et conclut un nouveau contrat de maintenance avec l'entreprise Rmatic. On suppose que le travail de maintenance informatique au sein de l'entreprise Pom correspond à un emploi à plein temps. Cet emploi était auparavant présent au sein de l'entreprise Info. Depuis le changement de prestataire de service, c'est l'entreprise Rmatic qui détient cet emploi.

Le changement de prestataire de service a déplacé un emploi. Selon la logique de la jurisprudence *Goupy*, le salarié doit suivre cet emploi. L'article L. 1224-1 doit donc jouer : le salarié chargé de la maintenance informatique chez Pom, M. X, change d'employeur : il devient salarié de Rmatic.

Cette solution peut être mal vécue par tous les intéressés. L'entreprise Pom avait changé de prestataire de service parce qu'elle se plaignait du travail de M. X et, lorsqu'elle voit que l'entreprise Rmatic lui renvoie le même M. X, elle peut être sérieusement déçue. L'entreprise Rmatic ne souhaite pas forcément récupérer les salariés des concurrents à chaque fois qu'elle gagne un nouveau contrat de maintenance. Quant à M. X, il a peut-être les meilleurs rapports avec l'entreprise Info, entreprise au sein de laquelle existe une collectivité de travail dans laquelle il est intégré. Et cette entreprise sera peut-être très contente de le conserver, en l'affectant sur d'autres missions. Plus généralement, à chaque fois qu'une entreprise change de fournisseur, il apparaît excessif d'imposer au nouveau fournisseur une partie du personnel de l'ancien.

Ce type de constatation a conduit la jurisprudence à restreindre le champ d'application de l'article L. 1224-1 du Code du travail. C'est tout le sens de l'arrêt d'Assemblée plénière *Nova*, du 15 novembre 1985*. Aux termes de cet arrêt, « la seule perte d'un marché » ne peut pas suffire à enclencher le transfert des contrats individuels de travail. Dire que la seule perte d'un marché ne suffit pas, cela revient à dire que le seul déplacement de l'emploi ne suffit pas. Il restait à tenter de définir positivement ce qui, dès lors, était nécessaire. Il a vite été compris que le déclencheur du changement d'employeur était le transfert non pas seulement d'emplois, mais de quelque chose d'un peu plus organisé, d'une entreprise ou d'un morceau d'entreprise suffisamment structuré (l'idée était au demeurant déjà suggérée par l'arrêt *Goupy**). La notion d'« entreprise » étant aussi indéfinie que conflictuelle, l'usage du mot a cependant été évité. Le « truc » que les salariés suivent en cas de transfert a été baptisé du nom, très ouvert, d'« entité économique ». 406

Toute la question est donc de définir cette « entité économique » à laquelle les salariés et leurs emplois sont attachés.

En droit français, l'essentiel a été accompli par trois arrêts de l'Assemblée plénière du 16 mars 1990 (*Bull. Ass. plén.*, n° 4 ; *Grands arrêts*, n° 63), arrêts par lesquels la Cour de cassation a fermement affirmé son intention de suivre, désormais, la jurisprudence communautaire. C'est à cette dernière qu'il est donc revenu d'établir certains critères, lesquels ont, depuis, été repris et synthétisés par voie de directive. 407

Aujourd'hui, l'article 1.1b de la directive 2001/23/CE du 12 mars 2001 définit ainsi l'entité à laquelle les contrats de travail sont attachés : il s'agit d'« une entité économique maintenant son identité, entendue comme un ensemble organisé de moyens en vue de la poursuite d'une activité économique, que celle-ci soit essentielle ou accessoire ». 408

En principe, le transfert doit donc comprendre non seulement du travail, mais encore certains des « moyens » avec lesquels ce travail est réalisé. Il ne suffit pas de transférer un marché. Il faut aussi transmettre des moyens corporels (des machines, des camions, des locaux, etc.) ou incorporels (marques, brevets, listes de clients, droit au bail, etc.). Les idées de maintien de « l'identité » et d'« ensemble organisé » signifient qu'une certaine continuité dans l'organisation doit être perceptible entre l'avant et l'après transfert.

Ces exigences étaient *a priori* cumulatives. Mais, dans une matière aussi difficile à saisir que les restructurations, l'excessive rigueur est à proscrire. Une certaine marge d'appréciation demeure. Et l'on chercherait en vain des certitudes applicables mécaniquement.

Dans les entreprises très mécanisées, le transfert des machines sera un indice essentiel. Lorsqu'en revanche l'activité repose essentiellement sur de la main-d'œuvre, comme dans les entreprises de nettoyage, aucun moyen particulier ne peut être transféré, ces moyens, corporels ou non, n'existant qu'à l'état de trace (trois balais et deux éponges...). Alors, l'absence de transfert d'éléments corporels ou incorporels ne pourra pas empêcher le transfert des contrats. Les « moyens » visés par la directive seront simplement des moyens humains. Le maintien de l'identité, de l'organisation peut donc, alors, suffire. Dans l'arrêt de la Cour de justice des Communautés européennes du 24 janvier 2002, *Temco Services**, le maître critère a été le maintien de la collectivité de travail : celle-ci avait survécu au transfert, une partie 409 importante du personnel ayant été reprise par le nouveau détenteur du marché de nettoyage. Cette collectivité maintenue, toujours affectée aux mêmes travaux, était en elle-même une entité économique conservant son identité, ce qui faisait entrer l'opération dans le champ du maintien impératif des contrats de travail. Dans l'arrêt *Jouini* du 13 septembre 2007 (CJCE C-458/05, *JCP S*, 2008. 1005, note P. Morvan), le transfert d'une partie d'entreprise de travail temporaire a même pu être ordonné, en l'absence de véritable collectivité de travail, par le seul transfert d'un ensemble composé des employés chargés de la gestion, des travailleurs intérimaires et du savoir-faire (v. pt. 37 de l'arrêt).

■ 410 Le maintien de l'identité, expressément exigé, rend nécessaire une certaine ressemblance entre l'avant et l'après. Si le nouveau fournisseur travaille d'une manière radicalement distincte, en d'autres lieux, avec d'autres machines, aucun des salariés de l'ancien fournisseur ne sera transféré. Il n'est pas question toutefois d'exiger une parfaite, une exacte identité. Certains changements sont toujours peu ou prou réalisés par le repreneur, sans que cela signifie que les contrats sont rompus. Ainsi, entre l'avant et l'après, l'entité économique peut fort bien être passée du privé au public (lors de la reprise en gestion directe de services publics). Dès lors que l'organisation, les emplois et certains éléments corporels ou incorporels sont transférés à cette occasion, les salariés doivent suivre, et les contrats de travail sont maintenus (CJCE 26 septembre 2000, *Mayeur,* C-179/99, *Rec. CJCE* p. I-7755 ; Soc. 14 janvier 2003, *Bull. civ.* V, n° 3 ; *Dr. soc.* 2003. 437, obs. A. Mazeaud ; CE 22 octobre 2004, *Lamblin**, solution entérinée et précisée depuis par la loi du 26 juillet 2005, art. 20). Plus encore, la modification des règles d'organisation, de fonctionnement et de gestion du service, n'est nullement exclusive de l'application de l'article L. 1224-1 du Code du travail, l'activité, ses objectifs et ses moyens étant maintenus (Soc. 27 mai 2009, n° 08-40393, [P]).

■ 411 Par-dessus tout, la souplesse dans l'interprétation des critères peut être utilisée pour élargir ou restreindre le domaine du maintien des contrats selon les enjeux pratiques de l'espèce. En ce sens, on peut citer le symptomatique arrêt *Perrier-Vittel* du 18 juillet 2000*. En l'espèce, la société Perrier-Vittel France avait l'intention de céder une activité de fabrication de palettes, avec ses locaux et ses machines, son organisation du travail et son personnel. Tous ces éléments n'ont pas suffi : selon la Cour de cassation, l'article L. 122-12 alinéa 2 anc. C. trav. (L. 1224-1 C. trav.) n'était pas applicable. Certains éléments du contexte factuel permettent de mieux comprendre le sens et la portée de cette décision. Il s'agissait d'une opération d'externalisation. Les salariés concernés souhaitaient rester des salariés de la société Perrier-Vittel. En revanche, cette société espérait bien se débarrasser de ses salariés, sans avoir à verser d'indemnités de licenciement, en transférant son activité de palettes. Pour tenter de bloquer l'opération, le comité d'entreprise avait agi pour faire dire que l'article L. 122-12 alinéa 2 anc. C. trav. (L. 1224-1 C. trav.) serait inapplicable. Dans le même sens, on peut encore citer l'arrêt *Auchan* du 11 juillet 2007 (n° 06-41158, *RDT* 2008. 582, obs. Ph. Waquet), lequel refuse d'appliquer l'article L. 122-12 de l'ancien Code du travail (L. 1224-1 C. trav.), dans une espèce où les salariés s'opposaient à l'externalisation dont ils étaient l'objet.

Dans les deux cas, la solution a pu être motivée par l'absence d'« autonomie » de l'unité transférée. L'impact de ce critère peut cependant apparaître peu convaincant, d'autant qu'il s'intègre mal au droit communautaire, lequel vise expressément le transfert d'activités « accessoires » (art. 1.1b, préc.).

Il apparaît plutôt que l'on assiste à une interprétation à dimension variable du champ d'application des transferts de contrats de travail, selon que les salariés sont opposés au transfert ou bien au contraire demandeurs du transfert.

Cette variation du domaine d'application du texte en fonction des intérêts en cause se comprend, en pratique. Mais, en toute rigueur juridique, il serait bien plus logique d'affirmer l'unité conceptuelle de l'« entité économique » dont le transfert déclenche le changement d'employeur, tout en acceptant par ailleurs de moduler les effets de l'article L. 1224-1 du Code du travail selon que les salariés acceptent ou refusent l'opération. Mais cette question relève de la section suivante.

section 2

Effets

En cas de transfert d'« unité économique » au sens défini ci-dessus, l'article L. 1224-1 du Code du travail produit un effet simple : les contrats individuels de travail sont maintenus. L'ancien contrat demeure. Mais il lie désormais le salarié à un nouvel employeur. 412

Ce maintien à l'identique du contrat produit toutes ses conséquences. Le salarié conserve son ancienneté, son salaire, ses fonctions, etc. Si le nouvel employeur veut faire évoluer les éléments du contrat, il devra obtenir l'accord du salarié, selon les règles habituelles en matière de modification du contrat de travail (v. n° 84-88).

Les engagements unilatéraux sont eux aussi maintenus (v. not. Soc. 23 septembre 1992, *Bull. civ.* V, n° 479 ; Soc. 16 décembre 1992, *Dr. soc.* 1993. 161 ; Soc. 22 novembre 2006, n° 05-40018 ; *RDT* 2007.102, obs. Ph. Waquet). En revanche, le sort des conventions collectives, des institutions représentatives du personnel et des délégués syndicaux est plus complexe. 413

Les deux principales questions juridiques sont d'une part, de savoir si les employeurs successifs peuvent éluder le transfert des contrats (§ 1) et d'autre part, de savoir si le salarié peut s'opposer à son transfert (§ 2).

§ 1 Un transfert imposé aux employeurs successifs

L'article L. 1224-1 du Code du travail est d'ordre public pour l'ancien comme pour le nouvel employeur. Le transfert s'impose. Les actes des employeurs successifs qui bloqueraient le transfert sont donc, en principe, illicites. Les licenciements prononcés juste avant ou juste après le transfert sont donc *a priori* prohibés. Les licenciements prononcés « à l'occasion » du transfert sont nuls, « sans effets » dit la Cour de cassation (v. Soc. 20 mars 2002, *Maldonado**), et ce par application de la règle posée à l'article L. 1224-1 du Code du travail (v. aussi, Soc. 31 mars 1998, *Hazebrouck*, *Bull. civ.* V, n° 181). 414

Cette prohibition momentanée du licenciement demande cependant à être nuancée. Ce sont en effet surtout les licenciements prononcés peu avant le transfert qui sont privés d'effets. 415

Une fois le transfert réalisé, la question est plus complexe. Le nouvel employeur recouvre en principe le droit de licencier, mais l'exercice de ce droit est d'autant plus surveillé que le transfert est récent. Un licenciement qui suit juste le transfert est éminemment suspect d'être un contournement de l'article L. 1224-1 du Code du travail, une manière de l'éluder.

Le transfert ne saurait être en lui-même un motif de licenciement (en ce sens, v. l'art. 4 § 1 de la directive du 12 mars 2001). Plus généralement, dès lors qu'il est montré que les mesures prises après le transfert ont pour finalité d'éluder le maintien des contrats de travail, elles sont illicites (Soc. 14 janvier 2004, *Bull. civ.* V, n° 9 : mutation demandée pour éluder le transfert). Mais cela ne signifie pas que le licenciement juste après le transfert soit totalement interdit. Cela signifie plutôt que, lorsqu'il licencie peu après le transfert, le nouvel employeur doit non seulement prouver une cause réelle et sérieuse, mais qu'il doit aussi prouver que cette cause est indépendante du transfert réalisé.

■ 416 Lorsqu'un licenciement est prononcé par l'employeur en violation de l'article L. 1224-1, la Cour de cassation considère qu'il est « privé d'effet » (Soc. 15 février 2006, *Bull. civ.* V, n° 67 ; *Dr. soc.* 2006. 572-573, obs. A. Mazeaud), ce qui revient à le considérer comme nul. Le salarié a alors une option (v. not. Soc. 28 janvier 2004, *Bull. civ.* V, n° 28 ; Soc. 20 mars 2002, préc. ; Soc. 15 février 2006, préc.) : il peut demander sa réintégration, c'est-à-dire la poursuite de son contrat avec le cessionnaire de l'entreprise. Il peut aussi se contenter de constater la faute commise par l'employeur qui l'a licencié et demander des dommages-intérêts. Selon le droit commun de la nullité du licenciement, il doit alors obtenir des indemnités pour licenciement sans cause réelle et sérieuse, auxquelles devront s'ajouter les salaires perdus entre la date du licenciement et la date où la nullité de ce licenciement a été prononcée (sur la nullité du licenciement, v. n° 498 et s.).

§ 2 Un transfert imposé aux salariés

■ 417 Le salarié peut-il s'opposer à son transfert ? La question est importante. Le salarié a contractuellement accepté d'être soumis à tel employeur. Peut-on lui imposer un nouveau maître sans qu'il ait son mot à dire ? Le salarié cédé doit-il être traité comme un bien transférable ?

Ces questions laissent à penser que le droit au refus doit non seulement être accordé, mais qu'il est même une liberté fondamentale du salarié. C'est au demeurant en ce sens que s'est prononcée la Cour de justice des Communautés européennes, par un arrêt *Katsikas** du 16 décembre 1992* : « Une telle obligation (de changer d'employeur) mettrait en cause les droits fondamentaux du travailleur, qui doit être libre de choisir son employeur et ne peut pas être obligé de travailler pour un employeur qu'il n'a pas librement choisi » (pt. 32). La Cour en déduit logiquement que la directive n'interdit pas qu'un *travailleur* « décide de s'opposer au transfert de son contrat ou de sa relation de travail et, ainsi, de ne pas bénéficier de la protection que lui accorde la directive » (pt. 33). L'arrêt, jusqu'ici, est on ne peut plus clair : le salarié a le droit de s'opposer au transfert. Il peut renoncer à un texte dont le but est de le protéger.

La cause semble entendue. Elle ne l'est pas. La Cour de justice affirme, dans le même arrêt, quelques lignes plus loin, que ce droit d'opposition peut être, si les États membres le décident, une simple faculté de démissionner (CJCE 16 décembre 1992,

Katsikas, préc., pt. 36 et dans le même sens, CJCE 24 janvier 2002, *Temco Services*, préc., pt. 36).

La Cour de cassation s'est emparée de cette possibilité pour maintenir sa jurisprudence antérieure et refuser tout véritable droit d'opposition au salarié. Le salarié n'a qu'un choix, soit il se soumet, soit il démissionne. Le salarié peut exprimer son refus d'être transféré, cela n'a aucun effet tant qu'il ne démissionne pas. Un arrêt à la motivation étrange (Soc. 10 octobre 2006, *Bull. civ.* V, n° 295 ; *RDT* 2007. 390, obs. Ph. Waquet) a pu sembler ouvrir la porte à un refus qualifié de « démission ». Cette motivation, sans influence sur la solution de l'espèce, semble cependant avoir été une simple maladresse et ne pas avoir eu la portée d'une remise en cause de la notion de « démission » (sur la notion de démission, v. n° 433-336). 418

Il est encore plus frappant de noter que le premier employeur d'un salarié qui refuse le transfert ne peut même pas décider efficacement de le licencier. Ce licenciement, qui permettrait de bloquer le transfert, est « privé d'effet ». Le salarié licencié parce qu'il a refusé le changement d'employeur n'a droit à aucune indemnité de rupture. Il n'a droit qu'à sa réintégration dans l'entreprise du cessionnaire, au maintien de son contrat de travail (Soc. 11 mars 2003, *Voisin c. SA Plast'lux et autres, Dr. soc.* 2003. 474, rapport P. Bailly ; *Grands arrêts*, n° 64 ; Soc. 14 décembre 2004, *Auchan** ; Soc. 25 octobre 2007, n° 06-42436).

Dans un même mouvement, la Cour de justice des Communautés européennes a reconnu la liberté du salarié « de choisir son employeur » et elle a autorisé les juges à bafouer ce droit. Lorsqu'il n'est pas d'autres moyens de refuser une décision patronale que la démission, on dit que la décision « appartient au pouvoir de l'employeur ». À l'inverse, lorsqu'un droit au refus est accordé, le contrat est maintenu dans son état antérieur. C'est se payer de mot que de prétendre d'une main que le salarié a une « liberté de choisir son employeur » pour ajouter de l'autre main que le changement d'employeur s'impose au salarié sauf démission de sa part. Ceci est en pure contradiction avec cela. Cette contradiction est expressément autorisée par la Cour de justice des Communautés européennes. Et la Cour de cassation en a profité. Cela n'en demeure pas moins une contradiction. 419

Le salarié est-il cédé comme les machines le sont ? A-t-il son mot à dire ou doit-il être traité comme un bien transférable ? À ces questions posées en début de paragraphe il est maintenant possible de répondre. En droit français, malgré l'hypocrisie de la Cour européenne, la réponse est clairement : oui.

Pire encore, cette solution dépasse, pour la jurisprudence, le cadre de l'article L. 1224-1 du Code du travail. Pour la Cour de cassation, le titulaire du pouvoir de direction n'est pas, en principe, un élément du contrat. Un employeur peut ainsi transmettre son pouvoir de direction à un tiers sans que le salarié ne puisse s'y opposer : la mise à disposition du salarié auprès d'une autre société n'est pas considérée, *a priori*, comme une modification du contrat de travail (Soc. 15 mars 2005, *Bull. civ.* V, n° 88). Le seul cas dans lequel le salarié semble pouvoir s'opposer est celui d'un changement d'employeur (et non pas seulement d'un changement de détenteur du pouvoir de direction), hors les cas de l'article L. 1224-1 du Code du travail (Soc. 9 novembre 2005, *Sté Sécuritas, Dr. soc.* 2006. 273, obs. A. Supiot). C'est bien peu... En dehors de cette exception, le principe demeure : le serf ne choisit pas son seigneur et, en droit français actuel, le salarié non plus. 420

Biblio

- G. Couturier, « L'article L. 122-12 du Code du travail et les pratiques d'"externalisation" », *Dr. soc.* 2000. 845 (à propos des arrêts *Perrier-Vittel* du 18 juillet 2000).
- F. Gaudu, « Entre concentration économique et externalisation : les nouvelles frontières de l'entreprise », *Dr. soc.* 2001. 471.
- A. Mazeaud, « Licenciements économiques à l'occasion du transfert d'entreprises : les droits des salariés », *Dr. soc.* 2003. 482.
- A. Supiot, « Les salariés ne sont pas à vendre — En finir avec l'envers de l'article L. 122-12, alinéa 2 », *Dr. soc.* 2006. 264-273.
- B. Teyssié, J.-F. Cesaro, F. Favennec-Héry, A. Mazeaud, J.-M. Olivier, P.-Y. Verkindt, et P. Morvan, « Les transferts d'entreprise en droit social », *Dr. soc.* juillet-août 2005, n° spécial, p. 715-788.
- C. Wolmark, « Le sort des contrats de travail en cas de reprise en gestion directe d'un service public administratif », *RDT* 2006. 159-167.
- « Faut-il reconnaître au salarié la faculté de refuser le transfert de son contrat de travail ? », controverse entre Y. Chagny et P. Rodière, *RDT* 2007. 216-221.

Documents

1) Domaine

Civ. 27 février 1934, *Goupy, DH* 1934. 252 ; *Gaz. Pal.* 1934. 2. 40 ; *S.* 1934.1.179 ; *Grands arrêts*, n° 62

« Vu le paragr. 7 de l'article 23 nouveau, livre 1er Ancow (actuel art. L.-122-12 et L. 1224-1 C. trav., Ancow) ;
Attendu que ce texte, destiné à assurer aux salariés des emplois plus stables, doit recevoir application dans tous les cas où la même entreprise continue à fonctionner sous une direction nouvelle ».

Ass. plén. 15 novembre 1985, *Nova services, Bull. civ.* V, n° 7 ; *Dr. soc.* 1986. 1, concl. G. Picca, note G. Couturier

« … l'article L. 122-12, alinéa 2, du Code du travail ne reçoit application qu'en cas de modification dans la situation juridique de l'employeur ; qu'une telle modification ne peut résulter de la seule perte d'un marché ».

Soc. 18 juillet 2000, *Perrier Vittel, Bull. civ.* V, n° 285 ; *Dr. soc.* 2000. 850

« … constitue une entité économique pour l'application de l'article L. 122-12, alinéa 2, du Code du travail un ensemble organisé de personnes et d'éléments corporels ou incorporels permettant l'exercice d'une activité économique poursuivant un objectif propre ; que la reprise par un autre employeur d'une activité secondaire ou accessoire de l'entreprise n'entraîne le maintien des contrats de travail que si cette activité est exercée par l'entité économique autonome ».

CE 22 octobre 2004, *Lamblin*, *Dr. soc.* 2005. 44, concl. E. Glaser, p. 37

« Lorsque l'activité d'une entité économique employant des salariés de droit privé est reprise par une personne publique gérant un service public administratif, il appartient à cette dernière, en l'absence de dispositions législatives spécifiques, et réserve faite du cas où le transfert entraînerait un changement d'identité de l'entité transférée, soit de maintenir le contrat de droit privé des intéressés, soit de leur proposer un contrat de droit public reprenant les clauses substantielles de leur ancien contrat dans la mesure, ainsi que l'a jugé la Cour de justice des Communautés européennes dans son arrêt n° C-175/99 du 26 septembre 2000, où des dispositions législatives ou réglementaires n'y font pas obstacle ; que, dans cette dernière hypothèse, le refus des salariés d'accepter les modifications qui résulteraient de cette proposition implique leur licenciement par la personne publique, aux conditions prévues par le droit du travail et leur ancien contrat ; qu'en revanche, la garantie résultant des dispositions précitées ne peut être utilement invoquée à l'appui d'une contestation des conditions dans lesquelles la personne publique aurait procédé à leur titularisation dans un emploi, corps ou cadre d'emplois de la fonction publique ; que, par suite, la cour administrative d'appel n'a pas commis d'erreur de droit en jugeant que l'article L. 122-12 du Code du travail, interprété au regard de la directive du 14 février 1977, ne conférait à M. X aucun droit à être titularisé en qualité d'aide technique de laboratoire ».

CJCE 24 janvier 2002, *Temco Services*, C-51/00 (l'arrêt affirme que le transfert des contrats a lieu)

« 26… dans certains secteurs dans lesquels l'activité repose essentiellement sur la main-d'œuvre, une collectivité de travailleurs que réunit durablement une activité commune peut correspondre à une entité économique. Une telle entité est, en conséquence, susceptible de conserver son identité par-delà son transfert quand le nouveau chef d'entreprise ne se contente pas de poursuivre l'activité en cause, mais reprend également une partie essentielle, en termes de nombre et de compétences, des effectifs que son prédécesseur affectait spécialement à cette tâche (arrêt du 11 mars 1997, *Süzen*, C-13/95, *Rec. CJCE* p. I-1259, pt. 21). Concernant une entreprise de nettoyage, un ensemble organisé de salariés qui sont spécialement et durablement affectés à une tâche commune peut, en l'absence d'autres facteurs de production, correspondre à une entité économique (arrêt du 10 décembre 1998, *Hernández Vidale.a.*, *Rec. CJCE* p. I-8179, pt. 27)… ».

2) Effets

CJCE 16 décembre 1992, *Katsikas*, *Rec. CJCE* p. I-6577

« 31… la directive (…) ne saurait être interprétée comme obligeant le travailleur à poursuivre la relation de travail avec le cessionnaire.

32. Une telle obligation mettrait en cause les droits fondamentaux du travailleur, qui doit être libre de choisir son employeur et ne peut pas être obligé de travailler pour un employeur qu'il n'a pas librement choisi.

33. Il suit de là que les dispositions de l'article 3, paragraphe 1, de la directive ne font pas obstacle à ce qu'un travailleur décide de s'opposer au transfert de son contrat ou de sa relation de travail et, ainsi, de ne pas bénéficier de la protection que lui accorde la directive. (…)

35. … dans l'hypothèse où le travailleur décide librement de ne pas poursuivre le contrat ou la relation de travail avec le cessionnaire, la directive ne fait pas obligation aux États membres de prévoir que le contrat ou la relation de travail est maintenu avec le cédant. Dans une telle hypothèse, il appartient aux États membres de déterminer le sort réservé au contrat ou à la relation de travail.
36. Les États membres peuvent, en particulier, prévoir que, dans ce cas, le contrat ou la relation de travail doit être considéré comme résilié soit à l'initiative du salarié soit à l'initiative de l'employeur. Ils peuvent aussi prévoir que le contrat ou la relation de travail est maintenu avec le cédant ».

CJCE 24 janvier 2002, *Temco Services* (suite de l'arrêt préc.)

« 36. Bien que le transfert du contrat de travail s'impose ainsi tant à l'employeur qu'au salarié, la Cour a admis la faculté pour ce dernier de refuser que son contrat de travail soit transféré au cessionnaire (v., notamment, arrêt du 16 décembre 1992, *Katsikas e.a.*, C-132/91, C-138/91 et C-139/91, *Rec. CJCE* p. I-6577, pts. 31 à 33). Dans ce cas, la situation du salarié dépend de la législation de chaque État membre : soit le contrat qui lie le salarié à l'entreprise cédante peut être résilié à l'initiative de l'employeur ou à celle du salarié, soit le contrat peut être maintenu avec cette entreprise (v., notamment, arrêt *Katsikas e.a.*, préc., pt. 36) ».

Soc. 20 mars 2002, *Maldonado*, *Bull. civ.* V, n° 94 ; *Dr. soc.* 2002. 519, obs. A. Mazeaud

« Mais attendu que le licenciement d'un salarié prononcé à l'occasion du transfert d'une entité économique autonome dont l'activité est poursuivie, est privé d'effet ; que le salarié peut, à son choix, demander au repreneur la poursuite du contrat de travail illégalement rompu ou demander à l'auteur du licenciement illégal la réparation du préjudice en résultant ».

Soc. 14 décembre 2004, *Auchan*, *Bull. civ.* V, n° 331 ; *Dr. soc.* 2005. 229, obs. C. Radé

« Attendu, cependant, que le changement d'employeur résultant de plein droit du transfert d'une entité économique autonome s'impose tant aux employeurs successifs qu'aux salariés concernés ; qu'il en résulte que le licenciement prononcé par le cédant est privé d'effet et que le salarié licencié en raison de son refus de changer d'employeur ne peut prétendre au paiement d'indemnités de rupture et de dommages-intérêts » (licenciement opéré par l'employeur à la suite d'une opération d'externalisation de certaines de ses activités de transport et du refus du salarié d'être transféré).

Quiz

Exercice corrigé : cas pratique

Énoncé

La société Boisnet est une société de fabrication de meubles en bois qui commercialise ses produits exclusivement par Internet. Elle emploie 350 salariés. Les activités de fabrication et de maintenance informatique sont assurées à Chalon-sur-Saône.

L'entreprise possède en outre un entrepôt à Dijon, au sein duquel les meubles finis sont emballés, stockés et d'où partent les livraisons. Cet établissement emploie 20 salariés. Sa direction est confiée à M. Kauléric, individu dont l'incompétence ne fait que s'aggraver avec le temps.

Pour cette raison, mais aussi afin de concentrer l'activité de l'entreprise sur son métier principal, il est décidé d'externaliser les tâches d'emballage, de stockage et de transport. Des pourparlers sont engagés en ce sens avec la société Vitetbien, laquelle accepterait de reprendre l'entrepôt de Dijon et le personnel qui y est affecté. La société Vitetbien, qui comprend par ailleurs 2 750 salariés, assure qu'elle ne bouleversera pas l'organisation de l'établissement. Le comité d'entreprise de la société Boisnet, consulté le 1er février 2008, désapprouve à l'unanimité le projet. Un contrat qui réalise l'opération est cependant signé le 30 avril 2008 entre les sociétés Boisnet et Vitetbien. M. Kauléric est licencié pour incompétence professionnelle le 10 mai 2008. Avant le transfert, M. Kauléric était secondé par trois responsables d'équipes. Après le départ de M. Kauléric, les trois responsables d'équipes deviennent la « direction collégiale de l'établissement de Dijon ».

Pour le principe, M. Grognon, salarié qui travaille à l'entrepôt de Dijon avait envoyé le 2 mai une lettre affirmant qu'il refusait de passer au service d'un nouvel employeur. Mais il a continué d'effectuer son travail normalement, au sein de la société Vitetbien. En janvier 2009, la société Vitetbien décide de fermer son établissement de Dijon et de reporter ses activités sur d'autres sites. Le 1er mars 2009, à la suite de cette décision, M. Grognon est licencié pour motif économique. On suppose que la procédure a été pleinement respectée et que la réalité et le sérieux du motif sont incontestables. M. Grognon vous demande s'il ne pourrait pas se retourner contre la société Boisnet.

Corrigé

Il est nécessaire, tout d'abord, de savoir si l'opération entre dans le champ d'application de l'article L. 1224-1 du Code du travail.

L'argumentation devra reprendre l'ensemble des définitions issues de la directive et de la jurisprudence. Elle devra s'attacher à chacun des éléments de ces définitions. Les principales difficultés touchent la question du maintien de l'identité de l'unité transférée. Le changement intervenu dans l'organisation hiérarchique ne semble pas suffire à caractériser le changement d'identité, d'autant que la collectivité de travail est restée, pour l'essentiel, inchangée. En revanche, la discussion est plus ouverte, lorsque l'on mentionne la disparition de l'établissement quelques mois plus tard : cette disparition était-elle déjà programmée ? Est-elle la suite du transfert ? Si oui, l'établissement n'a pas gardé son identité. Il faut aussi citer l'arrêt *Perrier-Vittel* 18 juillet 2000*, lequel montre que le champ d'application de l'article L. 1224-1 de la Cour de cassation s'interprète restrictivement lorsque les salariés s'opposent au transfert (ce qui est le cas ici). En raison de ces éléments, on peut penser qu'un refus d'application de l'article L. 1224-1 du Code du travail est le plus probable. Les faits sont cependant suffisamment ambigus pour que la solution inverse puisse être plaidée avec de très réelles chances de succès. On évoquera donc les deux hypothèses pour en mesurer les conséquences.

Si l'article L. 1224-1 du Code du travail s'applique, le refus du salarié est sans effet et le transfert des contrats est automatique (v. Soc. 14 décembre 2004, *Auchan**). Il n'existe pas de véritable droit des salariés de s'opposer au transfert (on pourra en profiter pour critiquer la solution). Aucun recours contre la société Boisnet n'est envisageable.

En revanche, si l'article L. 1224-1 du Code ne s'applique pas, la situation est plus compliquée. Le transfert automatique des contrats n'a pas eu lieu. Il découle des faits qu'un nouveau contrat a été conclu avec la société Vitetbien, puisque celle-ci a donné du travail, rémunéré et dirigé les salariés. Mais l'ancien contrat n'a pas pour autant été rompu. Il est inexécuté depuis le 30 avril 2008. Le salarié peut donc demander à être réintégré au sein de la société Boisnet.

Il peut aussi, peut-être, considérer que la société Boisnet qui n'a plus fourni ni travail ni salaire a commis une faute d'une gravité suffisante, et prendre acte de la rupture opérée par cette société, rupture qui serait assimilée à un licenciement sans cause réelle et sérieuse (sur ces éléments du droit du licenciement, v. n° 492 à 497). La société Boisnet devrait alors indemniser en conséquence.

Cette solution m'apparaît toutefois excessivement rigoureuse : l'inexécution par Boisnet du contrat peut avoir comme excuse sa croyance, de bonne foi, dans le transfert des contrats. D'autant que, si l'article L. 1224-1 du Code ne s'applique pas, c'est du fait d'événements postérieurs (le démantèlement de l'établissement) qu'elle ne pouvait prévoir (on le suppose). Alors l'inexécution n'apparaît pas d'une gravité suffisante pour légitimer une prise d'acte de la rupture par le salarié. Celui-ci devrait donc simplement, prudemment, demander la continuation du travail qui l'unit toujours à la société Boisnet.

titre 6

L'emploi perdu

Les voies juridiques de la perte d'emploi sont multiples. La rupture et le non-renouvellement des contrats à durée déterminée ont déjà été évoqués (v. n° 225-229). Ici, la question sera centrée sur la perte de l'emploi au sens fort, sur la perte de l'emploi stable ou du moins de l'emploi perçu comme tel. Il s'agit ici de traiter de la rupture du contrat à durée indéterminée. 421

Par leurs conséquences humaines, par la crainte constante qu'elles suscitent, par les tensions et les conflits qu'elles génèrent, ces ruptures sont un point central du droit du travail. Les hésitations du législateur entre déréglementation et protection de l'emploi, la volonté de certains employeurs de contourner les protections, la lutte des salariés pour tenter de conserver leur emploi : beaucoup d'énergie a été consacrée à la matière. Il en est résulté un régime juridique relativement complexe. 422

La rupture du contrat de travail à durée indéterminée peut recouvrer de nombreuses qualifications, qui vont de la démission, à la rupture d'un commun accord, en passant par la prise d'acte, la résiliation judiciaire, la mise à la retraite ou le licenciement. L'étude de ces différentes qualifications (chapitre 17) précédera l'approfondissement de la plus importante d'entre toutes : le licenciement. Le licenciement s'impose comme la qualification de principe de la rupture. L'étude de sa réglementation est ici l'essentiel. Elle se décompose en un droit commun à tous les licenciements (chapitre 18) et en un ensemble de règles spécifiques aux licenciements économiques (chapitre 19).

chapitre 17

Qualifications de la rupture

Plan analytique

section 1

Ruptures à l'initiative de l'employeur

§ 1 Prise d'acte et force majeure

§ 2 Mise à la retraite

section 2

Ruptures à l'initiative du salarié

§ 1 Démission

§ 2 Résiliation judiciaire

§ 3 Prise d'acte par le salarié

§ 4 Départ à la retraite

section 3

Rupture d'un commun accord

§ 1 La rupture amiable du droit commun

§ 2 Les ruptures d'un commun accord spéciales

17

Qualifications de la rupture

La plus réglementée des ruptures est, de loin, le licenciement. Rompre en évitant l'application du droit du licenciement est donc devenu une sorte de sport auquel se sont adonnés de nombreux employeurs. Les voies sont diverses : pousser le salarié à la démission, l'inciter à signer une rupture d'un commun accord, demander au juge de prononcer une résiliation judiciaire, etc. La jurisprudence a réagi en interprétant restrictivement tous les modes de rupture autres que le licenciement. Les ruptures à l'initiative de l'employeur sont donc toutes des licenciements à quelques rares exceptions près (section 1). Les ruptures à l'initiative du salarié peuvent, elles aussi, sous certaines conditions, être assimilées à des licenciements (section 2). Et les ruptures d'un commun accord sont encore, parfois, traitées comme des licenciements (section 3). 423

section 1

Ruptures à l'initiative de l'employeur

Lorsqu'une décision unilatérale de l'employeur est à l'origine de la rupture, la qualification de licenciement est désormais presque systématique. La « prise d'acte » est assimilée à un licenciement, sous réserve peut-être de quelques cas résiduels de force majeure (§ 1). Et, en cas de mise à la retraite, certaines règles du droit du licenciement s'appliquent (§ 2). 424

Depuis l'arrêt *Mulin*, du 13 mars 2001*, l'employeur ne peut plus demander la résiliation judiciaire du contrat de travail (v. aussi not. Soc. 3 novembre 2005, *Bull. civ.* V, n° 308). Une telle demande, irrecevable, est considérée comme un contournement illicite du droit du licenciement et peut être qualifiée de licenciement sans cause réelle et sérieuse à la demande du salarié (Soc. 5 juillet 2005, *Bull. civ.* V, n° 232 ; *RJS* 2005, n° 971). 425

§ 1 Prise d'acte et force majeure

Pendant fort longtemps, la jurisprudence a considéré que certains événements, indépendant de la volonté de l'employeur, rompaient d'eux-mêmes le contrat de travail. Il ne restait plus à l'employeur qu'à constater cette rupture, sans être débiteur d'aucune des obligations liées au licenciement. 426

L'évolution, sans remettre en cause l'idée, s'est faite par raréfaction progressive de ces événements auxquels le contrat de travail était incapable de résister.

Aujourd'hui, non seulement la maternité, la grève ou la maladie ne rompent plus d'elles-mêmes le contrat, mais il s'agit même de situations dotées de protections particulières contre le licenciement. La faute du salarié, quelle qu'elle soit, n'est plus jamais que la justification d'un licenciement disciplinaire. Elle ne peut en aucun cas rompre le contrat d'elle-même (v. pour une absence injustifiée de plus d'un an, Soc. 20 avril 2005, *RJS* 2005, n° 717).

■ 427 Sorte d'achèvement de cette évolution, si l'employeur tente de « prendre acte » de la rupture, en l'imputant à un événement extérieur à sa volonté, la Cour de cassation affirme désormais sans nuance qu'il s'agit d'un licenciement (Soc. 25 juin 2003, *Faucher**; Soc. 25 juin 2003, *Roto France'Ilienne*, *Bull. civ.* V, n° 208 ; *Dr. soc.* 2003. 825 ; Soc. 11 février 2004, *Bull. civ.* V, n° 49). Ce licenciement a été, par hypothèse, réalisé sans suivre la procédure requise, puisque l'employeur s'est contenté de prendre acte de la rupture. Il s'agit donc d'un licenciement illicite, dépourvu de lettre de licenciement en bonne et due forme. Et un tel licenciement est assimilé à un licenciement sans cause réelle et sérieuse (v. Soc. 25 juin 2003 et 11 février 2004, préc.).

■ 428 La motivation de l'arrêt *Faucher** (préc.) est générale, lapidaire. Elle néglige totalement la rupture du contrat de travail pour force majeure. Cela ne semble pas signifier pour autant que ce mode de rupture ait totalement disparu du droit positif. La formulation adoptée par la Cour est ainsi, peut-être, légèrement imprécise. Mais l'imprécision est vraiment très légère. La force majeure comme cause de rupture du contrat de travail est, en effet, une espèce en voie de disparition. Elle correspond à des hypothèses si rares qu'elle semble aujourd'hui relever de la curiosité ou de l'hypothèse d'école. La Cour de cassation exige, pour qu'un événement soit qualifié de force majeure, qu'il rende « impossible » la continuation de la relation de travail (Soc. 12 février 2003*, deux arrêts). Et à cœur vaillant, rien d'impossible. Ainsi, l'emploi d'un salarié dont l'inaptitude totale et définitive a été déclarée n'est pas à proprement parler « impossible » et la rupture qui s'en suit n'est donc pas une rupture pour force majeure (tant que le salarié n'est pas mort, on peut toujours lui imaginer un emploi, v. n° 382). De plus, l'événement doit bloquer non seulement totalement, mais définitivement, la possibilité de réaliser un travail. Ainsi, un cataclysme naturel qui détruit partiellement un hôtel n'est pas un cas de force majeure, dès lors qu'après réalisation de travaux l'exploitation pourrait reprendre (Soc. 12 février 2003*, arrêt n° 1, préc. ; v. aussi, Soc. 7 décembre 2005, n° 04-42907, arrêt pour lequel la destruction par incendie des bâtiments de production n'est pas un cas de force majeure, dès lors que le travail pouvait reprendre après reconstruction...). De même, l'incarcération du salarié, puisque temporaire, n'est pas un cas de force majeure, mais un cas de suspension du contrat de travail (il ne s'agit même pas nécessairement d'une cause réelle et sérieuse de licenciement : v. chapitre 5, Soc. 26 février 2003*).

Enfin, la force majeure suppose que l'événement qui cause la cessation définitive du travail n'ait aucunement pu être prévu et évité par l'employeur. Ainsi, la fermeture administrative d'un établissement a toujours lieu pour quelque raison et il est difficile d'imaginer une raison qu'il aurait été totalement impossible à l'employeur d'éviter (pour un exemple de fermeture administrative d'un établissement qui ne caractérise pas un cas de force majeure, v. Soc. 1er février 2005, *RJS* 2005, n° 377). Finalement, hors le décès du salarié pour une raison totalement indépendante de son travail, on ne voit plus très bien ce qui pourrait entrer dans le champ de la force majeure. Et c'est sans doute cela qui a inspiré la motivation de l'arrêt *Faucher**.

§ 2 Mise à la retraite

En dehors de la rupture d'une période d'essai (sur laquelle v. n° 198 et s.), l'employeur ne conserve plus, en pratique, qu'une seule autre voie que le licenciement : la mise à la retraite. Cette possibilité est expressément prévue par l'article L. 1237-5 du Code du travail. La loi du 21 août 2003, l'avait limitée aux salariés âgés de 65 ans ou plus. La loi du 17 décembre 2008, précisée par le décret du 30 décembre 2008, permet de reculer encore cet âge. Elle institue la procédure suivante (art. L. 1237-5 al. 7 et 8 et D. 1237-2-1 C. trav.) : trois mois avant le 65e anniversaire de son salarié, l'employeur est tenu de lui demander s'il souhaite prendre sa retraite. En cas de refus exprès du salarié dans le mois qui suit la demande, aucune mise à la retraite d'office n'est possible. La même procédure est applicable tous les ans, jusqu'au 69e anniversaire inclus. La mise à la retraite d'office ne pourra donc plus concerner que les salariés qui auront omis de répondre à la demande de l'employeur et à ceux de 70 ans et plus. 429

Le texte prévoit que le salarié mis à la retraite bénéficie du préavis du licenciement et de l'indemnité légale de licenciement (L. 1237-6 et L. 1237-7 C. trav.). Mais, hors ces règles, le droit commun du licenciement n'est pas applicable. Ainsi, en principe, la mise à la retraite n'a pas à être motivée (Soc. 12 janvier 1993, *Bull. civ.* V, n° 4 ; *D.* 1993. Somm. 255, obs. A. Bouilloux). Et elle ne doit pas non plus être précédée d'une procédure particulière. La jurisprudence n'exige qu'une lettre de rupture mentionnant expressément que la rupture est une mise à la retraite (Soc. 9 mars 1999, *Bull. civ.* V, n° 59). L'exclusion en la matière de l'entretien préalable, cette mesure de politesse minimale qui exige que la rupture soit annoncée en face de la personne concernée, est très difficilement justifiable. Arrivée sans prévenir, la lettre de mise à la retraite peut être vraiment une surprise, voire une humiliation pour peu qu'il soit demandé au salarié de ne plus se présenter dans l'entreprise. Les salariés âgés de 65 ans ou plus sont ainsi placés dans une situation d'extrême fragilité, ce qui peut se discuter même si, en principe, la règle est réservée à des salariés qui peuvent bénéficier de revenus de substitution. On notera cependant que tel n'est pas toujours le cas. S'il est âgé de plus de 65 ans, le salarié bénéficie d'une retraite « à taux plein » (art. L. 351-8 1° CSS), mais ce bénéfice n'est aucunement l'assurance d'une retraite suffisante si le salarié n'a cotisé que pendant un nombre de semestre relativement peu important. Le salarié peut ainsi avoir besoin de son emploi et des revenus qu'il génère. Il n'en sera pas moins mis dans une situation de très grande précarité, du fait de son âge. Au point qu'il est possible de se demander dans quelle mesure cette solution ne créée par une discrimination selon l'âge (v. cpdt l'interprétation assez peu contraignante par la CJCE des dispositions de la directive 2000/78 relative aux discriminations selon l'âge et la marge d'appréciation laissée aux juges nationaux : CJCE 5 mars 2009, aff. C-388/07). 430

La question de l'application à la mise à la retraite des règles spéciales du droit du licenciement est *a priori* relativement difficile : aux règles spéciales sur la mise à la retraite s'opposent d'autres règles spéciales. La jurisprudence a décidé que, dans de tels conflits, les règles spéciales du licenciement, plus favorables, devaient s'appliquer. La jurisprudence applique ainsi au salarié mis à la retraite les règles relatives au 431 licenciement économique (Soc. 18 avril 2000, *Soderbanque, Bull. civ.* V, n° 142 ; *Dr. soc.* 2000. 790, obs. J. Savatier ; *Grands arrêts*, n° 97), au licenciement des représentants du personnel (Soc. 5 mars 1996, *Bull. civ.* V, n° 84 ; *Dr. soc.* 1996. 537, obs. M. Cohen) ou encore au licenciement pour inaptitude physique (Soc. 29 janvier 2002, *Bull. civ.* V, n° 37). La loi spéciale sur la retraite ne déroge pas aux lois spéciales sur le licenciement.

Il faut enfin noter, logiquement, qu'une soi-disant « mise à la retraite » décidée par l'employeur en dehors des conditions légales est un licenciement motivé par l'âge, et donc un licenciement discriminatoire, nul, par application des articles L. 1132-1 et L. 1132-4 du Code du travail (L. 122-45 anc. C. trav.) (v. Soc. 21 décembre 2006, n° 05-12816, *Bull. civ.* V, n° 412).

section 2

Ruptures à l'initiative du salarié

■ 432 La qualification la plus ancienne des modes de rupture par le salarié du contrat de travail à durée indéterminée est la démission (§ 1). Ce mode de rupture, longtemps hégémonique, reste une référence centrale. Mais il est aujourd'hui sérieusement concurrencé par d'autres modes de rupture, de création ou de développement plus récent. Le plus important est sans conteste la prise d'acte de la rupture (§ 2). Depuis les arrêts du 9 mai 2007*, cette qualification est appelée à absorber une partie importante de ce qui était antérieurement qualifié de « démission ». Elle est devenue le mode de rupture de référence lorsque l'initiative vient du salarié. Les risques de la prise d'acte peuvent cependant faire préférer aux salariés la voie de l'action en résiliation judiciaire (§ 3). Sous conditions, la rupture peut encore être qualifiée de départ à la retraite (§ 4).

La démission, la prise d'acte, la résiliation judiciaire, le départ à la retraite sont autant d'actes qui rompent le contrat de travail de manière définitive. Sauf exceptionnelle nullité de ces actes (notamment pour vice du consentement), le salarié n'a plus de retour en arrière possible, ni l'employeur de possibilité de rompre à son tour le contrat. Ainsi, un employeur ne peut licencier dans les formes un salarié qui a déjà démissionné ou pris acte de la rupture : rupture sur rupture ne vaut (v. not. Soc. 19 janvier 2005*). Et si plusieurs actes de rupture se succèdent, la date de la rupture est celle du premier de ces actes.

§ 1 Démission

■ 433 La faculté du salarié de rompre unilatéralement son contrat de travail à durée indéterminée est puissamment soutenue par la prohibition des engagements perpétuels, mais aussi et surtout, par la prohibition du travail forcé et de l'esclavage. Un travailleur ne peut se subordonner pour une durée trop longue (v. les limitations de durée des contrats à durée déterminée, n° 245). Il peut encore moins se subordonner pour une durée indéfinie. Il est donc toujours libre de démissionner. Et la démission n'a pas, par conséquent, à être motivée.

Le salarié doit simplement respecter un délai de préavis, lequel est fixé par les conventions collectives, par les usages de la profession, ou par le contrat individuel de travail. Exceptionnellement, pour certaines catégories de salariés, il est fixé par la loi (L. 7112-2 C. trav. pour les journalistes ; L. 7313-9 C. trav. pour les VRP...). Si le salarié démissionne brutalement sans respecter ce délai de préavis, il doit à l'employeur une indemnité forfaitaire égale à la rémunération qu'il aurait perçue durant la durée de ce préavis (Soc. 29 mars 1995, *RJS* 1995, n° 506).

En principe, le salarié qui démissionne et ne retrouve pas d'emploi n'a pas droit à l'indemnisation du chômage. Il existe toutefois une série de motifs de démission jugés légitimes par l'Unedic, qui permettent au salarié démissionnaire de bénéficier de cette indemnisation. Et, passé un certain délai de chômage, la Commission paritaire de l'Assedic peut décider de réintégrer un chômeur qui avait démissionné.

La qualification de « démission » est aujourd'hui strictement limitée par la Cour de cassation. Pour que l'acte du salarié soit qualifié de « démission », deux conditions cumulatives doivent être remplies. 434

Il faut tout d'abord que l'acte du salarié exprime une volonté claire de rompre le contrat de travail. La simple violation de son contrat de travail par le salarié, même grave, même longue, n'est pas l'expression d'une telle volonté. Est ainsi condamné pour licenciement sans cause réelle et sérieuse l'employeur qui avait cru que l'absence injustifiée du salarié depuis plus d'un an avait rompu le contrat de travail (Soc. 20 avril 2005, *RJS* 2005, n° 717). De même, une démission donnée dans la colère de l'instant ou sous la pression de l'employeur, puis vite retirée n'est pas une manifestation de volonté suffisante (Soc. 26 septembre 2002, *RJS* 2002, n° 1369). Dans ces hypothèses, la volonté de rompre du salarié était équivoque et, par conséquent, le contrat n'avait pas été rompu par le salarié.

Une fois la volonté de rompre établie, il reste ensuite à qualifier cette volonté de rompre : il peut en effet s'agir soit d'une démission, soit d'une prise d'acte de la rupture par le salarié. Depuis les arrêts de la chambre sociale du 9 mai 2007, si la rupture initiée par le salarié a été motivée par un différent entre l'employeur et lui-même, la qualification qui doit être retenue est celle de « prise d'acte de la rupture » et ce, nonobstant la qualification expresse de « démission » retenue dans la lettre de rupture envoyée par le salarié.

La qualification de « démission » est donc réservée, désormais, aux ruptures voulues par le salarié *indépendamment de tout différent survenu avec l'employeur*. Tel sera le cas, par exemple, d'une rupture motivée exclusivement par la découverte d'un nouvel emploi plus intéressant ou plus rémunérateur. La qualification de « démission » peut apparaître dès lors comme relativement exceptionnelle, l'existence d'un différent avec l'employeur étant très souvent l'occasion ou la cause d'une rupture du contrat de travail initiée par le salarié.

La rupture du contrat de travail à l'initiative du salarié est donc désormais très facilement requalifiée en prise d'acte de la rupture. Cela ne signifie nullement, cependant, que le salarié obtiendra facilement une indemnisation. La qualification de « prise d'acte de la rupture » n'est que le préalable à une recherche de l'imputabilité de la rupture du contrat de travail (v. § 3).

§ 2 Résiliation judiciaire

Le salarié peut toujours demander la résiliation judiciaire de son contrat de travail : en cas de succès d'une telle action c'est la décision de justice qui prononcera la 435 rupture. Pour obtenir une telle décision, le salarié doit prouver des fautes de l'employeur qui présentent « une gravité suffisante pour (...) justifier la résiliation (du contrat) » (Soc. 15 mars 2005*, deux arrêts). L'appréciation de cette « gravité suffisante » est laissée au pouvoir souverain des juges du fond (v. les arrêts préc.), ce qui ne peut qu'accroître l'incertitude en la matière et susciter des petites jurisprudences locales et contradictoires. S'il obtient gain de cause, le salarié bénéficiera d'une indemnisation qui ne peut être inférieure à celle d'un licenciement sans cause réelle et sérieuse (Soc. 20 janvier 1998 ; Soc. 17 mars 1998, *Bull. civ.* V, n° 149 ; Soc. 7 juillet 2004, *RJS* 2004, n° 1033).

L'intérêt d'une demande en résiliation judiciaire, pour le salarié, est que cette demande ne rompt pas le contrat de travail. Le salarié continuera ainsi à bénéficier de son salaire et de son emploi pendant la procédure : la date de la rupture sera la date du jugement, au moins si le salarié est resté à son poste (Soc. 11 janvier 2007, n° 05-40626, *Bull. civ.* V, n° 6 ; *RDT* 2007. 237, obs. J. Pélissier). En cas de demande infondée, le juge se contentera de refuser la résiliation, le contrat sera maintenu et le salarié conservera son emploi. Sauf, bien entendu, si l'employeur licencie ce salarié qui a osé l'attaquer en justice. Ce qui n'est pas une hypothèse d'école...

■ 436 Un tel licenciement resterait à motiver. Le seul fait que le salarié ait exercé son droit d'agir en justice n'est pas une justification valide du licenciement (Soc. 21 mars 2007, n° 05-45392, *Bull. civ.* V, n° 52). Un licenciement pour un tel motif pourrait même être annulé comme attentatoire au droit fondamental d'agir en justice (v. n° 498).

Il demeure que, du fait de la tension générée par le procès, le licenciement reste relativement probable, dans les faits. S'il intervient en cours de procédure de résiliation judiciaire, le contrat de travail est rompu par le licenciement de manière anticipée. La date de la rupture sera bien celle de la date d'envoi de la lettre de licenciement (Soc. 15 mai 2007, n° 04-43663, [P]). Mais ce licenciement ne permet pas à l'employeur d'éviter le débat judiciaire initié par le salarié (ce serait trop facile...). Le juge saisi doit d'abord se prononcer sur le caractère justifié ou non de la demande en résiliation judiciaire. Si la résiliation judiciaire est justifiée, le débat est clos et l'employeur en subit les conséquences pécuniaires. Si la résiliation judiciaire n'est pas justifiée, il reste à traiter du licenciement et de ses justifications (Soc. 22 mars 2006, *Bull. civ.* V, n° 121 ; Soc. 21 juin 2006, *Bull. civ.* V, n° 225 ; Soc. 7 février 2007*). Ce qui constitue en quelque sorte une seconde chance de gain pour le salarié.

§ 3 Prise d'acte par le salarié

■ 437 La qualification de « prise d'acte de la rupture » vise originellement les cas dans lesquels le salarié affirme considérer le contrat comme rompu du fait de l'employeur. Mais son impact s'est considérablement accru depuis que de très nombreux actes présentés comme des démissions sont requalifiés, par les juges, de « prise d'acte de la rupture », au motif que de telles « démissions » sont « équivoques » (v. Soc. 15 mars 2006, *Bull. civ.* V, n° 109 et les neuf arrêts du 9 mai 2007*). Et tel est facilement le cas. Une démission peut être à bon droit qualifiée d'« équivoque » si elle mentionne un certain nombre de reproches faits à l'employeur (Soc. 15 mars 2006, préc.), mais aussi simplement si « la lettre de démission était accompagnée d'un décompte des sommes que le salarié prétendait lui être dues au titre de ses heures supplémentaires et repos compensateur » (Soc. 9 mai 2007, n° 05-40315, [P]). C'est encore le cas de lettres par lesquels les salariés affirmaient pourtant démissionner exclusivement pour « raisons personnelles », sans formuler aucun grief, lorsque, peu de temps auparavant, des entorses à la législation sur les heures supplémentaires et le temps de travail avaient été signalées à l'inspecteur du travail (Soc. 9 mai 2007, n° 05-41324, [P]).

Toutefois, une certaine diligence est requise des salariés : plus le salarié attend à la suite de sa « démission » et plus sa volonté de démissionner apparaît dépourvue d'équivoque (pour une démission sans équivoque, alors que l'action en justice avait eu lieu plusieurs mois après la démission, v. not. Soc. 9 mai 2007, deux arrêts, n° 05-40518, [P] ; n° 04-48029, inédit ; Soc. 19 décembre 2007, n° 06-42550 [P]).

Il demeure, dans l'ensemble, que l'équivoque est facilement retenue. Ceci se comprend lorsque l'on constate que la qualification de « prise d'acte » qui en découle ne préjuge en rien de la solution. Elle n'est qu'un moyen, pour la Cour de cassation, d'ouvrir une véritable recherche de l'imputabilité de la rupture.

La prise d'acte de la rupture par le salarié peut avoir les mêmes conséquences qu'un licenciement sans cause réelle et sérieuse, mais c'est seulement dans le cas où la décision de rompre était justifiée par des faits reprochés à l'employeur (Soc. 25 juin 2003, *Technoram** et deux arrêts du même jour ; Soc. 19 octobre 2004* ; Soc. 19 janvier 2005*). En revanche, si les faits invoqués ne justifient pas la rupture, la prise d'acte par le salarié produit les effets d'une simple démission (v. les arrêts préc.).

Le salarié qui prend acte de la rupture court donc le risque d'être privé de toute indemnité, si les faits qu'il invoque n'apparaissent pas suffisants. Et ce d'autant plus qu'il supporte le risque de la preuve de ces faits : en cas de doute sur la réalité des faits invoqués, la rupture sera assimilée à une démission (Soc. 19 décembre 2007, n° 06-44754, [P], *RDT* 2008. 254, note S. Bernard et T. Grumbach). En revanche, si les faits invoqués sont prouvés et apparaissent suffisants, le salarié bénéficiera non seulement d'indemnités de préavis et de licenciement, mais de l'indemnisation spéciale du licenciement sans cause réelle et sérieuse.

Il n'est pas de demi-mesure.

Et le retour en arrière est exclu : prendre acte de la rupture, c'est rompre le contrat de travail. Le salarié ne pourra revenir sur sa décision et reprendre le travail. L'employeur ne peut pas non plus intervenir en catastrophe pour licencier le salarié en suivant la procédure requise et en invoquant une cause réelle et sérieuse : on ne peut rompre un contrat déjà rompu (Soc. 19 janvier 2005*, deux arrêts).

La grande difficulté est dans la qualification des faits commis par l'employeur : quels sont les faits qui justifient la rupture et quels sont ceux qui ne la justifient pas ? L'arrêt *Technoram* du 23 juin 2003* et ceux qui l'ont suivi parlent de faits « suffisamment graves ». Un arrêt de la cour d'appel de Toulouse note, par exemple, qu'un employeur qui a eu connaissance des injures racistes subies par un de ses salariés et qui n'a pas réagi pendant plusieurs mois, commet une faute suffisamment grave pour que la prise d'acte de la rupture par le salarié victime s'analyse en licenciement sans cause réelle et sérieuse (Toulouse 25 mars 2004, *RJS* 2004, n° 461). Un arrêt de la Cour de cassation du 26 janvier 2005* affirme que des faits répétitifs constitutifs de violences morales suffisent à fonder une même solution. Il est aussi clair que le non-paiement du salaire sur une certaine période, même assez courte, peut suffire. 438

Mais une relative rigueur est décelable dans les arrêts de la Cour. Il est logique que n'importe quelle faute de l'employeur ne puisse pas servir de prétexte au salarié pour qu'il puisse se considérer comme licencié sans cause réelle et sérieuse. Mais il faut prendre garde à ce que la pratique des employeurs qui consiste à pousser les salariés à la démission par la multiplication de petites brimades – pratique fermement condamnée avant les arrêts de juin 2003 – ne se développe pas à nouveau. C'est ce risque que porte en elle la jurisprudence si elle conduit à une appréciation trop restrictive des « faits suffisamment graves » pour justifier la prise d'acte du salarié.

§ 4 Départ à la retraite

439 Le départ à la retraite se différencie tant de la mise à la retraite, qui est un acte de l'employeur (n° 429-431), que du « départ à la retraite accepté par l'employeur », qui s'analyse en un départ à la retraite d'un commun accord (n° 442) : il est la décision du salarié qui quitte volontairement son emploi pour bénéficier du droit à une pension vieillesse. Cette rupture ne diffère de la démission que par deux effets de droit :

– le salarié qui part à la retraite a droit à une indemnité de départ à la retraite (D. 1237-1 et -2 C. trav.). Cette indemnité ne vise que les salariés qui ont plus de 10 ans d'ancienneté. Et elle est d'un montant très modeste, puisqu'elle varie d'un demi-mois de salaire pour les salariés ayant au moins 10 ans d'ancienneté à, au maximum, 2 mois de salaire pour les salariés ayant plus de 30 ans d'ancienneté ;

– au lieu de devoir respecter un préavis de démission, le salarié qui part à la retraite doit respecter le préavis légal prévu pour le licenciement, lequel est en général plus long (art. L. 1237-6 C. trav. et sur la durée de ce préavis, v. n° 468). Ce désavantage, quoique léger, est sans fondement.

section 3

Rupture d'un commun accord

440 La rupture d'un commun accord du contrat de travail est un mode de rupture déduit du droit commun des obligations : les parties à un contrat sont libres, d'un commun accord, de mettre fin à leurs relations contractuelles.

Ce mode de rupture, traditionnel, n'est pas sans dangers. Un employeur peut en effet être tenté de faire pression sur le salarié pour qu'il signe une rupture « amiable », en échange d'une somme d'argent inférieure aux indemnités de licenciement auxquelles il pourrait avoir droit. Le salarié n'est pas forcément très au courant de ses droits et, puisqu'il est en train de perdre son emploi, il peut être dans une situation psychologique particulièrement fragile. Il peut encore, plus simplement, ne pas avoir les moyens d'attendre les longues années d'un procès et préférer accepter les conditions de rupture, même défavorables, qui lui sont proposées par l'employeur.

Dans ces conditions, les ruptures dites « amiables » ne peuvent qu'être entourées d'une certaine suspicion. Ce qui explique que leur validité et leurs effets aient été strictement encadrés par la jurisprudence (1). Le législateur est ensuite intervenu pour mettre en place certains modes de rupture spéciaux, basés sur l'accord des parties (2). La principale de ces ruptures spéciales d'un commun accord, légale, est la rupture conventionnelle adoptée par l'ANI sur la « modernisation » du marché du travail, et entérinée par la loi du 25 juin 2008. Par son amplitude, elle pourrait conduire à l'abandon des ruptures amiables de droit commun. La loi du 25 juin 2008 serait alors une loi spéciale au droit du travail, dérogeant au droit commun des obligations. Une autre interprétation possible s'appuie sur le principe d'interprétation stricte des exceptions, pour laisser un champ d'application aux ruptures amiables de droit commun. La rupture conventionnelle serait alors un mode de rupture d'un commun accord, qui laisserait subsister les ruptures amiables reconnues et encadrées par la jurisprudence antérieure.

§ 1 La rupture amiable du droit commun

La jurisprudence a tâché d'empêcher que la rupture amiable soit un biais trop commode pour éviter l'application du droit du licenciement, lequel est d'ordre public. Certaines règles du droit du licenciement ont, pour cette raison, traversé avec succès l'écran que la rupture d'un commun accord dressait devant elles. Et la validité des ruptures d'un commun accord a été cantonnée aux hypothèses dans lesquelles le contournement du droit du licenciement était le moins à craindre. 441

La rupture d'un commun accord est nulle si elle s'oppose à l'application d'une règle spéciale du droit du licenciement. Sont ainsi annulées les ruptures d'un commun accord conclues après qu'a été constatée l'inaptitude physique du salarié pour une cause professionnelle (Soc. 12 février 2002, *RJS* 2002, n° 423) ou non professionnelle (Soc. 29 juin 1999, *Bull. civ.* V, n° 304). De même, sont annulées les ruptures conclues par des salariés « protégés » ou « exposés » pour lesquels une autorisation administrative de licenciement est exigée (Soc. 2 décembre 1992, *Bull. civ.* V, n° 578).

Les garanties de la procédure de licenciement économique sont applicables, dès lors qu'une rupture pour motif économique est envisagée. Elles doivent donc être respectées avant toute résiliation d'un commun accord pour motif économique (v. Soc. 2 décembre 2003, *Bull. civ.* V, n° 309 ; Soc. 7 décembre 2004, n° 02-44248, *RJS* 2005, n° 134 ; Soc. 16 décembre 2008, n° 07-15019, [P]).

Cette solution établie et confirmée par les textes a été à plusieurs reprises attaquée, en douce, par le législateur.

L'article L. 321-1 alinéa 2 de l'ancien Code qui confirmait l'application aux ruptures amiables du droit du licenciement économique a été « oublié » dans l'ordonnance de recodification du 12 mars 2007. Mais la « maladresse » a été corrigée lors de la ratification de l'ordonnance par la loi du 21 janvier 2008 (art. 3, 17° de la loi, art. 1233-3 al. 2 C. trav.). La solution a donc été maintenue le temps qu'une nouvelle occasion, plus discrète, se présente. Celle-ci s'est offerte à la toute fin de la procédure parlementaire ayant abouti à la loi du 25 juin 2008. En violation de l'ANI que cette loi devait transposer, le législateur a soustrait les nouvelles ruptures conventionnelles du domaine de la procédure (art. L. 1233-3 al. 2 nouv.). La portée de ce texte est cependant limitée. Il n'exclut pas toutes les ruptures conventionnelles (v. n° 443). Et, surtout, il n'exclut pas les ruptures amiables de droit commun. Celles-ci demeurent donc soumises au droit du licenciement économique, si leur motif premier est économique (en ce sens, v. Soc. 16 décembre 2008, préc.).

Au nom de la différence existant entre l'accord de rupture et la transaction, et du fait des risques qu'un mélange des genres peut faire courir au salarié, la Cour de cassation annule les ruptures d'un commun accord conclues en même temps qu'une transaction (Ch. mixte 12 février 1999, *SCP Coulombie-Gras c. Le Coq, Bull. Ch. mixte*, n° 1 ; *Grands arrêts*, n° 92).

Enfin et surtout, une rupture d'un commun accord n'est valide qu'*en l'absence de tout litige entre les parties* (Soc. 2 décembre 1997, *Dr. soc.* 1998. 29, concl. P. Lyon-Caen ; Soc. 31 mars 1998, *Bull. civ.* V, n° 189 ; Soc. 26 octobre 1999, Bull. civ. V, no 411 ; Dr. soc. 2000. 183, note C. Radé ; Soc. 31 octobre 2007, n° 06-43570 ; Soc. 6 février 2008* ; Soc. 11 février 2009, n° 08-40.095, [P]), à moins qu'il soit démontré que la négociation de rupture s'est engagée « à l'initiative du salarié » (Soc. 21 janvier 2003*, v. cpdt Soc. 11 février 2009 préc., lequel semble écarter la rupture d'un commun accord y compris dans ce cas).

L'idée qui guide ces solutions est simple : la rupture d'un commun accord ne peut être utilisée pour éluder le droit du licenciement. *Elle n'est donc valide qu'à la condition d'être conclue dans un contexte où le licenciement semble exclu.* Soit il s'agit d'une négociation initiée par le salarié (Soc. 21 janvier 2003, préc.), soit il s'agit d'une négociation engagée en l'absence de tout différend entre les parties : il s'agit d'une rupture véritablement amiable. De tels contextes semblent nécessaires pour que la rupture d'un commun accord n'élude pas les règles du licenciement.

Enfin, conformément au droit des obligations, l'accord peut être annulé pour vice du consentement et notamment pour violence morale (v. not. Soc. 30 novembre 2004*, harcèlement subi ; Soc. 20 mai 1998, n° 96-41314, forte pression psychologique et crainte de représailles ; Soc. 28 octobre 1997 n° 94-44916).

§ 2 Les ruptures d'un commun accord spéciales

442 Un premier mode de rupture d'un commun accord légalement encadré est la convention de reclassement personnalisé (CRP) prévue dans le cadre de la procédure de licenciement pour motif économique (v. n° 546). Si le salarié accepte cette convention, le contrat est « réputé rompu du commun accord des parties » (art. L. 1233-67 C. trav.). Cependant, de nombreuses règles du droit du licenciement demeurent applicables. Le salarié bénéficie des règles relatives à la procédure de licenciement. L'employeur est notamment tenu de lui communiquer par écrit les motifs de la rupture, à défaut de quoi celle-ci s'analyse en licenciement sans cause réelle et sérieuse (Soc. 27 mai 2009, n° 08-43.137 [P]). Le salarié a de plus le droit de contester le caractère réel et sérieux du motif économique de la rupture (Soc. 5 mars 2008, n° 07-41964, [P], *Dr. ouvrier* 2008. 305, obs. A. Guyon ; *Dr. soc.* 2008. 617, note G. Couturier).

La même solution devrait prévaloir pour les « congés de mobilité » des articles L. 1233-77 et s. du Code du travail. Ces « congés » eux aussi valent rupture d'un commun accord. Ils ont été créés par la loi du 21 décembre 2006, supposent un accord de gestion prévisionnelle de l'emploi et des compétences, doivent être proposés avant la rupture du contrat et peuvent remplacer les CRP (v. n° 546). Il s'agit pour le salarié d'accepter, pendant une durée variable, qui comprend au moins la durée du préavis de licenciement, un accompagnement composé de périodes de travail et de formation, en vue de préparer un reclassement futur. Pendant neuf mois maximum, l'entreprise bénéficie d'exonérations quasi totales de charges sociales.

La loi du 21 décembre 2006 a encore créé le « départ à la retraite avec l'accord de l'employeur ». Ce mode de rupture vient s'ajouter à la mise à la retraite et au départ à la retraite, mais il ne sera applicable, si l'on en croit le texte, qu'entre le 1er janvier

2010 et le 1er janvier 2014. Ce « départ à la retraite avec l'accord de l'employeur » diffère du simple départ à la retraite par l'indemnité due, qui est calquée sur l'indemnité de mise à la retraite. Et il diffère de ce dernier mode de rupture par son ouverture aux salariés de moins de 65 ans. Il peut s'analyser comme une possibilité ouverte aux employeurs de pousser vers le départ des salariés de moins de 65 ans.

À la suite de l'ANI du 11 janvier 2008, la loi sur la « modernisation » du marché du travail du 25 juin 2008 a créé un nouveau mode de rupture d'un commun accord, dit « rupture conventionnelle ». Le schéma est le suivant. Après une discussion organisée un peu à la manière de l'entretien préalable de licenciement (art. L. 1237-12 C. trav.), le salarié et l'employeur peuvent conclure une rupture conventionnelle. Le salarié et l'employeur ont alors 15 jours pour se rétracter (art. L. 1237-13 C. trav.). À l'issue de ce délai, la plus diligente des parties peut envoyer l'accord pour homologation auprès du directeur départemental du travail. Celui-ci a alors 15 jours calendaires pour l'homologuer (art. L. 1237-14 al. 2 C. trav.). Une fois ce délai écoulé, l'acte est tacitement homologué. Le salarié a alors droit à une indemnité égale au minimum à l'indemnité légale de licenciement (L. 1237-13 C. trav.). Et, surtout, il bénéficie de l'indemnisation du chômage (art. L. 5421-1 et L. 5422-1 nouveaux C. trav., Arr. 9 octobre 2008, *JO*, 22 novembre 2008). 443

La rupture conventionnelle est toutefois exclue pour les ruptures qui sont l'effet d'un plan de gestion prévisionnelle de l'emploi et des compétences, ou bien pour celles qui s'accompagnent d'un plan de sauvegarde de l'emploi (L. 1237-16 C. trav.). Plus généralement, l'ANI du 11 janvier excluait que les ruptures conventionnelles puissent restreindre le champ des procédures de licenciement collectif pour motif économique (art. 12 de l'ANI). Mais le législateur a préféré affirmer qu'en dehors des cas susvisés, la rupture conventionnelle pouvait s'affranchir des règles du licenciement économique (art. L. 1233-3 al. 2 C. trav.).

La portée de cette exclusion est toutefois discutable. Tout d'abord elle ne peut limiter le champ d'application des plans de sauvegarde de l'emploi : ce sont ces derniers qui excluent les ruptures conventionnelles, pas l'inverse (L. 1237-16 C. trav.). De plus, la circulaire DGT n° 2008-11 du 22 juillet 2008 mentionne parmi les motifs de rejet d'une demande d'homologation le fait que la rupture conventionnelle s'inscrive « dans une démarche visant à contourner des procédures et des garanties légales ». Ainsi, que la rupture conventionnelle économique semble possible sauf dans les cas ou un plan de sauvegarde de l'emploi s'impose, et seulement si elle n'a pas pour objet de contourner le droit du licenciement économique... La complexité qui résulte de ces limites ne peut que conduire à un conseil : celui d'éviter les ruptures conventionnelles pour motif économique...

L'homologation administrative de la rupture conventionnelle est requise à peine de validité. Mais elle n'emporte aucune force de chose jugée. L'accès au juge reste ainsi ouvert.

Plusieurs voies de contestation d'une rupture conventionnelle sont ainsi ouvertes. Une rupture conventionnelle pourra être annulée pour violence (v. les ex. cités d'annulation sur ce motif de ruptures amiables, n° 441). Elle pourra être annulée comme discriminatoire (art. L. 1132-1 C. trav., L. 122-45 anc. C. trav., v. n° 156 et s.). Etc.

L'important contentieux que risquent de faire naître les ruptures conventionnelles a été intégralement attribué aux Conseils de prud'hommes, lesquels seront compétents y compris pour juger de la validité de l'homologation administrative (art. L. 1237-14 al. 4 C. trav.).

De nombreuses incertitudes sur le régime de ces ruptures demeurent.

Selon l'article 1237-11 nouveau du Code du travail, la rupture conventionnelle est « exclusive du licenciement ou de la démission ». La volonté du législateur est ainsi claire. Mais il n'est pas certain que cette volonté puisse s'imposer. La convention internationale n° 158 de l'OIT semble pouvoir être opposée à l'exclusion du droit du licenciement. Selon son article 3 : « Aux fins de la présente convention, le terme licenciement signifie la cessation de la relation de travail à l'initiative de l'employeur ». Il n'est pas certain, dès lors, qu'une rupture conventionnelle conclue à l'initiative de l'employeur puisse s'abstraire des règles qu'impose la convention n° 158 de l'OIT en matière de licenciement.

Le sort de la rupture conventionnelle de droit commun est une autre question difficile. Une rupture conventionnelle non homologuée, quoiqu'alors privée de « validité » selon le texte (L. 1237-14 C. trav.), pourrait peut-être s'analyser en une rupture amiable de droit commun (sur laquelle v. n° 441). Plus généralement, la question se pose de savoir si la rupture amiable conserve un domaine d'application, ou bien si la loi spéciale instituant la rupture conventionnelle n'est pas exclusive de toute autre rupture par consentement mutuel. La rupture conventionnelle du Code du travail serait alors conçue comme une exception à la rupture amiable du droit commun des obligations.

Enfin, l'encadrement jurisprudentiel de la rupture conventionnelle reste à venir. Plusieurs des traits que la jurisprudence avait forgés pour les ruptures amiables pourraient être transposés aux ruptures conventionnelles. Ainsi la rupture amiable doit être conclue à l'initiative du salarié, ou bien être conclue en l'absence de tout litige entre le salarié et l'employeur (sur cette exigence, v. n° 441). La transposition de cette jurisprudence à la rupture conventionnelle est possible. Elle serait même souhaitable, puisqu'elle permettrait de rapprocher nettement le droit du Code du travail et celui de la convention n° 158 de l'OIT.

Biblio

- J. Pélissier, « Modernisation de la rupture du contrat de travail », *RJS* 2008, p. 672-684.
- G. Auzero, « La rupture conventionnelle du contrat de travail : l'illusion de la sécurisation », *RDT* 2008. 522-526.
- G. Couturier, « Les ruptures d'un commun accord », *Dr. soc.* 2008. 923.

Documents

1) Résiliation judiciaire demandée par l'employeur

Soc. 13 mars 2001, *Mulin, Bull. civ.* V, n° 89 ; *Grands arrêts*, n° 90 ; *JCP* 2001. II. 10562, note J. Mouly ; *Dr. soc.* 2001. 629, obs. C. Radé

« … l'employeur, qui dispose du droit de résilier unilatéralement un contrat de travail à durée indéterminée par la voie du licenciement, en respectant les garanties légales, n'est pas recevable, hors les cas où la loi en dispose autrement, à demander la résiliation judiciaire dudit contrat ».

2) Prise d'acte de la rupture par l'employeur

Soc. 25 juin 2003, *Faucher, Bull. civ.* V, n° 208 ; *Grands arrêts*, n° 87 ; *Dr. soc.* 2003. 825, avis de l'avocat général P. Lyon-Caen ; *op. cit.*, p. 814, obs. G. Couturier et J.-E. Ray ; *op. cit.*, p. 817 ; *RJS* 2003, n° 647, note J.-Y. Frouin

« … l'employeur qui prend l'initiative de rompre le contrat de travail, ou qui le considère comme rompu du fait du salarié, doit mettre en œuvre la procédure de licenciement ; qu'à défaut, la rupture s'analyse en un licenciement sans cause réelle et sérieuse ».

3) Force majeure

Soc. 12 février 2003, *Bull. civ.* V, n° 50, deux arrêts

Un même attendu de principe :
« Mais attendu que la force majeure, permettant à l'employeur de s'exonérer de tout ou partie des obligations nées de la rupture d'un contrat de travail, s'entend de la survenance d'un événement extérieur irrésistible ayant pour effet de rendre impossible la poursuite dudit contrat… ».
Un même rejet de la force majeure :

Arrêt n° 1 (n° 409 FP-PBI)

« Et attendu qu'ayant relevé que la destruction partielle du village-hôtel occasionnée par le passage du cyclone ne rendait pas impossible la reprise de l'exploitation de l'hôtel, après remise en état… ».

Arrêt n° 2 (n° 410 FP-PBI)

« Et attendu que les juges du fond, qui ont constaté que le décès de l'acteur principal ne faisait pas obstacle à la poursuite de la production de la série télévisée avec un autre acteur, ont caractérisé le fait que la poursuite du contrat de Mme X… n'était pas impossible ».

4) Résiliation judiciaire demandée par le salarié

Soc. 20 janvier 1998, *Leudière c. Sté Trouillard, Bull. civ.* V n° 21 ; *Grands arrêts*, n° 89 ; *JCP E* 1998. I. 152, note J. Mouly ; *D.* 1998. 350, note C. Radé

« … la résiliation judiciaire du contrat de travail prononcée à l'initiative du salarié et aux torts de l'employeur produit les effets d'un licenciement dépourvu de cause réelle et sérieuse ».

Soc. 15 mars 2005, *Bull. civ.* V, n° 90 ; *Dr. soc.* 2005. 824, note C. Radé, deux arrêts

Au sujet de demandes de salariés en résiliation judiciaire, selon l'arrêt :
« … il relève du pouvoir souverain des juges du fond d'apprécier si l'inexécution de certaines des obligations résultant d'un contrat synallagmatique présente une gravité suffisante pour en justifier la résiliation ».

Soc. 7 février 2007, n° 06-40250, *Bull. civ.* V, n° 20

« lorsqu'un salarié a demandé la résiliation judiciaire de son contrat de travail et que son employeur le licencie ultérieurement, le juge doit d'abord rechercher si la demande de résiliation était justifiée ; que c'est seulement s'il ne l'estime pas fondée qu'il doit statuer sur le licenciement ».

5) Prise d'acte de la rupture par le salarié

Soc. 25 juin 2003, *SARL Technoram* (et deux arrêts de rejet du même jour) *Bull. civ.* V, n° 209 ; *Grands arrêts*, n° 86 ; *D.* 2003. Jur. 2396, note J. Pélissier ; *Dr. soc.* 2003. 817 note G. Couturier et J.-E. Ray ; *RJS* 2003, n° 994, note J.-Y. Frouin, p. 647

Soc. 19 octobre 2004, *Bull. civ.* V, n° 263 ; Soc. 19 janvier 2005, deux arrêts, *Bull. civ.* V, n° 11 et 12 ; *Dr. soc.* 2005. 474, note F. Favennec-Hery

« … lorsqu'un salarié prend acte de la rupture de son contrat de travail en raison de faits qu'il reproche à son employeur, cette rupture produit les effets, soit d'un licenciement sans cause réelle et sérieuse si les faits invoqués la justifiaient, soit, dans le cas contraire, d'une démission ».

Soc. 26 janvier 2005, *Bull. civ.* V, n° 23

« … l'employeur a eu à l'égard du salarié une attitude "répétitive" constitutive de violences morales et psychologiques qui permettaient au salarié de rompre son contrat de travail et d'en imputer la rupture à l'employeur ».

Soc. 29 juin 2005, *Bull. civ.* V, n° 233 ; *Dr. soc.* 2005. 1058, obs. G. Couturier

« … l'écrit par lequel le salarié prend acte de la rupture du contrat de travail (…) ne fixe pas les limites du litige… ».

Soc. 9 mai 2007, neuf arrêts dont cinq publiés au *Bulletin* (n°s 05-42301 ; 05-40315 ; 05-41324 ; 05-41325 ; 05-40518) ; *RDT* 2007. 150, chron. J.-Y. Frouin ; *RDT* 2007. 452, obs. J. Auzero ; *D.* 2007. Pan. 3039, obs. E. Dockès ; *Grands arrêts*, n° 88

« La démission est un acte unilatéral par lequel le salarié manifeste de façon claire et non équivoque sa volonté de mettre fin au contrat de travail ; que lorsque le salarié, sans invoquer un vice du consentement de nature à entraîner l'annulation de sa démission, remet en cause celle-ci en raison de faits ou manquements imputables à son employeur, le juge doit, s'il résulte de circonstances antérieures ou contemporaines de la démission qu'à la date à laquelle elle a été donnée, celle-ci était équivoque, l'analyser en une prise d'acte de la rupture qui produit les effets d'un licenciement sans cause réelle et sérieuse si les faits invoqués la justifiaient ou dans le cas contraire d'une démission. »

6) Rupture d'un commun accord

Soc. 21 janvier 2003, *Dr. soc.* 2003. 547, obs. G. Couturier ; *Grands arrêts*, n° 94

« … l'objet de la convention litigieuse conclue entre les parties par l'intermédiaire de leur avocat respectif, dûment mandaté à cet effet, à la suite de pourparlers minutieux et précis, était de mettre fin d'un commun accord à leurs relations contractuelles dans le cadre d'un départ négocié à l'initiative du salarié ; qu'au vu de ces constatations d'où il résultait que les parties étaient pleinement informées de leurs droits et que ceux du salarié avaient été préservés, la cour d'appel, sans encourir les griefs du moyen, a légalement justifié sa décision ».

Soc. 30 novembre 2004, *Bull. civ.* V, n° 303

« M. Buret, nonobstant la nature du contrat de qualification s'inscrivant dans le cadre d'un BTS, imposait à Mlle B. de travailler à temps complet et la harcelait de diverses manières, notamment en lui demandant de lui faire des massages de nature sexuelle et qu'il en était résulté des troubles psychologiques, angoisses et anxiété pour cette dernière ; que ces constatations caractérisant des faits de violence, au sens de l'article 1112 du Code civil, c'est à bon droit que la cour d'appel a annulé l'acte signé sous l'empire de cette violence et alloué des dommages-intérêts à Mlle B. ».

Soc. 6 février 2008, n° 06-40507

« le contrat de travail ne peut faire l'objet d'une résiliation d'un commun accord entre les parties qu'en l'absence de tout litige entre elles sur la rupture et (…) un salarié ne peut renoncer par avance au droit de se prévaloir des règles relatives au licenciement ».

chapitre 18

Droit commun du licenciement

Plan analytique

B. En l'absence de cause réelle et sérieuse

§ 2 Exceptions aux sanctions de principe

§ 3 La nullité du licenciement

18

Droit commun du licenciement

■ 444 Le licenciement est un acte juridique unilatéral par lequel l'employeur rompt un contrat de travail à durée indéterminée.

Le licenciement fait perdre au salarié son emploi et, généralement, sa source principale de revenu. Il peut s'agir, selon le contexte de son édiction, de l'un des actes juridiques les plus violents qui soit. Par sa possibilité d'y recourir, l'employeur détient un moyen d'influence, de menace, qui lui permet de détenir, dans les faits, un pouvoir qui dépasse souvent de loin le pouvoir que le droit lui accorde.

Le licenciement est à la source de nombreux conflits et d'un abondant contentieux. Sa réglementation juridique a été modestement initiée par les lois du 27 décembre 1890 et du 19 juillet 1928. Elle s'est développée avec les lois du 13 juillet 1973 et du 3 janvier 1975. Depuis, le rythme des interventions législatives s'est constamment accéléré, parfois pour créer des garanties nouvelles, le plus souvent pour les réduire.

■ 445 Le droit commun du licenciement comprend des règles de procédure (section 1) et une grande règle de fond : l'exigence d'une cause réelle et sérieuse de licenciement (section 2). Il organise les effets des ruptures licites (section 3) et les sanctions des ruptures illicites (section 4).

section 1

Procédure

■ 446 La procédure de licenciement de droit commun se résume à l'organisation d'un entretien préalable de licenciement et à l'envoi d'une lettre de licenciement dûment motivée. Le recodificateur a décidé de ne pas consacrer de chapitre commun aux licenciements pour motif personnel et pour motif économique. Les textes ont donc été maladroitement recopiés à deux, parfois trois endroits différents du Code du travail. Il ne s'agit cependant, pour l'essentiel, que d'une complexité de présentation, les règles suivantes restant communes.

§ 1 L'entretien préalable

■ 447 L'entretien préalable est obligatoire pour tout licenciement, à une seule exception près, celle des grands licenciements économiques collectifs (au moins 10 salariés licenciés dans une période de 30 jours) lorsqu'il existe des représentants du personnel dans l'entreprise (art. L. 1233-38 C. trav.). Il est organisé par les articles L. 1232-2 à L. 1232-5 et L. 1232-11 à L. 1232-14 du Code du travail.

L'employeur doit tout d'abord convoquer le salarié à cet entretien. La lettre de convocation doit être soit recommandée avec accusé de réception, soit remise en main propre contre décharge. Elle doit être transmise au moins 5 jours ouvrables avant la date de l'entretien. L'article R. 1232-1 du Code du travail fixe les mentions obligatoires qu'elle doit contenir. La première est l'objet de l'entretien, à savoir qu'il s'agit d'un entretien en vue d'étudier une possible mesure de licenciement. La deuxième est la fixation des jours, heure et lieu de l'entretien. La troisième est l'information expresse du salarié de son droit de se faire assister lors de cet entretien, soit par un membre de l'entreprise, soit, en l'absence de représentants du personnel dans l'entreprise, par un conseiller extérieur choisit sur une liste dressée dans chaque préfecture (sur le statut de ces conseillers extérieurs, v. les art. D. 1232-2 et s. C. trav.). 448

L'entretien préalable est, bien sûr, une obligation *pour l'employeur*. Le salarié n'est pas tenu de s'y rendre. Si la convocation a été faite dans les formes et que le salarié ne s'y est pas rendu, l'employeur est considéré comme ayant satisfait à son obligation. Il s'agit de la seule conséquence du refus du salarié. 449

Tel qu'il est organisé, l'entretien n'est en pratique qu'un simulacre de procédure contradictoire. L'employeur n'est nullement tenu de dévoiler dans la lettre de convocation les causes qui font envisager son licenciement (v. not. Soc. 4 novembre 1992, *Bull. civ.* V, n° 530 ; Soc. 19 décembre 2007, n° 06-44592). Il n'est tenu de les dire qu'au cours de l'entretien. Le salarié, parfois surpris, est alors dans l'impossibilité de préparer une défense. Le texte, qui prévoit que l'employeur est tenu de recueillir les explications du salarié, est donc compris comme une simple possibilité de présenter des remarques improvisées à chaud. 450

De plus, il ne s'agit que de recueillir, et non de négocier, ni même de discuter ou de débattre. La Cour de cassation a ainsi considéré qu'un employeur qui n'avait pas fait asseoir le salarié et qui avait refusé de s'expliquer avec lui n'avait en rien violé ses obligations étant donné que, selon la Cour, l'employeur « n'est pas tenu d'engager une discussion sur le bien-fondé d'un éventuel licenciement » au cours de l'entretien (Soc. 22 novembre 2006, n° 04-41768, *RDT* 2007. 6). L'entretien préalable est donc, pour la jurisprudence, une obligation très légère pour l'employeur.

Il est vrai que le fait de recevoir une lettre de convocation à un entretien préalable en vue d'un éventuel licenciement est généralement suffisamment bouleversant pour le salarié pour qu'en pratique les employeurs s'abstiennent soigneusement d'envoyer de telles lettres avant que leur décision de licencier soit ferme et définitive. Les chances, pour le salarié, de renverser le cours des choses lors d'un entretien préalable sont donc, en pratique, minimes. Dans ces conditions, le plus souvent, le conseiller aura essentiellement un rôle de soutien moral. Il pourra aussi intervenir pour rappeler les droits du salarié quant aux conséquences de la rupture et l'aider à négocier ces conséquences. Il doit aussi veiller à éviter que, pris par l'émotion, le salarié ne signe n'importe quoi (v. n° 438-441).

En définitive, l'entretien préalable est, pour l'essentiel, une obligation de dire au salarié en face la mesure que l'on envisage à son égard. Le dirigeant d'entreprise ou son représentant sont tenus de se confronter, physiquement, individuellement, aux personnes qu'ils licencient. Bien souvent, ils auraient préféré rester dans l'abstraction des chiffres et des lettres recommandées.

L'entretien préalable n'est donc qu'une forme, mais cette forme est une mesure de politesse essentielle, un minimum dû à la dignité du salarié licencié.

451 Cette importance de l'entretien préalable a partiellement échappé aux juges. Ceux-ci l'ont vidé d'une partie de sa portée (v. Soc. 22 novembre 2006, préc.). Ils ont de plus interprété très restrictivement les sanctions d'une violation de l'obligation d'organiser un entretien préalable (v. n° 484 à 486).

§ 2 La lettre de licenciement

452 La lettre de licenciement est l'élément le plus important de la procédure de licenciement.

Le texte exige une lettre recommandée (L. 1232-6 ; L. 1233-15 ; L. 1233-39 C. trav.). Mais la jurisprudence accepte une lettre simple remise contre récépissé (Soc. 15 décembre 1999, *RJS* 2000, n° 264, n° 97-44431). Une lettre recommandée avec accusé de réception reste en pratique préférable pour des raisons de preuve des dates. La lettre de licenciement fixe en effet les principales dates d'effet du licenciement. L'envoi de la lettre est la date de la rupture (Ass. plén. 28 janvier 2005, *Bull. Ass. plén.*, n° 1 ; *D.* 2005. Pan. 2503, obs. B. Lardy-Pélissier ; Soc. 6 mai 2009, n° 08-40395, [P]) et est donc la date à laquelle l'ancienneté du salarié est décomptée (Soc. 26 septembre 2006, *Bull. civ.* V, n° 288 ; *RDT* 2006. 386, obs. B. Reynès ; *Dr. soc.* 2006. 1193 ; *Dr. soc.* 2005. 581, obs. G. Couturier) ou encore celle qui doit être prise en compte pour savoir si l'on est encore en cours d'essai (Soc. 11 mai 2005, *Dr. soc.* 2005. 920, obs. J. Mouly ; Soc. 23 mai 2007, n° 06-41338). Le point de départ du préavis est fixé à la date de présentation de la lettre (L. 1234-3 C. trav. ; Soc. 26 octobre 2006, *Bull. civ.* V, n° 327) et c'est à compter de la réception de celle-ci qu'une transaction peut être signée (v. Soc. 14 juin 2006, *Bull. civ.* V, n° 215 ; *RDT* 2006. 172, obs. B. Lardy-Pélissier ; v. n° 484).

453 La lettre ne peut être envoyée que 2 jours ouvrables après l'entretien préalable (art. L. 1232-6 C. trav.). L'idée est d'obliger l'employeur à ne pas agir sur le coup de la colère et à méditer quelque peu les résultats de l'entretien préalable. Vu qu'en pratique la décision est généralement mûrement réfléchie et irrévocable avant même l'entretien, il y a là une pointe de naïveté. Il faut aussi y voir la compréhension, par le législateur, de la nécessité de ralentir la prise de décision, afin d'éviter les licenciements « minute », les mouvements trop impulsifs et afin de laisser au salarié un peu de temps pour réaliser ce qui lui arrive.

Une durée plus longue est accordée dans certains cas (art. L. 1233-15 C. trav.). Cette durée est de 7 jours en cas de licenciement économique concernant moins de 10 salariés sur une période de 30 jours. Elle est de 15 jours pour les cadres (au sens de l'art. L. 1441-6 C. trav.) dont le licenciement est individuel et ce, semble-t-il, quel que soit le motif de leur licenciement. Cette solution, qui permet une sorte d'allongement de la durée du préavis, est un avantage pour les cadres qui est loin d'être négligeable. Les cadres pourraient cependant être privés de cet allongement par la recodification, en cas de licenciement pour motif personnel. La règle a en effet été reprise à l'article L. 1233-15, lequel est situé au sein du chapitre sur le licenciement économique.

Ces différents allongements ne sont pas applicables en cas de redressement et de liquidation judiciaire (art. L. 1233-59 C. trav.).

Le point essentiel, dans la lettre de licenciement, est la mention obligatoire du motif de la rupture (art. L. 1232-6 et L. 1233-16 C. trav.). Par la suite, ce motif est le seul qui pourra être invoqué par l'employeur au soutien de sa décision : il fixe les limites du litige (v. déjà Soc. 20 mars 1990, *Bull. civ.* V, n° 124). L'absence ou l'insuffisance du motif, *a fortiori* l'absence de lettre de licenciement, équivalent donc à une absence de cause réelle et sérieuse de licenciement. Cette solution a été consacrée par l'arrêt *Rogie* (Soc. 29 novembre 1990, *Bull. civ.* V, n° 598). Elle est depuis lors constante (v. not. Ass. plén. 27 novembre 1998*; Soc. 21 mars 2007, n° 05-45060, *Bull. civ.* V, n° 53). 454

La mention d'un motif passe-partout ne suffit pas. Il est nécessaire que soient mentionnés des faits précis (Soc. 20 oct. 1994, *Dr. soc.* 1995. 60 ; Soc. 25 juin 1997, *Bull. civ.* V, n° 36 ; Soc. 5 février 2002, *Bull. civ.* V, n° 50, etc.) et « matériellement vérifiables » (Soc. 14 mai 1996, *Bull. civ.* V, n° 189 ; Soc. 5 juillet 2000, *RJS* 2000, n° 929 ; Soc. 10 mai 2001, *Bull. civ.* V, n° 161 ; Soc. 7 mai 2003, *Bull. civ.* V, n° 153). Mais ces exigences sont parfois appréciées avec beaucoup de souplesse par la Cour de cassation. Elle a pu considérer comme vérifiables et suffisamment précis les motifs d'« insuffisance professionnelle » ou de « manque de compétence » visés par la lettre (v. Soc. 23 mai 2000, *Bull. civ.* V, n° 150 ; Soc. 16 juin 2004, inédit, n° 03-41461 ; Soc. 3 octobre 2007, inédit, n° 06-42646). De même, elle a pu se satisfaire de la mention de « la restructuration d'ensemble des activités » (Soc. 2 mars 1999, *Bull. civ.* V, n° 88 ; Soc. 17 juillet 2007, n° 06-43509).

Malgré ce relatif laxisme, l'exigence d'une mention précise du motif est apparue encore trop rude par les parties à l'accord national interprofessionnel (ANI) sur la « modernisation » du marché du travail du 11 janvier 2008. Cet accord propose de réfléchir à une réduction de la portée de la motivation de la lettre de licenciement. Il laisse entendre qu'une insuffisance de motivations pourrait ne plus être rédhibitoire, et que même dans ce cas l'employeur pourrait être autorisé à prouver l'existence d'une cause réelle et sérieuse (art. 11 *in fine* de l'ANI). Il deviendrait alors possible de licencier d'abord et de réfléchir à la motivation plus tard, en cas de procès. L'impact de cette régression prônée par l'ANI du 11 janvier 2008 reste cependant douteux. Le législateur n'a pas (encore ?) jugé bon de transposer cet élément de l'accord. Et il n'appartient pas à un accord collectif de fixer les sanctions d'une procédure légale d'ordre public.

section 2

La cause réelle et sérieuse

L'exigence d'une cause réelle et sérieuse de licenciement est le fruit de l'importante loi du 13 juillet 1973. Un temps réservée aux seuls licenciements pour motif personnel, elle a été généralisée à toutes les sortes de licenciement (L. 1232-1 et L. 1233-2 C. trav.). 455

Cette exigence est devenue centrale. À tel point qu'elle est reconnue comme de valeur supra-légale. La convention n° 158 adoptée en 1982 par l'OIT exige « un motif valable de licenciement lié à l'aptitude ou à la conduite du travailleur ou fondé sur les nécessités du fonctionnement de l'entreprise, de l'établissement ou du service de licenciement » (art. 4). Et la suppression de l'exigence d'une cause réelle et sérieuse a été jugée à plusieurs reprises comme contraire à ce texte (v. not. en ce sens Cons. d'adm. du BIT 14 nov. 2007, GB.300/20 juin ; *RJS* 2008, n° 59 ; Soc. 1er juillet 2008, n° 07-44124 ; *adde* E. Dockès, « Le juge et les politiques de l'emploi », *Dr. soc.* 2007. 911. Sur ce contentieux v. aussi, n° 223). L'exigence d'une cause réelle et sérieuse peut en outre s'analyser comme une garantie d'exercice du droit au travail, lequel résulte de l'alinéa 5 du préambule de la Constitution de 1946 et de l'article 6 du pacte international relatif aux droits économiques, sociaux et culturels.

La charge de la preuve du caractère réel et sérieux du licenciement est répartie entre toutes les parties au procès et le juge peut y contribuer par toutes mesures d'instruction utiles (art. L. 1235-1 al. 1er C. trav.). Le risque de la preuve incombe, logiquement, à l'employeur : « si un doute subsiste, il profite au salarié » (art. L. 1235-1 al. 2 C. trav.). Les procédés de preuve déloyaux sont bien entendu écartés.

La notion de « cause réelle et sérieuse », telle qu'elle a été interprétée par la jurisprudence, a progressivement suivi les grandes lignes d'un schéma tracé dès le lendemain de la loi de 1973, par Jean Pélissier.

Mais avant de savoir si la cause est « réelle » (§ 2) et « sérieuse » (§ 3), encore faut-il isoler, dans la grande chaîne des antécédents qui précèdent la décision de licencier, ce qu'il faut évaluer, ce qui est « la » cause (§ 1).

§ 1 Une cause première et déterminante

456 Seule la « cause première et déterminante » peut être invoquée (Soc. 10 octobre 1990, *Méchin*, *Bull. civ.* V, n° 442 ; *Grands arrêts*, n° 106 ; Soc. 3 avril 2002, *RJS* 2002, n° 697, n° 00-42.583). En conséquence, un salarié dont l'incompétence est avérée doit être licencié pour motif économique si la cause de cette incompétence est de type économique, par exemple un changement de machines. Le licenciement motivé par la longue absence perturbatrice pour l'entreprise d'un salarié est nul, si cette longue absence a été causée par un harcèlement moral subi, lequel est la cause première du licenciement ainsi qu'une cause prohibée (Soc. 11 octobre 2006, *Bull. civ.* V, n° 301 ; *RDT* 2007. 30-32, obs. E. Dockès).

Curieusement, par exception, la Cour de cassation semble encore admettre, formellement, que le licenciement d'un salarié malade puisse être causé par la perturbation que provoque la longue absence. Ce qui revient à oublier en chemin la cause première, à savoir la cause de l'absence, à savoir encore l'état de santé du salarié (v. not. Soc. 13 mars 2001 *Herbaut* ; Soc. 27 mars 2001, *Bull. civ.* V, n° 106). Mais, à l'étude, il ne s'agit que d'une maladresse de motivation, sans influence : la Cour de cassation n'accepte que très difficilement la validité du licenciement opéré dans un tel contexte. Et cette solution aurait fort bien pu s'intégrer au sein de la jurisprudence qui reconnaît comme licite, par exception, certaines utilisations de critères prohibés par l'article L. 1132-1 du Code du travail (L. 122-45 anc. C. trav.) (v. n° 378).

§ 2 Une cause réelle

La cause d'un licenciement n'est réelle que si elle est objective (A), existante (B) et exacte (C).

A. Une cause objective

En fait, c'est souvent pour des raisons de mésentente, de perte de confiance, qu'un employeur souhaite se séparer d'un salarié. *En droit*, ces causes subjectives, psychologiques, ne sont pas des justifications suffisantes. Ce n'est pas un état d'esprit insusceptible d'être prouvé qui peut motiver juridiquement un licenciement. Seuls des faits objectifs le peuvent. 457

Cette solution ne s'est imposée que tardivement, à la suite de l'arrêt *Fertray*, du 29 novembre 1990*, lequel a affirmé expressément cette exigence d'objectivité et le rejet qui en résultait de la perte de confiance comme motif de licenciement. À la suite de cet arrêt, il a encore semblé, un temps que les motifs psychologiques pouvaient être des justifications, à la condition d'être étayés par des faits objectifs. Cependant, l'état d'esprit de l'employeur peut être à l'origine de la décision, mais il n'est pas une *justification*. Il était donc plus juste de dire que seuls les faits objectifs invoqués à l'appui d'un motif psychologique pouvaient être des causes justificatrices de licenciement, le motif psychologique devant, lui, être franchement écarté des débats (en ce sens, v. Soc. 29 mai 2001*). Sont ainsi considérés comme dépourvus de cause réelle et sérieuse les licenciements prononcés sur le motif de la mésentente entre salariés ou entre le salarié et l'employeur (Soc. 5 février 2002, *Bull. civ.* V, n° 50 ; Soc. 27 novembre 2001, *Bull. civ.* V, n° 360) de l'incompatibilité d'humeur (Soc. 2 avril 2003, *RJS* 2003, n° 719 ; Soc. 17 janvier 2001, *Bull. civ.* V, n° 13) ou des difficultés relationnelles (Soc. 25 juin 1997, *Bull. civ.* V, n° 13).

Le caractère objectif nécessaire de la cause de licenciement limite de manière importante les faits invocables au soutien d'un licenciement. La cause du licenciement ne peut plus qu'être motivée soit par des motifs économiques, indépendants du salarié, soit par des motifs liés à la personne du salarié. Dans ce dernier cas, seules sont justifiantes les fautes du salarié ou son insuffisance professionnelle. 458

Les comportements des proches du salarié ne peuvent être en eux-mêmes des causes objectives : le comportement d'un parent ou d'un allié du salarié ne crée aucun trouble *objectif* dans les rapports de travail entre le salarié et l'employeur. Ils ne peuvent que créer des angoisses, des craintes, des méfiances, soit autant de sentiments, de causes subjectives non justifiantes. L'exigence d'un caractère objectif de la cause du licenciement conduit donc, logiquement, à invalider les licenciements motivés par le comportement du conjoint (Soc. 29 novembre 1990*, préc. ; Soc. 21 septembre 2006*), du concubin (Soc. 27 mai 1998, *RJS* 1998, n° 1185), du fils (Soc. 12 janvier 1993, *Dr. soc.* 1993. 187) ou de la sœur du salarié (Soc. 21 mars 2000, *RJS* 2000, n° 509).

B. Une cause existante

La nécessité pour la cause d'être existante est relativement évidente : les faits invoqués par l'employeur pour justifier la rupture doivent avoir existé. En droit, cela signifie que ces faits doivent pouvoir être prouvés devant le juge : *idem est non esse et non probari* (ne pas être ou ne pas être prouvé, c'est tout un). 459

Cette exigence de la preuve, banale en droit, ne l'a pas toujours été en droit du travail. Dans un excessif respect pour le pouvoir des employeurs, certains juges avaient tendance à croire l'employeur sur sa parole, lorsqu'il invoquait une insuffisance professionnelle du salarié (Soc. 7 janvier 1976, *D.* 1976. IR. 41 ; Soc. 31 mars

1977, *Jur. Soc. UIMM* 1977, p. 348). Cette étrange résurgence des règles de preuves du pire XIXe siècle (sur la règle selon laquelle l'employeur était cru sur sa parole en matière de salaire, v. n° 9), a fort heureusement cessé. Pour être une cause réelle de licenciement, l'insuffisance professionnelle alléguée doit être étayée sur des faits objectifs prouvés (v. déjà, Soc. 1er juillet 1981 et 5 novembre 1981, *Dr. ouvrier* 1982. 180). Et de simples soupçons que l'employeur peut avoir quant à des actes répréhensibles du salarié ne constituent pas une cause réelle de licenciement (Soc. 25 juin 1991, *RJS* 1991, n° 1081 ; Soc. 16 mai 1991, *RJS* 1991, n° 825 ; Soc. 12 mars 1991, *JCP E* 1991. II. 176 ; v. cpdt, Soc. 14 janvier 1992, *RJS* 1992, n° 149 ; Soc. 12 mars 1991, *Dr. soc.* 1991. 626).

La preuve doit être loyale, ce qui implique notamment le respect des règles relatives à l'information et à l'évaluation (v. not. n° 181).

À proprement parler, la charge de la preuve des faits invoqués est répartie entre toutes les parties qui doivent collaborer au travail sur la preuve. Et le juge est tenu, lui aussi, de jouer un rôle actif dans cette recherche, en ordonnant toutes les mesures d'instruction utiles (art. L. 1235-1 al. 1er C. trav.). Mais le risque de la preuve pèse entièrement sur l'employeur : un doute irréductible sur l'existence des faits invoqués pour motiver le licenciement équivaut à une absence de cause réelle et sérieuse (art. L. 1235-1 al. 2 C. trav.).

C. Une cause exacte

■ 460 Il ne suffit pas que la cause invoquée par l'employeur existe pour qu'elle soit la véritable raison pour laquelle le licenciement a été décidé. Ainsi, par exemple, un licenciement prononcé au motif d'un vol mineur, qui a bien eu lieu, a été déclaré sans cause réelle et sérieuse, dès lors qu'il était avéré que la cause exacte, véritable, du licenciement, était le témoignage de la salariée, défavorable à l'employeur, dans un procès de divorce (Soc. 28 octobre 1981, *Demoiselle G. c. SA Hôtel Foch*, *Bull. civ.* V, n° 836 ; *Grands arrêts*, n° 102 ; *Dr. ouvrier* 1982. 195).

Ainsi, la cause invoquée peut être avérée, objective, suffisamment sérieuse et ne pas permettre de légitimer le licenciement : les juges écarteront cette cause pour ne s'intéresser qu'à la motivation réelle de l'employeur, lorsque cette motivation peut être prouvée.

■ 461 Une telle situation est fréquente. Lorsqu'un employeur veut se séparer d'un salarié pour des raisons inavouables, le premier prétexte qui passera à portée de sa main se transforme facilement en tentation. Pour peu qu'un certain autoritarisme règne, les syndicalistes, grévistes, ou tout simplement les salariés qui ne se « courbent » pas assez vite feront souvent les frais de tels licenciements pour cause objective, existante, sérieuse, mais inexacte. La preuve de l'inexactitude est souvent difficile. Ce n'est guère, en pratique, qu'en présence d'une forte raison illégitime de licencier que le prétexte invoqué sera écarté (v. par ex. Soc. 28 avril 1994, *Dr. soc.* 1994. 719).

■ 462 Des causes personnelles inexactes sont aussi souvent utilisées pour contourner la procédure de licenciement pour motif économique. La manœuvre est alors parfois assez grossière. La Cour de cassation ordonne de la sanctionner dès lors qu'elle peut être prouvée (v. not. Soc. 26 mai 1998, *RJS* 1998, n° 840). Les sanctions encourues sont relativement élevées : la cause personnelle mentionnée dans la lettre de licenciement est la seule qui puisse être invoquée en justice. Si elle est écartée comme inexacte, le licenciement sera sans cause réelle et sérieuse, même si l'invocation d'une cause économique aurait permis de justifier le licenciement. De plus, la procédure de licenciement économique ayant été violée, cela conduira à l'annulation des licenciements prononcés pour cause personnelle inexacte, à chaque fois qu'un plan de sauvegarde de l'emploi aurait été impératif (v. par ex. les arrêts *Alcatel France Câbles* de la cour d'appel de Versailles, du 9 novembre 2004, ordonnant la réintégration de 170 salariés licenciés pour motifs personnels, la cause exacte étant une restructuration pour motif économique, *Dr. ouvrier* 2004. 493, obs. M. Bonnechère ; sur le plan de sauvegarde de l'emploi et la nullité du licenciement économique, v. n° 562).

§ 3 Une cause sérieuse

Le caractère sérieux de la cause est une mesure de l'intensité : pour légitimer la rupture, la cause doit être suffisamment intense. Il y a là un contrôle des juges non sur l'opportunité de la rupture, mais sur une certaine proportionnalité entre la cause invoquée et la mesure adoptée. Ce contrôle de proportionnalité est expressément consacré en matière disciplinaire (v. l'art. L. 1333-2 C. trav.). L'idée est appliquée en matière de licenciement économique (v. n° 575). Et il y a tout lieu de penser qu'un contrôle similaire s'exerce encore en cas de licenciement pour insuffisance professionnelle. L'exigence d'un motif sérieux, telle qu'interprétée par la jurisprudence, emporte donc contrôle de la proportionnalité entre le licenciement et son motif. Ce contrôle, doit être mené *in concreto* par les juges. Il a donné lieu à une casuistique importante. 463

La notion de « cause réelle et sérieuse » est une notion légale impérative, d'ordre public social : la préqualification contractuelle de cause réelle et sérieuse de licenciement de tel ou tel événement ou comportement est donc dénuée d'effets (Soc. 14 novembre 2000, *Bull. civ.* V, n° 367 ; Soc. 2 mars 2005*). Par conséquent, l'irrespect des résultats ou des objectifs contractuellement acceptés par le salarié ne peut être en lui-même une cause réelle et sérieuse de licenciement. Il convient de rechercher la raison qui est à l'origine de la non-réalisation de ses objectifs par le salarié. Et ce d'autant plus que le salarié n'a pas à supporter le risque économique de l'activité de l'employeur. Pour qu'il soit cause sérieuse, l'irrespect d'un objectif doit être dû à une faute sérieuse ou à une véritable insuffisance professionnelle du salarié, ce qui reste à prouver (v. par ex. Soc. 30 mars 1999, *Bull. civ.* V, n° 143 ; Soc. 2 décembre 2003, *RJS* 2004, n° 184). 464

Il est en revanche possible de prévoir, par contrat ou convention collective, que tel ou tel événement ne sera pas une cause réelle et sérieuse de licenciement. De telles dispositions, favorables au salarié, sont efficaces (Soc. 28 février 1996, *RJS* 1996, n° 390) : elles ne contredisent pas la règle qui impose qu'un licenciement soit, *au minimum*, fondé par une cause réelle et sérieuse. 465

section 3

Les suites du licenciement licite

466 L'acte juridique de licenciement est accompli avec l'envoi de la lettre de licenciement. Le salarié a alors droit à un préavis et à des indemnités, sauf si le licenciement a été justifié par une faute grave ou lourde (§ 1). Fréquemment, cependant, les employeurs faisaient signer à leurs salariés, au moment de la rupture, des accords sur les conséquences de cette rupture qui s'analysaient en une renonciation des salariés à une partie de leur droit. L'encadrement actuel de la transaction et l'évolution du reçu pour solde de tout compte interdisent aujourd'hui de telles manœuvres (§ 2).

§ 1 Préavis et indemnités

467 Le salarié licencié a droit, en principe, à trois types d'avantages. Il bénéficie d'un préavis de licenciement, ce qui lui permet d'obtenir un salaire durant l'exécution de ce préavis (A). Il a droit à des indemnités de licenciement (B). Ces deux premiers droits ne sont dus qu'en l'absence de faute grave du salarié (C). En outre, le salarié doit recevoir une indemnité compensatrice des droits à congés payés qu'il a gagnés par son travail, mais qu'il n'a pas eus le temps de prendre, du fait du licenciement. Cette indemnité n'est que le versement d'un gain passé. Elle peut toutefois être perdue, mais seulement en cas de faute lourde du salarié (D).

A. Préavis

468 La durée du préavis de licenciement, autrement dit « délai-congé », varie selon l'ancienneté. En dessous de 6 mois d'ancienneté, le salarié n'a droit qu'au délai de préavis que les conventions collectives, ou à défaut les usages de la profession, prévoient (art. L. 1234-1 1° C. trav.). Entre 6 mois et 2 ans d'ancienneté, le minimum légal est d'1 mois (art. L. 122-6 2° anc. C. trav. ; L. 1234-1, 2° C. trav.). Au-delà de 2 ans, le délai est de 2 mois (art. L. 122-6, 3° anc. C. trav. ; L. 1234-1 3° C. trav.). Il s'agit d'un délai préfix qui, comme tel, ne souffre ni interruption, ni suspension. La maladie du salarié, par exemple, suspend le contrat de travail, mais laisse le temps de préavis s'écouler.

Pendant toute la durée du délai de préavis, le contrat de travail continue à s'appliquer pleinement, avec tous ses effets obligatoires pour l'employeur comme pour le salarié. Simplement, le plus souvent, la convention collective ou l'usage de la profession prévoient qu'une partie du temps de travail peut être consacrée à la recherche d'emploi. Le plus souvent ce temps est égal à 2 heures par jour.

Le contrat conserve pendant le préavis sa nature de contrat à durée indéterminée et peut donc toujours être rompu, par la démission du salarié ou le licenciement par l'employeur. Un tel licenciement prononcé contre un salarié déjà licencié peut faire sens lorsque le second licenciement est prononcé pour faute grave. Il prive le salarié du préavis restant à courir (Soc. 12 décembre 2001, *RJS* 2002, n° 169). Mais les indemnités de licenciement restent acquises (Soc. 5 avril 1990, *Bull. civ.* V, n° 176).

L'employeur peut dispenser le salarié de travailler pendant son préavis. Cette dispense conduit au versement d'une indemnité compensatrice égale à la rémunération qu'aurait touchée le salarié s'il avait effectué son préavis (art. L. 1234-5 C. trav.). Cette indemnité ne peut être réduite par la suite, même si, pendant la durée du préavis l'employeur découvre une faute grave ou lourde du salarié (Soc. 10 juin 2003, *RJS* 2003, n° 1006). La dispense de préavis rend en quelque sorte la rupture effective et définitive, même si, en droit, le contrat continue à exister jusqu'à l'échéance du préavis, ce qui a pour conséquence, notamment, de retarder d'autant le versement des indemnités liées au chômage. 469

B. Indemnités de licenciement

Le coût du licenciement est un important élément de mesure de la sécurité de l'emploi (plus c'est cher et moins on licencie). Le faible montant des indemnités légales de licenciement donne une idée de la faible sécurité de l'emploi que la loi accorde aux salariés sous contrat de travail à durée indéterminée. 470

L'indemnité légale minimale de licenciement prévue par l'article L. 1234-9 du Code du travail est réservée aux salariés comptant plus d'un an d'ancienneté ininterrompue. Son montant est fixé par les articles R. 1234-1 et s. du Code du travail. Elle est d'un cinquième de mois de salaire par année d'ancienneté plus deux quinzièmes de mois de salaire par année d'ancienneté au-delà de 10 ans (R. 1234-2 C. trav.). Ce qui fait 2 mois d'indemnité pour 10 ans d'ancienneté ou bien 5 mois et 1/3 pour 20 ans d'ancienneté. Malgré sa récente augmentation à la suite de la loi du 25 juin 2008, ce montant n'en demeure pas moins relativement faible.

De nombreuses conventions collectives améliorent ces minima. La loi elle-même a prévu des avantages supplémentaires pour certaines catégories professionnelles. La sécurité de l'emploi apparaît par exemple nécessaire à l'exercice, en pratique, de la liberté de la presse, surtout lorsque les principaux médias sont contrôlés par quelques grands groupes financiers. Pour cette raison, et grâce à leur influence politique, les journalistes bénéficient d'une indemnité de licenciement d'1 mois de salaire par année d'ancienneté, plafonnée en principe à 15 mois (art. D. 7112-1 C. trav.). 471

C. Faute grave

La faute grave, qui prive le salarié de préavis et d'indemnités de licenciement, est une faute disciplinaire : c'est donc en principe une violation du contrat de travail (v. n° 114-116). Il s'agit en plus d'une faute qui doit, au dire de la Cour de cassation, être si forte qu'elle rend « impossible le maintien du salarié dans l'entreprise pendant la durée même limitée du préavis » (Soc. 2 février 2005*). La formule, présente en substance dans des dizaines d'arrêts de la Cour de cassation, est restée inchangée, à quelques menues nuances près, depuis fort longtemps (v. déjà, Soc. 14 juin 1961, *Bull. civ.* V, n° 639). 472

La faute s'apprécie *in concreto*, c'est-à-dire au regard du contexte concret, spécifique à chaque affaire. Il serait ainsi trompeur de dresser une liste des fautes qui ont été ou non qualifiées de graves : telle ou telle faute pouvant être grave ou non selon son contexte. Traiter un supérieur hiérarchique de « pauvre tâche » pourrait être moins qu'une cause sérieuse sur un chantier du bâtiment et une faute grave au sein de l'équipe dirigeante d'une banque commerciale.

A priori, les fautes « graves » sont relativement rares, si l'on en croit les termes utilisés par la Cour de cassation : le maintien du salarié dans l'entreprise, même pendant une durée limitée, est dit « impossible ». Le terme est fort. Cependant, malgré ce terme, une interprétation assez laxiste de l'idée de faute grave a été adoptée pendant quelques années par la Cour de cassation. La désobéissance du salarié était alors qualifiée de faute « en principe » grave (v. n° 86 et 87, Soc. 10 juillet 1996, *Le Berre* *). Pareille interprétation a depuis été corrigée et la désobéissance du salarié n'est plus « en principe » grave (Soc. 9 avril 2002, *Bull. civ.* V, n° 123 ; Soc. 7 septembre 2004, *Bull. civ.* V, n° 223 ; Soc. 21 février 2007, n° 05-45741). Il s'agit d'une faute, le plus souvent sérieuse. Mais il faut plus qu'une simple désobéissance ponctuelle pour rendre « impossible » le maintien du salarié à son poste pendant la durée limitée du préavis.

■ 473 Le comportement de l'employeur peut exclure la qualification de faute grave. L'employeur qui laisse travailler le salarié même après qu'il a découvert la faute, démontre que le salarié, malgré sa faute, pouvait continuer à travailler. Rien n'empêchait dès lors de lui faire exécuter son préavis. Il ne s'agit pas d'une faute grave.

La jurisprudence tient ce raisonnement de manière constante depuis de nombreuses années. Elle considère ainsi que le fait d'avoir laissé le salarié exécuter son préavis (Soc. 12 juillet 2005*, Soc. 5 décembre 2007, n° 06-41313) ou simplement d'avoir tardé à entamer la procédure de licenciement après avoir eu connaissance de la faute (Soc. 22 octobre 1991*) empêche l'employeur de se prévaloir d'une faute grave. En revanche, la Cour de cassation admet que l'employeur invoque une faute grave s'il n'a conservé le salarié dans l'entreprise que pendant le temps d'expédier au plus vite la procédure de licenciement (Soc. 8 juillet 1985, *Bull. civ.* V, n° 406, maintien dans l'entreprise pendant une semaine, le temps d'exécuter la procédure de licenciement). Et ce, bien que la faute grave permette de justifier une mise à pied conservatoire, qui éloigne le salarié de l'entreprise pendant la procédure de licenciement. L'idée de la Cour est de ne pas obliger l'employeur qui veut invoquer une faute grave à utiliser de telles mesures conservatoires (Soc. 4 novembre 1992, *Bull. civ.* V, n° 530).

D. Faute lourde

■ 474 Sommet de la hiérarchie des fautes que peut commettre le salarié, la faute lourde est la faute qui fait tomber toutes les protections. Outre qu'elle prive le salarié de préavis et d'indemnités de licenciement, elle supprime l'indemnité compensatrice de congés payés et prive ainsi le salarié de droits qu'il avait préalablement acquis. Elle permet de licencier un salarié gréviste. Elle seule permet encore d'engager la responsabilité contractuelle du salarié vis-à-vis de son employeur (solution admise depuis Soc. 27 novembre 1958, *Société des forges stéphanoises*, *Bull. civ.* IV, n° 1258 ; *Grands arrêts*, n° 47 ; *D.* 1959. 20, note R. Lindon ; *JCP* 1959. II. 11143, note J. Brethe de la Gressaye ; *RTD civ.* 1959. 753, note J. Carbonnier, plus récemment, v. not. Soc. 21 octobre 2008, n° 07-40809, [P], *RDT* 2009. 112, note G. Pignarre ; *Dr. ouvrier* 2009. 217, note Ch. Mathieu-Géniau ; Soc. 6 mai 2009, n° 07-44.485, [P]). Non seulement le salarié pourra ainsi être licencié sans aucune indemnité, mais il pourra encore être condamné à céder la maison et la voiture qu'il n'avait pas encore fini de rembourser, pour indemniser l'employeur du préjudice que sa faute lui a fait subir. Lorsque la faute est lourde, les conséquences peuvent être écrasantes.

Cette faute n'est logiquement reconnue que très exceptionnellement par les juges. Elle doit non seulement être d'une exceptionnelle gravité, mais elle doit en outre avoir été commise volontairement, sciemment, dans l'intention de nuire à l'employeur (v. par ex. Soc. 16 février 1989, *Aznar*, *RJS* 1989, n° 380 ; Soc. 16 mai 1990, *Bazillet* ; *Bull. civ.* V, n° 228 ; Soc. 31 mai 1990* ; Soc. 29 novembre 1990, *Laborie*, *RJS* 1991, n° 17 ; Soc. 5 décembre 1996, *Dr. soc.* 1997. 195, obs. G. Couturier ; Soc. 28 novembre 2001, *RJS* 2002, n° 144 ; Soc. 29 avril 2009, n° 07-42294). La faute lourde est, en droit du travail, une faute intentionnelle.

§ 2 Transaction

Une transaction est un contrat très particulier. Elle a pour objet et pour effet de clore un litige, ce dont il découle, aux termes de l'article 2052 du Code civil, que « les transactions ont, entre les parties, l'autorité de la chose jugée en dernier ressort ». L'objet de la transaction ne peut plus être soumis au juge. Les demandes en justice qui seraient présentées par l'une ou l'autre des parties à la transaction sont déclarées irrecevables. 475

Cette irrecevabilité peut avoir un large champ d'application, pour peu que la transaction soit rédigée en termes très généraux (v. not. Ass. plén. 4 juillet 1997, *Gaudinat*, *Bull. Ass. plén.*, n° 10 ; *Grands arrêts*, n° 121 ; *Dr. soc.* 1997. 978, obs. G. Couturier ; *JCP* 1997. II. 22952, note D. Corrignan-Carsin). Seules les questions qui n'ont pas été traitées peuvent encore faire l'objet de demandes en justice (Soc. 6 mai 1998, *Bull. civ.* V, n° 228 ; *D.* 1999. Somm. 43, obs. Serge Frossard ; Soc. 12 octobre 1999, *Bull. civ.* V, n° 377).

Cet effet radical rend les transactions particulièrement dangereuses. Pendant longtemps leur validité fut très largement admise. Il suffisait alors aux employeurs d'obtenir la signature d'une transaction, lors de l'entretien préalable ou même avant (v. par ex. Soc. 17 novembre 1982, *Bull. civ.* V, n° 627), pour priver le salarié de tout recours ultérieur. La manœuvre était grossière, fréquente et terriblement efficace. Les salariés, mal informés de leurs droits et psychologiquement affaiblis par l'annonce de leur licenciement, signaient souvent de larges renonciations à leurs droits en échange d'un petit chèque, bien inférieur à leur dû et présenté comme un geste généreux (pour l'acceptation de telles transactions, v. par ex., Soc. 14 janvier 1988, *Dr. soc.* 1998. 437, note H. Blaise). Sauf à démontrer un vice du consentement, il n'était plus, alors, de recours possibles. Dans ce contexte, l'ouvrier, peu au fait de ses droits, était en général définitivement spolié. Malheur aux ignorants ! 476

Pourtant, les transactions entraient alors en conflit avec les règles du reçu pour solde de tout compte, ce qui aurait dû conduire à leur prohibition (A). Plutôt que de retenir cette solution, la jurisprudence a préféré réagir, tardivement, en encadrant davantage la validité des transactions. L'exigence de concessions réciproques a pris beaucoup d'ampleur (B) et les transactions ne peuvent être conclues qu'après que la rupture du contrat a été consommée (C).

A. Transaction et reçu pour solde de tout compte

La transaction est un acte issu du droit commun et réglementé par le Code civil (art. 2044 à 2058). La validité de principe de ce type de contrat en droit du travail n'a 477 jamais été contestée. En revanche, son utilisation pour régler les litiges qui suivent la rupture du contrat de travail a pu sembler juridiquement exclue. Un acte spécifique du droit du travail, le reçu pour solde de tout compte (art. L. 122-17 anc. C. trav.), avait en effet le même objet que les transactions. En vertu de l'adage *specialia generalibus derogant* (le spécial déroge au général), le reçu pour solde de tout compte et sa réglementation spéciale auraient dû faire exception et se substituer aux transactions. La jurisprudence n'a pas tenu compte de cet argument et a admis la validité des transactions pour régler les conséquences de la rupture du contrat de travail (Soc. 18 mai 1953, *Bull. civ.* IV, n° 280). Les protections instituées en matière de reçu pour solde de tout compte ont ainsi pu être allégrement contournées.

■ 478 Avec la loi du 17 janvier 2002, ce conflit a cessé d'être. Le reçu pour solde de tout compte n'avait plus alors pour objet, ni pour effet, de clore les litiges relatifs à la résiliation du contrat de travail. Il n'avait plus que la valeur d'un « simple reçu des sommes qui y figurent » (art. L. 122-17 anc. C. trav. ; L. 1234-20 C. trav.) et ne fermait aucunement l'action en justice.

Le conflit de normes vient cependant de réapparaître avec le retour de l'effet libératoire du reçu pour solde de tout compte (art. L. 1234-20 du Code du travail issu de la loi du 25 juin 2008). Cet effet est cependant retardé. Le salarié a six mois pour dénoncer. Et ce n'est qu'une fois ce délai échu que le reçu est libératoire.

Pour cette raison, mais aussi au vu de la jurisprudence antérieure, la validité des transactions du Code civil devrait donc être maintenue et ce malgré l'adage *specialia generalibus derogant* (la loi spéciale déroge à la loi générale).

B. Concessions réciproques

■ 479 Depuis 1989, la chambre sociale exige, à peine de nullité, que les transactions sur les conséquences de la rupture du contrat de travail contiennent des concessions réciproques, c'est-à-dire des concessions de l'employeur comme du salarié (Soc. 18 octobre 1989, *Bull. civ.* V, n° 604 ; Soc. 27 mars 1996, *Interlac**).

En droit du licenciement, comme souvent, l'employeur a le privilège du préalable : c'est lui qui accorde ou qui n'accorde pas certaines sommes aux salariés. Dès lors, si action en justice il y a, cette action en justice est toujours diligentée par le salarié. La concession du salarié est ainsi facile à trouver : il s'engage à ne pas agir en justice. En revanche, la concession de l'employeur de ne pas agir en justice n'en est pas une, puisqu'en toute hypothèse il n'a aucun intérêt à agir en justice, ce serait agir contre lui-même. Les concessions de l'employeur doivent donc être ailleurs. La solution s'est alors imposée : pour que ses concessions soient réelles, l'employeur doit accorder au salarié des sommes supérieures à celles dues par application des règles légales et conventionnelles.

■ 480 La difficulté est de savoir quelles étaient ces sommes. Celles-ci dépendent en effet du motif du licenciement : s'il s'agit d'un licenciement sans cause réelle et sérieuse, les sommes dues ne sont pas les mêmes que s'il s'agit d'un licenciement pour cause réelle et sérieuse ou d'un licenciement pour faute grave. L'appréciation du motif est nécessaire à l'appréciation des concessions de l'employeur.

Ceci compris, il semble que la transaction ne bloque plus l'action en justice que d'une manière bien théorique. Certes, elle interdit au salarié de réclamer directement un supplément d'indemnité de licenciement. Mais elle ne lui interdit pas d'attaquer la validité de la transaction, laquelle dépend des sommes qui lui sont dues. Il y aurait là une sorte d'hypocrisie juridique. Par la transaction, le salarié ne peut réclamer les sommes qui lui sont dues. Mais si ces sommes ne lui ont pas été accordées, la transaction est nulle. Et il peut les réclamer. Les transactions ne rendraient irrecevables que les demandes vouées à l'échec. Elles ne bloqueraient pas les demandes vouées au succès.

Pour éviter de rendre ainsi les transactions transparentes, la jurisprudence a adopté une position plus nuancée. Les juges sont maîtres de la qualification des faits évoqués dans la transaction. Mais il leur est interdit de revenir sur la preuve de ces faits. Face à une transaction, le rôle du juge serait ainsi assez proche de celui de la Cour de cassation : contrôle de la qualification des faits et non-appréciation de la preuve des faits. Cette solution a été affirmée très clairement par la Cour de cassation. L'arrêt *Interlac* du 27 mars 1996* affirme le pouvoir des juges de redresser une qualification erronée (les faits mentionnés n'étaient pas constitutifs d'une faute grave) et un arrêt du 21 mai 1997 (*Dr. soc.* 1997. 745, obs. G. Couturier) casse un arrêt d'appel qui avait apprécié les faits et les preuves. Entre qualification et appréciation de la preuve, la frontière est souvent poreuse. La différence juridique n'en est pas moins claire. Et une transaction bien rédigée, imputant au salarié de grandes fautes, sera incontestable, même si ces fautes se révèlent être de purs mensonges. 481

Outre les faits mentionnés dans la transaction elle-même, les faits incontestables ou incontestés peuvent servir à la requalification. De tels faits n'ont pas à être prouvés. Pour un juge, les prendre en compte n'est donc pas revenir sur des questions de preuve des faits.

Ainsi, l'exécution par le salarié d'un préavis de 3 mois démontre que la cause du licenciement n'était pas une faute grave, puisque n'était pas impossible l'exécution du contrat de travail, même pendant la durée limitée du préavis (v. n° 472) (Soc. 25 février 1997, *RJS* 1997, n° 411). Ainsi encore, une lettre de licenciement dont les motifs exprimés sont insuffisants permet de requalifier la rupture en licenciement sans cause réelle et sérieuse (Soc. 23 janvier 2001, *Bull. civ.* V, n° 21).

La qualification du motif de la rupture appartient au juge qui apprécie la validité d'une transaction. Cela signifie que les parties ne peuvent transiger sur cette qualification. Une transaction qui aurait pour objet de transiger sur le caractère de démission ou de licenciement d'une rupture est donc sans effet (Soc. 16 juillet 1997, *Dr. soc.* 1997. 977, obs. G. Couturier). 482

En revanche, rien n'interdit de conclure d'abord une rupture d'un commun accord, puis de conclure une transaction. Si la rupture d'un commun accord est valide, la transaction qui la suit (et qui doit être un acte séparé) pourra être dotée facilement de concessions de la part de l'employeur : l'employeur n'a en effet aucune obligation légale d'indemnisation en cas de rupture d'un commun accord et une somme modique versée sera dès lors une concession. La conclusion d'une rupture d'un commun accord est ainsi, pour le salarié, un risque important de renonciation aux avantages du licenciement. Et c'est vers la jurisprudence sur la validité de ce type de rupture qu'il faudra se tourner pour tenter de trouver une protection des salariés (v. n° 438-439).

Des concessions sont nécessaires, mais la Cour ne vérifie pas si les concessions sont suffisantes. Elles doivent simplement ne pas être négligeables. Mieux, une concession 483 qui n'est pas « appréciable » n'est pas une concession. Il a ainsi été jugé, par exemple que la concession de verser 15 000 francs alors que l'indemnité due s'élevait à 12 496 francs était insuffisante (Soc. 19 février 1997*).

C. Date de conclusion

■ 484 L'article L. 1231-4 du Code du travail interdit aux salariés de renoncer par avance aux règles du licenciement. En application de ce texte, la Cour de cassation annule toute transaction conclue avant que la rupture soit « intervenue et définitive » (Soc. 29 mai 1996, *Purier**). Cette solution permet d'éviter les signatures extorquées lors de l'entretien préalable : le salarié ne peut valablement signer que lorsqu'il a en main la lettre de licenciement, laquelle fixe le motif, et met le salarié dans une situation de plus grande indépendance (l'irrémédiable a déjà eu lieu...). La Cour a précisé que la transaction ne peut être valablement conclue qu'après la réception de la lettre de licenciement (Soc. 21 mars 2000, *RJS* 2000, n° 528, 2e esp. ; Soc. 14 juin 2006, *Bull.* civ. V, n° 215 ; *RDT* 2006. 172, obs. B. Lardy-Pélissier ; Soc. 20 décembre 2006, n° 05-44071) et que cette lettre devait être une « lettre recommandée avec demande d'avis de réception » (Soc. 18 février 2003*). Cette exigence d'une lettre recommandée avec accusé de réception ajoute un peu à la procédure de licenciement. Mais en matière de transaction il est particulièrement important d'avoir une date certaine.

La lettre de licenciement doit contenir les motifs de la rupture afin que le salarié puisse apprécier la teneur des concessions faites par l'employeur dans la proposition de transaction (Soc. 14 juin 2006 et 20 décembre 2006, préc.).

Il reste à savoir s'il faut attendre la fin du préavis lorsque celui-ci est exécuté (comme c'était le cas en matière de reçu pour solde de tout compte : Soc. 23 juin 1998, *Dr. soc.* 1989. 829, obs. J. Savatier). Cette solution n'a pas encore été expressément consacrée. Mais elle est logique : tant que le salarié exécute un travail subordonné, il se trouve sous la dépendance de l'employeur. Et, tant que le contrat de travail s'exécute, toute renonciation du salarié est une renonciation « par avance » au droit de se prévaloir des règles du licenciement.

D. Nullité de la transaction

■ 485 Si elle a été conclue en violation de l'une des conditions sus-décrites, la transaction est nulle. La question est de savoir de quel type de nullité il s'agit.

Lorsque la transaction est conclue de manière anticipée, il s'agit d'une nullité relative, qui ne peut être invoquée que par le salarié (Soc. 28 mai 2002*). On peut penser qu'il en va de même en l'absence de concessions de l'employeur. Par application de l'article 1304 du Code civil, la nullité relative est prescrite après 5 ans (Soc. 14 janvier 2003, *RJS* 2003, n° 343).

En revanche, la protection contre le licenciement d'un représentant du personnel ou un délégué syndical ne correspond pas à leurs seuls intérêts mais à l'intérêt de la collectivité des salariés. La nullité de la transaction signée en violation de ces règles est alors une nullité absolue, qui peut être invoquée par l'employeur (Soc. 16 mars 2005, *Bull. civ.* V, n° 98).

section 4

Sanctions du licenciement illicite

Les sanctions des règles de procédure sont, en principe, très modestes. Elles le sont à ce point qu'un licenciement en violation des règles de forme est généralement qualifié de licenciement « irrégulier », la qualification de licenciement « illicite » étant réservée au licenciement sans cause réelle et sérieuse, lequel occasionne de véritables sanctions. Cette terminologie est peu convaincante, un licenciement irrégulier en la forme n'étant pas moins « illicite », c'est-à-dire fait en violation de la loi, qu'un licenciement dépourvu de cause réelle et sérieuse. 486

Par exception, certaines obligations procédurales sont considérées comme substantielles : elles affectent la validité du licenciement dans son ensemble. Il en va ainsi des principaux éléments de la procédure du licenciement pour motif économique (v. n° 533 à 562). En droit commun du licenciement, la seule obligation de procédure à être jugée substantielle est la mention expresse des motifs dans la lettre de licenciement. L'absence ou l'insuffisance de motif exprimé, et *a fortiori* l'absence de lettre, équivalent à une absence de cause réelle et sérieuse (v. n° 454). Cette solution devrait perdurer, malgré l'ANI du 11 janvier 2008 sur la modernisation du marché du travail, assez ambigu sur la question (v. n° 454).

Les sanctions de principe des irrégularités de forme et de fond sont prévues aux articles L. 1235-2 à L. 1235-4 du Code du travail (§1). Cependant, ces sanctions de principe subissent deux très importantes exceptions, puisqu'elles ne s'appliquent pas aux petites entreprises de moins de onze salariés, ni aux salariés de moins de deux ans d'ancienneté (art. L. 1235-5 C. trav.) (§ 2). En outre, lorsque le licenciement porte atteinte aux droits et libertés, lorsqu'il est discriminatoire ou lorsqu'il viole certaines protections spéciales, il est nul (§3). 487

§ 1 Sanctions de principe

Les articles L. 1235-2 à L. 1235-4 du Code du travail fixent les sanctions applicables en cas de violation des règles du droit du licenciement. Mais ils ne sont applicables qu'à deux conditions cumulatives : il faut, premièrement, que le travailleur licencié ait au moins 2 ans d'ancienneté dans l'entreprise et, deuxièmement, qu'il travaille dans une entreprise qui emploie habituellement au moins 11 salariés (art. L. 1235-5 C. trav.). Les sanctions prévues par ces textes sont appliquées différemment en présence ou en l'absence d'une cause réelle et sérieuse de licenciement. 488

A. En présence de cause réelle et sérieuse

Selon le texte de l'article L. 122-14-4 de l'ancien Code du travail (ancêtre des articles L. 1235-2 et s. C. trav.), en présence d'une cause réelle et sérieuse de licenciement, la violation de la procédure de licenciement pouvait entraîner trois sanctions cumulatives : « le tribunal saisi doit imposer à l'employeur d'accomplir la procédure prévue (*première sanction*) et accorder au salarié, à la charge de l'employeur, une indemnité 489 qui ne peut être supérieure à un mois de salaire (*deuxième sanction*) » (al. 1er) et « le tribunal ordonne également le remboursement par l'employeur fautif aux organismes concernés de tout ou partie des indemnités de chômage payées au salarié licencié du jour de son licenciement au jour du jugement prononcé par le tribunal, dans la limite de six mois d'indemnités de chômage par salarié concerné (*troisième sanction*) » (al. 2).

En violation de ce texte, mais en conformité avec la jurisprudence qui refusait de l'appliquer (Soc. 26 mars 1980, *Roques**), la recodification a supprimé la troisième de ces sanctions. Désormais, seules les deux premières sont visées (L. 1235-2 C. trav.). Selon le Code du travail actuel, le remboursement ordonné en faveur des Assedic est donc réservé aux licenciements sans cause réelle et sérieuse et aux licenciements économiques réalisés en violation de l'obligation de mettre en place un plan de sauvegarde de l'emploi (art. L. 1235-4 C. trav.).

■ 490 L'obligation d'accomplir la procédure est une sanction automatique selon le texte du Code du travail (L. 1235-2 C. trav. : « ... le juge impose à l'employeur... »). Et le texte de l'ancien Code n'était pas moins clair en ce sens (art. L. 122-14-4 anc. C. trav.). Pourtant, cette *obligation* univoque a été interprétée comme une simple *faculté*, pour le juge, d'ordonner un tel accomplissement (Soc. 16 mars 1978, *Debeaurain** ; Soc. 15 novembre 1979, *Bull. civ.* V, n° 855).

■ 491 Finalement, après l'interprétation destructrice de la jurisprudence (et du recodificateur), seule l'indemnité maximale d'1 mois de salaire est appliquée automatiquement par les juges. Sans doute ceux-ci ont-ils été séduits par cette idée d'indemnité maximale, qui plafonne la réparation du préjudice subi. Un tel maximum, si original en droit de la responsabilité, est un signe du peu de cas que le législateur a fait de la procédure de licenciement qu'il a instituée. Pourvu qu'il reste inférieur à 1 mois de salaire, le montant de l'indemnité est souverainement évalué par les juges du fond. La Cour de cassation a précisé qu'il devait tout de même être non nul (Soc. 23 janvier 1991, *RJS* 1991, n° 1308 ; Soc. 11 mars 1998, *RJS* 1998, n° 585).

B. En l'absence de cause réelle et sérieuse

■ 492 En l'absence de cause réelle et sérieuse, les articles L. 1235-3 et L. 1235-4 du Code du travail prévoient trois sanctions. Ces sanctions ne se cumulent pas avec l'indemnité pour violation de la procédure (v. not. Soc. 20 janvier 1998, *Bull. civ.* V, n° 18).

■ 493 Le tribunal peut *proposer* la réintégration (art. L. 1235-3 C. trav.). Une telle réintégration est on ne peut plus rare : il ne s'agit que d'une faculté pour le juge et, de plus, il ne peut s'agir que d'une proposition que l'employeur comme le salarié peuvent refuser. Or, après un licenciement injustifié condamné en justice sur demande du salarié, il est bien rare que l'employeur et le salarié souhaitent, d'un commun accord, reprendre leurs rapports contractuels.

Parce qu'il ne prévoit qu'une *proposition* de réintégration, le Code du travail pose ici une règle de droit défavorable aux salariés. En droit commun, en principe, la sanction d'un acte juridique illicite est la nullité. En droit du travail, par exception expressément prévue par l'article L. 1235-3 du Code du travail, la nullité et la réintégration ne peuvent pas être ordonnées par le juge en cas de licenciement sans cause réelle et sérieuse.

En l'absence de réintégration, le tribunal doit ordonner le versement d'une indemnité calculée selon le préjudice subi et qui ne peut être inférieure à 6 mois de salaire. Si le salarié a tardé à retrouver un emploi ou si le traumatisme lié au licenciement a eu de graves effets, le préjudice peut être évalué à une somme bien supérieure à ces 6 mois de salaires. 494

Enfin, le tribunal peut ordonner, même d'office, le remboursement aux Assedic d'une partie des allocations chômages versées au salarié, condamnation qui ne peut dépasser 6 mois d'indemnités de chômage (art. L. 1235-4 C. trav.). Il fut un temps où l'employeur devait être condamné à verser la totalité des allocations versées. Mais depuis la loi du 30 décembre 1986, une telle condamnation est apparue excessive : le licenciement d'un salarié de plus de 2 ans d'ancienneté sans raison est une faute, mais elle doit rester abordable. 495

En définitive, qui est prêt à payer environ 1 an de salaire d'indemnités peut se débarrasser sans motif de ses salariés. Le licenciement illicite est un investissement qui s'amortit donc assez rapidement (1 an). Il apparaîtra vite très intéressant, pour un employeur, de licencier sans motif certains salariés ayant une cinquantaine d'années, de l'ancienneté et un salaire relativement élevé, pour les remplacer par des jeunes « bon marché », en contrat aidé de préférence. Le caractère illicite du licenciement et les indemnités supplémentaires dues seront alors bien vite amortis. Sauf, bien entendu, si le salarié licencié prouve un préjudice très important en justice. 496

Ce qui est un risque à courir... ou à éviter ! L'employeur pourra toujours conclure en cours d'instance une transaction avec le salarié, ce qui limitera la casse et privera les Assedic de tout droit à remboursement des indemnités chômage versées (Soc. 14 janvier 1982, *Bull. civ.* V, n° 25).

§ 2 Exceptions aux sanctions de principe

Pour les salariés de moins de 2 ans d'ancienneté et pour les licenciements réalisés dans les petites entreprises de moins de 11 salariés, la sanction d'une violation des règles du licenciement est tout à fait simple : le salarié n'a droit qu'à des indemnités calculées selon le préjudice qu'il a subi par la faute de l'employeur (art. L. 1235-5 C. trav.). 497

Le préjudice subi du fait de la violation d'une obligation de pure procédure est en général relativement faible. Mais le montant de l'indemnité ne dépend que de l'évaluation souveraine, par les juges du fond, du préjudice (Soc. 29 juin 1999, *Bull. civ.* V, n° 310). Le maximum de l'article L. 1235-2 du Code du travail ne s'applique pas et, par conséquent, rien n'oblige le juge à se limiter à une indemnité maximale d'un mois de salaire. Parce que le salarié a très peu d'ancienneté ou parce qu'il travaille dans une toute petite entreprise, il peut avoir droit à une indemnité supérieure à celle d'un salarié ayant 30 ans d'ancienneté dans une très grande entreprise... Une telle solution, absurde, est une maladresse du législateur. Dans un souci de cohérence du droit et nonobstant l'ouverture que leur permet la loi, les juges du fond sont fortement incités à évaluer le préjudice subi par les salariés du fait de la violation d'une règle de procédure à une somme inférieure à 1 mois de salaire.

En l'absence de cause réelle et sérieuse, le préjudice qui devra être réparé est le préjudice causé par la rupture. Un tel préjudice peut être important, notamment si le salarié a mis longtemps avant de retrouver un emploi.

En revanche, si le salarié licencié de manière illégale retrouve rapidement un emploi, ce préjudice peut être très faible. Alors, le licenciement illicite s'avérera très peu sanctionné.

§ 3 La nullité du licenciement

■ 498 La nullité du licenciement a vu son champ d'application s'accroître considérablement, depuis une vingtaine d'années. Le licenciement d'un salarié protégé (représentant du personnel, délégué syndical...) est soumis à un régime d'autorisation préalable de l'inspecteur du travail. Si ce régime n'a pas été respecté, le licenciement est nul. Il s'agit du premier cas de nullité à avoir été admis (v. Cass. 3 juin 1948, *D.* 1948. 510). Péniblement et progressivement, ce champ d'application originel s'est étendu au licenciement des grévistes (L. 2511-1 al. 2), aux licenciements discriminatoires visés par l'article L. 1132-1 du Code du travail (L. 122-45 anc. C. trav.) et notamment aux licenciements justifiés par l'état de santé ou le handicap du salarié, puis à l'ensemble des licenciements commis en violation d'un droit de l'homme ou d'une liberté fondamentale (v. Soc. 13 mars 2001, *Bull. civ.* V, n° 87 ; *Dr. soc.* 2001. 1117 ; Soc. 28 mai 2003, *Dr. soc.* 2003. 808, obs. Ph. Waquet), ce qui inclut notamment les licenciements prononcés en violation de l'obligation de sécurité de l'employeur, contre des salariés ayant utilisés leur droit de retrait (Soc. 28 janvier 2009, n° 07-44556, [P] ; *Dr. ouvrier* 2009. 287, note M. Estevez).

■ 499 En bonne logique juridique, un licenciement nul est un licenciement privé d'effets. Le contrat de travail doit être considéré comme toujours en vigueur et l'employeur doit être condamné non seulement à payer les salaires dus pour toute la période où le salarié a été mis dans l'impossibilité de travailler, mais il peut être condamné à exécuter le contrat à l'avenir, c'est-à-dire en pratique à réintégrer dans ses fonctions le salarié illégalement licencié. Il faut en outre considérer que les obligations principales de l'employeur n'ont pas été exécutées, celui-ci s'étant longtemps abstenu de verser les salaires et de fournir un travail. Il y a là des fautes suffisamment graves pour justifier la prise d'acte, par le salarié, de la rupture de son contrat. Prise d'acte qui emporte l'obligation pour l'employeur de payer au salarié l'ensemble des indemnités dues pour licenciement sans cause réelle sérieuse (v. n° 435).

Ces solutions semblent découler directement de la nullité du licenciement. Elles ne se sont pourtant imposées que très difficilement et très progressivement. Elles ne sont pas même encore totalement intégrées en jurisprudence.

■ 500 Lorsque le licenciement est nul, le salarié peut obtenir sa réintégration, en référé comme au fond. Il a fallu plus d'un demi-siècle à partir de la reconnaissance des cas de nullité du licenciement, en 1948, pour que cette solution s'impose comme une solution générale pour tous les licenciements nuls. Les premières réintégrations furent ordonnées, pour les seuls salariés protégés, à partir des célèbres arrêts *Detœuf* du 25 octobre 1968 (*Grands arrêts*, n° 153) et *Revet-Sol* du 14 juin 1972 (*Grands arrêts*, n° 154). Ce n'est qu'à partir de l'arrêt *Clavaud* du 28 avril 1988 (*Bull. civ.* V, n° 257 ; *D.* 1988. 437, note E. Wagner ; *Dr. ouvrier* 1988. 252, note A. Jeammaud et M. Le

Friant ; *Dr. soc.* 1988. 429, concl. H. Ecoutin) que cette solution s'est peu à peu étendue aux autres hypothèses de licenciement nul (pour la réintégration en référé d'un gréviste dont le licenciement est nul, v. Soc. 7 juillet 1988, *Bull. civ.* V, n° 432 ; Soc. 26 septembre 1990, *Bull. civ.* V, n° 387 ; *Dr. soc.* 1991. 60, rapp. Ph. Waquet, note J.-E. Ray et au fond, Soc. 10 octobre 1990, *Bull. civ.* V, n° 434 ; pour la réintégration d'un salarié irrégulièrement licencié en cours de suspension de son contrat pour cause d'accident du travail, v. Soc. 12 novembre 1997, *RJS* 1997, n° 1358 ; Soc. 25 février 1998, *Bull. civ.* V, n° 102 et en cours de suspension pour simple maladie, Soc. 23 novembre 1999, *Bull. civ.* V, n° 450). Ce n'est finalement qu'avec l'arrêt du 30 avril 2003 (*Bull. civ.* V, n° 152 ; *Dr. soc.* 2003. 831, obs. B. Gauriau), qui finit par accepter le droit à réintégration d'une salariée licenciée alors qu'elle était enceinte et ce malgré le silence en la matière de l'article L. 1225-71 C. trav. (L. 122-30 anc. C. trav.), que la solution apparaît enfin pleinement généralisée à toutes les hypothèses de licenciement nul.

L'obligation de réintégrer signifie, pour l'employeur, une obligation de rendre au salarié qui le réclame « le poste qu'il occupait avant son licenciement » et non un poste simplement similaire (Soc. 11 décembre 2001, *Bull. civ.* V, n° 378, rejet d'une proposition de réintégration sur un poste équivalent situé à deux stations de métro de son lieu de travail d'origine). Ce n'est que si ce poste a été supprimé que l'employeur peut proposer un poste simplement équivalent, pourvu que celui-ci ne s'analyse pas en une modification du contrat du salarié. **501**

Seule la preuve de la force majeure, c'est-à-dire de l'« impossibilité matérielle » de la réintégration peut exonérer l'employeur de l'exécution en nature de cette obligation (Soc. 2 février 2005, n° 02-45085, *Bull. civ.* V, n° 43). Et celle-ci est appréciée avec rigueur. L'impossibilité de réintégrer n'est reconnue ni en cas de fermeture du site où travaillait le salarié, ni en l'absence d'emploi équivalent (Soc. 13 décembre 1994, *Dr. soc.* 1995. 513, obs. Cohen), ni lorsque de nombreux licenciements économiques ont eu lieu dans l'entreprise (Soc. 24 juin 1998*, *Bull. civ.* V, n° 340), ni en cas de cession de l'entreprise (pour une réintégration ordonnée au sein de l'entreprise du cessionnaire, v. not. Soc. 10 juillet 1995, *Dr. soc.* 1995. 834). Ne demeure guère, dès lors, que le cas d'une disparition totale et définitive de l'entreprise (Soc. 15 juin 2005, *Wolber**, à propos d'un licenciement nul pour violation des obligations en matière de plan social ; v. cpdt. Soc. 25 juin 2003, *Dr. soc.* 2003. 124, obs. Ph. Waquet).

Le cas du licenciement économique illicite pour défaut de plan de sauvegarde de l'emploi est spécialement traité, depuis la loi du 18 janvier 2005 (L. 1235-11 C. trav., L. 122-14-4 anc. C. trav.). En cas d'« impossibilité » de prononcer la réintégration, ce texte permet de substituer une indemnité de 12 mois de salaire à la réintégration. L'impossibilité ici exprimée est peut-être un peu plus ouverte que la jurisprudence susvisée, le texte visant comme exemple le cas d'« absence d'emploi disponible de nature à permettre la réintégration ». Il appartiendra aux juges de mesurer l'écart entre ce texte et les solutions antérieures, si écart il y a. **502**

Le salarié a toujours la possibilité de ne pas demander sa réintégration effective. Il peut alors choisir de prendre acte de la rupture (v. par ex. Soc. 10 décembre 1997, *Bull. civ.* V, n° 432). La rupture sera alors imputée aux fautes commises par l'employeur et sera située dans le temps non à la date du licenciement nul, mais à celle de la fin de la période de protection, lorsque la nullité est due à une protection **503** spéciale contre le licenciement, ou à la date de la décision d'annulation, dans les cas de nullité pour discrimination.

La rupture étant illicite, le salarié qui refuse la réintégration bénéficie logiquement d'une indemnité pour licenciement sans cause réelle et sérieuse, en plus de son indemnité de préavis, de son indemnité de licenciement (Soc. 5 mai 1993, *Bull. civ.* V, n° 127 ; Soc. 17 mars 1998, *Bull. civ.* V, n° 156 ; Soc. 16 novembre 1999, *Bull. civ.* V, n° 440 ; Soc. 28 mars 2000, *Bull. civ.* V, n° 134 ; Soc. 12 juin 2001, *Bull. civ.* V, n° 219 ; Soc. 10 juillet 2001, *Bull. civ.* V, n° 260 ; Soc. 5 février 2002, *Bull. civ.* V, n° 53 ; Soc. 22 mai 2002, *Bull. civ.* V, n° 175 ; Soc. 2 juin 2004*). Cette indemnité est d'un montant minimal de 6 mois de salaire, quelle que soit l'ancienneté du salarié ou la taille de l'entreprise (Soc. 21 septembre 2005, *Bull. civ.* V, n° 262, cas d'une salariée qui n'avait qu'un peu plus d'1 mois d'ancienneté), alors que pour un simple licenciement sans cause réelle et sérieuse, ce minimum n'est applicable qu'aux salariés ayant au moins 2 ans d'ancienneté dans une entreprise d'au moins 11 salariés (v. n° 497).

En cas de nullité du contrat de travail pour absence ou insuffisance du plan de sauvegarde de l'emploi, si le salarié refuse sa réintégration ou si celle-ci s'avère « impossible », le salarié a droit à une indemnité minimale de 12 mois de salaire (art. 1235-11 C. trav.). En bonne logique, cette indemnité devrait se cumuler avec les rappels de salaires dus, à l'image du droit commun de la nullité du contrat de travail. Mais le texte étant peu clair, la question reste actuellement ouverte.

Dans tous les cas, les indemnités liées à la nullité du licenciement se cumulent avec l'éventuelle indemnité pour violation de la procédure de licenciement (Soc. 23 janvier 2008, n° 06-42919, [P]).

Mais ce qui rend la nullité du licenciement plus rigoureuse que la simple absence de cause réelle et sérieuse vient surtout de la dette de salaire qu'elle génère.

■ 504 Qu'il demande ou non sa réintégration, le salarié dont le licenciement est annulé a droit aux versements de la totalité des salaires dus par application du contrat depuis la date du licenciement jusqu'à la date de la rupture. Cette date peut être située plusieurs années après le licenciement, pour peu que la procédure judiciaire ait été un peu longue (ce qui est la norme). Et ce droit à salaire existe, que le salarié ait ou non retrouvé un emploi dans l'intervalle, qu'il ait reçu ou non dans l'intervalle un revenu de remplacement (Soc. 2 février 2006* ; Soc. 10 octobre 2006, *Sté Corse hélicoptères*, *RJS* 2006, n° 1296 ; *Bull. civ.* V, n° 297). La Cour précise qu'il s'agit là de l'exécution d'une obligation contractuelle et non d'une indemnisation calculée selon le préjudice subi (v. not. de manière très nette, Soc. 25 novembre 1997, *Bull. civ.* V, n° 405). Cette solution pleinement logique est confirmée par les termes dans lesquels de très nombreuses décisions ont été rendues (v. not. Soc. 5 mai 1993, *Bull. civ.* V, n° 127 ; Soc. 17 mars 1998, *Bull. civ.* V, n° 156 ; Soc. 16 novembre 1999, *Bull. civ.* V, n° 440 ; Soc. 28 mars 2000, *Bull. civ.* V, n° 134 ; Soc. 12 juin 2001, *Bull. civ.* V, n° 219 ; Soc. 10 juillet 2001, *Bull. civ.* V, n° 260 ; Soc. 5 février 2002, *Bull. civ.* V, n° 53 ; Soc. 22 mai 2002, *Bull. civ.* V, n° 175 ; Soc. 2 février 2006* ; Soc. 10 octobre 2006 préc. ; Soc. 3 mai 2007 n° 05-43863, [P]). Il est en particulier clairement affirmé par la Cour de cassation que les sommes dues par l'employeur ne sauraient être réduites du montant des indemnités versées par l'assurance chômage pendant la période couverte par la nullité (Soc. 11 mars 2009, n° 07-43336, [P]) : la nullité du licenciement n'a pas pour effet de priver rétroactivement un travailleur du droit à l'allocation d'assurance que le Pôle emploi lui a servie pendant la période comprise entre son licenciement et sa réintégration, période où il était involontairement privé d'emploi, apte au travail et à la recherche d'un emploi (Soc. 11 mars 2009, préc.). Corrélativement, en cas de nullité du licenciement, la Cour de cassation refuse au le Pôle emploi tout droit au remboursement par l'employeur des indemnités chômage versées au salarié (Soc. 12 novembre 2008, n° 07-42468 ; Soc. 19 novembre 2008, n° 07-40864, inédits, comp. en cas de licenciement sans cause réelle et sérieuse, n° 495).

Ce droit commun de la nullité du licenciement subit cependant quelques exceptions jurisprudentielles difficilement justifiables. En cas de licenciement économique nul pour absence de plan social, la Cour a en effet considéré que les salaires dus pendant toute la période couverte par la nullité devaient être réduits des revenus reçus par les salariés dans l'intervalle (Soc. 3 juillet 2003, *Bull. civ.* V, n° 214 ; Soc. 16 décembre 2008, n° 07-45001, inédit ; Soc. 18 mars 2009, n° 07-45307, inédit). Et cette solution est encore retenue lorsque l'autorisation administrative de licenciement d'un salarié protégé a été annulée (Soc. 2 mai 2001, *RJS* 2001, n° 894 ; *Bull. civ.* V, n° 148 ; Soc. 14 février 2007, *RJS* 2007, n° 633). En revanche, conformément au droit commun de la nullité du licenciement, lorsque le licenciement du salarié protégé est nul pour refus d'autorisation ou pour absence d'autorisation, le droit commun de la nullité reste applicable et les salaires non versés sont intégralement dus (v. not. Soc. 10 octobre 2006, préc.).

Cette réduction de l'indemnisation due, dans certains cas de nullité seulement, exprime sans doute une volonté de la Cour de cassation d'atténuer la sanction de l'employeur, dans quelques cas de nullité jugés moins graves. Mais ces exceptions résiduelles confondent « indemnisation selon le préjudice subi » et « exécution des obligations issues du contrat de travail ». De plus, elles séparent certaines nullités du licenciement des autres, sans qu'aucune justification juridique ne permette une telle séparation.

Biblio

- G. Couturier, « Les nullités du licenciement », *Dr. soc.* 1977. 215.
- G. Couturier, « La réintégration des salariés non spécialement protégés, actualité ou prospective », *Dr. soc.* 1981. 248.
- G. Couturier, « L'impossibilité de réintégrer — sur l'article 77-V de la loi du 18 janvier 2005 », *Dr. soc.* 2005. 403.
- E. Dockès, « Harcèlement moral et perturbation pour longue absence : la cause première du licenciement s'impose », *RDT* 2007. 30-32.
- M. Grevy, « Vidéosurveillance dans l'entreprise, un mode normal de contrôle des salariés ? », *Dr. soc.* 1995. 329.
- J. Pélissier, « Licenciement et autres modes de rupture du contrat de travail », *Dr. soc.* 1978. 6.
- J. Pélissier, « Licenciement et perte de confiance », *D.* 1991. 190.
- Ph. Waquet, « Les objectifs », *Dr. soc.* 2001. 120.

Documents

1) Sanctions de la procédure de licenciement

Soc. 16 mars 1978, *Debeaurain*, *Bull. civ.* V, n° 199 ; *Grands arrêts*, n° 98

« … le licenciement d'un salarié entaché d'une irrégularité formelle n'est pas nul, mais sanctionné par l'attribution d'une indemnité d'un mois de salaire au plus ; qu'en allouant cette indemnité à Debeaurain, les juges d'appel ont pu estimer qu'il n'y avait aucun intérêt en l'espèce à recommencer une procédure de licenciement déjà tentée à deux reprises et devenue inutile en raison de l'écoulement de plus d'une année depuis son prononcé ».

Soc. 26 mars 1980, *Assedic c. Roques*, *Bull. civ.* V, n° 298 ; *D.* 1980. IR. 547, obs. J. Pélissier ; *Grands arrêts*, n° 99 ; Soc. 6 novembre 1980, *Bull. civ.* V, n° 806

« Selon l'article L. 122-14-4 du Code du travail, le tribunal doit ordonner le remboursement par l'employeur fautif aux organismes concernés des indemnités de chômage, dans le cas de licenciement sans cause réelle et sérieuse, cas dans lequel la réintégration du salarié dans l'entreprise peut être proposée et en cas de refus une indemnité, dont seul le minimum est fixé, est octroyée ; qu'il n'en est pas de même si seule la procédure requise n'a pas été observée et si le licenciement a été prononcé pour un motif réel et sérieux, ce qui n'entraîne à la charge de l'employeur qu'une indemnité ne pouvant être supérieure à un mois de salaire et ce qui ne provoque aucun versement supplémentaire d'indemnités de chômage ».

Ass. plén. 27 novembre 1998, *Bull. Ass. plén.*, n° 7 ; *Grands arrêts*, n° 100

« … l'employeur est tenu d'énoncer le ou les motifs du licenciement dans la lettre de notification de licenciement mentionnée à l'article L. 122-14-1 (…) à défaut le licenciement est sans cause réelle et sérieuse ».

2) Notion de cause réelle et sérieuse

Soc. 29 novembre 1990, *Bull. civ.* V, n° 597 ; *Grands arrêts*, n° 103 ; *D.* 1991. 190, note J. Pélissier

« … un licenciement pour une cause inhérente à la personne du salarié doit être fondé sur des éléments objectifs ; que la perte de confiance alléguée par l'employeur ne constitue pas en soi un motif de licenciement ».

Soc. 29 mai 2001, *Bull. civ.* V, n° 183

« … la perte de confiance de l'employeur ne peut jamais constituer en tant que telle une cause de licenciement même quand elle repose sur des éléments objectifs ; seuls ces éléments objectifs peuvent constituer une cause de licenciement ».

Soc. 2 mars 2005, *RJS* 2005, n° 490

« … aucune clause du contrat de travail ne peut valablement prévoir qu'une circonstance quelconque constituera un motif de rupture, et (…) l'insuffisance de résultats ne peut en soi constituer une cause de licenciement ; (…) il appartient au juge d'apprécier, dans le cadre des pouvoirs qu'il tient de l'article L. 122-14-3 du Code du travail, si les faits invoqués par l'employeur dans la lettre de licenciement peuvent caractériser une cause réelle et sérieuse de licenciement ».

Soc. 21 septembre 2006, *Bull. civ.* V, n° 285 ; *RTD civ.* 2007. 114-115, obs. J. Mestre et B. Fages ; *RDT* 2006. 315-316, obs. E. Dockès

« … le licenciement pour une cause inhérente à la personne du salarié doit être fondé sur des éléments objectifs imputables à ce salarié…
le seul risque d'un conflit d'intérêts ne peut constituer une cause réelle et sérieuse de licenciement. »

3) Faute grave

Soc. 22 octobre 1991, n° 90-40077

« Mais attendu que la cour d'appel a relevé que l'employeur, qui avait eu connaissance de l'ensemble des griefs retenus au fur et à mesure de leur réalisation, avait conservé le salarié dans l'entreprise pendant un temps excédant les délais nécessaires à son information, que cette tolérance l'empêchait d'invoquer la faute grave ».

Soc. 2 février 2005, n° 02-45748, *Bull. civ.* V, n° 42

« … la faute grave est celle qui, par son importance, rend impossible le maintien du salarié dans l'entreprise pendant la durée même limitée du préavis ».

4) Faute lourde

Soc. 31 mai 1990, *Bull. civ.* V, n° 260 ; *Dr. soc.* 1991. 105, obs. G. Couturier

« … un salarié ne répond pas à l'égard de son employeur des risques de l'exploitation et que sa responsabilité ne peut se trouver engagée qu'en cas de faute lourde, qu'en relevant que l'employeur ne prouvait pas que le déficit reproché au salarié avait été intentionnel et sciemment organisé, la cour d'appel a décidé à bon droit que la faute lourde n'était pas caractérisée et a légalement justifié sa décision ».

5) Transactions

– Concessions réciproques

Soc. 27 mars 1996, *Interlac*, *Bull. civ.* V, n° 124 ; *Grands arrêts*, n° 119

« … l'existence de concessions réciproques, qui conditionne la validité d'une transaction, doit s'apprécier en fonction des prétentions des parties au moment de la signature de l'acte ; que s'il en résulte que le juge ne peut, pour se prononcer sur la validité d'une transaction, rechercher, en se livrant à l'examen des preuves, si ces prétentions étaient justifiées, il peut néanmoins se fonder sur les faits invoqués lors de la signature de l'acte, indépendamment de la qualification juridique qui leur a été donnée ;

Qu'ayant constaté que, pour justifier la qualification de faute grave qu'elle donnait aux faits invoqués à l'appui du licenciement, la société ne faisait état, dans la lettre de licenciement, que d'un manque de compétence du salarié dans l'exercice de ses fonctions de directeur technique, fait qui ne pouvait être constitutif d'une faute grave privative de l'indemnité de préavis, la cour d'appel a justifié sa décision (d'annuler une transaction qui n'aurait contenu de concession de l'employeur qu'en présence d'une faute grave) ».

Soc. 19 février 1997, *Bull. civ.* V, n° 74

« … la cour d'appel a relevé que Mme Amoyal n'avait pas été licenciée pour faute grave et qu'elle avait donc droit à l'indemnité conventionnelle de licenciement, qu'ayant constaté que celle-ci s'élevait à la somme de 12 496,66 francs, alors que la somme allouée en vertu de la transaction s'élevait à 15 000 francs, la cour d'appel a pu décider que la transaction était nulle, faute d'une concession appréciable ».

– Date de la transaction

Soc. 29 mai 1996, *Purier*, *Bull. civ.* V, n° 215 ; *Grands arrêts*, n° 120 ; *Dr. soc.* 1996. 689, note J. Savatier ; *D.* 1997. 49, note J.-P. Chazal

« Vu les articles L. 122-14 et L. 122-14-7 du Code du travail

(…) la transaction ayant pour objet de mettre fin au litige résultant d'un licenciement ne peut valablement être conclue qu'une fois la rupture intervenue et définitive ».

Soc. 18 février 2003, *Bull. civ.* V, n° 61

« … une transaction, ayant pour objet de mettre fin, par des concessions réciproques, à toute contestation née ou à naître résultant de la rupture du contrat de travail, ne peut être valablement conclue qu'après notification du licenciement par lettre recommandée avec demande d'avis de réception ».

Soc. 28 mai 2002, *Bull. civ.* V, n° 182

« … la nullité d'une transaction résultant de ce qu'elle a été conclue avant la notification du licenciement est une nullité relative instituée dans l'intérêt du salarié et qui ne peut, dès lors, être invoquée par l'employeur ».

– Le licenciement nul

Soc. 2 février 2006, *Bull. civ.* V, n° 53, n° 03-47481

« … la cour d'appel a exactement décidé que les salariés, dont les contrats de travail n'avaient pas été rompus et dont les licenciements étaient nuls, avaient droit au paiement d'une indemnité égale au montant de la rémunération qu'ils auraient dû percevoir entre leur éviction de l'entreprise et leur réintégration, peu importent qu'ils aient ou non reçu des salaires ou un revenu de remplacement pendant cette période. »

Soc. 2 juin 2004, *Bull. civ.* V, n° 153 ; *Dr. ouvrier* 2005. 33, note S. Ducroq (à propos d'un salarié accidenté du travail trois mois après son embauche, licencié en cours de période de suspension)

« … le salarié dont le licenciement est nul, et qui ne demande pas sa réintégration, a droit, en toute hypothèse, outre les indemnités de rupture, à une indemnité réparant l'intégralité du préjudice résultant du caractère illicite du licenciement et au moins égale à six mois de salaires,…
… lorsque le licenciement est nul, le salarié a droit à l'indemnité compensatrice de préavis, peu importent les motifs de la rupture ».

Soc. 24 juin 1998, *Bull. civ.* V, n° 340

« Attendu que le licenciement d'un salarié investi d'un mandat représentatif prononcé en violation du statut protecteur est atteint de nullité et ouvre droit, pour ce salarié, à sa réintégration, s'il l'a demandée ; que ce n'est qu'au cas où l'entreprise a disparu, ou celui où il existe une impossibilité absolue de réintégration, que l'employeur est libéré de son obligation… ».
En l'espèce, la Cour casse un arrêt d'appel qui avait considéré la réintégration impossible du fait de la suppression du poste du salarié depuis près de 10 ans et du licenciement économique récent de plus de 100 salariés de l'entreprise.

Soc. 15 juin 2005, *Wolber*, n° 03-48094

« … la cour d'appel a constaté que la société Wolber avait cessé définitivement son activité et que ses actifs industriels avaient été vendus ; qu'ayant ainsi fait ressortir que l'entreprise avait disparu, elle a pu en déduire que la réintégration, demandée dans les seuls emplois que les salariés occupaient dans cette entreprise avant leurs licenciements, était devenue matériellement impossible ».

N.B. : la mention de ce que la réintégration avait été « demandée dans les seuls emplois que les salariés occupaient dans cette entreprise » laisse à penser que, si les salariés avaient demandé leur réintégration au sein du groupe auquel la société appartenait, le groupe Michelin, ils auraient pu avoir gain de cause.

chapitre 19

Le licenciement économique

Plan analytique

Le licenciement pour motif économique est un sujet socialement, politiquement, donc juridiquement très disputé. Un licenciement économique peut concerner, en une seule fois, des centaines de personnes, frapper des bassins d'emplois entiers. Il précipite dans le chômage des salariés auxquels rien n'est reproché, ni faute, ni insuffisance professionnelle. 505

Il est l'objet d'une réglementation spéciale. Celle-ci demeure une importante protection, bien qu'elle soit actuellement bousculée, affaiblie par les réformes législatives. L'analyse du domaine de cette réglementation (section 1) précédera l'étude de sa teneur (section 2 à 5).

section 1

Domaine

La notion de « licenciement économique » est, bien entendu, la clé d'entrée dans le domaine des règles protectrices du licenciement économique (§ 1). Mais certaines protections exigent en outre que l'opération soit un licenciement « collectif », ce qui signifie qu'au moins deux licenciements soient projetés pour une même cause économique. Et pour bénéficier des principales protections procédurales, encore faut-il être inclus dans un « grand » licenciement économique (§ 2). 506

§ 1 Notion de licenciement « économique »

L'article L. 1233-3 du Code du travail définit le licenciement économique. Il est inchangé depuis 1989 (on peut négliger la retouche de 2005, purement cosmétique, et la recodification qui a conservé le texte ancien). Ce texte est au cœur de nombreuses polémiques. Il a été légèrement sacralisé depuis que la loi du 17 janvier 2002 a tenté de le réécrire et que cette réécriture a été censurée par le Conseil constitutionnel. Il s'agit pourtant d'un texte particulièrement mal rédigé. 507

La lettre du texte mélange allégrement la qualification du licenciement et la justification du licenciement, lesquelles sont deux questions bien distinctes. C'est une chose que de se demander si l'on est en présence d'un licenciement « économique ». C'est bien autre chose que de se demander si tel ou tel licenciement économique est doté ou non d'une cause réelle et sérieuse (v. en ce sens Soc. 14 février 2007, n° 05-40504, *Bull. civ.* V, n° 25). La qualification de licenciement « économique » fait entrer dans le champ d'application des règles propres aux licenciements économiques. Elle ne préjuge pas de l'existence d'une cause réelle et sérieuse. Il en va du licenciement économique comme du licenciement pour motif personnel : il est parfois doté d'une cause réelle et sérieuse ; il en est parfois dépourvu (sur cette question de la justification du licenciement économique, v. n° 566 à 575).

■ 508 C'est la première partie de l'article L. 1233-3 du Code du travail qui définit la cause « économique ». En droit, il n'est que deux qualifications possibles : un licenciement peut être pour « motif personnel » ou pour « motif économique ». Et ces deux qualifications sont alternatives : un licenciement est soit l'un, soit l'autre ; il ne peut être ni entre les deux, ni ailleurs (v. n° 512). Dès lors, le licenciement économique ne peut qu'être défini par opposition au licenciement personnel. C'est ce que fait d'entrée l'article L. 1233-3 lorsqu'il précise : « Constitue un licenciement pour motif économique le licenciement effectué par un employeur pour un ou plusieurs motifs *non inhérents à la personne du salarié* ». Réciproquement, le licenciement pour motif personnel est celui dont le motif est inhérent à la personne du salarié, comme son insuffisance professionnelle ou sa faute.

■ 509 La suite du texte ne fait qu'expliciter cette définition. Il répond à la question : « Pour quelles raisons, non inhérentes à la personne du salarié, un employeur peut-il vouloir rompre un contrat de travail ? ». La réponse s'impose d'elle-même. Le licenciement économique est un licenciement pour un motif « résultant d'une suppression ou transformation d'emploi ou d'une modification, refusée par le salarié, d'un élément essentiel du contrat de travail ». Effectivement, si l'employeur juge que le salarié convient parfaitement et que son travail comme ses conditions d'emploi doivent être maintenus, si en un mot l'employeur pense que rien ne doit changer, on ne voit pas très bien pourquoi il déciderait de rompre le contrat de travail. En l'absence de motif inhérent au salarié, le motif de la rupture ne peut qu'être dans la volonté de l'employeur de supprimer, de transformer l'emploi du salarié ou à tout le moins de modifier un élément de son contrat de travail.

■ 510 Le fait que le texte vise le « refus » d'une modification du contrat s'explique facilement. Si le salarié accepte ce que demande l'employeur, on ne voit pas très bien en quoi la modification pourrait motiver le licenciement. Seuls les refus peuvent conduire au licenciement.

Si le refus porte sur un élément qui appartient au pouvoir de direction de l'employeur, il est fautif. Et cette faute du salarié sera un motif personnel de licenciement (dont le caractère réel et sérieux restera à apprécier).

S'il s'agit d'un élément contractuel, le refus est un droit. L'exercice d'un droit ne peut aucunement être un motif de licenciement. Seul le motif de la proposition refusée peut causer le licenciement. Si cette proposition est inhérente à la personne du salarié (il s'agit, par exemple, d'une rétrogradation disciplinaire édictée à la suite d'une faute du salarié, ou d'un reclassement demandé du fait de l'insuffisance professionnelle du salarié sur un poste), le licenciement consécutif au refus aura un motif personnel. Si le motif de la proposition est non inhérent à la personne du salarié (par exemple, l'employeur veut faire des économies en diminuant les salaires), le licenciement consécutif au refus aura un motif économique, dont le caractère réel et sérieux restera à apprécier.

En définitive, le licenciement économique est suffisamment défini comme suit : il est un *licenciement pour un motif non inhérent à la personne du salarié*. La suite de l'article L. 1233-3 C. trav. du Code du travail n'est qu'explicitation et redondance.

Le texte aurait en revanche pu être plus précis. De nombreux licenciements sont à la fois justifiés par des motifs personnels et par des motifs économiques. Il s'agit même de la quasi-totalité des licenciements. La faute, même grave, d'un salarié sera bien vite oubliée si la qualité du travail et l'intérêt économique du salarié sont très importants... Le licenciement pour faute grave est donc aussi fondé par l'idée qu'*économiquement* le remplacement du salarié sera un gain. 511

Réciproquement, lorsqu'un changement technologique conduit l'employeur à supprimer 10 de ses 100 postes de travail, il s'agit bien sûr d'une cause économique. Mais encore faudra-t-il choisir quels seront les salariés effectivement licenciés (v. n° 541 à 545). Le choix, quel que soit le critère retenu (ancienneté, efficacité professionnelle, charges de famille, etc.), se fera nécessairement en fonction d'éléments propres à tel ou tel salarié, de motifs inhérents à leur personne. Si l'on se penche sur les causes du licenciement, on s'apercevra alors que tel salarié a été licencié pour un motif économique – la suppression de poste – mais aussi pour un motif personnel (ses faibles charges de familles, par exemple).

La pluralité de causes reçoit une solution logique : la cause qui permet de qualifier le licenciement est la cause première, déterminante, celle qui est à l'*origine* de la décision de l'employeur de rompre un contrat de travail (v. n° 456). Est un licenciement économique, celui dont on peut dire : « si la question de la rupture d'un contrat de travail s'est posée, c'est *d'abord* pour un motif non inhérent à la personne ». Lorsque *d'abord* il est décidé de supprimer un poste, de restructurer l'entreprise, de modifier les processus de production, et que ce n'est qu'ensuite que l'on s'aperçoit que tel ou tel est mal adapté à la modification projetée, ou que de tous les salariés c'est encore de lui que l'on préfère se séparer en premier, le licenciement n'en conserve pas moins la qualification de licenciement pour motif économique. 512

Cette solution a été reconnue et même renforcée par la jurisprudence. Celle-ci affirme que lorsqu'une cause économique et une cause personnelle sont présentes, seule la « cause première et déterminante » peut être invoquée et ce, non seulement au stade de la qualification, mais aussi au stade de la justification (Soc. 10 octobre 1990, *Méchin*, *Bull. civ.* V, n° 442 ; *Grands arrêts*, n° 106 ; Soc. 3 avril 2002*). La solution est certaine lorsque les causes sont liées entre elles : si l'incompétence est l'effet du changement de machine, la cause première est le changement de machine et il s'agit d'un licenciement pour motif économique. Lorsque les fautes répétées du salarié conduisent l'employeur à penser que son remplacement serait un gain économique, la cause première, qui dicte la qualification du licenciement, est personnelle. 513

La question est plus difficile lorsque l'employeur invoque deux motifs *a priori* indépendants l'un de l'autre, une faute disciplinaire et une restructuration par exemple. L'aspect premier, déterminant, de l'un des deux est alors trop psychologique pour être facilement découvert. Il est simplement clair que si des deux motifs invoqués l'un est personnel et l'autre économique, les juges doivent n'en conserver qu'un et négliger l'autre (Soc. 3 avril 2002*, préc.). 514

La Cour dit qu'il faut conserver celui qui est premier et déterminant. Si l'on arrive à savoir que l'un des motifs n'est qu'un prétexte, tant mieux. Mais le plus souvent, un certain doute s'installe. La tendance semble être alors, derrière la recherche officielle du motif déterminant, de faire prédominer la qualification la plus avantageuse pour le salarié, celle que l'employeur a le plus intérêt à masquer ou à minimiser, celle qui dès lors ressemble le moins à un simple prétexte.

■ 515 Il existe ainsi, peut-être, derrière le visa de la cause première et déterminante, une sorte d'application dans le doute, de la cause la plus protectrice. Ceci explique les solutions suivantes qui, sinon, apparaîtraient dissonantes.

En présence d'un motif personnel et d'un motif économique, le motif économique est généralement prédominant. Mais lorsqu'un motif personnel est mieux protégé qu'un motif économique, comme c'est le cas de l'inaptitude physique, c'est ce dernier motif qui l'emporte (Soc. 14 mars 2000, *RJS* 2000, n° 526). Réciproquement, lorsque deux motifs personnels également protégés sont invoqués, ils peuvent être invoqués simultanément. Alors le juge peut se fonder sur l'un et rejeter l'autre, sans avoir à rechercher lequel a été « premier et déterminant » (Soc. 23 septembre 2003*), à moins, bien entendu, que l'une des causes invoquées ne soit qu'un prétexte, qu'elle s'avère inexacte (v. n° 460 à 462).

Finalement, lorsqu'au doute sur le motif premier et déterminant s'ajoute un doute sur le motif le mieux protégé, les juges semblent décider de conserver les deux motifs. Dans les autres cas, il est possible de trancher et un seul motif doit être conservé.

§ 2 Le « grand » licenciement économique

■ 516 Le « grand » licenciement collectif pour motif économique est le licenciement pour lequel il existe la procédure la plus complète et la mieux sanctionnée. C'est dans ce cadre que s'appliquent les principales protections existantes et notamment le « plan de sauvegarde de l'emploi », anciennement qualifié de « plan social ». La définition du grand licenciement économique est par conséquent une question cruciale. Elle est agitée et débattue en proportion de son importance.

Il est deux types de « grandes » opérations. Ce peut être un « grand projet » : on compte alors le nombre de licenciements *envisagés*. Ce peut être aussi un « grand effet » : on compte alors le nombre de licenciements *réalisés*. Dans tous les cas les licenciements sont comptés dans l'« entreprise », laquelle peut être composée de plusieurs personnes morales si celles-ci sont considérées comme co-employeurs de leurs salariés (Soc. 28 janvier 2009, n° 07-45481, [P], *RDT* 2009. 233, note J.-Y. Frouin).

A. Le grand projet

■ 517 Ce qui fut « plan social », puis devint « plan de sauvegarde de l'emploi » depuis la loi du 17 janvier 2002, a un champ d'application exprimé dans les mêmes termes depuis l'origine, c'est-à-dire depuis la loi du 2 août 1989.

L'article L. 1233-61 du Code du travail explicite ce champ d'application. Le plan de sauvegarde de l'emploi s'applique : « Dans les entreprises de cinquante salariés et plus, lorsque le projet de licenciement concerne *dix salariés ou plus dans une même période de trente jours* ». La seconde partie de ce texte a déclenché une bataille d'interprétations particulièrement intense. Bataille qui s'est déroulée en doctrine, au sein de la chambre sociale de la Cour de cassation et jusque devant le Parlement. La question a pris un tour politique assez marqué et a provoqué deux interventions législatives : une majorité de gauche a d'abord contrecarré une interprétation jurisprudentielle jugée trop restrictive (loi du 31 juillet 1992). Puis une majorité de droite est intervenue pour contrecarrer une interprétation jurisprudentielle jugée cette fois trop extensive (loi du 18 janvier 2005).

Il s'agit donc d'un sujet qui ne laisse pas indifférent. Il faut dire que la logique même de la procédure de licenciement économique est ici en cause. Mieux, à bien des égards, les débats qui ont agité la question apparaissent emblématiques des tensions qui traversent le droit du travail.

Un premier élément d'interprétation est difficilement contestable. Le texte vise un « nombre de licenciements ». Il ne peut certainement pas s'agir d'un nombre de licenciements déjà accomplis, déjà notifiés. Le plan de sauvegarde de l'emploi est ordonné, aux termes même de l'article L. 1233-61 du Code du travail « pour éviter les licenciements ou en limiter le nombre ». Il apparaît difficile d'éviter les licenciements qui ont déjà été prononcés. Il ne s'agit donc pas de décompter un nombre de licenciements déjà juridiquement décidés, mais de mesurer l'ampleur d'un projet, de décompter un nombre de licenciements *envisagés*. **518**

Le problème d'interprétation se situe là : à partir de quand un licenciement est-il suffisamment « envisagé » pour qu'il doive être compté ? Le point de bascule se situe quelque part entre la vague idée passagère et la décision ferme et définitive. Mais où ?

Le débat s'est focalisé sur la question des modifications de contrats de travail proposées par l'employeur, laquelle se comprend mieux au travers d'un exemple. Soit un employeur qui envisage de déplacer une usine de 100 km, sans que ses besoins en emplois soient diminués. Il envisage de proposer aux salariés un déplacement important de leur lieu de travail. Ce déplacement, on le suppose, s'analyse en une modification du contrat de travail (ce qui apparaît plus que probable si le déplacement a une telle ampleur, v. n° 97). Les salariés sont donc en droit de le refuser. Si la décision de déplacer se concrétise, il faudra envisager de licencier les salariés récalcitrants. Ce type d'opération voit se succéder les quatre étapes suivantes : il y a d'abord un projet de restructuration, puis une décision de restructurer, puis une « proposition » de modification des contrats de travail, puis la rupture du contrat des salariés qui ont refusé les modifications de leurs contrats de travail. **519**

À quel moment la procédure de grand licenciement économique doit-elle être déclenchée ?

La première réponse, jurisprudentielle, a été de dire : « jamais ». L'argument invoqué était le suivant. Les licenciements sont décidés à la suite du refus de la modification par les salariés. Chaque refus est une cause différente, individuelle. Il n'y a donc qu'une série de licenciements individuels ayant chacun leur motif (Soc. 9 octobre 1991, *Petit Bateau*, *Bull. civ.* V, n° 399). **520**

Ce raisonnement était plus que critiquable. Qualifier de « licenciements individuels » des licenciements qui pouvaient toucher d'un coup des centaines de salariés avait quelque chose de ridicule. De plus, il y avait là une grave erreur de droit : le refus d'une modification du contrat est un droit du salarié. L'exercice d'un droit ne peut jamais être une cause recevable de licenciement. La seule cause invocable par l'employeur est bien *la cause de la proposition*, identique pour tous et non le refus de cette proposition.

BIBLIOTHÈQUE UNIVERSITAIRE DROIT VILLETANEUSE LETTRES

521 Le législateur est intervenu pour couler l'absurde jurisprudence *Petit Bateau* par la loi du 31 juillet 1992. L'article L. 1233-25 du Code du travail, tel que rédigé par cette loi, a résolu la question. Désormais, le licenciement des salariés qui ont refusé la modification de leur contrat est bien un licenciement collectif et non une série de petits licenciements individuels (en ce sens, appliquant la loi nouvelle, v. Soc. 22 mars 1995, *Bull. civ.* V, n° 102).

Depuis lors, il est clair que la procédure de grand licenciement économique s'applique lors de *certaines* opérations de modification des contrats individuels de travail. Le « jamais » de la jurisprudence *Petit Bateau* est devenu un « parfois ». Mais il restait à préciser ce « parfois ».

522 C'est ce qu'a assez rapidement fait la Cour de cassation par deux arrêts, *Framatome* et *Majorette*, du 3 décembre 1996*. Par ces arrêts, la Cour de cassation affirme que le décompte du nombre de licenciements envisagés doit être placé au début de l'opération. Dans l'exemple sus-décrit, dès que le projet de déplacement d'usine est suffisamment précis, avant même que la décision de déplacement ne soit définitive (donc avant l'achat des nouveaux terrains, la construction des nouveaux locaux, l'installation des nouvelles machines...), la procédure doit être enclenchée.

Il y a là quelque chose de logique. Décider le déplacement, c'est déjà décider de licencier les salariés qui le refuseront. Le licenciement de chacun des salariés déplacés est donc envisagé en même temps que le déplacement de l'usine est projeté. Ceci est la conséquence de cela. Si les salariés concernés par la modification sont plus de 10 (ils étaient 14 dans l'espèce *Majorette*), la procédure de grand licenciement collectif devra être engagée.

523 Cette solution affirmée par la jurisprudence *Framatome-Majorette* a été vivement critiquée par certains auteurs et fermement soutenue par d'autres. Les auteurs critiques réclamaient un autre mode de calcul et une autre date de départ de la procédure obligatoire. Selon eux, il ne faudrait décompter que les salariés qui ont effectivement refusé la modification et ce n'est qu'à compter de ces refus, s'ils dépassent les 10, qu'une procédure de grand licenciement économique devrait être déclenchée.

Cette solution présente un grand intérêt pour les employeurs. Le déclenchement de la procédure est alors beaucoup plus tardif et, surtout, beaucoup plus rare : les salariés préfèrent le plus souvent accepter une modification de leur contrat plutôt que de perdre leur emploi. Entre l'exigence de 10 propositions de modification et l'exigence de 10 refus pour déclencher la procédure, il y a tout un monde.

524 La solution proposée par les opposants à la jurisprudence *Framatome-Majorette* présentait cependant une faiblesse, et de taille. L'adopter, c'était abandonner la logique même de la procédure du grand licenciement économique. Cette procédure a pour but de sauvegarder l'emploi, d'aider à trouver des alternatives, de rechercher tous les moyens de limiter le nombre de licenciements. Si l'on attend les refus pour déclencher la procédure, on attend le presque irrémédiable. Les refus interviennent une fois l'opération réalisée. La nouvelle usine a été construite, les machines ont été déplacées, les propositions définitives ont été envoyées aux salariés. Tout est dit. Il n'est plus question de débattre du maintien de l'usine au même lieu, il n'est plus question de débattre du maintien de l'emploi tel qu'il existait précédemment. Il est même en général trop tard pour négocier les conditions du futur déplacement et

essayer d'éviter les refus, à l'aide par exemple de primes de déménagement, de délais octroyés ou de nouvelles organisations du temps de travail. Les jeux sont faits. Il n'est plus guère d'alternative crédible à la rupture du contrat de travail des salariés récalcitrants. Il n'y a plus véritablement de consultation, mais plutôt une information sur les décisions prises.

La finalité de la procédure — chercher des alternatives aux licenciements — commande un début de celle-ci aussi rapide que possible. En contestant cette idée, les opposants à la procédure *Framatome-Majorette* attaquent cette finalité. Fondamentalement, ils expriment leur refus d'une procédure ayant pour objectif de limiter le nombre de licenciements, soit qu'ils considèrent un tel objectif comme illusoire, soit qu'ils le considèrent comme nuisible à la flexibilité du marché du travail.

À la mesure de l'enjeu, la lutte pour l'interprétation a pris ici une intensité rare. Les débats étaient rudes, y compris au sein de la chambre sociale. On en prendra pour preuve l'histoire mouvementée de l'arrêt *Aventis Pharma* du 21 janvier 2004 (*Bull. civ.* V, n° 26), lequel a finalement préservé la jurisprudence *Framatome-Majorette*, malgré les réticences du président de la chambre sociale, non sans difficultés ni polémiques (v. Biblio). La confirmation de la jurisprudence *Framatome-Majorette* fut en définitive très ferme (v. not. Soc. 22 février 2005, *Dr. soc.* 2005. 559). 525 ■

Finalement, le législateur soucieux de réduire les protections existantes en matière de licenciement économique a adopté, par la loi du 18 janvier 2005, un texte présenté comme une remise en cause de cette jurisprudence. Il s'agit de l'article L. 1233-25 du Code du travail, aux termes duquel : « Lorsqu'au moins dix salariés ont refusé la modification d'un élément essentiel de leur contrat de travail proposée par leur employeur pour l'un des motifs économiques énoncés à l'article L. 1233-3 et que leur licenciement est envisagé, celui-ci est soumis aux dispositions applicables en cas de licenciement collectif pour motif économique ». 526 ■

Le texte est maladroit. Il ne condamne la jurisprudence *Framatome-Majorette* qu'*a contrario*. Il ordonne la procédure en présence de 10 refus. Mais il n'exclut pas *expressément* que la procédure puisse être imposée avant l'envoi d'au moins 10 propositions. Cette faille pourrait s'agrandir, dès lors que l'on s'aperçoit que l'anticipation de la procédure est au cœur de la philosophie des directives européennes 98/59/CE du 20 juillet 1998 et 2002/14/CE du 2 mars 2002. 527 ■

L'intention du législateur est cependant très claire, même si son expression ne l'était pas. Et elle devrait par voie de conséquence s'imposer. Les directives de 1998 et 2002 ne peuvent guère être présentées comme véritablement contraire à cette solution : le texte nouveau écarte le plan de sauvegarde de l'emploi et les consultations spécifiques aux grands licenciements collectifs mais il maintient l'obligation de consulter le comité d'entreprise avant même que ne soient envoyées les propositions de modifications des contrats, notamment sur le fondement de l'article L. 2323-6 du Code du travail, ce qui devrait suffire à contenter le droit communautaire.

Il apparaît dès lors qu'aujourd'hui, il faudra attendre que 10 refus soient enregistrés dans une période de 30 jours pour qu'une procédure de grands licenciements collectifs soit impérative. 528 ■

Le caractère tardif de la procédure, désormais autorisé, peut cependant se retourner contre les employeurs. Il sera bien difficile de constituer aussi tardivement un plan de sauvegarde de l'emploi digne de ce nom, ce qui accroît les risques d'annulation du licenciement des salariés récalcitrants (v. nº 560 à 562).

B. Le grand effet

529 Il ne faut pas prendre les dirigeants d'entreprise pour des imbéciles à courte vue. Une opération de licenciement économique étalée sur trois mois, sur un an, voire sur plusieurs années est généralement *envisagée* dans son ensemble dès le départ. Certaines opérations importantes sont étalées sur des durées bien supérieures aux 30 jours de l'article L. 1233-61 du Code du travail, et peut-être parfois pour éviter d'avoir à mettre en place un tel plan. Le projet touche peut-être 50, 100 salariés, mais il est pensé comme devant s'étaler dans le temps, sans jamais passer la barre des 10 licenciements sur 30 jours.

C'est alors qu'intervient le second mode de calcul, le calcul du « grand effet ».

Il a été décidé d'ajouter à la notion originelle de « grand licenciement collectif », deux hypothèses, dans lesquelles une grande opération s'étale dans le temps. Pour ce faire, il a été décidé de compter les licenciements *réalisés* et, si ceux-ci dépassent un certain nombre dans une certaine période de temps, tout *projet* de licenciement *qui suivra*, dans les trois mois, devra passer par la procédure complète des grands licenciements collectifs.

530 Plus précisément deux calculs doivent être opérés, le premier a été introduit par la loi du 2 août 1989, le second l'a été par la loi du 17 janvier 2002.

Si, pendant 3 mois, plus de 10 licenciements ont été *réalisés*, tout licenciement *envisagé* au cours des 3 mois suivants doit suivre la procédure du grand licenciement économique (art. L. 1233-26 C. trav.).

Si, au cours d'une *année civile* (du 1er janvier au 31 décembre), plus de 18 licenciements ont été *réalisés*, tout licenciement *envisagé* au cours des 3 mois suivants (entre le 1er janvier et le 31 mars de l'année suivante) doit suivre la procédure du grand licenciement économique (art. L. 1233-27 C. trav.).

Ce second mode de calcul ne s'applique qu'aux entreprises employant au moins 50 salariés.

531 Il peut créer une certaine amertume de la part des premiers salariés licenciés, dont le décompte va permettre aux salariés suivants de bénéficier de la procédure complète. Ces premiers licenciés étaient bien dans la même opération de réduction d'effectifs que les autres, mais, parce qu'ils étaient les premiers, ils n'ont pas eu droit aux mêmes garanties que les autres...

De plus, sans passer par la procédure du grand licenciement collectif, un employeur pourra tout de même licencier un nombre respectable de salariés tous les ans (dix-huit).

532 Le texte affirme que le calcul n'a lieu que lorsque l'entreprise au cours de la période considérée n'a jamais *envisagé* de procéder au moins à 10 licenciements dans une même période de 30 jours. Cela semble signifier que les modes de calcul sont alternatifs et non cumulatifs. En clair, les licenciements réalisés à la suite d'une procédure de grand licenciement ne comptent pas pour savoir si une nouvelle procédure de grand licenciement doit être enclenchée. Cette fois, c'est le salarié licencié tout seul pour motif économique, juste après une « charrette » de licenciés

avec plan de sauvegarde de l'emploi, qui risque de ressentir une certaine amertume lorsqu'il s'apercevra que lui ne bénéficie pas des mêmes protections que ceux qui l'ont précédé.

section 2

Questions communes à l'ensemble des licenciements économiques

Les règles du droit commun du licenciement bénéficient naturellement à l'ensemble des licenciements économiques. L'entretien préalable, les effets de la rupture, la lettre de licenciement et le préavis sont notamment applicables, en principe, au licenciement économique (v. chapitre 18). Seules quelques menues exceptions sont prévues ici ou là. Celles-ci sont parfois défavorables aux salariés. Ainsi, l'entretien préalable n'est pas exigé dans le cadre des grands licenciements collectifs, s'il existe une représentation du personnel (art. L. 1233-38 C. trav.). Elles sont très généralement favorables aux salariés. 533

Au-delà de ces exceptions ponctuelles, il existe quelques grandes règles, qui bénéficient à tous les licenciements pour motif économique. Ces règles peuvent être présentées dans un ordre chronologique.

Avant la procédure de licenciement proprement dite, parfois même des années avant que cette procédure ne soit engagée, la possible réduction des effectifs doit être discutée, débattue, avec les représentants du personnel dans le cadre de la « gestion prévisionnelle des emplois et des compétences » (§ 1). Les salariés menacés d'un licenciement économique bénéficient tous d'un droit au reclassement (§ 2). Si ce reclassement s'avère impossible, la désignation du salarié dont le contrat de travail sera rompu à la suite d'un motif économique ne peut être laissée à l'arbitraire de l'employeur. Même si un seul salarié doit être licencié pour motif économique, encore faut-il savoir lequel. Cette question, désignée comme celle de l'ordre des licenciements, est traitée par des textes spéciaux (§ 3). Avant que leur contrat ne soit effectivement rompu, les salariés doivent encore se voir proposer une convention organisant une aide personnalisée censée les aider à retrouver un emploi (§ 4). 534

Une fois le contrat rompu, les salariés licenciés pour un motif économique bénéficient d'une priorité de réembauchage. Ils devront être repris par l'employeur qui les a licenciés, si des postes réapparaissent dans son entreprise pendant un an à compter de la date de la rupture de leur contrat de travail (art. L. 1233-45 C. trav.). La violation de cette priorité entraîne une condamnation à des dommages-intérêts calculés selon le préjudice subi, lequel peut être important si le salarié ne retrouve pas d'emploi. Pour les salariés qui avaient au moins deux ans d'ancienneté, dans l'entreprise comptant au moins onze salariés, cette indemnité est au minimum égale à deux mois de salaire (art. L. 1235-13 C. trav.). 535

Le champ d'application de la priorité de réembauchage pourrait être remis en question par la recodification. Ce champ d'application était, sous l'empire de l'ancien Code, très général puisqu'étaient visés tous les licenciements économiques (L. 321-14 anc. C. trav.). Le texte est inchangé dans la recodification (L. 1233-45 C. trav.), mais il est placé dans une section intitulée « Licenciement de dix salariés ou plus dans une même période de trente jours » et non pas au sein de la section relatives aux règles communes aux différents types de licenciement. Il semble qu'il ne s'agisse là, cependant, que d'une maladresse (de plus), sans impact au fond : l'article L. 1233-16 du Code du travail, situé lui dans la section relative au licenciement de moins de 10 salariés dans une période de 30 jours, précise que la lettre de notification du licenciement doit mentionner la priorité de réembauche de l'article L. 1233-45. Ce texte doit suffire à démontrer que la priorité de réembauche demeure d'application générale pour tous les licenciements pour motif économique.

§ 1 La gestion prévisionnelle des emplois et des compétences (GPEC)

536 Les départs à la retraite non remplacés, la formation des salariés à l'évolution de leurs postes, la création d'activités nouvelles se substituant aux activités en difficultés… Les véritables moyens d'éviter les licenciements économiques supposent un travail de prévision, d'anticipation des difficultés, souvent plusieurs années à l'avance. C'est au prix de ce travail réalisé très en amont qu'un véritable dialogue social est possible et que les conséquences humaines les plus rudes des restructurations peuvent être évitées.

Les législateurs européen et français sont donc intervenus pour ordonner le déclenchement de consultations sur les évolutions prévisibles à moyen et long terme de l'emploi et pour ordonner la prise en compte de ces évolutions prévisibles dans les décisions prises au sein des entreprises.

L'article L. 2323-6 du Code du travail dispose que « le comité d'entreprise est obligatoirement informé et consulté sur les (…) mesures de nature à affecter le volume ou la structure des effectifs, la durée du travail, les conditions d'emploi, de travail et de formation professionnelle du personnel ». L'article L. 2323-56 du Code du travail impose une consultation annuelle du comité d'entreprise sur les « prévisions annuelles ou pluriannuelles » en matière d'emploi et sur « les actions, notamment de prévention et de formation, que l'employeur envisage de mettre en œuvre compte tenu de ces prévisions ». L'article L. 2242-9 du Code du travail prévoit que la négociation annuelle obligatoire est l'occasion d'un examen par les parties « de l'évolution de l'emploi dans l'entreprise, et notamment (…) des prévisions annuelles ou pluriannuelles d'emploi ». Et l'article L. 2242-15 du Code du travail précise que dans les très grandes entreprises (plus de 300 salariés en France ou plus de 1 000 en Europe dont au moins 150 en France) une négociation sur ce même thème, mais un peu plus précise, doit s'engager tous les trois ans (cette innovation de loi du 18 janvier 2005, largement redondante, est un exemple du goût prononcé du législateur pour l'empilement de textes).

Ces différents textes sur la gestion prévisionnelle de l'emploi sont, de plus, renforcés par les directives 98/59/CE du 20 juillet 1998 (qui consolide des directives de 1975 et de 1992) et du 2 mars 2002 sur l'information et la consultation des travailleurs.

Au-delà de ces droits collectifs relatifs à la gestion prévisionnelle de l'emploi, les salariés sont titulaires d'un droit à la formation et d'un droit à l'adaptation aux évolutions prévisibles de leur emploi. Ces droits ont été créés par la jurisprudence d'abord (Soc. 25 février 1992, *Expovit*, *Bull. civ.* V, n° 122 ; *Dr. soc.* 1992. 922), avant d'être repris et renforcés par le législateur (art. L. 1233-4 C. trav. issu de la loi du 17 janvier 2002 ; art. L. 6321-1 C. trav. issu de la loi du 4 mai 2004). Ils sont complétés par une obligation de l'employeur « de veiller au maintien de (la) capacité (des salariés) à occuper un emploi » (Soc. 23 octobre 2007, n° 06-40950, [P], *RDT* 2008. 33, obs. A. Fabre ; *Dr. ouvrier* 2008. 296, obs. B. Lardy-Pélissier ; *Dr. soc.* 2008. 126, note J. Savatier), obligation qui oblige l'employeur à préserver la compétence de ses salariés, leur « employabilité » selon un néologisme à la mode. Cette obligation de formation dépasse ainsi la simple adaptation au contexte de l'entreprise, pour intégrer une sorte d'adaptation aux évolutions du marché du travail. 537

Par ces droits à l'adaptation et à la formation, les salariés sont ainsi devenus titulaires d'un véritable droit individuel à l'évolution de leurs compétences. Ce droit ne se comprend qu'au vu de l'évolution rapide des techniques et des emplois dans l'économie actuelle. Il est une voie juridique visant à aider les personnes à suivre les évolutions techniques et même, dans certains cas, à anticiper la disparition prévisible de leur métier, par l'apprentissage de nouvelles compétences.

Ces obligations d'adaptation et de formation de l'employeur ne sont, bien entendu, que des obligations de moyen : l'employeur doit donner aux salariés les moyens de leur évolution. Il ne peut être tenu responsable de l'échec, toujours possible, de leur formation.

Elles sont d'abord des obligations d'adaptation des salariés aux évolutions prévisibles des emplois *dans l'entreprise*. C'est sous cet angle que le non-respect des obligations de formation et d'adaptation suffit à faire perdre au licenciement économique sa cause réelle et sérieuse (art. L. 1233-4 C. trav.). Mais elles vont désormais au-delà de cette nécessaire adaptation, pour exiger une formation permettant le maintien des compétences du salarié, au-delà de l'entreprise, malgré les évolutions technique et économiques prévisibles. La question dépasse alors la simple question du motif économique du licenciement. Au demeurant, la violation des obligations de formation qui incombent à l'employeur peut donner lieu à une indemnisation spéciale, distincte de l'indemnisation du licenciement sans cause réelle et sérieuse (cf. Soc. 23 octobre 2007, préc.).

L'obligation de formation et d'adaptation n'incombe pas qu'à l'employeur. Le salarié a l'obligation de suivre les formations que l'employeur lui propose dans l'intérêt de l'entreprise (Soc. 7 avril 2004, n° 02-40496 ; Soc. 5 décembre 2007, n° 06-42905).

Les obligations individuelles et collectives relatives à la gestion de l'emploi et des compétences sont l'expression d'une volonté ferme et réitérée du législateur de voir les entreprises anticiper sur leurs difficultés soit pour les éviter, lorsque cela est possible, soit pour en limiter au maximum les coûts sociaux, lorsque ceux-ci sont inéluctables. Et cette anticipation doit être menée de manière transparente, puisqu'elle est l'objet de consultations et de négociations obligatoires. 538

Ces exigences juridiques d'anticipation et de transparence se heurtent à des pratiques contraires encore traditionnelles. Comme bien des lieux de pouvoir, les directions d'entreprises cultivent souvent un goût prononcé pour l'opacité, le secret et le court terme. La résistance face aux textes légaux qui exigent transparence et organisation sur le moyen ou sur le long terme est donc forte. Elle s'explique parfois par la crainte des effets démotivants de l'annonce d'une possible réduction d'effectifs. Elle est le plus souvent justifiée par la volonté de couper court à d'éventuelles résistances, à l'expression des contre-pouvoirs de droit et de fait qui peuvent exister dans l'entreprise.

Lorsque la procédure de licenciement proprement dite est engagée, il est donc souvent trop tard. Les décisions stratégiques sur l'avenir de l'emploi sont déjà prises. De nombreuses options sont déjà fermées. Tout est en place pour que les licenciements soient organisés dans l'urgence et le conflit. Et ce, en violation de dispositions légales, pourtant pénalement sanctionnées pour beaucoup d'entre elles.

§ 2 Le droit au reclassement

■ 539 L'obligation de reclasser est peut-être l'obligation la plus importante qui soit imposée à l'employeur au cours de la procédure de licenciement.

L'existence d'une cause réelle et sérieuse (et donc la licéité du licenciement) est subordonnée à la démonstration par l'employeur de l'impossibilité dans laquelle il s'est trouvé de reclasser les salariés licenciés, dans l'entreprise et à l'intérieur du groupe de société auquel appartient l'entreprise, y compris à l'étranger (Soc. 7 octobre 1998, *Bull. civ.* V, n° 407). L'obligation de reclassement inclut l'obligation, pour l'employeur, de proposer des formations susceptibles d'aider les salariés à acquérir les compétences nécessaires au reclassement dans de nouveaux emplois (Soc. 4 février 1998, *RJS* 1998, n° 434). Elle s'étend même sans doute à l'exigence d'une recherche au sein d'autres entreprises avec lesquelles l'employeur est en relation d'affaires. Si des éventualités de reclassement externe existent et que l'employeur a négligé de les rechercher, on peut penser qu'il a manqué à son obligation de faire tout ce qu'il peut pour reclasser les salariés dont il envisage le licenciement.

L'obligation de reclassement produit des effets avant les *décisions* de licenciement. Dès l'apparition de la *cause* du licenciement, l'employeur doit rechercher, réserver et proposer des postes disponibles aux personnes menacées de perte d'emploi. En revanche, il n'est tenu de rechercher des postes disponibles qu'à compter de l'apparition de la cause de licenciement. Avant l'apparition de cette cause de licenciement, l'obligation de reclassement n'est pas née et il peut pourvoir librement les postes disponibles au sein de son entreprise (Soc. 21 juin 2006*).

■ 540 Le droit au reclassement dont bénéficient les salariés est d'origine jurisprudentielle (v. Soc. 1er avril 1992, *Bull. civ.* V, n° 228). Il a été repris et amplifié par le législateur (lois de 2002, 2003 et 2005) et est aujourd'hui consacré par l'article L. 1233-4 du Code du travail, lequel va au-delà de la jurisprudence en imposant une recherche du reclassement dans l'ensemble du groupe, alors que la jurisprudence se contentait jusqu'ici d'une recherche dans une partie de ce groupe. Ce texte précise de plus que les offres de reclassement proposées au salarié doivent être écrites et précises. À défaut de respect de ce formalisme, le licenciement est dépourvu de cause réelle et sérieuse (Soc. 20 septembre 2006, *Bull. civ.* V, n° 276 ; *RDT* 2006. 315, obs. Ph. Waquet ; *Dr. soc.* 2006. 1156, obs. G. Couturier). Le droit au reclassement a de surcroît été renforcé par la décision du Conseil constitutionnel du 13 janvier 2005, qui considère désormais que ce droit au reclassement des salariés licenciés « découle directement » du « droit de chacun d'obtenir un emploi » (Déc. 2005-509 DC, consid. 28, *Dr. soc.* 2005. 375, obs. X. Prétot).

Création jurisprudentielle décriée, le droit au reclassement est ainsi devenu droit fondamental en à peine plus de dix ans, ce qui est assez impressionnant. Il est l'exigence d'une recherche loyale et approfondie, par l'employeur, d'emplois de substitution pour les salariés menacés par lui de licenciement économique. L'obligation de l'employeur n'est qu'une obligation de moyens, mais elle est une obligation de moyens de plus en plus renforcée.

L'employeur ne peut limiter ses recherches et ses offres de reclassement en fonction de la volonté de ses salariés, exprimée à sa demande et par avance, en dehors de toute proposition concrète (Soc. 4 mars 2009, n° 07-42381, [P]). En revanche, une fois que certaines propositions expressément formulées ont été refusées par le salarié, l'employeur peut se fonder sur ce refus pour limiter ses nouvelles propositions (Soc., 13 novembre 2008, n° 06-46227, *Boncristiano*, *RDT* 2009. 37, obs. J.-Y. Frouin ; *D.* 2009. Pan. 590, obs. E. Peskine).

§ 3 L'ordre des licenciements

Une fois prise la décision de licencier une ou plusieurs personnes, dans une certaine catégorie professionnelle, il faut encore préciser quels sont parmi les salariés de cette catégorie, le ou les « heureux élus ». Le choix est difficile, dangereux. Les tensions sont à leur comble, chacun espérant ne pas être, au moins pour cette fois, dans la « charrette » des licenciés. 541

Dans un tel contexte, la crainte de l'arbitraire est à son comble. Dès 1945 il a donc été demandé aux employeurs de préciser leurs critères de choix et de s'y tenir (art. 10, ordonnance 24 mai 1945). Cette exigence de transparence est aujourd'hui prévue par les articles L. 1233-5, L. 1233-6 et L. 1233-7 du Code du travail.

La convention collective applicable dans l'entreprise définit, en principe, les critères devant être retenus (L. 1233-6 C. trav.). À défaut, la loi prévoit que l'employeur doit prendre en compte « les charges de famille et en particulier celles de parents isolés, l'ancienneté de service dans l'établissement ou l'entreprise, la situation des salariés qui présentent des caractéristiques sociales rendant leur réinsertion professionnelle particulièrement difficile, notamment des personnes handicapées et des salariés âgés, les qualités professionnelles appréciées par catégorie » (L. 1233-5 C. trav.).

Le plus controversé de ces critères est celui des qualités professionnelles. Supprimé en 2002, réintroduit de manière provisoire en 2003, puis de manière définitive en 2005, il reste toujours situé, dans la liste en dernière position. Bien qu'il doive être étayé par des faits objectifs et prouvés (Soc. 14 janvier 1997, *Belkacem* Bull. civ.* V, n° 16 ; *Grands arrêts*, n° 113 ; Soc. 3 avril 2002, *RJS* 2002, n° 797), la part de l'appréciation subjective par l'employeur est ici difficilement évitable. Et si un certain arbitraire doit s'exprimer dans l'ordre des licenciements, ce sera probablement par cette voie. Le critère apparaît cependant difficile à exclure totalement. La nécessité pour une entreprise en difficulté de conserver ses meilleurs éléments, surtout lorsqu'elle est de petite taille, apparaît difficilement contestable. 542

543 L'application des critères doit se faire au sein d'une catégorie professionnelle, mais elle doit viser toute l'entreprise et non un atelier ou une équipe déterminée, même si la suppression de poste ne concerne que cet atelier ou cette équipe (Soc. 24 mars 1993, *Bull. civ.* V, n° 97 ; *Grands arrêts*, n° 112 ; Soc. 19 janvier 1994, *Dr. soc.* 1995. 275).

L'employeur doit nécessairement donner une place à chacun des critères légaux. Il ne peut, par exemple, s'abstenir de prendre totalement en compte le critère du handicap (Soc. 11 octobre 2006, *Bull. civ.* V, n° 302 ; *RDT* 2007. 32, obs. Ph. Waquet). Mais il peut donner une place plus ou moins importante à tel ou tel critère (Soc. 14 janvier 1997, *Belkacem**, préc.). Il peut aussi ajouter tel ou tel autre critère de choix, la liste n'étant pas limitative.

La marge de manœuvre reste donc grande. La jurisprudence n'impose pas à l'employeur tel ou tel critère prédominant, elle ne lui impose donc pas tel ou tel choix. Elle se contente, en définitive, de lui demander de justifier ses choix, d'en montrer la rationalité, d'en extraire autant que possible toute part d'arbitraire et de montrer que les critères mentionnés par le législateur ont bien pris une place, même faible. Il y a là une solution qui s'inscrit dans la montée de l'obligation faite à l'employeur d'exercer son pouvoir de manière rationnelle, ou du moins raisonnable (v. n° 172 et s.).

544 Les sanctions ne sont guère à la hauteur. La jurisprudence refuse en effet d'assimiler un licenciement décidé en violation des règles sur l'ordre des licenciements à un licenciement sans cause réelle et sérieuse (Soc. 7 février 1990, *Bull. civ.* V, n° 51 ; Soc. 14 janvier 1997, *Belkacem**, préc. ; Soc. 2 février 2006, *Bull. civ.* V, n° 57) et ce même lorsque l'employeur n'a exprimé aucun critère (Soc. 20 janvier 1998, *Bull. civ.* V, n° 20 ; Soc. 2 février 2006, préc.). Les sanctions du licenciement sans cause réelle et sérieuse sont donc inapplicables. Seules des indemnités calculées selon le préjudice subi peuvent être obtenues. Ces indemnités peuvent être importantes, le préjudice alors subi pouvant être la perte injustifiée de l'emploi (en ce sens, v. Soc. 14 janvier 1997, *Belkacem*, préc.).

545 Cette solution est contestable. Pour bien le comprendre, trois situations doivent être envisagées.

Dans la première, le salarié licencié en violation de l'ordre des licenciements aurait été de toute manière licencié, même si ces critères s'étaient correctement appliqués. Auquel cas, son licenciement apparaît justifié et la violation de l'ordre des licenciements, pour lui, n'est que la violation d'une obligation formelle. Le préjudice subi sera très faible. Et l'on peut comprendre alors que les juges hésitent à en tirer toutes les conséquences d'un licenciement dépourvu de cause réelle et sérieuse.

Dans la deuxième, le salarié licencié en violation de l'ordre des licenciements n'aurait pas été licencié si ces critères avaient été respectés.

Dans la troisième situation, du fait de l'absence de toute précision sur les critères, il est totalement impossible de savoir si ce devait être lui ou un autre qui aurait dû être licencié.

Dans ces deux dernières situations, l'existence d'une cause réelle et sérieuse est on ne peut plus compromise. On suppose que l'employeur avait bien un motif réel et sérieux de décider d'un licenciement. Mais ce motif ne pouvait pas *causer* de manière réelle et sérieuse le licenciement de la personne considérée.

Si l'on sait que l'application des critères désignait quelqu'un d'autre, le motif devait selon l'ordre légal, causer *un autre* licenciement. Le salarié licencié a perdu son emploi *par la cause* de la violation de l'ordre des licenciements et non parce que les machines ont été changées, ni parce que des difficultés financières rendaient nécessaire les suppressions de postes : de tels motifs n'avaient de force causale juridique qu'envers la rupture du contrat d'autres salariés. La cause du licenciement est la violation de l'ordre des licenciements et donc la violation de la loi. Celle-ci est peut-être une cause réelle, mais ce n'est pas une justification, ce n'est donc pas une cause sérieuse.

Si l'on ignore tout des critères, il est impossible de prouver que le motif invoqué causait le licenciement de la personne visée. La cause de ce licenciement n'est donc pas réelle, une cause réelle étant une cause prouvée (v. n° 459).

Sauf s'il est démontré que le salarié aurait été licencié même si l'ordre des licenciements avait été respecté, la violation de l'ordre des licenciements équivaut donc, logiquement, à une absence de cause réelle et sérieuse. Il est regrettable que la jurisprudence en ait décidé autrement.

§ 4 Les conventions proposées à l'occasion de la rupture

L'employeur doit proposer à chaque salarié dont il envisage de prononcer le licenciement le bénéfice d'une « convention de reclassement personnalisé » (CRP) (L. 1233-65 et s. C. trav. ; convention du 27 avril 2005, modifiée par les conventions du 18 janvier 2006 et du 19 février 2009). En échange de leur accord, les salariés deviennent stagiaires de la formation professionnelle et perçoivent un revenu de remplacement pendant douze mois au maximum. Le montant du revenu de remplacement est, en principe, de 80 % de l'ancien salaire pendant les huit premiers mois, puis de 70 % pendant les quatre mois suivants, à condition que le salarié ait deux ans d'ancienneté. Le montant du revenu de remplacement est, sinon, d'un montant inférieur. Le salarié bénéficie, en outre, d'un entretien individuel de pré-bilan réalisé par le Pôle emploi et d'un plan d'action comportant un suivi individuel, des mesures d'orientation, d'éventuelles validations des acquis de l'expérience, etc. L'employeur verse pour sa part une contribution de deux mois de salaires aux Assedic. 546

Comme c'était le cas en matière de convention de conversion, ces conventions peuvent être intéressantes ou non pour les salariés selon les cas. Avant de les accepter ou de les refuser, une bonne connaissance des droits dont les salariés peuvent bénéficier par ailleurs s'impose.

L'adhésion à une convention de reclassement personnalisé transforme le licenciement en une rupture d'un commun accord (art. L. 1233-67 C. trav.). Mais cette qualification légale, largement fictive, n'exclut pas le droit du licenciement. Le contexte demeure celui d'un licenciement économique. Et le droit du licenciement demeure, de ce fait, largement applicable. L'employeur a l'obligation d'énoncer les motifs de la rupture sous peine de voir celle-ci traitée comme un licenciement sans cause réelle et sérieuse (Soc., 27 mai 2009, n° 08-43.137 [P]). Et le salarié a le droit de contester la réalité et le sérieux ce motif (Soc. 5 mars 2008, n° 07-41964, [P], *Dr. ouvrier* 2008. 305, obs. A. Guyon, *Dr. soc.* 2008. 617, note G. Couturier).

Dans les entreprises d'au moins 1 000 salariés et qui ne sont pas en redressement ou en liquidation judiciaire, la proposition d'un « congé de reclassement » (art. L. 1233-71 et R. 1233-17 à -36 C. trav.) se substitue à la convention de reclassement personnalisée. Ce congé de reclassement maintient un lien avec l'entreprise. Il remplace le 547 préavis par une durée de 4 à 9 mois, comportant diverses mesures de formation et d'aide à la recherche d'emploi. La rémunération est maintenue par l'employeur pendant la durée du congé. Une rémunération à hauteur de 65 % du salaire suit (sans tomber en dessous de 85 % du SMIC).

Le congé de reclassement peut encore, depuis la loi du 21 décembre 2006, être remplacé par un congé de mobilité (L. 1233-77 et s. C. trav.). Celui-ci est réservé aux entreprises ayant conclu un accord de gestion prévisionnelle de l'emploi et des compétences. Il doit être proposé avant la rupture du contrat et équivaut, en cas d'accord du salarié, à une rupture d'un commun accord. Il s'agit pour le salarié d'accepter, pendant une durée variable qui comprend au moins la durée du préavis de licenciement, un accompagnement composé de périodes de travail et de formation, en vue de préparer un reclassement futur. Pendant neuf mois maximum, l'entreprise bénéficie d'exonérations quasi totales de charges sociales.

section 3

Questions communes à l'ensemble des licenciements collectifs

548 Dès que le licenciement est collectif, c'est-à-dire dès qu'un même motif conduit à envisager le licenciement d'au moins deux salariés, les représentants du personnel doivent être consultés spécifiquement sur le projet de licenciement. En principe, c'est le comité d'entreprise qui est l'auteur de ces consultations. Ce n'est qu'en l'absence de comité d'entreprise que les délégués du personnel sont chargés d'émettre la consultation.

En pratique, s'appuyant sur ce droit à la consultation, le comité d'entreprise est devenu le principal contrepoids organisé face aux licenciements collectifs. Il est souvent une force de contre-propositions, de suggestions. La négociation collective menée par les délégués syndicaux est elle aussi en passe d'acquérir une place essentielle, notamment dans les grands licenciements collectifs, via la négociation d'accords de méthode (n° 563-565) et les obligations de négociations en développement, particulièrement de la négociation en matière de gestion prévisionnelle de l'emploi et des compétences (n° 536 et 558). Mais cette influence est surtout sensible dans les grands licenciements collectifs (n° 555 et s.)

L'influence du comité d'entreprise dans les procédures de licenciement collectif vient d'abord des règles qui ordonnent son information et sa consultation préalable, règles qui sont plus ou moins détaillées et précises selon l'importance de l'entreprise et la taille du licenciement collectif projeté (v. art. L. 2323-6 et s. et L. 1233-8 et s. C. trav., et, pour les grands licenciements collectifs, n° 556 et s.).

Elle s'explique ensuite, et peut-être surtout, par l'efficacité des recours en justice que peut faire le comité, en cas de violation de ces obligations.

549 À la suite des arrêts *Sietam* (Soc. 16 avril 1996, *Sietam Industries*, *Bull. civ.* V, n° 163, 164 et 165 ; *Dr. soc.* 1996. 484, note A. Lyon-Caen et p. 932, note G. Bélier et H.-J. Legrand ; *Dr. ouvrier* 1996. 317, note M. Miné ; *RJS* 1996, n° 5, p. 316, concl. R. Kessous ; *JCP E*

1996. 161, note G. Picca), une véritable capacité de blocage, par voie d'action en justice, a été reconnue aux comités d'entreprise en cas de violation par l'employeur de ses obligations d'information et de consultation. Depuis ces arrêts, le comité d'entreprise peut alors obtenir en référé la suspension de la procédure de licenciement. Cette suspension obligera l'employeur à reprendre la procédure en respectant scrupuleusement, cette fois, les prérogatives du comité. L'action en référé est ici d'autant plus efficace que, si elle est suffisamment crédible dans ses fondements, elle force l'employeur à en attendre l'issue avant de procéder aux licenciements. Un licenciement économique décidé en violation des prérogatives du comité d'entreprise est en effet nul, s'il a été prononcé alors qu'une demande de suspension était en cours et que la procédure consultative était irrégulière (Soc. 14 janvier 2003, *Bull. civ.* V, n° 5 ; Soc. 7 avril 2004, *Dr. soc.* 2004. 668, obs. G. Couturier ; *Bull. civ.* V, n° 108 ; Soc. 11 janvier 2007, n° 05-10350, *Bull. civ.* V, n° 5). Et la nullité est de loin la sanction la plus efficace en droit du licenciement (v. n° 498-504).

En revanche, si le comité est peu au courant de ses droits, s'il est simplement passif ou lent, ou encore si l'employeur est particulièrement efficace et qu'il prend le comité de vitesse, les licenciements décidés en violation de la procédure de consultation ne sont pas nuls. La jurisprudence décide en effet que, si le comité agit *après* que les licenciements ont été prononcés, malgré l'irrégularité de la procédure consultative, les licenciements prononcés ne sont pas nuls (v. Soc. 14 janvier 2003 ; Soc. 7 avril 2004 ; Soc. 11 janvier 2007, préc.). L'employeur pourra simplement être condamné pour entrave aux fonctions du comité et au versement de dommages-intérêts en fonction du préjudice subi du fait de l'absence de consultation.

La solution peut se comprendre pour des raisons pratiques. La réintégration rapide, ordonnée en référé, est une condamnation moins lourde que la réintégration ordonnée au fond, parfois après plusieurs années de procédure. Elle n'en apparaît pas moins juridiquement très étonnante. Dans les autres domaines du droit du travail, la faculté du juge des référés d'ordonner le rétablissement de la situation initiale et celle des juges du fond de prononcer la nullité sont indissociées. L'arrêt de la Cour de cassation qui a reconnu pour la première fois la nullité du licenciement irrégulier d'un salarié gréviste l'a fait pour motiver la faculté accordée au juge des référés de suspendre un tel licenciement et d'ordonner la réintégration : la suspension en référé était valide *parce que* la nullité au fond était encourue (Soc. 26 septembre 1990, *Compagnie lyonnaise de goudrons et de bitumes*, *Bull. civ.* V, n° 387 ; *Dr. ouvrier* 1990. 457, note F. Saramito ; *Dr. soc.* 1991. 60, rapp. Ph. Waquet, note J.-E. Ray ; *Grands arrêts*, n° 206). Réciproquement, la Cour a déjà cassé une décision de suspension du juge des référés au motif que l'irrégularité commise « n'a pas pour effet d'entraîner la nullité » (Soc. 19 mars 2003, *Bull. civ.* V, n° 105 ; *Dr. soc.* 2003. 552, note G. Couturier).

En matière de licenciements économiques, au contraire, la réintégration ne peut être ordonnée que si la suspension de la procédure de licenciement a été demandée avant le licenciement...

Sans doute les juges ont-ils été sensibles aux arguments des employeurs qui craignaient d'être sévèrement sanctionnés lorsqu'ils violent leurs obligations vis-à-vis du comité d'entreprise. La solution n'en demeure pas moins symptomatique de la crainte que suscite la nullité des licenciements : l'employeur qui viole les prérogatives du comité d'entreprise encourt une peine de prison d'un an au titre de l'entrave aux fonctions du comité d'entreprise (L. 2328-1 C. trav.) sans que cela ne suscite beaucoup d'émoi. En revanche, l'idée qu'il puisse encourir la nullité des licenciements glace encore d'effroi.

La capacité d'influence du comité d'entreprise au cours des procédures de licenciements économiques collectifs a cependant semblé encore excessive pour le législateur. Pour réduire « l'insécurité » que faisait peser cette possible action en justice des comités d'entreprise, la loi du 18 janvier 2005 a pris toute une série de mesures, en vue de restreindre leur droit d'agir en justice. La contestation en référé de la régularité d'une réunion du comité d'entreprise ne peut avoir lieu que dans les quinze jours de cette réunion (art. L. 1235-7, al. 1er C. trav.) ; la contestation d'un accord dérogatoire privant le comité d'une partie de ses droits à consultation en cas de licenciement collectif est limitée à trois mois et si cet accord fixe le contenu du plan social, le délai est d'un an (art. L. 1233-24 C. trav.). Ce raccourcissement des délais risque de multiplier les recours conservatoires dans les très grandes entreprises, là où les membres du comité sont bien renseignés, et de supprimer bien des possibilités d'agir en justice ailleurs. On notera au passage qu'aucune contestation n'est plus recevable, d'où qu'elle vienne, un an après le prononcé des licenciements (art. L. 1235-7 al. 2 C. trav.).

La suppression des radars sur autoroute est peut-être une mesure souhaitable. Mais il ne viendrait à l'esprit de personne de prôner une telle suppression au nom de la sécurité. La seule sécurité qui fait sens en la matière est la sécurité routière. En droit du licenciement, au contraire, c'est la suppression des sanctions qui est qualifiée de renforcement de la sécurité. La sécurité ici invoquée comme digne d'attention est la sécurité des auteurs de comportements illicites. Elle a acquis, dans les discours, une valeur supérieure à la sécurité de l'emploi. Ce qui apparaît assez symptomatique de certaines tendances actuelles.

550 Les consultations de représentants du personnel sont plus ou moins détaillées, complètes, selon le nombre de salariés de l'entreprise et selon le nombre de licenciements projetés. De nombreuses précisions et délais sont alors, selon les cas, prévus par le Code du travail.

Un problème cependant est général. Dès lors que le licenciement est collectif plusieurs obligations de consulter sont prévues par le Code du travail. Les unes ont pour fondement la première partie du Code du travail (anc. Livre III), les autres la deuxième partie (anc. Livre IV). D'importants débats sont nés de l'agencement de ces consultations (§ 2).

Mais encore faut-il que l'employeur ait un interlocuteur, que des représentants du personnel soient présents dans l'entreprise. Or, ce n'est pas toujours le cas, même lorsque les seuils qui rendent ces institutions obligatoires sont dépassés (§ 1).

§ 1 L'absence de représentation du personnel

551 Si l'entreprise compte au moins 11 salariés pour les délégués du personnel, et au moins 50 pour le comité d'entreprise, ces institutions doivent être mises en place.

Le dépassement de ces seuils crée une obligation pour l'employeur d'organiser des élections, périodiquement, selon certaines formes obligatoires. En l'absence de candidats, un constat de carence sera dressé et l'employeur sera considéré comme ayant rempli ses obligations. Il devra simplement tenter de réorganiser des élections périodiquement.

L'absence dans l'entreprise de délégués du personnel ou de comité d'entreprise, au-delà de leurs seuils d'effectif respectifs, n'est donc licite qu'en présence de tels constats de carence. Si l'employeur ne peut produire de tels constats, l'absence d'institution représentative élue caractérise sa faute, laquelle peut être pénalement sanctionnée.

Alors, la non-consultation est due à la faute de l'employeur. Elle lui est imputable.

La sanction devrait alors tomber. Un licenciement prononcé en violation des obligations de consultation préalable est nul (pour une annulation liée à l'irrégularité de la saisine du comité d'entreprise, v. Soc. 14 janvier 2003*). En principe, l'absence d'institutions représentatives *par la faute de l'employeur* ne devrait pas être une circonstance atténuante, une cause d'adoucissement des sanctions (v. n° 144 et 1051). Il s'agirait plutôt d'une cause aggravante : non seulement les consultations obligatoires n'ont pas eu lieu, mais il n'y a même jamais eu aucune consultation, parce que l'employeur a bloqué par sa faute la création d'une représentation collective des salariés. 552

Le plus grave devrait être au moins sanctionné à la même hauteur que le moins grave. Et l'absence d'institution représentative, par la faute de l'employeur, aurait dû interdire le licenciement économique, jusqu'à ce que l'employeur ait pris le temps d'organiser les élections, comme il est tenu de le faire (en ce sens, à propos de l'obligation de consulter les délégués du personnel avant le licenciement d'un salarié accidenté du travail : Soc. 7 décembre 1999, *Bull. civ.* V, n° 470).

Le législateur semble en avoir décidé autrement. Lorsqu'un employeur n'a pas consulté l'institution représentative compétente, parce que *par sa faute* cette institution n'existe pas dans l'entreprise, il doit être condamné à verser aux salariés licenciés un supplément d'indemnité d'un mois de salaire (art. L. 1235-15 C. trav., issu de la loi 17 janvier 2002). L'employeur qui est dans cette situation est coupable d'entrave à la constitution d'un comité d'entreprise (art. L. 2328-1 C. trav.) ou d'entrave à la désignation des délégués du personnel (art. L. 2316-1 C. trav.). Ces infractions apparaissent assez graves pour être passibles d'un an d'emprisonnement, mais insuffisamment graves pour conduire à l'annulation des licenciements. La prévision d'une sanction d'un mois de salaire, conçue comme une nouvelle protection accordée aux salariés, fonctionne ainsi comme une possibilité ouverte aux employeurs de violer la loi à moindre coût. 553

§ 2 L'agencement des Parties I et II du Code du travail (livres III et IV anc. C. trav.)

Les institutions représentatives du personnel doivent être consultées sur le fondement d'assez nombreux textes. 554

Les uns sont placés avec les dispositions sur la compétence des comités d'entreprises, à la Partie II du Code du travail (L. 2323-1 et s.). Les autres sont situés avec les dispositions relatives aux licenciements économiques, au sein de la Partie I du Code du travail (L. 1233-8 et L. 1233-28 et s. C. trav.). Sous l'ancien Code, les premières étaient placées au sein du Livre IV du Code du travail (art. L. 432-1 et s. anc. C. trav.) et les secondes au sein du Livre III (art. L. 321-2 et s. anc. C. trav.). La question, fort débattue, de l'agencement des Livres III et IV de l'ancien Code est donc devenue, avec la recodification, la question de l'agencement des première et deuxième parties du Code. Ces consultations ont des objets distincts : les consultations de la deuxième partie ont pour objet principal l'« opération projetée » (L. 2323-15 C. trav.). Elles imposent une consultation sur des questions du type : « faut-il vraiment déplacer l'usine ? ». Les consultations de la première partie sont essentiellement orientées sur les moyens d'éviter les conséquences sur l'emploi de ces opérations. Elles visent l'encadrement de question du type : « comment éviter que le déplacement de l'usine conduise à des licenciements ? ».

Logiquement, les consultations de la première partie (anc. Livre III) devraient donc suivre les consultations de la deuxième partie (anc. Livre IV). C'est ce qu'avait décidé la jurisprudence (Soc. 16 avril 1996, *Sietam industries, Bull. civ.* V, n° 165 ; Soc. 17 juin 1997, *Grands Magasins de l'Ouest, Bull. civ.* V, n° 223 ; *Grands arrêts*, n° 111) et la loi du 17 janvier 2002. La loi du 18 janvier 2005 est partiellement revenue sur ces décisions.

L'article L. 1233-30 du Code du travail dispose désormais que la consultation sur le fondement de l'article L. 2323-15 et la procédure de grand licenciement collectif peuvent être menées de manière concomitante. Ces procédures continuent d'exister de manière séparée, ce qui signifie des informations et des débats distincts, mais elles peuvent être menées au cours des mêmes réunions des représentants du personnel.

L'article L. 1233-30 est limité dans ses effets (peut-être à la suite d'une maladresse de rédaction ?). L'intention du législateur était d'éviter le caractère successif des procédures des Parties I et II (anc. Livres III et IV). Mais le texte ne vise pas toutes les situations. Il ne vise que les procédures applicables aux grands licenciements collectifs. Pour les petits licenciements collectifs, les consultations des Parties I et II pourraient donc demeurer successives. De plus, le texte ne vise, au titre des procédures de la Partie II, que le seul article L. 2323-15. Or, en cas de projet susceptible de provoquer des licenciements économiques, le comité d'entreprise peut aussi trouver compétence à être consulté sur le fondement d'autres textes, notamment sur le fondement de l'article L. 2323-16 (consultation du comité d'entreprise du sous-traitant sur alerte du donneur d'ordre) ou sur celui de l'article L. 2323-13 (introduction de nouvelles technologies). Ces consultations de la Partie II pourraient rester indépendantes et préalables au déclenchement des consultations prévues à la Partie I pour les grands licenciements économiques.

section 4

Questions spécifiques aux grands licenciements collectifs

555 Alors que les petits licenciements ne font l'objet que d'une information *a posteriori* de l'administration, à des fins essentiellement statistiques (art. L. 1233-19 et L. 1233-20 C. trav.), les grands licenciements font l'objet d'une information préalable de l'administration, ce qui peut notamment permettre l'ouverture de possibles négociations sur les aides publiques (L. 1233-46 et s. C. trav.).

Les grands licenciements collectifs doivent surtout être précédés par une procédure d'information et de consultation du comité d'entreprise beaucoup plus complexe et détaillée, surtout dans l'hypothèse où le licenciement touche une entreprise de plus de cinquante salariés. Deux mesures-clef s'appliquent alors. 556

La première est la nomination d'un expert-comptable, rémunéré par l'employeur, mais choisi, dirigé et utilisé par le comité d'entreprise (v. art. L. 2325-35, 5° C. trav.).

La seconde est devenue la mesure sans doute la plus importante de la procédure des licenciements collectifs : il s'agit de l'obligation de mettre en place un plan de sauvegarde de l'emploi (§ 1).

L'obligation de réaliser un tel plan et la plupart des autres éléments de la procédure applicable aux grands licenciements collectifs ont cependant été profondément fragilisés par la loi du 18 janvier 2005. Depuis cette loi, sous la menace d'une aggravation des projets de l'employeur, les syndicats peuvent être conduits à abandonner la plupart des garanties procédurales des salariés, dans des accords collectifs dits « accords de méthode » (§ 2). 557

§ 1 Le plan de sauvegarde de l'emploi

Ce n'est que dans les entreprises d'au moins cinquante salariés que les grands licenciements collectifs doivent faire l'objet d'un « plan de sauvegarde de l'emploi » (art. L. 1233-61 C. trav.). Ce plan a longtemps été nommé « plan social ». L'expression était passée dans le langage courant pour désigner, de manière édulcorée, les licenciements économiques de grande ampleur. Et l'on disait habituellement : « mon entreprise en est à son troisième plan social ». L'expression a ainsi été progressivement chargée de sentiments forts négatifs. Tout à ses instincts de grand communiquant, le législateur a cru bon de masquer la réalité sous un « slogan publicitaire » de plus et la loi du 17 janvier 2002 a rebaptisé le plan social en « plan de sauvegarde de l'emploi ». L'expression est un peu longue, elle a donc donné lieu à l'acronyme PSE. Et déjà l'on dit, ici ou là, « mon entreprise en est à son troisième PSE ». 558

Si le plan social devenu PSE a cette tendance à devenir synonyme de grand licenciement économique, ce n'est pas sans raison. Il s'agit bien de la pièce maîtresse de la procédure du grand licenciement collectif. Le plan de sauvegarde de l'emploi doit faire l'objet d'une consultation préalable du comité d'entreprise. Il fait aussi l'objet d'une information préalable adressée à l'administration, laquelle pourra, en cas d'absence ou d'insuffisance du plan, dresser un constat de carence. Ce constat pourra alerter l'employeur sur les irrégularités commises, mais il ne lie ni le juge judiciaire, ni l'employeur : il n'a pas d'autre valeur que d'alerter l'employeur sur l'existence de possibles irrégularités.

Dans les entreprises pour lesquelles une négociation collective sur la gestion prévisionnelle de l'emploi et des compétences (GPEC) est impérative (v. n° 536), la question est posée de savoir si cette négociation est un préalable nécessaire à l'adoption d'un plan de sauvegarde de l'emploi.

Les juges du fond ont tranché cette question dans des sens divers, même si une tendance à poser cette négociation comme un préalable obligatoire semble l'emporter. Cette dernière solution apparaît en effet relativement logique : le PSE doit intégrer des mesures qui relèvent de la GPEC (v. l'art. L. 1233-62 C. trav. ; v. n° 560). Et ces mesures doivent faire l'objet d'une négociation collective dans les entreprises où cette négociation est obligatoire. Dès lors, sauf si la négociation GPEC a déjà eu lieu et que l'employeur a de ce fait rempli ses obligations de négociation en la matière, le PSE est un acte qui, pour partie, dans certaines entreprises, est soumis à une obligation de négociation préalable.

Cette évolution s'inscrit au demeurant dans un mouvement plus vaste : souvent, et même de plus en plus souvent, la négociation collective obligatoire dans l'entreprise porte sur des sujets qui font par ailleurs l'objet d'une obligation de consultation préalable du comité d'entreprise. L'employeur est alors soumis à une obligation d'informer, de consulter *et* de négocier.

559 Malgré ces procédures d'information, de contrôle, de consultation, et même de négociation dans les très grandes entreprises, le plan de sauvegarde de l'emploi demeure, en principe, édicté par l'employeur. C'est un acte unilatéral. Rien n'interdit bien sûr d'associer les syndicats et de faire du plan de sauvegarde de l'emploi une convention collective, mais il ne s'agit que d'une faculté accordée à l'employeur et non d'une obligation.

Le contenu du PSE, évoqué par la loi, a été précisé par la jurisprudence (A). L'absence ou l'insuffisance de plan de sauvegarde de l'emploi sont sanctionnées par la nullité non seulement de la procédure, mais des licenciements économiques eux-mêmes (B).

A. Contenu

560 Le plan de sauvegarde de l'emploi a pour finalité, comme son nom l'indique, d'« éviter les licenciements » ou d'« en limiter le nombre » et de « faciliter le reclassement du personnel dont le licenciement ne pourrait être évité » (art. L. 1233-61 C. trav.). Rien d'original jusqu'ici, cette finalité étant partagée par la quasi-totalité du droit du licenciement économique.

C'est dans les moyens qu'il doit déployer que ce plan prend de l'importance. L'employeur doit en effet consigner expressément en son sein les mesures qu'il compte prendre et le texte énumère quelques-uns des moyens qu'il doit essayer de mettre en œuvre. Outre le reclassement des salariés, l'employeur est invité à la « création d'activités nouvelles par l'entreprise », au « reclassement externe à l'entreprise, notamment par le soutien à la réactivation du bassin d'emploi » ; à « des actions de soutien à la création d'activités nouvelles ou à la reprise d'activités existantes par les salariés » ; à « des actions de formation, de validation des acquis de l'expérience ou de reconversion de nature à faciliter le reclassement interne ou externe des salariés sur des emplois équivalents » ; « à des mesures de réduction ou d'aménagement du temps de travail ». Bref, il est invité à rechercher tous les moyens à sa disposition pour éviter autant que faire se peut les licenciements. L'idée selon laquelle le licenciement économique doit être le dernier recours trouve ici son plus sûr fondement.

561 La jurisprudence a donné toute sa portée à ce texte.

Elle a précisé qu'il devait contenir des mesures précises, concrètes, et non de vagues promesses abstraites (Soc. 17 mai 1995, *Everite** ; Soc. 13 février 1997, *Bull. civ.* V, n° 63). La mention « un reclassement dans les entreprises voisines sera recherché » ne vaut rien. Seules valent des mentions du type : « sept emplois sont offerts par l'entreprise X, l'entreprise Y a proposé d'embaucher quatre personnes de telle qualification,... ». Le plan social devra ainsi, par exemple, préciser « les entreprises du groupe qui entrent dans le périmètre de reclassement interne » (Soc. 30 janvier 2008, n° 06-45504).

La jurisprudence prévoit de plus qu'il ne suffit pas de recourir à l'une ou l'autre des mesures mentionnées par le texte. *Dans la mesure de ses possibilités*, l'employeur doit mettre en œuvre l'ensemble des moyens disponibles (Soc. 28 mars 2000*). Il ne suffit pas, par exemple, de proposer 30 postes de reclassement aux 14 salariés concernés, dès lors que ces postes supposent une modification des contrats de travail, par changement du lieu de travail. Pour juger le plan social valide, la cour d'appel doit encore vérifier si l'employeur ne peut pas prendre d'autres mesures « telles que réduction de la durée du travail, passage au temps partiel et développement d'activités nouvelles » (Soc. 28 mars 2000, préc.). Plus généralement, le contrôle du plan social est l'occasion pour les juges de vérifier la mobilisation des moyens dont dispose l'entreprise pour la préservation de l'emploi. À cet égard, il sera naturellement plus demandé à une entreprise prospère, dotée de moyens importants (v. par ex. Soc. 29 février 2008, n° 06-42653).

Le plan de sauvegarde de l'emploi est donc un texte qui, pour être valide, doit être à la fois précis et complet. L'employeur doit en quelque sorte démontrer par écrit, au sein de ce plan, qu'il a déployé l'ensemble de ses moyens pour éviter les licenciements.

B. Sanctions

En cas d'absence de plan de sauvegarde de l'emploi, en cas de plan non précédé des consultations obligatoires, ou en cas d'insuffisance du contenu du plan, la sanction est toujours la même : la nullité de la procédure et de tous les actes qui en sont résultés. En clair, les licenciements sont nuls. 562

Cette solution a été âprement débattue en doctrine. La nullité du licenciement était défendue notamment par Jean Pélissier, cependant que Gérard Couturier s'y opposait radicalement (v. Biblio, art. cités). La Cour de cassation a tranché nettement en faveur des thèses du premier de ces auteurs par l'arrêt *Samaritaine* du 13 février 1997. À compter de cet arrêt, l'insuffisance du plan social a permis de sanctionner efficacement de nombreux licenciements économiques illicites (sur les conséquences de la nullité du licenciement, v. n° 493-499). La loi du 17 janvier 2002 a entériné cette avancée. La loi du 18 janvier 2005 l'a un peu édulcorée. Cette dernière loi permet simplement, en cas d'« impossibilité » de prononcer la réintégration, de lui substituer une indemnité de douze mois de salaire (art. L. 1235-11, C. trav., sur cette nouveauté, v. n° 503).

La jurisprudence a curieusement adouci encore cette sanction en précisant qu'en cas de réintégration à la suite de la nullité du plan de sauvegarde de l'emploi, il n'était pas nécessaire de rechercher si des postes étaient disponibles au niveau du groupe (Soc. 15 février 2006, *Bull. civ.* V, n° 69 ; *Dr. soc.* 2006. 570-572, obs. M. Grévy). Cette solution est difficile à justifier. Elle rend la nullité pour absence de plan de sauvegarde de l'emploi moins exigeante que l'obligation de reclassement qui pèse sur l'employeur en cas de licenciement pour motif économique (v. n° 539-540) : la sanction de la violation d'une obligation est ainsi plus légère que l'exécution de cette obligation...

§ 2 Les accords de méthode

563 Il était devenu traditionnel que les syndicats puissent renoncer aux droits légaux des salariés, notamment en matière de temps de travail. C'est beaucoup plus récemment que les syndicats peuvent renoncer aux droits des comités d'entreprise.

Expérimentaux dans la loi 3 janvier 2003, élargis et pérennes depuis la loi du 18 janvier 2005, les accords collectifs dits « de méthode » peuvent désormais réorganiser complètement les modalités d'information et de consultation des comités d'entreprise en cas de grand licenciement collectif (art. L 1233-21 C. trav.). Les obligations issues des Parties I et II du Code du travail sont également touchées. Seules peuvent résister à de tels accords les obligations de formation, d'adaptation et de reclassement (L. 1233-4 C. trav.), les informations à fournir au comité avec un délai d'examen suffisant et quelques obligations générales de consultation (art. L. 1233-31 à L. 1233-33 et L. 2323-2, L. 2323-4 et L. 2323-5 C. trav.), et les dispositions spécifiques aux cas de redressement ou de liquidation judiciaire (art. L. 1233-58 C. trav.).

En pratique, les obligations d'information et de consultation du comité d'entreprise pourront être considérablement réduites. Elles pourront même être transférées à des instances de négociation particulières originales, créées pour l'occasion, ce qui est assez fréquent en pratique.

564 Les accords de méthode ne peuvent pas, en revanche, déroger aux règles sur le plan de sauvegarde de l'emploi (sur ce plan, v. n° 558 à 563).

Les accords de méthode peuvent « anticiper le contenu » du plan de sauvegarde de l'emploi (art. L. 1233-22 *in fine* C. trav.). Il s'agirait alors, à froid, de préparer un possible contenu pour le plan de sauvegarde de l'emploi futur. Une telle anticipation est fort utile. Mais elle ne peut remplacer le plan de sauvegarde de l'emploi. Puisqu'anticipation il y a, cela signifie que l'heure n'est pas encore venue de rédiger un véritable plan de sauvegarde ; cela signifie encore qu'il n'existe toujours pas de projet connu de grand licenciement collectif. En l'absence d'un tel projet, un tant soit peu précis, aucune réponse concrètement adaptée n'est imaginable, les mesures précises circonstanciées qui sont le propre d'un plan de sauvegarde de l'emploi ne peuvent qu'être absentes. L'anticipation sur le plan peut créer un certain nombre d'obligations minimales, mais il n'est pas ce qu'il anticipe, il ne se substitue pas au plan social. Il ne peut donc pas non plus être attaqué pour insuffisance de contenu comme un plan de sauvegarde de l'emploi peut l'être.

565 En revanche, l'article L. 1233-22 *in fine* précise que l'accord de méthode peut « déterminer les conditions dans lesquelles l'établissement du plan de sauvegarde de l'emploi (...) fait l'objet d'un accord », et l'article L. 1233-24 mentionne les accords qui « déterminent ou anticipent » un tel plan. La possibilité d'adopter le plan de sauvegarde de l'emploi sous forme d'accord collectif est ici consacrée. Cette possibilité existait au demeurant avant l'existence du texte. Aucune dérogation aux conditions légales du plan de sauvegarde de l'emploi n'est ici prévue. L'accord valant plan de sauvegarde de l'emploi doit donc, pour être valide, respecter l'ensemble des conditions de forme (consultation préalable) et de fond, de contenu, qui s'impose pour de tels plans. Un accord-plan de sauvegarde de contenu insuffisant équivaudrait à une absence de plan, avec toutes les conséquences qui en découlent.

section 5

La cause économique réelle et sérieuse

Comme tout licenciement, le licenciement pour motif économique doit être pourvu 566 d'une cause réelle et sérieuse. L'article L. 1233-3 du Code du travail précise que la justification peut être découverte « notamment » dans « des difficultés économiques » ou « des mutations technologiques ». Cette liste est non limitative. En particulier, le motif peut être, simplement, la fermeture totale et définitive de l'entreprise, pourvu que cette fermeture ne soit pas « due à une faute de l'employeur ou à sa légèreté blâmable » (Soc. 16 janvier 2001*). La simple fermeture d'un établissement n'est pas en elle-même une cause suffisante, il faut encore montrer que cette fermeture est nécessaire pour sauvegarder la compétitivité de l'entreprise (Soc. 9 mars 2004*). Ces difficultés économiques, mutations technologiques, fermetures définitives d'entreprise ou autres doivent être réelles et sérieuses pour justifier un licenciement économique.

§ 1 Le réel par opposition au sérieux

La réalité du motif économique présente peu d'originalité. Comme en droit commun 567 du licenciement, le motif allégué par l'employeur doit être objectif, existant et exact (v. n° 453 et s. et, plus spécifiquement sur l'exactitude du motif du licenciement économique, v. n° 459).

Simplement, il faut constater que souvent, la Cour de cassation parle de « réalité » du motif alors que ce qui est en cause est le « sérieux » de ce motif. Est ainsi symptomatique l'arrêt du 10 juillet 1999*, qui affirme que : « Ni la réalisation d'un chiffre d'affaires moindre de 1992 à 1993, ni la baisse des bénéfices réalisés pendant la même période ne suffisaient à caractériser la réalité des difficultés économiques alléguées ». La baisse du chiffre d'affaires et la baisse des bénéfices étaient pourtant bien réelles, c'est-à-dire objectives, existantes (prouvées) et exactes (c'était à cause de ces faits que le salarié avait été licencié). Simplement les difficultés en question n'étaient pas sérieuses. Elles ne suffisaient pas à justifier le licenciement, parce qu'elles ne rendaient pas le licenciement nécessaire, elles n'étaient pas suffisamment sérieuses.

Cette confusion de rédaction est assez fréquente : on ne compte plus les arrêts qui affirment que tel ou tel licenciement n'a pas de « cause économique », alors qu'il est bien pourvu d'une cause économique réelle, mais que, simplement, cette cause n'est pas suffisante pour justifier le licenciement, qu'elle n'est pas sérieuse (pour des exemples de cette maladresse de rédaction, v. not. Soc. 5 octobre 1999 ; Ass. plén. 8 décembre 2000, *SAT** ; Soc. 16 janvier 2001* ; Soc. 9 mars 2004*). De ces exemples, il faut simplement déduire que la Cour de cassation parle d'absence de « cause économique », lorsqu'il s'agit d'une absence de « cause économique réelle et sérieuse ». Le raccourci n'emporte pas de conséquence : les juges contrôlent le sérieux de la cause économique et ils exercent même en la matière un contrôle très approfondi. Simplement l'ellipse, malheureuse, pourrait entretenir la confusion. D'autant que le législateur a déjà semé le trouble en la matière en mélangeant allégrement qualification de « motif économique » et recherche du caractère réel et sérieux du motif économique (v. art. L. 1233-3 C. trav. et n° 507).

568 Ces confusions langagières, parfois corrigées par la Cour (Soc. 13 avril 1999*), sont sans conséquence sur la solution des litiges. Elles peuvent, et donc elles doivent, être soigneusement évitées dans l'exposé du droit positif, si l'on souhaite que la matière soit intelligible.

§ 2 Le sérieux de la cause économique

569 Pour que tel ou tel événement qui touche l'entreprise soit une cause économique sérieuse, il ne suffit pas qu'elle ait été le motif réel de la décision de licencier. C'est bien pour cette raison-là, objective et existante, que l'employeur a licencié. Mais cela ne suffit pas. Cette raison doit encore être sérieuse, c'est-à-dire être considérée par les juges comme une justification suffisante.

Le contrôle du sérieux de la cause n'est pas un contrôle de l'opportunité de la décision de licencier. Il n'est pas dans les fonctions du juge de se substituer à l'employeur dans l'appréciation de l'opportunité économique de telle ou telle mesure de gestion. Il ne serait plus alors aucune décision de gestion qui ne pourrait être qualifiée d'« illicite », pourvu que les juges aient une appréciation un tant soit peu différente de la situation économique de l'entreprise. C'est ce refus du jugement d'opportunité que l'Assemblée plénière de la Cour de cassation a clairement affirmé : lorsqu'un motif peut *sérieusement* justifier plusieurs réorganisations d'entreprise, l'employeur peut choisir celle qui lui semble la plus opportune, même si celle-ci conduit à un nombre de licenciements plus important (Ass. plén. 8 décembre 2000, *SAT**).

570 Sans être un contrôle de l'opportunité, la recherche du sérieux de la cause est tout de même un contrôle approfondi. Il s'agit d'un contrôle de justification qui comprend un contrôle de nécessité (A). En revanche, le contrôle de proportionnalité semble abandonné (B).

A. Nécessité de la mesure qui cause les licenciements

571 Les licenciements économiques sont décidés dans un but : ils sont destinés à permettre une décision de gestion, une décision économique de l'employeur. Il peut s'agir d'une réorganisation des unités productives, de la fermeture de certaines unités non rentables, d'une volonté de réduire la masse salariale jugée trop importante, etc.

572 Pour être légitime, la mesure projetée doit être « nécessaire à la sauvegarde de la compétitivité » (v. not. Soc. 5 octobre 1999* ; Ass. plén. 8 décembre 2000, *SAT*, préc. ; Soc. 20 juin 2007* ; Soc. 13 février 2008*, n° 06-44933 ; comp. Soc. 5 avril 1995, deux arrêts, *Thomson Tubes**, lesquels parlent déjà de « compétitivité sauvegardée » mais pas encore de « nécessité »). Une telle exigence est posée pour tout type de réorganisation de l'entreprise (en ce sens Soc. 5 octobre 1999*, préc.). Il peut s'agir d'un événement lourd, comme une délocalisation (Soc. 5 avril 1995, *Thomson Tubes*, préc.) ou la fermeture d'un établissement (Ass. plén. 8 décembre 2000, *SAT*, préc. ; Soc. 9 mars 2004*). Mais il peut aussi s'agir d'une réorganisation beaucoup plus légère, comme le remplacement dans une clinique des veilleurs de nuits par des aides

soignants (Soc. 9 mars 1999, *RJS* 1999, n° 517). Dans tous ces cas, l'employeur devra prouver que la mesure est nécessaire à la sauvegarde de la compétitivité de l'entreprise. Il est important de noter qu'une mesure peut être nécessaire à la sauvegarde de la compétitivité sans être la seule mesure qui pourrait sauvegarder cette compétitivité. Il suffit qu'une mesure soit nécessaire ; il n'est pas exigé qu'elle soit la seule nécessaire, ni même qu'elle soit la moins coûteuse en licenciements parmi les mesures nécessaires possibles (Soc. 8 décembre 2000, *SAT*, préc.). La nécessité semble ainsi s'édulcorer légèrement.

L'exigence d'une « sauvegarde », qui laisse à penser qu'une menace très sérieuse pèse sur l'existence de cette compétitivité, a elle aussi été légèrement adoucie.

Le mouvement a été initié par les arrêts *Pages jaunes* (Soc. 11 janvier 2006 ; *Bull. civ.* V, n° 10 ; *D.* 2006. Jur. 1013, note J. Pélissier ; *Dr. soc.* 2006. 138-143, obs. J.-E. Ray ; *Grands arrêts*, n° 116). Ces arrêts reconnaissent l'existence d'une cause réelle et sérieuse de licenciement économique dans une espèce où l'employeur était une entreprise florissante, aux marges bénéficiaires considérables. Surtout, la « sauvegarde » de la compétitivité a été ici reconnue pour une entreprise qui était non seulement compétitive sur son marché, mais était même en position dominante. Son quasi-monopole était menacé, non sa compétitivité. Enfin, la Cour mentionnait dans sa motivation le fait que les licenciements étaient intervenus « pour prévenir des difficultés économiques à venir ». L'admission sans réserve d'un tel argument, validant les licenciements préventifs, a pu inquiéter et laisser penser que le contrôle du sérieux des licenciements était en passe de devenir de pure forme. Il n'est guère d'entreprise, en effet, qui ne puisse présenter une inquiétude pour l'avenir, lequel comme chacun sait, est toujours incertain.

La crainte légitime suscitée par ces arrêts s'est cependant révélée pour l'essentiel infondée. La Cour est vite revenue à plus d'orthodoxie et a réaffirmé qu'une cause sérieuse suppose une menace avérée, objective, prouvée, pesant sur la compétitivité de l'employeur (v. not. Soc. 7 juin 2006, n° 04-40945 et Soc. 4 juillet 2006, n° 04-46261, *RDT* 2006. 241, obs. Ph. Waquet).

Il demeure que, depuis les arrêts *Pages jaunes* du 11 janvier 2006, les argumentations qui se fondent sur la nécessité d'agir préventivement ou, mieux encore, qui invoquent la gestion prévisionnelle de l'emploi et des compétences, semblent permettre relativement facilement la preuve de menaces sur la compétitivité. La recherche d'une sauvegarde de la compétitivité, matinée de gestion prévisionnelle de l'emploi et des compétences, est ainsi devenue plus que jamais la voie d'une possible justification des licenciements économiques décidés par des entreprises en excellente santé économique (v. not. Soc. 21 novembre 2006, *Dunlop*, n° 05-40656, *Bull. civ.* V, n° 349 ; *Dr. soc.* 2007. 114-117, obs. G. Couturier ; *RDT* 2007. 105-106, obs. A. Lyon-Caen).

Cet usage de l'idée de gestion prévisionnelle de l'emploi et des compétences est pour le moins paradoxal : ce qui avait pour objet d'éviter des licenciements futurs est devenu la voie royale d'une justification des licenciements présents.

Lorsque le licenciement est fondé sur des difficultés économiques, la terminologie utilisée reste curieusement la même. Alors que les difficultés économiques sont en elles-mêmes des motifs qui peuvent suffire à caractériser le sérieux de la cause, il est le plus souvent fait référence, au surplus, à la « nécessaire sauvegarde de la compétitivité » (v. par ex. Soc. 26 janvier 2005, *RJS* 2005, n° 361). Il s'agit pourtant, plus exactement, de la sauvegarde de l'entreprise. 573

Juger de l'importance des difficultés économiques suppose une analyse de la situation de l'entreprise dans son ensemble et non de telle ou telle partie de l'entreprise, de tel ou tel magasin par exemple (Soc. 17 juin 1992, *Bull. civ.* V, n° 403). Elle doit même dépasser les frontières de la personne morale et être appréciée au niveau de l'ensemble du secteur d'activité du groupe auquel appartient l'entreprise (Soc. 23 mars 2005, *RJS* 2005, n° 614).

■ 574 Seule la décision de fermeture de l'entreprise dans son ensemble échappe à la recherche de nécessité. Cette fermeture doit simplement ne pas être due « à une faute de l'employeur ou à sa légèreté blâmable » (Soc. 16 janvier 2001*). Cette absence de contrôle de nécessité s'explique par la volonté de la Cour de cassation de préserver le droit de l'employeur de cesser son activité.

B. La proportionnalité des licenciements au but recherché

■ 575 La jurisprudence actuelle de la Cour de cassation semble avoir abandonné le contrôle de proportionnalité de la mesure qui est à l'origine des licenciements. Lorsque plusieurs réorganisations sont possibles pour atteindre le même but, l'employeur n'est pas tenu de choisir celle qui comporte le moins de licenciements (v. Ass. plén. 8 décembre 2000, *SAT**, v. aussi la formule de Soc. 20 juin 2007*). La solution est peu convaincante. On comprend mal qu'un licenciement économique qui aurait parfaitement pu être évité soit pourvu d'une cause réelle et sérieuse.

En revanche, une fois la mesure qui est à l'origine des licenciements légitimée, les licenciements ne le sont pas forcément. À ce stade du raisonnement, la suppression de l'établissement, la réorganisation du service, la diminution de la masse salariale ne sont plus discutées dans leur principe : leur nécessité est considérée comme suffisamment démontrée. Ce sont les conséquences de ces mesures qui entrent dans le débat. L'employeur a des obligations générales d'adaptation, de formation (v. n° 537) et de reclassement (v. n° 539-540), qui doivent être respectées. En clair, la mesure légitimée doit encore conduire légitimement aux licenciements. Ceci suppose qu'aucune autre voie ne soit ouverte, qu'il n'ait pas été possible de préparer les salariés aux nouvelles compétences requises par le changement de technologies, qu'il n'ait pas été possible de leur proposer un autre emploi.

Biblio

1) Droit au reclassement

- F. Héas, « Le droit au reclassement du salarié en cas de restructuration de l'entreprise ou d'altération de sa santé », *Dr. ouvrier* 2007. 452

2) Modification des contrats et procédure de licenciement

- R. Encinas de Munagorri, *RTD civ.* 2004. 590 et s.
- C. Radé, « Feu la jurisprudence Framatome et Majorette », *Dr. soc.* 2005. 386.
- Y. Chagny, « La jurisprudence *Framatome-Majorette* : les derniers feux ? », *Dr. soc.* 2005. 556.
- I. Meyrat, « Vers un affaiblissement de l'emprise des procédures de licenciement collectif : le cas des propositions de modification du contrat de travail pour motif économique », *Dr. ouvrier* 2005. 296.

3) Nullité des licenciements en cas de plan de sauvegarde de l'emploi insuffisant

- J. Pélissier, « Le contrôle des plans sociaux », *RJS* 1994, n° 563 et s.
- J. Pélissier, « La nullité du plan social (après l'arrêt *La Samaritaine*) », *SSL* décembre 1997.
- G. Couturier, « Plan social et mesures de reclassement », *Dr. soc.* 1993. 219 et s., note sous Soc. 13 février 1997, *La Samaritaine*, *Dr. soc.* 1997. 249.
- M. Bonnechère, « Licenciements économiques : la procédure, garantie fondamentale des droits des salariés (à propos des arrêts *AlcatelCable France* de la cour d'appel de Versailles et d'un projet de loi) », *Dr. ouvrier* 2004. 493.

4) Gestion prévisionnelle de l'emploi et des compétences (GPEC)

- « Obligations en matière de gestion prévisionnelle des emplois et des compétences et licenciement pour motif économique », Controverse entre G. Bélier et P. Masanovic, *RDT* 2007. 284-289.
- R. Dalmasso, J. Dirringer, L. Joly et T. Sachs, « Variations autour de la gestion prévisionnelle des emplois », *RDT* 2007. 513.
- « La GPEC : au-delà du rapport Rouilleault », entretien de H. Rouilleault avec T. Grumbach, L. Joly, A. Lyon-Caen et T. Sachs, *RDT* 2007. 566-570.

5) Les accords de méthode

- F. Gaudu, « Les accords de méthode », *Dr. soc.* 2008. 959.

6) Cause réelle et sérieuse du licenciement économique

- « Quel contrôle judiciaire de la compétitivité de l'entreprise », Controverse entre B. Boubli et P. Lokiec, *RDT* 2008. 218-223.

Documents

1) Notion de licenciement pour motif économique

Soc. 3 avril 2002, n° 00-42583, *RJS* 2002, n° 697

« … pour décider que le licenciement de Mme Mateo avait une cause réelle et sérieuse, la cour d'appel retient, d'une part, que le motif économique allégué en premier lieu dans la lettre de licenciement n'est pas établi puis, d'autre part, s'agissant du motif personnel invoqué en second lieu par l'employeur, qu'il repose sur un comportement de la salariée et des faits dont la preuve est rapportée ;
Attendu, cependant, qu'en cas de coexistence d'un motif économique et d'un motif personnel à l'appui d'un licenciement, il appartient au juge de rechercher celui qui a été la cause première et déterminante du licenciement et d'apprécier le bien-fondé du licenciement au regard de cette seule cause ».

Soc. 23 septembre 2003, *Bull. civ.* V, n° 242

« … l'employeur, à condition de respecter les règles de procédure applicables à chaque cause de licenciement, peut invoquer dans la lettre de licenciement des motifs différents de rupture inhérents à la personne du salarié, dès lors qu'ils procèdent de faits distincts ; qu'en conséquence, c'est à bon droit que la cour d'appel, après avoir écarté le motif de la lettre de licenciement fondé sur des fautes graves de la salariée, s'est prononcée sur celui tiré de l'inaptitude physique de cette dernière ; que le moyen n'est pas fondé ».

2) Cause qualificative et cause justificative

Soc. 13 avril 1999, *SGS Qualitest, Bull. civ.* V, n° 171

« … le défaut de cause réelle et sérieuse du licenciement n'enlève pas à celui-ci sa nature juridique de licenciement pour motif économique ; que la cour d'appel a dès lors décidé à bon droit que l'employeur était tenu de la priorité de réembauchage ».

3) Modification des contrats de travail

Soc. 3 décembre 1996, *Framatome, Bull. civ.* V, n° 411 ; *RJS* 1997, n° 24, concl. P. Lyon-Caen, p. 12 et 13 ; *JCP E* 1997. II. 916, note J. Barthélemy ; *Dr. soc.* 1997. 23, rapp. Ph. Waquet, p. 18

« … la restructuration décidée par la société Framatome conduisait à proposer à 24 salariés la modification d'un élément essentiel de leur contrat de travail et par conséquent à envisager le licenciement de ces salariés ou à tout le moins la rupture de leurs contrats de travail pour motif économique ;
D'où il suit qu'en décidant que l'employeur était tenu d'établir et de mettre en œuvre un plan social, la cour d'appel a exactement appliqué les dispositions des articles L. 321-1-2, L. 321-1-3, L. 321-2, L. 321-4 et L. 321-4-1 du Code du travail ».
Voir aussi l'arrêt Majorette du même jour, publié aux mêmes références, qui casse un arrêt d'appel ayant refusé, dans une hypothèse similaire, la mise en place d'un plan social en ces termes :

« Qu'en statuant, comme elle l'a fait, alors qu'elle a constaté que la réorganisation décidée par la société Majorette conduisait à proposer à 14 salariés la modification d'un élément essentiel de leurs contrats de travail et, par conséquent, à envisager le licenciement de ces salariés ou à tout le moins la rupture de leurs contrats de travail, la cour d'appel a violé les textes susvisés... ».

Article L. 1233-25 C. trav. (reprenant la loi du 18 janvier 2005)

« Lorsqu'au moins dix salariés ont refusé la modification d'un élément essentiel de leur contrat de travail, proposée par leur employeur pour l'un des motifs économiques énoncés à l'article L. 1233-3 et que leur licenciement est envisagé, celui-ci est soumis aux dispositions applicables en cas de licenciement collectif pour motif économique. » ».

4) Ordre des licenciements

Soc. 14 janvier 1997, *Belkacem*, *Bull. civ.* V, n° 16 ; *Grands arrêts*, n° 113

« Mais attendu, d'abord, que si, en l'absence de convention ou accord collectif de travail applicable, l'employeur définit, après consultation du comité d'entreprise ou, à défaut, des délégués du personnel, les critères retenus pour fixer l'ordre des licenciements, il doit retenir, sans que cette liste soit limitative, la totalité des critères légaux et ne peut privilégier l'un d'entre eux qu'à la condition de tenir compte de l'ensemble des autres critères ; que, dès lors, la cour d'appel a décidé, à bon droit, que l'employeur ne pouvait pas retenir le seul critère tiré de la productivité des salariés sans prendre en compte les autres critères légaux ;

Et attendu, ensuite, qu'il appartient à l'employeur de communiquer au juge, en cas de contestation, les éléments objectifs sur lesquels il s'est appuyé pour arrêter son choix ; que la cour d'appel, qui a estimé, dans l'exercice de son pouvoir souverain d'appréciation, que l'employeur n'apportait aucun fait précis et objectif expliquant son choix, a légalement justifié sa décision ;

(...) l'inobservation des règles relatives à l'ordre des licenciements pour motif économique prévues à l'article L. 321-1-1 du Code du travail n'est pas soumise aux sanctions énoncées à l'article L. 122-14-4 du Code du travail ; qu'elle constitue pour le salarié une illégalité qui entraîne pour celui-ci un préjudice, pouvant aller jusqu'à la perte injustifiée de son emploi, lequel doit être intégralement réparé, selon son étendue, par les juges du fond ».

5) Obligation de reclassement

Soc. 21 juin 2006, 03-43517, *RDT* 2006. 243, obs. Ph. Waquet

« ... par de tels motifs, qui imposent à l'employeur débiteur de l'obligation de reclassement, à une date antérieure à l'apparition de la cause de licenciement, un devoir de prévision à long terme qui ne résulte d'aucune disposition légale, la cour d'appel a violé le texte susvisé. »

6) Plan de sauvegarde de l'emploi

Soc. 17 mai 1995, *Everite*, *Bull. civ.* V, n° 159 ; *Dr. soc.* 1995. 574, concl. P. Lyon-Caen ; *D.* 1995. 436, note G. Couturier, *JCP E* 1996. I. 710, note Y. Saint Jours

« ... "le plan social" doit comporter des mesures précises pour faciliter le reclassement du personnel et éviter ainsi des licenciements ou en limiter le nombre (...) »

« ... "le plan social", en ce qui concerne le reclassement interne des salariés, ne comportait aucune indication sur le nombre et la nature des emplois qui pouvaient leur être proposés à l'intérieur du groupe, parmi les entreprises dont les activités, l'organisation ou le lieu d'exploitation leur permettent d'effectuer la permutation de tout ou partie du personnel ».

L'employeur n'avait donc pas rempli ses obligations légales...

Soc. 28 mars 2000, *Bull. civ.* V, n° 131

« ... l'employeur doit mettre en œuvre toutes les mesures possibles, appréciées en fonction des moyens dont dispose l'entreprise, pour maintenir les emplois ou faciliter le reclassement... »

« Attendu que, pour débouter le comité d'entreprise de son action en nullité, l'arrêt infirmatif attaqué énonce que la loi, lorsqu'elle cite à titre d'exemple les mesures à prendre dans le plan social, n'impose pas à l'employeur de les prendre toutes dès lors qu'une seule par son efficacité, est de nature à assurer le maintien de l'emploi ; que précisément, le plan social, qui proposait 30 postes de reclassement aux 14 salariés concernés avec le bénéfice d'une aide financière, répond aux exigences légales ;

Qu'en statuant ainsi, alors qu'il lui appartenait de rechercher si, en dehors de reclassements impliquant pour des salariés anciens un déplacement dans une autre région et se traduisant par une modification du contrat de travail, l'employeur ne pouvait pas prendre, comme le soutenait le comité d'entreprise, d'autres mesures telles que réduction de la durée du travail, passage au temps partiel et développement d'activités nouvelles, la cour d'appel, qui a méconnu les exigences s'imposant à l'employeur, a violé les textes susvisés ».

7) Nullité du licenciement économique

Soc. 13 février 1997, *Samaritaine*, *Grands arrêts*, n° 110 ; *Bull. civ.* V, n° 64 ; *D.* 1997. Jur. 172, note A. Lyon-Caen ; *RJS* 1997, n° 269, chron. P.-H. Antonmattéi ; *Dr. soc.* 1997. 255, concl. P. de Caigny, p. 249 et note de G. Couturier, p. 256 et s.

« Mais attendu qu'aux termes de l'article L. 321-4-1, alinéa 2, du Code du travail la procédure de licenciement est nulle et de nul effet tant qu'un plan visant au reclassement des salariés s'intégrant au plan social n'est pas présenté par l'employeur aux représentants du personnel, qui doivent être réunis, informés et consultés ; qu'il en résulte que la nullité qui affecte le plan social s'étend à tous les actes subséquents et qu'en particulier les licenciements prononcés par l'employeur, qui constituent la suite et la conséquence de la procédure de licenciement collectif suivie par application de l'article L. 321-4-1 susmentionné, sont eux-mêmes nuls ».

Soc. 14 janvier 2003, *Bull. civ.* V, n° 5 ; *Dr. soc.* 2003. 244, obs. L. Milet

« … la nullité est également encourue lorsque, le comité d'entreprise n'ayant pas été valablement saisi, l'irrégularité a été soulevée avant le terme de la procédure à un moment où elle pouvait encore être suspendue et reprise et que l'employeur a néanmoins notifié les licenciements ;
Et attendu que la cour d'appel, devant laquelle il n'était pas discuté que le juge avait été saisi avant la notification des licenciements de l'irrégularité de la consultation du comité central d'entreprise tirée de l'absence d'ordre du jour valablement arrêté, a décidé à bon droit que la procédure de licenciement collectif pour motif économique poursuivie par l'employeur malgré cette irrégularité était nulle et de nul effet ».

8) La cause réelle et sérieuse du licenciement économique

Soc. 5 avril 1995, deux arrêts, *Thomson Tubes* (ex *Vidéocolor*) et *TRW REPA*, *Bull. civ.* V, n° 123 ; *Grands arrêts*, n° 114 ; *Dr. soc.* 1995. 487, chron. G. Lyon-Caen, p. 489 et s., commentaire Ph. Waquet, p. 482 et s. ; *D.* 1995. 503, note M. Keller

« … les difficultés économiques doivent être appréciées au regard du secteur d'activité du groupe auquel appartient l'entreprise concernée ; que lorsqu'elle n'est pas liée à des difficultés économiques ou à des mutations technologiques, une réorganisation ne peut constituer un motif économique que si elle est effectuée pour sauvegarder la compétitivité du secteur d'activité ; qu'enfin, les possibilités de reclassement des salariés doivent être recherchées à l'intérieur du groupe parmi les entreprises dont les activités, l'organisation ou le lieu d'exploitation leur permettent d'effectuer la permutation de tout ou partie du personnel ».

Soc. 10 juillet 1999, *Bull. civ.* V, n° 327

« … ni la réalisation d'un chiffre d'affaires moindre de 1992 à 1993, ni la baisse des bénéfices réalisés pendant la même période ne suffisaient à caractériser la réalité des difficultés économiques alléguées ».

Soc. 5 octobre 1999, *Bull. civ.* V, n° 366

« … la cour d'appel qui a exactement énoncé qu'une réorganisation ne peut être une cause économique de licenciement que si elle est nécessaire à la sauvegarde de la compétitivité de l'entreprise et qui a constaté qu'aucun élément ne lui était produit pour justifier de cette nécessité a (…) pu décider que le licenciement du salarié était dépourvu de cause économique ».

Soc. 16 janvier 2001, *Bull. civ.* V, n° 10

« … l'énumération des motifs économiques de licenciement par l'article L. 321-1 du Code du travail n'est pas limitative, la cour d'appel a retenu à bon droit que la cessation d'activité de l'entreprise, quand elle n'est pas due à une faute de l'employeur ou à sa légèreté blâmable, constituait un motif économique de licenciement ».

Ass. plén. 8 décembre 2000, *SAT, Grands arrêts*, n° 115 ; *Bull. Ass. plén.* n° 11 ; *D.* 2001. 1125, note J. Pélissier ; *Dr. soc.* 2001. 126, concl. P. de Caigny et note A. Cristau, et p. 417 note A. Jeammaud et M. Le Friant ; *RJS* 2001, n° 95, note P.-H. Antonmattéi et p. 567 chron. Ph. Waquet ; *JCP E* 2001. 426, note F. Duquesnes

« … le comité d'entreprise a désigné un expert-comptable qui, dans son rapport, a indiqué que l'entreprise avait envisagé initialement trois hypothèses : 1° le maintien de la situation existante avec des réductions d'effectifs (86 licenciements) ; 2° le maintien du site de Riom mais avec spécialisation sur certains produits (213 licenciements) ; 3° la suppression du site de Riom et le regroupement des activités à Montereau (318 licenciements) ; que l'expert a conclu que seule la dernière hypothèse permettait à l'entreprise d'atteindre les objectifs qu'elle s'était fixés…

Attendu que pour décider que les licenciements étaient dépourvus de cause économique réelle et sérieuse, la cour d'appel a retenu que la pérennité de l'entreprise et le maintien de sa compétitivité étant assurés dans les trois hypothèses envisagées de réorganisation, l'entreprise en choisissant la solution du regroupement d'activités à Montereau et de la fermeture du site de Riom n'a pas intégré dans ses calculs, comme elle en avait cependant l'obligation, le concept de préservation de l'emploi et a donc excédé la mesure de ce qui était nécessaire à la sauvegarde de la compétitivité du secteur considéré de l'entreprise ;

Attendu, cependant, que les licenciements ont une cause économique réelle et sérieuse lorsqu'il est établi que la réorganisation de l'entreprise, qui entraîne des suppressions d'emplois, est nécessaire à la sauvegarde de la compétitivité de l'entreprise ou du secteur d'activité du groupe auquel elle appartient ;

Qu'en statuant comme elle a fait, alors, d'une part, qu'elle reconnaissait que cette condition était remplie dans les trois hypothèses de réorganisation envisagées initialement par l'employeur, alors, d'autre part, qu'il ne lui appartenait pas de contrôler le choix effectué par l'employeur entre les solutions possibles, la cour d'appel a violé les textes susvisés… ».

Soc. 9 mars 2004, *RJS* 2004, n° 667

« … la cour d'appel qui a fait ressortir que la fermeture de l'établissement n'était pas justifiée par la nécessité de sauvegarder la compétitivité de l'entreprise, a pu décider que le licenciement ne reposait pas sur une cause économique ».

Soc. 20 juin 2007, n° 05-45924

« si les juges du fond ne peuvent pas arbitrer entre les différentes possibilités de réorganisation d'une entreprise, il leur appartient de vérifier que celle invoquée à l'appui des licenciements est nécessaire à la sauvegarde de sa compétitivité ».

titre 7

Les salariés coalisés

Face à la domination économique et au pouvoir juridique qu'exerce l'employeur, les salariés se sont regroupés pour faire contrepoids. Ces regroupements furent tout d'abord tous prohibés et réprimés, quelle que soit leur forme, sous la qualification de « coalition » (loi le Chapelier du 14 juin 1791). L'abolition de la répression pénale des coalitions en 1864, la reconnaissance des syndicats en 1884, puis la reconnaissance du droit de grève en 1946, les ont fait sortir de la clandestinité. 576

Historiquement, les actions collectives et notamment la grève (chapitre 20) furent les premières raisons d'être des syndicats (chapitre 21).

chapitre 20

La grève

Plan analytique

section 1

Définition

§ 1 Un arrêt total du travail

§ 2 Un mouvement collectif et concerté

§ 3 Absence de contrôle du caractère raisonnable des revendications

§ 4 Disqualification des grèves d'autosatisfaction

§ 5 Prohibition des grèves de solidarité interne

§ 6 Les grèves dirigées contre des tiers au contrat de travail

A. Grève de solidarité externe

B. Grève générale et grève politique

section 2

Modalités de la grève

§ 1 Déclenchement de la grève : validité des grèves surprise

§ 2 L'organisation des arrêts de travail

section 3

Effets de la grève

§ 1 Suspension du salaire

A. Proportionnalité de la perte de salaire à la durée de l'arrêt de travail

B. L'exceptionnel paiement des heures de grève

§ 2 Suspension du pouvoir disciplinaire, sauf faute lourde

A. Notion de faute lourde

B. Étendue du pouvoir disciplinaire en cas de faute lourde

section 4

Les ripostes patronales

§ 1 Le remplacement des grévistes

§ 2 Actions en responsabilité délictuelle

§ 3 Prohibition du lock-out

La grève

577 La grève est un acte de désobéissance, une violation par le salarié de son obligation contractuelle principale, se soumettre aux directives de l'employeur. Et cette violation est volontaire, pire, elle est faite dans l'intention de nuire. Si la grève n'était pas un droit constitutionnellement reconnu, il s'agirait à n'en pas douter d'une faute intentionnelle ou lourde, d'une atteinte on ne peut plus caractérisée au système juridique.

Rien d'étonnant à cela. La grève est bien un droit de sortir des cadres établis, un droit à la résistance, à la révolte. Après l'avoir combattue, le système juridique l'a tolérée, puis il l'a consacrée au sommet de la hiérarchie des normes (al. 7 du préambule de 1946 repris par la Constitution de 1958). La grève demeure une violation des règles habituelles. Mais cette violation est l'exercice d'un droit fondamental.

Cette reconnaissance juridique, cette protection accordée à la révolte s'explique. Mieux : elle s'impose. La grève demeure, au moins au stade de la menace, le principal moyen de pression que détiennent les travailleurs sur leur employeur. Elle est donc, par ses potentialités, l'appui de toute revendication, le soutien nécessaire du syndicalisme et de la négociation collective. Elle est l'une des principales sources réelles du droit du travail. Elle est un droit nécessaire pour contrebalancer les excès du pouvoir. Elle est en un mot un droit essentiel sans lequel il n'est pas de démocratie véritable.

578 Sa reconnaissance a pourtant été relativement longue à être admise. L'évolution a été progressive. La répression pénale des grèves est de principe jusqu'à l'abrogation du délit de coalition par la loi du 25 mai 1864. Après cette date, la grève reste considérée comme une violation du contrat de travail par les salariés, comme une faute contractuelle civile, emportant la rupture du contrat et, corrélativement, la perte de son emploi par le salarié gréviste. La grève ne devient un véritable droit, une prérogative reconnue et protégée par le système juridique, que tardivement, en 1946. Et il faut attendre encore la loi du 11 février 1950 pour que le législateur en tire toutes les conséquences en organisant un régime juridique de protection des salariés grévistes. Dans l'ordre international, le droit de grève est prévu par le pacte international relatif aux droits économiques sociaux et culturels de 1966 (art. 8 d), par la Charte sociale européenne révisée en 1996 (art. 7.4) et par la Charte des droits fondamentaux de l'Union européenne de décembre 2000 (art. 28).

Il a encore été reconnu comme un « droit fondamental faisant partie intégrante des principes généraux du droit communautaire » par la Cour de justice européenne (CJCE 11 décembre 2007, *Viking** et 18 décembre 2007, *Laval**). Cette dernière reconnaissance est cependant, de toutes, la seule qui soit vénéneuse. La Cour de justice estime dans ces mêmes arrêts que le droit de grève ne peut restreindre les libertés d'établissement et de prestation de service que de manière proportionnée... Ce qui pourrait laisser penser que le recours à la grève suppose un motif suffisamment légitime ne pouvant être poursuivi par d'autres moyens plus respectueux de ces libertés économiques (v. *Laval*, pt 101* ; *Viking*, pt. 87*). Le droit de grève est ainsi reconnu comme un droit fondamental... mais il est traité comme une entorse aux droits fondamentaux (de l'employeur). Pareille vision pourrait remettre gravement en cause le droit de grève en France et en Europe.

Ce danger ne saurait être sous-estimé. Cependant, pour l'heure, seules sont en cause les grèves qui s'opposent aux libertés de circulation en Europe. Pour le reste, la jurisprudence française demeure seule compétente. Et celle-ci affirme qu'il n'appartient pas au juge de se prononcer sur le bien-fondé ou sur le mal-fondé des revendications des grévistes (v. nº 594), et encore moins d'apprécier une quelconque proportionnalité de la grève à son but. En droit français, légal et constitutionnel, comme en droit international, la grève est un droit fondamental. Elle doit être traitée comme telle. Aussi, dans la jurisprudence française de la Cour de cassation et du Conseil constitutionnel, ce n'est pas l'exercice du droit grève, mais les restrictions au droit de grève qui doivent être justifiées et proportionnées (v. not. Cons. const. 16 août 2007, nº 2007-556 DC).

Les effets juridiques de la grève (3) et l'encadrement des possibles ripostes patronales (4) forment une solide protection autour des salariés grévistes. Mais ces protections sont limitées par la définition de la grève (1) et par le contrôle de ses modalités (2).

section 1

Définition

579 La grève est la violation délibérée des obligations principales du contrat de travail, dans l'intention de nuire. Quoiqu'elle soit reconnue comme l'exercice d'un droit fondamental, elle répond aussi à la définition habituelle de la faute lourde en droit du travail, soit encore au point le plus élevé dans la hiérarchie des fautes de cette matière (v. nº 474).

580 La qualification de « grève » semble alors cruciale. Deux comportements très similaires situés de part et d'autre de la frontière de la notion de « grève » peuvent avoir des traitements juridiques radicalement opposés. L'un, qualifié d'« exercice du droit de grève », bénéficie d'une protection étendue comportant notamment la prohibition de toute sanction et la nullité du licenciement (v. nº 633-637). L'autre, qui n'est pas juridiquement une grève mais qui lui ressemble, peut être qualifié de « faute lourde » et justifier un licenciement sans aucune indemnité, pas même de congés payés, voire même fonder une demande d'indemnisation formée par l'employeur (v. nº 474).

581 Le droit applicable à ces deux actes situés de part et d'autre de la frontière que dessine la notion de « grève » est trop radicalement différent. Radicalité qui est d'autant plus contestable que la qualification de « grève », au sens juridique du terme, est parfois difficile et qu'il s'en faut parfois de peu pour que l'on bascule d'un côté ou de l'autre.

L'enjeu de la qualification de « grève » devrait être plus léger. À proximité d'un comportement qui est non seulement licite mais protégé, on devrait trouver des actes légèrement fautifs, puis des actes qui deviendraient de plus en plus gravement fautifs au fur et à mesure de leur éloignement de la licéité ; les fautes lourdes étant réservées à des actes qui n'ont plus guère de rapport avec l'exercice du droit de grève. La participation à une action revendicative qui n'est pas une grève, au sens du droit, mais qui en est assez proche, ne devrait pas, dès lors, pouvoir être qualifiée de « faute lourde ».

Cette idée, qui permettrait d'adoucir la violente rupture que provoque le passage de la frontière juridique de la « grève », ne semble pas avoir les faveurs de la jurisprudence (v. not. Soc. 16 novembre 1993, *Bull. civ.* V, n° 268 ; *Dr. soc.* 1994. 35, rapp. Ph. Waquet, note J.-E. Ray). L'enjeu de la qualification de « grève » reste fort, excessivement fort.

La grève est définie par la jurisprudence comme un *arrêt* de travail, *collectif et concerté*, à l'appui de *revendications professionnelles* (v. not. Soc. 18 janvier 1995, *Publicom** ; Soc. 18 juin 1996, *Bull. civ.* V, n° 243 ; *D.* 1998. Somm. 258, obs. A. Lyon-Caen ; *Grands arrêts*, n° 195 ; Soc. 12 décembre 2000, *Bull. civ.* V, n° 414 ; Soc. 15 février 2006*). **582**

Le premier élément de définition, l'« arrêt » de travail, exclut du champ de la protection du droit de grève de nombreux mouvements revendicatifs pourtant qualifiés de « grève » dans le langage commun, comme le ralentissement volontaire de la cadence de travail, lequel est souvent qualifié de « grève du zèle » ou de « grève perlée » (§ 1). Le deuxième élément de définition, « collectif et concerté », suppose quelques aménagements en fonction du contexte de la grève (§ 2). **583**

Le troisième, l'exigence de « revendications professionnelles », est entendu avec souplesse. Sont « professionnels », les différents contextes du statut du travailleur. Ce qui inclut notamment les rapports individuels et collectifs de travail (v. par ex. Soc. 17 décembre 2003, *Bull. civ.* V, n° 317 ; Soc. 18 janvier 1995, *Bull. civ.* V, n° 27 ; Soc. 30 mars 1999, *Bull. civ.* V, n° 140), mais aussi les garanties sociales accordées aux travailleurs ou anciens travailleurs, en matière de retraite, de chômage, d'assurances sociales ou d'allocations familiales (v. par ex. Soc. 15 février 2006*). De plus, la jurisprudence interdit tout contrôle du caractère déraisonnable des revendications (§ 3). Le champ des revendications autorisées apparaît ainsi assez large.

Cependant, l'exigence de revendications professionnelles sert pour exclure certains mouvements revendicatifs de la protection du droit de grève. La jurisprudence exclut sur cette base les grèves d'autosatisfaction (§ 4) et les grèves dites « de solidarité interne » (§ 5). La nature des revendications des grévistes est encore en discussion lorsqu'il s'agit de qualifier juridiquement les mouvements dirigés contre des tiers au contrat de travail, dans le cas des grèves dites de « solidarité externe », des grèves politiques et des grèves générales (§ 6).

Ces différentes restrictions tirées de l'exigence de revendications professionnelles sont interprétées assez restrictivement par la jurisprudence. Elles n'en conservent pas moins un certain impact.

On l'aura ainsi compris dès l'abord. La notion de « grève » est en droit nettement plus restrictive que ce que le langage commun pourrait laisser penser. Il faudra par conséquent se méfier : les mouvements revendicatifs désignés sous le nom « grève », y compris au sein de certains arrêts de la Cour de cassation, ne sont pas tous des grèves au sens du droit. Ainsi, les grèves d'autosatisfaction, grèves politiques, grèves **584** perlées, grèves du zèle, ou encore les grèves de solidarité interne ne sont pas juridiquement des « grèves »...

Pareille distorsion entre le sens commun et le sens juridique fragilise la construction jurisprudentielle. Il serait préférable de réconcilier sens juridique et sens commun et d'admettre une définition bien plus large de la grève. Il suffirait alors de considérer comme un exercice abusif du droit de grève, comme une grève illicite, ce qui aujourd'hui est disqualifié et considéré comme une simple violation des obligations contractuelles.

§ 1 Un arrêt total du travail

585 Toute nuisance volontaire faite collectivement afin d'appuyer des revendications professionnelles n'est pas une grève. La grève n'intègre pas tous les mouvements de désobéissance. Elle n'est qu'un type de désobéissance : l'arrêt de travail. De nombreux mouvements revendicatifs protestataires sont ainsi exclus de la qualification de « grève ». Ainsi, par exemple, le refus pour un médecin de payer des cotisations ordinales pour protester contre les prises de position du conseil de l'Ordre n'est pas une grève, faute d'être un arrêt de travail (Civ. 1re, 15 janvier 1991, *Bull. civ.* I, n° 19).

586 L'arrêt de travail doit, de plus, être total. Une exécution défectueuse, ralentie ou partielle du travail est donc disqualifiée par la jurisprudence : de tels mouvements ne sont que de mauvaises exécutions du travail. La solution est issue d'une jurisprudence ancienne et constante (v. not. Soc. 5 mars 1953, *Dunlop* c. *Plisson*, *Bull. civ.* IV, n° 185 ; *Dr. soc.* 1953. 226 ; *Grands arrêts*, n° 186 ; Soc. 16 mai 1989, *Bull. civ.* V, n° 360 ; Soc. 16 mars 1994, *Bull. civ.* V, n° 92 ; comp. la position de la Cour EDH, prudente, mais nettement plus ouverte à l'admission des grèves perlées, Cour EDH 17 juillet 2007, *Saltimis*, n° 74611/01, 26876/06 et 27628/02). La solution de la jurisprudence française conduit à considérer les salariés qui participent à de tels mouvements revendicatifs comme coupables de fautes disciplinaires, soit que leur travail soit volontairement défectueux (Soc. 5 mars 1953, préc.), soit qu'ils refusent l'exécution de certaines tâches tout en exécutant les autres (ex. des contrôleurs de la SNCF qui refusent de contrôler les billets mais assurent leurs autres tâches et permettent ainsi aux trains de circuler, Soc. 16 mars 1994, *Bull. civ.* V, n° 92).

587 À partir de l'exigence d'un arrêt total de travail, la Cour de cassation a encore considéré comme illicite une grève des périodes d'astreinte (Soc. 2 février 2006, *Bull. civ.* V, n° 52). L'argumentation de la Cour consiste à dire qu'il s'agit de la violation d'une seule des obligations du contrat, alors que l'arrêt total exige la suspension totale de toutes les obligations principales du contrat. Cette argumentation cependant ne convainc pas. Pendant les périodes d'astreintes les salariés arrêtent bien *tout* travail. Et l'absence totale de travail exclut qu'on puisse leur reprocher une exécution défectueuse.

588 Plus fondamentalement, il faut se demander dans quelle mesure la définition de la grève comme un arrêt total de travail est toujours opportune. Dans une entreprise entièrement mécanisée, la production ne dépend plus du travail humain, celui-ci étant essentiellement consacré à des opérations de contrôle ou de sécurité. La cessation du travail n'est plus alors en elle-même une cessation de la production. Les salariés pourront alors être tentés, pour faire pression, d'arrêter la production, sans

pour autant forcément pouvoir arrêter le travail, si les tâches qui leur incombent, sont essentiellement des tâches de sécurité. Refuser à ce genre d'action d'être qualifié de « grève » pourrait interdire aux salariés qui travaillent dans ce type de contexte d'exercer efficacement une quelconque action revendicative.

Un raisonnement similaire a permis à la Cour de cassation de valider la grève d'un salarié isolé, même si cette grève n'est pas à proprement parler collective (v. n° 592). Il pourrait ici trouver un nouveau champ d'application : l'interprétation jurisprudentielle de la notion de « grève » ne doit pas priver du droit de grève certaines catégories de salariés. Ainsi, dans certains cas, le droit d'exercer une action revendicative efficace pourrait emporter celui d'arrêter la production, y compris lorsque celle-ci ne dépend pas du travail humain.

Cette solution ne semble pas, pour l'instant, avoir les faveurs de la jurisprudence. On 589
en tiendra pour preuve la prohibition faite aux salariés d'EDF de procéder à des coupures de courant au cours de leurs mouvements revendicatifs (Soc. 26 janvier 2000, *Bull. civ.* V, n° 38 ; *Dr. soc.* 2000. 451, obs. A. Cristau). Un revirement de jurisprudence pourrait cependant s'appuyer sur la solution nettement plus favorable aux grèves perlées qu'a adoptée la Cour européenne des droits de l'homme, au sujet d'un mouvement collectif des agents de péage qui consistait à laisser passer les usagers sans payer (Cour EDH 17 juillet 2007, *Satilmis*, préc.).

§ 2 Un mouvement collectif et concerté

Si la grève est un mouvement collectif, c'est d'abord pour de simples raisons de 590
rapport de force : la désobéissance d'un seul est généralement totalement dépourvue de chance de succès. C'est en regroupant leurs capacités individuelles de nuisance que les salariés peuvent espérer faire efficacement pression sur l'employeur. La grève est donc, en pratique, un mouvement collectif.

De cette pratique, la jurisprudence a fait une règle. On a là un exemple du passage de l'habitude à une certaine idée de normalité, puis à l'imposition d'une norme impérative. Ce type de glissement, fréquent en droit, s'explique bien mieux par la psychologie que par la logique. La solution peut toutefois être justifiée par la crainte des débordements individuels et des possibles détournements qu'un droit de grève exercé librement par chaque individu pourrait occasionner.

L'exigence jurisprudentielle d'un mouvement collectif ne signifie pas que la grève 591
doive être majoritaire. En droit français, les grèves minoritaires sont licites (Soc. 3 octobre 1963 *Bull. civ.* IV, n° 645 ; *D.* 1964. 3, note G. Lyon-Caen ; *Grands arrêts*, n° 188). Mais un collectif, même petit, est exigé. Et la désobéissance individuelle, fût-elle faite pour appuyer des revendications professionnelles, n'est pas considérée comme une grève. La solution est traditionnelle et de jurisprudence constante (v. par ex. Soc. 29 mars 1995, *Bull. civ.* V, n° 111).

Cette solution ne saurait pour autant priver les salariés isolés du droit de grève. La 592
Cour de cassation a ainsi reconnu une exception à sa jurisprudence : la grève d'un seul est possible quand ce salarié est le seul salarié de l'entreprise et qu'il est donc le seul à même de défendre ses revendications professionnelles (Soc. 13 novembre 1996*, cas d'un ouvrier agricole seul salarié d'une exploitation).

Le raisonnement est important. Il faut se garder de tout dogmatisme et se rappeler que la définition du droit de grève doit toujours céder lorsque son application conduirait à priver certains salariés de tout droit de grève pour la défense de leurs intérêts professionnels.

■ 593 Une fois posée l'exigence d'un collectif, l'exigence d'une concertation apparaît largement redondante. On conçoit mal, en pratique, qu'un mouvement puisse être collectif sans un minimum de concertation préalable entre les participants à ce mouvement : la simultanéité des arrêts de travail ne semble pas pouvoir découler du simple hasard. L'exigence de concertation prend surtout sens *a contrario* : une simple concertation suffit. La grève n'est donc subordonnée à aucune exigence de forme. En particulier, il n'est pas exigé de mot d'ordre syndical préalable : le droit de grève est un droit individuel (Soc. 21 juin 1967, *D.* 1967. 753 ; Soc. 19 février 1981, *D.* 1981. 417, note J.-R. Bonneau).

§ 3 Absence de contrôle du caractère raisonnable des revendications

■ 594 Il n'appartient pas au juge de se prononcer sur le bien-fondé ou sur le mal fondé des revendications. Après un dérapage de l'Assemblée plénière de la Cour de cassation resté sans lendemain (Ass. plén. 4 juillet 1986, *Bull. Ass. plén.*, n° 11 ; *Dr. soc.* 1986. 745, concl. F. Bouyssic, note G. Lyon-Caen ; *D.* 1986. 477, concl. F. Bouyssic, note J.-E. Ray ; *JCP* 1986. II. 20694, note B. Teyssié), la chambre sociale l'a affirmé à plusieurs reprises, avec toute la force et la clarté requise : « le juge ne peut, sans porter atteinte au libre exercice d'un droit constitutionnellement reconnu, substituer son appréciation à celle des grévistes sur la légitimité ou le bien-fondé de ces revendications » (Soc. 2 juin 1992, *Zaluski*, *Bull. civ.* V, n° 356 ; *Dr. soc.* 1992. 696, 1re esp., rapport Ph. Waquet, note J.-E. Ray ; *Grands arrêts*, n° 193 ; Soc. 19 octobre 1994, *Bull. civ.* V, n° 281, *Dr. soc.* 1994. 958, note Ph. Waquet).

La solution est essentielle. Les revendications présentées au cours d'une grève sont très souvent au-delà de ce qui est acceptable pour une saine gestion de l'entreprise. Elles sont une première position, volontairement outrée, en vue d'aboutir à des négociations. Qui veut obtenir 4 % d'augmentation de salaire est tenté de revendiquer 8 %, pour conserver une marge de négociation. Or, une telle revendication peut facilement apparaître déraisonnable. Interdire les revendications déraisonnables, comme semblait le faire l'arrêt de l'Assemblée plénière de 1986 (préc.), serait revenu à prohiber la plupart des grèves...

La rapide et ferme correction opérée par la chambre sociale avec l'arrêt *Zaluski* (préc.) aura toutefois évité à cette situation inquiétante de perdurer. La jurisprudence est aujourd'hui fermement établie : les juges ne contrôlent pas le caractère raisonnable ou non des revendications présentées par les salariés grévistes.

§ 4 Disqualification des grèves d'autosatisfaction

■ 595 La disqualification des grèves dites « d'autosatisfaction » date de l'arrêt *Bardot* du 23 novembre 1978 (*Bull. civ.* V, n° 790 ; *D.* 1979. 304, note J.-C. Javillier et IR. 226, obs.

J. Pélissier ; *Grands arrêts*, n° 189). Il s'agissait en l'occurrence de salariés qui avaient refusé de travailler le samedi matin, en revendiquant justement de ne pas travailler le samedi matin. L'idée est qu'il n'y a pas alors véritablement de « revendication ». Il n'est pas demandé à l'employeur de faire quelque chose : les salariés se servent eux-mêmes ; leur mouvement de grève leur donne directement satisfaction.

La solution a été confirmée à de nombreuses reprises, notamment à l'occasion de grèves des heures supplémentaires ayant pour revendication la suppression de ces heures supplémentaires (v. not. Soc. 7 novembre 1984, *Bull. civ.* V, n° 418 ; Soc. 16 mai 1989, *Bull. civ.* V, n° 361 ; Soc. 21 juin 1989, *Bull. civ.* V, n° 457 ; *D.* 1990. Somm. 167, obs. G. Borenfreund).

Cette solution est un signe du respect que les juges accordent au pouvoir de direction de l'employeur. Tenter d'influer sur l'exercice de ce pouvoir est licite. Mais empêcher l'exercice de ce pouvoir, en prenant en lieu et place de l'employeur une décision, est une atteinte illicite aux prérogatives patronales.

La solution n'en est pas moins très discutable. Les grèves ne sont jamais de pure autosatisfaction : elles visent à demander à l'employeur de renoncer à l'avenir, à une telle organisation du travail. De plus, il faut rappeler que le pouvoir reconnu à l'employeur d'ordonner unilatéralement et sans préavis l'exécution d'heures supplémentaires ou une nouvelle répartition du temps de travail est très critiquable (v. n° 311 et 312). Enfin, en pratique, la prohibition des grèves d'autosatisfaction ne semble pouvoir atteindre que les ignorants du droit. 596

En effet, pour sauver leur mouvement de grève, il suffit aux salariés grévistes de présenter d'autres revendications. Il est ainsi possible de faire grève contre les heures supplémentaires pendant les heures supplémentaires, si ce mouvement s'accompagne de la revendication de nouvelles embauches et si cette revendication apparaît bien réelle aux juges (v. Soc. 12 avril 1995, *Bull. civ.* V, n° 129 ; rapp. Soc. 25 juin 1991, *Dr. soc.* 1992. 60, concl. J. Graziani) ou si les salariés exécutent une partie des heures supplémentaires contestées (Soc. 18 avril 1989, *Bull. civ.* V, n° 278). Les salariés qui connaissent le droit devraient ainsi pouvoir éviter relativement aisément la condamnation pour grève d'autosatisfaction. Seuls les salariés mal conseillés seront, en pratique, sanctionnés. Une telle solution, qui condamne sévèrement la commune ignorance du droit, semble peu opportune. 597

§ 5 Prohibition des grèves de solidarité interne

Les grèves de solidarité interne sont des grèves menées au sein d'une entreprise, pour s'opposer à une ou plusieurs décisions individuelles de l'employeur. Ces grèves sont dites « de solidarité interne », pour noter que les grévistes ne sont pas, pour la plupart, personnellement touchés par la décision de l'employeur : ils se mettent en grève au soutien de leurs collègues affectés. 598

La Cour de cassation disqualifie de tels mouvements (Soc. 30 mai 1989, *Bull. civ.* V, n° 405 ; Soc. 11 juillet 1989, *Sogarde, Bull. civ.* V, n° 569 ; *Dr. soc.* 1989. 717, note J. Déprez, *Grands arrêts*, n° 192 ; Soc. 16 novembre 1993, *Bull. civ.* V, n° 268 ; *Dr. soc.* 1994. 35, rapp. Ph. Waquet, note J.-E. Ray). 599

L'idée est la suivante : les revendications s'opposent à des mesures individuelles, personnelles et non à des mesures collectives, générales. Or, pour la Cour, seules de telles mesures générales méritent pleinement la qualification de revendications « professionnelles » (v. soc. 18 mars 1982, *Bull. civ.* V, n° 182 ; *Dr. ouvrier* 1983. 118 ; *D.* 1983. IR. 169, obs. J. Pélissier, arrêt qui exige un « intérêt collectif professionnel ». V. aussi Soc. 30 mai 1989 (préc.) et Soc. 16 novembre 1993 (préc.), arrêts qui insistent sur le caractère « personnel » de la faute ayant justifié la sanction contestée).

600 Cette prohibition des grèves de solidarité interne trouve vite ses limites. La jurisprudence reconnaît en effet facilement que, derrière les motifs individuels, existent des motifs indirects et implicites qui sont, eux, collectifs et professionnels. Tel sera le cas lorsque la grève de solidarité s'est déclenchée pour protester contre une sanction pour une faute commise au soutien de revendications professionnelles : la Cour reconnaît qu'en défendant les sanctionnés, les grévistes soutiennent aussi, implicitement, les revendications dont ils étaient porteurs (v. not. Soc. 27 novembre 1985, *Dr. soc.* 1988. 143, 2e esp., note J. Déprez ; *Bull. civ.* V, n° 559).

La grève est aussi sauvée, semble-t-il, lorsque la sanction contre laquelle la grève est déclenchée est manifestement illicite (v. Soc. 18 mars 1982, *Cora*, préc.) : la grève a alors comme motif implicite la défense du droit, l'exigence d'un respect de la légalité par l'employeur, ce qui est un motif qui, clairement, intéresse tous les salariés.

La jurisprudence admet encore, et surtout, que lorsque la grève a pour finalité de protester contre le licenciement économique d'un ou plusieurs salariés, il existe une revendication collective indirecte, implicite : la défense de l'emploi (Soc. 27 février 1974, *Bull. civ.* V, n° 140 ; Soc. 22 novembre 1995, *Bull. civ.* V, n° 307 ; *JCP* 1996. I. 3925, n° 20, note Teyssie ; *Dr. soc.* 1996. 204). Et, effectivement, si les salariés se mettent en grève dans ce type d'hypothèses, ce qui est relativement fréquent, ce n'est pas à la suite d'un réflexe purement altruiste. En défendant un salarié licencié pour motif économique, ils entendent rendre ces licenciements plus difficiles et défendre ainsi la solidité de leur emploi.

Finalement, la grève de solidarité interne n'est guère prohibée que lorsqu'elle est motivée par la sanction disciplinaire licite d'une faute strictement personnelle du salarié, indépendante de toute revendication collective (Soc. 30 mai 1989 et 16 novembre 1993, préc.).

601 Pourtant, derrière le soutien d'un salarié sanctionné, il y a toujours, implicitement mais nécessairement, la revendication d'un pouvoir disciplinaire exercé d'une manière plus réservée, plus douce. Une telle revendication n'est ni moins présente, ni moins collective, ni moins professionnelle que la revendication d'une plus grande stabilité de l'emploi lors des grèves menées contre un licenciement économique.

Pourquoi, alors que le raisonnement est exactement le même, l'accepter ici et le refuser là ?

602 Peut-être les juges ont-ils été un peu choqués par certaines grèves de solidarité menées contre des sanctions disciplinaires qui leur paraissaient pleinement justifiées : dans l'arrêt *Cora* du 18 mars 1982, précité, le salarié licencié au soutien duquel la grève avait été déclenchée, avait insulté des clients. Dans l'arrêt du 30 mai 1989 précité, le salarié soutenu avait été mis à pied trois jours « après projection d'un jet de peinture au pistolet sur un agent de maîtrise ». De telles sanctions apparaissaient pleinement justifiées. Et l'exigence d'un retrait de ces sanctions par les grévistes peut apparaître bien excessive.

Mais alors ce n'est plus le caractère professionnel ou non qui pose problème, mais le bien-fondé des revendications, leur caractère raisonnable. Or, depuis la jurisprudence *Zaluski* (v. n° 594), les juges ne doivent plus contrôler le caractère raisonnable ou non des revendications. De plus, le dernier arrêt de prohibition des grèves de solidarité interne, du 16 novembre 1993 (préc.), protestait contre le licenciement d'un ancien membre du CHSCT dont le tort était d'avoir refusé de balayer un lieu qui n'était pas son lieu de travail, faute dont la gravité saute moins aux yeux que dans les deux espèces précédentes.

On peut alors se demander si, derrière la prohibition des grèves de solidarité interne, il n'y a pas, plus simplement, une prohibition des grèves qui s'opposent au pouvoir disciplinaire de l'employeur, lesquelles seraient en principe illicites, alors que les grèves qui réclament une modification du contrat de travail ou un exercice différent du pouvoir de direction seraient, elles, licites. Il se pourrait que la prohibition résiduelle de certaines grèves de solidarité trouve ainsi sa source dans l'imaginaire de certains juges pour lesquels le contenu du contrat de travail et le pouvoir de direction seraient susceptibles d'être encadrés, limités et pourraient dès lors subir la pression d'une grève, alors que le pouvoir disciplinaire serait lui d'essence discrétionnaire, insusceptible de subir des limitations, même par la voie d'une grève. 603

La prohibition des grèves de solidarité interne, laquelle est en réalité une prohibition des grèves menées contre le pouvoir disciplinaire, est peut-être ainsi le dernier résidu d'une conception révolue du pouvoir disciplinaire. Il est presque inutile de dire à quel point cette vision d'un pouvoir disciplinaire discrétionnaire est aujourd'hui dépassée, au moins depuis que la loi du 4 août 1982 en a fait un pouvoir étroitement contrôlé, justiciable notamment d'un contrôle de proportionnalité (L. 1333-2 C. trav. ; v. n° 121).

§ 6 Les grèves dirigées contre des tiers au contrat de travail

La grève n'est pas un mouvement nécessairement dirigé contre l'employeur. Il existe des grèves dirigées contre des mesures générales, gouvernementales. Il existe encore des grèves dirigées contre d'autres employeurs, en soutien à d'autres salariés en lutte. La licéité de ces grèves est de principe : « la capacité de l'employeur à satisfaire les revendications des salariés est sans incidence sur la légitimité de la grève » (Soc. 23 octobre 2007, *RTM** ; *adde* dans le même sens, Soc. 2 juin 1961, *Bull. civ.* IV, n° 598 ; Soc. 15 janvier 1964, *Bull. civ.* IV, n° 47 ; *D.* 1964. 397 ; Soc. 29 mai 1979, *Lhomme*, *Bull. civ.* V, n° 464 ; *D.* 1980. Somm. 23, obs. Ph. Langlois ; *Grands arrêts*, n° 190 ; Soc. 27 juin 1989, *Bull. civ.* V, n° 470 ; Soc. 15 février 2006*). Certains débats demeurent cependant sur la validité des grèves exclusivement politiques (B) et sur les grèves faites au soutien de salariés d'autres entreprises, lesquelles sont dites grèves de « solidarité externe » (A). 604

A. Grève de solidarité externe

Les grèves dites de « solidarité externe » sont des grèves dont le motif ne concerne pas directement les grévistes eux-mêmes et qui sont menées au soutien des revendications de salariés travaillant au sein d'autres entreprises. 605

606 On cite souvent en faveur de l'illicéité de ces grèves un arrêt ancien, du 4 mai 1966 (*Bull. civ.* IV, n° 411), dans l'espèce duquel une grève avait été déclenchée dans le secteur de l'automobile en soutien aux mineurs en grève. L'arrêt casse l'arrêt d'appel, avec un motif très ambigu, selon lequel il semble qu'il soit reproché à l'arrêt d'appel d'avoir admis l'illicéité du mouvement, et d'avoir prononcé, cependant, l'illicéité de la sanction (un avertissement), ce qui pouvait apparaître contradictoire. On peut à l'extrême rigueur lire dans l'arrêt une certaine réticence de la Cour de cassation vis-à-vis des grèves de solidarité externe. Mais rien de plus. Il n'y a certainement pas là de quoi fonder une prohibition jurisprudentielle de principe.

En sens inverse, on cite notamment l'arrêt de la chambre criminelle du 23 octobre 1969 (*D.* 1970. 128, note H. Sinay), qui semble reconnaître la validité d'une motivation de la grève par pure solidarité. Mais il s'agissait d'un mouvement national dont la licéité ne serait plus contestée aujourd'hui. Et un second arrêt a validé le même mouvement, au motif que les revendications nationales « étaient de nature à intéresser les salariés de l'entreprise » (Crim. 12 janvier 1971, *Bull. crim.*, n° 5 ; *Dr. soc.* 1971. 547, obs. J. Savatier), ce qui revient à lui ôter le caractère de grève de solidarité.

607 Pour résumer, les décisions sur la question sont rares, anciennes, ambiguës, et légèrement contradictoires. On peut donc en déduire sans crainte qu'il n'existe pas de jurisprudence, au sens propre du mot, qui traite précisément de la question.

608 Cette absence ne laisse pas l'interprète démuni.

Il apparaît évident que la présence d'une motivation solidaire ne peut, en elle-même, disqualifier une grève. Si la grève est gagnée, les gains sont accordés à tous, grévistes comme non grévistes. Dès lors, l'*homo œconomicus*, pleinement rationnel, individualiste et égoïste, ne fait jamais grève. Il laisse les autres faire grève pour lui et continue pour sa part à travailler et à gagner son salaire. Il y a donc nécessairement dans la grève quelque chose qui fait tenir le collectif. Ce quelque chose est un sentiment, une valeur. Et il a pour nom la « solidarité ».

609 Au demeurant, cela ne signifie pas que les grèves soient des mouvements purement altruistes. Lorsque les salariés d'une branche professionnelle viennent soutenir les salariés d'une autre branche, l'idée d'une possible réciprocité est toujours présente. La grève de solidarité peut être perçue comme un don. Mais pour rassurer les derniers défenseurs de cette répugnance que le droit civil ancestral avait à l'égard des intentions libérales, il suffit de noter que ce don-là n'est pas indépendant de l'espoir d'un contre-don.

610 Ni la solidarité, ni l'altruisme, toujours présents et toujours relatifs, ne peuvent dès lors disqualifier la grève. Dans la méfiance existante pour les grèves de solidarité externe, il n'y a en réalité que l'expression, encore une fois, d'une crainte : celle de l'extension des grèves. Si les salariés d'une entreprise peuvent cesser le travail au soutien des salariés d'une autre entreprise, ceux d'une branche au soutien d'une autre branche, la grève s'étend. Elle pourrait devenir nationale, opposer d'un coup tous les salariés à tous les patrons. Et l'on retrouve ici la crainte des grèves générales, déjà au fondement de la prohibition des grèves politiques.

611 Mais ce n'est pas sur de vieilles peurs qu'on prépare de la bonne jurisprudence. Les grèves nationales sont aujourd'hui clairement licites (v. not. Soc. 15 février 2006*). Les grèves contre le CPE s'opposaient à un contrat réservé au moins de 26 ans. Et nul ne

peut penser sérieusement que, sur ce motif, les grévistes de plus de 26 ans pourraient voir leur arrêt de travail condamné.

De plus et surtout, le fait que l'employeur soit dans l'incapacité de satisfaire les revendications des grévistes ne délégitime nullement les grèves. L'affirmation en des termes très généraux de ce principe (Soc. 23 octobre 2007*) ne peut qu'inciter à considérer que désormais, les grèves de solidarité externe sont bien licites en droit positif.

B. Grève générale et grève politique

La prohibition des grèves politiques est une solution ancienne (v. not. Cour sup. arb. 15 février 1939, *DH* 1939. 186 ; 15 mars 1939, *DH* 1939. 360 ; Soc. 4 mai 1956, *D.* 1956. 487), dont le fondement est aujourd'hui un peu oublié. Il faut se remémorer ce qu'était le syndicalisme révolutionnaire au début du xxe siècle. Alors largement majoritaire, il se donnait pour objectif principal non pas l'amélioration des conditions de travail ou du salaire, mais la disparition du salariat et du capitalisme. La charte d'Amiens de 1906 le proclamait haut et fort : le syndicalisme « prépare l'émancipation intégrale qui ne peut se réaliser que par l'expropriation capitaliste ; il préconise comme moyen d'action la grève générale » (v. l'extrait de cette Charte reproduit dans les documents du chapitre 1). La révolution réalisée par voie de grève représentait alors un véritable espoir pour les uns et une véritable crainte pour les autres. 612

On comprend mieux, dans un tel contexte, la prohibition des grèves politiques. Les motifs de cette prohibition sont clairement exprimés par Pierre Laroque, alors commissaire du gouvernement à la Cour supérieure d'arbitrage, le 15 février 1939 : « la grève politique, même ne s'accompagnât-elle d'autres violences directes, s'apparente à l'émeute, à l'insurrection. C'est un acte révolutionnaire. Elle porte atteinte à l'ordre public, elle est par cela illicite ». Interdire la grève politique, c'était pour le système juridique de l'époque protéger son existence même. La grève soit, mais pas la révolution. Tel est le sens de la prohibition des grèves politiques.

Cette signification, un peu oubliée, a perdu de son actualité aujourd'hui. La perspective d'une grève générale révolutionnaire est devenue suffisamment peu crédible pour que, même dans l'irrationnel registre de la peur, elle ne soit plus invoquée. Perdant ainsi sa justification première, la prohibition des grèves politiques s'est peu à peu édulcorée.

La Cour de cassation considère aujourd'hui comme pleinement licites les grèves en faveur ou à l'encontre de choix politiques, pour peu que ces choix politiques aient des répercussions professionnelles. Ont ainsi été reconnues valides des grèves menées contre la politique économique du gouvernement (Crim. 23 octobre 1969, *Bull. crim.*, n° 267), contre le plan Barre (Soc. 29 mai 1979, *Lhomme*, *Bull. civ.*, V, n° 464 ; *D.* 1980. Somm. 23, obs. Ph. Langlois ; *Grands arrêts*, n° 190), ou encore contre les projets gouvernementaux en matière de retraite (Soc. 15 février 2006*). Toutes ces grèves, reconnues licites, étaient diligentées contre la politique suivie par des organes politiques élus ou désignés par des élus, mais dotés d'un impact sur la situation juridique ou sociale des travailleurs. Des revendications professionnelles étaient donc présentes, ce qui suffit à valider la grève. 613

Seule demeure donc la question des grèves exclusivement politiques. De telles grèves sont rares. On peut citer la grève contre l'exécution de Sacco et Vanzetti de 1927, la 614 grève antifasciste du 12 février 1934, la grève contre l'occupation allemande d'août 1944, les grèves menées contre la présence française en Algérie ou pour s'opposer au putsch d'Alger de 1961. On pourrait imaginer, aujourd'hui, une grève de protestation contre l'implication des troupes françaises en Afghanistan, une grève contre les OGM, etc.

Il apparaît alors que même au sein des grèves purement politiques une distinction s'impose : certaines grèves purement politiques ont été validées. La grève d'août 1944 menée contre l'occupation a non seulement été jugée rétroactivement licite, mais la révocation pour faute grave d'un fonctionnaire qui avait refusé d'y participer a été validée par le Conseil d'État (CE 20 juin 1947, *Lebon* p. 274). La grève lancée contre le putsch d'Alger d'avril 1961 a, elle aussi, été jugée parfaitement licite (Soc. 19 juin 1963, *D.* 1963. 686, note G. Lyon-Caen ; *JCP* 1963. II. 13428, note H. Sinay).

La jurisprudence semble dès lors prohiber les grèves politiques, mais à la double condition qu'elles soient dépourvues de toute revendication professionnelle et qu'elles s'opposent aux pouvoirs en place, ce qui semble difficile à défendre sur un plan strictement juridique. Cette solution, quoiqu'ancienne, n'est pas directement contredite par l'arrêt *RTM* (Soc. 23 octobre 2007*). Celui-ci affirme simplement qu'une grève peut fort bien avoir des motifs qui dépassent l'employeur. Cependant, il casse un arrêt d'appel qui se fondait sur le caractère politique des revendications exprimées... Et il est difficile de ne pas y voir un signe supplémentaire de la fragilité de toute décision qui tenterait de disqualifier une grève au motif qu'elle est politique.

■ 615 En résumé, la prohibition des grèves politiques semble toujours de droit positif. Mais cette prohibition n'a plus que des effets résiduels et contestables.

section 2

Modalités de la grève

■ 616 Certains mouvements revendicatifs entrent pleinement dans la définition jurisprudentielle de la grève, mais n'en demeurent pas moins illicites. Cette fois, il ne s'agit pas de disqualifier le mouvement, mais de considérer que l'exercice du droit de grève a été abusif.

L'abus du droit de grève lié à ses modalités pratiques reste rare. La grève n'est soumise à aucune condition de forme préalable. Son déclenchement peut notamment, en principe, être inopiné (§ 1). De même, les salariés sont libres d'organiser leur mouvement comme ils l'entendent. Seules certaines tactiques sont apparues abusives lorsque leurs effets apparaissent excessivement nuisibles (§ 2).

§ 1 Déclenchement de la grève : validité des grèves surprise

■ 617 En principe, la grève n'est soumise à aucune condition de préavis et la grève surprise est licite (v. déjà Soc. 20 janvier 1956, *Bull. civ.* IV, n° 71 : grève inopinée le jour du lancement d'un navire). La Cour de cassation a même invalidé les clauses des conventions collectives qui interdisent les grèves surprise en exigeant un préavis de grève (Soc. 7 juin 1995 *Bull. civ.* V, n° 180 ; *Dr. soc.* 1996. 37, note C. Radé ; *Dr. ouvrier* 1996. 94, note L. Milet ; *Grands arrêts*, n° 197 ; Soc. 17 juillet 1996, n° 94-42964). Le raisonnement de ces arrêts est simple et solide. Selon l'alinéa 7 du préambule de 1946 : « Le droit de grève s'exerce dans le cadre des *lois* qui le réglementent ». Une convention collective n'est pas une loi. Elle ne saurait donc réglementer le droit de grève en imposant un préavis aux salariés. Seule une loi peut prévoir un tel préavis.

La seule exigence de portée générale est que les revendications soient connues de l'employeur au moment du déclenchement de la grève, l'information de l'employeur et le début de la grève pouvant fort bien être simultanés (Soc. 19 novembre 1996, *Bull. civ.* V, n° 391 ; Soc. 12 décembre 200, *Bull. civ.* V, n° 414).

Il existe quelques limitations légales de cette liberté de déclenchement des grèves, justifiées par le principe de continuité du service public. 618

Dans les services publics, l'exigence d'un préavis de grève collectif, déposé par un syndicat représentatif, est ancienne et générale. Ce préavis est de 5 jours francs (art. L. 2512-1 et L. 2512-2 C. trav. ; v. aussi les exigences supplémentaires prévues dans les entreprises de transport terrestre régulier de voyageur, *D.* n° 2008-82, du 24 janv. 2008).

En revanche, il n'est pas exigé de préavis individuel, même dans les services publics. 619
Les salariés ne sont pas tenus d'avertir leur employeur de leur intention de participer ou non au mouvement de grève. C'est ce qu'a affirmé avec force l'Assemblée plénière de la Cour de cassation dans un arrêt du 23 juin 2006, dans une espèce où était en cause le service public des transports aérien (*Bull. Ass. plén.*, n° 7 ; *Dr. soc.* 2006. 935-938, obs. E. Dockès ; *RDT* 2006. 248, obs. N. Olszak).

Le législateur est venu contrecarrer cette dernière solution, mais exclusivement dans 620
les services publics de transport terrestre régulier de personnes : les salariés de ces entreprises de transport sont tenus de prévenir leur employeur de leur intention de se mettre en grève au moins 48 heures à l'avance (loi n° 2007-1224 du 21 août 2007, art. 5, II).

Cette exigence d'un préavis individuel va bien plus loin que l'exigence d'un préavis collectif. Aussi le Conseil constitutionnel a-t-il émis une réserve d'interprétation sur ce texte. Il a précisé que cette obligation « n'est opposable qu'aux seuls salariés dont la présence détermine directement l'offre de services » (Cons. const. 16 août 2007, n° 2007-556 DC, pt. 29). Pareil motif confirme l'impossibilité d'étendre cette obligation de préavis en dehors de cas très particuliers liés à l'exécution d'un service public.

Il est aussi important de noter que le préavis individuel imposé par la loi nouvelle 621
n'est pas imposé comme condition d'exercice du droit de grève : la grève sans préavis individuel reste licite. Les salariés qui n'ont pas averti l'employeur sont simplement passibles d'une « sanction disciplinaire » pour violation de l'obligation d'information (art. 5, II, al. 2 de la loi, préc., tel que compris par Cons. const., préc., pt. 29). Il n'est pas du tout évident que leur licenciement soit alors autorisé : la proportionnalité entre la sanction et la faute que constitue l'absence d'information resterait à démontrer *in concreto* devant les juges. Et surtout, les juges semblent peu enclins à accepter de trop importantes sanctions sur ce fondement (v. CE, ord. 11 février 2008,

n° 312330, *Syndicat SUD-RATP*, ordonnance qui a suspendu en référé une partie du « plan de prévisibilité » de la SNCF, au motif de l'imprécision des sanctions encourues par les salariés qui auraient violé leur obligation de préavis individuel : une telle disposition était, pour le Conseil d'État, susceptible de causer un préjudice grave et immédiat aux salariés).

■ 622 La loi du 21 août 2007 n'est donc qu'un petit pas du législateur vers une réglementation plus rigoureuse des grèves. Il ne doit pas pour autant être sous-estimé. Il pourrait s'agir d'une amorce, d'un premier pas suivi d'un deuxième, d'un troisième... On se souvient que telle fut la méthode suivie, avec beaucoup d'efficacité, pour détruire les protections du temps de travail (v. n° 312). Face à ce risque, la décision restrictive du Conseil constitutionnel du 16 août 2007 peut apparaître comme un avertissement à destination du législateur, s'il est tenté par cette voie.

§ 2 L'organisation des arrêts de travail

■ 623 Il ne sera ici question que de l'organisation de la grève au sens strict, c'est-à-dire de l'organisation des arrêts de travail. De nombreuses actions peuvent accompagner le mouvement (*sit-in*, piquets de grèves, occupation des locaux, mobilisation des médias, destruction des machines...). Certains de ces comportements sont licites, d'autres sont prohibés, certains même constituent des infractions pénales (séquestration, violences...). Ces différents comportements ne sont pas des modalités d'exercice de la grève. Ils peuvent conduire à la condamnation de leurs auteurs (v. n° 634-637 et 643). Mais ils ne sauraient rendre illicite le mouvement d'arrêt de travail dans son ensemble, ni permettre de sanctionner les grévistes qui n'ont pas commis ces comportements (Soc. 4 novembre 1992, *Cherki*, *Bull. civ.* V, n° 529 ; *Dr. soc.* 1992. 1007 ; *JCP E* 1993. II. 420, note J. Savatier ; *Grands arrêts*, n° 194).

■ 624 En principe, toutes les modalités d'organisation des arrêts de travail sont licites. Des modalités de grève qui rendent l'exploitation très onéreuse et très difficile sont valides. Ainsi les grèves courtes et répétitives peuvent être valides (Soc. 18 avril 1963, *Papeteries Chancel*, *Bull. civ.* IV, n° 316 ; *D.* 1963. 505, note A. Rouast ; *JCP* 1963. II. 13370, note P. Bizière ; *Grands arrêts*, n° 187 ; Soc. 16 octobre 2001, *Bull. civ.* V, n° 319). Il en va de même y compris lorsque ces grèves courtes et répétitives sont inopinées, ce qui rend l'exploitation de l'entreprise particulièrement onéreuse (Soc. 5 juillet 1995, *Bull. civ.* V, n° 232). De même, sont en principe considérées comme licites les grèves « thrombose » ou « bouchons », organisées aux milieux de chaînes de production et qui permettent à un petit groupe de salariés en grève de bloquer toute l'usine (Soc. 10 janvier 1973, *Bull. civ.* V, n° 8 ; *D.* 1973. 453, note H. Sinay). Les grèves « tournantes », qui sont des grèves bouchons dans lesquelles le blocage est réalisé par roulement, chaque atelier s'arrêtant à son tour, peuvent, elles aussi, être reconnues comme licites (Soc. 14 janvier 1960, *Dr. soc.* 1960. 491).

Ces modalités d'organisation de la grève peuvent cependant finir par apparaître abusives, dans certains cas.

■ 625 Pour qu'un tel abus soit reconnu, il faut un « risque de désorganisation de l'entreprise » (v. not. Soc. 18 janvier 1995, *Publicom** ; Ass. plén. 23 juin 2006 *Bull. Ass. plén.*, n° 7 ; *Dr. soc.* 2006. 935-938, obs. E. Dockès). Cette terminologie est relativement énigmatique. D'autant que la « désorganisation de l'entreprise » est opposée à la « désorganisation de la production », laquelle n'est pas abusive (Soc. 30 mai 1989, *Bull. civ.* V, n° 404 ; *D.* 1990. Somm. 168, obs. G. Borenfreund ; Soc. 7 avril 1993, *Bull. civ.* V, n° 111 ; Soc. 18 janvier 1995, *Bull. civ.* V, n° 27 ; Soc. 16 octobre 2001, *Bull. civ.* V, n° 319).

Or, il est bien difficile d'imaginer ce que pourrait être une entreprise organisée dont la production est désorganisée : l'entreprise étant avant tout un processus de production, ce qui désorganise ceci, désorganise nécessairement cela. Les termes utilisés ne sont donc guère porteurs de renseignements sur le critère retenu par la Cour de cassation.

À lire les espèces soumises à la Cour de cassation, il semble que l'idée sous-jacente soit dans la comparaison entre le préjudice subi par les grévistes et celui subi par l'entreprise (pour un abus caractérisé par un préjudice qui « excédait celui qui résulte normalement de l'exercice d'une grève continue ou même de débrayages contrôlés », v. Soc. 7 janv. 1988, *Bull. civ.* V, n° 10 ; *Dr. soc.* 1988. 251, 6e esp., note J. Savatier ; *JCP E* 1988. 15688 note Y. Saint Jours). Une disproportion même importante de l'un à l'autre est cependant acceptée (v. les arrêts préc. et not. Soc. 5 juillet 1995, *Bull. civ.* V, n° 232). Mais il semble qu'au-delà d'un certain seuil, la disproportion devienne excessive, ce qui caractérise un abus. 626

section 3

Effets de la grève

La grève suspend le contrat de travail. Le pouvoir de direction de l'employeur est suspendu et donc son pouvoir disciplinaire l'est aussi (§ 2). Corrélativement, l'employeur n'est plus tenu de payer les salaires des grévistes (§ 1). 627

§ 1 Suspension du salaire

La grève suspend l'obligation de l'employeur de verser un salaire. La solution est un effet traditionnel de l'exception d'inexécution. Elle n'est pas contestée. 628

Elle a cependant été curieusement rappelée par le législateur à propos du seul service public des transports terrestres de voyageurs (art. 10 de la loi n° 2007-1224 du 21 août 2007), ce qui pourrait donner l'occasion d'un amusant argument *a contrario* totalement dépourvu de chances de succès auprès des juges (ce qui démontre au passage la prudence qui s'impose dans le maniement du raisonnement *a contrario*). 629

Les questions sérieuses relatives au salaire et à la grève ont porté sur le montant de la perte de salaire occasionnée par la grève (A) et sur les exceptions possibles au principe de non-paiement du salaire (B).

A. Proportionnalité de la perte de salaire à la durée de l'arrêt de travail

630 La retenue sur salaire doit être strictement proportionnelle à la durée de l'arrêt de travail. L'employeur ne saurait indexer la perte de salaire à la perte de production provoquée par la grève, ni prendre en compte des temps d'improductivité liés à celle-ci.

Il doit ainsi payer comme temps de travail le temps d'arrêt et de remise en marche des machines (Soc. 6 juin 1989, *Bull. civ.* V, n° 426 ; *D.* 1990. 170, 3e, 4e et 5e esp., obs. G. Borenfreund ; *JCP G* 1990. II. 21452, 2e esp., note Y. Saint-Jours ; Soc. 4 juillet 1989, *Bull. civ.* V, n° 496). Il doit aussi payer normalement l'exécution défectueuse du travail ou le ralentissement volontaire de la production : sanctionner ce ralentissement d'une baisse de salaire serait une sanction pécuniaire prohibée par l'article L. 1331-2 du Code du travail (L. 122-42 anc. C. trav.) et donc nulle (Soc. 20 février 1991* ; Soc. 17 avril 1991* ; Soc. 12 avril 1995*).

631 De même, la réduction d'une prime pour fait de grève s'analyse en une sanction pécuniaire, sauf si la prime est réduite pour toutes les causes d'absences, y compris la maladie, les accidents du travail et la maternité (v. not. au sujet de primes d'assiduité, Soc. 25 mars 1982, *SAFT*, *Bull. civ.* V, n° 224 ; Soc. 16 février 1994, *Bull. civ.* V, n° 55 ; Soc. 10 décembre 2002, *Bull. civ.* V, n° 371, Soc. 15 février 2006* ; Soc. 16 janvier 2008, n° 06-42983, [P], et au sujet d'une prime d'ancienneté, Soc. 23 juin 2009, n° 07-42677, [P] ; v. le raisonnement suivit par ces arrêts, n° 120). La Cour admet cependant qu'une distinction soit faite entre les absences qui sont assimilées à du temps de travail effectif du fait de la loi (jours de RTT, congés payés, congés de formation économique ou syndicale), lesquelles n'entraînent pas de réduction de rémunération et les autres absences, qui entraînent une telle réduction (Soc. 23 juin 2009, n° 08-42154, [P]).

Même ainsi encadrée, la réduction pour fait de grève des primes d'assiduité demeure contestable : si elles sont bien rédigées, ces primes peuvent être un moyen efficace pour rendre les grèves courtes très coûteuses pour les salariés. Elles sont donc bien une limitation du droit de grève, limitation qui n'est ni du pouvoir de l'employeur, ni du pouvoir des conventions collectives qui parfois stipulent de telles primes.

L'idée de punir financièrement les salariés « coupables » d'exercer leur droit de grève pendant une courte période se retrouve encore à l'article L. 2512-5 du Code du travail. Selon ce texte, les salariés dont l'employeur est chargé de la gestion d'un service public s'exposent, en cas de grève, à des retenues qui échappent à la règle de stricte proportionnalité (ex. : retenue d'un cinquantième de salaire mensuel en cas d'arrêt de travail n'excédant pas une demi-journée, d'un trentième en cas de grève de plus d'une demi-journée même si elle ne dure pas toute la journée). Pareille disposition institue une sorte de sanction pécuniaire applicable aux salariés des services publics. Elle est une exception légale à la prohibition des sanctions pécuniaires de l'article L. 1331-2 du Code du travail (v. n° 118 et s.).

B. L'exceptionnel paiement des heures de grève

632 Les heures de grèves doivent être payées lorsque la grève est motivée par un « manquement grave et délibéré » de l'employeur à ses obligations (Soc. 20 février 1991, *Bull. civ.* V, n° 80 ; Soc. 3 mai 2007*). Dans un tel cas, il est considéré que la

grève a été causée par la faute de l'employeur. Celui-ci est donc responsable du préjudice subi par les salariés du fait de la grève. Il est pour cette raison condamné à leur verser leurs salaires perdus du fait de la grève.

Un tel manquement grave et délibéré peut être reconnu en cas de violation de règles de sécurité ou, « à l'évidence » selon les termes de la Cour, en cas de non-paiement des heures supplémentaires (Soc. 3 mai 2007*).

§ 2 Suspension du pouvoir disciplinaire, sauf faute lourde

Pendant la grève, le pouvoir de direction de l'employeur est suspendu. Par consé- 633
quent, son pouvoir disciplinaire l'est aussi (v. n° 114). Si des fautes sont commises par les salariés au cours de la grève, celles-ci ne peuvent donc pas faire l'objet de sanctions disciplinaires.

Cette suspension du pouvoir disciplinaire de l'employeur subit toutefois une exception légale précisée à l'article L. 2511-1 du Code du travail (L. 521-1 anc. C. trav.) : en cas de faute lourde, le salarié gréviste peut être licencié. En revanche, en l'absence de faute lourde imputable aux salariés, le licenciement est nul (art. L. 2511-1 al. 3 C. trav. ; sur la nullité du licenciement, v. n° 498-504).

Deux questions se posent alors. La première est relative à la notion de « faute lourde » (A). La seconde consiste à s'interroger sur la possibilité pour l'employeur de prendre des mesures plus douces que le licenciement, en cas de faute lourde (B).

A. Notion de faute lourde

La faute lourde est une faute d'une particulière gravité, faite dans l'intention de nuire 634
(v. n° 474). Dans le contexte d'une grève, la plupart des fautes présentent le second de ces caractères, l'intention de nuire. L'essentiel de la question se concentre alors sur la particulière gravité. Il y a là une question d'appréciation difficile. On peut noter que des actes de violence (Soc. 19 novembre 1987, *Bull. civ.* V, n° 654 ; Soc. 13 janvier 1993, *Bull. civ.* V, n° 7), la séquestration de dirigeants ou cadres de l'entreprise (Soc. 1er avril 1997, *Bull. civ.* V, n° 131) et, souvent, l'atteinte à la liberté du travail des non-grévistes, notamment par des piquets de grèves (Soc. 31 mars 1998, *Bull. civ.* V, n° 180 ; Soc. 1er juillet 1998, *Dr. soc.* 1998. 850 ; Soc. 15 mai 2001, *Bull. civ.* V, n° 166, 2e esp. ; Soc. 17 décembre 2002, *Dr. soc.* 2003. 448, obs. F. Duquesne), ont pu être considérés comme des fautes lourdes.

En revanche, l'occupation des locaux n'est pas considérée comme une faute lourde lorsqu'elle ne s'accompagne pas d'une entrave à la liberté du travail (Soc. 29 mai 1953, *Dr. soc.* 1953. 410 ; Soc. 9 octobre 1963, *Bull.* IV, n° 667 ; Soc. 16 mai 1989, *Bull. civ.* V, n° 361).

B. Étendue du pouvoir disciplinaire en cas de faute lourde

En l'absence de faute lourde, l'employeur n'a aucun pouvoir disciplinaire sur les 635
comportements commis contre les grévistes. Une simple faute grave ne saurait légitimer une sanction, même un simple avertissement (Soc. 16 décembre 1992* ; Soc. 7 juin 1995*). La solution est logique. Pendant la grève, le salarié n'est pas subordonné à l'employeur, il n'est donc pas soumis à son pouvoir disciplinaire.

L'article L. 2511-1 du Code du travail s'analyse comme une exception à ce principe. Et les exceptions sont d'interprétation stricte.

636 La jurisprudence est nettement plus ambiguë sur la possibilité pour l'employeur, *en cas de faute lourde*, de sanctionner le salarié par une sanction moins grave que le licenciement. La motivation des deux arrêts sus-visés semble signifier, *a contrario*, que la possibilité d'une telle sanction demeure ouverte, en cas de faute lourde, puisque, selon ces deux arrêts : « un salarié gréviste ne peut être licencié *ou sanctionné*, à raison d'un fait commis à l'occasion de la grève à laquelle il participe, que si ce fait est constitutif d'une faute lourde ». La Cour semble ici faire application de l'idée selon laquelle « qui peut le plus, peut le moins ».

637 La solution n'est pas cependant hors de toute discussion possible. L'interprétation *a contrario* des arrêts de la Cour de cassation doit en principe être évitée et, en matière de pouvoir disciplinaire, l'adage « qui peut le plus, peut le moins » n'est guère efficace (v. not. CE 28 janvier 1991, *Dr. soc* 1992. 232). Surtout, une faute lourde est plus qu'une faute grave. Or la faute grave est définie par la Cour de cassation comme celle qui rend impossible le maintien du contrat de travail, même pendant la durée du préavis (v. n° 472). Une faute ne faisant l'objet que d'une mise à pied, ou même que d'un simple avertissement, est par hypothèse une faute qui ne rend pas impossible cette continuation. Elle n'est donc pas une faute grave (v. n° 473 et réf. cit.). *A fortiori*, elle n'est pas non plus une faute lourde.

La faculté de l'employeur d'adopter une sanction moindre que le licenciement apparaît ainsi bien théorique. S'il s'avisait de procéder ainsi, sa mansuétude démontrera que la faute invoquée n'était pas grave. Et donc qu'elle n'était pas lourde. Or, seule la faute lourde peut légitimer la sanction d'un comportement commis à l'occasion d'une grève.

section 4

Les ripostes patronales

638 Face à la grève, l'employeur peut user de plusieurs armes juridiques. Il peut licencier les grévistes coupables de fautes lourdes (v. n° 633). Il peut tenter de remplacer les salariés grévistes (§ 1) et même essayer de recouvrer une partie de ses pertes en attaquant en responsabilité délictuelle les salariés ou les syndicats (§2). Il peut fermer son entreprise, à la condition de pouvoir démontrer une situation contraignante (§ 3).

§ 1 Le remplacement des grévistes

639 Si l'employeur remplace les grévistes, il ne subit aucun dommage du fait de la grève. Les grévistes perdent alors leur salaire en vain et la grève est vouée à l'échec. Cette situation est un germe de violence : si le remplacement est juridiquement facile, la grève devient inefficace. Il ne reste plus alors aux salariés qui veulent faire entendre leur voix qu'à s'opposer illégalement au travail des salariés embauchés à leur place.

Pour éviter cette situation extrême, le législateur est venu réglementer le remplacement des salariés grévistes : il est interdit à l'employeur de remplacer les grévistes par des salariés en contrat à durée déterminée (L. 1242-6 C. trav.) ou par des travailleurs temporaires (L. 1251-10 C. trav.). Et ces prohibitions sont pénalement sanctionnées : les textes prévoient jusqu'à six mois de prison en cas de récidive (L. 1248-3 et L. 1254-5 C. trav.). 640

L'employeur n'est pas pour autant totalement démuni. Il peut tout d'abord réaffecter le personnel non gréviste aux tâches des grévistes (Soc. 12 janvier 1983, *Bull. civ.* V, n° 12). Si cette réaffectation réalise une modification de leur contrat, les salariés réaffectés pourront refuser. Mais ils pourront aussi accepter. La solution apparaît assez logique : la grève des uns n'interdit pas le travail des autres. Et les articles précités ne prohibent que des embauches. Une prime pourra même être versée aux non-grévistes pour surcroît de travail, sans que cette prime s'analyse en une prime discriminatoire vis-à-vis des grévistes qui en sont privés (Crim. 19 juin 1979, *Bull. crim.*, n° 217 ; *D.* 1980. IR. 88, obs. J. Pélissier ; Soc. 8 janvier 1981, *Dr. soc.* 1981. 435, 3e esp., note J. Savatier ; *a contrario*, si le surcroît de travail n'est pas prouvé, la prime est discriminatoire, v. 3 mars 2009, n° 07-44676, inédit). 641

La Cour de cassation accepte encore que l'entreprise fasse appel à des bénévoles (Soc. 11 janvier 2000, *Trouboul*, *Bull. civ.* V, n° 15 ; *D.* 2000. 369, note C. Radé ; *Dr. ouvrier* 2000. 252, note A. de Senga ; *Grands arrêts*, n° 209). La solution est déjà plus curieuse.

La question la plus débattue est la possibilité pour l'employeur d'embaucher des salariés en contrat à durée indéterminée, quitte à licencier ceux-ci au retour des grévistes : leur retour constituerait alors une cause réelle et sérieuse de licenciement... 642

Pareille solution doit cependant être fermement écartée. Un contrat conclu en remplacement d'un gréviste, même formellement présenté comme un contrat à durée indéterminée, a en réalité un objet limité dans le temps. Il est doté d'un terme : le retour du gréviste. Il entre donc dans la définition du « contrat à durée déterminée » (sur cette définition, v. n° 249) et tombe sous le coup de la prohibition susvisée.

§ 2 Actions en responsabilité délictuelle

La responsabilité du salarié gréviste peut être invoquée si celui-ci a commis une faute lourde pendant la grève. Pareille action est cependant rarement intentée du fait de la relative insolvabilité des grévistes et de par la violence d'une telle action, qui n'est pas *a priori* de celles qui permettent de rétablir la paix sociale après une grève. Les employeurs se « contentent » donc généralement de licencier les auteurs de faute lourde. Le recours en responsabilité n'en demeure pas moins possible. 643

La responsabilité du salarié est alors limitée au « préjudice découlant directement de sa participation personnelle à des actes illicites commis pendant l'arrêt du travail » (Soc. 19 décembre 1990, *Bull. civ.* V, n° 698 ; *Grands arrêts*, n° 213). Ce qui permet d'éviter de condamner un salarié à la réparation de l'entier préjudice subit par l'entreprise du fait de la grève. En la matière, la responsabilité *in solidum* est exclue.

Et le salarié ne pourra être condamné qu'au préjudice que ses fautes lourdes personnelles ont directement causé.

■ 644 L'action en responsabilité contre les syndicats, réputés plus solvables, est elle plus fréquente. Elle relève du droit commun de la responsabilité délictuelle. Il suffit de prouver une faute du syndicat au sens de l'article 1382 du Code civil, pour que celui-ci puisse voir sa responsabilité engagée. Il est inutile de démontrer une faute lourde.

■ 645 Encore faut-il que le syndicat puisse se voir imputer une faute. Le syndicat ne peut être jugé responsable des fautes commises par les simples grévistes : le syndicat n'étant pas leur commettant (Soc. 9 novembre 1982, *Dubigeon-Normandie*, *Bull. civ.* V, n° 605 ; *Grands arrêts*, n° 211). Il ne pourra pas non plus l'être du seul fait des actes commis par les délégués syndicaux : ceux-ci « ne cessent pas d'exercer individuellement le droit de grève et n'engagent pas, par les actes illicites auxquels ils peuvent se livrer, la responsabilité des syndicats auxquels ils appartiennent » (Soc. 21 janvier 1987, *Dr. soc.* 1987. 426, note J.-E. Ray ; Soc. 17 juillet 1990, trois arrêts, *Bull. civ.* V, n° 371 et 375 ; *Dr. ouvrier* 1990. 375, rapp. Ph. Waquet). La faute des syndicats doit donc être caractérisée par un acte qui l'engage, soit encore par un acte fait au nom du syndicat par son représentant. Ce pourra notamment être le cas d'incitations à commettre des actes illicites réalisés au nom du syndicat (v. Soc. 30 janvier 1991, *Bull. civ.* V, n° 40).

■ 646 Une fois la faute démontrée, il faut encore prouver le préjudice qui a été directement causé par la faute. En matière de grève, la Cour de cassation refuse de globaliser le préjudice subi et de condamner tous ceux qui y ont participé à le réparer *in solidum*. La part de préjudice directement imputable à chacun doit être précisément démontrée (Soc. 30 janvier 1991, *Bull. civ.* V, n° 40 ; Soc. 18 janvier 1995, *Publicom**).

C'est essentiellement par cette voie que la jurisprudence a pu limiter l'efficacité des recours en responsabilité dirigés contre les syndicats. Une interprétation extensive de leur responsabilité aurait eu des effets désastreux en plaçant les syndicats français dans des situations financières très difficiles. Cette interprétation restrictive s'impose aussi du fait du contexte dans lequel de telles fautes sont commises. Les grèves sont des révoltes qui peuvent fréquemment déborder et générer des actes illicites. Et il est difficile pour les syndicats de se désolidariser systématiquement de tels comportements : leur fonction est d'être aux côtés des salariés et ce particulièrement à l'occasion des conflits collectifs. La trop lourde condamnation des fautes commises par les syndicats aurait constitué une véritable menace pour le syndicalisme français.

§ 3 Prohibition du *lock-out*

■ 647 On désigne sous le nom anglais de *lock-out* la décision de l'employeur de fermer les portes de son entreprise pour faire pression sur les salariés. Formellement, il y a là une inexécution du contrat de travail, une sorte de d'équivalent au droit de grève, mais exercé par l'employeur. Ce qui explique que certains systèmes juridiques l'aient admis, comme une arme réciproque accordée à l'employeur.

Pourtant la symétrie n'est guère convaincante. Le droit de cesser d'exécuter leur contrat pour faire pression a été accordé aux salariés pour qu'ils puissent rééquilibrer le rapport de force qui les oppose à l'employeur. La réciproque est dépourvue de sens : l'employeur, qui détient l'emploi et paie les salaires, n'est pas dans une situation de faiblesse face à ses salariés. Il n'est nul besoin de le renforcer encore. Pour cette raison, en droit français, le *lock-out* est, en principe, interdit (Soc. 24 janvier 1968 *Bull. civ.* V, n° 51 ; *Grands arrêts*, n° 202). Ce principe connaît cependant une importante exception.

En droit commun des obligations, la force majeure peut libérer un cocontractant de ses obligations. En l'occurrence, la Cour de cassation a légèrement édulcoré cette condition. Pour valider une fermeture de l'entreprise en réponse à une grève, la jurisprudence se contente de la preuve d'une « situation contraignante, qui ne lui (est) pas imputable et qui (rend) impossible la fourniture de travail aux salariés non gréviste » (v. not. Soc. 22 février 2005*). Il s'agit d'une situation qui va au-delà de la simple difficulté : il ne suffit pas que le maintien du travail des non-grévistes soit onéreux ou même fait à perte (v. par ex. Soc. 5 juillet 1995, *Bull. civ.* V, n° 232). Mais la situation contraignante à prouver est en deçà de l'impossibilité absolue de faire fonctionner l'entreprise (Soc. 7 novembre 1990, *Bull. civ.* V, n° 518 ; Soc. 4 juillet 2000, *Bull. civ.* V, n° 262 ; *Dr. soc.* 2000. 1091, note A. Cristau ; Soc. 22 février 2005*, préc.). Entre ces deux pôles, l'appréciation des espèces est difficile. 648

Si l'employeur cesse de fournir du travail sans pouvoir prouver une telle situation contraignante, il doit verser leur salaire aux salariés empêchés par sa faute de travailler (v. par ex. Soc. 5 juillet 1995, préc.).

Biblio

- « Conflits collectifs », dossier, *Dr. soc.* n° spécial juillet-août 2001, avec notamment :
  – A. Supiot, « Revisiter les droits d'action collective » ;
  – M.-A. Souriac, « Conflits du travail et négociation collective, quelques aspects ».
- E. Dockès, « La finalité des grèves en question », *Dr. soc.* 2006. 881-889.
- S. Laulom, « Les actions collectives et le dumping social », *SSL* 7 janvier 2008, n° 1335, p. 8.
- S. Robin-Olivier et E. Pataut, « Europe sociale ou Europe économique », *RDT* 2008. 80 et s.
- P. Chaumette, « Les actions collectives syndicales dans le maillage des libertés communautaires des entreprises », *Dr. soc.* 2008. 210-220.

Documents

1) Consécration et menaces dans le droit de l'Union européenne

CJCE 11 décembre 2007, *Viking*, aff. C-438/05 (v. P. Chaumette, S. Laulom, S. Robin-Olivier et E. Pataut, préc.)

« …

43. À cet égard, il convient de relever que le droit de mener une action collective, y compris le droit de grève, est reconnu tant par différents instruments internationaux auxquels les États membres ont coopéré ou adhéré, tels que la charte sociale européenne, signée à Turin le 18 octobre 1961, d'ailleurs expressément mentionnée à l'article 136 CE, et la convention n° 87 concernant la liberté syndicale et la protection du droit syndical, adoptée le 9 juillet 1948 par l'Organisation internationale du travail, que par des instruments élaborés par lesdits États membres au niveau communautaire ou dans le cadre de l'Union, tels que la charte communautaire des droits sociaux fondamentaux des travailleurs adoptée lors de la réunion du Conseil européen tenue à Strasbourg le 9 décembre 1989, également mentionnée à l'article 136 CE, et la charte des droits fondamentaux de l'Union européenne, proclamée le 7 décembre 2000 à Nice.

44. Si le droit de mener une action collective, y compris le droit de grève, doit donc être reconnu en tant que droit fondamental faisant partie intégrante des principes généraux du droit communautaire dont la Cour assure le respect, il n'en demeure pas moins que son exercice peut être soumis à certaines restrictions…

84. Dans l'hypothèse où, au terme de cet examen, la juridiction de renvoi parviendrait à la conclusion que, dans l'affaire dont elle est saisie, les emplois ou les conditions de travail des membres de FSU susceptibles d'être affectés par le changement de pavillon du Rosella sont véritablement compromis ou sérieusement menacés, il lui incomberait encore de vérifier si l'action collective engagée par ce syndicat est apte à garantir la réalisation de l'objectif poursuivi et ne va pas au-delà de ce qui est nécessaire pour atteindre ce dernier…

87. S'agissant du point de savoir si l'action collective en cause au principal ne va pas au-delà de ce qui est nécessaire pour atteindre le but poursuivi, il incombe à la juridiction de renvoi d'examiner notamment, d'une part, si, en application de la législation nationale et du droit conventionnel qui est applicable à cette action, FSU ne disposait pas d'autres moyens, moins restrictifs de la liberté d'établissement, pour faire aboutir la négociation collective engagée avec

Viking et, d'autre part, si ce syndicat avait épuisé ces moyens avant d'engager une telle action... ».

CJCE 18 décembre 2007, C-341-05, *Laval* (v. P. Chaumette, S. Laulom, S. Robin-Olivier et E. Pataut, préc.)

91. Si le droit de mener une action collective doit donc être reconnu en tant que droit fondamental faisant partie intégrante des principes généraux du droit communautaire dont la Cour assure le respect, il n'en demeure pas moins que son exercice peut être soumis à certaines restrictions. En effet, ainsi que le réaffirme l'article 28 de la charte des droits fondamentaux de l'Union européenne, il est protégé conformément au droit communautaire ainsi qu'aux législations et pratiques nationales.
95. Il découle de ce qui précède que le caractère fondamental s'attachant au droit de mener une action collective n'est pas de nature à faire échapper une telle action, menée à l'encontre d'une entreprise établie dans un autre État membre qui détache des travailleurs dans le cadre d'une prestation de services transnationale, au champ d'application du droit communautaire.
101. Il ressort de la jurisprudence de la Cour que, la libre prestation des services constituant l'un des principes fondamentaux de la Communauté (...), une restriction à cette liberté ne saurait être admise que si elle poursuit un objectif légitime compatible avec le traité et se justifie par des raisons impérieuses d'intérêt général, pour autant, en pareil cas, qu'elle soit propre à garantir la réalisation de l'objectif poursuivi et qu'elle n'aille pas au-delà de ce qui est nécessaire pour l'atteindre...
102. Les organisations syndicales défenderesses au principal ainsi que le gouvernement suédois font valoir que les restrictions en cause sont justifiées dès lors qu'elles sont nécessaires pour garantir la protection d'un droit fondamental reconnu par le droit communautaire et qu'elles ont pour objectif la protection des travailleurs, laquelle constituerait une raison impérieuse d'intérêt général.
103. À cet égard, il y a lieu de relever que le droit de mener une action collective ayant pour but la protection des travailleurs de l'État d'accueil contre une éventuelle pratique de dumping social peut constituer une raison impérieuse d'intérêt général, au sens de la jurisprudence de la Cour, de nature à justifier, en principe, une restriction à l'une des libertés fondamentales garanties par le traité...
107. À cet égard, il y a lieu de relever que, en principe, un blocus engagé par une organisation syndicale de l'État membre d'accueil visant à garantir, aux travailleurs détachés dans le cadre d'une prestation de services transnationale, des conditions de travail et d'emploi fixées à un certain niveau relève de l'objectif de protection des travailleurs.
108. Toutefois, il y a lieu de considérer que, en ce qui concerne les obligations spécifiques liées à l'adhésion à la convention collective du bâtiment, que les organisations syndicales cherchent à imposer aux entreprises établies dans d'autres États membres par une action collective telle que celle en cause au principal, l'entrave que cette dernière comporte ne saurait être justifiée au regard d'un tel objectif... ».

2) Notion de grève

Soc. 13 novembre 1996, *Bull. civ.* V, n° 379 ; *JCP E* 1997. 10, rapport Ph. Waquet et note D. Corrignan-Carsin ; *Dr. soc.* 1997. 376, obs. C. Radé

« Attendu cependant que, si la grève est la cessation collective et concertée du travail par des salariés en vue d'appuyer des revendications professionnelles et ne peut, en principe, être le fait d'un salarié agissant isolément, dans les entreprises ne comportant qu'un salarié, celui-ci, qui est le seul à même de présenter et de défendre ses revendications professionnelles, peut exercer ce droit constitutionnellement reconnu ».

Soc. 23 octobre 2007, *RTM*, n° 06-17802, [P]

« Attendu que l'exercice du droit de grève résulte objectivement d'un arrêt collectif et concerté du travail en vue d'appuyer des revendications professionnelles ; (...)
la capacité de l'employeur à satisfaire les revendications des salariés est sans incidence sur la légitimité de la grève... ».

3) Effet sur le salaire

– Perte de salaire et primes d'assiduité

Soc. 15 février 2006, *Bull. civ.* V, n° 65 ; *Dr. soc.* 2006. 577, note C. Radé

« Mais attendu, d'abord, que caractérise l'exercice du droit de grève une cessation concertée et collective du travail en vue de soutenir un mot d'ordre national pour la défense des retraites, qui constitue une revendication à caractère professionnel, et, ensuite, que si l'employeur peut tenir compte des absences, même motivées par la grève, pour l'attribution d'une prime destinée à récompenser une assiduité profitable à l'entreprise, c'est à la condition que toutes les absences, autorisées ou non, entraînent les mêmes conséquences ; qu'ayant constaté que les absences pour événements familiaux ou des absences conventionnelles prévues par l'accord d'entreprise ne donnaient pas lieu à retenue, ce dont il résultait que la suppression de la prime d'assiduité en cas de grève constituait une mesure discriminatoire ».

– L'exceptionnel paiement des heures de grève

Soc. 3 mai 2007, 05-44776, [P], *RDT* 2007. 538, note O. Leclerc ; *D.* 2007. Pan. 3040, note F. Fouvet

« Mais attendu que le mouvement de grève ayant été notamment motivé par le non-paiement des heures supplémentaires et donc, à l'évidence, par un manquement grave et délibéré de l'employeur à ses obligations, le juge des référés a exactement décidé que l'obligation de l'employeur au paiement des provisions sollicitées n'était pas sérieusement contestable, nonobstant le protocole d'accord de fin de grève ; que le moyen n'est pas fondé ».

– Actes commis au cours de la grève

Soc. 16 décembre 1992, *EDF c. Moens*, *Bull. civ.* V, n° 592 ; *Dr. soc.* 1993. 291, note J. Savatier ; *D.* 1993. Somm. 265, obs. E. Dockès ; Soc. 7 juin 1995, *Bull. civ.* V, n° 181

« Un salarié gréviste ne peut être licencié ou sanctionné, à raison d'un fait commis à l'occasion de la grève à laquelle il participe, que si ce fait est constitutif d'une faute lourde ».

Soc. 18 janvier 1995, *Publicom*, *Bull. civ.* V, n° 27 ; *Dr. soc.* 1995. 186, note Ph. Waquet ; *Grands arrêts*, n° 196

« La cessation collective et concertée du travail en vue d'appuyer des revendications professionnelles caractérise l'exercice du droit de grève ; que la commission, par certains salariés grévistes, d'actes illicites au cours de leur mouvement, ne suffit pas, à elle seule, à modifier la nature de ce dernier ; que ce n'est qu'au cas où la grève entraîne ou risque d'entraîner la désorganisation de l'entreprise qu'elle dégénère en abus ; qu'enfin, la responsabilité d'un salarié ou d'un syndicat à l'occasion soit d'une grève, en raison d'actes illicites commis pendant celle-ci, soit d'un abus du droit de grève, ne peut être engagée qu'à raison du préjudice découlant directement de son comportement fautif ».

« La cour d'appel ne pouvait mettre à la charge du syndicat, de MM. Combebiac et Cuallado et de dix-huit salariés grévistes la réparation de l'entier préjudice subi par l'entreprise ; (...) il lui appartenait de préciser, en ce qui concerne chacune des personnes concernées, à *quel acte fautif précis elle avait participé et qu'elle ne pouvait prononcer condamnation qu'à raison du seul préjudice résultant du comportement incriminé* ».

Crim. 3 juin 2008, 07-80079, P, *RDT* 2008. 603, obs. N. Olszak

« (...)

Attendu qu'il résulte de l'arrêt attaqué et des pièces de procédure qu'à l'occasion d'une manifestation organisée par un syndicat le 2 décembre 2004 à Dunkerque, une vingtaine de marins de commerce ont investi les locaux de la direction départementale des affaires maritimes en vue d'obtenir le réexamen de la situation d'un marin victime d'un accident du travail ; que trois heures plus tard, les manifestants, ayant obtenu satisfaction, ont quitté les lieux ; qu'à la suite de ces faits, Didier X... et Eric Y... ont été cités devant le tribunal correctionnel des chefs d'entrave à la liberté du travail...

(...)

Mais sur le premier moyen de cassation, pris de la violation des articles 431-1 du code pénal, 591 et 593 du code de procédure pénale ;

"en ce que l'arrêt infirmatif attaqué a déclaré Eric Y... et Didier X... coupables d'entrave à la liberté du travail ;..."

Vu l'article 593 du code de procédure pénale, ensemble l'article 431-1 du code pénal ;

Attendu que le juge répressif ne peut prononcer une peine sans avoir relevé tous les éléments constitutifs de l'infraction qu'il réprime ;

Attendu que, pour dire Didier X... et Eric Y... coupables d'entrave à la liberté du travail après avoir relevé que si l'ancien article 414 du code pénal avait pour unique but d'empêcher la grève forcée, l'article 431-1 du même code, applicable aux faits poursuivis, sanctionnait désormais toute entrave à la liberté du travail, l'arrêt retient que les prévenus ont proféré des menaces de dégradations pour obtenir gain de cause et ont empêché délibérément les personnes présentes d'exercer librement leur travail ;

Mais attendu qu'en se déterminant ainsi, alors que le simple trouble apporté à l'activité professionnelle n'entre pas dans les prévisions de l'article 431-1 du code pénal, la cour d'appel n'a pas légalement justifié sa décision ;
D'où il suit que la cassation est encourue de ce chef ;
Par ces motifs, CASSE et ANNULE, … »

4) Le *lock-out*

Soc. 22 février 2005, *Bull. civ.* V, n° 57, *Dr. soc.* 2005. 599, note C. Radé

« Mais attendu que le conseil de prud'hommes, qui a constaté, répondant aux conclusions prétendument délaissées, que la grève du secteur de production, qui était totale, avait progressivement entraîné la paralysie du secteur "travaux", empêchant le maintien des tâches d'exécution et que l'employeur avait attendu que le fonctionnement de l'entreprise soit bloqué pour recourir à la mise en chômage technique, a pu, par ces seuls motifs, décider que la société Atofina s'était trouvée, du fait de la grève, *dans une situation contraignante, qui ne lui était pas imputable et qui rendait impossible la fourniture de travail aux salariés non gréviste* ».

Quiz

Exercice corrigé : cas pratique n° 1

Énoncé

• Suite aux refus réitérés de l'employeur de leur accorder une pause pour leur permettre de déjeuner, les salariés de l'entreprise X décident de cesser le travail entre midi trente et une heure.

L'employeur, dès qu'il apprend ce qui se passe, convoque M. Lafaim, un meneur de la grève dans son bureau. L'entrevue est orageuse. M. Lafaim, dans un mouvement de colère gifle son employeur. Celui-ci le met immédiatement à pied.

Les salariés décident alors de manifester leur solidarité à M. Lafaim. Ils annoncent à l'employeur qu'ils ne reprendront leur travail que lorsque la mise à pied de M. Lafaim aura cessé.

Qualifiez les différents mouvements d'arrêt de travail.

Corrigé

I. La difficulté principale posée par le premier mouvement est l'existence de « revendications ». Ici, les salariés semblent ne rien « revendiquer » à proprement parler, mais obtenir par eux-mêmes ce qu'ils désirent, à savoir une pause déjeuner. Il s'agirait donc d'une grève d'autosatisfaction. Ces grèves sont disqualifiées et traitées en simples violations des contrats individuels de travail (v. n° 595-597).

Pour essayer de « sauver » le mouvement, il faut rechercher des revendications supplémentaires, qui seraient implicites. Une première voie est de s'interroger sur la licéité de l'absence de pause (le droit exige notamment une pause toutes les six heures de travail consécutives, v. n° 321). Si l'absence de pause est illicite, on pourrait alors tenter l'argumentation d'une grève pour le respect du droit dans l'entreprise… Il est aussi possible d'arguer de l'absence d'identité entre l'arrêt et la demande : en prenant une pause de midi d'eux-mêmes, les salariés réduisent leur temps de travail d'une demi-heure. Ils n'obtiennent pas un allongement corrélatif de la durée du travail l'après midi. Leur pause est donc pour eux une baisse du temps de travail et une baisse de la rémunération. Ils revendiquent d'obtenir la pause *et* de ne pas perdre de temps de travail. La seconde partie de l'exigence est une vraie « revendication ».

Ces différentes tentatives de sauvetage ont toutefois assez peu de chances de prospérer (sur le dernier de ces arguments, v. les arrêts qui condamnent la grève du samedi, alors même que l'argument aurait pu être soulevé, n° 595). Selon toutes probabilités, le mouvement risque d'être disqualifié.

II. Le second mouvement semble être une grève de solidarité interne, laquelle est prohibée. Encore une fois, le « sauvetage » du mouvement suppose la découverte d'autres revendications implicites. Ici, la grève est déclenchée au soutien d'un leader de la grève précédente. Soutenir un leader sanctionné alors qu'il présentait des revendications, c'est aussi soutenir ces dernières. Le second mouvement soutient donc implicitement mais nécessairement les premières revendications. Ces revendications sont professionnelles. Cette fois la grève est totale, il n'y a donc pas d'autosatisfaction. Il s'agit d'un véritable mouvement de grève au sens juridique du terme.

L'argumentation a, cette fois, toutes les chances d'être retenue. Des grèves en soutien de leader sanctionnés ont déjà été validées.

Il est aussi possible de profiter du cas pratique pour reprendre la critique de la jurisprudence qui disqualifie les grèves de solidarité.

À noter : la mise à pied du cas pratique est une mise à pied conservatoire, dans l'attente d'une sanction disciplinaire. Cette mise à pied apparaît, selon les données du cas pratique, licite (la violence est facilement qualifiée de « faute lourde »). La revendication d'un retrait de la sanction peut alors apparaître déraisonnable. Mais telle n'est pas la question : les juges ne contrôlent pas le caractère raisonnable des revendications (v. n° 594).

Exercice corrigé : cas pratique n° 2

Énonce

• M. Dupont est salarié dans un atelier de montage à la chaîne d'automobiles. À la suite d'une erreur de manipulation, il se blesse grièvement. En signe de protestation, les salariés de l'atelier (soit 15 personnes) cessent immédiatement le travail. Cet arrêt de travail paralyse l'ensemble de l'entreprise (laquelle compte 250 salariés).

L'employeur vous interroge sur la licéité de cet arrêt de travail.

Corrigé

Le cas pratique pose deux questions liées aux modalités de la grève.

I. La première concerne le déclenchement de la grève (v. n° 617-622). Des revendications connues de l'employeur, au moins au moment de l'arrêt de travail, sont exigées. Est-ce le cas en l'espèce ? Aucune revendication n'a été formellement déposée… Le doute cependant n'est pas permis. La connaissance de revendications par l'employeur est un fait qui se prouve par tous moyens. Ici, les circonstances de l'arrêt sont claires :

elles suivent un grave accident du travail. Cette concomitance suffit à comprendre les revendications : il s'agit de demander de meilleures conditions de sécurité. Ceci s'impose avec suffisamment d'évidence. Un employeur qui ferait semblant de ne pas l'avoir compris, et d'avoir ainsi ignoré les revendications des grévistes serait certainement considéré comme de mauvaise foi. Le déclenchement de la grève est donc licite.

II. La seconde question est celle de la grève « bouchon ». En bloquant toute l'usine, les salariés abusent-ils de leur droit de grève ?

Les grèves bouchons peuvent être licites (v. la jurisprudence citée au n° 624). De plus, il s'agit ici de présenter une revendication propre à l'atelier, à la suite d'un événement qui s'y est déroulé. Dans les entreprises où le travail est organisé à la chaîne ou à flux tendus, interdire ce genre de blocage serait interdire toute grève pour des revendications propres à une partie de l'usine. Pareille restriction de tout droit de grève pour certaines revendications ne serait pas sans rappeler la situation du seul salarié d'une entreprise. Aucun raisonnement, fut-il aussi simple que celui qui exige que la grève soit un mouvement collectif, ne saurait priver ce salarié de son droit de faire grève pour défendre ses revendications (n° 592).

On pourra rajouter, si l'exercice consiste à imaginer les plaidoiries qui peuvent être développées à l'occasion du cas pratique, que les faits douloureux de l'espèce (la blessure est grave), placés face au comportement de l'employeur qui a sanctionné les grévistes (sinon il n'y aurait pas de procès), feront condamner l'employeur plus sûrement encore que le droit applicable à l'espèce…

chapitre

21

Le syndicat et ses représentants

Plan analytique

section 1

Histoire et actualité du syndicalisme

§ 1 Le syndicalisme français

§ 2 L'unité retrouvée du syndicalisme mondial

§ 3 Le syndicalisme européen

section 2

Liberté syndicale

section 3

Notion de « syndicat »

§ 1 Membres

§ 2 Objet

section 4

Représentativité

§ 1 La fin d'une présomption irréfragable

§ 2 La représentativité prouvée : un système en voie de généralisation

section 5

Prérogatives

§ 1 L'action en justice

A. L'action syndicale

B. L'action de substitution

§ 2 Le syndicat dans l'entreprise

A. La section syndicale

B. Le délégué syndical

C. Le représentant de la section syndicale

Le syndicat est un élément crucial du droit du travail. Sans cet outil de coalition, il n'est pas de groupement durable des salariés, pas d'organisation capable de s'opposer au quotidien au pouvoir des employeurs. 649

Après avoir décrit à grands traits l'histoire du syndicalisme et le paysage syndical actuel (section 1), seront successivement étudiées, la liberté syndicale (section 2), la notion de « syndicat » (section 3), la notion de syndicat « représentatif » (section 4), puis les grandes prérogatives spécifiquement accordées aux syndicats (section 5).

section 1

Histoire et actualité du syndicalisme

Les syndicats de salariés français se caractérisent, comparativement à ceux des autres pays de l'OCDE, par leur extrême division et leurs très faibles effectifs. Ils demeurent cependant, pour différentes raisons, d'importantes sources d'influence. 650

Ces constatations s'expliquent par l'actualité, mais aussi par l'histoire du syndicalisme en France (§ 1). Le syndicalisme international, qu'il soit de niveau mondial (§ 2) ou européen (§ 3) est lui, désormais, largement unitaire. Son influence reste cependant modérée, les luttes sociales ayant encore du mal à passer les frontières, fussent-elles de simples frontières internes à l'Union européenne.

§ 1 Le syndicalisme français

L'histoire du syndicalisme français est celui d'un émiettement progressif. 651

Le départ fut unitaire. Après l'autorisation des syndicats par la loi du 21 mars 1884, il suffira d'une dizaine d'années pour que les principaux syndicats et bourses du travail, s'unissent au sein de la Confédération générale du travail (CGT), laquelle est fondée en 1895. L'unité se fait notamment grâce à la proclamation de l'indépendance du syndicat face aux partis politiques dans la charte d'Amiens de 1906. Mais la CGT des origines n'est pas pour autant neutre politiquement. Et les clivages politiques ne laisseront pas indifférent le syndicalisme français.

La CGT des origines est dominée par le syndicalisme révolutionnaire, ce qui ne va pas plaire à tous les salariés. En 1919 se crée une autre confédération, opposée à ce type de syndicalisme, la Confédération française des travailleurs chrétiens (CFTC). Elle réunit sur une base confessionnelle les syndicats marqués par la doctrine sociale de l'Église (sur l'opposition du syndicalisme révolutionnaire et de la doctrine sociale de l'Église, v. n° 12 et le corrigé du Quiz du chapitre 1).

652 La suite des événements est une conséquence du congrès de Tours qui, en 1920, a conduit à la scission de la Section française de l'Internationale ouvrière (SFIO). La majorité des militants fonde un nouveau parti qui adhère à l'Internationale communiste (troisième Internationale) et deviendra le parti communiste français. Les autres conservent le nom de SFIO (ancêtre du parti socialiste), qui devient alors un parti essentiellement réformiste. À la suite de ces événements, la CGT se scinde en 1921. En simplifiant un peu, on retrouve d'un côté les réformistes qui demeurent à la CGT et de l'autre les révolutionnaires, communistes et anarchistes, qui fondent la CGTU (U pour « unitaire »). Ces deux tendances fondatrices de la CGTU s'affrontent dès l'origine, mais n'auront pas le temps d'aboutir à une nouvelle scission. Le changement de stratégie des communistes, sommés de s'allier aux sociaux-démocrates, va permettre l'avènement du Front populaire et la réunification du syndicalisme au sein de la CGT, en 1936.

Après la prohibition des syndicats par le régime de Vichy, la CFTC et la CGT qui s'étaient maintenues dans la clandestinité réapparaissent. En 1944 est créée la confédération générale des cadres (CGC), qui entend défendre les intérêts particuliers des cadres. À partir de 1947, l'emprise qu'exerce le parti communiste sur la CGT crée des tensions, qui débouchent sur une scission. Certains syndicats quittent alors la CGT. Ils fondent en 1948 la Confédération générale Force ouvrière (CGT-FO).

En 1964, la majorité des adhérents de la CFTC décide en congrès d'abandonner toute référence confessionnelle : ces adhérents fondent alors la CFDT (Confédération française démocratique du travail). Un courant minoritaire refuse cependant cette évolution et fonde une nouvelle CFTC.

653 Cette vague de divisions est suivie d'une période de calme. L'arrêté du 31 mars 1966 entérine la situation côté salarié en reconnaissant la représentativité nationale et interprofessionnelle des cinq centrales susvisées (côté employeur, le Conseil national du patronat français – CNPF –, devenu depuis Mouvement des entreprises de France ou MEDEF, est reconnu seul représentatif au niveau national). La loi du 28 octobre 1982 précise que tout syndicat affilié à une organisation représentative au niveau national est présumé irréfragablement représentatif (art. L. 2122-1 C. trav.).

654 Depuis, l'émiettement syndical s'est poursuivi. Il a notamment conduit à la création progressive de deux nouvelles organisations importantes.

La première est l'Union syndicale solidaire. Celle-ci est la continuité de l'Union syndicale créée en 1981 entre 10 syndicats ou fédérations autonomes (le « G10 »). Elle compte aujourd'hui une quarantaine de syndicats membres, dont les syndicats SUD (solidaires-unitaires-démocratiques).

L'Union nationale des syndicats autonomes (UNSA) est, elle, née en 1993 en regroupant plusieurs syndicats dits « autonomes » et une partie de la Fédération de l'éducation nationale (FEN) qui venait de se scinder.

655 Pour avoir une vue un peu plus complète de la complexité du paysage syndical français, il faut encore mentionner l'existence de syndicats d'entreprise, de métiers, de fédérations et d'unions, non rattachés aux confédérations et unions interprofessionnelles susvisées. Il existe de plus d'autres organisations interprofessionnelles de petite, voire de très petite taille. Et ces différents morceaux du mouvement syndical ne sont pas tous négligeables, loin s'en faut. Certains syndicats ont un rôle majeur dans telle branche ou tel métier sans pour autant appartenir à une grande

confédération. Ainsi, par exemple, la Fédération syndicale unitaire (FSU) regroupe exclusivement des personnels de la fonction publique et elle a l'essentiel de ses effectifs dans l'éducation nationale. Mais elle est aussi, dans cette branche, la première force syndicale en termes d'audience.

Ainsi, dans certaines très grandes entreprises, il est possible de rencontrer plus de dix syndicats de salariés représentés, face à un seul employeur. Ce dernier pourra alors facilement jouer des oppositions entre les uns et les autres et diviser pour mieux régner. Et lorsque dans une entreprise une organisation syndicale est seule présente, il est fréquent que l'employeur s'efforce de favoriser l'apparition d'une deuxième section syndicale, afin de diviser et affaiblir la première. Diviser pour régner...

La position commune du 9 avril 2008 et la loi du 20 août 2008 qui transpose cette position pourraient inciter à un salutaire regroupement de certains syndicats. Ces textes encadrent plus strictement l'octroi de la représentativité. Dans l'entreprise, elle est désormais réservée aux syndicats ayant recueilli 10 % des suffrages aux élections professionnelles. Dans les branches ou au niveau interprofessionnel, elle suppose d'avoir passé le seuil de 8 % des suffrages. Ces seuils, combinés aux autres conditions nouvelles de la représentativité (v. n° 677 et s.), pourraient conduire à une recomposition partielle, fort souhaitable, du mouvement syndical.

Un autre caractère du syndicalisme français est le très faible nombre de syndiqués qu'il compte, comparativement aux pays qui sont dans une situation politique et **656**
économique comparable. Le taux de syndicalisation actuel se situe en France aux alentours de 8 % des salariés. Ce taux est 2 fois plus faible qu'il y a 25 ans et 3 fois plus faible qu'en 1950. Et il est surtout exceptionnellement bas comparativement aux autres pays de l'OCDE : le Danemark et la Suède ont des taux de syndicalisation supérieurs à 80 % ; l'Italie, au-dessus de 50 % ; l'Allemagne et le Royaume-Uni sont aux alentours de 30 % et même un pays relativement peu syndiqué comme les États-Unis conserve un taux de près du double du taux français...

Cette faiblesse des effectifs, placée au côté de la grande division des syndicats, caractérise bien l'existence d'une crise du syndicalisme en France.

Cette crise ne doit pas cependant être exagérée. Le taux de syndicalisation français **657**
est très faible, mais il est à peu près stable depuis une dizaine d'années. La présence syndicale dans les entreprises reste relativement élevée, avec 40 % des salariés qui déclarent qu'une présence syndicale existe sur leur lieu de travail. Et 90 % des salariés bénéficient en France d'une convention collective, ce qui est un des taux les plus élevés au monde. Il faudrait encore mentionner le rôle des syndicats dans la gestion des grands organismes sociaux, leur présence dans de très nombreux organismes consultatifs, l'impact qui leur est accordé dans le processus législatif au côté des organisations patronales... Les syndicats français conservent d'importants moyens d'influence.

De plus, les 8 % de salariés syndiqués font tout de même plus de 1 800 000 syndiqués en France, ce qui représente une force militante imposante (à titre de comparaison, le total des adhérents revendiqués par les deux principaux partis politiques français, l'UMP et le PS, est de l'ordre de 600 000 adhérents). Et si le nombre des syndiqués français est faible comparativement à d'autres pays, c'est aussi en partie du fait de certaines règles du droit français : les syndicats négocient pour l'ensemble des salariés et non pour leurs seuls adhérents, la Sécurité sociale, la formation professionnelle bénéficient à tous, syndiqués ou non, etc. Ces règles, qui sont loin d'être aussi répandues qu'on pourrait le croire, faussent la comparaison avec les pays qui font dépendre ces avantages de l'adhésion à un syndicat.

Aussi, la crise du syndicalisme ne doit pas faire sous-estimer l'importance maintenue du phénomène syndical. D'autant que l'audience et la capacité de mobilisation des syndicats demeurent importantes, ainsi que l'a démontrée la crise du CPE, au printemps 2006.

En résumé, comparativement aux autres pays de l'OCDE, le syndicalisme français se caractérise par une influence et des capacités de mobilisation qui demeurent relativement fortes, et ce malgré un nombre d'adhérents très faible et une extrême division.

658 Cette division n'en est pas moins très dommageable. D'autant qu'elle contraste avec la relative unité des associations patronales qui, au niveau national et interprofessionnel, sont principalement regroupées au sein de deux organisations : le Mouvement des entreprises de France (MEDEF) et la Confédération générale des petites et moyennes entreprises (CGPME). Le front patronal est ainsi relativement uni, même si cette unité est tempérée par l'existence d'organisations patronales catégorielles, non rattachées aux précédentes. Les principales sont l'Union professionnelle artisanale (UPA), la Fédération nationale des syndicats d'exploitants agricoles (FNSEA) et l'Union nationale des professions libérales (UNAPL).

§ 2 L'unité retrouvée du syndicalisme mondial

659 À l'instar du syndicalisme français, l'histoire du syndicalisme international est fortement marquée par l'histoire politique, les relations entre syndicats et mouvements politiques ayant longtemps oscillé entre revendications d'indépendance et influence réciproque.

Le syndicalisme international est aussi ancien que le syndicalisme. Les grandes fédérations constitutives de la CGT en 1895 étaient déjà, pour la plupart, partie d'organisations internationales. La première internationale, l'Association internationale des travailleurs (AIT) est fondée en 1864 sur des bases qui sont plus syndicales que politiques. Mais elle se disloquera progressivement, pour des raisons politiques, au cours des années 1870.

660 Il faudra attendre le lendemain de la Seconde Guerre mondiale, pour que, dans la célébration unitaire de la défaite du fascisme et du nazisme, se crée une fédération mondiale unitaire : la Fédération syndicale mondiale (FSM). Seule la Confédération internationale des syndicats chrétiens (CISC) reste à l'écart de ce regroupement. Mais cette confédération est alors très minoritaire (notamment du fait des persécutions qu'elle a subi pendant la guerre dans les pays germaniques, où elle était très implantée).

Cette unité retrouvée sera éphémère. La guerre froide ne tarde pas. Dès 1949, les syndicats qui entendent se démarquer du communisme stalinien fondent la Confédération internationale des syndicats libres (CISL). Il est vrai que les syndicats des régimes communistes n'ont alors plus grand-chose en commun avec les syndicats libres : ils sont le plus souvent des courroies de transmission du pouvoir central, lequel est aussi l'employeur... La CISL devient vite la principale organisation internationale de syndicats dans les démocraties occidentales. La FSM regroupe les syndicats des pays communistes, certains syndicats issus des pays décolonisés et quelques rares syndicats des pays développés démocratiques, marqués par l'idéologie communiste, dont la CGT française.

La FSM a progressivement été marginalisée avec la chute des régimes communistes, à partir de la fin des années 1980. La CGT se désaffilie en 1995. La CISC s'éloigne de ses références confessionnelles en 1968, en changeant de nom et en devenant la CSM (Confédération syndicale mondiale). Elle demeure cependant fortement marquée par le catholicisme social. En 2006, elle revendiquait un peu plus d'une vingtaine de millions d'adhérents contre environ cent cinquante millions d'adhérents pour la CISL. 661

Lors d'un congrès fondateur qui s'est tenu du 1er au 3 novembre 2006, la CISL et la CSM ont fusionné pour donner naissance à la Confédération syndicale internationale (CSI). Cette nouvelle organisation réunifie le syndicalisme mondial, la FSM pouvant désormais être comptée comme quantité négligeable. 662

§ 3 Le syndicalisme européen

La Confédération européenne des syndicats, dont le premier noyau a été constitué de syndicats de la CISL désireux de se regrouper au niveau de la communauté européenne naissante, regroupe aujourd'hui l'essentiel des syndicats européens. Elle est le principal partenaire social côté salarié dans les négociations collectives menées au niveau de l'Union européenne. Elle ne se limite pas pour autant à l'Union européenne et regroupe des syndicats de plusieurs pays européens qui lui sont extérieurs. 663

Côté employeur, la négociation collective européenne est menée par « Business-Europe » pour les employeurs privés. Cet élégant patronyme désigne, depuis le 23 janvier 2007, ce qui fut l'Union des industries de la Communauté européenne (UNICE). Les employeurs publics ou gestionnaires de services publics européens sont regroupés au sein du Centre européen des entreprises à participation publique et des entreprises d'intérêt économique général (CEEP). 664

section 2

Liberté syndicale

La liberté syndicale est la première des libertés du droit du travail. Elle a été reconnue avant toutes les autres. Elle est le premier moyen légal sur lequel les salariés ont pu s'appuyer dans leurs luttes. Elle est naturellement présente en bonne place dans toutes les conventions internationales qui traitent des droits fondamentaux du travailleur (v. not. au niveau mondial l'art. 8 du pacte de 1966 relatif aux droits économiques, sociaux et culturels, et au niveau européen l'art. 11 de la Conv. EDH et l'art. 5 de la Charte sociale européenne). Elle est encore présente au sein de la Constitution française (al. 6 du préambule de 1946). On doit enfin noter que la convention de l'OIT n° 87 sur la liberté syndicale est l'une des quelques conventions 665 fondamentales reconnues comme impératives par l'OIT, même sans qu'elle ait été préalablement ratifiée par un État (déclaration de l'OIT du 19 juin 1998 relative aux principes et droits fondamentaux au travail).

Toute entrave portée à la liberté syndicale est pénalement sanctionnée par l'article L. 2146-1 du Code du travail (L. 481-2 anc. C. trav.), qui prévoit une peine de prison maximale d'un an. La discrimination d'un salarié en fonction de ses activités syndicales est, elle aussi, civilement et pénalement sanctionnée (v. n° 156 et s.).

666 À cette liberté syndicale originelle, qui est la liberté d'adhérer à un syndicat et de créer un syndicat, le droit de nombreux pays, et notamment le droit français, ont plus récemment associé une liberté syndicale dite « négative » : la liberté de ne pas adhérer à un syndicat et celle de se retirer d'un syndicat (loi du 27 avril 1956, art. L. 2141-1 et L. 2141-3 C. trav.).

Sur ce fondement, les pressions syndicales interdisant la sortie du syndicat (mises à l'index, pénalités...) sont considérées comme illicites. Sont *a fortiori* condamnées les clauses qui garantissent la force du syndicat en imposant à l'employeur de n'engager que des ouvriers déjà syndiqués (clauses de *closed shop*) ou qui s'engagent à adhérer au syndicat (clauses d'*union shop*).

section 3

Notion de « syndicat »

667 Juridiquement, le syndicat professionnel est un type de personne morale spécifique, dont les caractéristiques et conditions de formation sont prévues par le Code du travail (art. L. 2131-1 et s. C. trav.).

668 Cette personne morale *sui generis* a été créée par la loi du 21 mars 1884, vingt ans avant que ne soit reconnue la liberté d'association. Les syndicats ne sont pas seulement antérieurs aux associations, ils sont aussi dotés de protections et de droits particuliers.

669 Ces droits et avantages particuliers s'expliquent par la liberté syndicale que les syndicats permettent d'exercer au travers de leur objet particulier, à savoir la représentation et la défense d'intérêts collectifs d'ordre professionnel. Dès lors qu'ils sont reconnus représentatifs (v. n° 677-688), les syndicats jouent dans la société professionnelle un rôle qui n'est pas sans rappeler, *mutatis mutandis*, celui qui est dévolu aux partis dans la société politique. Ils présentent des candidats aux élections professionnelles et prud'homales. Ils ont pour mission de représenter un intérêt qui, s'il n'est pas l'intérêt général, n'en est pas moins un intérêt collectif qui dépasse celui de leurs membres. Et, lorsqu'ils regroupent des salariés, ils désignent des représentants dans les entreprises et participent à la division des pouvoirs en s'opposant aux grands pouvoirs économiques.

Il est dès lors essentiel de bien comprendre l'objet des syndicats, cet objet étant ce qui les distingue des autres personnes morales et donc ce qui leur permet de bénéficier des droits sus-décrits.

Le syndicat se définit autour d'une catégorie de personne (§ 1) et d'une finalité (§ 2).

§ 1 Membres

Un syndicat est une personne morale qui se caractérise d'abord par la catégorie de personnes dont il entend représenter les intérêts. Seules les personnes qui appartiennent à cette catégorie peuvent alors adhérer au syndicat. C'est ce que précise l'article L. 2131-2 du Code du travail : les syndicats professionnels regroupent des personnes « exerçant la même profession, des métiers similaires ou des métiers connexes, concourant à l'établissement de produits déterminés ou la même profession libérale ». 670

Les syndicats peuvent donc se constituer autour d'un métier (v. par ex. le syndicat national des pilotes de lignes ou le syndicat national des inspecteurs d'assurance) ou autour de certaines catégories d'emploi (syndicats d'ingénieurs, de cadres...). Mais le plus souvent, ils sont organisés autour de « produits », ce qui permet de regrouper dans un même syndicat tous les salariés d'une entreprise, d'une industrie ou d'une branche d'activité et ce, quel que soit leur métier (syndicats d'entreprise, syndicats d'industrie).

La qualité de syndicat, avec les protections et droits spécifiques qui s'attachent à cette qualité, sera refusée dès lors que l'adhésion est ouverte au-delà d'une branche d'activité (v. Crim. 14 juin 2000*, arrêt qui dénie la qualité de syndicat à un syndicat au champ trop largement défini par les « commerçants et entreprises commerciales » d'un département).

Mais cette exigence de spécificité n'interdit pas les associations entre syndicats. Certains syndicats restent cependant isolés, notamment les syndicats d'entreprise souvent dits « syndicats maisons ». Cet isolement nuit à leurs fonctions : composés exclusivement de salariés subordonnés à un même employeur et dépourvus de soutiens extérieurs, ils manquent souvent d'autonomie ou d'indépendance. Pour monter en capacité de résistance, les syndicats se sont, pour la plupart, associés les uns aux autres. Les principaux syndicats sont aujourd'hui associés au sein d'unions locales (départementales et régionales), de fédérations (qui regroupent les syndicats d'une même branche d'activité ou de plusieurs branches, comme par exemple la Fédération de la métallurgie) et enfin au sein de confédérations (qui regroupent les fédérations). 671

La définition des personnes pouvant fonder un syndicat a pu sembler, à certains égards, trop restrictive. Elle a donc dû évoluer. 672

L'article L. 2131-2 du Code du travail exige que le syndicat soit formé par des personnes qui exercent une « profession ». Il est cependant apparu indispensable que les chômeurs et les retraités voient leurs intérêts représentés, et qu'ils puissent demeurer adhérents d'un syndicat ou adhérer à un syndicat. C'est ce qu'a prévu l'article L. 2141-2 du Code du travail. L'existence d'organisations exclusivement composées de chômeurs a reçu une consécration légale par la reconnaissance de ces organisations qu'a réalisée la loi du 29 juillet 1998, en leur accordant un strapontin (art. L. 5411-9 C. trav.). Cet article, associé à l'article L. 2141-2 précité, semble confirmer la possibilité de syndicats au sens strict, composés exclusivement de chômeurs.

673 Le texte de l'article L. 2131-2 du Code du travail n'interdit pas formellement à un syndicat de regrouper des employeurs et des salariés. Ce type de regroupement rappellerait cependant les corporations de l'Ancien Régime et les soi-disant « syndicats » organisés par le régime de Vichy. Un tel corporatisme est fermement rejeté par la pratique. La qualification de « syndicat » d'un pareil groupement pourrait au demeurant être contestée juridiquement, notamment au nom de la difficulté qu'il y a à défendre simultanément les intérêts des salariés et ceux de leurs employeurs, ce qui peut être grave dans un organisme dont la finalité, l'objet, est de défendre des intérêts.

§ 2 Objet

674 Les syndicats sont caractérisés par la spécificité de leur objet. Depuis la loi du 28 octobre 1982, celui-ci est formulé par l'article L. 2131-1 du Code du travail : « Les syndicats professionnels ont exclusivement pour objet l'étude et la défense des droits ainsi que des intérêts matériels et moraux, tant collectifs qu'individuels, des personnes mentionnées dans leurs statuts ».

L'adverbe « exclusivement » exprime clairement qu'un syndicat ne saurait aller au-delà des activités définies par l'article. Cependant, la formule qui définit ces activités est large. Elle permet aux syndicats d'intervenir sur tous les aspects de la vie sociale qui touchent aux intérêts de leurs membres.

675 L'exclusivité exigée par le texte interdit toutefois aux syndicats de se livrer à des activités commerciales ou politiques à titre principal.

Ces interdictions doivent cependant être relativisées. Les syndicats peuvent être propriétaires de marques et de labels apposés sur des produits qui seront commercialisés par d'autres (L. 2134-1 C. trav.). Ils peuvent aussi adopter certaines résolutions politiques. Ce qui est surtout vrai dans une certaine tradition française.

Ils ne peuvent cependant avoir pour activité principale le commerce, ni « poursuivre des objectifs essentiellement politiques » (Ch. mixte 10 avril 1998, *Front National de la Police**). L'activité commerciale ou politique d'un syndicat ne peut donc qu'être seconde ou accessoire, l'objectif premier devant être la défense des personnes visées aux statuts.

676 Les syndicats, comme toute personne morale, doivent encore avoir un objet licite en vertu de l'article 1131 du Code civil. Il a ainsi été jugé qu'était dépourvu d'objet licite le Front national de la police, après avoir constaté que cette organisation « sert exclusivement les intérêts et les objectifs (du Front national) en prônant des distinctions fondées sur la race, la couleur, l'ascendance, l'origine nationale ou ethnique ». Un tel objet était illicite, ces distinctions étant prohibées (Ch. mixte 10 avril 1998, *Front National de la Police**, préc.). Il est à noter que la motivation retenue par la chambre mixte de la Cour de cassation pourrait conduire à la dissolution de l'organisateur initial de ce syndicat, à savoir le Front national.

section 4

Représentativité

Il est certaines prérogatives qui sont accordées à tous les syndicats, comme celles rattachées à la personnalité juridique ou au droit d'agir en justice pour la défense des intérêts collectifs de la profession. Cependant, pour éviter un complet émiettement et surtout pour éviter que certaines prérogatives soient exercées par des syndicats factices, les prérogatives syndicales les plus importantes ont été réservées aux seuls syndicats dits « représentatifs ». Si l'on excepte le cas des conventions collectives susceptibles d'extension (sur lequel v. n° 744), la question de la représentativité n'est posée qu'à l'égard des organisations syndicales de salariés. 677

Le droit de la représentativité a été récemment profondément réécrit par la loi du 20 août 2008. Cette loi s'est largement inspirée d'une position commune du 9 avril 2008, conclue par les deux principales confédérations syndicales françaises, la CFDT et la CGT, ainsi que par les deux principales organisations patronales, le MEDEF et la CGPME. Le système antérieur restera applicable de manière transitoire pendant quelques années. Cette survie de la règle ancienne est variable en durée, selon le niveau considéré (entreprise, branche, interprofessionnel, v. art. 11 de la loi). Elle impose un rappel des solutions antérieures à la loi du 20 août 2008.

La représentativité était traditionnellement la condition unique posée par le législateur pour accorder aux syndicats leurs principales attributions. L'une des grandes nouveautés de la réforme est de disjoindre les conditions légales d'attribution des différentes fonctions syndicales. Le droit de présenter des candidats aux élections professionnelles (v. n° 1073), celui de désigner des délégués syndicaux et des représentants syndicaux aux comités d'entreprise (v. n° 1096), ou encore celui, essentiel, de signer des conventions collectives (v. n° 722), sont désormais accordés selon des conditions différentes. La représentativité n'est plus une condition nécessaire pour le premier de ces droits. Elle n'est plus suffisante pour le dernier de ces droits. Elle demeure toutefois une qualité essentielle. 678

Dans le système antérieur à la loi du 20 août 2008, certains syndicats étaient présumés représentatifs de manière irréfragable. Avec cette loi, cette présomption irréfragable disparaît (§ 1). Et le système de la représentativité prouvée devient progressivement applicable à tous les syndicats (§ 2).

§ 1 La fin d'une présomption irréfragable

La représentativité au niveau national et interprofessionnel permet d'obtenir un certain nombre de prérogatives particulières. Les confédérations reconnues représentatives à ce niveau siègent dans diverses commissions, elles bénéficient d'aides particulières en matière de formation syndicale, etc. Surtout, de la loi du 28 octobre 1982 jusqu'à celle du 20 août 2008, tout syndicat affilié à une organisation représentative aux niveaux national et interprofessionnel était présumé irréfragablement représentatif et ce, quelle que soit l'unité de représentation (art. L. 2122-1 anc. C. trav.). 679

Cette représentativité présumée permettait notamment de désigner des représentants syndicaux et elle a longtemps suffi pour signer des conventions collectives. Ces importantes prérogatives étaient ainsi accordées à des syndicats simplement au nom de leur affiliation à une confédération nationale représentative au niveau national et interprofessionnel, même s'il n'avait qu'un unique militant dans l'entreprise, et même si ce militant n'avait recueilli que sa seule voix lors des précédentes élections professionnelles.

Ce système avait pour avantage important de préserver l'action syndicale de la menace constante d'un procès en représentativité. Ce qui pouvait renforcer l'assise et la possibilité d'influence des syndicats. Cette représentativité de papier avait cependant aussi de graves inconvénients. Elle favorisait la division syndicale et autorisait des organisations sans légitimité suffisante à négocier avec l'employeur de graves renonciations. La loi du 4 mai 2004 (v. n° 734 et s. et n° 764 et s.) avait permis une première réduction de ce danger de la représentativité présumée. Mais ce premier pas est apparu insuffisant.

La position commune du 9 avril 2008 a demandé au législateur de supprimer cette représentativité présumée. Ce qui a été fait, pour l'essentiel, par la loi du 20 août 2008 sur la démocratie sociale et le temps de travail.

Pour être représentatif aux niveaux des établissements, des entreprises et des groupes, un syndicat devra être à même de prouver qu'il remplit les critères définis ci-dessous (n° 680 et s.).

Au niveau des branches et au niveau interprofessionnel, la suppression de la représentativité présumée est plus nuancée. Les règles de la représentativité prouvée décrites ci-dessous seront bien applicables. Mais, par application de ces règles, le ministre du Travail devra confectionner des listes d'organisations représentatives au niveau des branches et au niveau interprofessionnel (art. L. 2122-11 C. trav. et n° 689). Une fois ces listes établies et une fois les délais de recours contentieux écoulés, il en résultera une reconnaissance de représentativité, valide jusqu'aux résultats consolidés de nouvelles élections.

Jusqu'à la première détermination des organisations syndicales représentatives au niveau national et interprofessionnel (au plus tard dans les cinq ans après la publication de la loi du 20 août 2008, art. 11-I de cette loi), demeurent présumées représentatives à ce niveau les organisations qui l'étaient auparavant.

Ces organisations sont celles que désigne un arrêté du 31 mars 1966, à savoir la CGT, la CFDT, la CGT-FO, la CFTC, et la CGC — la représentativité de cette dernière étant limitée au collège des cadres (sur l'histoire de ces confédérations, v. n° 651-652). Ces cinq confédérations, qui ont obtenu le monopole de la représentativité à ce niveau en 1966, conservent ainsi leur qualité, à titre transitoire, pour quelques années. Ce délai écoulé, il leur appartiendra de prouver leur représentativité, comme toutes les autres organisations syndicales.

Une période transitoire est aussi organisée dans les entreprises. Demeurent irréfragablement présumés représentatifs dans l'entreprise les syndicats affiliés aux organisations sus-visées, jusqu'aux résultats des premières élections professionnelles dans l'entreprise pour lesquelles la première réunion de négociation du protocole d'accord préélectoral est postérieure à la publication de la loi (11-IV de la loi du 20 août 2008). Cette présomption bénéficie aussi à tout syndicat représentatif dans l'entreprise à la date de la publication de la loi nouvelle (11-IV de la loi du 20 août 2008). En l'absence de toute volonté contraire des organisations signataires de la position commune et du législateur, le juge a logiquement décidé que ces présomptions étaient irréfragables, sur le modèle du droit antérieur (Soc. 8 juillet 2009, *Okaidi**).

§ 2 La représentativité prouvée : un système en voie de généralisation

Avant la loi d'août 2008, les syndicats qui n'étaient pas rattachés à l'une des confédérations représentatives au niveau national et interprofessionnel devaient déjà prouver leur représentativité. La preuve de la représentativité incombait au syndicat qui l'invoque (Soc. 26 septembre 2002, *Bull. civ.* V, n° 299 ; Soc. 8 novembre 2006*). Pour l'essentiel, ce système de preuve est conservé par la position commune et généralisé à l'ensemble des syndicats. Sont simplement rajoutées quelques conditions supplémentaires, la principale étant celle de l'audience électorale. 680

La première règle qui doit être suivie est celle de la concordance. La représentativité n'est pas un caractère qui se prouve dans l'abstrait, en général ; elle doit être prouvée par rapport à une unité de représentation précise : celle dans laquelle le syndicat entend exercer ses prérogatives. Un syndicat qui veut désigner un représentant au comité central d'entreprise, devra apporter la preuve de sa représentativité dans le cadre de l'ensemble de l'entreprise, sa représentativité au sein d'un ou deux établissement ne suffisant pas ; pour désigner un délégué syndical d'établissement, il devra prouver sa représentativité au sein de l'établissement, etc. (v. Soc. 25 janvier 2006, trois arrêts, *Bull. civ.* V, n° 35 ; *Dr. soc.* 2006. 869-876, obs. G. Borenfreund). 681

L'article L. 2121-1 du Code du travail, dans sa version antérieure à la loi du 20 août 2008, énumérait cinq critères de représentativité : les effectifs, l'indépendance, les cotisations, l'expérience et l'ancienneté, l'attitude patriotique pendant l'Occupation. La loi nouvelle leur substitue sept critères cumulatifs (art. L. 2121-1 C. trav.) : 682

- le respect des valeurs républicaines ;
- l'indépendance ;
- la transparence financière ;
- une ancienneté minimale de deux ans ;
- une audience établie à partir des résultats aux élections professionnelles ;
- l'influence, prioritairement caractérisée par l'activité et l'expérience ;
- les effectifs d'adhérents et les cotisations.

L'ancien critère de l'attitude patriotique pendant l'occupation avait permis d'exclure les syndicats « jaunes », organes de discipline au profit des patrons plutôt qu'organes de défense des salariés, qui avaient été fondés ou soutenus par le régime de Vichy (les vrais syndicats avaient alors été interdits). Leur dissolution ordonnée à la Libération ayant été fort efficace, la question ne se pose plus depuis longtemps. La position commune du 9 avril 2008 a proposé judicieusement de le remplacer par un critère de « respect des valeurs républicaines » (art. 1-1, repris à l'art. L. 2121-1, 1° C. trav.), lesquelles impliquent, selon le texte de la position commune « le respect de la liberté d'opinion, politique, philosophique ou religieuse ainsi que le refus de toute discrimination, de tout intégrisme et toute intolérance » (art. 1-6). Il y a là une sorte de consécration de la jurisprudence qui avait refusé toute représentativité aux syndicats 683 du Front National, eu égard à l'illicéité de leur objet : ces syndicats défendaient les positions du Front National, et donc le racisme et la discrimination (Ch. mixte 10 avril 1998, *Front National de la Police**).

Les autres critères ont pour objet de démontrer que le syndicat est bien à même d'exercer sa mission principale, à savoir défendre les intérêts des personnes qu'il vise dans ses statuts.

684 Parmi ces critères, le plus important est peut-être celui de l'indépendance, lequel est bien entendu maintenu par la loi du 20 août 2008. Un syndicat doit nécessairement être *indépendant*. Sinon, ce sont les intérêts des personnes sous la dépendance desquelles il se trouve qui seront défendus et non ceux qu'il est censé défendre. Le plus souvent, pour un syndicat de salarié, la question est de savoir s'il n'est pas plus ou moins sous la dépendance de l'employeur. La preuve d'éléments laissant à penser que le syndicat soutien ou est soutenu par l'employeur suffira à démonter l'absence de représentativité (pour un refus de reconnaître la représentativité d'un syndicat au motif qu'il recevait une subvention spéciale de l'employeur, v. Soc. 31 janvier 1973, *Bull. civ.* V, n° 50 et 51).

685 Pour être capable de défendre les personnes qui sont mentionnées dans ses statuts, le syndicat doit encore démontrer *une certaine force*. Celle-ci est présente au travers de l'exigence d'*effectifs et de cotisation*.

Sur la question des effectifs, l'exigence est d'intensité relativement faible, le taux de syndicalisation étant ce qu'il est. De plus, il est important d'admettre la représentativité dans l'entreprise de syndicats qui n'y ont que peu d'effectifs, afin de favoriser l'implantation des syndicats. Aussi la Cour de cassation admettait-elle que la faiblesse des effectifs pouvait être « compensée par l'activité, l'audience, l'expérience et l'indépendance du syndicat » (Soc. 2 novembre 1993, n° 92-60578). Cette solution devrait perdurer.

L'exigence traditionnelle de *cotisations* substantielles est un autre signe de force : dépourvu de tous moyens financiers, un syndicat risque d'être démuni dans l'action. Cette exigence est aussi associée à la nécessaire preuve de l'indépendance : un syndicat dont les cotisations sont très peu onéreuses ou inexistantes tire nécessairement ses revenus d'autres moyens et l'on peut naturellement en déduire qu'il doit être plus ou moins sous la dépendance de son bailleur de fond. La présence nouvelle de l'exigence de *transparence financière* peut s'expliquer pour les mêmes raisons.

686 L'*ancienneté* est un autre critère traditionnel. Elle avait été pensée au soutien de syndicats ayant des dizaines d'années d'expérience. La loi du 20 août 2008 a décidé, en un temps où tout va si vite, de réduire cette exigence, mais de la préciser : une ancienneté de deux ans sera désormais nécessaire (art. L. 2121 4° C. trav.). Cette rigidité n'est pas forcément très opportune, un nouveau syndicat, leader sur une action collective un peu dure, pourrait démontrer très rapidement son indépendance, sa capacité d'influence, sa force, etc. Lui dénier la représentativité au nom de ce délai pourrait être difficilement acceptable dans certaines espèces.

687 L'*expérience* traditionnellement visée est reprise dans la position commune et la loi du 20 août 2008 au travers de l'exigence d'« influence, prioritairement caractérisée par l'activité et l'expérience » (v. art. L. 2121-1 C. trav.). L'idée demeure. Il s'agit en fait de démontrer encore l'indépendance par rapport à l'employeur. Mais cette fois, l'indépendance devra être prouvée au travers des actes passés. Une tradition de

grève ou de défense des intérêts des salariés permettra ainsi une mise en confiance des juges dans la capacité du syndicat à exercer ses missions revendicatives.

Aux critères légaux traditionnels, la jurisprudence avait déjà ajouté le critère de l'*audience*. Il s'agissait d'une sorte d'indice supplémentaire. Depuis l'adoption de la loi du 20 août 2008, cette exigence est plus précise et nettement plus importante. **688**

Ne peuvent plus être déclarés représentatifs au niveau de l'entreprise que les syndicats ayant obtenu au moins 10 % des suffrages valablement exprimés (art. L. 2122-1 C. trav.).

Ce seuil est réduit à 8 % dans les branches et au niveau interprofessionnel (art. L. 2122-5 et L. 2122-8 C. trav.). La position commune présentait cette réduction comme transitoire. La loi d'août 2008 semble percevoir ce transitoire comme définitif.

Les résultats électoraux retenus sont ceux du premier tour des élections professionnelles. Ces résultats sont comptabilisés quel que soit le nombre de votants, et donc même si un second tour est organisé. Sous l'empire de la loi de 2004, la Cour de cassation avait considéré qu'en l'absence de *quorum* atteint au premier tour des élections professionnelles (lorsque moins de la moitié des inscrits se sont exprimés), il n'y avait pas lieu de dépouiller les bulletins. Et elle avait affirmé que cette situation équivalait à une carence d'élections (Soc. 20 décembre 2006, *Bull. civ.* V, n° 399 ; *Dr. soc.* 2007. 453, obs. P.-Y. Verkindt ; *RDT* 2007. 328-329, obs. M. Grévy ; sur les 1er et 2nd tours des élections professionnelles, v. n° 1073-1075). La loi du 20 août 2008 est revenue sur cette solution. Les résultats électoraux pris en compte pour la recherche de représentativité comme pour la désignation des syndicats habilités à signer ou à s'opposer à une convention collective sont ceux du premier tour des élections professionnelles, « quel que soit le nombre de votants ».

Au niveau des branches et au niveau interprofessionnel, les résultats électoraux seront calculés en agrégeant les résultats des premiers tours de l'élection des comités d'entreprise, des délégations uniques du personnel, ou à défaut des délégués du personnel (art. L. 2122-5 et L. 2122-8 C. trav.). À l'heure actuelle, aucun système ne semble prévu pour que puisse être prise en compte la voix des salariés des petites entreprises dans lesquelles aucune élection n'a lieu. Les premières mesures d'audience électorale à prendre en compte pour la représentativité sont repoussées dans le temps par la loi nouvelle (au plus tard dans les cinq ans qui suivent sa promulgation), afin de laisser aux syndicats un temps d'adaptation. Dans l'intervalle, le système de la représentativité présumée sera maintenu pour l'essentiel.

Enfin, le législateur a choisi de ne pas transposer la solution de la position commune du 9 avril 2008, dans les branches où plus de la moitié des salariés sont employés dans des entreprises de taille insuffisante pour organiser des élections professionnelles (art. L. 2122-6 C. trav.). Dans ces branches, dans l'attente d'une négociation permettant aux salariés de petites entreprises de s'exprimer, tous les syndicats affiliés à une confédération représentative aux niveaux national et interprofessionnel sont présumés représentatifs. Toutefois, à la différence du système de 1982, cette présomption n'est qu'une présomption simple.

Deux conditions supplémentaires sont posées par la position commune et par la loi de transposition d'août 2008. **689**

La première concerne la représentativité *dans les branches* : « une implantation territoriale équilibrée au sein de la branche » est exigée (art. L. 2122-5 C. trav.). L'idée est floue. Et elle risque de provoquer un contentieux mal venu, qui pourrait fragiliser certains syndicats, malgré l'importance de leurs résultats électoraux.

La seconde concerne la représentativité au niveau national et interprofessionnel. Pour obtenir cette qualité, cruciale à de nombreux égard, les confédérations syndicales doivent prouver leur représentativité dans des branches à la fois de l'industrie, de la construction, du commerce et des services (art. L. 2122-9 C. trav.). Cette exigence est un obstacle qui peut s'avérer très rude à franchir.

Afin de sécuriser la reconnaissance de la représentativité dans les branches et au niveau interprofessionnel, la loi du 20 août 2008 organise une sorte de reconnaissance officielle par l'autorité publique. Par application des critères sus-décrits, le ministère du Travail arrête la liste des organisations syndicales reconnues représentatives dans les différentes branches et au niveau interprofessionnel, après avis d'un Haut Conseil du dialogue social (art. L. 2122-11 et R. 2122-1 et s. C. trav.). Ce système a l'avantage d'une certaine sécurisation de la représentativité, une fois achevés les difficiles contentieux administratifs que la confection des listes d'organisations représentatives ne manquera pas de déclencher.

Les différents critères requis pourraient conduire la CFTC et même FO à rencontrer certaines difficultés pour préserver leur rang de syndicat représentatif aux niveaux national et interprofessionnel, et plus encore dans certaines branches. D'où sans doute le refus de ces confédérations de signer la position commune du 9 avril 2008. Il faut espérer que les règles nouvelles permettront un rapide regroupement des forces syndicales, et non une division accrue par la multiplication des procès en représentativité que pourraient s'intenter les syndicats les uns aux autres.

section 5

Prérogatives

Les syndicats sont des personnes morales. Comme tels, ils peuvent notamment avoir un patrimoine et agir en justice en défense de leurs intérêts. Ils ont surtout certaines prérogatives particulières : ils bénéficient de droits d'agir en justice au-delà de leurs intérêts propres (§ 1), du monopole de la négociation collective (v. n° 722) et une place institutionnelle leur est réservée dans les entreprises (§ 2).

§ 1 L'action en justice

690 Outre l'action en justice en défense de leurs intérêts directs, les syndicats ont deux types d'actions en justice supplémentaires. Le premier type, dit de l'« action syndicale », est accordé à tout syndicat, représentatif ou non (A). Le second type, dit de l'« action de substitution », est réservé aux syndicats représentatifs (B).

A. L'action syndicale

691 L'action syndicale permet à tout syndicat d'agir dans l'*intérêt collectif de la profession*. La solution est ancienne (Ch. réun. 5 avril 1913, *D.* 1914. I. 65 ; *S.* 1920. 1. 49, note A. Mestre). Il s'agit de la première prérogative spéciale importante reconnue aux

syndicats. Et cette prérogative fut d'autant plus remarquable qu'à l'époque aucune faculté d'agir dans un intérêt collectif n'avait encore été accordée à une personne de droit privé.

Cette action dans l'intérêt collectif de la profession, souvent désignée sous le nom d'« action syndicale », permet notamment aux syndicats de se porter partie civile contre tout fait pénalement répréhensible ayant porté atteinte, directement ou indirectement, à l'intérêt collectif de la profession (solution confirmée par une loi de 1920 reprise à l'art. L. 2132-3 C. trav.).

L'intérêt collectif de la profession permet aux syndicats d'attaquer un employeur pour non-respect des règles en matière de durée et de répartition du temps de travail, de violation des règles de sécurité, etc. Cet intérêt collectif n'est pas toujours très éloigné de l'intérêt général, au nom duquel l'action publique est enclenchée.

Il conserve cependant d'étranges limites. Ainsi, les syndicats ne sont pas recevables à agir contre les délits d'abus de bien sociaux commis par les dirigeants de l'entreprise (Crim. 23 février 2005*) : représentants des intérêts des salariés, représentants des intérêts de la profession, intégrés au sein de certaines institutions de l'entreprise, ils n'en restent donc pas moins perçus comme des tiers qui n'ont pas d'intérêt direct dans la défense du patrimoine de l'entreprise. Mais il est vrai que cette possibilité de se porter partie civile dans de tels cas est aussi refusée aux comités d'entreprise et aux salariés, eux aussi traités comme des tiers à l'entreprise. Ce qui, au passage, permet de se faire une idée plus précise du concept juridique d'« entreprise ».

Malgré cette limite discutable, l'action en défense d'intérêts collectifs n'en demeure pas moins large. Elle a servi de modèle aux droits d'action en justice au nom d'intérêts collectifs qui sont aujourd'hui reconnus à certaines associations (association de lutte contre le racisme, de préservation de l'environnement...). Elle est aussi ouverte aux syndicats d'employeurs, lesquels furent au demeurant les premiers à en user. En droit du travail, ils peuvent notamment agir au nom de la concurrence déloyale que constitue dans la profession la violation par un employeur des garanties du droit du travail. Elle est accordée y compris aux syndicats qui n'ont pas pu démontrer leur représentativité. 692

B. L'action de substitution

Les syndicats de salariés représentatifs ont le droit de plaider pour la défense des intérêts individuels des salariés. Cette action est désignée sous le nom d'« action de substitution ». Elle est une importante exception au principe de procédure civile selon lequel « nul ne plaide par procureur ». À la différence de l'action syndicale susvisée, cette action est subordonnée à la représentativité du syndicat. 693

L'action de substitution n'est pas générale. Elle est prévue dans un certain nombre de cas particuliers. Mais ces cas se sont peu à peu élargis et ils sont aujourd'hui relativement nombreux. L'action de substitution du syndicat est notamment autorisée : 694

– pour exiger l'application d'une convention collective à laquelle le syndicat est partie ;

– pour la défense de travailleurs considérés comme particulièrement faibles (travailleurs à domicile, étrangers, salariés sous contrat de travail à durée déterminée, intérimaires) ;

– lorsque les salariés sont victimes de certains agissements graves de l'employeur (discrimination, harcèlement, prêt de main-d'œuvre illicite) ;

– dans des situations considérées comme particulièrement difficiles (licenciements économiques).

■ 695 Ces actions de substitution sont même possibles au bénéfice de salariés qui ne sont pas membres de l'organisation. Ce qui est bien un signe de la générosité du syndicalisme à la française et de la mission générale de défense de tous les salariés qui est donnée aux syndicats. Seules les actions de substitution en faveur des travailleurs à domicile et pour l'application de la convention collective sont limitées à la défense des membres du syndicat (sans qu'aucune raison autre que l'empilement un peu chaotique des textes ne puisse expliquer cette différence).

■ 696 Dans tous les cas, l'action de substitution peut être intentée en lieu et place de la victime sans avoir à justifier d'un mandat de sa part. Mais celle-ci, dûment avertie, pourra s'opposer à l'action en justice déclenchée en son nom. Elle pourra aussi, bien entendu, intervenir personnellement à l'instance engagée.

§ 2 Le syndicat dans l'entreprise

■ 697 La présence du syndicat dans l'entreprise a été organisée par la loi du 27 décembre 1968, autour de deux institutions principales : la section syndicale (A) et le délégué syndical (B). Le syndicat peut en outre présenter des candidats aux élections professionnelles (v. n° 1073), désigner des représentants aux comités d'entreprise et d'établissement, et participer à la désignation d'autres institutions représentatives (v. n° 1095 et s.). Depuis la loi du 20 août 2008, il peut parfois désigner un « représentant de la section syndicale » (C).

A. La section syndicale

■ 698 La section syndicale regroupe l'ensemble des salariés adhérents à un même syndicat dans une entreprise. Elle peut être constituée dans toute entreprise, sans condition de seuil : il suffit pour cela que des salariés de l'entreprise soient syndiqués. Deux salariés au moins sont nécessaires à la constitution d'une section syndicale (art. L. 2142-1 C. trav. ; Soc. 8 juillet 2009, *Okaidi**). Selon la loi du 20 août 2008, elle peut être constituée y compris par un syndicat n'ayant pas rempli les nouvelles conditions de la représentativité. Il suffit que le syndicat soit semi-représentatif, c'est-à-dire qu'il soit constitué depuis plus de deux ans, qu'il ait des adhérents dans l'entreprise, et qu'il remplisse les critères de respect des valeurs républicaines et, surtout, d'indépendance (art. 2142-1 C. trav., v. aussi n° 1073). Cette semi-représentativité, ou quasi-représentativité, est aussi reconnue aux syndicats affiliés à une organisation syndicale représentative aux niveaux national et interprofessionnel (art. 2142-1 C. trav.). Elle permet à un syndicat de s'organiser dans une entreprise, en attendant d'avoir une assise électorale suffisante pour acquérir la pleine représentativité.

La section syndicale n'est pas détentrice de la personnalité morale (Soc. 22 mars et 18 juillet 1980, *Dr. soc.* 1980. 44, note J. Savatier ; Soc. 19 décembre 1990, *Bull. civ.* V, n° 698). Mais elle est tout de même titulaire de droits et de fonctions. Cette possibilité qu'a la section syndicale d'être titulaire de droits légaux sans être détentrice de la personnalité juridique est une curiosité.

La fonction reconnue à la section syndicale est de représenter les intérêts des membres du syndicat (art. L. 2142-1 C. trav.). La section syndicale a, en outre, droit à un petit crédit d'heure global (qui va de 10 heures par an au-dessus de 500 salariés à 15 heures par an au-delà de 1 000 salariés : art. L. 2143-16 C. trav.) et à un local si l'entreprise a plus de 200 salariés (art. L. 2142-8 C. trav.), local qui est commun aux différentes sections ou spécifique à chaque section dans les entreprises de plus de 1 000 salariés.

Les syndiqués qui forment la section syndicale reçoivent en outre un certain nombre de droits leur permettant d'exercer leur liberté syndicale dans l'entreprise. Quel que soit le seuil, ils bénéficient d'une liberté d'affichage sur un panneau réservé à cet usage, de la liberté de se réunir au moins une fois par mois dans les locaux de l'entreprise (art. L. 2142-10 C. trav.) et de la libre diffusion des publications et tracts aux heures d'entrée et de sortie. 699

Ces droits traditionnellement accordés sont cependant restés étonnamment fermés aux nouvelles technologies. La communication syndicale sur les e-mails des salariés de l'entreprise ou par une page réservée au sein de l'intranet de l'entreprise n'est pas de droit. L'article L. 2142-6 du Code du travail prévoit simplement qu'une convention collective *peut* accorder ce droit aux syndicats, et encore cette communication « doit être compatible avec les exigences de bon fonctionnement du réseau informatique de l'entreprise et ne doit pas entraver l'accomplissement du travail ». L'*a contrario* de cet article est rude : en l'absence de convention collective (et donc si l'employeur s'y oppose), les moyens de communication modernes pourraient être interdits aux syndicats dans l'entreprise. 700

Cette solution rétrograde est éminemment critiquable.

B. Le délégué syndical

Le délégué syndical est désigné par les seuls syndicats représentatifs. Ses fonctions cessent sur décision unilatérale de ce même syndicat ou, selon la loi du 20 août 2008, en cas de résultat insuffisant aux élections professionnelles (sur les conditions de cette désignation et de cette cessation du mandat, v. n° 1096-1102). Il a une fonction simple dans l'entreprise : il représente son syndicat (art. L. 2143-3 C. trav.). Il s'agit d'une représentation au sens civil du terme : le délégué syndical, par sa signature, engage juridiquement le syndicat dans son ensemble. C'est notamment au nom du syndicat qu'il conclut les conventions collectives d'entreprise (v. n° 760). 701

Pour exercer leurs fonctions, les délégués syndicaux disposent d'un crédit d'heures (sur les heures de délégation, v. n° 1112 et s.), de la faculté de s'absenter de leur poste de travail et de celle de se déplacer librement dans l'entreprise pendant leurs heures de délégation et en dehors de leurs heures de travail. Ils ont même le droit de s'entretenir avec les salariés à leur poste de travail, à la condition de ne pas apporter de gêne importante à leur travail (v. art. L. 2143-20 C. trav.). Ce qui signifie qu'une gêne légère est autorisée.

Ces droits accordés au délégué syndical sont essentiels à l'existence d'une véritable présence syndicale dans l'entreprise.

La loi sur la démocratie sociale et le temps de travail du 20 août 2008 exige du délégué syndical qu'il soit désigné parmi les candidats aux élections professionnelles ayant recueilli au moins 10 % des suffrages exprimés (L. 2143-3 C. trav.). En pratique, dans les grandes entreprises, cela conduira à ce que les délégués syndicaux soient des membres élus du comité d'entreprise.

En principe, le délégué syndical ne peut être désigné que dans les entreprises d'au moins 50 salariés (L. 2143-3 C. trav.). Cependant dans les entreprises de moins de 50 salariés, un délégué du personnel peut être désigné délégué syndical (L. 2143-6 C. trav.).

La contestation de la régularité de la désignation d'un délégué syndical est enfermée dans un délai très bref de quinze jours (art. L. 2143-8 C; trav.), ce qui permet d'éviter à un délégué syndical de rester en fonction tout en étant menacé par un recours en justice potentiel de l'employeur.

C. Le représentant de la section syndicale

702 Les syndicats non représentatifs peuvent, dans les entreprises d'au moins 50 salariés, désigner un « représentant de la section syndicale ». Ce représentant a été créé par la loi d'août 2008. Malgré son nom, il est bien, lui aussi, représentant du syndicat, à l'instar du délégué syndical (art. L. 2142-1-1 al. 1 C. trav.). Il lui est accordé des attributions identiques à celles d'un délégué syndical, à l'exception de la plus importante de toutes, à savoir celle de pouvoir négocier des conventions collectives (art. L. 2142-1-1 al. 2 C. trav.). Le nombre d'heures de délégation qui lui est accordé est très réduit (4 h. par mois, L. 2142-1-3 C. trav., comp. l'art. L. 2143-13 C. trav., qui prévoit un temps qui varie de 10 à 20 h. par mois pour le délégué syndical).

Cette dernière faculté peut toutefois lui être accordée en cas de mandatement spécial en ce sens et à la condition qu'aucun délégué syndical n'ait été désigné dans l'entreprise (art. 2143-23 C. trav. ; sur cette faculté, v. aussi n° 768).

L'utilité du représentant de la section syndicale est dans son rôle transitoire. Il peut être désigné y compris par les syndicats qui ne se sont pas encore présentés aux élections, à la condition qu'ils aient pu constituer une section syndicale dans l'entreprise (v. n° 698). Le représentant de la section syndicale voit son mandat cesser dès les élections suivant sa désignation, si son syndicat n'a pas recueilli les 10 % de voix nécessaires à l'obtention de la représentativité (art. L. 2142-1-1 C. trav.). Il pourra cependant être désigné à nouveau dans les six mois qui précèdent les élections suivantes (art. L. 2142-1-1 C. trav.).

Biblio

- G. Borenfreund, « La représentation des salariés et l'idée de représentation », *Dr. soc.* 1991. 685-695.
- G. Borenfreund, « Le nouveau régime de la représentativité syndicale », *RDT* 2008, 712-722.
- G. Borenfreund, « Le renouveau du droit syndical dans l'entreprise : entre faveur et défiance ? », *Dr. soc.* 2009. 700.
- M. Grévy, « Regards sur la position commune du 9 avril 2008. À propos du devenir (incertain ?) des syndicats dans l'entreprise », *RDT* 2008. 431 et s.
- F. Favennec-Héry, « La représentativité syndicale », *Dr. soc.* 2009. 630-640.

Documents

1) Audiences syndicales

Résultats des élections prud'homales de décembre 2008

– Abstentions : 74,5 %
– CGT : 33,98 % ;
– CFDT : 24,78 % ;
– FO : 15,81 % ;
– CFTC : 8,70 % ;
– CFE-CGC : 8,20 % ;
– UNSA : 6,25 % ;
– Solidaires : 3,82 %
– Autres : 1,42 %

NB : Les conseils de prud'hommes sont composés paritairement de conseillers élus par les salariés et par les employeurs. Les résultats obtenus par les syndicats à ces élections sont une bonne mesure de l'audience des syndicats auprès des salariés.

Le taux d'abstention est très important (74,5 %). Il doit toutefois être relativisé. On peut le comparer, par exemple, à celui des dernières élections législatives, qui a été de l'ordre de 40 % aux premier et second tours, malgré une couverture médiatique et des enjeux d'un tout autre ordre de grandeur. Et il faut rappeler que les élections étudiantes enregistre des taux d'abstention de l'ordre de 90 %. À l'aune de ces différents taux, l'abstention aux élections prud'homales apparaît assez normale, même si l'on doit regretter son importance croissante.

2) Notion de syndicat

Crim. 14 juin 2000, *Bull. crim.*, n° 220 ; *Dr. soc.* 2000. 1017 obs. J. Savatier ; *D.* 2001. Somm. 822, obs. H. Tissandier

« Malgré sa dénomination, le syndicat des commerçants et entreprises commerciales du Cher, qui ne comprenait pas des personnes exerçant la même profession, des métiers similaires ou des métiers connexes, concourant à l'établissement de produits déterminés ou la même profession libérale au sens de l'article L. 411-2 du Code du travail, ne constituait pas un syndicat ou une association professionnelle au sens de ce texte et qu'en l'absence d'habilitation légale et faute de justifier d'une atteinte directement portée par l'infraction aux intérêts collectifs de l'ensemble de ses membres, il n'était donc pas recevable à se constituer partie civile ».

Ch. mixte 10 avril 1998, *Front National de la Police*, *Bull. Ch. mixte*, n° 2 ; *D.* 1998. 389, note A. Jeammaud ; *Dr. soc.* 1998. 565, rapp. J. Merlin ; *JCP E* 1998. 1259, note J. Menjucq ; *Grands arrêts*, n° 123

« Par application combinée des articles 1131 du Code civil, L. 411-1 et L. 411-2 du Code du travail, un syndicat professionnel ne peut pas être fondé sur une cause ou en vue d'un objet illicite ; qu'il en résulte qu'il ne peut poursuivre des objectifs essentiellement politiques ni agir contrairement aux dispositions de l'article L. 122-45 du Code du travail et aux principes de non-discrimination contenus dans la Constitution, les textes à valeur constitutionnelle et les engagements internationaux auxquels la France est partie ;
Et attendu que l'arrêt attaqué, par motifs propres et adoptés, retient souverainement que le FNP n'est que l'instrument d'un parti politique qui est à l'origine de sa création et dont il sert exclusivement les intérêts et les objectifs en prônant des distinctions fondées sur la race, la couleur, l'ascendance, l'origine nationale ou ethnique ; qu'en l'état de ces énonciations, le moyen n'est pas fondé… »
NB : La Cour rejette le pourvoi formé contre la décision qui avait refusé la qualification de syndicat au FNP.

3) Représentativité

Soc. 13 avril 1999, *Bull. civ.* V, n° 175

« Le tribunal d'instance, qui a constaté la faiblesse des effectifs du syndicat et son absence d'influence dans l'établissement, a pu décider, hors toute dénaturation, qu'il n'était pas représentatif ».

Soc. 8 novembre 2006, n° 06-60002, *Bull. civ.* V, n° 335

« Attendu ensuite, que la décision du ministre de l'emploi, de la cohésion sociale et du logement reconnaissant la représentativité de la fédération des banques assurances et sociétés financières UNSA dans le champ d'application de la convention collective nationale de branche "sociétés d'assurances" ne permet pas à elle seule à ce syndicat qui ne figure pas sur la liste des organisations syndicales présumées représentatives au niveau national telle qu'elle résulte de l'arrêté du 31 mars 1996 de bénéficier de cette présomption ;
Attendu, enfin, que le tribunal d'instance, qui a relevé que la Fédération n'avait pas produit de pièces ou d'éléments lui permettant de faire la preuve qu'elle était représentative au niveau de l'UES et des établissements concernés au regard des critères définis par l'article L. 133-2 du Code du travail, a motivé sa décision ».

Soc. 8 juillet 2009, *Okaidi*, n° 09-60011, [P], *SSL* 13 juillet 2009, n° 1408, p. 10 obs. L. Pécaut-Rivolier

(réponse au moyen de l'employeur)
Mais attendu que l'article 11 IV de la loi n° 2008-789 du 20 août 2008, qui dispose que « jusqu'aux résultats des premières élections professionnelles dans l'entreprise ou l'établissement, pour lesquelles la date fixée pour la première réunion de la négociation du protocole

d'accord préélectoral est postérieure à la publication de la présente loi, est présumé représentatif à ce niveau tout syndicat affilié à l'une des organisations syndicales de salariés présumées représentatives au niveau national et interprofessionnel à la date de publication de la présente loi », n'a pas prévu qu'il puisse être rapporté une preuve contraire ; qu'il en résulte que la représentativité de la fédération CGT commerce distribution services, affiliée à l'une des confédérations reconnues représentatives au plan national antérieurement à l'entrée en vigueur de la loi, ne peut être contestée pendant la période transitoire prévue par la loi ;
(v. la suite de l'arrêt ci-dessous)

4) Section syndicale

Soc. 8 juillet 2009, *Okaidi*, n° 09-60011, [P]

(réponse au moyen du salarié et du syndicat ; v. ci-dessus la réponse au moyen de l'employeur)

...

Mais attendu que l'article L. 2143-3 du code du travail, dans sa rédaction applicable antérieurement à la loi du 20 août 2008, autorisait la désignation d'un délégué syndical par un syndicat représentatif qui constitue une section syndicale ; que l'article L. 2142-1 dans sa rédaction issue de la loi du 20 août 2008 et applicable immédiatement conditionne désormais la création d'une section syndicale à la présence de plusieurs adhérents dans l'entreprise ou l'établissement ; qu'il en résulte que le tribunal, qui n'a pas statué par des motifs dubitatifs, a exactement décidé que le syndicat devait, pour établir la preuve de l'existence ou de la constitution d'une section syndicale, démontrer la présence de plusieurs adhérents dans l'entreprise ;
Mais sur la troisième branche du moyen unique du pourvoi formé par M. X... et le syndicat :
Vu l'alinéa 6 du préambule de la Constitution du 27 octobre 1946, l'article 11 de la Convention de sauvegarde des droits de l'homme et des libertés fondamentales, l'article 9 du code civil et les articles L. 2141-4 et L. 2141-5 et L. 2142-1 du code du travail ;
Attendu que l'adhésion du salarié à un syndicat relève de sa vie personnelle et ne peut être divulguée sans son accord ; qu'à défaut d'un tel accord, le syndicat qui entend créer ou démontrer l'existence d'une section syndicale dans une entreprise, alors que sa présence y est contestée ne peut produire ou être contraint de produire une liste nominative de ses adhérents ;
Et attendu que l'article L. 2142-1 du code du travail exige, pour la constitution d'une section syndicale, la présence d'au moins deux adhérents dans l'entreprise ;
Qu'il en résulte qu'en cas de contestation sur l'existence d'une section syndicale, le syndicat doit apporter les éléments de preuve utiles à établir la présence d'au moins deux adhérents dans l'entreprise, dans le respect du contradictoire, à l'exclusion des éléments susceptibles de permettre l'identification des adhérents du syndicat, dont seul le juge peut prendre connaissance ;
Attendu que pour annuler la désignation de M. X... en qualité de délégué syndical, le tribunal énonce qu'il convient de tirer toutes les conséquences de droit du refus de la fédération CGT, qui n'apporte au demeurant pas la preuve du risque de représailles au détriment de ses adhérents au sein de l'entreprise Okaidi, d'en communiquer contradictoirement la liste afin d'établir l'existence d'une section syndicale au moins en cours de formation dans l'entreprise Okaidi ;
Qu'en statuant comme il l'a fait, le tribunal d'instance a violé les textes susvisés ; Par ces motifs,
Casse et annule...

5) Limites de l'action syndicale

Crim. 23 février 2005, n° 04-83792, *Dr. soc.* 2005. 588, note. F. Duquesne

« Pour déclarer irrecevable la constitution de partie civile de la Fédération générale CFTC des transports et du Syndicat général des transports CFTC, dans l'information ouverte des chefs d'abus de biens sociaux et abus de confiance, en raison, notamment, du détournement des sommes versées à la société Holco pour financer les besoins d'exploitation de sa filiale, la société d'exploitation AOM Air Liberté, l'arrêt attaqué énonce que les préjudices invoqués, en l'espèce indirects, qui auraient été portés à l'intérêt collectif de la profession ne se distinguent pas du préjudice, lui-même indirect, qu'auraient pu subir individuellement les salariés de l'entreprise et qu'il s'ensuit que les infractions précitées n'apparaissent pas comme ayant pu causer un préjudice quelconque à l'intérêt collectif de la profession en cause ;
Attendu qu'en statuant ainsi, la chambre de l'instruction a justifié sa décision, sans méconnaître les dispositions conventionnelles et constitutionnelles invoquées ».

titre 8

Les conventions collectives

Fruit de l'accord des employeurs et des syndicats, les conventions collectives sont une source centrale du droit du travail. C'est de la créativité des négociateurs de ces conventions que sont issus nombre d'institutions et d'éléments essentiels de cette branche du droit. Même si elles sont devenues, pour les employeurs, un utile moyen pour écarter les protections légales (v. not. n° 75, n° 311 et s.), les conventions restent un outil juridique par lequel certaines revendications des salariés peuvent accéder à la force obligatoire du droit, sans l'appui du législateur. 703

Cette fonction essentielle explique l'existence d'un droit fondamental des salariés à la négociation collective. Ce droit est expressément prévu par certains traités (art. 6 de la Charte sociale européenne ; art. 4 de la Convention de l'OIT n° 98). Il a été compris par le Conseil constitutionnel comme un droit de valeur constitutionnelle, situé à la croisée du droit à la participation des travailleurs et de la liberté syndicale (al. 6 et 8 du préambule de 1946, Cons. const. 6 novembre 1996*, document, chapitre 22). Il est reconnu indissociable de la liberté syndicale par la Cour européenne des droits de l'homme (CEDH 12 novembre 2008, *Demir et Bayraka c. Turquie*, req. n° 34503/97*, document, chapitre 22). 704

Les conventions collectives sont des sources du droit spéciales. Elles ne sont ni simplement des contrats, ni simplement des règlements. À la manière des contrats, elles sont adoptées par le commun accord des parties qui ont préalablement négocié. À la manière des contrats, elles ne s'appliquent en principe qu'aux employeurs qui les ont signées directement ou par l'intermédiaire de leurs organisations mandataires. Mais, à la manière des règlements, la convention collective bénéficie à tous les salariés de son champ d'application, même s'ils ne sont pas parties à l'accord et, si elle est étendue, elle peut s'appliquer y compris aux employeurs qui ne sont ni signataires, ni membres d'une organisation signataire. Selon une formule de Paul Durand, les conventions collectives auraient une nature « duale », mi-contractuelle, mi-réglementaire. Eu égard à leur force obligatoire générale vis-à-vis des salariés et, surtout, eu égard à l'impossibilité de séparer la valeur du contrat et son effet relatif, il semble plus précis de dire que les conventions collectives sont des *règlements privés, adoptés par le commun accord des employeurs et des syndicats de salariés*. 705

Depuis une vingtaine d'années, la pratique de la négociation collective s'est considérablement développée, notamment par l'effet des obligations de négociation imposées aux employeurs et aux salariés. Sa fonction a, simultanément, profondément 706 évolué. La convention collective n'est plus seulement un mode de création d'avantages nouveaux. Elle est de plus en plus la voie d'une destruction possible des protections légales des salariés.

■ 707 Sa place dans la hiérarchie des normes se situe, en théorie, entre les normes étatiques (supérieures) et les contrats individuels (inférieurs). Ses rapports avec les autres normes du droit du travail ne sauraient cependant être aussi simplement résumés. De plus en plus, le législateur cède face au commun accord des négociateurs collectifs (v. n° 74-75). Et les contrats individuels demeurent la source qui, souvent, résiste le mieux aux régressions ordonnées par les conventions collectives (v. n° 76-77). De plus, les rapports entre conventions collectives, longtemps dominés par le principe d'application de la norme la plus favorable, ne sont plus ce qu'ils étaient. Désormais, le principe est que les conventions collectives dont le champ d'application est le plus petit, peuvent détruire les avantages des conventions collectives de plus grand champ d'application, les conventions d'entreprise pouvant, par exemple, détruire les avantages des conventions de branche (sur ce principe de hiérarchie inversée et sur ses limites, v. n° 66-73).

■ 708 Les textes distinguent les « conventions collectives », qui ont vocation à traiter de l'ensemble du statut des salariés et les « accords collectifs », qui ont un contenu spécialisé sur une ou plusieurs questions précises. Cependant, il ne s'agit pas de sources du droit distinctes : le régime juridique des unes et des autres est strictement le même. Ce qui vaut pour les unes vaut pour les autres. Par conséquent, par la suite, les expressions « convention collective » et « accord collectif » seront tenues pour équivalentes (v. déjà, chapitre 3, n° 52).

■ 709 Le droit des conventions collectives est l'objet du Livre II de la 2e partie du Code du travail. La formation de ces conventions collectives, leurs conditions de validité et leur champ d'application sont des questions indissociables (chapitre 22). Afin d'éviter la brusque disparition de ce pan du statut collectif que forment les conventions collectives, des règles entourent précisément la disparition de ces conventions (chapitre 23).

chapitre 22

Formation et champ d'application

Plan analytique

section 4

Négociation et conclusion de conventions de groupe

section 5

Champ d'application

§ 1 Situation géographique

§ 2 Activité principale

Formation et champ d'application

710 Qui peut valablement signer une convention collective ? À qui s'applique une convention collective ? Ces questions sont liées. Pour comprendre ce lien, il faut tout d'abord poser quelques principes généraux (section 1). Il sera alors possible d'approfondir un certain nombre de difficultés plus spécifiques. Seront alors successivement étudiées, les règles qui président à la négociation et à la conclusion des conventions collectives de branche (section 2), puis celles relatives à la négociation et à la conclusion des conventions collectives d'entreprise (section 3) et de groupe (section 4). Seront ensuite abordées quelques difficultés relatives aux champs d'application professionnel et géographique des conventions collectives de branche (section 5).

section 1

Règles générales

711 *Tout employeur ou groupement d'employeur* peut, en principe, signer valablement une convention collective. En revanche, du côté des salariés, seuls les *syndicats représentatifs* peuvent signer une convention. Et encore cette signature n'est efficace que sous réserve du respect de certaines règles qui introduisent une part de principe majoritaire. Les exigences sont donc beaucoup plus grandes pour les uns que pour les autres. Ceci s'explique très facilement, par la teneur des conventions collectives et par les règles qui fixent le champ d'application des conventions collectives. Après avoir étudié les rapports que les employeurs entretiennent avec la négociation collective (§ 1), nous observerons ce qui se passe du côté des salariés (§ 2). Il sera alors temps de préciser les règles de forme et de publicité exigées pour toute convention collective (§ 3).

§ 1 Du côté des employeurs

712 Il existe deux principes indissociables, celui de la liberté de la partie patronale et celui de l'effet relatif des conventions à leur égard (A). Et il existe une exception d'importance à ces principes : celui de la convention collective « étendue » (B).

A. Les principes : liberté et effet relatif

713 Du côté des employeurs, il n'existe aucune limitation quand à la capacité de conclure des conventions collectives, ni aucune interdiction sur la détermination du champ d'application d'une convention.

Une convention collective peut être signée par n'importe quel employeur ou groupement d'employeurs. 714

Elle peut être signée par un employeur seul (convention d'entreprise, convention d'établissement) ou par plusieurs employeurs.

Elle peut aussi être signée par un groupe de sociétés. Dans ce dernier cas, la signature de l'entreprise dominante et de quelques représentants des sociétés dominées emporte signature de toutes les entreprises du groupe ou de celles qui sont désignées dans l'accord (art. L. 2232-31 C. trav.).

Une convention collective peut encore être signée par un syndicat d'employeurs ou par une association d'employeurs, comme l'est le MEDEF (art. L. 2231-1 C. trav.). Les membres de ces syndicats ou associations sont alors supposés avoir donné mandat pour conclure en leur nom des conventions collectives. Ce mandat est un mandat de type civil : l'organisation d'employeurs signataires de la convention collective représente juridiquement ses membres. Ceux-ci sont donc considérés comme des parties à l'accord, dès lors que leur organisation a signé.

À la multitude des signataires possibles correspond une multitude de champs d'application possibles. Une convention peut stipuler qu'elle s'applique à un établissement, à une entreprise, à un site, à un département, à une région, à une branche d'activité, à une partie de branche, à plusieurs branches d'activité, à toutes les branches, aux seuls VRP, etc. 715

Ces libertés de champ et de signataires ont une justification qui est aussi leur limite. Les conventions collectives ont, en principe, un *effet relatif quant à la partie patronale* (à la manière des contrats) : seuls sont liés par une convention collective les employeurs qui l'ont personnellement signée, directement ou par l'intermédiaire d'une organisation patronale dont ils sont membres. 716

Cet effet relatif explique la liberté laissée quant à la partie patronale à la convention. N'importe quel employeur peut signer, parce qu'il n'engage que lui. N'importe quel groupement d'employeurs peut signer, parce qu'il n'engage que ses membres. N'importe quel champ d'application peut être stipulé, parce que seuls seront touchés les employeurs de ce champ qui ont adhéré, directement ou indirectement, à la convention.

Ainsi, la convention collective qui précise qu'elle s'applique à la branche de la boulangerie, dans le département du Rhône, ne sera impérative que vis-à-vis des boulangers du Rhône qui sont parties à la convention, soit parce qu'ils l'ont signée personnellement, soit parce qu'ils sont membres d'une organisation patronale signataire. Les autres employeurs du secteur, ceux qui ne sont ni signataires, ni membres d'une organisation signataire, ne sont pas soumis à la convention collective.

Le mandat qui unit l'organisation patronale à ses membres fait l'objet de quelques règles. L'adhésion à une organisation qui a déjà signé une convention fait immédiatement entrer dans le champ d'application de cette convention (art. L. 2262-2 C. trav.). Et cet effet impératif ne cesse pas avec la démission de l'organisation signataire (art. L. 2262-3 C. trav.). En revanche, lorsqu'elle signe, une organisation patronale peut réserver la portée de cette signature à certains seulement de ses membres, à ceux qui lui ont donné mandat exprès par exemple (Soc. 29 avril 1985, *Bull. civ.* V, n° 262 ; *D.* 1988. Jur. 231, note G. Borenfreund). 717

718 Le principe de l'effet relatif vis-à-vis de la partie patronale explique la liberté de détermination du champ d'application et l'indifférence sur les qualités des organisations patronales signataires. Mais il présente un inconvénient majeur, qui a conduit à la mise en place d'une importante exception : la convention collective étendue.

B. L'exception : les conventions collectives étendues

719 Lorsqu'une convention collective prévoit certains avantages dans un champ d'application donné (comme la boulangerie du Rhône), ces avantages ne bénéficient pas à tous les salariés de ce champ. Seuls en bénéficient les salariés dont l'employeur est signataire ou membre d'une organisation signataire. L'employeur qui n'adhère pas et qui n'adhère à aucune organisation patronale signataire pourra continuer à ne pas appliquer la convention collective.

Il peut en résulter non seulement un sentiment d'injustice des salariés concernés, mais encore une distorsion des conditions de la concurrence. Dans le même secteur d'activité, dans la même circonscription géographique, certains employeurs assumeront le coût des avantages sociaux conventionnels, alors que d'autres en sont exemptés. Et ce, alors que ces employeurs sont directement concurrents.

720 Pour éviter ces inconvénients, une très importante exception au principe de l'effet relatif a été prévue : un arrêté ministériel peut « étendre » une convention collective. La convention collective alors « étendue », s'appliquera à *tous* les employeurs de son champ professionnel et territorial, même s'ils ne sont ni signataires, ni membres d'une organisation signataire. L'arrêté ministériel d'extension permet ainsi, par la force du droit étatique, de générer un effet réglementaire vis-à-vis de l'ensemble des employeurs d'un champ considéré. Si ce champ est la France entière et toutes les professions, la convention alors dite « nationale interprofessionnelle étendue » pourra avoir le même champ d'application qu'une loi.

721 Lorsqu'il est question d'extension d'une convention collective, logiquement, l'indifférence quant aux qualités de la partie patronale s'arrête. Une norme qui a vocation à s'imposer à tous les employeurs d'un champ considéré ne peut être issue d'un accord avec n'importe quel groupement d'employeurs. Pour qu'une convention collective soit susceptible d'extension, elle devra avoir été signée par des organisations patronales « représentatives », au sein d'une commission paritaire. Si l'on souhaite passer outre le refus de signer de certaines organisations patronales représentatives du secteur, certaines lourdeurs procédurales spéciales doivent être respectées. Néanmoins, l'idée de représentation majoritaire n'a pas d'impact juridique dans le tri des organisations patronales pouvant conclure une convention collective susceptible d'extension (sur la conclusion des conventions collectives susceptibles d'extension, v. n° 744-746).

§ 2 Du côté des salariés

722 La première règle est que les syndicats ont le monopole de la négociation collective (art. L. 2231-1 C. trav.). Sauf exceptions (v. n° 763 et s.), les actes conclus par l'employeur avec un comité d'entreprise, un comité de grève, des délégués du personnel, ou encore un acte ratifié par référendum, ne sont pas des conventions

collectives s'ils n'ont pas été, en outre, signés par le représentant d'un syndicat représentatif (v. not. Soc. 25 février 1998, *Bull. civ.* V, n° 104). La pratique ne s'étant jamais arrêtée au droit, il a fallu trouver un cadre juridique pour tous ces actes négociés qui ne sont pas des conventions collectives. Après quelques hésitations, la jurisprudence les a logiquement rangés dans la catégorie des engagements unilatéraux de l'employeur (v. n° 141) : le monopole de la négociation collective ayant été accordé aux syndicats, les signatures des représentants du personnel ou celle d'un informel comité de grève sont sans valeur. Ne reste alors que la signature de l'employeur.

Dès lors qu'un employeur doit l'appliquer, une convention collective s'applique à *tous* ses salariés (sauf si elle stipule expressément qu'elle ne s'applique qu'à une catégorie de salariés, ce qui est exceptionnel). 723

Or les salariés ne sont pas signataires de la convention. Ils ne sont pas non plus représentés, au sens civil, par les syndicats signataires. En droit français, les syndicats ne sont pas les mandataires de leurs adhérents lors de la négociation collective. Ils ne sont pas non plus, *a fortiori*, les mandataires des salariés qui n'ont même pas adhéré au syndicat et qui bénéficient quand même de la convention collective.

Pour résumer, les salariés ne sont pas parties à la convention collective. Ce qui produit plusieurs conséquences.

La première est qu'en principe une convention collective ne peut pas contenir d'obligations nouvelles à la charge des salariés (v. n° 77). 724

La seconde est qu'il est exclu que n'importe quel groupement de salariés puisse signer valablement et suffisamment une convention collective. Le signataire côté salarié doit avoir une légitimité suffisante pour que l'effet sur tous les salariés soit fondé. Aussi certaines qualités sont requises pour signer valablement et efficacement une convention collective du côté des salariés.

Seul un « syndicat » peut signer valablement une convention collective (sur la notion de syndicat, v. n° 667-676) et, depuis la loi du 13 juillet 1971, le syndicat doit de plus être « représentatif ». Cette qualité est dispensée avec un peu plus de parcimonie avec la loi du 20 août 2008. Elle suppose notamment une audience électorale minimale (10 % des suffrages exprimés dans l'entreprise, 8 % dans les branches) (sur la notion de représentativité, v. n° 677-688).

Même ainsi renforcée, la limite que pose la définition de la représentativité n'apparaît pas suffisante. Depuis une vingtaine d'années, les cas dans lesquels les conventions collectives peuvent écarter des protections légales se sont multipliés (v. not. n° 311 et s. en matière de temps de travail). Dans ces conditions, il n'est plus acceptable qu'un syndicat simplement « représentatif », qui peut être très minoritaire, puisse suffire, coté salarial, à la validité d'une convention collective. Un certain nombre de règles limitatives ont donc été intégrées progressivement. La loi du 4 mai 2004 a été une étape importante dans cette direction, même si le système alors retenu était extrêmement complexe (v. n° 734-735 et 776). 725

La loi sur la démocratie sociale et le temps de travail du 20 août 2008, inspiré de la position commune du 9 avril 2008, a mis en place un système nettement préférable (art. L. 2232-2, L. 2232-6, L. 2232-12 C. trav.). Une convention collective ne peut plus être conclue de manière valide que par des syndicats représentatifs ayant recueilli au moins 30 % des suffrages exprimés lors des élections professionnelles, dans le champ 726 d'application de la convention. Une convention ainsi conclue ne peut cependant entrer en vigueur qu'en l'absence d'opposition exprimée par un ou plusieurs syndicats ayant recueilli plus de 50 % des suffrages exprimés lors de ces élections. La majorité de conclusion est ainsi de 30 % et la majorité d'opposition de 50 %.

Le délai d'opposition prévu est de 15 jours dans les branches et au niveau interprofessionnel (art. L. 2232-2, L. 2232-6 C. trav.). Il est de 8 jours seulement dans les entreprises (L. 2232-12 C. trav.). Ce qui est court lorsque l'on sait que l'opposition est un acte souvent difficile et qu'elle suppose parfois l'accord de plusieurs syndicats.

Ces solutions prônées par la position commune du 9 avril 2008 et entérinées par la loi du 20 août 2008 sont incontestablement plus claires et meilleures que les règles antérieures. Elles laissent cependant un petit sentiment d'inachevé. L'*abstention* majoritaire suffit encore à faire passer des régressions sociales. Eu égard à l'effet réglementaire et potentiellement destructeur des conventions collectives, il faudra bien, un jour, que le droit positif exige la *conclusion* par des syndicats majoritaires. Cette solution serait à la fois plus simple et plus démocratique. La réforme d'août 2008 est un pas supplémentaire dans la bonne direction. Mais elle n'est pas encore le point d'arrivée attendu. La position commune du 9 avril 2008 présente au demeurant les nouvelles solutions comme transitoires. Il ne s'agirait que d'une étape vers un mode de conclusion majoritaire des conventions collectives (art. 5 de la position commune). Il reste à espérer que ce vœu se concrétise rapidement.

§ 3 Formes et publicité

■ 727 Les conventions collectives sont des règles de droit, et nul n'est donc censé les ignorer. Pour que cette présomption ait un peu de sens, encore faut-il que les conventions collectives puissent être connues.

Pour cela, certaines règles ont été fixées.

■ 728 La convention collective est, à peine de nullité, un acte écrit (art. L. 2231-3 C. trav.). Seules les clauses rédigées en français sont opposables aux salariés (L. 2231-4 C. trav.).

La convention fait l'objet d'un dépôt à la direction départementale du travail du lieu où les parties ont conclu leur accord. Ce dépôt doit comprendre un exemplaire papier et un exemplaire électronique (art. D. 2231-2 C. trav.). Les conventions de branche et les conventions interprofessionnelles doivent en outre être déposées aux services centraux du ministère du Travail (art. D. 2231-3 C. trav.). Les conventions étendues font l'objet d'une publicité particulière, au moment de leur publication au *Journal officiel* (elles sont en principe disponibles sur le site legifrance.fr). Ces différents dépôts sont autant de lieux où les particuliers peuvent consulter une convention collective.

Toutes les conventions doivent enfin être déposées au secrétariat-greffe du conseil de prud'hommes du lieu de leur conclusion (art. D. 2231-2 C. trav.). Les juges et conseillers qui devront appliquer les conventions pourront ainsi en avoir directement connaissance.

■ 729 L'employeur doit en outre réaliser quelques mesures de publicité à destination des salariés de l'entreprise. Il doit :

– communiquer un exemplaire des différentes conventions applicables aux différents représentants du personnel et aux délégués syndicaux (R. 2262-2 C. trav.).

Ce qui permet au salarié d'avoir un moyen facile d'en obtenir communication : il suffit de la demander aux représentants du personnel, s'il y en a ;

– remettre une notice mentionnant la convention aux salariés embauchés (R. 2262-1, 1° C. trav.) ;

– afficher un avis sur lequel il mentionne qu'il tient une convention collective à la disposition des salariés, en précisant le lieu de sa consultation (R. 2262-1, 2° C. trav.). Mais ce n'est pas toujours le lieu de consultation le plus simple : il faut demander à l'employeur de consulter la copie, ce qui peut être mal vu ;

– mettre un exemplaire sur l'intranet, lorsqu'il en existe un (R. 2262-1, 3° C. trav.). Ce qui permet une consultation nettement plus facile.

Ainsi, les règles de publicité sont assez complètes et un salarié qui souhaite se renseigner sur ses droits conventionnels doit pouvoir le faire relativement facilement.

Cependant, curieusement, les règles de publicité imposées à l'employeur sont largement laissées à la libre appréciation des parties à la négociation collective (L. 2262-5 C. trav.). Les règles d'information individuelle de l'article R. 2262-1 du Code du travail sont clairement supplétives. La question du caractère supplétif de l'information des représentants du personnel et délégués syndicaux est plus ouverte. L'article R. 2262-2 qui exige cette information est rédigé en termes inconditionnels, mais sa supplétivité semble découler de la lettre de la loi (v. l'art. L. 2262-5 préc.). 730

Les négociateurs pourraient ainsi, théoriquement, prévoir une convention collective relativement occulte. Ce qui n'a pas de sens. On peut espérer qu'une telle solution ne sera guère acceptée par les syndicats de salariés signataires. Encore que tout soit parfois possible dans certaines petites et moyennes entreprises...

Demeurera, en toutes hypothèses, l'information que doit receler le bulletin de paie : la convention collective de branche applicable doit être mentionnée dans ce bulletin (art. R. 3243-1 5° C. trav.).

La violation des obligations de publicité et de dépôt rend la convention collective inopposable aux salariés. Ceux-ci pourront toutefois en réclamer les bénéfices. Ils pourront aussi obtenir de l'employeur l'indemnisation du préjudice qu'ils ont pu subir du fait de l'ignorance dans laquelle ils sont restés de leurs droits (Soc. 19 mai 2004, *Bull. civ.* V, n° 134). 731

section 2

Négociation et conclusion des conventions de branche

Du côté patronal, il n'existe pas de condition particulière pour que soit valide une convention de branche. À la rigueur, une telle convention peut fort bien être conclue par un ou deux employeurs. De toute manière, la convention ne s'appliquera qu'aux signataires et membres des organisations signataires. L'exigence d'une organisation d'employeurs représentative au niveau de la branche est réservée aux conventions collectives susceptibles d'extension (§ 2). 732

733 En revanche, côté salarié, les enjeux sont importants. Les salariés concernés ne sont pas parties à la convention : ils ne sont ni signataires, ni représentés. Au moins leurs intérêts doivent-ils pouvoir être défendus par des organisations représentatives, en évitant que la voix d'un petit syndicat minoritaire soit prépondérante (§ 1).

§ 1 Exigences sur la partie salariale

734 La loi du 4 mai 2004 avait mis en place un système complexe et très contestable, duquel il découlait qu'un syndicat même très minoritaire dans une branche pouvait signer seul, sous réserve d'un droit d'opposition accordé à la *majorité des organisations syndicales représentatives* dans le champ considéré. Si, par exemple, il y avait cinq syndicats représentatifs dans la branche, l'opposition devait émaner de la majorité de ces syndicats, soit de trois syndicats. Il se pouvait que, dans cette branche, deux syndicats aient recueilli ensemble 80 % des voix lors des élections. Mais ils n'étaient que deux sur cinq. Ils n'étaient donc pas la majorité *des syndicats*. Ils ne pouvaient donc pas faire opposition seuls, malgré leur audience.

735 Par exception, au niveau des branches, il était possible de mettre en place un système plus démocratique, basé sur l'audience électorale des syndicats signataires. Ce système n'était cependant possible que sous condition de conclusion d'une convention de branche étendue en ce sens. Cette convention d'autorisation de la démocratie devait être adoptée selon le système de principe. Ce qui supposait en pratique que les organisations d'employeurs soient d'accord et que les petits syndicats minoritaires ne s'y opposent pas. En d'autres termes, les organisations patronales devaient accepter d'être face à un interlocuteur unique, plus fort, et abandonner tout jeu possible sur les divisions syndicales. Et les petits syndicats devaient abandonner leur droit de veto. De tels abandons volontaires de pouvoir n'étaient pas impossibles. Ils étaient simplement très improbables.

736 Avec la loi du 20 août 2008 sur la démocratie sociale et le temps de travail, qui transpose la position commune du 9 avril 2008, un système plus acceptable est mis en place.

737 Selon cette loi, ne sont plus représentatifs au niveau des branches que les syndicats ayant recueilli un minimum de 8 % des suffrages exprimés au niveau considéré (art. L. 2122-5 et L. 2122-8 C. trav., v. n° 688). De plus et surtout, pour qu'une convention collective interprofessionnelle ou de branche soit valide, elle doit avoir été signée par des syndicats ayant recueilli au minimum 30 % des suffrages (art. L. 2232-2 et L. 2232-6 C. trav.). Les accords ultra-minoritaires sont donc exclus. Enfin, les syndicats ayant recueilli plus de 50 % de ces suffrages peuvent s'opposer, dans les quinze jours, à cet accord (art. préc.).

738 L'application de ce nouveau système est reportée à la détermination de la représentativité au niveau des branches, selon les règles nouvelles, ce qui pourrait prendre plusieurs années (jusqu'à cinq ans : v. n° 688). Dans l'intervalle, le droit antérieur est maintenu (art. 12 de la loi).

739 Le système de la loi du 20 août 2008 n'est pas un point d'aboutissement. Un syndicat minoritaire peut toujours conclure une convention collective et cette conclusion

pourra être efficace en cas de passivité ou d'hésitation de la part d'un ou plusieurs syndicats qui, ensemble, seraient majoritaires. Le système permet toutefois un incontestable progrès (que le Parlement a fait payer, au mépris de la position commune, en détruisant à l'occasion d'importantes protections relatives au temps de travail, v. n° 330 et s.).

Le décompte des voix se fera selon les mêmes règles que celles définies pour le calcul de l'audience électorale nécessaire à la représentativité (v. n° 688). Ces règles organisent la collecte des résultats aux premiers tours des élections des comités d'entreprise, de la délégation unique, ou à défaut des délégués du personnel. Ne peuvent donc pas s'y exprimer les salariés des entreprises qui n'organisent pas d'élections. Pareille absence peut être due à la taille trop faible de l'entreprise, à l'absence de candidats ou encore à l'omission fautive de l'employeur qui n'a pas organisé d'élections. Ces causes conjuguées peuvent conduire à la non-représentation aux élections d'une majorité des salariés d'une branche. La possibilité d'organiser des élections *ad hoc* dans les branches, laquelle était présente dans le système de la loi de 2004, est abandonnée pour l'instant. 740

§ 2 L'extension d'une convention collective

Une convention collective étendue s'applique à tous les employeurs de son champ d'application géographique et professionnel. Elle s'impose donc aussi aux employeurs qui ne sont ni signataires, ni membres d'une organisation patronale signataire. 741

Pour être étendue (B), une convention doit commencer par être susceptible d'extension (A).

A. Conventions susceptibles d'extension

Pour être susceptible d'extension une convention collective doit commencer par être valide (v. ci-dessus). Deux conditions supplémentaires sont requises. 742

La première est celle du contenu de la convention : celui-ci doit être très complet et toucher aux différents aspects du statut des salariés. À cette fin, une liste de points à traiter obligatoirement est fixée par l'article L. 2261-22 du Code du travail pour les conventions de branche nationales. Cette liste s'impose aussi pour les conventions d'un autre niveau territorial, si aucune convention nationale n'a été conclue dans la branche considérée (L. 2261-23 C. trav.). L'article D. 2261-2 du Code du travail rajoute quelques exemples de points qui peuvent être traités par ces conventions, sans que la liste soit limitative. 743

Ces règles ont un rôle essentiellement incitatif. Tout d'abord, les points prévus dans la liste impérative doivent être traités. Rien n'indique qu'ils doivent contenir tel ou tel type d'avantage : une simple reprise des dispositions légales ou jurisprudentielles peut suffire. Ensuite, rien n'interdit aux négociateurs de procéder par négociation d'accords précis, puis de solliciter l'extension pour un bouquet d'accords. Enfin, l'article L. 2261-27 du Code du travail prévoit qu'une convention collective lacunaire peut tout de même être étendue, en cas d'avis favorable en ce sens de la commission nationale de la négociation collective et en l'absence d'opposition à l'extension de deux organisations représentatives des employeurs ou de deux syndicats représentatifs des salariés.

■ 744 La seconde condition pour qu'une convention collective soit susceptible d'extension est qu'elle ait été conclue au sein d'une commission paritaire de négociation. Ces commissions sont dites « paritaires » parce qu'elles réunissent des représentants des syndicats de salariés et des organisations d'employeurs. Seules les organisations représentatives au niveau de la branche et du champ territorial considéré sont conviées, du côté des salariés comme du côté des employeurs (L. 2261-19 C. trav.). C'est dans ce seul cadre que se pose la question de la représentativité des organisations patronales. Il s'agit d'un système de représentativité prouvée. Ainsi, par exemple, le MEDEF et la CGPME n'ont pas été reconnus représentatifs pour négocier un accord national relatif à l'artisanat, ce qui a permis la négociation et la conclusion d'une convention collective étendue par l'UPA (Union professionnelle artisanale) seule avec les organisations syndicales de salariés (*cf.* CE 30 juin 2003, *Dr. soc.* 2003. 1112, concl. P. Fombeur ; *D.* 2004, somm. 1701, obs. D. Chelle et X. Prétot ; *adde* Soc. 4 déc. 2007, n° 06-43749).

Les commissions paritaires peuvent être organisées et présidées par un représentant du ministère du Travail. Les commissions de négociation comptent alors des représentants des organisations privées et un représentant de la puissance publique : pour cette raison elles sont dites « mixtes ». On parle alors de « commissions mixtes paritaires ».

■ 745 Les commissions mixtes paritaires sont organisées par le représentant de l'État. Celui-ci peut diligenter une enquête pour déterminer la représentativité d'une organisation qui ne serait pas affiliée à l'une des organisations présumées représentatives au niveau national. Il fixe l'importance des délégations composant la commission. Il convoque les organisations représentatives.

Celles-ci sont tenues d'envoyer un représentant. Si elles ne le font pas, le représentant de l'État les convoque à nouveau (art. D. 2261-11 C. trav.), et si elles continuent à rester immobiles sans raison valable, elles peuvent être condamnées à l'amende prévue pour les contraventions de 5e classe (art. R. 2263-5 C. trav.), soit 1 500 euros ou 3 000 euros en cas de récidive. La mise en place d'une commission mixte paritaire crée donc une obligation de négocier.

Une commission mixte paritaire *peut* être réunie à l'initiative du ministère. Elle *doit* être organisée par celui-ci, si deux organisations d'employeurs ou deux syndicats de salariés le demandent (art. L. 2261-20 C. trav.).

On le comprend dès lors aisément : en pratique, la plupart des négociations de branche ont lieu en commission mixte paritaire. La réunion d'une telle commission est un atout important pour amener à la table des négociations un partenaire réticent. Et elle permet de simplifier tous les débats qui pourraient bloquer la mise en œuvre d'une telle négociation. Dès lors, très souvent, on trouvera au moins deux organisations de salariés ou d'employeurs pour demander la mise en place de cette commission.

L'existence de ces commissions mixtes paritaires est probablement l'une des principales raisons qui expliquent l'exceptionnel pourcentage de salariés qui bénéficient en France d'une convention collective (plus de 90 %).

Avant la loi du 20 août 2008, c'était au représentant de l'État, lorsqu'il organisait ces commissions, de décider de la représentativité syndicale au niveau de la branche, éventuellement après enquête. Avec la perte d'influence de la représentativité présumée, il a été jugé nécessaire que cette décision soit plus encadrée et prise à un plus haut niveau. Désormais l'attribution de la représentativité au niveau des branches, comme au niveau interprofessionnel, se fera par décision du ministre du Travail, après avis du Haut Conseil du dialogue social (art. 2122-11 C. trav.). 746

Le contentieux de la représentativité au niveau des branches et au niveau interprofessionnel, lequel pourrait être relativement nourri dans les prochaines années, sera par voie de conséquence un contentieux administratif, mené contre des décisions ministérielles.

B. L'arrêté d'extension

L'arrêté d'extension est un arrêté du ministre du Travail. Il doit être précédé de l'avis de la commission nationale de la négociation collective, commission qui regroupe au niveau national et interprofessionnel des représentants de l'État et des organisations syndicales de salariés et des organisations patronales aux niveaux national et interprofessionnel (art. L. 2272-1 C. trav.). 747

Le ministre peut étendre une convention collective qui n'a pas été signée par toutes les organisations représentatives ou qui ne contient pas toutes les mentions obligatoires, pour cela il lui suffit de demander à nouveau l'avis de la commission nationale de la négociation collective (éventuellement à deux reprises : v. art. L. 2261-27 C. trav.).

Le ministre du Travail peut refuser d'étendre une convention collective susceptible d'extension. Il doit refuser cette extension pour les dispositions qui seraient contraires aux lois et règlements. 748

Il doit notamment refuser l'extension si elle porte atteinte au droit de la concurrence. La solution peut étonner : en principe, l'extension d'une convention collective permet d'égaliser les conditions de la concurrence. Donc elle ne nuit pas à la concurrence, mais au contraire elle en favorise la loyauté.

Il se peut cependant que, dans les secteurs qui ne comptent que très peu d'acteurs, le contenu d'une convention de branche étendue ait pour effet de bloquer ou de dissuader l'arrivée de nouveaux acteurs dans ce secteur. Tel était le cas d'une convention collective accroissant l'obligation de reprise du personnel en cas de changement de titulaire d'un marché de distribution d'eau. Une telle obligation peut décourager de postuler pour la reprise d'un marché. Or le marché de la distribution de l'eau est dominé par trois acteurs, lesquels pouvaient avoir tout intérêt à bloquer ainsi l'arrivée sur le marché d'autres acteurs... L'arrêté d'extension a alors pu être annulé par le juge administratif (CE 30 avril 2003, *SPEIRAA*, n° 230804, *Dr. soc.* 2003. 999, obs. P.-H. Antonmattéi et Destours ; *Dr. Ouvrier* 2003. 261 note G. Lyon-Caen, *AJDA* 2003. 1849, note P. Subra de Bieusses).

Un arrêté d'extension, comme tout arrêté ministériel, peut être abrogé par un nouvel arrêté ministériel. 749

BIBLIOTHÈQUE UNIVERSITAIRE DROIT VILLETANEUSE LETTRES

§ 3 L'élargissement d'une convention collective

750 L'élargissement d'une convention collective est un arrêté ministériel qui a pour effet d'agrandir le champ d'application territorial ou professionnel d'une convention collective. Seule une convention collective étendue peut être élargie.

L'élargissement est possible lorsque, dans un champ professionnel ou géographique (art. L. 2261-17 C. trav.), il n'existe pas de négociateurs ou lorsque ceux-ci sont inactifs pendant au moins cinq ans (art. L. 2261-18 C. trav.). Alors la convention collective d'un champ d'application voisin pourra être élargie, pour couvrir le champ où la carence a été observée.

La méthode est très exceptionnellement utilisée pour remplir certains vides dans les négociations de branche. Elle peut aussi servir de menace pour pousser certains négociateurs réticents à conclure une convention collective de branche.

L'élargissement prend fin avec l'abrogation de l'arrêté qui l'a édicté.

§ 4 Les obligations de négocier

751 Au niveau des branches, comme au niveau des entreprises, les obligations de négocier ne doivent pas être négligées. Elles ne sont pas des obligations de conclure. Mais elles sont tout de même l'occasion de débattre, de s'expliquer... Ce seul dialogue suffit souvent à générer de nouvelles conventions. Parfois, l'obligation de suivre une procédure emporte des effets plus importants que certaines obligations de fond. D'ailleurs, la démocratie n'est-elle pas essentiellement une procédure de prise des décisions ?

752 Il existe plusieurs obligations périodiques de négocier au sein des branches. Les principales sont les suivantes.

753 *Tous les ans*, lorsqu'une convention de branche a été conclue, une négociation doit avoir lieu sur les salaires entre les parties à cette convention (art. L. 2241-1 C. trav.). Cette obligation de négocier n'empêche pas le refus de conclure. Et de très nombreuses branches prévoient encore un salaire minimum non réévalué et donc inférieur au SMIC.

Cette négociation porte aussi sur les moyens de réduire les inégalités entre hommes et femmes (art. L. 2241-9 et s. C. trav.).

754 Elle doit enfin permettre « un examen » de la situation de l'emploi dans la branche, ce qui comprend notamment la question des effectifs et celle du travail précaire, ainsi que l'examen des mesures de prévention envisagées contre les licenciements et contre l'utilisation du travail précaire.

Le texte de l'article L. 2241-2 du Code du travail qui prévoit cet examen obligatoire est un peu ambigu. *A priori*, le texte ne parle que d'une obligation d'« examen », ce qui est moins qu'une obligation de négocier : les informations sont transmises, examinées, elles peuvent faire l'objet d'observations et de remarques, mais on s'arrête là. Ces dispositions semblent ne pas créer une négociation obligatoire annuelle sur la gestion prévisionnelle de l'emploi et des compétences au niveau des branches. Mais elle exige que les premiers pas d'une telle négociation soient accomplis.

755 En revanche, *tous les trois ans*, une véritable négociation sur la gestion prévisionnelle de l'emploi et des compétences (GPEC) doit avoir lieu entre les parties à un accord de

branche. Celle-ci porte sur toutes les matières visées pour la négociation obligatoire sur la GPEC dans les entreprises (v. n° 558) et son objet est donc précis, approfondi.

Cette négociation triennale porte aussi sur les conditions de travail et sur la prise en compte de la pénibilité du travail, ce qui implique de négocier sur le temps de travail. Elle porte enfin sur la question des salariés âgés.

Les parties doivent encore négocier *tous les cinq ans* sur les classifications. Ceci est l'occasion de rappeler que les classifications d'emplois sont généralement réalisées au niveau des branches. Ces classifications sont importantes. Elles fixent le titre et la qualification accordés aux travailleurs, elles nomment leur travail, ce qui est fondamental en soi. Surtout, les salaires minima sont généralement indexés sur ces classifications. 756

Au niveau de l'entreprise, le déroulement d'une négociation obligatoire est assez précisément régulé (v. n° 784 et s.). Au niveau des branches, cette régulation a été perçue à juste titre comme inutile : il existe déjà, à ce niveau, des commissions mixtes paritaires (v. n° 744-745). Celles-ci créent un cadre possible, précis et efficace, pour ces négociations obligatoires. En même temps, la puissance publique qui organise ces commissions mixtes n'est pas dépourvue de moyens pour imposer la présence des organisations réticentes (v. n° 745). L'organisation de telles commissions permet même de renforcer les obligations de négocier au niveau des branches. 757

section 3

Négociation et conclusion des conventions d'entreprise

Côté employeur, la question de savoir qui négocie et conclut une convention d'entreprise est facile : c'est l'employeur ou son représentant. Lors de la négociation, il peut se faire assister par certains de ses salariés. Pour des raisons tirées de la loyauté de la négociation, il ne peut cependant imposer aux syndicats une personne extérieure à l'entreprise (comme un avocat par exemple). La délégation patronale ne peut pas non plus être composée de plus de personnes que la délégation salariale. 758

Les principales difficultés concernent le côté salarié de la négociation. Il faut alors se demander qui négocie. Les délégations de chacun des syndicats sont en principe constituées autour du délégué syndical (§ 1). Dans certains cas toutefois, il peut être suppléé à l'absence de délégué syndical dans l'entreprise (§ 2). Pour que la convention entre en vigueur, les syndicats signataires doivent présenter certaines qualités et l'accord doit ne pas avoir été frappé d'opposition (§ 3). Les règles relatives au déroulement de la négociation annuelle obligatoire servent de modèle pour les autres négociations obligatoires dans l'entreprise (§ 4).

§ 1 Les négociateurs en présence d'un délégué syndical

Tous les syndicats représentatifs dans l'entreprise doivent être conviés à toutes les réunions de négociation de la convention collective. La violation de cette règle 759 pourrait être pénalement sanctionnée. Elle est surtout dotée de sanctions civiles : une convention collective signée à la suite d'un processus de négociation où tous les syndicats n'ont pas été conviés est nulle (Soc. 17 septembre 2003, *Bull. civ.* V, n° 240 ; *Grands arrêts*, n° 160 ; Soc. 10 octobre 2007, *SEB**).

■ 760 La composition de la délégation que chaque syndicat représentatif envoie à la négociation d'entreprise est fixée par l'article L. 2232-17 du Code du travail.

Cette délégation comprend « obligatoirement » le délégué syndical. Dans les entreprises qui ont plus d'un délégué syndical par syndicat, deux délégués syndicaux peuvent être présents. La présence de délégués syndicaux est d'autant plus utile que ces délégués sont investis du pouvoir de représenter le syndicat lors de la conclusion des conventions collectives : ce pouvoir découle directement de leur désignation comme délégué syndical (Soc. 19 février 1992, *Bull. civ.* V, n° 106 ; Soc. 12 févr. 2003, *Bull. civ.* V, n° 52).

■ 761 La délégation peut être complétée par un nombre de salariés au plus égal au nombre de délégués syndicaux. Dans les entreprises qui n'ont qu'un seul délégué syndical, ce qui est le cas de loin le plus fréquent, la délégation peut cependant être complétée par deux salariés.

Sauf accord, il est ainsi exclu que des personnes extérieures à l'entreprise viennent représenter le syndicat (Soc. 19 octobre 1994, *Dr. soc.* 1994. 958, rapp. Ph. Waquet ; *D.* 1995. Somm. 370, obs. G. Borenfreund). La solution peut être discutée, la présence de négociateurs syndicaux plus aguerris pouvant être un important atout pour la qualité des négociations d'entreprise.

En cas d'accord avec l'employeur, les délégations peuvent, bien entendu, être plus nombreuses ou différemment constituées. Seule est impérative la présence d'un délégué syndical ou de deux délégués syndicaux le cas échéant.

■ 762 Si l'entreprise compte plusieurs syndicats représentatifs, la délégation des salariés peut, au final, être assez nombreuse : dans une entreprise de cent salariés qui comporte quatre syndicats représentatifs, elle comptera 12 salariés, soit plus de 10 % du personnel.

§ 2 Les négociateurs en l'absence de délégué syndical

■ 763 Lorsqu'il n'y a pas de délégué syndical dans l'entreprise, il est parfois possible, sous certaines conditions, de négocier et de conclure une convention collective d'entreprise avec d'autres interlocuteurs. Alors, selon les cas, la négociation pourra impliquer des élus du personnel ou, à défaut, des représentants spéciaux des syndicats.

■ 764 La première brèche dans le monopole des délégués syndicaux est d'origine jurisprudentielle. La Cour de cassation a admis que, *lorsque les conditions légales de désignation d'un délégué syndical ne sont pas remplies*, les syndicats pouvaient nommer des mandataires « spéciaux », lesquels avaient des fonctions représentatives, mais à l'occasion d'une seule négociation collective (Soc. 25 janvier 1995, *Bull. civ.* V, n° 40 ; *D.* 1995. 593, note P. Pochet ; *Dr. soc.* 1995. 274, obs. G. Borenfreund ; *RJS* 1995, n° 279, et p. 231, note J. Savatier). L'idée était de permettre une négociation collective dans les entreprises ou les établissements de moins de 11 salariés, ou dans ceux de moins de 50 salariés dépourvus de délégués du personnel (un délégué du personnel peut être désigné délégué syndical).

Cette possibilité a été progressivement étendue par le législateur. La loi du 12 octobre 1996 a entériné les premiers mandataires spéciaux, sous conditions notamment de conventions collectives étendues en ce sens. Les lois Aubry du 13 juin 1998 et du 19 janvier 2000 ont créé des dérogations possibles sans accord étendu préalable, mais limitées à la conclusion d'accords de réduction du temps de travail (art. 19 de la loi). La loi du 4 mai 2004 a unifié et généralisé les possibilités de se passer d'un délégué syndical, en préservant la condition d'une convention de branche étendue. Puis la loi du 20 août 2008 a supprimé cette conditions et profité de l'occasion pour rendre le système excessivement complexe.

Les solutions actuelles sont les suivantes. En l'absence de délégués syndicaux, mais en présence d'élus du personnel, ces derniers peuvent être habilités à conclure des accords dans les entreprises de moins de 200 salariés (A). En dessous de ce seuil, ou en l'absence d'élu et de délégués syndicaux, certaines solutions sont encore prévues pour que d'autres mandataires syndicaux puissent être compétents, sous réserve de confirmation par référendum (B). Hors Code du travail, la loi du 20 août a explicité quelques conséquences du principe de loyauté s'agissant de ces négociations dérogatoires (C). Elle a enfin exclut la possibilité de telles négociations pour certains types d'accord (D).

A. La compétence subsidiaire des élus

En l'absence de délégués syndicaux, mais en présence d'élus du personnel, le pouvoir de conclure la convention collective peut être confié à ces élus (*i.e.* au comité d'entreprise, à la délégation unique du personnel ou, à défaut, aux délégués du personnel ; art. L. 2232-21 C. trav.). *Cette possibilité n'est ouverte qu'aux entreprises qui emploient moins de 200 salariés.* Ce seuil est logique. Il permet d'éviter que les grandes entreprises pratiquent une négociation collective de destruction des avantages sociaux, tout en bloquant toute présence syndicale dans l'entreprise. 765

L'absence de délégué syndical, en présence d'élus, suppose en pratique une faible implantation des syndicats, voire une absence totale de syndicats dans l'entreprise. Il y a alors fort à parier que les élus l'ont été au second tour des élections professionnelles, sur des listes non syndicales.

L'indépendance vis-à-vis de l'employeur de tels élus, qui ne sont ni formés ni soutenus de l'extérieur, est loin d'être garantie. Plus généralement, l'absence de section syndicale active dans l'entreprise fait douter de l'existence d'une coalition de salariés susceptible de faire véritablement contrepoids aux désirs de l'employeur.

Pour cette raison, la validité de la convention conclue par les élus avait été soumise à une condition supplémentaire. Elle devait être approuvée par une commission paritaire nationale de branche, dûment mise en place. Cette commission était conçue comme un lieu de vérification de la qualité des accords. Avec la loi du 20 août 2008, le passage en commission de branche reste requis, mais il a été vidé de toute substance. D'après le texte nouveau, la commission n'a plus pour compétence que de vérifier la légalité de l'accord (art. L. 2143-22 C. trav.). La porte est donc ouverte aux accords les plus déséquilibrés. 766

B. Les autres négociateurs dérogatoires

767 *Si les élections n'ont pas eu lieu*, il n'y a par définition ni élus, ni délégués syndicaux (sur les conditions relatives à l'audience minimale des délégués syndicaux, v. n° 701). Le pouvoir de conclure la convention collective peut alors être confié à un *mandataire spécial*, désigné par un syndicat représentatif dans la branche. Ce mandataire n'a pour fonction que de négocier et de conclure la convention (art. L. 2232-24 C. trav.). Puis ses fonctions cessent. Ce représentant du syndicat est donc spécialisé et éphémère. Aucun seuil maximum n'est prévu. Le mandatement spécial est donc possible y compris pour les grandes, voire les très grandes entreprises.

En cas de carence aux élections et de mandataire spécial, la situation pratique peut apparaître inquiétante. L'absence de candidat aux élections est alors concomitante de l'existence d'au moins un salarié qui a accepté un mandatement spécial. L'existence d'un contrepoids réel à l'employeur, garant d'une véritable négociation, est alors très douteux. Le risque est de voir certains employeurs peu scrupuleux envoyer un de leurs salariés quérir un tel mandatement, afin de négocier certaines des importantes dérogations à la loi que permettent les conventions collectives.

Certes, avant de le désigner, le syndicat rencontrera ce salarié. Il pourra alors lui donner des conseils, lui montrer les avantages d'une adhésion syndicale, lui transmettre des documents, exiger de lui qu'il prenne une cotisation, etc. Le mécanisme avait ainsi été perçu par certains syndicats comme un moyen de créer une présence syndicale dans les entreprises qui en sont dépourvues. L'envoyé pourrait n'être souvent qu'un chargé de mission du patron. Mais, au contact des syndicalistes, il pourrait repartir militant, prêt éventuellement à monter une section syndicale, à devenir plus tard délégué syndical, etc. Cet espoir explique que le mandatement spécial ait eu pour origine des conventions interprofessionnelles, soutenues par certaines organisations syndicales (v. l'ANI du 31 octobre 1995).

La situation n'est pourtant pas sans risque. Pour contrebalancer une entrevue de quelques heures au mieux avec le syndicat, l'employeur bénéficie d'années d'influence. De plus, c'est lui qui aura le plus souvent choisi le salarié chargé d'aller quérir un mandat syndical (si l'initiative était venue du salarié, il aurait probablement préféré bénéficier du statut plus avantageux et plus durable de délégué syndical). Dès lors, la probabilité de voir apparaître un véritable militant syndical semble bien faible, comparativement à la probabilité d'un négociateur soumis à l'employeur.

768 *Le représentant de la section syndicale (RSS)* peut lui aussi, si son mandat le prévoit expressément, conclure une convention collective (L. 2143-23 C. trav.). Cette faculté peut lui être accordée à deux conditions. Il doit avoir été désigné par une organisation syndicale affiliée à une organisation syndicale représentative au niveau national et interprofessionnel. Et aucun délégué syndical ne doit avoir été désigné dans l'entreprise (L. 2143-23 C. trav.). En revanche, sa capacité à conclure des accords collectifs peut lui être accordée *y compris en présence d'élus*, du moins dans les entreprises de plus de 200 salariés. En dessous de ce seuil, la possibilité d'accorder une faculté de négocier et conclure au RSS est plus douteuse : la compétence subsidiaire des élus prévue à l'article L. 2232-21 du Code du travail, peut être comprise comme exclusive). L'hypothèse d'un RSS négociateur dans des entreprises de plus de 200 salariés comprenant des élus sera, il faut l'espérer, rare et réservée en pratique aux syndicats qui viennent de s'implanter dans l'entreprise et n'ont pas

encore pu se présenter aux élections. Mais le texte de l'article 2143-23 alinéa 2 autorise ce mandatement du RSS y compris pour un syndicat implanté depuis longtemps et qui n'a pu obtenir 10 % des voix aux précédentes élections. Dans ce cas, le mandatement ne pourra avoir lieu que dans les six mois qui précèdent une nouvelle élection.

Les conventions signées par ces représentants syndicaux du deuxième et du troisième type (mandataire spécial et RSS) doivent impérativement être validées par référendum (art. L. 2232-27 pour le mandataire spécial et L. 2232-14 C. trav. pour le RSS). Le passage en commission nationale de branche n'est pas prévu. 769

En droit du travail comme ailleurs, le référendum présente l'avantage d'une expression directe des intéressés. Mais dans le contexte du travail salarié, ce mode d'expression n'est pas une source de légitimité aussi forte que dans la sphère politique. Dans son entreprise, l'employeur dispose naturellement de grands moyens d'expression. Les opposants à l'accord risquent, eux, d'en être très largement démunis. Celui qui fait campagne contre l'accord et donc contre son employeur peut être mal vu, ce qui n'est pas sans dangers. La campagne électorale au sein de l'entreprise est ainsi, souvent, totalement déséquilibrée. De plus, l'employeur en situation dominante peut exercer certaines pressions sur le résultat du vote : « si les économies que prévoit l'accord ne peuvent pas être réalisées, nous serons contraints d'envisager des licenciements... ». En bref, le référendum dans l'entreprise tient souvent plus du plébiscite en pays occupé que du véritable débat démocratique.

L'absence d'élections, qui est exigée pour la désignation d'un mandataire spécial, doit être justifiée par un constat de carence (art. L. 2232-24 C. trav.), du moins dans les entreprises ayant dépassé le seuil de 11 salariés, au-delà duquel des élections sont obligatoires dans l'entreprise. La solution est logique : il serait pour le moins choquant d'admettre qu'un employeur puisse tirer argument de l'absence d'élection pour user des modes alternatifs de négociation, alors que cette absence d'élection lui est imputable, parce qu'il n'a pas exécuté son obligation d'organiser ces élections. 770

C. La loyauté explicitée

Selon l'article 14 de la loi du 20 août 2008 : 771

« La négociation entre l'employeur et les élus ou les salariés de l'entreprise mandatés se déroule dans le respect des règles suivantes :

1° Indépendance des négociateurs vis-à-vis de l'employeur ;

2° Elaboration conjointe du projet d'accord par les négociateurs ;

3° Concertation avec les salariés ;

4° Faculté de prendre l'attache des organisations syndicales représentatives de la branche.

Par ailleurs, les informations à remettre aux élus titulaires ou aux salariés mandatés préalablement à la négociation sont déterminées par accord entre ceux-ci et l'employeur. ».

Ces règles sont des applications du principe général de loyauté de la négociation collective. Leur explicitation au sujet des seules négociations alternatives montre à quel point le législateur lui-même est conscient des vices potentiels de ce type de négociation. Ce rappel de la loyauté sonne cependant comme une condition à la validité des accords. L'indépendance, l'élaboration conjointe, autant de points dont l'absence si elle parvient à être prouvée pourrait entacher la validité des accords conclu selon ces modes dérogatoires. D'intéressants contentieux pourraient en découler.

D. Restrictions quant au type d'accord pouvant être conclu de manière dérogatoire

772 La faculté de conclure des accords d'entreprise accordée aux élus ou aux mandataires spéciaux subit deux limites prévues en des termes identiques pour les élus (art. L. 2232-21 C. trav.) et pour mandataires spéciaux (L. 2232-24 C. trav.) :

– les conventions collectives conclues doivent, dans les deux cas, porter sur des mesures dont la mise en œuvre est subordonnée par la loi à un accord collectif ;

– ces conventions dérogatoires ne peuvent porter sur les sujets abordés par les accords de méthode de l'article L. 1233-21 du Code du travail (sur lesquels v. n° 563-565).

773 La première de ces exclusion donne une utile information sur l'esprit des textes. S'il s'agit d'une négociation collective à l'ancienne, qui n'a pour objet que de créer de nouveaux avantages pour les salariés, l'utilisation des procédés dérogatoires de négociation n'est pas jugée possible. Il est apparu inutile de favoriser la négociation de progrès social. Les négociations dérogatoires sont réservées aux cas dans lesquels la négociation a pour objet d'écarter des protections légales. Il s'agit de permettre aux entreprises dépourvues de présence syndicale sérieuse de détruire tout de même les protections. Le but principal des dérogations est donc bien de faciliter les régressions sociales. Que cette finalité puisse être directement explicitée dans le texte montre bien à quel point ce type de régression est devenu banal.

774 Ces deux limites n'ont pas été transposées aux représentants de la section syndicale dûment mandaté (art. L. 2232-14 C. trav.). Parmi les négociateurs atypiques, il est donc le seul qui puisse, selon la loi nouvelle, conclure des conventions de pur progrès social. Sa faculté de conclure des accords de méthode, et de limiter ainsi de manière substantielle la compétence des élus du comité d'entreprise dans les procédures de licenciements économiques, alors même que par définition il n'a pas eu ne serait-ce qu'un minimum d'audience électorale, apparaît très étonnante.

§ 3 Exigences relatives au syndicat signataire

775 En dehors de quelques rares exceptions dans lesquelles les élus du personnel peuvent signer valablement une convention collective (v. not. ci-dessus n°s 765-766), seul un *syndicat représentatif* peut conclure valablement une convention collective.

Cette qualité nécessaire apparaît cependant désormais insuffisante. Un syndicat même représentatif peut être très minoritaire (v. n° 677-689). Or, ce caractère minoritaire est problématique, notamment lorsque la convention collective réduit certains avantages que les salariés tiennent de la loi ou d'autres conventions collectives. Aussi le législateur a-t-il intégré progressivement une dose de principe majoritaire.

Les solutions retenues par la loi du 4 mai 2004 étaient aussi complexes qu'inachevées. Elles s'organisaient de la manière suivante. *En principe* (L. 2232-13 ancien du C. trav.), la convention d'entreprise pouvait être signée par un syndicat représentatif, même très minoritaire. Mais *les syndicats majoritaires pouvaient s'opposer* à cette convention dans un délai de 8 jours (majorité d'opposition). *Par exception à ce principe*, si une convention de branche étendue le prévoyait, *seuls les syndicats majoritaires pouvaient conclure* une convention collective (majorité d'adhésion, art. L. 2232-12, 1° ancien du C. trav.). Mais alors, *par exception à l'exception*, le syndicat minoritaire pouvait tout de même conclure la convention. Il devait alors organiser un référendum. Et l'accord devenait définitif s'il était ainsi approuvé. 776

Avec la loi portant rénovation de la démocratie sociale et réforme du temps de travail du 20 août 2008, la solution est grandement simplifiée. La convention d'entreprise ne peut être signée que par un ou plusieurs syndicats représentatifs ayant recueilli ensemble au moins 30 % des suffrages exprimés. Et les syndicats majoritaires peuvent s'opposer à cette convention dans un délai de 8 jours (art. L. 2232-12 C. trav.). 777

Cette évolution est une avancée. Mais elle demeure très insuffisante.

Dans une entreprise où il n'existe pas de contrepoids créé par une coalition suffisamment crédible des salariés, il n'existe pas de légitimité suffisante pour signer une convention collective destructrice d'avantages. Or, même avec la réforme de 2008, il est à craindre que certaines conventions collectives soient signées sans que la réalité de ce contrepoids ne soit suffisamment établie. Dès lors, le risque demeure. Sans véritable capacité de résistance côté salarié, la convention collective cesse d'être un acte véritablement négocié. Elle se rapproche du contrat d'adhésion, voire même du contrat imposé. Et un tel acte n'a aucune légitimité pour fonder les nombreuses exceptions aux protections légales et conventionnelles que permet une convention collective d'entreprise. Il faut donc souhaiter que les réformes continuent dans la direction d'un renforcement de l'interlocuteur syndical. 778

L'exigence généralisée d'un accord des syndicats majoritaires serait de ce point de vue nécessaire. 779

En cas de carence aux élections professionnelles ou en l'absence de délégué syndical, aucune convention collective ne devrait pouvoir être conclue. L'existence d'un contrepoids suffisant n'est pas garantie dans de telles situations. Ceci pourrait au demeurant inciter les employeurs à ne pas dissuader les candidatures aux élections, ni les vocations de délégué syndical.

Dans les entreprises de moins de onze salariés, là où l'organisation d'élections n'aurait vite plus de sens, une négociation dérogatoire pourrait être prévue. Pour que dans un tel contexte un interlocuteur puisse être présumé d'un poids suffisant pour résister aux pressions de l'employeur, il devrait être choisi en dehors de l'entreprise, par un syndicat représentatif dans la branche, parmi ses militants expérimentés. La conclusion de l'accord par ce représentant pourrait alors être complétée par référendum.

L'avènement de la négociation collective majoritaire est annoncé (v. l'art. 5 de la position commune du 9 avril 2008). Elle est donc une hypothèse crédible d'évolution du droit à moyen terme. En revanche, l'exclusion de toute possibilité de déroger aux lois en cas de carence aux élections ou en l'absence de désignation d'un interlocuteur extérieur à l'entreprise apparaît bien peu dans l'air du temps, au moins pour ces 780 prochaines années. La possibilité de conclure des conventions collectives d'adhésion, destructrices d'avantages sociaux, a donc encore de beaux jours devant elle.

§ 4 La négociation obligatoire dans l'entreprise

781 La négociation annuelle obligatoire dans l'entreprise a été l'une des innovations majeures de la loi du 13 novembre 1982. Elle a été l'une des causes essentielles de l'essor du dialogue social dans l'entreprise et du développement de la négociation d'entreprise.

Cette négociation annuelle est de loin la négociation obligatoire la plus importante dans l'entreprise. Elle est complétée par quelques négociations obligatoires pluriannuelles ou ponctuelles.

782 La négociation annuelle obligatoire concerne les entreprises « où sont constituées une ou plusieurs sections syndicales d'organisations représentatives » (art. L. 2242-1 C. trav.). Sur le papier, il faudrait donc que quelques salariés soient syndiqués, ce qui suffit à constituer une section syndicale. Il n'y aurait ni seuil à dépasser, ni exigence d'un délégué syndical.

Cependant, il semble difficile d'imposer à l'employeur de négocier s'il n'a pas d'interlocuteur. Depuis les dernières évolutions en la matière, un interlocuteur apte à conclure une convention collective dans l'entreprise peut être un délégué syndical, un représentant spécial du syndicat, ou un élu du personnel (v. n° 763 et s.). À partir du moment où, dans l'entreprise, l'un de ces négociateurs est présent, et s'il existe une présence syndicale, la négociation devrait pouvoir être dite obligatoire pour l'employeur. En pratique, le plus souvent, il faudra tout de même attendre que l'employeur soit mis au courant de l'existence d'une telle section, ce qui ne sera guère le cas qu'à l'occasion de la désignation d'un délégué syndical ou d'un représentant de la section syndicale, ou à tout le moins de candidats aux élections professionnelles.

783 Les grandes règles sur le déroulement et la loyauté de la négociation annuelle obligatoire ont été maintenues depuis 1982 (A). En revanche, le domaine de la négociation annuelle a été élargi à plusieurs reprises (B). D'autres négociations sont obligatoires dans l'entreprise (C). Moins précises, elles suivent le modèle de la négociation annuelle.

La violation par l'employeur de ses obligations de négocier peut être sanctionnée pénalement et civilement (D).

A. Organisation de la négociation annuelle

784 L'initiative de la négociation doit être prise par l'employeur « chaque année » (art. L. 2242-1 al. 1er C. trav.). Ceci s'interprète comme une obligation d'engager les négociations au cours de chaque année civile. Il n'a aucune obligation de lancer la négociation toujours à la même période de l'année. Un employeur qui a lancé une négociation en janvier 2007 pourra se contenter de lancer une nouvelle négociation en décembre 2008.

La régularité des négociations pourra cependant, dans une certaine mesure, être imposée par les syndicats. Si aucune négociation n'a eu lieu pendant plus de douze mois, un syndicat représentatif peut demander l'ouverture de la négociation.

L'employeur a alors huit jours pour en informer les autres organisations syndicales représentatives et quinze jours pour les convoquer à la première réunion de négociation (art. L. 2242-1 al. 2 à 4 C. trav.).

La première réunion, régie par l'article L. 2242-2 C. trav., a deux objets : 785
– mettre en place un calendrier de négociation ;
– préciser les informations qui devront être transmises par l'employeur aux syndicats. Ces informations sont toutes celles qui seront utiles au cours de la négociation et notamment celles qui permettent la comparaison de la situation des hommes et des femmes dans l'entreprise.

Tout au long de la négociation, il est interdit à l'employeur de prendre des mesures 786
unilatérales sur l'un des objets de la négociation (art. L. 2242-3 C. trav.). Décider seul, ce n'est pas négocier. De telles décisions unilatérales pourraient en outre signifier aux salariés que ce qui se passe lors des réunions de négociation ne sert à rien. En bref, les mesures unilatérales prises en cours de négociation vident l'objet de la négociation et décrédibilisent les négociateurs. Elles sont une déloyauté.

L'interdiction des mesures unilatérales ne dure, bien entendu, que le temps de la négociation. D'où l'importance de savoir quand la négociation s'achève.

Cette fin de négociation peut être prévue dès la mise en place du calendrier. Elle peut 787
aussi avoir été reportée. Elle est, quoi qu'il en soit, toujours formalisée. Elle peut l'être par la signature d'un accord collectif. Elle peut aussi l'être par l'édiction d'un constat de désaccord.

Ce dernier acte est un acte formel régit par l'article L. 2242-4 du Code du travail. Il mentionne notamment les propositions respectives des parties à la négociation dans leur dernier état et les mesures qu'entend prendre unilatéralement l'employeur.

Ces mesures qui seront prises unilatéralement sont toujours soit égales, soit moins favorables que celles qu'il a proposées en dernier lieu. Si un employeur accordait plus unilatéralement que ce qu'il a proposé en vue d'aboutir à un accord, cela signifierait aux salariés : « regardez, je donne plus quand j'interviens seul, que lorsque je négocie. Vos représentants syndicaux ne servent à rien, pire ils vous sont nuisibles ». Plus qu'une déloyauté, il y aurait là une entrave à l'exercice du droit syndical.

Le constat de désaccord a une certaine valeur juridique. Il peut valoir engagement 788
unilatéral de l'employeur d'édicter les mesures auxquelles il s'est engagé. Il fixe la date de la fin des négociations, ce qui permet à l'employeur de reprendre le cours des décisions unilatérales relatives aux matières négociées. Il doit être déposé auprès de la direction départementale du travail et du secrétariat-greffe du conseil de prud'hommes, comme une convention collective l'est (v. n° 728).

B. Domaine de la négociation annuelle

Tous les ans, l'employeur doit négocier dans les deux domaines suivants, qui sont les 789
domaines originels de la négociation annuelle obligatoire (art. L. 2242-8 C. trav.) :
– les salaires effectifs. Ce qui suppose d'aller au-delà de la négociation de l'augmentation de la masse salariale, et de négocier aussi les salaires par catégories, la structure des salaires, etc. ;

– la durée effective et l'organisation du temps de travail. Ce qui inclut la mise en place du temps partiel, les heures supplémentaires, la réduction du temps de travail, le travail de nuit, l'astreinte, les compensations, etc.

■ 790 Il doit, de plus, négocier tous les ans sur la question de l'égalité entre hommes et femmes (art. L. 2242-5 et L. 2242-7 C. trav.), et sur la question des handicapés dans l'entreprise (art. L. 2242-13 C. trav.). Ces deux dernières obligations de négocier visent à tenter de résorber les graves discriminations qui demeurent à l'encontre des femmes et des handicapés. Il a toutefois été prévu que si l'employeur avait déjà conclu une convention sur ces thèmes, il pouvait ne plus les aborder que tous les trois ans.

La négociation annuelle est enfin l'occasion d'un « examen » par les parties de la question de l'emploi dans l'entreprise, question qui inclut la place des contrats précaires aidés, et l'évolution prévisible des emplois au cours des années à venir (L. 2242-9 C. trav.). Examiner n'est pas négocier. Mais c'est recueillir l'information et présenter des remarques. C'est donc faire le premier pas vers une possible négociation. La véritable négociation sur la gestion prévisionnelle de l'emploi et des compétences est pluriannuelle et réservée aux grandes entreprises (v. ci-dessous).

C. Les autres négociations obligatoires

■ 791 La procédure des autres négociations collectives obligatoires dans l'entreprise n'est pas précisée par les textes. Il semble cependant que le modèle de la négociation annuelle obligatoire leur soit applicable.

■ 792 Parmi ces différentes obligations de négocier, on en citera deux :

– tous les trois ans, dans les entreprises de plus de trois cents salariés ou dans les entreprises et groupes de dimension communautaire (sur lesquels v. n° 974), une négociation doit s'engager sur la gestion prévisionnelle des emplois et des compétences. Cette négociation est approfondie et détaillée par les articles L. 2242-15 et s. du Code du travail. Elle peut entretenir des liens complexes avec les négociations et consultations organisées autour des licenciements économiques (v. n° 558) ;

– une négociation obligatoire doit s'enclencher au lendemain de la dénonciation d'une convention collective (art. L. 2261-10 C. trav.).

D. Sanction des négociations obligatoires

■ 793 Le fait de ne pas lancer la négociation annuelle lorsqu'elle est obligatoire fait l'objet de sanctions pénales spécifiques, qui vont jusqu'à deux ans d'emprisonnement en cas de récidive (art. L. 2243-1 C. trav.). Il s'agit simplement d'une sanction de l'absence d'initiative. La déloyauté en cours de négociation ou la simple mauvaise exécution des obligations relatives au déroulement des négociations tombent sous le coup d'infractions pénales plus générales, relatives à la protection de la liberté syndicale dans l'entreprise (art. L. 2146-1 C. trav.), lesquelles font encourir les mêmes sanctions. Ces dernières infractions sanctionnent aussi les violations des autres obligations de négocier dans l'entreprise.

■ 794 La question la plus intéressante est celle des sanctions civiles de l'obligation de négocier. Lorsqu'une décision patronale a été prise sans négociation préalable, alors qu'une telle négociation était obligatoire, elle peut être suspendue par le juge des référés, jusqu'à ce que la négociation ait eu lieu (Soc. 28 novembre 2000, *UAP*, *Bull. civ.* V, n° 398). Cet effet suspensif n'est pas sans rappeler l'effet d'un défaut de consultation du comité d'entreprise lorsque cette consultation est impérative.

Au-delà, on peut se demander si une décision de l'employeur faite sans négociation préalable, alors que cette négociation était obligatoire, peut être considérée comme nulle. La question n'est pas tranchée.

Enfin, si l'employeur a violé son obligation de négocier, les salariés peuvent individuellement demander réparation du préjudice qu'ils ont subis : ce préjudice est la perte d'une chance d'obtenir des avantages nouveaux au cours de la négociation (Soc. 13 novembre 2008, n° 07-44874, inédit). Son évaluation est évidemment très dépendante des circonstances d'espèce et, sauf cas particulier (v. l'arrêt préc.), il risque fort d'être d'un montant relativement faible.

section 4

Négociation et conclusion de conventions de groupe

Longtemps la négociation collective a eu du mal à être menée au niveau des groupes de sociétés, particulièrement lorsque ceux-ci regroupent de très nombreuses sociétés. Le groupe n'étant pas une personne morale, il ne pouvait pas signer en tant que tel une convention collective. Pour s'appliquer à l'ensemble des sociétés du groupe, l'accord devait donc être négocié et signé en des termes identiques par les représentants de toutes les sociétés du groupe et par les syndicats représentatifs de chacune de ses sociétés, les conditions d'opposition et de majorité étant vérifiées pour chacune d'elles. La solution était difficilement praticable dans les grands groupes. 795

La loi du 4 mai 2004, pour résoudre ces difficultés, a donc créé une convention collective originale, entre la convention d'entreprise et la convention de branche : la convention de groupe (v. art. L. 2232-31 et s. C. trav.). Cette convention s'applique à l'ensemble d'un groupe aux conditions suivantes. 796

Elle doit avoir été signée par l'entreprise dominante et certains représentants des entreprises dominés. L'unanimité des sociétés du groupe n'est plus requise. 797

Les syndicats de salariés représentatifs au niveau du groupe, pour leur part, désignent des « coordinateurs syndicaux de groupe » chargés de négocier et de conclure la convention de groupe. 798

La validité de la convention de groupe est soumise aux mêmes conditions que celles relatives à la validité des conventions d'entreprise (L. 2232-34 C. trav.). De même, la représentativité au niveau du groupe doit être évaluée selon les règles applicables dans l'entreprise (art L. 2122-4 C. trav. et n° 683 et s.).

Les conventions négociées au sein du groupe sont considérées, quant à leurs effets et à leur force obligatoire, comme des conventions d'entreprise. Leur seule originalité 799 est de ne pas pouvoir déroger en principe aux conventions de branche (art. L. 2232-35 C. trav.) alors que les conventions d'entreprise normales le peuvent (v. n° 67-68).

section 5

Champ d'application

800 Le champ d'application d'une convention d'*entreprise* est simple à décrire : la convention s'applique à l'employeur signataire et à tous ses salariés, sauf stipulations contraires. La convention peut avoir été réservée à un établissement ou à une catégorie spéciale de salariés. Alors il suffit de suivre les stipulations pour déterminer le champ d'application.

Certaines conventions peuvent encore être signées dans le cadre d'une unité économique et sociale. Il faudra alors que les différentes sociétés de cette unité la signent. À moins que les différentes personnes morales qui forment l'unité économique et sociale ne soient un groupe (comme c'est le plus souvent le cas). En ce cas, il suffira que soient respectées les conditions de signature d'une convention de groupe. Dans tous ces cas, le champ d'application sera facilement déterminé.

Les conventions *de branche* définissent elles aussi librement leur champ d'application géographique et professionnel. Dans ce champ, elles s'appliquent aux seuls employeurs signataires et membres des organisations signataires (v. n° 716). À moins qu'elles ne soient étendues, auquel cas elles s'appliquent à tous les employeurs du champ considéré (v. n° 741 et s.).

801 Le seul problème est, finalement, de savoir si tel ou tel employeur entre dans le champ d'application géographique ou professionnel d'une convention de branche : une même entreprise peut en effet avoir plusieurs implantations ou plusieurs activités...

Les solutions de ces difficultés sont différenciées selon qu'il s'agit de rechercher l'implantation géographique (§ 1) ou l'activité de l'entreprise (§ 2).

§ 1 Situation géographique

802 L'implantation géographique importe lorsque la convention est une convention locale, départementale ou régionale. La question est alors de rattacher l'entreprise à un lieu.

La solution de cette difficulté est simple. L'implantation retenue est le lieu où travaillent le plus de salariés.

Si l'entreprise a plusieurs établissements distincts, chaque établissement devra appliquer la convention collective de son lieu d'implantation (Soc. 20 novembre 1991, *Bull. civ.* V, n° 516).

En revanche, un salarié qui travaille principalement dans un champ territorial ne pourra pas pour autant bénéficier de la convention de ce territoire, s'il est rattaché à un établissement situé hors de ce champ géographique (Soc. 25 octobre 1995, n° 92-40221).

L'utilisation du concept d'« établissement » permet de se référer à une notion connue (v. n° 1002 et s.), ce qui simplifie grandement la question. Une pointe d'interprétation fonctionnelle de la notion pourrait cependant conduire à une légère différenciation entre l'établissement au sens de la mise en place d'institutions représentatives et l'établissement au sens de la convention géographique applicable.

§ 2 Activité principale

La convention de branche applicable est celle de l'activité « principale » de l'entreprise (art. L. 2261-2 C. trav.). En pratique, les entreprises reçoivent de l'INSEE un code qui classe leur activité au sein des branches (code NAF, pour « Nomenclature des activités françaises », qui remplace depuis 1993 le code APE). Ce code est reproduit sur les fiches de paie. Une révision de cette classification, applicable depuis le 1er janvier 2008 (NAF rev. 2), a permis une mise en conformité avec la nomenclature des activités économiques dans la Communauté européenne (NACE) et un rapprochement avec les nomenclatures mondiales. 803

Ces codes NAF sont forts utiles : les conventions de branche fixent leur champ d'application en usant de ces mêmes numéros. Il faut toutefois faire attention : l'attribution du code par l'INSEE n'a aucune valeur juridique. C'est seulement en fonction de leur activité réelle que les entreprises sont rattachées aux branches (v. déjà Soc. 4 mars 1964, *Bull. civ.* IV, n° 202 ; Soc. 14 novembre 1973, *Bull. civ.* V, n° 566). Dès lors, avant de conclure à l'applicabilité ou à l'absence d'applicabilité d'une convention de branche, il faut vérifier que l'activité *réelle* principale de l'employeur est bien celle qui correspond au code NAF. En cas de réponse positive, le code attribué pourra bien avoir une influence sur l'applicabilité juridique des conventions collectives.

En effet, les conventions de branche se réfèrent habituellement au code NAF pour fixer leur domaine d'application professionnel. La branche définie par la convention collective est la branche au sens de l'INSEE. Les critères et méthodes de classement de celle-ci sont donc aussi les critères d'application de celles-là, par la volonté des parties à la convention, ce qui simplifie grandement les choses. Les méthodes de classement de l'INSEE peuvent être utilisées pour classer au sein des différentes branches les activités réelles des entreprises. 804

Une méthode assez complexe est utilisée par l'INSEE pour déterminer les activités « principales ». Les unités financières et non-marchandes sont traitées de manière spécifique. Pour les activités commerciales, le principe est que l'activité principale est celle qui produit le plus de chiffre d'affaires. Pour les activités de type industriel, l'activité principale est, en principe, celle qui a les effectifs les plus importants (pour une application de cette méthode, v. Soc. 23 avril 2003*, qui rejette une décision d'appel se fiant aux effectifs pour une entreprise de type industriel ; v. aussi, pour plus de détails, le *Guide d'utilisation des nomenclatures d'activités et produits*, disponible sur www.insee.fr).

Encore une fois, une certaine force juridique peut être attribuée à la méthode de classement. En revanche, le code attribué n'a lui aucune valeur juridique : pour toutes sortes de raisons (erreurs sur les données, incomplétudes, changement d'activité...), il peut fort bien ne pas correspondre à l'activité réelle. Et c'est celle-ci seulement qui fait qu'une entreprise peut entrer, ou non, dans le champ d'application professionnel d'une convention de branche.

805 Lorsqu'une entreprise est divisée en plusieurs « centres d'activités autonomes », ayant des activités principales distinctes, chacun de ces centres doit appliquer une convention de branche différente (Soc. 5 octobre 1999, *Bull. civ.* V, n° 369 ; Soc. 26 janvier 2000 n° 97-40550 ; Soc. 29 janvier 2003, n° 00-45732 ; Soc. 23 avril 2003*). L'utilisation de la terminologie spécifique « centre d'activité autonome » permet aux juges de ne pas être liés par la notion d'« établissement » lorsqu'il s'agit de vérifier le champ d'application d'une convention de branche. Il demeure que les concepts sont assez proches. Et qu'ils ne sont pas non plus très éloignés des « unités d'activités économiques » utilisées par l'INSEE pour donner des codes NAF spéciaux a des parties d'entreprise.

La jurisprudence sur l'implantation géographique se contente de viser l'établissement (v. n° 802), concept connu et donc, en un sens, plus simple.

Biblio

- G. Auzero, « La vie des conventions et accords collectifs de groupe », *RDT* 2006. 230-235.
- G. Borenfreund, « L'idée majoritaire dans la négociation collective », in *Mélanges M. Despax*, Dalloz, 2002, p. 429.
- M.-L. Morin, « Le dualisme de la négociation collective à l'épreuve des réformes : validité et loyauté de la négociation, application et interprétation de l'accord », *Dr. soc.* 2008. 24.
- P.-Y. Verkindt, « Une étrange équation : absence de *quorum* au premier tour des élections professionnelles = carence », *Dr. soc.* 2007. 453.

Pour une excellente présentation, rapide et efficace, des droits étrangers sur la représentativité des syndicats et la conclusion des conventions collectives, v. le dossier *Représentativité syndicale et négociation collective*, publié par la *RDT* de novembre 2006 à janvier 2007. Avec les contributions de :

- P. Lockiec, S. Robin-Olivier (introduction), J. Grodin (USA), Sheldon Leader (R.-U.) et L. Tebano (Italie), *RDT* 2006. 336 à 343 ;
- U. Wendeling-Schröder, P. Rémy (Allemagne) et G. Vallée (Canada), *RDT* 2006. 408-415 ;
- M. Rönnmar (Suède) ; T. Jaspers (Pays-Bas) et J. Lahera Forteza (Espagne), *RDT* 2007. 54-61.

Documents

1) Le droit à la négociation collective

Cons. const. 6 novembre 1996, n° 96-383 DC ; *Dr. ouvrier* 1996. 479, note G. Lyon-Caen ; *Dr. soc.* 1997. 25, note M.-L. Morin ; *Grands arrêts*, n° 157

« 8. Considérant qu'aux termes du sixième alinéa du Préambule de la Constitution du 27 octobre 1946 : "Tout homme peut défendre ses droits et ses intérêts par l'action syndicale..." ; qu'aux termes du huitième alinéa du même préambule : "Tout travailleur participe, par l'intermédiaire de ses délégués, à la détermination collective des conditions de travail ainsi qu'à la gestion des entreprises" ; que si ces dispositions confèrent aux organisations syndicales vocation naturelle à assurer, notamment par la voie de la négociation collective, la défense des droits et intérêts des travailleurs, elles n'attribuent pas pour autant à celles-ci un monopole de la représentation des salariés en matière de négociation collective ; que des salariés désignés par la voie de l'élection ou titulaires d'un mandat assurant leur représentativité, peuvent également participer à la détermination collective des conditions de travail dès lors que leur intervention n'a ni pour objet ni pour effet de faire obstacle à celle des organisations syndicales représentatives ».

CEDH 12 novembre 2008, *Demir et Bayraka c. Turquie*, req. n° 34503/97

« 154. En conséquence, la Cour estime, eu égard aux développements du droit du travail tant international que national et de la pratique des Etats contractants en la matière, que le droit de mener des négociations collectives avec l'employeur est, en principe, devenu l'un des éléments essentiels du « droit de fonder avec d'autres des syndicats et de s'affilier à des syndicats pour la défense de ses intérêts » énoncé à l'article 11 de la Convention ».

2) Loyauté des négociations

Soc. 10 octobre 2007, *SEB*, n° 06-42721, [P], *RDT* 2008. 188-189 note M. A. Souriac

« … Mais attendu que la nullité d'une convention ou d'un accord collectif est encourue lorsque toutes les organisations syndicales n'ont pas été convoquées à sa négociation, ou si l'existence de négociations séparées est établie, ou encore si elles n'ont pas été mises à même de discuter les termes du projet soumis à la signature en demandant le cas échéant la poursuite des négociations jusqu'à la procédure prévue pour celle-ci ;
D'où il suit que la cour d'appel qui, sans encourir le grief de dénaturation allégué à la quatrième branche du moyen, a souverainement constaté que lors de la réunion du 18 décembre 2000 au cours de laquelle avait été soumis à la discussion un projet d'accord, les organisations syndicales après avoir fait valoir leur position avaient refusé de signer un procès-verbal de désaccord, de sorte que la négociation était seulement interrompue, sans qu'aucune procédure de signature ne soit prévue, et que le texte signé ultérieurement par deux syndicats était différent de celui discuté lors de cette réunion, sans qu'il soit allégué que ce dernier ait été préalablement soumis à l'ensemble des organisations syndicales, en a exactement déduit que l'accord était nul… ».

3) Champ d'application géographique et professionnel

Soc. 23 avril 2003, *Panzani William Saurin*, n° 01-41196, *Bull. civ.* V, n° 140

« Attendu, ensuite, qu'appréciant souverainement les éléments qui étaient produits, l'arrêt attaqué, qui a constaté, pour déterminer l'activité principale de l'entreprise, que l'effectif affecté aux pâtes alimentaires était plus important que l'effectif affecté à la conserve, a légalement justifié sa décision ;
Attendu, encore, que la cour d'appel, qui a relevé que le personnel de direction et la force de vente de l'établissement de Saint-Marcel étaient rattachés au siège de la société Panzani William Saurin à Lyon, a pu décider que l'établissement de Saint-Marcel ne constituait pas un centre d'activité autonome ».

Quiz

Sujet corrigé : cas pratique

Énoncé

La SARL Pourmoi est une entreprise de vente à domicile de produits de beauté, qui compte cent cinquante salariés à temps plein. Son siège social est situé à Dijon, ainsi que ses entrepôts. Dix salariés travaillent dans les bureaux du siège social à des activités de secrétariat, six à l'entrepôt. Les autres sont vendeurs à domicile, sont répartis dans toute la France et viennent se fournir en produits de beauté tous les mois, à l'entrepôt.

Le chef d'entreprise ne sait quelle convention de branche il doit appliquer et à qui. Il hésite entre la convention des activités de stockage, celle du secrétariat et celle de la vente à domicile de la Côte-d'Or. Mais il vous informe que les soixante salariés qui travaillent à Paris désirent l'application de la convention de la vente à domicile de la région parisienne (laquelle est nettement plus avantageuse que la convention de la Côte-d'Or). Toutes ces conventions sont étendues.

Corrigé

L'activité qui détermine quelle est la convention applicable est celle de l'entreprise, ou celle d'un centre d'activité autonome, et non celle de chacun des salariés.

Il faut donc commencer par rechercher quels sont les centres d'activités autonomes. *A priori*, dans cette entreprise, il n'existe qu'un seul ensemble : les différents centres ne sont nullement autonomes. L'entreprise n'est pas en partie une entreprise de stockage ou une entreprise secrétariat. Il s'agit d'une entreprise de vente de produit de beauté. Et le stockage comme le secrétariat ne servent qu'au bon déroulement de cette activité. Il n'y a donc pas de centres d'activités autonomes.

Ensuite, il faut chercher quelle est l'activité principale. La question est ici facilement résolue. Il s'agit d'une entreprise commerciale et donc c'est le critère du chiffre d'affaires qui doit être pris en compte. Or, ici, le chiffre d'affaires vient exclusivement de la vente à domicile. Il s'agit donc de l'activité principale et même de l'activité unique. Les conventions du secrétariat et du stockage n'ont aucune vocation à s'appliquer.

Le choix d'appliquer ou non la convention collective de la région parisienne dépend d'abord de la question suivante : les salariés de la région parisienne forment-ils un établissement distinct ?

Les critères jurisprudentiels de l'établissement (v. n° 1002 et s.) sont clairement absents du cas pratique. Il est notamment nécessaire qu'un représentant de l'employeur soit présent et dirige les salariés au sein de l'établissement. Rien de tel en l'espèce.

Il serait possible de plaider que la notion d'« établissement » demeure une notion fonctionnelle, qu'elle doit s'adapter à la question posée. Qu'il s'agit ici d'appliquer une convention collective conçue pour des salariés amenés à assumer l'important coût de la vie à Paris. Et qu'elle doit donc bénéficier aux seuls salariés parisiens…

Mais alors, faudrait-il généraliser la solution et appliquer à chaque salarié de l'entreprise une convention départementale différente selon son lieu d'implantation ? et reconnaître ainsi autant d'établissements distincts qu'il y a de lieu de travail ? À moins de considérer qu'il n'y a que deux établissements, un à Paris pour les parisiens, et un à Dijon pour tous les provinciaux…

Aucune de ces solutions ne semble satisfaisante ni crédible. Les salariés parisiens ne forment pas un établissement. Il n'existe qu'un seul établissement dans toute l'entreprise.

Reste à savoir où il est principalement situé. L'implantation principale est celle où travaillent le plus de salariés. Les soixante parisiens sont plus nombreux que les seize Dijonnais. Mais tous les salariés passent à Dijon. Ce temps de passage mensuel est cependant trop court pour signifier un véritable lieu de travail. Et, si aucun autre lieu ne peut compter plus de salariés que l'antenne parisienne, tous les salariés de l'entreprise bénéficieront de la convention collective de la région parisienne.

chapitre 23

Modification et destruction des conventions collectives

Plan analytique

section 1

Révision

section 2

Dénonciation

§ 1 Exclusion des conventions à durée déterminée

§ 2 Auteurs de la dénonciation

§ 3 Formes de la dénonciation

§ 4 Effets de la dénonciation

A. Négociation obligatoire

B. Maintien en vigueur provisoire

C. Conservation des avantages individuels acquis

section 3

Sortie du champ d'application

23

Modification et destruction des conventions collectives

Les conventions collectives peuvent toujours être modifiées. On parle alors de révision (§ 1). Lorsqu'elles sont à durée indéterminée, elles peuvent aussi être dénoncées unilatéralement par certains de leurs signataires (§ 2). L'application d'une convention collective peut encore être affectée lorsqu'une entreprise sort de son champ d'application (§ 3). 806

section 1

Révision

Les contrats peuvent être modifiés du commun accord unanime des parties. Cette solution du droit des obligations a eu la faveur de la jurisprudence, qui a exigé l'unanimité des signataires pour qu'une convention collective soit modifiée (v. les arrêts *Basirico* : Soc. 9 mars 1989, *Bull. civ.* V, n° 200 et Ass. plén. 20 mars 1992, *Bull. Ass. plén.*, n° 3). 807

Cette solution est cependant apparue trop rigide au législateur : elle empêchait la destruction des acquis conventionnels par la voie de la révision, dès lors qu'une unique organisation syndicale s'y opposait. Aussi la loi du 31 décembre 1992 est-elle intervenue pour inverser le principe.

Après cette loi, il suffisait d'une seule signature pour que la convention soit révisée : un seul syndicat minoritaire pouvait ainsi détruire l'œuvre des autres syndicats de salariés. Ces derniers ne pouvaient s'opposer que s'ils avaient recueilli la majorité des voix des électeurs *inscrits* aux élections professionnelles. Ainsi, même avec 75 % des suffrages exprimés, un syndicat ne pouvait s'opposer à la destruction par révision des avantages d'une convention collective, pour peu que le taux d'abstention ait été moyen, soit de 40 %.

Les lois du 4 mai 2004 et du 20 août 2008 ont permis d'adopter un système imparfait, mais plus acceptable. Désormais, pour qu'une convention collective soit efficacement modifiée, il faut suivre les mêmes formes et conditions que celles exigées pour la conclusion d'une nouvelle convention collective (art. L. 2222-5 C. trav.). Les résultats électoraux nécessaires à la conclusion ou à l'opposition se comptent en pourcentage des *suffrages exprimés*. Et les règles de majorité d'adhésion et d'oppositions prévues par la loi du 20 août 2008 pour la conclusion des conventions collectives sont valables à l'identique pour les conventions de révision (pour une description plus précise de ces conditions, v. n° 777 et s.). 808

Comparativement aux règles habituelles de négociation et à la conclusion d'une convention collective, la procédure de révision comporte tout de même quelques originalités.

■ 809 Si l'on en croit un arrêt récent, l'unanimité semble demeurer la règle, non pour la signature, mais pour la décision d'engager des négociations. Un syndicat signataire semble donc pouvoir s'opposer seul à ce que des négociations de révision soient menées (Soc. 13 novembre 2008, n° 07-42481, *D.* 2009. Pan. 690 et s., obs. O. Leclerc) même si sa participation aux négociations pourra suffire à attester de son consentement à ses négociations. Cette jurisprudence demande cependant à être confirmée : il s'agissait en l'espèce d'une négociation dont l'objet était relatif aux élections, ce qui l'apparentait à un protocole préélectoral (sur ces accords spéciaux, v. n° 1052-1057). Elle n'en est pas moins le signe d'une résistance de la Cour de cassation à la suppression par le législateur de la règle de l'unanimité, laquelle était plus conforme au droit commun des obligations.

■ 810 Comme pour toute négociation, tous les syndicats représentatifs doivent être invités, qu'ils soient signataires de la convention ou non (Soc. 16 mars 2002, *Bull. civ.* V, n° 107 ; *Dr. soc.* 2002. 620, note M.-L. Morin). Mais seules les parties à une convention collective peuvent en signer la révision (art. L. 2261-7 C. trav. ; Soc. 8 avril 2008, n° 08-40256 et 08-41045, [P]). Il peut en résulter des difficultés quand à l'obtention de la majorité nécessaire à la validité de l'avenant de révision. Un syndicat non-signataire devra adhérer à la convention, s'il veut pouvoir signer sa révision.

Cette limitation des signataires possibles rend cependant nécessaire de distinguer convention collective nouvelle (qui peut être signée par tout syndicat représentatif) et simple avenant modificatif d'une convention collective (qui ne peut être signé que par les signataires de la convention modifiée). Cette distinction dépend de l'analyse de l'objet de la convention. Une convention collective de révision conclue sans la signature du ou des signataires de la convention modifiée est nulle (Soc., 8 avril 2009, n° 08-40256 et 08-41045, [P]).

■ 811 La révision d'une convention collective est d'application immédiate : les dispositions antérieures cessent immédiatement tout effet, même si elles étaient plus favorables aux salariés.

section 2

Dénonciation

■ 812 La dénonciation est une faculté ouverte exclusivement à l'encontre des conventions à durée indéterminée (§ 1). La question des auteurs aptes à dénoncer une convention collective est devenue difficile depuis que le législateur a modifié les conditions de conclusion d'une convention collective, en introduisant une dose de principe majoritaire, tout en laissant inchangés les textes relatifs à la dénonciation (§ 2). Les formes de la dénonciation sont calquées, à peu de chose prêt, sur celles de la conclusion des conventions collectives (§ 3). Les effets d'une dénonciation sont en principe retardés et progressifs (§ 4).

§ 1 Exclusion des conventions à durée déterminée

Jusqu'à l'expiration de leur terme, les conventions à durée déterminée ne peuvent pas être dénoncées. Lorsque ce terme survient, en principe, la convention demeure applicable. Elle se transforme simplement en convention à durée indéterminée (art. L. 2222-4 C. trav.). Elle peut alors, naturellement, être dénoncée. 813

Dès lors, la stipulation d'un terme dans une convention collective vaut, en principe, comme la stipulation d'une période de garantie contre la dénonciation. Ce qui explique pourquoi le législateur a limité la durée déterminée d'une convention collective à un maximum de cinq ans (art. L. 2222-4 al. 3 C. trav.). Une convention insusceptible d'être dénoncée pendant une durée supérieure apparaîtrait excessivement solide.

Un terme peut toutefois avoir pour effet d'éteindre immédiatement tous les effets d'une convention collective, mais c'est à la condition que cet effet extinctif ait été clairement et expressément stipulé. 814

§ 2 Auteurs de la dénonciation

La question des personnes qui peuvent signer efficacement une dénonciation est, actuellement, relativement difficile. 815

La question avait été oubliée par la réforme du 4 mai 2004. Il faut savoir gré au législateur d'y avoir pensé (*in extremis*) en 2008, même si la réforme réalisée est loin de résoudre toutes les très importantes difficultés qui entourent la question.

Le Code du travail distingue deux hypothèses : 816

– la dénonciation qui émane de la totalité des signataires employeurs ou de la totalité des signataires salariés (art. L. 2261-10 al. 1 C. trav.) ;

– la dénonciation qui émane d'une partie seulement des signataires employeurs ou salariés (art. L. 2261-10 al. 4, L. 2261-11 et L. 2261-12 C. trav.).

La première hypothèse est claire. Tous les signataires qui forment la partie patronale ou tous les signataires qui forment la partie salariale dénoncent. L'accord ne peut se maintenir sans partie patronale, ou sans partie salariale. La dénonciation est donc efficace et elle produit pleinement tous ses effets (sur lesquels v. n° 829 et s.). 817

Une autre hypothèse est, elle aussi, assez claire. Une dénonciation peut très bien n'affecter qu'une partie du champ d'application de la convention collective. Si tous les signataires qui permettent de fonder l'applicabilité d'une convention collective dans un champ donné dénoncent, la convention est affectée dans ce champ, mais dans ce champ seulement. La convention peut continuer à s'appliquer pleinement dans un autre champ. Ce qui se comprend mieux au travers d'exemples : 818

– soit une convention signée par deux employeurs. L'un dénonce, l'autre pas. La convention est efficacement dénoncée dans le champ de l'entreprise de l'employeur qui a dénoncé. Mais elle reste pleinement applicable dans l'entreprise de l'employeur qui n'a pas dénoncé ;

– soit encore une convention collective étendue de la boulangerie-pâtisserie signée par des organisations d'employeurs représentatives dans la boulangerie et par d'autres organisations d'employeurs représentatives dans la pâtisserie. Si toutes les organisations d'employeurs représentatives dans ce dernier champ dénoncent, la convention n'en demeurera pas moins pleinement applicable à ceux qui n'ont pas dénoncé : les boulangers. Elle ne sera dénoncée que pour les pâtissiers. Cette dernière solution découle au demeurant clairement de l'article L. 2261-11 du Code du travail.

■ 819 La principale difficulté porte sur une dénonciation réalisée par une partie des signataires représentatifs dans un champ, alors qu'une autre partie de ces signataires n'a pas dénoncé. La loi du 20 août 2008, sur amendement du Sénat, a introduit un nouveau texte appelé à régir, au moins en partie, cette situation : le nouvel alinéa 4 de l'article L. 2261-10 du Code du travail. Aux termes de ce texte : « Lorsqu'une des organisations syndicales de salariés signataires de la convention ou de l'accord perd la qualité d'organisation représentative dans le champ d'application de cette convention ou de cet accord, la dénonciation de ce texte n'emporte d'effets que si elle émane » des syndicats majoritaires.

Le texte est rédigé comme restrictif. En réalité, sous l'empire des textes anciens, toute la difficulté était de savoir si les syndicats majoritaires pouvaient, ou non, dénoncer efficacement la convention collective. Avec le texte nouveau, *au moins dans l'hypothèse visée*, il faut considérer la question comme résolue. La dénonciation par les syndicats majoritaires est efficace. Littéralement, cette solution n'est cependant affirmée que lorsque qu'un des syndicats signataires a cessé d'être représentatif dans le champ d'application de la convention.

■ 820 Si cette hypothèse est limitative — si les syndicats majoritaires ne peuvent pas dénoncer, sauf si un signataire a perdu sa représentativité — le droit positif apparaîtra vite inacceptable. Ce qui apparaît clairement avec un exemple.

Dans une entreprise, la question se pose de la mise en place du système des forfaits-jours, lequel est un mode de computation du temps de travail qui présente d'importants dangers (v. n° 338). Ce système suppose la signature d'une convention collective. L'employeur est favorable au système, mais les syndicats sont partagés. L'un, le syndicat A, l'accepte. L'autre, le syndicat B, le refuse. Le syndicat A est majoritaire, il conclut donc valablement une convention collective qui crée le forfait-jour, sans que le syndicat B puisse s'y opposer. Le temps passe, le résultat du nouveau mode de calcul du temps de travail s'avère en pratique infernal : les salariés travaillent en moyenne soixante heures par semaine sans percevoir d'heures supplémentaires. Le syndicat qui l'avait refusé fait campagne sur ce thème lors des nouvelles élections professionnelles.

Si l'on suit à la lettre le texte nouveau, pour pouvoir dénoncer l'accord, ce syndicat devra remporter les élections et devenir majoritaire, ce qui semble normal. Mais cela ne suffira pas. Pour que l'on soit dans l'hypothèse visée par le nouvel article L. 2261-10 alinéa 4, il faut encore qu'un syndicat cesse d'être représentatif dans le champ de l'accord. Il faudrait donc que le syndicat A passe en dessous de la barre des 10 %, seuil en deçà duquel un syndicat perd sa représentativité dans l'entreprise (v. n° 688). Pour pouvoir se placer dans le cadre du texte nouveau, le syndicat B doit donc recueillir plus de 90 % des suffrages exprimés. Il suffirait de passer les 50 % de suffrages exprimés pour détruire les avantages légaux. Mais il faudrait 90 % pour bénéficier à nouveau de ces avantages.

Cette solution inique est la plus conforme à la lettre du texte. Mais elle est peut-être assez éloignée de son esprit. 821

Lorsque le texte a été présenté (très brièvement) par le rapporteur de la commission des affaires sociales du Sénat, il l'a été comme un remède à la règle qui exigerait l'unanimité des signataires salariés pour qu'une dénonciation soit efficace. Règle qui lui a semblé (à juste titre !) poser problème dans le cadre de la loi nouvelle (v. débat Sénat, séance du 17 juillet 2008). La seule difficulté qui semble avoir été vue, et traitée, était celle d'une perte de représentativité. Et c'est pourquoi le texte se serait focalisé sur cette hypothèse, sans aucune visée limitative. 822

Il serait alors possible d'interpréter le texte par analogie. Une convention collective dérogatoire pourrait être dénoncée par les syndicats qui sont devenus majoritaires à la suite de nouvelles élections. Et ce, de manière tout à fait générale, et non pas seulement lorsque ces élections ont fait perdre à un syndicat signataire sa représentativité.

Cette solution pourrait apparaître comme compatible avec l'article L. 2261-11 du Code du travail, lequel déclare : « Lorsque la dénonciation est le fait d'une partie seulement des signataires employeurs ou des signataires salariés, elle ne fait pas obstacle au maintien en vigueur de la convention ou de l'accord entre les autres parties signataires ». 823

Ce texte signifierait alors que, malgré cette dénonciation, la convention *peut* rester en vigueur entre les signataires qui demeurent, lorsque la dénonciation n'est pas le fait des syndicats majoritaires.

Une interprétation *a contrario* de l'article L. 2261-10 alinéa 4 du Code du travail issu de la loi du 20 août 2008 n'en demeure pas moins possible. Le texte nouveau aurait alors un effet paradoxal. Les textes anciens, quoiqu'écrit en un temps où la négociation collective défavorable n'était qu'anecdotique, étaient assez flous et permettaient de nombreuses interprétations. Interprété *a contrario*, l'article L. 2261-10 alinéa 4 du Code du travail issu de la loi du 20 août 2008 interdirait l'efficacité des dénonciations majoritaires, sauf hypothèse de perte de représentativité. Il permettrait alors de rendre en pratique quasi indestructible les conventions collectives destructrices d'avantages sociaux. 824

Si la jurisprudence veut bien refuser cette lecture inique, la dénonciation par un ou plusieurs syndicats majoritaires, dans l'entreprise comme dans la branche devra être assimilée à la dénonciation opérée par la totalité des signataires. 825

Cette solution devra toutefois être réservée aux hypothèses dans lesquelles de nouvelles majorités sont apparues suite à de nouvelles élections professionnelles. Cette limite apparaît nécessaire pour que les délais d'opposition gardent un sens. 826

On notera que la destruction d'une convention par la dénonciation d'un syndicat majoritaire se verrait appliquer les règles qui limitent les effets des dénonciations. Après le changement de majorité, l'employeur aura donc 15 mois pendant lesquels les dérogations conventionnelles aux protections légales continueront à s'appliquer (v. n° 831). Et cette durée, juridiquement incontestable en l'état actuel des textes (quoique très discutable en opportunité), peut sembler plus que suffisante pour protéger les intérêts des employeurs. 827

§ 3 Formes de la dénonciation

■ 828 L'article L. 2261-9 du Code du travail prévoit que la dénonciation doit être notifiée par son auteur à tous les autres signataires. Il prévoit qu'en outre cette dénonciation doit être déposée, comme une convention collective l'est. Cette solution est logique : la dénonciation affecte l'acte, elle en menace l'applicabilité. Elle doit donc être déposée, faute de quoi les dépositaires et ceux qui les consultent pourraient croire de bonne foi que l'acte n'a pas été affecté.

§ 4 Effets de la dénonciation

■ 829 Les dénonciations partielles, qui ne visent que certains passages d'une convention, sont nulles (Soc. 21 novembre 1973, *Bull. civ.* V, n° 478). Il en va de même, logiquement, des dénonciations qui ne visent que certains avenants ou qui ne visent que des annexes d'une convention collective (Soc. 16 mars 1995, *Bull. civ.* V, n° 92 ; Soc. 12 octobre 2005, *Bull. civ.* V, n° 289).

Afin d'éviter les brusques disparitions de statut collectif, le législateur a tempéré les effets dans le temps d'une dénonciation. Pendant une première période, la convention reste totalement applicable (B). Ensuite, les avantages individuels acquis par les salariés sont conservés (C). De plus, une négociation doit suivre la dénonciation (A).

Certaines dénonciations sont opérées par des signataires dont l'absence n'affecte en rien l'applicabilité de la convention (v. ci-dessus, n° 815-827). Il ne sera question ici que des effets des dénonciations efficaces.

A. Négociation obligatoire

■ 830 Lorsqu'une dénonciation efficace a eu lieu, une négociation doit s'engager dans les trois mois qui suivent (art. L. 2261-10 C. trav.). Cette obligation de négocier s'impose aux employeurs comme aux syndicats. Mais elle est conditionnée par la demande de l'une des parties. Si personne ne réclame la négociation, elle pourra ne pas avoir lieu, sans que personne ne soit considéré comme fautif. À la différence de la négociation annuelle obligatoire, la carence de l'employeur n'est donc pas répréhensible tant qu'une demande de négociation ne lui est pas parvenue.

B. Maintien en vigueur provisoire

■ 831 La durée du préavis est, sauf stipulation expresse contraire, de trois mois (art. L. 2261-9 C. trav.). L'idée du texte est celle d'une possible stipulation d'un préavis plus long. Mais sa rédaction laisse à penser qu'un préavis plus court pourrait aussi être efficacement stipulé.

À l'échéance du préavis, la convention reste encore en vigueur pendant une durée minimale d'un an. Cette fois, le texte dispose clairement qu'une stipulation contraire ne peut qu'accroître cette durée (art. L. 2261-10 C. trav.).

Pendant ce maintien en vigueur provisoire d'une durée de principe de quinze mois, la convention collective conserve pleinement sa force obligatoire (v. Soc. 26 mai 1998, *Bull. civ.* V, n° 278 ; *Dr. soc.* 1998. 886, obs. G. Couturier ; *JCP E* 1999.

126, obs. F. Bousez) : des syndicats et des employeurs peuvent y adhérer, elle bénéficie impérativement aux salariés nouvellement embauchés, etc.

Ce maintien en vigueur a été conçu comme une protection contre la brusque disparition d'avantage conventionnel pour les salariés. Le texte étant resté inchangé, il s'applique quel que soit l'auteur de la dénonciation. Il s'applique donc y compris en cas de dénonciation unanime des salariés d'une convention nettement défavorable. Le texte n'avait pas été fait pour cela. Conçu comme une protection supplémentaire des salariés, il joue ici complètement à contresens.

Le maintien en vigueur cesse toutefois immédiatement si une convention est « substituée » à l'accord dénoncé (art. L. 2261-10 C. trav.). Il est précisé un peu plus loin qu'il s'agit de l'hypothèse dans laquelle la convention dénoncée est « remplacée » par un « nouvel accord » (art. L. 2261-13 C. trav.). Cela signifie qu'une nouvelle convention est nécessaire et que celle-ci doit « remplacer », c'est-à-dire prendre la place de l'ancienne. Cette « place » se définit comme un niveau de négociation (une convention d'entreprise ne peut remplacer une convention de branche), comme un champ d'application (Soc. 7 juin 2005, *Bull. civ.* V, n° 192), et comme un type de contenu (un accord sur le temps de travail ne peut remplacer une convention collective généraliste qui traite de toutes les questions) : le nouvel accord doit avoir le même objet que l'ancien (en ce sens, v. Soc. 30 novembre 1994, *Blineau*, *Bull. civ.* V, n° 319 ; *Dr. soc.* 1995. 178, note J. Savatier ; *Grands arrêts*, n° 171). 832

Il n'est bien entendu pas nécessaire que le nouvel accord soit aussi favorable que l'ancien. Pour traiter des mêmes matières que l'ancien accord, l'accord remplaçant peut se contenter de mentionner rapidement que, sur ces matières, seuls sont applicables les minima légaux.

En cas d'accord remplaçant adopté pendant la période de maintien en vigueur, la convention collective dénoncée cesse immédiatement tous ses effets. Il n'est pas question de maintien des avantages individuels acquis. La solution est logique : la convention remplaçante est une convention collective valable. Elle a donc été adoptée selon des règles qui sont aussi applicables pour la révision des conventions collectives. Ce qui peut immédiatement modifier une convention pleinement applicable peut aussi, logiquement, remplacer immédiatement une convention collective déjà dénoncée. 833

Si à l'échéance de la période de maintien en vigueur provisoire, la convention n'a toujours pas été remplacée, la convention cesse de s'appliquer, mais en partie seulement : les salariés conservent leurs « avantages individuels acquis ». 834

C. Conservation des avantages individuels acquis

Au terme de l'article L. 2261-13 du Code du travail, si le maintien en vigueur provisoire s'achève sans qu'aucun accord n'ait remplacé l'ancien, les salariés « conservent les avantages individuels qu'ils ont acquis ». 835

Toutes les dispositions de la convention collective ne sont donc pas maintenues, mais certaines d'entre elles.

Pour être conservée la disposition doit d'abord être un avantage. Ce qui signifie qu'elle doit être plus favorable que la solution qui s'imposerait en son absence (sur la notion de disposition « plus avantageuse », v. not. n° 69 et s.).

Il faut encore qu'elle soit individuelle (1) et acquise (2). Alors la conservation est ordonnée. Il restera à préciser la force juridique de ces avantages conservés et comment ils peuvent à leur tour disparaître (3).

1. Notion d'« individuel »

836 Cessent tout d'abord de s'appliquer les dispositions qui sont collectives. Il existe deux sortes de dispositions collectives :

– les dispositions collectives *par leur objet* : ce sont des dispositions qui ne peuvent pas, pour des raisons matérielles, bénéficier aux uns sans bénéficier aux autres. La qualité d'un échafaudage, une température de chauffage des locaux garantie, l'ordre des licenciements, un mode de répartition des pourboires (Soc. 12 février 1991, *Bull. civ.* V, n° 62), sont autant de dispositions qui ne peuvent être conservées par les uns sans être conservées par les autres et sont donc, pour cette raison, collectives. La Cour de cassation semble avoir cependant une vision assez large de cette impossibilité d'appliquer aux uns sans appliquer aux autres et elle considère facilement que ce qui relève des conditions de travail est collectif, même si l'individualisation semblait *a priori* possible (Soc. 1er juin 2005, *Bull. civ.* V, n° 187) ;

– les dispositions collectives *par leur finalité*. Ce sont des dispositions qui, comme les précédentes, ne peuvent être conservées par les uns sans bénéficier aux autres. Mais cette fois-ci ce n'est pas pour des raisons matérielles, mais pour des raisons qui tiennent à leur finalité : elles ont pour fin de bénéficier à l'entière collectivité de travail, sans distinction. Tel sera le cas d'un délégué du personnel supplémentaire, d'heures de délégation supplémentaires, de la mise en place d'un conseil disciplinaire, etc.

837 Réciproquement, les dispositions individuelles sont celles qui sont susceptibles d'utilisation privative, celles qui peuvent être conservées par les uns sans l'être par les autres, celles dont le salarié bénéfice « à titre personnel », selon les termes choisis par la Cour de cassation (Soc. 13 mars 2001* ; Soc. 23 mai 2006*). Seront ainsi individuels des droits à congés supplémentaires, une indemnité de licenciement avantageuse, un avantage en matière de salaire...

2. Notion d'« acquis »

838 Parmi les dispositions individuelles, toutes ne sont pas préservées. Seules le sont, d'après la jurisprudence, celles qui sont « acquises ». Le mot vient d'une revendication sociale (« il faut défendre les acquis »). Son sens juridique, dans le contexte de la dénonciation des conventions collectives, est moins évident.

839 Le sens le plus proche du sens commun reviendrait à se référer à la solidité de l'avantage, à sa capacité à résister aux atteintes qui peuvent lui être portées. L'acquis est ce que l'on ne perd pas (ou ce que l'on ne perd que plus difficilement). Le texte de l'article L. 2261-13 du Code du travail serait alors partiellement redondant. Il signifierait que, parmi les avantages individuels, « doivent être conservés les avantages qui doivent être conservés ». Le mot « acquis » serait alors vide de contenu normatif, mais conforme aux principes du droit transitoire, lesquels ordonnent, pour les avantages individuels susceptibles d'être intégrés aux contrats individuels, une survie de la règle ancienne régissant les contrats en cours. Cette compréhension large a été retenue par la Cour de cassation, lorsqu'il s'agissait d'évaluer la portée des clauses

conventionnelles de maintien des avantages acquis (v. not. Soc. 15 janvier 1964, *Bull. civ.* V, n° 45 ; Soc. 3 mars 1965, *Bull. civ.* V, n° 180 et n° 183 ; Soc. 13 novembre 1959, *Bull. civ.* IV, n° 1135 ; Soc. 28 mai 1959, *Bull. civ.* IV, n° 640). Puis elle a été abandonnée, pour ces mêmes clauses, depuis 1969 (Soc. 5 mars 1969, *Grisot*, *Bull. civ.* V, n° 155 ; *Dr. soc.* 1969. 508, obs. J. Savatier).

Selon la Cour de cassation, il est depuis nécessaire de distinguer, parmi les avantages individuels, certains avantages qui sont « acquis » et d'autres qui ne le sont pas. La difficulté a été de trouver un critère pour classer ces avantages. 840

La Cour de cassation a un temps utilisé le critère suivant : sont acquis les avantages dont le salarié a bénéficié antérieurement (Soc. 5 mars 1969, *Grisot*, préc.). La solution avait des conséquences absurdes. Il aurait fallu, par exemple, conserver les avantages en matière de maladie à ceux qui ont été malades avant la fin du maintien en vigueur de la convention collective. Et les refuser à ceux qui, parce qu'ils étaient en bonne santé, n'avaient pas eu le temps d'en bénéficier. Aussi la solution a-t-elle été abandonnée (Soc. 19 juin 1987, *Bull. civ.* V, n° 402). Puis utilisée à nouveau (Soc. 1er décembre 1993, *Bull. civ.* V, n° 296 ; *D.* 1994. Jur. 334, note E. Dockès). Puis abandonnée une seconde fois (Soc. 13 mars 2001*). Cette valse-hésitation en dit long sur la difficulté d'une recherche de critère. 841

Un autre critère a été utilisé par la Cour de cassation. Plus flou, il a l'avantage de laisser un peu de marge d'appréciation aux juges, au cas par cas. Il oppose les droits « ouverts », qui sont acquis, aux droits qui sont simplement « éventuels », et qui ne le sont pas (v. Soc. 19 juin 1987, préc. ; Soc. 27 février 1991, *Bull. civ.* V, n° 103 ; Soc. 13 mars 2001* ; Soc. 28 avril 2006, *Bull. civ.* V, n° 155 ; Soc. 23 mai 2006*). Reste à savoir ce que sont les droits « ouverts » et les droits « éventuels ». Ce qui n'est pas simple à interpréter. 842

La jurisprudence exclut systématiquement les droits relatifs au licenciement ou plus généralement à la rupture du contrat de travail (v. not. Soc. 11 décembre 1986, *Bull. civ.* V, n° 596 ; Soc. 19 juin 1987, *Bull. civ.* V, n° 402 ; Soc. 23 juin 1999, *Bull. civ.* V, n° 297, *Dr. soc.* 1999. 973, obs. B. Gauriau). Elles considère en outre que ne sont pas acquis les droits relatifs au maintien du salaire en cas de congé maladie (Soc. 18 mars 2009, n° 07-43324). À l'inverse, elle a qualifié d'« acquis » les primes et autres éléments de salaire (Soc. 6 novembre 1991, préc. ; Soc. 1er décembre 1993, préc. ; Soc. 13 mars 2001* ; Soc. 28 avril 2006, préc.), y compris la structure de la rémunération (Soc. 1er juillet 2008, n° 06-44437, [P], *RDT* 2008. 753, obs. C. Nicod) ainsi que des droits à congés supplémentaires lorsque les jours fériés tombent un jour de repos (Soc. 23 mai 2006*). Mais les méthodes stipulées pour la réévaluation des salaires à l'avenir ne sont pas acquises (Soc. 26 janvier 2005, *Bull. civ.* V, n° 32).

On peut tenter de tirer un critère de tout cela. Il semble, en tendance, que sont maintenus comme « acquis » les droits cycliques ou continus, lesquels sont les droits dont le salarié est normalement appelé à bénéficier régulièrement. Semblent en revanche exclus du maintien les droits qui n'interviennent qu'une fois (comme ceux liés au licenciement), ceux qui n'interviennent qu'accidentellement (comme ceux liés à la maladie), et plus généralement ceux qui sont simplement ponctuels (comme ceux liés à la maternité, ou l'application d'une future augmentation des salaires). 843

3. Force obligatoire des avantages conservés

844 L'avantage individuel acquis maintenu s'incorpore au contrat individuel de travail (Soc. 6 novembre 1991, *Berland*, *Bull. civ.* V, n° 479 ; *D.* 1992. Somm. 295, obs. M.-A. Rotschild-Souriac ; *Dr. soc.* 1992. 81 ; Soc. 13 mars 2001* ; Soc. 28 avril 2006, *Bull. civ.* V, n° 155, Soc. 1er juillet 2008, n° 06-44437, [P], *RDT* 2008. 753, obs. C. Nicod).

La disposition conventionnelle maintenue au titre des avantages individuels acquis devient l'équivalent d'une clause de chaque contrat individuel de travail en cours à la fin du maintien en vigueur provisoire.

845 Pour détruire de tels avantages, l'employeur devra donc suivre la procédure de modification des contrats individuels de travail (v. n° 82 et s.). Il semble qu'alors la survenance d'un accord de substitution n'aura plus d'effet destructeur, une convention collective n'ayant pas la possibilité de détruire des dispositions plus avantageuses incluses au sein des contrats individuels de travail (v. n° 76).

section 3

Sortie du champ d'application

846 Lorsqu'une entreprise sort du champ d'application d'une convention collective, l'applicabilité de cette convention est affectée. Il existe diverses situations de ce type. Une entreprise peut sortir du champ d'application professionnel d'une convention de branche parce qu'elle change d'activité, ou bien sortir de son champ territorial, parce qu'elle déménage. De telles sorties peuvent encore avoir lieu en cas de changement d'employeur. Ainsi l'applicabilité d'une convention d'entreprise sera affectée à chaque fois que le nouvel employeur ne signe pas la convention d'entreprise que l'ancien employeur avait, lui, signée. Ou bien encore l'ancien employeur était membre d'une organisation signataire d'une convention de branche non étendue, alors que le nouvel employeur ne l'est pas, etc.

Toutes ces hypothèses sont qualifiées de « mise en cause » par l'article L. 2261-14 du Code du travail. Et ce texte prévoit alors des solutions analogues à celles retenues en cas de dénonciation. La convention anciennement applicable reste donc en principe en vigueur pendant une période de trois mois (préavis), puis d'un an. Si aucun accord n'est venu la remplacer d'ici là, les salariés conservent les avantages individuels qu'ils ont acquis (sur ces différentes règles, v. ci-dessus).

La situation concrète est toutefois un peu différente de celle d'une dénonciation, ce qui pourrait influer sur la notion d'accord « substitué ».

847 Il se peut en effet que la sortie d'un champ d'application soit aussi l'occasion d'entrer dans le champ d'application d'une nouvelle convention collective. Ainsi, en cas de fusion, il se peut que, chez le nouvel employeur, il existe une convention d'entreprise applicable. Il se peut aussi qu'en changeant d'activité l'employeur entre dans le champ d'application d'une autre convention de branche.

Une première chose est claire : lorsque des salariés entrent dans le champ d'application d'une convention collective, celle-ci s'applique à eux. Ils bénéficient donc bien alors d'une convention nouvellement applicable. Et celle-ci peut être de même niveau que la convention qu'ils viennent de quitter. La question est alors simple : la convention nouvellement applicable remplace-t-elle la convention mise en cause ?

À cette question, la Cour de cassation a répondu, avec fermeté, par la négative. La convention nouvellement applicable ne remplace pas l'ancienne. La convention collective qui peut se substituer à la convention mise en cause ne peut être que la convention issue de la négociation collective obligatoire qui suit la mise en cause ; celle qui a été conclue, aux termes de l'article L. 2261-14, « soit pour l'adaptation aux dispositions conventionnelles nouvellement applicables, soit pour l'élaboration de nouvelles stipulations ». Il ne peut donc s'agir que d'une convention collective nouvelle, postérieure à la mise en cause. Et non de la convention collective ancienne, nouvellement applicable (Soc. 14 mai 1992, *Sté Vaulx Distribution** ; Soc. 1er décembre 1993, *Bull. civ.* V, n° 296 ; *D.* 1994. Jur. 334, note E. Dockès ; Soc. 13 novembre 2007, n° 06-42090, *RDT* 2008. 38, obs. P. Waquet). La convention d'origine devra donc s'appliquer en plus de celle-ci pendant le temps du maintien en vigueur provisoire, sauf conclusion d'un nouvel accord d'adaptation. Et les règles qui permettent de combiner deux conventions collectives de même niveau, en appliquant les clauses les plus favorables de chaque convention, seront applicables (sur ces règles, v. n° 70-73). 848

On peut toutefois considérer que, pour des raisons pratiques, l'accord substitué peut être un accord de niveau inférieur à l'accord affecté. En cas de changement d'activité faisant passer d'une convention de branche à une autre, la négociation obligatoire d'adaptation de l'article L. 2261-14 du Code du travail n'a de sens que dans l'entreprise. Et si cette négociation aboutit à une convention d'adaptation, celle-ci doit pouvoir se « substituer » à la convention de branche antérieurement applicable, quoiqu'elle soit d'un autre niveau. Une petite nuance sépare alors la notion d'« accord substitué » en cas de dénonciation et en cas de sortie du champ d'application. 849

Biblio

E. Dockès, « L'avantage individuel acquis », *Dr. soc.* 1993. 826.
Y. Aubrée, « Le concept légal d'avantage individuel acquis », *RJS* 2000. 699.
M.-L. Morin, « La révision des conventions et accords collectifs après la loi du 5 mai 2005 », *RJS* 2005. 87.
G. Auzero, « La vie des conventions et accords collectifs de groupe », *RDT* 2006. 230-235.
Controverse entre H.-J. Legrand et M.-L. Morin, « La mise en cause d'une convention ou d'un accord collectif… en question », *RDT* 2008. 10-15.

Documents

1) Les avantages individuels acquis

Soc. 13 mars 2001, *Le Peuc'h, Bull. civ.* V, n° 90 ; *Dr. ouvrier* 2001. 261, note E. Dockès, *Dr. soc.* 2001. 571, obs. C. Radé ; *SSL* n° 1021 du 26 mars 2001, avis P. Lyon-Caen ; *Grands arrêts*, n° 172

« Mais attendu qu'un avantage individuel acquis au sens de l'article L. 132-8 du Code du travail est celui qui, au jour de la dénonciation de la convention ou de l'accord collectif, procurait au salarié une rémunération ou un droit dont il bénéficiait à titre personnel et qui correspondait à un droit déjà ouvert et non simplement éventuel ;
Et attendu que l'article 16 dénoncé de la convention collective, sous le titre "durée du travail", accordait dans son paragraphe 16.4.2 une rémunération supplémentaire égale à une demi-heure de travail à la salariée qui, au cours d'une même journée, était amenée à changer de famille ;
D'où il suit que la cour d'appel a exactement décidé que cet avantage salarial, qui profitait individuellement à chacune des salariées demanderesses à l'action, s'était incorporé à leur contrat de travail au jour où les dispositions de la convention collective avaient cessé de produit effet et devait être maintenu pour l'avenir ».

Soc. 23 mai 2006, *Bull. civ.* V, n° 183

« Mais attendu qu'après avoir rappelé à bon droit qu'un avantage individuel acquis au sens de l'article L. 132-8 du Code du travail est celui qui, au jour de la dénonciation de la convention ou de l'accord collectif, procurait au salarié une rémunération ou un droit dont il bénéficiait à titre personnel et qui correspond à un droit déjà ouvert et non simplement éventuel, le conseil de prud'hommes a exactement décidé que le jour supplémentaire de congé accordé par l'article 53 de la convention collective dénoncée aux employés dont le repos hebdomadaire coïncidait avec un jour férié dont les salariées (demanderesses) avaient déjà bénéficié à titre personnel, avait la nature d'un avantage individuel acquis au sens de l'article L. 132-8 du Code du travail ».

2) L'accord substitué

Soc. 14 mai 1992, *Sté Vaulx Distribution*, *Bull. civ.* V, n° 310 ; *D.* 1993. 67, note N. Decoopman ; *Grands arrêts*, n° 170

« Mais attendu, qu'en vertu des dispositions combinées des troisième et septième alinéas de l'article L. 132-8 du Code du travail, lorsque l'application d'une convention ou d'un accord collectif est mise en cause dans une entreprise déterminée en raison notamment d'une fusion, d'une cession, d'une scission ou d'un changement d'activité, ladite convention ou ledit accord continue de produire effet jusqu'à l'entrée en vigueur de la convention ou de l'accord qui lui est substitué ou à défaut pendant une durée d'un an à compter de l'expiration du délai de préavis, sauf clause prévoyant une durée déterminée supérieure ; que la convention ou l'accord substitué visé par ce texte est celui résultant de la négociation qui doit s'engager dans l'entreprise, soit pour l'adaptation des dispositions conventionnelles antérieures à celles nouvellement applicables, soit pour l'élaboration de nouvelles dispositions selon le cas ».

Quiz

Sujet corrigé : cas pratique

Énoncé

La SARL Pourmoi, décrite au cas pratique du chapitre précédent, est toujours une entreprise de vente à domicile de produit de beauté, qui compte cent cinquante salariés à temps plein. Trois délégués syndicaux ont été désignés dans cette entreprise. Ils représentent respectivement la CGT, la CGT-FO et la CFDT. Aux élections du comité d'entreprise de mars 2009, au premier tour, la CGT et la CFDT ont obtenu chacune 46 % des suffrages exprimés, la CGT-FO recueillant les 8 % restants.

Les trois délégués ont conclu avec le chef d'entreprise, le 10 décembre 2008, une convention collective (ci-dessous reproduite).

À la suite des plaintes reçues sur la longueur de certaines journées de travail, les délégués CGT et CFDT décident de dénoncer la convention : l'acte de dénonciation est dûment déposé et notifié aux autres signataires le 1er juin 2009.

Quels sont les effets de cette dénonciation ?

Convention collective de la SARL Pourmoi :

« Article 1 : Au 20 janvier de chaque année, une somme de 50 000 euros sera répartie également entre les dix salariés qui auront réalisé le plus gros chiffre d'affaires dans l'année précédente.

Article 2 : Sauf faute grave, l'indemnité de licenciement a pour montant le produit du nombre d'années d'ancienneté par le quart du salaire mensuel.

Article 3 : La durée maximale de travail quotidien est de 12 heures par jour, par application de l'article D. 3121-19 du Code du travail.

Fait à Dijon, le 10 décembre 2008,

(les signatures requises suivent). »

Corrigé

Les faits sont postérieurs à la loi du 20 août 2008. On suppose que la convention du 10 décembre 2008 a été conclue de manière valide.

Il faut d'abord se demander si la dénonciation est efficace.

En l'occurrence un syndicat, la CGT-FO a perdu sa représentativité. Nous sommes dans le champ d'application de l'alinéa 4 de l'article L. 2261-10 du Code du travail. Aux termes de ce texte : « Lorsqu'une des organisations syndicales de salariés signataires de la convention ou de l'accord perd la qualité d'organisation représentative dans le champ d'application de cette convention ou de cet accord, la dénonciation de ce texte n'emporte d'effets que si elle émane » des syndicats majoritaires.

Il faut donc regarder si les auteurs de la dénonciation sont bien majoritaires. Les résultats à prendre en compte sont ceux du premier tour des élections (v. n° 688). En l'espèce, les syndicats qui dénoncent sont bien majoritaires. Si FO avait réussit à faire plus de 10 %, la dénonciation aurait peut-être été impossible, même avec l'accord des deux syndicats majoritaires.

En l'espèce, la dénonciation est efficace, il reste à appliquer les dispositions de l'article L. 2261-10 du Code du travail.

On compte quinze mois : pendant tout ce temps, la convention s'applique normalement, sauf nouvel accord venant se substituer à l'ancien.

À l'issue de ces quinze mois, au 1er septembre 2010, seuls demeurent les avantages individuels acquis.

L'article 2 est un avantage relatif au licenciement, il n'est donc pas « ouvert » selon la jurisprudence. Ce n'est pas un acquis (on pourra en profiter pour dire un mot de la question du critère de l'acquis, ou pour critiquer ce critère). On n'omettra pas de dire que la solution est clairement affirmée par la jurisprudence, s'agissant d'un avantage relatif au licenciement.

Sur l'article 3 : la dérogation au principe légal, autorisée par l'article D. 3121-19 du Code du travail, n'est pas un « avantage ». Elle cesse donc de produire ses effets. Le droit commun de l'article L. 3121-34 du Code du travail, qui prévoit dix heures de travail maximales (v. n° 315) redevient applicable.

La question que pose l'article 1er est celle du caractère individuel ou collectif : un système de répartition n'est collectif que s'il ne peut bénéficier aux uns sans bénéficier aux autres. Ici le mode de calcul est simple et peut s'appliquer à certains seulement, sans s'appliquer aux autres : qui finit dans les dix premiers vendeurs a droit à une prime de 5 000 euros. Malgré la forme choisie pour exprimer la prime, il n'y a là rien de collectif.

De plus, il s'agit d'une prime, d'un élément du salaire et donc d'un acquis. La prime de l'article 1er est donc incorporée au sein des contrats individuels de travail.

titre 9

Les institutions représentatives

Les différentes institutions représentatives sont apparues progressivement, avec dans l'ordre : les délégués du personnel en 1936, le comité d'entreprise en 1945, la section syndicale et les délégués syndicaux en 1968, le comité d'hygiène de sécurité et des conditions de travail (CHSCT) en 1982, le comité d'entreprise européen en 1994 et le comité d'entreprise de la société européenne en 2005. Au final, un tel nombre d'institutions représentatives dépasse l'utile séparation des tâches et peut conduire à une véritable division des forces. 850

Il est deux types d'institutions représentatives. Les unes représentent le personnel : c'est notamment le cas du comité d'entreprise et des délégués du personnel. Les autres représentent le syndicat : c'est principalement le cas du délégué syndical. 851

La distinction reste forte. Les représentants du personnel sont en principe élus. Les représentants du syndicat sont désignés par le syndicat. Les syndicats sont soutenus par la liberté syndicale (v. al. 6 du préambule de la Constitution de 1946 et n° 665-666) et les élus, par le droit à la participation, (v. al. 8 du préambule de la Constitution de 1946). Les légitimités sont distinctes ; les fonctions sont distinctes. Mais distinguer n'est pas opposer. Et le droit ne cesse de jeter de nouvelles passerelles de l'une à l'autre de ces représentations complémentaires.

Les syndicats désignent les candidats au premier tour des élections des représentants du personnel. Ils désignent des représentants au comité d'entreprise. Ils désignent aussi les membres du comité de groupe, les membres des comités européens... La négociation collective, qui leur appartient, est de plus en plus imbriquée avec les activités de consultation du comité d'entreprise. Enfin, les uns et les autres ont une fonction de représentation finalement assez proche. Représenter le syndicat, c'est exercer ses fonctions, c'est donc représenter les intérêts des salariés. Lorsque le comité d'entreprise représente les salariés, le lien est peut-être plus direct, mais il s'agit d'une représentation de type politique, il s'agit encore de représenter les intérêts des salariés. 852

Mieux, ces liens entre représentants ne cessent de se renforcer. La directive du 11 mars 2002 (2002/14/CE) sur l'information et la consultation des travailleurs prévoit que « la consultation s'effectue... en vue d'aboutir à un accord » (v. art. 4-4 e ; v. aussi la directive du 12 mars 2001, 2001/23/CE, sur les transferts d'entreprise, art. 7.2). De ce texte, il résulte qu'*en droit communautaire, la consultation est une négociation*. 853

854 En droit français, on s'efforce encore de bien distinguer la consultation (attribution du comité d'entreprise) de la négociation (attribution des délégués syndicaux). Mais déjà, on *négocie* de plus en plus la procédure des licenciements économiques et les plans sociaux, lesquels sont d'importantes attributions *consultatives* des comités d'entreprise. Et ces derniers sont *consultés* sur le temps et la durée du travail, objet central de la *négociation* obligatoire dans les entreprises. Enfin, la négociation collective, attribuée aux syndicats, est reconnue comme un droit de valeur constitutionnelle, au nom de la liberté syndicale, mais aussi au nom du droit à la participation des salariés à la gestion, droit qui soutient habituellement le comité d'entreprise (Cons. const. 6 novembre 1996*, v. document, chapitre 22).

Les procédures de négociation et de consultation restent distinctes en ce que leurs acteurs sont distincts. Mais certaines procédures nécessitent négociation et consultation. Interviennent alors successivement des élus, puis des délégués syndicaux, puis des élus, puis des délégués syndicaux... De plus, les représentants des syndicats sont présents lors de la consultation du comité d'entreprise et, souvent, des élus du comité d'entreprise complètent la délégation de négociation composée par le délégué syndical. Les procédures sont alors à ce point imbriquées qu'elles tendent à se fondre, pour devenir des « consultations-négociations », ou plutôt des « consultations en vue d'aboutir à un accord », pour reprendre les termes européens.

855 Le flou s'aggrave encore lorsque l'on sait qu'en pratique le cumul des mandats est fréquent : le délégué syndical est généralement aussi un élu. Et constamment, en pratique, les fonctions juridiques des uns et des autres sont dépassées, ignorées...

856 Pour toutes ces raisons, il est souvent difficile de traiter d'une institution représentative sans se référer aux autres. Et il n'est pas souhaitable d'exagérer dans un plan de manuel une séparation qui s'estompe en droit et en fait. Ce titre a donc été intitulé « Institutions représentatives ». Il y sera question des institutions représentatives du personnel, mais aussi de celles qui représentent les syndicats. Deux chapitres seront communs à ces différentes représentations.

Élus et désignés bénéficient des mêmes protections et exercent leurs fonctions en bénéficiant de la même technique : celle des heures de délégation (chapitre 27). Le rôle des syndicats est central au cours des élections. Il existe certains modes de désignation qui mélangent élection et désignation syndicale. L'unité dans laquelle un délégué syndical est désigné est en principe la même que l'unité dans laquelle les élections sont organisées... Désignation par le syndicat et désignation par l'élection ont été réunies dans un même chapitre (chapitre 26).

Mais avant d'aborder ces chapitres communs, il faut commencer par bien comprendre les institutions représentatives en elles-mêmes. La représentation des syndicats dans l'entreprise a été traitée dans la partie relative aux syndicats (n° 697-702). Restent à aborder pour elles-mêmes les institutions représentatives du personnel, en commençant par la plus importante d'entre elles : le comité d'entreprise (chapitre 24). Les autres représentants du personnel suivront (chapitre 25).

chapitre 24

Le comité d'entreprise

Plan analytique

section 1

Composition et fonctionnement

§ 1 Composition et droits de vote

§ 2 Organisation

section 2

Attributions économiques

§ 1 Teneur

A. Domaine de l'information-consultation

B. Les informations dues

C. La procédure de consultation

§ 2 Moyens

§ 3 Sanctions

section 3

Activités sociales et culturelles

§ 1 Étendue

A. Exclusion des régimes de protection complémentaires obligatoires

B. Exclusion du salaire

C. Les autres obligations de l'employeur

D. Activités économiques et activités syndicales

§ 2 Moyens

A. Les deux seuils légaux

B. Le seuil réglementaire

24

Le comité d'entreprise

Le comité d'entreprise est informé et consulté sur l'ensemble des décisions de gestion de l'entreprise, dès lors qu'elles revêtent une certaine importance (section 2). Il a en outre la gestion exclusive des activités sociales et culturelles (section 3). Ces importantes attributions seront étudiées après avoir dit quelques mots de la composition et du fonctionnement du comité d'entreprise (section 1). 857

section 1

Composition et fonctionnement

Les réunions du comité d'entreprise peuvent rassembler un nombre relativement important de personnes, mais certains ont voix « consultative », ce qui signifie qu'ils peuvent s'exprimer, mais qu'ils ne votent pas lorsqu'il s'agit de prendre une décision (§ 1). Le fonctionnement du comité est, en outre, soumis à quelques règles d'organisation (§ 2). 858

§ 1 Composition et droits de vote

Le comité d'entreprise est composé : 859

– du chef d'entreprise, éventuellement assisté de deux collaborateurs (art. L. 2325-1 C. trav.) ;

– d'une délégation élue, comprenant autant de titulaires que de suppléants (art. L. 2324-1 C. trav.) ;

– de représentants des syndicats (chaque syndicat représentatif peut désigner un représentant : art. L. 2324-2 C. trav.).

Les représentants élus sont les membres à part entière du comité. Ils votent quel que soit le sujet. Les suppléants peuvent assister aux séances, mais ils ne votent pas (art. L. 2324-1 al. 2 C. trav.).

Les représentants des syndicats ne votent pas (art. L. 2324-2 C. trav.). Les deux collaborateurs du chef d'entreprise ne votent pas non plus (art. L. 2325-1 C. trav.).

Quand au chef d'entreprise, il vote ou il ne vote pas : tout dépend du type de décision qu'il s'agit de prendre. 860

L'article L. 2325-18 al. 2 du Code du travail (L. 434-3 anc. C. trav.) dit qu'il ne participe pas au vote lorsqu'il « consulte les membres élus du comité en tant que délégation du personnel ». De par ce texte, il apparaît clairement qu'il ne vote pas lorsque le comité est consulté dans le cadre de ses attributions économiques. Son droit de vote est encore exclu dans les matières annexes ou connexes à cette consultation. Par exemple, l'employeur ne vote pas pour l'affectation du budget de fonctionnement.

■ 861 Dans les autres matières, la question est plus difficile.

La jurisprudence lui accorde le droit de voter sur les questions relatives à l'organisation du comité (Soc. 10 juillet 1991, *Bull. civ.* V, n° 335). Et notamment lors de l'élection du secrétaire (Soc. 22 novembre 1988, *Dr. soc.* 1989. 206, obs. J. Savatier ; Soc. 10 juillet 1991, *Bull. civ.* V, n° 355 ; Soc. 21 novembre 2000, *Dr. soc.* 2001. 29, concl. P. Lyon-Caen, obs. M. Cohen ; Soc. 5 janvier 2005, n° 02-19080). Il participe aussi au vote qui permet de désigner le trésorier (v. not. Soc. 5 janvier 2005, préc.).

Ces solutions sont contestables. Le vote de l'employeur est loin d'être quantité négligeable, surtout dans les entreprises de taille moyenne, où les élus sont peu nombreux. Or, le secrétaire du comité d'entreprise est le véritable patron du comité, le chef de la délégation du personnel (v. n° 865). Permettre ainsi au chef d'entreprise d'arbitrer entre les syndicats et de participer aux choix du plus important des représentants *du personnel*, apparaît étrange ou anachronique.

■ 862 En revanche, le droit de vote lui est refusé par la chambre sociale, pour la gestion des activités sociales et culturelles (Soc. 25 janvier 1995, *Dr. soc.* 1995. 263, obs. J. Savatier ; *contra*, v. Crim. 4 novembre 1988, *Dr. soc.* 1989. 212, obs. J. Savatier).

■ 863 Ainsi, dans le comité d'une entreprise de soixante salariés qui compte trois délégués syndicaux de trois syndicats représentatifs, la réunion réunira le chef d'entreprise assisté de deux salariés, trois élus, leurs trois suppléants et trois représentants des syndicats (ici les délégués syndicaux). Soit un total de douze personnes, dont trois seulement votent lors des consultations ou de la gestion des activités sociales et culturelles, mais dont quatre votent lors de l'élection du secrétaire et du trésorier (les mêmes plus le chef d'entreprise).

Il n'est pas inutile alors de savoir, qu'en cas de partage des voix le candidat le plus âgé est élu (Soc. 7 octobre 1982, *Bull. civ.* V, n° 535 ; *Dr. soc.* 1983. 395, note J. Savatier). Ainsi, dans l'exemple, par la voix du chef d'entreprise, le syndicat qui a obtenu les deux tiers des voix et deux sièges sur trois, pourra être privé du poste de secrétaire au profit du syndicat minoritaire, mais dont l'élu était le plus âgé.

§ 2 Organisation

■ 864 La première réunion du comité d'entreprise qui suit les élections est consacrée à la désignation du bureau. Celui-ci comprend au minimum le président, c'est-à-dire le chef d'entreprise et le secrétaire. Il est souvent aussi désigné un trésorier.

■ 865 Le secrétaire est le véritable patron du comité. Élu parmi les représentants élus du comité, il est généralement la tête de la liste qui a obtenu les meilleurs résultats aux élections. Le rôle qui lui est accordé est central. C'est notamment lui qui est chargé de la rédaction des procès-verbaux du comité (art. R. 2325-3 C. trav.) et de la fixation de l'ordre du jour, en accord avec l'employeur (art. L. 2325-15 C. trav.).

■ 866 Le comité adopte un règlement intérieur (art. L. 2325-2 C. trav.), qui fixe plus précisément ses modalités de fonctionnement, et notamment les fonctions du bureau, la communication des procès-verbaux, la mise en place de commissions spécialisées, etc. Certaines de ces commissions sont facultatives. D'autres sont obligatoires lorsque certains seuils d'effectifs sont passés (commission logement pour les entreprises de plus de 300 salariés, commission économique pour les entreprises de plus de 1 000 salariés, etc.).

Le comité se réunit au moins une fois par mois dans les entreprises d'au moins 150 salariés et une fois tous les deux mois lorsque l'effectif est inférieur (art. L. 2325-14 C. trav.). La réunion a lieu pendant les heures de travail, dans le local attribué au comité. 867

L'ordre du jour est arrêté conjointement par le président et le secrétaire et il doit être communiqué aux membres trois jours à l'avance (art. L. 2325-15 C. trav.). Pour éviter certaines stratégies de blocage de la part du secrétaire, il est prévu, depuis la loi du 18 janvier 2005, que l'employeur ou le secrétaire peuvent inscrire de plein droit à l'ordre du jour les questions qui sont l'objet d'une consultation obligatoire (art. L. 2325-15 C. trav.). Pour passer outre les éventuels blocages de l'employeur, la majorité du comité peut aussi faire la demande d'une réunion : alors les points qui ont fait l'objet de cette demande sont automatiquement joints à l'ordre du jour (art. L. 2325-17 C. trav.). 868

Les décisions importantes du comité sont prises par un vote, à la majorité des présents. Notamment, à chaque fois que le comité doit être consulté, cette consultation ne peut être donnée que par le vote du comité. Toute autre solution, plus ou moins informelle, équivaut à une absence de consultation (Soc. 5 décembre 2006, *Bull. civ.* V, n° 271 ; *RDT* 2007. 329-330, obs. E. Peskine). 869

section 2

Attributions économiques

L'alinéa 8 du préambule de 1946 repris par la Constitution de 1958 proclame le droit des salariés de participer, par l'intermédiaire de leurs délégués, à la gestion des entreprises. En dépit de ce texte, dans l'ordre économique, les comités d'entreprise ne « participent » pas à la prise de décision. Aucun pouvoir de codécision ne leur est reconnu, hormis en de très rares domaines (v. not. le droit de veto du comité lors de la mise en place des horaires individualisés, art. L. 3122-23 C. trav.). 870

Les attributions économiques du comité d'entreprise sont pour l'essentiel des droits d'information et de consultation. Mais ces droits touchent toutes les décisions importantes de l'entreprise (§ 1). Les moyens mis à la disposition du comité pour exécuter ces attributions sont financiers, mais aussi humains, l'employeur étant amené, dans certaines circonstances, à payer un expert chargé d'informer le comité (§ 2). D'importants débats agitent la question des sanctions applicables en cas de violation de ces attributions (§ 3).

§ 1 Teneur

871 Les actes importants de l'employeur doivent, dans leur quasi-totalité, être précédés d'une information et d'une consultation du comité d'entreprise (A). Les informations dues (B) et la procédure de consultation (C) ont été précisées pour favoriser les possibilités d'influence du comité.

A. Domaine de l'information-consultation

872 L'article L. 2323-6 du Code du travail (L. 432-1 alinéa 1er anc. C. trav.) prévoit une obligation générale d'information et de consultation du comité d'entreprise « sur les questions intéressant l'organisation, la gestion et la marche générale de l'entreprise ».

« Organisation », « gestion » et « marche » de l'entreprise sont des termes partiellement redondants, qui permettent d'englober tous les domaines dans lesquels une décision de l'employeur peut être prise, qu'elle affecte ou non directement la situation des salariés (Crim. 2 mars 1978, *Dr. soc.* 1978. 375).

Ce qui importe est donc l'adjectif « générale ». Pour qu'une consultation préalable s'impose, il faut, mais il suffit, que la décision ait une certaine généralité et donc une certaine importance. Ainsi, les mesures ponctuelles ou individuelles ne sont pas soumises à consultation préalable (Crim. 15 avril 1982, *Bull. crim.*, n° 9 ; Soc. 1er juillet 1997, *Bull. civ.* V, n° 97 ; Crim. 20 février 2007, *Dr. soc.* 2007. 760, obs. F. Duquesne). En revanche, une mesure qui ne concerne que quelques salariés, mais qui a une vocation expérimentale, doit être soumise à consultation (Crim. 12 avril 2005, *Bull. crim.*, n° 129, *Dr. soc.* 2005. 856-860, note F. Duquesne, à propos d'une mesure ne concernant qu'une quinzaine de salariés sur les plus de trois mille que comptait l'entreprise). Sont encore soumises à consultation les mesures d'une certaine ampleur, même lorsqu'elles sont temporaires, comme par exemple la mise au chômage partiel d'une partie du personnel (Crim. 10 mai 1988, n° 87-90277). De même, la modification des fonctions de quelques salariés a un impact général, lorsque ces salariés sont détenteurs d'un certain pouvoir de direction : la modification emporte alors une modification de l'organisation de l'entreprise, laquelle doit être soumise à consultation préalable (Crim. 19 février 1991, n° 89-85670 ; *RJS* 1991, n° 481).

873 Outre la règle générale de l'article L. 2323-6 du Code du travail (L. 432-1 alinéa 1er anc. C. trav.), de nombreuses obligations d'information et de consultation spéciales sont prévues par le Code du travail, certaines à la suite ou en prévision d'événements spéciaux, d'autres régulières sur certains points. Pour l'essentiel, ces obligations spéciales sont incluses dans la définition générale susvisée. Elles ne sont pas pour autant toutes superfétatoires : elles précisent, expliquent, détaillent. Et ces objets normatifs là sont essentiels dans une recherche d'effectivité du droit. La liste n'en est pas moins si longue qu'elle peut être un peu décourageante (v. not. les art. L. 2323-6 et s. C. trav.). Et sa lecture permet de découvrir de nombreuses redondances.

874 Sans entrer dans les détails, on notera quelques-unes de ces consultations, parmi les plus importantes. Le comité d'entreprise joue un rôle central dans la procédure de licenciements collectifs pour motifs économiques (v. n° 548-554). Il doit être consulté lors de l'élaboration et de la modification du règlement intérieur. Il doit l'être sur l'évolution de l'emploi et des qualifications, sur les programmes d'actions de

l'entreprise en vue de répondre à ces évolutions prévisibles. En d'autres mots, il doit être consulté sur tout ce qui touche à la gestion prévisionnelle de l'emploi et des compétences (et notamment sur la formation et l'apprentissage). Il doit aussi connaître de tout projet important d'introduction de nouvelles technologies, des projets de cession, de scission, d'externalisation, de concentration. Il peut même parfois exiger d'entendre des personnes extérieures à l'entreprise, mais dont les actes ont un impact (comme l'auteur d'une offre publique d'achat sur l'entreprise).

La liste est bien plus longue. Mais l'essentiel était déjà dit. Toute décision « générale » 875 doit faire l'objet d'une consultation préalable du comité d'entreprise. Celui-ci est donc un interlocuteur régulier obligatoire. La décision de gestion de l'employeur reste unilatérale, mais lorsqu'elle est dotée d'une certaine importance, sa *procédure* d'édiction est bilatérale.

B. Les informations dues

Il existe des informations périodiques obligatoires du comité d'entreprise, trimes- 876 trielles, semestrielles, annuelles... Dans les entreprises de moins de 300 salariés, un rapport annuel simplifié permet de remplir en une fois ces différentes obligations (art. L. 2323-47 C. trav.). Mais dans les entreprises de plus de 300 salariés, les obligations d'informations sont précises, multiples, détaillées. Parmi celles-ci, le bilan social conserve une place à part. Il s'agit d'un document sur la situation sociale de l'entreprise, dont les rubriques sont mentionnées par le Code du travail (art. L. 2323-68 à L. 2323-77 C. trav.). Le comité est aussi le récipiendaire des informations destinées aux assemblées générales d'actionnaires et de divers autres éléments comptables. Lors de l'examen de ces comptes, il pourra se faire assister d'un expert-comptable, qui lui aura accès à tous les comptes de l'entreprise, y compris la comptabilité analytique (v. n° 884).

De plus, toute consultation doit être précédée de la transmission des informations nécessaires à l'intelligence du projet sur lequel le comité est consulté. Et ces obligations de consultation ont un large domaine (v. ci-dessus).

L'employeur ne peut se retrancher derrière le caractère confidentiel de certaines 877 informations pour refuser de les divulguer au comité d'entreprise. Réciproquement, si l'employeur le demande, les informations qui sont de type confidentiel doivent être gardées secrètes par les membres du comité (sur cette obligation de discrétion, qui exige la double condition d'un caractère objectivement confidentiel et d'une demande en ce sens de l'employeur, v. art. L. 2325-5 C. trav. et Soc. 12 juillet 2006*).

C. La procédure de consultation

La « consultation », comme son nom l'indique, doit précéder la prise de décision. À 878 défaut, elle ne serait plus qu'une « information ». C'est ce que confirme l'article L. 2323-2 du Code du travail, avant que le Code ne précise quelque peu le contenu de la procédure de consultation proprement dite (art. L. 2323-3 et L. 2323-4 C. trav.). Le comité d'entreprise doit disposer des éléments d'informations nécessaires pour motiver son avis et ces informations doivent être écrites et précises. Il doit bénéficier d'un délai d'examen suffisant pour étudier ces informations et se prononcer en temps utile. Il doit enfin recueillir une réponse motivée de l'employeur.

879 La jurisprudence a tenté de préciser le moment auquel doit avoir lieu la consultation, en définissant la « décision » de l'employeur, décision qui, lorsqu'elle a eu lieu sans consultation préalable, caractérise la faute de l'employeur.

Une « décision » n'est pas une simple pensée. L'employeur n'est pas tenu de consulter le comité dès qu'une vague idée lui passe par la tête.

Mais la décision peut être prise bien avant qu'un acte juridique, ou qu'un engagement ferme ne vienne l'entériner. Un projet devenu trop précis pour pouvoir être facilement amendé, ou trop avancé pour pouvoir être totalement retiré est déjà qualifié par la Cour de « décision ». Ainsi, un « projet même formulé en termes généraux » et dépourvu « de mesures précises et concrètes d'application » doit être qualifié de « décision » s'il a un objet suffisamment déterminé pour avoir une incidence et qu'il n'est plus susceptible d'être « remis en cause dans son principe lors de la discussion ultérieure » (Soc. 12 novembre 1997*). Dans le même sens, on peut citer un arrêt de la chambre criminelle du 19 février 1991 (n° 89-85670 ; *RJS* 1991, n° 481), pour lequel le projet de modifier les attributions de certains personnels dirigeants est déjà une décision, alors même que « ces attributions n'avaient pas été encore définies »).

880 Ce sens relativement précoce accordé au terme « décision » implique que, pour un projet d'une certaine envergure, plusieurs consultations du comité sont nécessaires. La première avant d'arrêter un projet d'ensemble, la deuxième avant d'arrêter certains détails de ce projet, la troisième avant de prendre des mesures d'applications concrètes... C'est ce que confirme l'arrêt de la chambre sociale du 7 février 1996 (*Bull. civ.* V, n° 47), lorsqu'il précise que « lorsque la mesure s'inscrit dans une procédure complexe comportant des décisions échelonnées, le comité doit être consulté à l'occasion de chacune d'elles ».

De plus, lorsque le comité a été consulté sur un projet, la modification substantielle de ce projet est une décision sur laquelle une consultation préalable s'impose (Crim. 19 septembre 2006, *Bull. crim.*, n° 229 ; *Dr. soc.* 2006. 1197, obs. F. Duquesne, à propos d'une décision d'avancer le calendrier d'exécution d'un plan de restructuration sur lequel une première consultation avait déjà eu lieu).

Les droits du comité d'être informé et consulté apparaissent ainsi relativement denses et complets.

§ 2 Moyens

881 Le comité d'entreprise bénéficie d'une subvention de l'employeur affectée à son « fonctionnement » et qui lui permet d'assurer le financement de ses activités économiques (art. L. 2325-43 C. trav.). Cette subvention s'élève au minimum à 0,2 % de la masse salariale brute, le salaire des salariés mis à disposition étant intégré dans cette masse, dès lors que ces salariés sont intégrés de manière étroite et permanente à la communauté de travail (Soc. 7 novembre 2007, *Systra*, n° 06-12309, [P], *RDT* 2008. 116, note E. Peskine ; *Dr. soc.* 2008. 131, note M. Cohen ; *Dr. ouvrier* 2008. 129, obs. C. Ménard. V. aussi n° 1017 et 1048). Elle ne peut pas être utilisée au profit des activités sociales et culturelles, lesquelles ont un budget propre (v. n° 918 et s.). À ce financement s'ajoute le droit à un local (art. L. 2325-12 C. trav.) et, surtout, la rémunération par l'employeur de certains experts auxquels le comité d'entreprise peut recourir.

882 L'intelligence de la situation économique de l'entreprise est une condition essentielle de la pertinence des avis rendus par le comité d'entreprise et de l'influence qu'ils peuvent exercer, d'où une attention particulière du législateur et de la jurisprudence aux experts du comité d'entreprise.

Naturellement, le comité d'entreprise peut librement et à tout moment décider d'une expertise sur un sujet de son choix, portant sur les documents qu'il détient, dès lors qu'il rémunère l'expert sur son budget de fonctionnement (art. L. 2325-41 C. trav.). Mais la loi a, en outre, prévu le possible recours à des experts directement payés par l'employeur. Leur rémunération, qui ne s'impute pas sur le budget de fonctionnement du comité, est, en cas de contestation, fixée par le président du tribunal de grande instance statuant dans la forme des référés (v. art. L. 2325-38 et L. 2325-40 C. trav. ; Soc. 27 novembre 2001, *Bull. civ.* V, n° 367 ; *Dr. soc.* 2002. 164, note G. Couturier). Ces experts ont une importance croissante.

883 L'article L. 2325-38 du Code du travail prévoit la rémunération par l'employeur d'un expert en technologie, qui peut être désigné à l'occasion de tout projet important d'introduction de nouvelles technologies dans les entreprises d'au moins 300 salariés. Ses pouvoirs d'investigation sont cependant limités aux documents détenus par le comité d'entreprise et il ne peut être désigné que par accord avec l'employeur ou à défaut par décision du président du tribunal de grande instance statuant en la forme des référés (art. L. 2325-38 et L. 2325-40 C. trav.).

884 L'expert-comptable du comité a une tout autre importance. Il est rémunéré par l'employeur (art. L. 2325-40 C. trav.). Il peut être désigné lors de certains événements ponctuels, notamment lorsque le comité envisage de déclencher la procédure d'alerte prévue à l'article L. 2323-79 du Code du travail et dans le cadre de la procédure de « grand » licenciement collectif (lorsque l'employeur projette le licenciement d'au moins 10 salariés dans une période de 30 jours : v. aussi n° 516 et s.). Il peut de plus, et surtout, être désigné régulièrement, dans la limite de deux fois par an, à l'occasion de l'examen des documents comptables de l'entreprise qui sont transmis au comité (art. L. 2325-35 C. trav.). Sa désignation se fait par décision unilatérale du seul comité d'entreprise.

885 Le champ d'investigation dont le législateur et la jurisprudence l'ont doté en fait une pièce maîtresse de l'information du comité. Selon l'article L. 2325-36 du Code du travail, l'expert-comptable du comité a le droit d'effectuer des investigations sur « tous les éléments d'ordre économique, financier ou social » nécessaires à sa mission. Par son arrêt *Syndex* du 29 octobre 1987*, la Cour de cassation en a déduit que les pouvoirs d'investigation de l'expert-comptable du comité allaient bien au-delà des seuls documents transmis aux comités d'entreprise et qu'ils intégraient tous les documents qui peuvent être demandés par un commissaire aux comptes (Soc. 22 octobre 1987, *Bull. civ.* V, n° 591 ; Soc. 8 novembre 1994, *Dr. soc.* 1995. 73). Or ces derniers ont des compétences fort larges (art. L. 823-13 et s. C. com.). Par l'intermédiaire de son expert, le comité a ainsi obtenu l'accès à la comptabilité analytique et à l'ensemble des documents prévisionnels (arrêt *Syndex*, préc.). Il peut encore obtenir la comptabilité consolidée du groupe et même celle de chacune des sociétés du groupe auquel appartient l'entreprise ou l'établissement dans lequel il exerce sa mission (Crim. 26 mars 1991, *Bull. crim.*, n° 145 ; Soc. 8 novembre 1994, *Dr. soc.* 1994. 73, note M. Cohen). En bref, il n'existe pas de limites à ses pouvoirs d'investigation : « il

n'appartient qu'au seul expert-comptable désigné par le comité d'entreprise (...) d'apprécier les documents qu'il estime utiles à l'exercice de sa mission » (Soc. 8 novembre 1994, préc.).

■ 886 Il a même été possible de s'appuyer sur cette jurisprudence pour obtenir des informations de sociétés étrangères, non soumises au droit français : les documents des sociétés étrangères du groupe auquel appartient l'entreprise doivent être transmis à l'expert sur sa demande (Soc. 27 novembre 2001, *Bull. civ.* V, n° 367 ; *Dr. soc.* 2002. 164, note G. Couturier).

Il ne s'agit pas pour autant d'une application du droit français à des sociétés étrangères. Il est simplement fait obligation aux dirigeants de l'entreprise située en France de recueillir, afin de les transmettre à l'expert, les documents en question. Pour échapper à la condamnation, la société située en France doit démontrer « qu'elle n'était pas en mesure de recueillir les informations relatives aux entreprises du groupe situées sur le territoire d'un autre pays » (Soc. 27 novembre 2001, préc.).

■ 887 Cette solution permet une modeste résistance des attributions économiques du comité d'entreprise de droit français aux barrières que constituent les frontières. Lorsque les décisions les plus importantes sont prises dans le cadre de sociétés-mères étrangères qui échappent à l'application du droit français, au moins les comités pourront-ils avoir ainsi accès à certaines informations, par l'intermédiaire de leurs experts.

Ils ne pourront pas, en revanche, exiger d'être consultés avant la prise des décisions étrangères les concernant. Cette limite n'est pas un détail. Mais elle est celle du champ d'application du droit français. Elle est une des raisons essentielles pour lesquelles des comités européens ont été institués (v. n° 973 et s.).

§ 3 Sanctions

■ 888 L'article L. 2328-1 du Code du travail fixe les sanctions pénales encourues en cas d'entraves à la création ou aux attributions du comité d'entreprise, qu'elles soient économiques ou sociales et culturelles. Sont encourues une peine d'emprisonnement maximale d'un an et une amende de 3 750 euros, peines qui peuvent être doublées en cas de récidive. Ces sanctions sont importantes, notamment comme menaces mises entre les mains de l'inspection du travail. Cependant, le faible montant des amendes encourues et l'absence pratique de peines d'emprisonnement prononcées font que ces textes demeurent relativement peu dissuasifs, d'autant que les enjeux financiers peuvent être importants dans les matières soumises à la consultation du comité d'entreprise.

Aussi, la recherche d'une véritable dissuasion doit-elle être menée au sein des sanctions civiles.

■ 889 Lorsqu'une consultation est irrégulière, elle est nulle et elle doit être recommencée (v. en ce sens et en des termes très clairs, Soc. 17 juin 1997, *Grands Magasins de l'Ouest, Bull. civ.* V, n° 223). Mais cette sanction est généralement totalement dépourvue d'intérêt : la décision a déjà été prise, souvent des actes irréversibles ont été signés, et la consultation est donc devenue une pure formalité.

La solution de la nullité ou de l'inopposabilité de la décision aurait une tout autre importance. 890 ■

Cette solution a été admise dans plusieurs domaines de compétence du comité. À défaut de consultation préalable, le règlement intérieur est inopposable aux salariés (Soc. 4 juin 1969, *Bull. civ.* V, n° 367 ; *Dr. soc.* 1969. 515, obs. J. Savatier). La dénonciation d'un usage ou d'un engagement unilatéral de l'employeur sans information préalable du comité d'entreprise est privée d'effets (v. not. Soc. 22 janvier 1992, *Bull. civ.* V, n° 25 ; Soc. 23 septembre 1992, *Bull. civ.* V, n° 479). De même, la dénonciation d'un accord d'entreprise ayant un impact sur l'organisation, la gestion ou la marche de l'entreprise ne pourra prendre effet qu'une fois la consultation du comité d'entreprise accomplie (Soc. 5 mars 2008, n° 07-40273, [P], *RDT* 2008. 541, note. G. Borenfreund). Un licenciement économique décidé en violation des prérogatives du comité d'entreprise est nul, s'il a été prononcé alors qu'une demande en justice de suspension des licenciements était en cours (v. n° 549). Et c'est au motif d'une absence de consultation préalable du comité d'entreprise sur la mise en place d'un système de vidéosurveillance que les éléments de preuve issu de ce système ont été dits « inopposables aux salariés » (Soc. 7 juin 2006, *Bull. civ.* V, n° 206).

Ces solutions semblent découler du droit commun : un acte juridique fait en violation des formes requises est en principe nul, dès lors que ces formes ont pour objet d'influer sur le fond de l'acte. Or, la consultation du comité d'entreprise est bien une formalité substantielle de ce type : elle n'a de sens que comme un moyen d'influence *au fond* des représentants du personnel sur les décisions de l'employeur. 891 ■

Pourtant la jurisprudence reste relativement timorée en la matière. La sanction de la nullité a conquis d'importants espaces, mais elle est encore loin d'être généralisée. Ainsi, les licenciements prononcés sans respect de la procédure consultative ne sont en principe pas nuls (sauf en cas de demande de suspension antérieure : v. n° 549). Les conventions collectives conclues en violation de l'obligation de consultation du comité ne sont pas nulles et demeurent pleinement applicables (Soc. 5 mai 1998, *Bull. civ.* V, n° 219 ; *Dr. soc.* 1988. 764, note J.-E. Ray ; *Dr. ouvrier* 1998. 350, note D. Boulmier ; *D.* 1998. 608, note G. Auzero ; *RJS* 1998. 611, note P.-H. Antonmattéi ; Soc. 19 mars 2003, *Bull. civ.* V, n° 105 ; *Dr. soc.* 2003. 552, note G. Couturier). 892 ■

À l'heure actuelle, il est dès lors assez difficile de fixer une règle générale. La décision de l'employeur prise en violation des prérogatives du comité est nulle ou inopposable dans certains domaines, mais elle ne l'est pas dans d'autres. Et aucun critère ne permet de sélectionner les domaines où la nullité est ou non encourue. Peut-être est-ce simplement le signe d'une jurisprudence encore en construction ? L'essor de la nullité en droit du travail se fait avec lenteur (v. n° 498). 893 ■

En revanche, la suspension en référé de la décision de l'employeur faite sans consultation régulière est aujourd'hui admise et ce dans tous les domaines (ou presque). Cette suspension de la décision en référé n'a pas l'efficacité d'une annulation. 894 ■

Mais elle est parfois coûteuse pour l'employeur. Et elle permet souvent de gagner un temps précieux pour les salariés qui tentent d'infléchir certaines décisions.

La possibilité d'une suspension en référé s'est généralisée à partir des arrêts *Sietam Industries* (Soc. 16 avril 1996, *Sietam Industries*, *Bull. civ.* V, n° 163, 164 et 165 ; 895 ■

Dr. soc. 1996. 484, note A. Lyon-Caen et p. 932, note G. Bélier et H.-J. Legrand ; *Dr. ouvrier* 1996. 317, note M. Miné ; *RJS* 1996. 316, concl. R. Kessous. *JCP E* 1996. 161, note G. Picca). Dans le premier arrêt *Sietam*, cette suspension a touché les effets d'une cession de parts sociales emportant réorganisation du groupe auquel appartenait l'entreprise (*Bull. civ.* V, n° 163) ; le deuxième a permis la suspension des décisions de licenciement collectif (*Bull. civ.* V, n° 164) ; et le troisième a suspendu tous les effets de la fermeture d'un établissement (*Bull. civ.* V, n° 165). Depuis, la possibilité d'une suspension des effets de la décision de l'employeur s'est exprimée dans des domaines très variés. Ont ainsi été suspendus pour défaut de consultation du comité le lancement d'un nouveau produit (Soc. 28 novembre 2000, *Bull. civ.* V, n° 398) ou encore tous les actes matériels d'un déménagement (Soc. 5 décembre 2006, *Bull. civ.* V, n° 371).

896 Seule l'application d'une convention collective conclue en violation des prérogatives du comité semble ne pas pouvoir être suspendue (v. Soc. 5 mai 1998 ; Soc. 19 mars 2003, préc., n° 877). Il s'agit d'une dernière exception difficilement compréhensible.

897 Ainsi, le rétablissement de la légalité est de principe en référé, et reste limité au fond. Ces deux formes de rétablissement de la légalité semblent pourtant difficilement dissociables. Elles sont au demeurant inséparables dans les autres domaines du droit du travail (v. n° 549). Et seule cette solution semble logique. Soit le rétablissement de la légalité est possible et il doit s'imposer en référé comme au fond. Soit il est exclu et il doit alors être refusé en référé comme au fond.

En un mot, si la pleine admission de la nullité était la traversée d'un cours d'eau, nul doute que celui-ci serait considéré comme un large fleuve, tumultueux. On peut comprendre la crainte d'une traversée trop rapide. Mais le choix de franchir ce Rubicon progressivement, pas à pas, depuis quelques dizaines d'années est bien discutable. Rester aussi longtemps au milieu du gué, c'est aussi accepter une longue noyade dans l'incohérence.

section 3

Activités sociales et culturelles

898 Le second domaine de compétence du comité d'entreprise est né, au lendemain de la Seconde Guerre mondiale, d'une volonté d'organiser l'autogestion par les salariés des « œuvres » de l'employeur (logements sociaux, cantines, club de sport, colonies de vacances…), lesquelles étaient à la fois appréciées des salariés et honnies par eux dans la mesure où elles étendaient la domination de l'employeur sur leur vie privée. Il a donc été décidé, par l'ordonnance du 2 février 1945 et la loi du 2 août 1949, de transférer ces œuvres aux comités d'entreprise. La loi du 28 octobre 1982 a modifié l'ancienne terminologie et les « œuvres sociales » sont devenues les « activités sociales et culturelles ».

La notion d'« activité sociale et culturelle » (§ 1) délimite un domaine de compétence exclusif du comité d'entreprise auquel est spécialement affecté un financement spécifique (§ 2).

§ 1 Étendue

La définition des « activités sociales et culturelles » délimite une sphère de compétence exclusive du comité (art. L. 2323-83 C. trav.). Ceci signifie que tout ce qui entre dans la notion doit être transféré au comité d'entreprise, s'il le revendique. Et que tout ce qui en sort ne peut être financé par le comité d'entreprise sur le budget propre à ces activités. 899

Le passage, en 1982, de la notion d'« œuvres sociales » à la notion d'« activités sociales et culturelles » n'a pas produit d'évolution notable du concept : la liste d'activités sociales et culturelles, non limitatives, prévue à l'article R. 2323-20 du Code du travail (R. 432-2 anc. C. trav.) n'a pas été modifiée à cette occasion. 900

On ne trouve de véritable définition des « activités sociales et culturelles » ni au sein du Code du travail (la liste non limitative de l'article R. 2323-20 du Code du travail ne peut en tenir lieu), ni au sein de la jurisprudence.

La seule définition présente dans les arrêts de la Cour de cassation se trouve au sein d'un arrêt du 13 novembre 1975 *Rhône Poulenc Textile* (*Bull. civ.* V, n° 533 ; *Grands arrêts*, n° 146), souvent cité comme valant création au moins indirecte d'une définition jurisprudentielle. Cette définition, qui est reprise dans d'excellents ouvrages, est la suivante : « doit être considérée comme œuvre sociale toute activité non obligatoire légalement, quelle que soit sa dénomination, la date de sa création et son mode de financement, exercée principalement au bénéfice du personnel de l'entreprise, sans discrimination, en vue d'améliorer les conditions collectives d'emploi, de travail et de vie du personnel de l'entreprise ». Sa portée est cependant pour le moins douteuse. Il s'agit d'une définition donnée par la cour d'appel et que la Cour de cassation se garde bien de reprendre à son compte. Bien au contraire, elle casse l'arrêt qui a livré cette définition, par des motifs qui la contredise... 901

En l'absence de définition, il est nécessaire de partir des activités expressément qualifiées d'« activités sociales et culturelles » par l'article R. 2323-20 du Code du travail. Aux termes du 2° de ce texte, sont des activités sociales et culturelles, les activités qui tendent « à l'amélioration des conditions de bien-être » des salariés, aussi bien en dehors de l'entreprise (« logements », « coopératives de consommations », « colonies de vacances »...) qu'au sein de l'entreprise (« cantines »). Le sont aussi les activités qui ont pour objet « l'utilisation des loisirs et l'organisation sportive » (art. R. 2323-20 3°) ou encore les « institutions sociales de prévoyance et d'entraide telles que les sociétés de secours mutuel et les institutions de retraite » (art. R. 2323-20 1°), les « services sociaux » (art. R. 2323-20 5°) et « le service de santé au travail institué dans l'entreprise » (art. R. 2323-20 6°). 902

Cette liste, non limitative, donne une image à la fois étendue et très diversifiée des activités sociales et culturelles du comité d'entreprise. Si l'on interprète largement ce texte, il n'est plus rien qui ne pourrait être dans les compétences du comité, tous les avantages dont bénéficient les salariés pouvant, à un titre ou à un autre, être qualifié d'« amélioration des conditions de bien-être » des salariés. 903

Aussi la jurisprudence a-t-elle été conduite à fixer un certain nombre de limites au-delà desquelles la compétence exclusive des comités s'arrête.

Ces limites concernent principalement les régimes de protection complémentaire (A) et le salaire (B). En revanche certaines activités obligatoires pour l'employeur semblent pouvoir relever de la compétence du comité, encore que la question puisse être discutée (C). La notion d'« activités sociales et culturelles » est encore limitée par la jurisprudence pour la différencier des activités économiques du comité et des activités revendicatives, syndicales (D).

A. Exclusion des régimes de protection complémentaires obligatoires

904 L'article R. 2323-20 1° du Code du travail attribue expressément au comité les institutions sociales de prévoyance, de secours mutuel et de retraite. Cette attribution expresse doit cependant être confrontée aux lois postérieures relatives notamment à la mise en place de régimes de protection complémentaire, lesquelles accordent compétence en la matière à la négociation collective ou à l'employeur et non au comité d'entreprise (v. not. les art. L. 911-1 et L. 911-2 CSS). La jurisprudence a pu déduire de cette confrontation que seuls les régimes de protection complémentaires qui ne sont obligatoires ni légalement, ni conventionnellement, peuvent être revendiqués par le comité d'entreprise.

Ainsi, l'arrêt du 11 mai 1988 (*Bull. civ.* V, n° 282) attribue au comité d'entreprise le versement par l'employeur de 2 % de la masse salariale à une caisse patronale, en vue de faire bénéficier les salariés de prestations familiales complémentaires. Mais l'arrêt précise qu'il n'était pas invoqué que ce versement résultait d'une obligation légale ou conventionnelle. Et l'arrêt du 22 juin 1993 (*Bull. civ.* V, n° 178, *D.* 1994. 160, note Y. Saint-Jours ; *D.* 1995. 14, note Ph. Langlois) n'attribue au comité des sommes versées par l'employeur à des mutuelles qu'après avoir noté qu'il s'agissait d'une « prise en charge volontaire par l'employeur, en dehors de toute obligation légale ou conventionnelle, pour chacun des salariés qui décide d'adhérer à une mutuelle, d'une partie de la cotisation d'adhésion de ce salarié » (v. aussi Soc. 15 octobre 2002, *Bull. civ.* V, n° 313).

B. Exclusion du salaire

905 La portée principale de l'arrêt *Rhône Poulenc Textile* du 13 novembre 1975 (*Bull. civ.* V, n° 533 ; *Grands arrêts*, n° 146, préc.) est d'avoir exclu les prestations qui peuvent être qualifiées d'éléments de salaire.

La notion de « salaire » ici utilisée est cependant plus restrictive que la notion de « salaire » du droit de la sécurité sociale. En droit de la sécurité sociale, le salaire détermine l'assiette des cotisations. Il est largement défini par l'article L. 242-1 du Code de la sécurité sociale comme incluant toutes les sommes versées aux travailleurs en contrepartie « ou à l'occasion du travail ». En revanche, seule la rémunération versée par l'employeur en contrepartie du travail (Soc. 13 novembre 1975, préc.) est exclue des activités sociales et culturelles.

De cette différence découle une première conséquence. L'inclusion dans l'assiette des cotisations sociales n'exclut pas automatiquement la compétence du comité (Soc. 25 mars 1985, *Bull. civ.* V, n° 209 ; Soc. 11 mai 1988, *Bull. civ.* V, n° 282 ; Soc. 22 juin 1993, préc. ; Soc. 5 mai 1994, *Bull. civ.* V, n° 166). Les prestations du comité sont d'ailleurs largement incluses par la jurisprudence dans l'assiette des cotisations sociales, dès lors qu'elles ne correspondent pas à des secours du comité versés aux salariés au vu de leurs difficultés financières particulières (v. not. Soc. 27 janvier 1977, *Bull. civ.* V, n° 72 ; Soc. 25 mars 1985, préc. ; Soc. 5 mai 1994, préc., Soc. 17 avril 1996, *RJS* 1996, n° 717).

Il ne reste alors qu'à préciser ce qui est une contrepartie directe du travail et ce qui n'est versé qu'« à l'occasion du travail ». 906

L'idée est la suivante. Certaines sommes et avantages sont accordés eu égard à la qualité, à la quantité ou à la nature du travail effectué. Elles sont exclues de la compétence du comité (Soc. 2 décembre 2008*, à propos de voyages en Martinique pour les lauréats d'un « challenge » organisé par l'employeur sur la qualité du travail effectué). D'autres sommes sont simplement accordées en considération de l'appartenance à l'entreprise, indépendamment du travail effectué. Celles-ci peuvent entrer dans la compétence du comité.

Par exemple, le versement des primes de vacances peut relever de la compétence du comité, si elles sont égales pour tous, ou accordées en fonction du nombre d'enfants... En revanche, si ces primes sont calculées en proportion de la rémunération versée en contrepartie du travail, elles sont rattachées à la nature ou à la qualité du travail effectué. Elles sont donc des contreparties directes du travail, qui ne peuvent être revendiquées par le comité. 907

Un comité peut ainsi procéder par versement de sommes d'argent, et préserver la liberté des salariés dans l'utilisation de leur temps de loisir. Il n'est pas tenu de se limiter à des actions beaucoup plus dirigistes telles que l'attribution de billets de trains à prix réduit pour une destination donnée ou l'utilisation des villages de vacances du comité. Il devra simplement veiller à ne pas indexer ces primes sur les salaires reçus en contrepartie du travail. Le raisonnement s'applique aux primes de rentrée, de naissance, de Noël, etc.

C. Les autres obligations de l'employeur

Certaines obligations de l'employeur peuvent-elles entrer dans le champ de compétence du comité ? 908

La question est relativement difficile. La jurisprudence n'a pas eu l'occasion de bien la trancher. Et la doctrine est divisée.

Il est nécessaire de distinguer selon la source de l'obligation pour l'employeur. La question est en effet sensiblement différente selon que l'obligation de l'employeur est une obligation tirée d'un engagement unilatéral (1), d'une convention collective (2) ou de la loi (3).

1. *L'engagement unilatéral*

Dans certains cas, il est clair qu'une activité peut être obligatoire pour l'employeur, sans que cela n'interdise la revendication du comité. L'organisation de colonies de vacances, les crèches, ou même l'octroi de billets de cinéma à prix réduits, sont autant d'activités qui, lorsqu'elles sont faites par l'employeur, deviennent vite obligatoires pour lui : il suffit que ces activités revêtent les caractères d'un engagement unilatéral (ou d'un « usage », ce qui revient au même : v. n° 139-142). De tels avantages entrent cependant clairement dans la compétence des comités. Ceux-ci peuvent donc les revendiquer. 909

Se pose alors la question du devenir de l'engagement pris par l'employeur. Une fois l'activité transférée au comité, l'employeur doit être dégagé de son obligation : la compétence est désormais exclusivement celle du comité d'entreprise. Mais ce comité est-il désormais lié par l'engagement de l'employeur ? Il nous semble que non. Le comité doit pouvoir reprendre une pleine liberté de gestion. Il pourra donc supprimer l'avantage octroyé par l'employeur et affecter les sommes qui y étaient consacrées à d'autres activités sociales et culturelles. Le transfert au comité d'entreprise serait donc une cause possible de destruction des engagements unilatéraux. Ce point, difficile, peut être discuté.

2. *La convention collective*

910 Lorsque l'avantage est prévu dans une convention collective, la question est plus difficile encore. L'employeur ne peut certainement pas se dégager de ses obligations en transférant l'activité au comité et ce, même si le comité reprend à son compte l'obligation de l'employeur.

Pour cette raison, notamment, une partie de la doctrine affirme qu'un avantage ne peut plus être une activité sociale et culturelle, dès lors qu'il est prévu par une convention collective. Au soutien de cette position, elle invoque la motivation utilisée par la Cour de cassation au sujet, pourtant bien spécifique, de la compétence des comités en matière de protection sociale complémentaire (v. les arrêts cités au n° 904).

911 Le rejet de toute compétence du comité dans ces cas est pourtant problématique. Dire que les obligations conventionnelles sortent du champ de compétence du comité conduit à considérer que les articles L. 2323-83 et R. 2323-20 du Code du travail sont supplétifs de la volonté des parties à la négociation collective. Il suffirait en effet à la convention collective d'entériner tel ou tel avantage (la crèche, les colonies de vacances...) pour qu'ils quittent la sphère de compétence du comité. Or, les textes susvisés ne prévoient rien de tel. Comme toute notion légale impérative, la notion d'« activité sociale et culturelle » n'est pas à la disposition des partenaires sociaux. Seule est envisageable une dérogation conventionnelle *in melius*, ayant pour effet d'accroître le champ de compétence du comité d'entreprise (sur les rapports entre la loi et la convention collective, v. n° 74-75).

Il faut en déduire que des activités sociales et culturelles (la crèche, les colonies de vacances...) prévues par une convention collective n'en demeurent pas moins des activités sociales et culturelles. Elles sont de la compétence du comité.

912 Il demeure que si la crèche a été prévue par la convention collective, elle reste obligatoire après que le comité en a revendiqué la gestion.

Il faut alors considérer que le comité d'entreprise est lié par la convention collective et que l'employeur, garant de cette obligation, peut agir en justice pour exiger le respect de cette obligation, qui est aussi la sienne. Le refus exprès du comité d'assurer l'exécution de l'obligation pourrait même s'interpréter comme une volonté du comité d'abandonner la gestion de l'activité sociale et culturelle conventionnelle. Alors l'employeur pourrait en reprendre la gestion et récupérer ainsi le financement qui lui était affecté.

Ces solutions paraissent de bon sens. Elles sont cependant débattues. Et pourraient être prochainement contredites par la jurisprudence.

3. *La loi*

Il reste à envisager les obligations légales. Une activité sociale et culturelle peut-elle être une obligation légale de l'employeur ? Par rapport à la précédente, la question se complique encore par la présence de textes assez ambigus. **913**

L'article R. 2323-20 du Code du travail attribue au comité certaines activités qui sont aujourd'hui légalement obligatoires pour l'employeur, comme la création d'un service médical dans l'entreprise. Mais les obligations légales relatives au service médical sont plus récentes que cet article du Code. Et certains textes accordent des compétences plus limitées aux comités d'entreprise en la matière (v. not. l'art. L. 4623-4 et D. 4624-42 et s. C. trav.). De plus, l'article R. 2323-34 du Code du travail, qui détermine le mode de calcul des ressources du comité d'entreprise, ne vise que les « institutions sociales qui ne sont pas légalement à (la) charge (de l'employeur) ».

Pour ces raisons, l'attribution au comité d'entreprise d'obligations légales de l'employeur semble assez peu probable. Mais cette solution ne découle, pour l'instant que de textes assez ambigus et non d'une nécessité logique forte. La compétence du comité d'entreprise et le caractère obligatoire d'une activité pour l'employeur pourraient fort bien, à l'avenir, être rendus compatibles, en suivant le modèle applicable aux obligations conventionnelles revendiquées par le comité. **914**

D. Activités économiques et activités syndicales

Lorsque les activités sociales et culturelles s'appelaient encore « œuvres sociales », elles étaient caractérisées par une sorte de neutralité. Les activités sociales et culturelles étaient des activités faites dans l'« intérêt de l'entreprise » (v. encore Soc. 14 janvier 1981, *Bull. civ.* V, n° 25). Elles conservaient ainsi une part de l'esprit paternaliste dans lequel les œuvres sociales de l'employeur étaient exercées. La gestion des activités sociales et culturelles devait même prendre en compte l'intérêt de l'employeur. **915**

Cette vision des choses est révolue. Depuis la loi du 28 octobre 1982, le comité d'entreprise a pour fonction « d'assurer une expression collective des salariés, permettant la prise en compte permanente de *leurs* intérêts » (L. 2323-1 C. trav.), alors que précédemment une « *coopération* avec la direction » était mentionnée (v. art. L. 432-1 anc. C. trav.). Le comité n'est plus tenu d'être neutre vis-à-vis de l'employeur. La jurisprudence accepte même que certaines activités sociales soient organisées directement contre l'intérêt de l'employeur (v. Soc. 26 janvier 1999* qui intègre dans les activités sociales et culturelles l'aide aux salariés, vue de leur action en justice contre l'employeur ; v. aussi Soc. 21 juillet 1986, *Bull. civ.* V, n° 386). **916**

La distinction entre les activités sociales et culturelles et les attributions économiques du comité d'entreprise est, de ce fait, devenue plus difficile. Elle demeure toutefois. Ainsi, « la défense de l'emploi », n'est pas une activité à laquelle le comité peut affecter une part du budget des activités sociales et culturelles (v. Soc. 12 février 2003, *Dr. soc.* 2003. 551, note M. Cohen ; *RJS* 2003, n° 478).

La solution peut être discutée. Un comité qui préfère affecter des sommes à la défense de l'emploi (qui est au cœur des préoccupations des salariés), plutôt que d'acheter des places de cinéma et autres sapins de Noël semble, au moins en opportunité, difficilement condamnable.

917 Demeure aussi la distinction traditionnelle entre activités sociales et culturelles et action syndicale. Cette distinction, clairement énoncée dans un arrêt du 7 mai 1980 (*Bull. civ.* V, n° 387), a été utilisée pour interdire au comité de soutenir par son action un mouvement de grève. Ainsi, sur les fonds destinés aux activités sociales et culturelles, le comité ne peut verser aux salariés grévistes que des secours individualisés, justifiés par leur situation financière personnelle (Soc. 8 juin 1977, *Bull. civ.* V, n° 380 ; *JCP* 1979. II. 19089, note H. Legrand ; Soc. 18 mai 1983, *Bull. civ.* V, n° 266 ; Soc. 11 juin 1996, *RJS* 1996, n° 804). Dans le même ordre d'idée, il a été reconnu que le comité avait l'obligation de maintenir le fonctionnement de la cantine au bénéfice des salariés non grévistes (Soc. 14 janvier 1981, *Bull. civ.* V, n° 25).

Ainsi, il est admis que le comité puisse aller contre l'intérêt de l'employeur, mais il demeure exclu que le financement des activités sociales et culturelles soit mis au service de l'action collective revendicative des salariés. Ce qui peut conduire à des questions de délimitation difficiles. Et à la schizophrénie de certains élus syndicaux, leader du mouvement de grève, mais tenus d'assurer la permanence de la cantine pour les non-grévistes.

§ 2 Moyens

918 Le comité est libre de gérer comme il l'entend les activités sociales et culturelles. Il peut laisser l'employeur les gérer en se contentant de contrôler cette gestion. Il peut les gérer seuls. Il peut en déléguer la gestion à des tiers, gérer en participant à la direction de personnes morales extérieures, ou qu'il a créées lui-même, etc. (v. les art. R. 2323-21 et s.). Mais encore faut-il qu'il puisse bénéficier de moyens financiers.

919 La contribution financière de l'employeur aux activités sociales et culturelles est fixée en références à trois seuils. Les deux premiers sont légaux : ils sont fixés par l'article L. 2323-86 du Code du travail (A). Le troisième a été découvert par la jurisprudence, au sein de l'article R. 2323-35 C. trav. (R. 432-11-1° anc. C. trav.) (B). La contribution de l'employeur ne peut descendre en dessous d'aucun de ces trois seuils.

A. Les deux seuils légaux

920 L'article L. 2323-86 du Code du travail, dont la rédaction date de la loi du 2 août 1949, a traversé deux recodifications inchangé. Il fixe le montant minimal de la contribution de l'employeur aux activités sociales et culturelles du comité d'entreprise. Ce texte ne peut se comprendre si l'on fait abstraction du contexte historique.

921 Lorsqu'ont été créés les comités d'entreprise, il n'a pas été décidé d'obliger les employeurs à consacrer de nouveaux moyens financiers aux « œuvres sociales ». Il s'agissait de transférer aux comités les œuvres sociales existantes, de priver ainsi les employeurs de la gestion de ces œuvres et d'en finir ainsi avec le paternalisme qui s'exprimait dans cette gestion. L'objectif était de transmettre l'existant et non d'imposer de nouvelles dépenses.

922 Cet objectif n'a pas, depuis, été dépassé. Encore aujourd'hui, l'employeur n'est tenu que de transmettre ce qui existe déjà. Si l'employeur n'a de lui-même jamais créé d'activité sociale et culturelle, le comité n'a rien dont il puisse revendiquer la gestion et l'employeur ne lui doit aucune contribution financière à ce titre. En revanche,

lorsque l'employeur a eu des activités sociales et culturelles, le comité peut en réclamer la gestion. Et l'employeur est alors tenu de lui verser les sommes d'argent affectées à ces activités.

Pour éviter que les employeurs ne suppriment leurs activités sociales et culturelles dès qu'ils pressentent un risque de revendication par le comité d'entreprise, il a été décidé de fixer la contribution de l'employeur en fonction des sommes consacrées à ces activités aux cours des trois années précédant la revendication du comité. Sur ces trois années antérieures, l'année où l'employeur a le plus dépensé pour assurer le fonctionnement de l'activité revendiquée sera l'année de référence pour le calcul des sommes dues au comité. 923

La somme dépensée cette année-là, réduite des dépenses temporaires lorsque les besoins correspondant ont disparu, est un seuil en deçà duquel l'employeur ne pourra plus descendre. Il devra désormais verser ce minimum tous les ans au comité (art. L. 2323-86 al. 1er C. trav.). 924

Afin d'éviter que cette somme ne soit peu à peu rognée par l'inflation, un second minimum a été fixé. Ce second minimum est un taux calculé par rapport à la masse salariale brute. La masse salariale prise en compte doit être, en bonne logique, celle retenue pour le calcul de la subvention de fonctionnement (v. n° 881). Le rapport se calcule en faisant le rapport de la somme précédemment décrite au montant de la masse salariale de l'année de référence (art. L. 2323-86 al. 2 C. trav.). 925

Si, par exemple, lors de la meilleure des trois années précédant la prise en charge par le comité d'une activité sociale et culturelle une somme de 10 000 euros était consacrée à cette activité et que, cette année-là, la masse salariale était de 1 000 000 d'euros, le pourcentage de masse salariale due pour les années suivantes est de 1 000 000 divisé par 10 000, soit de 1 % de la masse salariale.

Ce second minimum présente l'avantage de permettre la réévaluation de la contribution patronale et de fixer celle-ci en fonction de la taille, changeante, de l'entreprise.

Le comité d'entreprise peut reprendre les activités sociales et culturelles de l'employeur de manière échelonnée. À chaque nouvelle revendication d'une activité jusqu'ici laissée à la gestion de l'employeur, la somme qui a été consacrée à cette activité la meilleure des trois années précédentes sera celle sur laquelle seront calculées les sommes dues par l'employeur au titre du transfert. Ces « trois années précédentes » seront les trois années qui ont précédé la date de la demande de prise en charge par le comité (Soc. 13 novembre 1975, *Bull. civ.* V, n° 533). Et les minima précédents seront dûment augmentés. 926

Il demeure qu'en vertu de l'article L. 2323-86 du Code du travail la contribution de l'employeur aux activités sociales et culturelles est exclusivement calculée en fonctions des activités déjà existantes. Dans une entreprise dépourvue au départ de toute activité sociale et culturelle, le comité d'entreprise n'aura droit à rien. 927

Il en résulte une très grande inégalité de ressources d'un comité d'entreprise à l'autre. Seul un semblant d'égalité a pu être mis en place par la jurisprudence entre les différents établissements d'une même entreprise : lorsqu'un nouvel établissement est créé dans une entreprise, le comité de cet établissement bénéficiera du taux de 928 contribution minimal aux activités sociales et culturelles appliqué aux autres comités d'établissement de l'entreprise (Soc. 18 mars 1971, *Bull. civ.* V, n° 228 et 229).

929 Le double minimum de l'article L. 2323-86 du Code du travail n'en demeure pas moins profondément inégalitaire. Sa signification, assurer le transfert de l'existant aux comités nouvellement créés, n'a plus guère de pertinence plus d'un demi-siècle après la création des comités d'entreprise. Aujourd'hui, lorsqu'une entreprise se crée, elle n'a pas, par définition, d'activité sociale et culturelle passée et aucune contribution de l'employeur à ce titre n'est due aux comités d'entreprise. Cette absence de minimum légal applicable est devenue de plus en plus fréquente, au fur et à mesure que 1945 s'est éloignée dans le temps.

930 Cependant, de nombreux employeurs ont accordé d'eux-mêmes un financement aux comités d'entreprise. Hors de toute obligation légale, ce financement peut être consacré par une convention collective, par un engagement unilatéral de l'employeur, par un usage, ou encore plus simplement par un contrat passé entre l'employeur et le comité d'entreprise. Il prend ainsi une certaine force obligatoire, mais celle-ci reste bien plus fragile que celle de la loi.

Les conventions collectives, contrats, engagements unilatéraux et autres usages peuvent être résiliés unilatéralement par l'employeur, dès lors qu'ils sont à durée indéterminée. L'employeur n'a, pour ce faire, qu'à respecter les formes exigées pour chacun de ces actes (pour les engagements unilatéraux, v. n° 143-145 ; pour les conventions collectives, v. n° 828 et s.). Et la jurisprudence a précisé que, lorsque la contribution est fixée par contrat avec le comité d'entreprise, par engagement unilatéral ou par usage, la résiliation unilatérale de cette contribution doit simplement être précédée d'une information donnée au comité dans un délai suffisant pour permettre l'ouverture de négociations (Soc. 21 novembre 1989, *Dr. soc.* 1990. 217, obs. J. Savatier ; Soc. 5 décembre 1989, *Bar Laforge** ; Soc. 9 juillet 1997 *Bull. civ.* V, n° 265).

Dès lors que les minima légaux sont inapplicables, la contribution de l'employeur demeure donc précaire, quelle que soit sa source.

931 Cette précarité produit de graves inconvénients. Elle interdit l'organisation de certaines activités sociales et culturelles sur le moyen ou sur le long terme et elle ruine le crédit du comité, ce qui revient à l'exclure en pratique de la possibilité de recourir à un emprunt bancaire.

932 Cette inégalité des comités d'entreprise est de plus assez incohérente. Lorsque par décision unilatérale l'employeur créé de lui-même une activité sociale et culturelle, le comité, s'il la prend en charge, s'assure un financement stable garanti par la loi. En revanche, lorsqu'une obligation de contribuer financièrement aux activités sociales et culturelles du comité est créée par une convention collective, le financement qui en résulte n'est nullement garanti par la loi et demeure de ce fait précaire. La décision unilatérale de l'employeur crée ainsi un financement obligatoire plus solide que celui que peut assurer une convention collective, ce qui peut apparaître curieux. Le vieillissement de l'article L. 2323-86 du Code du travail (L. 432-9 anc. C. trav.) a ainsi, peu à peu, conduit le droit à s'écarter du bon sens.

933 La Cour de cassation est intervenue pour limiter l'impact de ces incohérences. Elle l'a fait au travers d'une réinterprétation de l'article R. 2323-35 du Code du travail, précédemment codifié sous le numéro R. 432-11-1° alinéa 2 de l'ancien Code.

B. Le seuil réglementaire

Toute la portée de l'arrêt *Bar Laforge* du 5 décembre 1989* est dans la mention du seul article R. 432-11-1° alinéa 2 du Code du travail, alors applicable, au sein du visa et du motif de cassation adoptés par la Cour. Ce texte, devenu l'article R. 2323-35 du Code du travail, est ainsi reconnu recouvrer une signification indépendante de celle de l'article L. 2323-86 alinéa 1er du Code du travail. Ce qui équivaut à considérer qu'il fixe un troisième seuil minimal de contribution de l'employeur aux activités sociales et culturelles du comité d'entreprise, en plus des deux seuils prévus par l'article L. 2323-86 du Code du travail (L. 432-9 anc. C. trav.). 934

Une différence essentielle sépare la lettre des articles L. 2323-86 et R. 2323-35 du Code du travail. Le premier de ces textes fait référence à la meilleure des trois sommes consacrées aux activités sociales et culturelles au cours « des trois dernières années précédant la prise en charge des activités sociales et culturelles par le comité d'entreprise ». Le second, l'article R. 2323-35, ne fait référence qu'à la meilleure des sommes versées au cours des « trois dernières années », sans préciser desquelles il s'agit. Il était dès lors loisible à la Cour de cassation de lui accorder un sens normatif spécifique, et ce d'autant plus qu'il ne peut être considéré comme un simple décret d'application de l'article L. 432-9, puisqu'il lui est antérieur (l'art. R. 2323-35 est issu du décret du 2 novembre 1945 et l'art. L. 2323-86 de la loi du 2 août 1949). 935

Il restait à préciser à quelles « trois dernières années » le décret pouvait faire référence. En l'absence de toute précision, il peut s'agir des trois années qui précèdent le litige. Dans l'espèce qui a donné lieu à l'arrêt *Bar Laforge* du 5 décembre 1989*, le litige était né de la résiliation par l'employeur d'un accord ou d'un usage. Dans une espèce de ce type, invoquer l'article R. 2323-35 du Code du travail pour bloquer l'effet de cette résiliation revient à considérer que les « trois dernières années » étaient les trois années qui avaient précédé la dénonciation du contrat ou de l'usage fixant la contribution de l'employeur aux activités sociales et culturelles. 936

Cette interprétation présente l'avantage de sécuriser les ressources des comités d'entreprise et de rapprocher ainsi la situation des comités dont les ressources viennent d'activités antérieures de l'employeur de celle des comités dont les ressources sont issues d'un accord collectif, d'un contrat ou d'un engagement unilatéral. Cette sécurité revêt une grande importance pour que le comité puisse exercer pleinement ses attributions et la solution doit donc être pleinement approuvée. 937

Elle pose cependant un problème. Si les « trois dernières années » visées par l'article R. 2323-35 du Code du travail sont celles qui précèdent le litige, ce texte peut avoir vocation à s'appliquer dans d'autres hypothèses. 938

Il peut ainsi s'appliquer encore lorsqu'une baisse de la contribution patronale résulte simplement d'une baisse de la masse salariale. L'article R. 2323-35 du Code du travail produirait alors une excessive rigidité de la contribution patronale. Si la moindre réduction entraîne un litige et oblige l'employeur à revenir à la somme plus élevée antérieure, aucune diminution du montant de la contribution n'est plus envisageable. La valeur en pouvoir d'achat de cette contribution ne pourrait plus alors diminuer qu'au fil de l'inflation.

Un tel résultat pourrait produire des situations excessives, notamment en cas de déflation ou de réduction drastique des effectifs. Une entreprise versant 2 % de sa masse salariale au titre des activités sociales et culturelles et qui, à la suite d'une réorganisation et d'une mécanisation complète de ses activités, ne garderait que 1 % de ses effectifs de départ pourrait être conduite à verser au comité d'entreprise une somme du double de sa masse salariale. Sans aller jusqu'à ce cas d'école caricatural à dessein, l'application sans nuances de l'article R. 2323-35 du Code du travail apparaît difficile.

■ 939 Aussi la Cour de cassation a-t-elle décidé de restreindre la portée de ce texte, tout en confirmant son impact comme troisième minimum de la contribution de l'employeur, dans l'arrêt *EDS-GFI* du 1er avril 1997*. Cet arrêt affirme d'abord qu'en cas de dénonciation d'un accord fixant la contribution de l'employeur aux activités sociales et culturelles, les « trois dernières années » visées par l'article R. 2323-35 du Code du travail (alors codifié sous le n° R. 432-11, 1° alinéa 2) s'entendent des trois années « précédant la dénonciation ». La portée de l'arrêt *Bar Laforge** est ainsi confirmée. Mais l'arrêt précise dans un attendu de principe que « le chiffre le plus avantageux atteint au cours des trois dernières années n'est maintenu qu'autant que la masse salariale reste constante et que, si celle-ci diminue, la contribution subit la même variation ».

La portée accordée par l'arrêt à l'article R. 2323-35 du Code du travail et la limite de cette portée ont depuis été reprises régulièrement (v. not. les arrêts *Dassault Aviation* : Soc. 9 juillet 1997, *Bull. civ.* V, n° 265 ; *Dr. soc.* 1997. 991, obs. M. Cohen ; Soc. 3 février 1999, *Dr. soc.* 1999. 493, obs. M. Cohen ; *RJS* 1999, n° 385 ; Soc. 22 janvier 2002, *Bull. civ.* V, n° 27) et la Cour a ainsi eu l'occasion de confirmer qu'une diminution de la contribution de l'employeur du fait d'une baisse de la masse salariale ne peut être bloquée par application de l'article R. 2323-35 du Code du travail (R. 432-11, 1° alinéa 2 anc. C. trav.) (Soc. 6 juin 2000, *Bull. civ.* V, n° 221).

Biblio

- L. Milet, « La fixation de l'ordre du jour du CE », *Dr. ouvrier* 2005. 355.
- F. Champaux, « La délicate question du vote de l'employeur », *SSL* n° 1251, 6 mars 2006, p. 10.
- B. Gauriau, « Les modes d'expression de l'avis du comité d'entreprise », *Dr. soc.* 2007. 184-186.
- M. Cohen, « La loi sur la "participation" et les comités d'entreprise », *Dr. soc.* 2007. 298-300.
- F. Duquesne, « Négociation dans l'entreprise et entrave à la mission des élus du personnel », *Dr. soc.* 2007. 758-759.

Documents

1) Fonctionnement du comité

Soc. 12 juillet 2006, *Bull. civ.* V, n° 256 ; *RDT* 2006. 402-403, obs. H. Tissandier

« M. X..., délégué syndical et membre du comité d'entreprise de la société KPMG, a fait l'objet d'une mise à pied disciplinaire pour avoir organisé, le 30 septembre 2002, une réunion d'information du personnel au cours de laquelle il a fait le compte rendu de la réunion du comité d'entreprise du 20 septembre précédent en divulguant des informations données par l'employeur au cours de cette réunion et déclarées par lui comme confidentielles *après* la réunion du comité d'entreprise... »

« les membres du comité d'entreprise et les représentants syndicaux ne sont tenus à une obligation de discrétion qu'à l'égard des informations présentant un caractère confidentiel et *données comme telles par l'employeur ou son représentant* ;

D'où il suit que le conseil de prud'hommes, qui a constaté que le procès-verbal de la réunion du comité d'entreprise ne mentionnait pas que les informations données par l'employeur étaient confidentielles, a légalement justifié sa décision ».

2) Étendue des attributions économiques

Soc. 12 novembre 1997, *Bull. civ.* V, n° 375 ; *Dr. ouvrier* 1998. 49, concl. Y. Chauvy ; *Grands arrêts*, n° 143

« Si une décision s'entend d'une manifestation de volonté d'un organe dirigeant qui oblige l'entreprise, il ne s'en déduit pas qu'elle implique nécessairement des mesures précises et concrètes ; qu'un projet, même formulé en termes généraux, doit être soumis à consultation du comité d'entreprise lorsque son objet est assez déterminé pour que son adoption ait une incidence sur l'organisation, la gestion et la marche générale de l'entreprise, peu important qu'il ne soit pas accompagné de mesures précises et concrètes d'application dès lors que la discussion ultérieure de ces mesures n'est pas de nature à remettre en cause, dans son principe, le projet adopté ».

3) Moyens des attributions économiques

Soc. 29 octobre 1987, *Syndex*, *Bull. civ.* V, n° 605 ; *JCP* 1988. 20990, note M. Girault ; *Dr. ouvrier* 1989. 15 ; *Grands arrêts*, n° 144

« D'une part, la mission de l'expert-comptable dont le comité d'entreprise peut se faire assister en vue de l'examen annuel des comptes porte sur tous les éléments d'ordre économique, financier ou social nécessaires à l'intelligence des comptes et à l'appréciation de la situation de l'entreprise, d'autre part, pour opérer toute vérification ou tout contrôle qui entre dans l'exercice de cette mission, l'expert-comptable a accès aux mêmes documents que le commissaire aux comptes…

…le commissaire aux comptes, aux pouvoirs d'investigation duquel sont assimilés ceux de l'expert-comptable du comité d'entreprise, peut, comme le prescrit l'article 229 de la loi du 24 juillet 1966, se faire communiquer toutes les pièces qu'il estime utiles à l'exercice de sa mission ».

4) Notion d'« activité sociale et culturelle »

Soc. 26 janvier 1999, *Bull. civ.* V, n° 41 ; *Grands arrêts*, n° 147

« L'aide exceptionnelle accordée à d'anciens salariés, licenciés dans le cadre d'un licenciement collectif pour motif économique, à l'effet d'agir en justice pour obtenir le respect des engagements pris par l'employeur dans le plan social, dont le comité d'entreprise avait examiné les dispositions, relève des activités sociales au sens des articles L. 432-8 et R. 432-2 du Code du travail, la cour d'appel en a violé les dispositions ».

NB : les art. L. 432-8 et R. 432-2 C. trav. sont devenus depuis la recodification les art. L. 2323-83 et R. 2323-20 C. trav.).

Soc. 2 décembre 2008, n° 07-16818, [P]

« Mais attendu qu'il résulte de l'article R. 432-2, alors en vigueur, que les activités sociales et culturelles, qui ont notamment pour objet l'amélioration des conditions de bien-être des salariés, anciens salariés et de leur famille, ainsi que l'utilisation par eux des loisirs, ne peuvent comprendre un avantage accordé par l'employeur à ses salariés en rémunération d'un travail particulier ou de l'obtention de résultats déterminés, peu important que cet avantage résulte d'une initiative à laquelle l'employeur n'est pas tenu ;

Que la cour d'appel ayant relevé que le travail des commerciaux au cours du premier semestre 2001 leur avait permis d'atteindre les objectifs qui leur avaient été assignés pour l'année, que le « challenge » qui leur a ensuite été proposé reposait sur des données concrètes relatives à la situation des commandes et à la facturation, qu'il avait pour but de maintenir leur motivation et d'améliorer encore leur performance et que tous avaient rempli les nouveaux objectifs, c'est à bon droit qu'elle a jugé que les voyages qui le récompensaient, étant la contrepartie d'un travail particulier et de l'obtention de résultats déterminés, ne constituaient pas une activité sociale et culturelle et qu'elle a, en conséquence, débouté le comité d'établissement de ses demandes… »

5) Moyens des activités sociales et culturelles

Soc. 5 décembre 1989, *Bar Laforge, Bull. civ.* V, n° 692 ; *Dr. soc.* 1990. 217 et 1996. 693, obs. M. Cohen ; *Grands arrêts*, n° 148

« Sur le moyen unique :
Vu l'article 1134 du Code civil et l'article R. 432-11 du Code du travail ;
Attendu que l'employeur peut dénoncer un usage ou un accord conclu avec le comité d'entreprise ou d'établissement, ayant pour objet de fixer sa contribution aux activités sociales et culturelles du comité, à la double condition d'une part que la dénonciation soit précédée d'une information donnée au comité dans un délai suffisant pour permettre l'ouverture de négociations, d'autre part que cette dénonciation n'ait pas pour effet de réduire la subvention de l'entreprise en dessous des minima fixés soit par l'article L. 432-9 du Code du travail, soit par une convention collective, soit par l'article R. 432-11.1°, 2e alinéa, du Code du travail ;
… en omettant de rechercher (…) si l'employeur, à raison de la subvention constamment versée par lui depuis 1972, n'était pas notamment tenu de respecter *la contribution minimale prévue par l'article R. 432-11.1°, 2e alinéa, du Code du travail*, la cour d'appel n'a pas donné de base légale à sa décision ».

Soc. 1er avril 1997, *EDS-GFI, Bull. civ.* V, n° 134 ; *Dr. soc.* 1997. 542, note M. Cohen ; *TPS* 1997, n° 7, p. 4, note B. Denkiewicz et P. Le Cohu ; *Grands arrêts*, n° 149

« Vu les articles L. 432-9 et R. 432-11 du Code du travail ;
Attendu que l'employeur peut dénoncer un usage ou un accord conclu avec le comité d'entreprise ou d'établissement ayant pour objet de fixer sa contribution aux activités sociales et culturelles du comité, à la condition que cette dénonciation n'ait pas pour effet de réduire la subvention de l'entreprise en dessous des minima fixés soit par une convention collective, soit par les articles L. 432-9 et R. 432-11, 1°, alinéa 2, du Code du travail ; que, dans ce dernier cas, le chiffre le plus avantageux atteint au cours des trois dernières années n'est maintenu qu'autant que la masse salariale reste constante et que, si celle-ci diminue, la contribution subit la même variation ;
… l'arrêt (attaqué) a retenu que les trois dernières années visées par l'article R. 432-11 du Code du travail s'entendaient nécessairement de celles qui avaient précédé la prise en charge des dépenses sociales par le comité d'entreprise ; qu'aucune dépense sociale ne préexistant dans la société EDS à la création de son comité d'entreprise, l'employeur n'était tenu au versement d'aucune contribution légale minimale ;
Qu'en statuant ainsi, alors que les trois années de référence s'entendaient de celles précédant la dénonciation, la cour d'appel a violé les textes susvisés ».

chapitre 25

Les autres représentants du personnel

Plan analytique

section 1

Le délégué du personnel

§ 1 Fonctions

A. Réclamations et revendications

B. Exigence d'un lien direct

§ 2 Moyens

A. La réunion mensuelle

B. Alerte, référé-liberté et référé-santé

section 2

La délégation unique

section 3

Le CHSCT

section 4

Les représentants des salariés au sein des organes dirigeants de la société employeur

section 5

Le comité de groupe

section 6

Les comités européens

§ 1 Le comité d'entreprise européen

§ 2 Le comité de la société européenne

25

Les autres représentants du personnel

Les institutions représentatives du personnel sont nombreuses. En plus du comité d'entreprise, les plus importantes sont sans doute les délégués du personnel (section 1), parfois organisés en « délégation unique » (section 2), et le CHSCT (section 3). Les autres institutions ont essentiellement pour finalité d'envoyer des représentants du personnel en des lieux d'exercice du pouvoir qui risqueraient, sinon, d'en être dépourvus. Tel est le cas des représentants du personnel élus au sein des organes dirigeants des sociétés (section 4), du comité de groupe (section 5) et des comités européens (section 6). 940

section 1

Le délégué du personnel

Le délégué du personnel est la première institution représentative qui ait été créée dans l'entreprise. Dès 1890, des délégués mineurs sont élus dans les mines. Après une longue grève, la sentence arbitrale du 7 octobre 1899, rendue par Waldeck Rousseau, alors président du Conseil, permet l'introduction de délégués ouvriers dans les usines du Creusot. L'institution est généralisée par les accords Matignon des 7 et 8 juin 1936 (art. 5). Mais la loi du 24 juin 1936 exige seulement que les conventions collectives traitent de la question (une obligation de négocier, déjà...). Elle est enfin adoptée de manière impérative, sans plus qu'aucune convention collective ne soit nécessaire, par le décret-loi du 12 novembre 1938. Les délégués du personnel seront bien entendu abrogés par Vichy, pour réapparaître après la guerre, avec la loi du 16 avril 1946. 941

Premier embryon d'organisation des salariés dans l'entreprise, dans un univers où le pouvoir de l'employeur était encore perçu comme largement discrétionnaire, les délégués du personnel ont reçu à l'origine des fonctions très modestes. Ils ne sont nullement censés être les fers de lance de la contestation, encore moins des leaders syndicaux. Ils doivent seulement être de simples porte-parole, chargés de rendre audible à l'employeur les réclamations des salariés craintifs. Et encore, ils ne doivent le faire qu'à certains sujets. Un silence prudent leur étant imposé dans les autres domaines. 942

Cette vision restrictive des fonctions n'a jamais été pleinement respectée par les délégués du personnel. Pour la plupart élus syndicaux, ils furent dès le départ leaders des contestations menées par les salariés. Mais ce rôle qu'ils prenaient dans les faits, ils le prenaient contre la loi, et donc non sans courir certains risques. 943

944 La limitation du rôle des délégués syndicaux est encore lisible dans les textes. Mais ceux-ci ont légèrement évolué et, surtout, la jurisprudence semble enfin s'orienter vers une interprétation plus permissive des fonctions des délégués du personnel (§ 1). Leurs moyens se sont, eux, nettement accrus (§ 2).

§ 1 Fonctions

945 Les délégués du personnel ont d'abord pour fonction de présenter des réclamations. Plus précisément, de « présenter aux employeurs toutes les réclamations individuelles ou collectives relatives aux salaires, à l'application du Code du travail et des autres dispositions légales (...), ainsi que des conventions et accords applicables » (art. L. 2313-1 al. 1er C. trav.). Ils peuvent encore se plaindre à l'extérieur des violations du droit et « saisir l'inspection du travail de toutes les plaintes et observations relatives à l'application des dispositions légales dont elle est chargée d'assurer le contrôle » (art. L. 2313-1 al. 2 C. trav.).

À lire ces textes, les fonctions des délégués du personnel semblent avoir gardé de leurs origines une certaine modestie. Présenter les revendications des autres lorsqu'elles touchent au salaire et lorsqu'elles visent à demander que le droit soit respecté. Se plaindre à l'inspection du travail en cas de violation du droit. S'abstenir de revendiquer soi-même et même de présenter des réclamations d'avantages nouveaux, dès lors que celles-ci sortent du domaine étroit des salaires. Voilà qui semble très restrictif et passablement anachronique, à une époque où les syndicats ont toute leur place dans l'entreprise et où la liberté d'expression autorise chacun à émettre des revendications. Chacun, y compris donc, pourrait-on penser, le délégué du personnel...

946 Aussi, les fonctions des délégués du personnel semblent-elles en passe d'évoluer. Leur fonction de présentation de réclamations s'interprète aujourd'hui de manière plus permissive (A), même si l'exigence d'un lien direct entre les actes du délégué et les intérêts des salariés demeure, à juste titre, impérative (B).

947 Les délégués du personnel ont, de plus, une fonction consultative occasionnelle, par exemple en matière d'inaptitude physique définitive (art. L. 1226-10 C. trav.) ou de congés payés (art. L. 3141-13 et L. 3141-20 C. trav.). Ils ont encore reçu un droit d'alerte et un droit d'agir en justice spécifiques dont l'importance s'est rapidement accrue depuis sa création, en 1992 (v. n° 958).

948 Ils ont surtout un très important rôle de suppléance des autres institutions représentatives du personnel. En l'absence de comité d'entreprise et de CHSCT, ces délégués remplissent l'essentiel des missions dévolues à ces comités. Ils deviennent alors dotés de très importantes attributions.

Dans le cadre de la délégation unique du personnel (v. n° 959-962), les choses vont encore un peu plus loin, puisque les élus délégués du personnel sont aussi les membres du comité d'entreprise. Il ne s'agit plus alors de combler une carence, mais d'incarner les deux institutions.

Et les délégués du personnel peuvent encore être désignés délégué syndical, y compris dans les entreprises n'atteignant pas le seuil de cinquante salariés (art. L. 2143-6 C. trav.).

Ils peuvent donc, dans certains cas, réunir sur leur tête toutes les autres institutions représentatives.

A. Réclamations et revendications

Depuis la loi de 1982, il est devenu clair que les délégués du personnel peuvent présenter des réclamations d'augmentation des salaires (la question était plus difficile auparavant). Mais les délégués peuvent-ils demander de nouveaux avantages dans d'autres domaines ? **949**

Cette question dépend du sens accordé au mot « réclamation ». Ce mot doit-il être limité aux demandes sur l'application des textes existants ? Ou bien les délégués du personnel peuvent-ils de surcroît réclamer des améliorations du statut des salariés ? En d'autres termes faut-il opposer les « réclamations » limitées aux demandes d'application des règles existantes et les « revendications », qui permettent de demander plus ?

La Cour de cassation a d'abord adopté une vision large de la mission des délégués du personnel (v. Soc. 3 janvier 1957, *D.* 1957. 88 ; Crim. 2 mars 1961, *Boulanger*, *Bull. crim* n° 139 ; *Dr. soc.* 1961. 417, note Brethe de la Gressaye). Puis elle a adopté une position très restrictive (Crim. 24 mai 1973, *Citroën*, *Bull. crim.* n° 239 ; *D.* 1973. 599, note J. Savatier et, sur la question, J. Pélissier, *JCP* 1972. II. 16970 et 17074 ; J.-M. Verdier, *D.* 1972. 334) et interprété le texte alors applicable pour interdire aux délégués de réclamer des augmentations de salaire. Cette solution a été contredite par la loi du 28 octobre 1982, laquelle accorde compétence aux délégués pour présenter « toutes les réclamations individuelles ou collectives relatives aux salaires » (art. L. 2313-1 C. trav.). **950**

Mais dans les autres matières, l'affaire n'a pas été résolue par la loi. Le raisonnement de l'arrêt *Citroën* du 24 mai 1973 précité était qu'il ne fallait pas que les délégués du personnel aient des fonctions qui empiètent sur celles des délégués syndicaux…

Ce raisonnement a perduré après la loi de 1982, au sein de la chambre criminelle, pour faire prédominer une vision restrictive des fonctions des délégués en leur interdisant, sauf en matière de salaire, de présenter des réclamations sur l'amélioration du statut collectif, des « revendications » (Crim. 26 janvier 1993, *Bull. crim.*, n° 43 ; *Dr. soc.* 1993. 746, obs. J. Savatier).

En revanche, la chambre sociale semble avoir évolué vers plus de souplesse. C'est du moins le sens qui peut être donné à un arrêt *Piquot* du 23 septembre 1992 (*Bull. civ.* V, n° 478 ; *Grands arrêts*, n° 140). En l'espèce, une action commune avait été menée par des délégués du personnel, des délégués syndicaux, et des membres du comité d'entreprise. Cette action avait pour objet la demande d'une possibilité de prendre le café dans l'entreprise, question qui ne relève pas, *a priori*, d'une simple application des lois et conventions collectives applicables. Et, si l'on en croit le moyen de l'employeur, il s'agissait d'une action non dépourvue de caractère revendicatif, puisqu'il s'agissait d'une « manifestation de type carnavalesque, avec des panneaux portant des inscriptions désobligeantes, et accompagnée de la diffusion de musique, de la distribution de tracts, de café et de croissants, sur les lieux de travail et aux heures de travail ». La Cour décide cependant que le temps passé à cette manifestation par les divers représentants impliqués entrait bien dans leurs fonctions **951** respectives et qu'il pouvait par conséquent s'imputer sur leurs crédits d'heures respectifs. L'existence de compétences partagées par les différentes institutions représentatives est ainsi reconnue. Et cela permet à la Cour d'intégrer une action revendicative au sein des compétences des délégués du personnel. Il faut souhaiter que cette évolution de la jurisprudence de la chambre sociale, encore timide, se confirme, et qu'elle puisse venir à bout des réticences désuètes de la chambre criminelle.

952 Il est en effet vain de vouloir préserver la spécificité de chaque institution en évitant les empiétements. De tels domaines communs sont inévitables en pratique et en droit. Pour ne prendre qu'un exemple, on rappellera que la négociation obligatoire menée par les délégués syndicaux porte, depuis longtemps, sur des thèmes qui exigent une consultation préalable du comité, sans que cette double compétence n'ait été perçue comme problématique (v. not. Soc. 5 mai 1998, *Bull. civ.* V, n° 219 ; *Grands arrêts*, n° 159 ; Soc. 19 mars 2003, *Bull. civ.* V, n° 105).

Il est dès lors difficile de tirer argument de la compétence des délégués syndicaux pour nier celle des délégués du personnel.

De plus, les délégués du personnel sont en principe des militants syndicaux. Et il n'apparaît ni praticable ni opportun de leur interdire toute action revendicative dans le cadre de leur mandat.

B. Exigence d'un lien direct

953 Un lien direct entre l'action du délégué du personnel et les intérêts des salariés qui l'ont élu doit être maintenu (v. not. Soc. 24 mars 1993, *Bull. civ.* V, n° 98), alors qu'un lien indirect avec les salariés de l'établissement ou de l'entreprise où ils sont désignés semble suffire pour l'action des délégués syndicaux.

Cette exigence d'un lien direct maintenu avec les intérêts des électeurs est justifiée, même si elle a parfois pu conduire à des solutions excessives. Ainsi, la participation du délégué du personnel à une réunion d'information portant notamment sur le droit applicable aux délégués du personnel, a pu être considérée comme dépourvue de lien direct avec ces intérêts, au motif que le sujet de la réunion n'était pas spécifiquement consacré aux problèmes de l'entreprise (Soc. 8 mars 1984, *Bull. civ.* V, n° 92 ; pour une solution similaire prise au sujet d'un membre du CHSCT, Soc. 5 octobre 1994, *Bull. civ.* V, n° 259). Cette solution est discutable puisqu'il est de l'intérêt direct des électeurs qu'un délégué du personnel ait connaissance de l'étendue de ses droits. En revanche, la Cour de cassation n'exige plus de circonstances exceptionnelles pour que les délégués exercent leur mission en dehors des locaux de l'entreprise (Soc. 14 février 1989, *Bull. civ.* V, n° 121).

954 À la suite de cette ouverture et par l'effet de la loi du 31 décembre 1992 (sur laquelle v. n° 955), le temps passé par les délégués du personnel à assister aux instances prud'homales est de plus en plus facilement inclus dans leurs attributions. Alors qu'en principe l'assistance ou la représentation d'un salarié devant le conseil de prud'hommes n'appartient pas à la mission de délégué du personnel (Soc. 21 février 1990, *Bull. civ.* V, n° 85), tel n'est plus le cas lorsqu'il s'agit de défendre les droits et libertés ou de lutter contre une discrimination (Soc. 26 mai 1999, *Bull. civ.* V, n° 238 ; *Dr. soc.* 1999. 773, note C. Radé) ou lorsqu'il s'agit pour le délégué de défendre ses

propres prérogatives (Soc. 3 juillet 1990, *Bull. civ.* V, n° 339 ; Ass. plén. 31 octobre 1996*).

Il résulte de l'ensemble de ces solutions que, suivant la voie tracée par le législateur, la chambre sociale élargit peu à peu la latitude accordée aux délégués du personnel dans l'exercice de leur mandat. Elle pourrait notamment contribuer à réduire le contentieux de l'usage des heures de délégation (sur ces heures, v. n° 1112 et s.). Ce qui apparaît d'autant plus souhaitable que l'action en contestation des heures de délégation porte sur des sommes généralement modiques et qu'elle s'explique souvent par la volonté de l'employeur d'exercer une pression à l'encontre des élus du personnel. 955

§ 2 Moyens

Comme les autres institutions représentatives, les délégués du personnel ont droit à un local (qui peut être commun avec le comité d'entreprise) et à des heures de délégations (sur lesquelles, v. n° 1112 et s.). 956

Leur moyen d'influence spécifique principal est la réunion mensuelle qu'ils doivent avoir avec l'employeur (A). Les délégués du personnel sont, de plus, détenteurs d'un droit d'alerte et d'action en justice très efficace en matière de droits de l'homme et de protection de la santé (B).

A. La réunion mensuelle

Une réunion doit être tenue entre l'employeur et les délégués du personnel au moins une fois par mois (art. L. 2315-8 C. trav.). Cette réunion est précédée et suivie de formes spécifiées par la loi (art. L. 2315-12 C. trav.). Les demandes sont présentées par écrit au moins deux jours ouvrables avant la date de la réunion. L'employeur doit répondre par écrit à ces demandes, au plus tard dans les six jours ouvrables suivant la réunion. Et ces questions et réponses sont transcrites dans un registre spécial, à la disposition des salariés et de l'inspecteur du travail. 957

Ces formalités sont importantes. Si la demande porte sur l'application du droit, et si l'employeur entend ne pas la satisfaire, il lui est ainsi demandé d'affirmer sa volonté de continuer à violer la règle de droit, dans un écrit qui sera mis à la disposition de l'inspecteur du travail. La seule exigence d'un tel aveu constitue une pression qui peut être efficace.

B. Alerte, référé-liberté et référé-santé

La loi du 31 décembre 1992 a accordé aux délégués du personnel un droit d'alerte et un droit d'agir en justice spécifiques (art. L. 2313-2 C. trav.). Ces droits ont vu leur champ d'application s'accroître à deux reprises. 958

À l'origine, ils étaient limités aux cas d'atteintes aux droits et libertés des personnes. Ils ont été étendus aux discriminations par la loi du 16 novembre 2001 et aux atteintes à la santé physique ou mentale d'un salarié par la loi du 17 janvier 2002.

Dans toutes ces hypothèses, le délégué peut saisir l'employeur, qui doit alors mener une enquête contradictoire et prendre les mesures nécessaires (art. L. 2313-2 al. 2 C. trav.). En cas de carence de l'employeur ou si les mesures prises semblent insuffisantes au délégué, ce dernier peut saisir le conseil de prud'hommes, à la seule condition que le salarié concerné en soit informé par écrit et qu'il ne s'y oppose pas (ce qui rappelle l'action de substitution accordée aux syndicats : v. n° 693-696). Le bureau de jugement du conseil statue alors en la forme des référés et peut ordonner toute mesure pour faire cesser le trouble constaté, au besoin sous astreinte (art. L. 2313-2 al. 3 et 4 C. trav.).

L'action est rapide et efficace. Il s'agit d'un puissant levier en vue d'une meilleure effectivité des droits de l'homme et des règles protectrices de la santé dans l'entreprise.

section 2

La délégation unique

959 Ce mécanisme a été mis en place par la loi du 20 décembre 1993. Elle permet de simplifier la structure des institutions représentatives dans les entreprises de moins de 200 salariés.

La mise en place d'une délégation unique est une faculté ouverte à la décision unilatérale de l'employeur (art. L. 2326-1 C. trav.), après consultation des délégués du personnel et du comité d'entreprise.

960 Lorsqu'elle est mise en place, la délégation unique rassemble les délégués du personnel et le comité d'entreprise.

La délégation unique est composée des délégués du personnel. En cas de mise en place de cette délégation, leur nombre est toutefois légèrement accru (art. R. 2314-3 C. trav.).

961 Les attributions des délégués du personnel et celles du comité d'entreprise sont intégralement maintenues. Juridiquement même, les deux institutions représentatives continuent à exister. Elles sont simplement composées des mêmes personnes. La réunion mensuelle des délégués du personnel et celle du comité d'entreprise devront être tenues successivement, selon les règles applicables à chacune de ces institutions (art. L. 2326-3 C. trav.).

962 Les gains pour l'employeur de la mise en place d'une telle délégation unique sont surtout dans la réduction du nombre d'interlocuteurs et donc du nombre de personnes protégées. La délégation unique permet aussi une réduction du nombre d'heures de délégation à accorder.

La simplification opérée a l'avantage de réunir les institutions représentatives et d'éviter ainsi de multiplier les possibles divisions au sein de la représentation du personnel.

section 3

Le CHSCT

Le comité d'hygiène, de sécurité et des conditions de travail (CHSCT) est un organe élu par un collège composé des membres élus du comité d'entreprise et des délégués du personnel (art. L. 4613-1 C. trav., v. n° 1092-1094). Ses attributions, comme son nom l'indique, sont relatives à l'hygiène et à la sécurité sur les lieux de travail, ce qui débouche naturellement sur une compétence relative à l'ensemble des conditions de travail. La question de la santé est en effet présente non seulement au travers des équipements et des machines, mais encore au travers de l'organisation du temps de travail, des méthodes de gestion du personnel, du stress au travail, etc. Le champ d'intervention du comité est donc large. Il l'est d'autant plus que les questions de sécurité sont toujours plus importantes, dans notre société comme en droit. 963

Dans son domaine d'intervention, le CHSCT a des attributions qui ne sont pas sans rappeler celles du comité d'entreprise.

Il doit tout d'abord être informé et consulté dans tout une série de cas, dont la liste se trouve aux articles L. 4612-8 à L. 4612-15 du Code du travail et notamment avant toute « décision d'aménagement important modifiant les conditions de santé et de sécurité ou les conditions de travail ». L'expression est ouverte : toute décision importante ayant un impact sur les domaines de compétence du comité requiert un avis préalable. L'essor de la problématique de la santé a conduit les juges à reconnaître à cette consultation obligatoire un champ d'application de plus en plus large. Ainsi, la décision de mettre en place des entretiens annuels doit faire l'objet d'une consultation préalable du CHSCT, dès lors que ces entretiens « étaient manifestement de nature à générer une pression psychologique entraînant des répercussions sur les conditions de travail » (Soc. 28 novembre 2007*). 964

À l'instar du comité d'entreprise, le CHSCT peut bénéficier d'experts rémunérés par l'employeur. Les cas de recours à de tels experts sont largement compris. Le comité peut faire appel à une telle expertise « lorsqu'un risque grave, (...) une maladie professionnelle ou à caractère professionnel est constaté dans l'établissement », mais aussi et surtout, « en cas de projet important modifiant les conditions de santé et de sécurité ou les conditions de travail » (art. L. 4614-12 C. trav.). 965

Le CHSCT est, en outre, destinataire de toutes les informations utiles, d'un bilan annuel rédigé par l'employeur sur les questions qui relèvent de sa compétence, etc. Il peut aussi aller chercher les informations lui-même. Il lui est reconnu le droit de diligenter une enquête en cas d'accident du travail et de maladie professionnelle (art. L. 4612-5 C. trav.). Et il doit procéder au moins chaque trimestre à des inspections qui lui permettent de veiller à l'application des prescriptions légales et réglementaires en matière de sécurité (art. L. 4612-4 C. trav.). Il se réunit au moins tous les trimestres (art. L. 4614-7 C. trav.). 966

Le CHSCT a longtemps été considéré comme une institution représentative de seconde importance. La montée en force des questions relatives à la sécurité, 967 l'effritement de la réglementation protectrice dans les autres domaines et ses importants moyens notamment en termes d'expertise, en font une institution représentative en plein essor.

section 4

Les représentants des salariés au sein des organes dirigeants de la société employeur

■ 968 Les représentants du personnel et les représentants syndicaux sont bien séparés des organes directeurs de la personne morale employeur. Le personnel est organisé d'un côté, le capital de l'autre. On ne mélange pas les torchons et les serviettes. Le Code du travail d'un côté, le Code de commerce de l'autre. Dans les sociétés commerciales, cette division profonde, essentielle, ne connaît que de tous petits tempéraments. Pour trouver plus de démocratie appliquée dans le monde du travail, il faut quitter les sentiers battus et s'intéresser à des personnes morales plus marginales (SCOP, coopératives...). Nous en resterons ici à la mention des bribes de participation laissées aux salariés dans les organes des sociétés commerciales.

■ 969 Le comité d'entreprise peut désigner quatre représentants, répartis dans les différents collèges électoraux, à toutes les séances du conseil d'administration ou du conseil de surveillance de la société anonyme (art. L. 2323-62 et s. C. trav.). Ces représentants ont le droit de s'exprimer et ils reçoivent les mêmes documents que ceux transmis aux administrateurs. Ils n'ont cependant qu'une voix consultative : ils ne participent pas, par leur vote, aux décisions.

■ 970 Des représentants des salariés ayant voix délibérative (*i.e.* qui votent) peuvent en outre être élus, par le personnel, au conseil d'administration des sociétés anonymes (art. L. 225-27 et s. C. com.). Cette possibilité, facultative, est rare. On ne la retrouve guère qu'au sein de sociétés ayant été privatisées, cette technique de l'administrateur salarié élu ayant été utilisée pour maintenir la représentation du personnel qui existe au sein des entreprises publiques depuis la loi du 26 juillet 1983.

Lorsqu'ils existent, les administrateurs salariés au conseil d'administration des sociétés anonymes ne peuvent dépasser le tiers du total des membres de ce conseil : la cogestion est prohibée. Et il est prévu que ces administrateurs salariés ne peuvent exercer aucune autre fonction de représentation dans l'entreprise (la participation exclut la contestation). L'élection est une élection sur liste syndicale, à laquelle peuvent en outre participer les salariés soutenus par au moins 5 % des électeurs. Sauf s'il n'y a qu'un siège à pourvoir, l'élection se fait au scrutin proportionnel au plus fort reste (sur ce mode de scrutin, v. n° 1081).

Malgré ses limites, lorsqu'elle est prévue, cette possible élection d'administrateurs salariés permet une véritable participation des salariés à la gestion des entreprises.

section 5

Le comité de groupe

Le comité de groupe, composé de membres désignés par les syndicats parmi leurs élus (v. n° 1105-1109), présente l'intérêt d'une représentation des salariés là où s'exerce le pouvoir dominant dans un groupe de sociétés. Cette représentation n'est cependant dotée que d'attributions très réduites, comme si, là où s'exerce le vrai pouvoir, il n'était pas question d'instaurer un véritable dialogue social. Le comité de groupe n'est qu'un réceptacle d'informations (art. L. 2332-1 et L. 2332-2 C. trav.). Ces informations ont cependant parfois une grande importance. Le comité de groupe est, notamment, récipiendaire des comptes consolidés, lorsqu'ils existent. 971

Les différentes informations reçues pourront être transmises aux différents comités d'entreprise.

Le comité de groupe est présidé par le chef de l'entreprise dominante. Il élit un secrétaire. Et il ne se réunit, au minimum, qu'une fois par an.

Les attributions du comité de groupe apparaissent bien timides, surtout lorsqu'on les compare aux attributions des comités d'entreprise. Ce qui permet de montrer à quel point l'écran de la personnalité morale demeure efficace pour couper les salariés et leurs représentants des lieux d'exercice réels du pouvoir dans les entreprises organisées en groupe de sociétés. 972

section 6

Les comités européens

Le comité d'entreprise européen créé en 1994 pour les entreprises « de dimension communautaire » (§ 1) a été repris, quasiment à l'identique, pour constituer un comité d'entreprise au sein de la société européenne issue du règlement européen de 2001 (§ 2). 973

§ 1 Le comité d'entreprise européen

Le comité d'entreprise européen est issu de la directive du 22 septembre 1994 (94/45 CE), laquelle a été transposée par la loi du 12 novembre 1996. 974

Il s'impose dans les entreprises et groupes « de dimension communautaire » (art. L. 2341-1 et L. 2341-2 C. trav.). L'innovation principale de ce texte est d'assimiler groupe et entreprise, pour leur appliquer les mêmes règles. La division d'une entreprise en sociétés distinctes est donc sans influence, pour une fois, sur l'organisation de la représentation du personnel.

La « dimension communautaire » suppose une certaine taille. L'entreprise ou le groupe doivent avoir au moins 1 000 salariés dans l'Union européenne et être établis de manière importante dans au moins 2 États : les entreprises de dimension communautaire doivent comprendre au moins 2 établissements de 150 salariés dans 2 États et les groupes de dimension communautaire, au moins 2 sociétés employant 150 salariés dans 2 États.

975 Les attributions et l'organisation des comités d'entreprise européens sont normalement issues d'un accord conclu au sein d'un groupe spécial de négociation. Les membres de ce groupe spécial sont désignés de manières variées selon les pays de l'Union européenne, les traditions étant d'un pays à l'autre, très différentes. En France, les représentants sont désignés par les syndicats parmi leurs élus, à la manière de ce qui se pratique pour le comité de groupe français (v. n° 1105-1109). Ce groupe adopte un accord à la majorité absolue de ses membres (ce qui est une originalité par rapport aux systèmes français de négociation collective).

976 En l'absence d'accord, les membres du comité sont désignés à la manière des membres du groupe spécial de négociation. Le comité se réunit au moins une fois par an (art. L. 2343-3 C. trav.). Il est présidé par le chef d'entreprise ou le chef de l'entreprise dominante. Il élit un secrétaire.

977 Selon le texte de la directive et celui de la loi de transposition, en l'absence d'accord, les attributions du comité sont assez floues. Son domaine de compétence comprend toute une liste de sujets qui englobent la plupart des événements économiques importants dans la vie de l'entreprise ou du groupe et notamment sa situation économique et financière, l'évolution probable de ses activités et de l'emploi, tous les changements substantiels concernant l'organisation, l'introduction de nouvelles méthodes de travail ou de nouveaux procédés de production, ou encore les licenciements collectifs (art. L. 2343-3 C. trav.).

Mais les textes se contentent de dire que tel est l'objet de la réunion annuelle. Ce qui suppose une information, peut-être une discussion, mais n'implique pas, *a priori*, d'obligation de consultation préalable à la prise de décision.

978 En revanche, selon le texte, en cas de « circonstances exceptionnelles qui affectent considérablement les intérêts des salariés », il était prévu par l'ancien Code « un échange de vues et un dialogue » (art. L. 439-15 anc. C. trav.). Les juridictions françaises ont interprété ces termes comme une véritable obligation de consultation préalable, calquée sur les prérogatives reconnues aux comités d'entreprise (Versailles 7 mai 1997, rendue dans l'affaire *Vilvorde*, *Dr. soc.* 1997. 493, obs. M.-A. Moreau, p. 509, obs. A. Lyon-Caen). Prenant acte de cette jurisprudence, la recodification a affirmé, dans ce cas, le droit du comité d'être « informé et consulté » (art. L. 2343-4 C. trav.).

Cette solution permet au comité d'entreprise européen d'être plus qu'un simple lieu d'information et d'être un véritable lieu de consultation préalable, il est vrai seulement pour les décisions les plus graves pour l'avenir des salariés (fermeture d'établissement, réorganisations, fusions, externalisation...).

§ 2 Le comité de la société européenne

979 La société européenne est une nouvelle forme de société anonyme, créée au niveau de l'Union européenne par le règlement du 8 octobre 2001 n° 2157/2001 (CE). Dans

ce type de société, la représentation des salariés est organisée au sein d'un comité d'entreprise spécial, créé par une directive du même jour (2001-1986/CE) transposée par la loi du 26 juillet 2005.

Ce comité est semblable au comité d'entreprise européen. Un groupe spécial de négociation désigné de manière similaire en fixe les contours (art. L. 2352-5 C. trav.). Et, en l'absence d'accord, les attributions de ce comité sont, à quelques détails près, calquées sur celles du comité d'entreprise européen (art. L. 2353-3 et s. C. trav.).

Biblio

- J. Savatier, « La représentation des salariés dans les organes de la société anonyme après la loi du 25 juillet 1994 », *Dr. soc.* 1995. 33.
- J. Savatier, « Les attributions des délégués du personnel », *Dr. soc.* 1993. 746.
- A. Lyon-Caen, obs. sous Versailles 7 mai 1997, *Dr. soc.* 1997. 509.
- M.-A. Moreau, « À propos de l'"affaire Renault" », *Dr. soc.* 1997. 493.
- M. Germain, « Les structures de l'entreprise et le droit du travail », *Dr. soc.* 2005. 129-132.
- S. Laulom et C. Vigneau, « Actualité du rapprochement des législations en matière de relations professionnelles », *Dr. soc.* 2005. 526-535.
- M.-A. Moreau, « Restructurations et comité d'entreprise européen », *Dr. soc.* 2006. 308-318.

Documents

1) Vers un élargissement des attributions des délégués du personnel ?

Soc. 23 septembre 1992, *Bull. civ.* V, n° 478

« (Selon le moyen)...il n'entre dans la mission ni des délégués syndicaux, ni des représentants élus du personnel d'organiser une manifestation de type carnavalesque, avec des panneaux portant des inscriptions désobligeantes, et accompagnée de la diffusion de musique, de la distribution de tracts, de café et de croissants... »
Mais attendu (selon la Cour) qu'ayant constaté que l'activité litigieuse des représentants élus du personnel et des représentants syndicaux avait trait à l'information des salariés à leur poste de travail, conformément à l'objet de leurs mandats respectifs, et n'avait pas apporté de gêne importante à l'accomplissement du travail des salariés au sens des articles L. 412-17, L. 424-3 et L. 434-1 du Code du travail (relatifs aux délégués syndicaux, du personnel et aux élus du comité d'entreprise), le conseil de prud'hommes a, par ces seuls motifs, légalement justifié sa décision ».

Ass. plén. 31 octobre 1996, *Bull. Ass. plén.,* n° 7 ; *Dr. soc.* 1997. 270, note J.-M. Verdier ; *JCP* 1996. 496, note D. Corrignan-Carsin

« En assurant sa propre défense lors d'une contestation par l'employeur de l'utilisation des heures de délégation, le salarié protégé est dans l'exercice de son mandat ».

2) Interprétation restrictive du droit d'agir en justice du CHSCT

Crim. 11 octobre 2005, *Bull. crim.,* n° 254 ; *Dr. soc.* 2006. 43-47, obs. F. Duquesne

« Attendu que, si les comités d'hygiène, de sécurité et des conditions de travail institués par l'article L. 236-1 du Code du travail ont pour mission de contribuer à la protection de la santé et de la sécurité des salariés de l'entreprise ainsi qu'à l'amélioration de leurs conditions de travail, et s'ils sont dotés, dans ce but, d'une faculté d'expression collective pour la défense des intérêts

dont ils ont la charge, il n'en demeure pas moins que, pour se constituer partie civile en cours d'instruction, ils doivent justifier de la possibilité d'un préjudice direct et personnel découlant des infractions poursuivies, comme l'exige l'article 2 du Code de procédure pénale ;
Que tel n'est pas le cas en la cause, s'agissant de délits d'homicides et de blessures involontaires subis par des tiers à cet organisme ».

3) Essor de l'obligation de consulter le CHSCT

Soc. 28 novembre 2007, n° 06-21964, [P], *Dr. ouvrier* 2008. 49, rapp. J. M. Béraud ; *RDT* 2008. 111, note L. Lerouge ; p. 180, note P. Adam

« qu'ayant relevé que les évaluations annuelles devaient permettre une meilleure cohérence entre les décisions salariales et l'accomplissement des objectifs, qu'elles pouvaient avoir une incidence sur le comportement des salariés, leur évolution de carrière et leur rémunération, et que les modalités et les enjeux de l'entretien étaient manifestement de nature à générer une pression psychologique entraînant des répercussions sur les conditions de travail, c'est sans encourir les griefs du moyen que la cour d'appel a exactement décidé que le projet de l'employeur devait être soumis à la consultation du CHSCT ».

chapitre 26

Désignation et élection des représentants

Plan analytique

section 4

Élections au suffrage indirect

§ 1 Élections au comité central d'entreprise

§ 2 Élections au CHSCT

section 5

Désignation par les syndicats

§ 1 La désignation des délégués syndicaux

§ 2 La désignation des représentants syndicaux au comité d'entreprise

§ 3 La désignation des représentants au comité de groupe et aux comités du droit européen

Désignation et élection des représentants

980 La mise en place d'une institution représentative du personnel ou d'un représentant des syndicats, de même que le calcul du nombre de représentants pouvant être élus ou désignés suppose d'abord la détermination de l'unité dans laquelle cette désignation ou cette élection aura lieu (section 1). Ce peut être selon le cas, le groupe, l'entreprise, l'établissement, le site...

Il est également nécessaire de passer certains seuils d'effectifs (section 2).

Un salarié peut être titulaire d'un mandat soit parce qu'il a été élu par les salariés, au scrutin direct (section 3) ou indirect (section 4), soit parce qu'il a été désigné par un acte unilatéral du syndicat (section 5).

section 1

Unité de représentation

981 À la lecture du Code du travail, il apparaît que les principales institutions représentatives sont, en principe, désignées dans l'« entreprise ». Tel est notamment le cas du comité d'entreprise (L. 2322-1 C. trav.), des sections syndicales (art. L. 2142-1 C. trav.) et de la délégation unique du personnel (art. L. 2326-1 C. trav.). En revanche, les délégués du personnel (art. L. 2312-1 C. trav.) et le CHSCT (art. L. 4611-1 C. trav.) ont un cadre d'élection de principe plus petit : l'« établissement » (§ 2).

Les délégués syndicaux avaient pour cadre de principe l'entreprise dans l'ancien Code (art. L. 412-11 anc. C. trav.) et sont désormais désignés en principe dans l'établissement (art. L. 2143-3 C. trav.). Ce changement ne devrait pas avoir de conséquences très importantes (v. ci-dessous).

982 Le choix opéré par le législateur entre établissement et entreprise comme cadre de principe d'une institution a des conséquences pratiques limitées.

Tout d'abord, certaines entreprises ne comptent qu'un seul établissement et, alors, les cadres coïncident.

Ensuite, toutes les institutions représentatives dont le cadre de principe est l'entreprise peuvent être organisées dans le cadre des différents établissements, dès lors que ceux-ci ont des effectifs suffisants. Une structure centrale au niveau de l'entreprise peut alors être ajoutée à ces structures décentralisées. Une entreprise qui compte 3 établissements ayant chacun plus de 50 salariés pourra ainsi compter 3 comités d'établissement et 1 comité central d'entreprise. Cette faculté de créer un niveau central est aussi reconnue pour les délégués syndicaux, et ce y compris par la recodification (art. L. 2143-5 C. trav.). Ce qui rend leur cadre de désignation, en pratique, similaire à celui des comités d'entreprise.

La mention de l'établissement comme cadre de principe a plus d'impact pour les délégués du personnel et le CHSCT : pour ces institutions, il n'existe pas de structure centrale qui viendrait chapeauter les désignations faites dans les établissements. 983

En revanche, plusieurs CHSCT peuvent être constitués dans un même établissement. Dans les établissements d'au moins 500 salariés cette multiplication des CHSCT peut être décidée par accord du comité d'entreprise et de l'employeur ou, à défaut, par décision de l'inspecteur du travail, si des spécificités liées aux risques encourus, aux tâches, aux locaux ou aux modes d'organisation du travail, rendent cette séparation utile (art. L. 4613-4 C. trav.).

Certaines institutions peuvent en outre être constituées dans des cadres qui regroupent plusieurs entreprises. Les principales sont les « groupes de sociétés » (§ 3) et le « site » (§ 4). Ces unités seront abordées après l'étude des unités de principe que sont l'entreprise (§ 1) et l'établissement (§ 2). 984

§ 1 L'entreprise

La question est ici de trouver le cadre de principe dans lequel doivent être désignées les principales institutions représentatives. Cette opération consiste à placer des limites, des frontières, pour dire quels sont les différents éléments qui seront regroupés dans un même ensemble économique : l'entreprise. 985

Cette question de la *délimitation* ne doit pas être confondue avec la question de la *nature* de l'entreprise.

Il existe en effet des débats essentiels et rudes sur la nature de l'entreprise. Elle peut être perçue simplement comme une organisation réunissant des moyens et des personnes autour d'une activité économique. Elle est alors un rassemblement, un conglomérat, une addition d'éléments divers. C'est ce sens qui est aujourd'hui prédominant en droit. L'entreprise peut aussi être comprise de manière plus fusionnelle, plus forte, les différents éléments étant alors fondus pour créer une unité substantielle, une essence propre. L'entreprise peut alors être perçue comme une « institution » et il est vite question de lui accorder des attributs analogues à ceux des individus, comme la volonté, l'intérêt ou même la citoyenneté. C'est à ce second sens qu'il est souvent fait allusion lorsqu'il est question des théories de l'« entreprise ». On s'en tiendra ici au premier de ces sens, seul conforme au droit positif (sur la théorie de l'institution v. n° 13, 14 et 17). 986

La notion d'« entreprise » s'est avérée un peu difficile à manier au quotidien. Une sorte de présomption d'identité entre l'entreprise et la personne morale qui organise l'employeur a alors été créée (A). Cette discutable présomption cède avec la preuve d'une « unité économique et sociale » (B). 987

A. Entreprise et personnalité morale

Le terme « entreprise » vise une situation de fait. Avec toutes sortes de nuances selon ses contextes juridiques, il signifie usuellement un ensemble de moyens et de personnes, une organisation, ayant une activité économique. Identifier une « entreprise » suppose de tracer les limites de cet ensemble. Et cette tâche apparaît bien difficile. 988

Une certaine organisation et un certain pouvoir sont nécessaires pour que l'ensemble tienne, pour que l'unité fasse sens. Mais, entre l'unité d'organisation évidente que permet de déceler une organisation hiérarchique centralisée et les simples relations contractuelles entre indépendants, tout est question de degré et non de nature.

La recherche d'une unité dans l'activité est une piste encore plus fragile. Une activité unique peut être composée de tâches complémentaires fort différentes, faites par des entités tout à fait distinctes, comme lorsque plusieurs artisans indépendants participent, chacun dans son domaine de spécialité, à un même et unique chantier. Une organisation unique et centralisée peut, réciproquement, avoir plusieurs activités tout à fait indépendantes et conserver suffisamment d'unité pour mériter encore d'être qualifiée d'« entreprise ».

989 En revanche, tracer le pourtour d'une personne morale est très simple : on en connaît les actionnaires, le patrimoine, le siège, l'objet... Mais la création de personnes morales est très libre et il n'est nullement exigé qu'une personne morale corresponde à une unité d'organisation ou d'activité. Le pourtour d'une personne morale dépend seulement de la volonté des parties qui créent cette personne morale : c'est un artifice juridique. Une même activité et un même pouvoir peuvent être structurés autour de centaines de petites personnes morales. De très nombreuses unités économiques, même de petite taille, sont aujourd'hui constituées de plusieurs sociétés distinctes, plus ou moins imbriquées, formant des micro-groupes de sociétés.

990 Pour résumer, l'« entreprise » correspond à une *réalité*, mais celle-ci est *très difficile à cerner*. Réciproquement, la personne morale *est une fiction*. Mais cette fiction est *très facile à cerner*.

991 La solution de facilité est alors claire. Plutôt que de se lancer à chaque fois dans la réalité économique et ses difficiles nuances, plutôt que de tenter de retrouver le sens et les organisations de fait, il est de très loin plus facile de *présumer* que chaque personne morale distincte est une « entreprise » distincte. Ceci peut expliquer la présomption très forte que les juges accordent à l'identité entre personne morale et entreprise. Cette présomption n'est pourtant nullement imposée par des textes qui, eux, se réfèrent à la situation économique de fait, à l'entreprise.

L'assimilation par la jurisprudence de l'entreprise et de la personnalité morale connaît toutefois un tempérament. Le caractère fictif de la division en personnes morales est parfois trop évident. Les juges dépassent alors l'écran de la personne morale. Mais ce dépassement est encore très difficile. La jurisprudence a donné un nom à la situation exceptionnelle qui le permet : celui d'« unité économique et sociale ».

B. Entreprise et unité économique et sociale

992 Selon le sens commun des mots, il y a une certaine synonymie entre « entreprise » et « unité économique et sociale ». La notion d'« entreprise » pourrait même être définie comme une « unité économique et sociale ». La personnalité morale ne serait plus alors qu'un indice, assez peu fiable, dans la recherche nécessaire et systématique du cadre économique réel. Et cette solution apparaîtrait, au demeurant, assez conforme aux textes, ceux-ci visant l'« entreprise » et non la personne morale.

En jurisprudence, toutefois, le mot « entreprise » est interprété comme signifiant, en principe, « personne morale ». Les institutions représentatives doivent donc être créées dans chaque personne morale. Ce n'est que par exception, dans les seuls cas les plus criants, qu'une « unité économique et sociale » est reconnue. Alors et alors seulement, les différentes personnes morales sont fusionnées pour ne plus faire qu'une « entreprise » au sens de la mise en place des institutions représentatives. 993

Ce caractère exceptionnel de la reconnaissance d'une unité économique et sociale est fermement marqué par la jurisprudence, qui n'ose lever le voile de la personnalité morale qu'avec beaucoup de précautions.

Historiquement, la première voie utilisée pour lever l'écran de la personne morale a été l'idée de la fraude à la loi (Crim. 23 avril 1970, *Éts Herriau*, *D.* 1970. 444 ; *JCP* 1972. II. 17046 ; *Grands arrêts*, n° 131). L'exemple type est celui de l'employeur qui divise son entreprise en plusieurs petites sociétés et qui répartit son personnel dans ces sociétés distinctes, afin d'éviter de passer les seuils au-delà desquels les institutions représentatives du personnel sont obligatoires. La théorie de la fraude à la loi rend cependant nécessaire la preuve d'une intention frauduleuse. Démontrer que la pluralité de société avait pour but l'évitement de la législation protectrice pouvait s'avérer en pratique assez difficile. 994

Pour dépasser cette difficulté, progressivement, la Cour de cassation a abandonné la recherche d'une telle intention et, partant, elle a abandonné l'idée même de fraude à la loi. Elle s'est contentée de rechercher des critères objectifs, qui permettraient de regrouper plusieurs sociétés en une même « unité économique et sociale » : dès lors qu'une telle unité était découverte, elle devenait le cadre dans lequel les institutions représentatives pouvaient être désignées. La terminologie « unité économique et sociale » s'est imposée (Soc. 22 juillet 1975, deux arrêts, *Bull. civ.* V, n° 421 et 424 ; Soc. 4 mars 1976, *Bull. civ.* V n° 142), après quelques tâtonnements (v. not. Soc. 14 février 1973, *Bull. civ.* V n° 82 ; Soc. 2 juillet 1975, *Bull. civ.* V, n° 367). 995

La notion d'« unité économique et sociale » a reçu une consécration législative avec la loi du 28 octobre 1982. Selon l'article L. 2322-4 du Code du travail, elle constitue le cadre de mise en place d'un « comité d'entreprise commun ». Ce texte ne concerne que le comité d'entreprise, mais fidèle à sa construction, la Cour de cassation souligne que la notion vaut aussi pour l'ensemble des représentants du personnel et des syndicats (v. not. Soc. 3 juillet 1985, *Bull. civ.* V, n° 401).

La jurisprudence définit la notion d'« unité économique et sociale » de manière restrictive, dans les termes suivants : « une unité économique et sociale entre plusieurs entités juridiquement distinctes se caractérise, en premier lieu, par la concentration des pouvoirs de direction à l'intérieur du périmètre considéré ainsi que par la similarité ou la complémentarité des activités déployées par ces différentes entités, en second lieu, par une communauté de travailleurs résultant de leur statut social et de conditions de travail similaires pouvant se traduire en pratique par une certaine permutabilité des salariés » (Soc. 18 juillet 2000, *Sté Roussillon Agrégats*, *Bull. civ.* V, n° 299, *Dr. soc.* 2000. 1037, obs. J. Savatier ; *Grands arrêts*, n° 133). 996

Cette définition peut être brièvement précisée.

L'unité économique et sociale regroupe « plusieurs entités juridiquement distinctes », ce qui permet le regroupement de toutes sortes de personnes morales (pour un regroupement d'associations, v. Soc. 27 mars 1985, *D.* 1985. IR. 436, obs. 997

Ph. Langlois). En revanche, il est exclu de n'intégrer dans une unité économique et sociale qu'un « morceau » de personne morale, comme pourrait l'être un lieu ou un établissement distinct : ce sont exclusivement des personnes morales « entières », qui forment une unité économique et sociale (Soc. 21 novembre 1990, *Bull. civ.* V, n° 578, la solution inverse a été un temps retenue : Soc. 18 juillet 1978, *Bull. civ.* V, n° 593 ; Soc. 4 février 1982, *Bull. civ.* V, n° 69 ; *D.* 1983. IR. 166, obs. A. Jeammaud).

L'unité recherchée est aussi « économique » et « sociale ».

■ 998 L'idée d'unité « économique » recouvre deux dimensions.

La première est « la concentration des pouvoirs de direction » : le pouvoir sur l'ensemble de l'unité économique et sociale doit être détenu, dans les faits, par la même personne. Cette unité du pouvoir est appréciée avec une certaine rigueur par la Cour, la simple appartenance à un même groupe lui apparaissant insuffisante à caractériser ce critère (Soc. 15 mai 2001, *Bull. civ.* V, n° 173). Les participations financières ne sont au demeurant qu'une source possible de l'unité du pouvoir. Il s'agit de rechercher, de manière très pratique, si, dans les faits, la même personne dirige les différentes personnes morales, ou bien, ce qui revient au même, s'il existe entre le dirigeant d'une personne morale et celui d'une autre personne morale un lien de domination suffisamment fort.

■ 999 La seconde dimension de l'unité « économique » est « la similarité ou la complémentarité des activités déployées par ces différentes entités ». Il ne suffit donc pas qu'elles soient voisines ni même qu'elles relèvent de la même branche, au sens du droit des conventions collectives (Soc. 23 juin 1988, *Bull. civ.* V, n° 393). Il faut qu'elles participent à un même processus de production.

■ 1000 L'idée d'unité « sociale » est la recherche d'une collectivité de travail, d'une « communauté de travailleurs » dit la Cour de cassation (Soc. 18 juillet 2000, préc.). Pareille communauté est constituée d'un « statut social et de conditions de travail similaires » : l'idée est que cette identité conduit, en principe, à une certaine communauté d'intérêts et de revendications. La « permutabilité des salariés » est un autre indice important, même s'il n'est pas indispensable. Une unité sociale sans permutabilité est possible (v. Soc. 8 avril 1992, *Bull. civ.* V, n° 268). Réciproquement, malgré l'existence de quelques mutations, il se peut qu'aucune unité économique et sociale ne soit présente (v. Soc. 5 décembre 2000, *RJS* 2001, n° 213). Ceci permet de préserver la possibilité, pour les salariés qui travaillent dans le cadre d'une personne morale, d'exercer des fonctions au sein de la personne morale voisine sans que pour autant une fusion de ces personnes morales ne soit opérée.

Réciproquement, lorsque les personnels de deux sociétés sont soumis à des conventions collectives et à des statuts différents, ainsi qu'à des régimes de prévoyance et de mutuelle propres, que leurs conditions de travail sont différentes, et qu'il n'y a aucune similitude de gestion des situations individuelles, l'absence de communauté de travailleurs est caractérisée (Soc. 2 mai 2000, *Dr. soc.* 2000. 799, obs. J. Savatier).

■ 1001 La notion d'« unité économique et sociale » comprend une marge de flou et il n'est pas certain que son appréciation soit parfaitement identique selon l'institution qu'il s'agit d'établir. La jurisprudence n'exprime pas, cependant, de différence bien nette entre l'unité économique et sociale utile pour la création d'un comité d'entreprise, ou celle reconnue pour la désignation d'un délégué syndical, par exemple.

Dans tous les cas, l'appréciation de l'unité demeure trop restrictive pour permettre de lutter efficacement contre ces écrans que dressent les personnes morales entre les salariés et le véritable lieu d'exercice du pouvoir et de réalisation du profit. D'autant que la qualification d'unité économique et sociale reste strictement limitée dans ses effets : elle permet un rassemblement de personnes morales, mais seulement en ce qui concerne l'expression collective de l'intérêt des travailleurs. Elle n'a pas, elle-même, la personnalité morale. Elle ne peut pas, par conséquent, être qualifiée d'employeur et les salariés des personnes morales qui la compose conservent donc des employeurs distincts (Soc. 16 décembre 2008, n° 07-43875, [P], *Dr. ouvrier* 2009. 123, rapp. M.-L. Morin, note P. Rennes ; *RDT* 2009. 228, note B. Lardy-Pélissier ; *SSL* 2007, n° 1318, p. 9, note A. Lyon-Caen). Il est à noter que la qualité d'employeur est considérée comme indisponible pour la négociation collective. Une convention collective ne peut donc accorder la qualité d'employeur à une unité économique et sociale (Soc. 16 décembre 2008, préc.).

§ 2 L'établissement

Une entreprise peut comprendre plusieurs lieux, plusieurs activités. Elle peut aussi être organisée de manière plus ou moins décentralisée, et comporter plusieurs sous-structures. À certaines conditions, ces divisions peuvent être juridiquement séparées sous le nom d'« établissement », chaque établissement pouvant alors avoir ses institutions de représentation propres. 1002

Avant de préciser la notion d'« établissement », il est nécessaire d'en bien comprendre l'enjeu.

Si la jurisprudence adopte une notion ouverte, large, de la notion d'« établissement », une entreprise sera facilement reconnue comme dotée de plusieurs établissements. Si en revanche la qualification d'« établissement » est très difficile, les entreprises unitaires seront plus nombreuses. 1003

Or, le nombre de salariés chargés d'une mission représentative est d'autant plus grand que le nombre d'établissements est important. Par exemple, un établissement de 60 salariés élit 2 délégués du personnel et 3 membres du comité d'entreprise (sans compter les suppléants qui sont en nombre égal aux titulaires). Dix établissements de 60 salariés éliront donc 20 délégués du personnel et 30 membres de comités d'établissement (nombre nécessaire pour composer les dix comités d'établissement), soit en tout 50 élus (pour 600 salariés). Une entreprise unitaire de 600 salariés doit seulement élire 8 délégués du personnel et 6 membres du comité d'entreprise, soit un total plus que trois fois inférieur au précédent (sur ces chiffres, v. art. R. 2314-1 C. trav. pour les délégués du personnel et l'art. R. 2324-1 C. trav. pour le comité d'entreprise). Lorsqu'on sait que le nombre d'heures de délégation accordé est très largement fonction du nombre d'élus (v. n° 1113), on comprendra que la représentation du personnel est d'autant plus riche en moyens et en personnes que la division en établissement est forte.

La définition de l'établissement a varié au cours du temps. La jurisprudence a longtemps considéré qu'il fallait découper en établissements en suivant la finalité propre de chaque institution représentative (Soc. 15 janvier 1970, *Usinor*, *Bull. civ.* V, n° 30 ; *JCP* 1970. II. 16315, note G. Lyon-Caen ; *Grands arrêts*, n° 130). La notion 1004 d'« établissement » pouvait alors être qualifiée de notion « fonctionnelle » : ce qui signifie simplement, pour une notion juridique, que son sens varie selon la fonction qui lui est assignée, dans tel ou tel contexte juridique. Une même entreprise pouvait alors, par exemple, être découpée en établissements pour l'élection des délégués du personnel et être unitaire pour la désignation des délégués syndicaux.

Pareille finesse juridique était assez logique : il s'agissait d'interpréter la notion d'« établissement » de manière différenciée selon le but qui lui était assignée, dans la plus pure tradition du raisonnement téléologique (lequel ordonne de s'appuyer sur le but poursuivi par une règle pour l'interpréter). La solution avait cependant un inconvénient majeur : celui de la complexité.

■ **1005** Aussi la Cour de cassation a-t-elle progressivement opté pour une notion conceptuelle, c'est-à-dire pour une définition unique de l'établissement, valide dans les différents contextes de son utilisation. L'unification de la définition a été pour l'essentiel réalisée dans les années 1990 (v. Soc. 10 octobre 1990, *Bull. civ.* V, n° 446 ; *Dr. soc.* 1991. 43, obs. J. Savatier ; Soc. 20 mars 1991, *Bull. civ.* V, n° 149 ; *Dr. soc.* 1991. 700, obs. J. Savatier ; *D.* 1993. Somm. 261, obs. J. Frossard), même si quelques petites nuances semblaient encore observables au fil des arrêts (v. not. Soc. 26 mars 1999, *Bull. civ.* V, n° 239 ; *D.* 2000. 91, note A. Arseguel ; Soc. 18 décembre 2000, *Bull. civ.* V, n° 429).

■ **1006** Depuis, le caractère unitaire de la définition a été réaffirmé (v. not. Soc. 17 juin 2009, n° 08-60438, [P], qui refuse de retenir une notion d'établissement différente pour les comités d'établissement et le CHSCT), mais la définition a légèrement évolué. Depuis un arrêt du 2 octobre 2001* c'est la définition suivante qui prévaut. L'établissement est un ensemble qui doit présenter deux caractères cumulatifs : il doit constituer « une communauté de travail ayant des intérêts propres » (A) et cette communauté doit travailler « sous la direction d'un représentant de l'employeur » (B).

Cette définition est toutefois assouplie pour que son application ne puisse en aucun cas priver des salariés de leur droit à une représentation (C). Toujours au nom de ce droit, un autre assouplissement pourrait être souhaitable : l'acceptation d'établissements placés à l'intersection de plusieurs entreprises. Mais cette solution semble actuellement rejetée par la jurisprudence (D).

A. Des intérêts propres

■ **1007** L'expression « communauté de travail » de l'arrêt du 2 octobre 2001* n'a pas d'autre sens que celui qui est explicité à sa suite. La communauté de travail est composée de salariés qui ont des « intérêts propres ». En d'autres termes, les salariés doivent avoir des « réclamations communes et spécifiques » (Soc. 29 janvier 2003, *Bull. civ.* V, n° 30 ; *Dr. soc.* 2003. 453, obs. J. Savatier ; *JCP E* 2003. 768, note F. Duquesne ; Soc. 13 juillet 2004*, à propos de délégués du personnel) ou « des revendications communes et spécifiques » (Soc. 24 avr. 2003, *Bull. civ.* V, n° 141 ; *Dr. soc.* 2003. 780, obs. J. Savatier ; Soc. 27 octobre 2004, *Bull. civ.* V, n° 272, à propos de délégués syndicaux).

L'idée est donc toujours la même. Pour qu'une représentation spécifique soit organisée dans un établissement distinct, il faut qu'il y ait quelque chose de spécifique à représenter, et donc des intérêts spécifiques à défendre : des conditions de travail particulières ou une certaine distance géographique entre deux centres de travail peuvent alors suffire pour qu'une distinction des intérêts puisse être repérée. Ainsi, par exemple, si dans deux usines les salariés travaillent à de mêmes tâches, avec de mêmes statuts, mais que ces usines sont éloignées, la seule distance peut faire naître des réclamations et des revendications propres, spécifiques à chacun des lieux, comme la mise en place d'une crèche, d'un restaurant d'entreprise, de moyens de transports parce que tel site n'est pas desservi par les transports en commun, etc. Sur un même site, la séparation des activités ou des organisations du travail peut engendrer des revendications particulières, sur les conditions de travail, sur les horaires...

L'exigence d'une « communauté de travail » semble donc facile à réaliser. Reste la seconde condition.

B. Sous la direction d'un représentant de l'employeur

L'exigence d'un travail réalisé sous la direction d'un représentant de l'employeur est un autre élément indispensable à la qualification d'établissement. Il ne suffit pas 1008 ■
d'avoir des intérêts spécifiques, encore faut-il avoir un interlocuteur spécifique. Pendant un certain temps, la jurisprudence a exigé que cet interlocuteur soit doté de pouvoirs propres lui permettant de satisfaire les revendications des salariés (v. Soc. 10 octobre 1990, préc.). Tout dépendait alors de l'existence ou non d'une délégation de pouvoir suffisante.

Une telle solution pouvait cependant produire quelques conséquences regrettables. Une entreprise de type autoritaire, très centralisée et dans laquelle les responsables de site sont de simples courroies de transmission a particulièrement besoin de contrepoids au pouvoir du dirigeant. Or, du fait même de la centralisation extrême du pouvoir, la représentation était limitée dans ce type de société, faute d'établissements distincts. En revanche, dans une société très décentralisée, où le pouvoir est davantage réparti, les contrepoids salariés étaient bien plus importants, car une telle organisation facilitait la division en établissement distinct.

Pour éviter ce type d'opposition, la jurisprudence a évolué. Désormais, l'exigence d'un représentant de l'employeur est simplement l'exigence d'un interlocuteur qui dirige les salariés, même si c'est selon les instructions précises qu'il reçoit (Soc. 15 décembre 2004, *Bull. civ.* V, n° 338 ; *Dr. soc.* 2005. 346-347, obs. J. Savatier). Il doit simplement être à même de transmettre à qui de droit les réclamations formulées. Le pouvoir de satisfaire ces réclamations n'est plus exigé (v. not. de manière très nette, Soc. 13 juillet 2004*, préc.).

C. Le nécessaire passage des seuils

L'organisation décentralisée d'une entreprise ne peut pas priver les salariés de représentation. Dès lors que l'entreprise dans son ensemble dépasse un seuil, 1009 ■
l'employeur est tenu d'organiser les institutions représentatives correspondantes pour *tous* ses salariés, y compris ceux qui seraient dans des établissements qui n'atteignent pas le seuil requis. Les salariés qui appartiennent à un établissement qui n'atteint pas le seuil devront alors être rattachés à un établissement qui atteint le seuil (v. par ex. Soc. 21 mai 1986, *Bull. civ.* V, n° 224). Une autre solution consiste à regrouper deux établissements dont le nombre de salariés est insuffisant, pour en faire un qui dépasse le seuil nécessaire à la création de l'institution (v. par ex. Soc. 30 mai 2001, *Dr. soc.* 2002. 126, obs. M. Cohen).

Ce nécessaire rattachement peut produire un découpage en établissements distincts différents selon l'institution en question. Ainsi, un établissement de quinze salariés pourra être dit « établissement distinct » pour la mise en place de délégués du personnel spécifiques et être simultanément rattaché à un autre établissement pour passer le seuil de cinquante salariés nécessaire à la mise en place d'un comité d'établissement.

Dans cette mesure, la notion d'« établissement » reste une notion fonctionnelle.

D. L'appartenance à une seule entreprise

■ 1010 Un établissement est nécessairement, pour la jurisprudence, la sous-partie d'une entreprise. Il doit donc être intégré soit dans une seule personne morale, soit dans une unité économique et sociale (Soc. 20 décembre 2006*). Cette solution revient à rejeter la création d'un établissement qui ferait un pont entre deux entreprises, même si ce regroupement rassemble une communauté de travail ayant des intérêts propres (ce qui était le cas dans l'espèce de l'arrêt précité, les salariés travaillant ensemble à de mêmes tâches).

■ 1011 Cette solution doit être située par rapport au droit positif relatif au calcul des effectifs et à la confection des listes électorales (v. n° 1038 à 1042). Les effectifs et les électeurs sont calculés non pas selon le cocontractant des salariés, mais selon leur intégration ou non au sein d'une communauté de travail. Les salariés qui travaillent ensemble sont ainsi réunis juridiquement dans les effectifs et dans l'électorat, pour peu qu'ils soient « intégrés de façon étroite et permanente à la communauté de travail qu'elle (l'entreprise) constitue, même s'ils n'en sont pas les salariés » et il en va du respect de leur droit à la participation constitutionnellement garanti par le préambule de 1946 (Cons. const. 28 décembre 2006*). Sont ainsi visés les salariés mis à disposition, certains salariés de sous-traitants, de prestataires de services... Sur ce même critère, le salaire de ces salariés sera intégré dans la masse salariale utile au calcul de la subvention de fonctionnement du comité d'entreprise (Soc. 7 novembre 2007, *Systra*, n° 06-12309, [P], *RDT* 2008. 116, note E. Peskine ; *Dr. soc.* 2008. 131, note M. Cohen ; *Dr. ouvrier* 2008. 129, obs. C. Ménard).

Ainsi, un établissement comprend des salariés qui ne sont pas les salariés de l'entreprise de rattachement, que ce soit pour le calcul des effectifs ou pour la définition de l'électorat. Mais il ne peut être rattaché qu'à une seule entreprise. Si un comité d'établissement y est formé, il ne percevra de subsides que d'une seule entreprise, il ne sera consulté que sur les décisions d'une seule entreprise, etc.

■ 1012 On peut ainsi comprendre la crainte de la Cour de cassation d'admettre l'unicité d'un établissement regroupant une communauté de travail divisée à parts à peu près égales entre deux entreprises distinctes. Il serait alors difficile de ne pas reconnaître le rattachement de cet établissement aux deux entreprises.

En revanche, si l'établissement est principalement rattaché à une unique entreprise, pourront y être rattachés de manière accessoire les salariés qui appartiennent à cette communauté de travail. Ce rapport entre accessoire et principal semble ainsi nécessaire pour fusionner la communauté de travail, pour ne pas risquer un double rattachement de l'établissement.

■ 1013 La solution n'en demeure pas moins discutable : le droit des salariés à la participation exige qu'une même communauté de travail soit rassemblée dans un établissement unique (v. Cons. const. 28 décembre 2006*, préc.).

Une compréhension fonctionnelle de l'établissement pourrait alors permettre de rendre plus compatible ce principe et la définition de l'établissement distinct. Pour créer des délégués du personnel ou un CHSCT, l'existence d'une communauté de travail doté d'intérêts propres serait alors suffisante pour constituer un établissement, fût-il à cheval entre deux entreprises. Pour le délégué syndical et le comité d'entreprise, en revanche, il serait nécessaire de ne reconnaître des établissements qu'intégrés dans une entreprise : la question de l'interlocuteur est en effet, alors, primordiale. C'est donc, dans ces cas, l'existence d'un représentant de l'employeur dirigeant les salariés qui serait l'essentiel.

Ce glissement fonctionnel n'est pas, au demeurant, totalement exclu par la Cour de cassation. L'arrêt précédemment cité, du 20 décembre 2006*, qui refuse nettement la double appartenance d'un établissement, était ainsi motivé : « pour l'exercice du droit syndical un établissement distinct ne peut être reconnu qu'au sein d'une même entreprise ou une même unité économique et sociale ». Il n'est pas certain que la solution s'impose pour d'autres institutions représentatives comme les délégués du personnel ou le CHSCT. 1014

L'utilité d'un regroupement d'unités appartenant à des entreprises distinctes est prise en compte dans l'usage d'une autre notion du droit du travail, le « site ». Mais l'usage de cette notion reste très limité. 1015

§ 3 Le site

La notion de « site » vise principalement à permettre la désignation de délégués du personnel, dans des entreprises de moins de onze salariés (seuil en deçà duquel aucune institution représentative du personnel n'est exigée). L'idée est de regrouper certaines entreprises pour que ce seuil soit dépassé et que les salariés concernés bénéficient d'une représentation. Ce regroupement suppose que les entreprises soient localisées sur un même « site ». 1016

La direction départementale du travail peut reconnaître un site, sur son initiative ou sur celle des organisations syndicales, et exiger l'organisation d'élections de délégués du personnel sur l'ensemble du site et ce, à trois conditions. La première est que plus de 50 salariés appartenant à une pluralité d'entreprises de moins de 11 salariés soient concernés. La deuxième est géographique : les salariés doivent être localisés dans un même lieu. La troisième est que « la nature et l'importance des problèmes communs aux entreprises du site » justifient cette désignation (art. L. 2312-5 C. trav.). 1017

En revanche, aucun lien de pouvoir entre les entreprises regroupées dans un même site n'est requis : celles-ci peuvent être parfaitement indépendantes les unes des autres. Seule l'existence d'importants problèmes communs aux salariés importe. Il s'agit en quelque sorte de constater l'existence d'une sorte d'unité sociale simplifiée, sans unité économique (sur l'unité économique et sociale, v. n° 992-1101).

L'idée est de créer une représentation au bénéfice de salariés qui, sans cela, en seraient totalement dépourvus, alors même qu'un besoin d'expression collective se fait sentir. Pour dialoguer avec les délégués de site, les employeurs concernés devront alors, eux aussi, organiser leur représentation, ce que suggère l'article L. 2312-5 du Code du travail : le texte vise « le représentant des employeurs concernés ». Mais il ne 1018 précise pas exactement comment celui-ci peut être désigné. La reconnaissance de sites est particulièrement utile pour permettre la représentation collective de salariés qui travaillent dans un même centre commercial ou sur un même chantier.

■ 1019 La notion de « site » est encore utilisée par les règles relatives à la coordination entre entreprises distinctes en vue d'assurer le respect des règles d'hygiène et de sécurité applicables sur un même lieu de travail. Ces règles prévoient, dans les cas où la question de la sécurité est particulièrement importante, une participation des entreprises extérieures au CHSCT de l'entreprise principale (art. L. 4531-1 et s. C. trav.). Sont encore prévues, en matière d'hygiène et de sécurité, des règles de coordination inter-entreprises (art. R. 4511-1 et s. C. trav.), qui peuvent aller jusqu'à la création d'un collège inter-entreprises de sécurité sous la responsabilité du maître de l'ouvrage, dans les chantiers du bâtiment ou du génie civil (art. L. 4532-10 C. trav.).

§ 4 Le groupe

■ 1020 Très fréquemment, les liens entre plusieurs personnes morales sont insuffisants pour permettre la reconnaissance d'une unité économique et sociale. Mais ils n'en sont pas moins suffisamment forts pour que les décisions les plus importantes soient prises au sein d'une autre société. La recherche de l'interlocuteur qui détient le véritable pouvoir dans ou sur l'entreprise oblige alors à imaginer une structure représentative qui sorte des étroites limites de la personnalité morale.

Il existe principalement deux structures de ce type : le comité de groupe (v. n° 971-972) et le comité d'entreprise européen (v. n° 974-978 et s.). Ces deux structures sont dotées de fonctions limitées. Elles valent toutefois mieux qu'une absence totale de représentation des salariés au lieu d'exercice du pouvoir central.

■ 1021 Longtemps la notion de « groupe » en droit du travail était plus réaliste que celle retenue par le droit commercial, lequel se limitait essentiellement à la recherche de sociétés détenant la majorité des parts sociales d'une autre société. La plupart des voies, multiples, que peut emprunter la domination d'une société sur une autre, en pratique, étaient ainsi négligées. L'évolution importante du droit commercial a depuis permis un rapprochement des notions commercialiste et travailliste du « groupe ». La structure de la définition du groupe en droit du travail demeure cependant. L'article L. 2331-1 du Code du travail commence par intégrer les notions commercialistes du groupe (renvois aux art. L. 233-1, L. 233-3 I et II et L. 233-16 C. com.), puis il ajoute certaines règles, propres au droit du travail, lesquelles sont devenues largement redondantes.

■ 1022 Appartiennent tout d'abord à un même groupe les sociétés mères et filiales au sens de l'article L. 233-1 du Code de commerce, lequel vise le cas d'une société qui possède plus de la moitié du capital d'une autre société (hypothèse que répète l'art. L. 2331-1 II al. 5 C. trav.).

■ 1023 Appartiennent encore à un même groupe les sociétés contrôlées et les sociétés qui les contrôlent. Une société est dite « en contrôler » une autre lorsqu'elle dispose de la majorité des droits de vote à l'assemblée générale (art. L. 233-3 I, 1° et 2° et L. 233-16, 1° du C. com., repris par L. 2331-1 II al. 4 C. trav.), ou lorsqu'elle dispose du pouvoir de nommer ou de révoquer la majorité des membres des organes d'administration, de direction ou de surveillance de cette société (art. L. 233-3 I, 4° et L. 233-16 2° C. com., art. L. 2331-1 II al. 3 C. trav.). Elle est encore présumée exercer ce contrôle lorsqu'elle dispose, directement ou indirectement, d'au moins 40 % des droits de vote et qu'aucun actionnaire n'a une fraction des droits de vote supérieure à la sienne (art. L. 233-3 II et L. 233-16 2° C. com.).

À ces déterminations liées à la détention de majorités ou de quasi-majorités, est associée la recherche de la détention du pouvoir dans les faits. Et c'est ce qui fait l'intérêt et la force de la notion actuelle de « groupe ». 1024

Tout d'abord, le groupe inclut la société qui en contrôle une autre parce qu'elle « détermine en fait, par les droits de vote dont elle dispose, les décisions dans les assemblées générales de cette société » (art. L. 233-3 I, 3° C. com.). Et, dans certains cas, la détention de 10 % ou 20 % des droits de vote peut suffire à déterminer les décisions dans l'assemblée générale. L'article L. 233-16, 3° du Code de commerce vise encore le cas de l'entreprise qui exerce une « influence dominante sur une entreprise en vertu d'un contrat ou de clauses statutaires, lorsque le droit applicable le permet ». Outre les pactes et contrats divers entre actionnaires, sont ici visés tous contrats permettant une « influence dominante », une domination de fait. Un simple contrat de franchise peut alors paraître suffisant pour justifier l'intégration dans un groupe.

L'hypothèse d'un contrôle conjoint est même envisagée, un tel contrôle conjoint étant défini comme le « partage du contrôle d'une entreprise exploitée en commun par un nombre limité d'associés ou d'actionnaires, de sorte que les décisions résultent de leur accord » (art. L. 233-16, III C. com.) et un tel contrôle conjoint peut suffire à permettre l'intégration dans la notion de « groupe ».

L'article L. 2331-1 II al. 1er du Code du travail parachève l'édifice en se contentant, pour l'inclusion dans un même groupe, de la constatation d'une « influence dominante », associée à la détention d'un minimum de 10 % du capital et de relations importantes et permanentes établissant l'appartenance de l'une et de l'autre à un même ensemble économique.

Les mailles de ce filet quelque peu complexe sont suffisamment nombreuses et fines pour ne plus guère laisser passer de domination de fait, forte et durable, d'une société sur une autre, sans que ces sociétés ne soient considérées comme incluses dans un même groupe de sociétés, au sens où le droit du travail l'entend pour la constitution d'un comité de groupe. La solution est certaine dès lors qu'un minimum de 10 % du capital social d'une société est détenu par l'autre. Elle est probable même en l'absence d'une telle participation financière : l'article L. 233-16, 3° du Code de commerce se contente d'une « influence dominante sur une entreprise en vertu d'un contrat ou de clauses statutaires », sans viser aucune participation financière d'une société au sein du capital de l'autre. 1025

Le principal obstacle à la constitution d'un comité de groupe du droit français est le problème du champ d'application de la loi française : celui-ci interdit d'imposer la constitution d'un comité de groupe aux sociétés entièrement soumises à une loi étrangère, fussent-elles les sociétés-mères de filiales établies en France. La recherche de l'interlocuteur doté du véritable pouvoir bloque sur les frontières du système juridique. 1026

C'est pour dépasser cette difficulté au plan de l'Union européenne, qu'a été adoptée la directive n° 94/45 du 22 octobre 1994, relative au comité d'entreprise européen, 1027 transposée en droit français par la loi du 12 novembre 1996, aux articles L. 2341-1 et suivants du Code du travail.

Le comité d'entreprise européen est d'abord un lieu d'information, mais dans certains cas il devient un lieu d'« échange de vue », de « dialogue » et donc de consultation (v. n° 978). Il doit être constitué dans les entreprises ou groupes d'entreprises « de dimension européenne ». Il est notable qu'ainsi le droit venu d'Europe assimile groupe et entreprise. La « dimension européenne » suppose une entreprise ou un groupe d'au moins 1 000 salariés, comportant au moins 2 établissements ou 2 sociétés, dans 2 États membres, d'au moins 150 salariés chacun. La notion de « groupe » à laquelle il est ici fait référence est la même que celle utilisée pour le comité de groupe : l'article L. 2341-2 du Code du travail sur le comité d'entreprise européen renvoie expressément, à ce sujet, à l'article L. 2331-1 du Code du travail.

section 2

Seuils d'effectifs

■ 1028 La présence et l'importance des institutions représentatives du personnel dépendent de seuils d'effectifs.

Les principaux seuils pour la création d'institutions représentatives sont les seuils d'au moins 11 salariés et d'au moins 50 salariés.

Le passage du seuil de 50 salariés permet la constitution d'un comité d'entreprise et d'un CHSCT. Le seuil d'au moins 11 salariés permet l'élection d'un délégué du personnel. Ce délégué du personnel élu peut être désigné délégué syndical dans les entreprises de moins de 50 salariés. Dans les entreprises d'au moins 50 salariés le délégué syndical peut être n'importe quel salarié éligible (sur l'éligibilité v. n° 1072).

■ 1029 Les seuils sont aussi importants pour connaître le nombre d'élus. Une entreprise de moins de 26 salariés élira 1 seul délégué du personnel titulaire ; une entreprise comprise entre 750 et 999 salariés en élira 9 (art. R. 2314-1 C. trav.). Les 3 titulaires du comité d'une entreprise de 50 salariés seront 15 à partir de 10 000 salariés (art. R. 2324-1 C. trav.), etc.

■ 1030 Ils sont encore utiles pour connaître de très nombreux droits des salariés, de nature collective ou individuelle (v. par exemple, en droit du licenciement, n° 497 et 558). Grâce à tous ces seuils d'effectifs, le droit du travail peut devenir plus ou moins précis, plus ou moins exigeant selon la taille de l'entreprise.

La solution est inévitable : certaines règles sont trop coûteuses ou trop complexes pour être imposées aux petites ou aux très petites entreprises. Mais l'utilisation de seuils pose certains problèmes, le passage d'un seuil produisant parfois un changement relativement important de droit applicable, ce qui peut avoir des effets dissuasifs sur l'embauche (on parle alors d'« effet de seuil »). Ils produisent une certaine multiplication des personnes morales, dans l'objectif d'éviter le passage des seuils.

■ 1031 Pour savoir quelles sont les règles applicables à une entreprise, il faut donc savoir si elle dépasse certains seuils d'effectif.

Pour ce faire, il faut tout d'abord savoir compter ses salariés à un instant donné (§ 1). Cette question est la principale : elle est notamment la seule qui se pose pour savoir le nombre de sièges à pourvoir lors d'une élection.

Mais elle ne suffit pas à répondre à deux questions qui tiennent à la création ou à la destruction d'une institution représentative du fait du franchissement d'un seuil. Le seul passage du seuil d'effectif à un instant donné ne peut suffire. Les entreprises qui oscillent autour d'un seuil d'effectif seraient alors constamment en train de créer, puis de détruire, puis de créer une institution représentative du personnel. Un certain lissage s'impose. Celui-ci est réalisé de manière différente s'il s'agit de créer pour la première fois une institution représentative du fait du passage au-dessus du seuil (§ 2) ou s'il s'agit de détruire cette institution du fait d'un passage au-dessous du seuil (§ 3).

§ 1 Le calcul de l'effectif

Le calcul des seuils se fait pour tous les seuils du droit du travail suivant les règles 1032
précisées à l'article L. 1111-2 du Code du travail).

Chaque salarié en contrat de travail à durée indéterminée à temps plein au jour du 1033
calcul compte pour un. On compte de la même manière les travailleurs à domicile, vu que pour ces travailleurs il est toujours difficile de savoir s'ils sont à temps plein ou à temps partiel.

Les salariés en contrat de travail à durée déterminée sont pris en compte dans 1034
l'effectif de l'entreprise en proportion de leur temps de présence au cours des douze mois précédents. Si le calcul a lieu en septembre, on regarde le temps passé par un salarié à durée déterminée dans l'entreprise au cours des douze mois précédents (entre septembre de l'année précédente et août de cette année). On divise ce temps, calculé en jours, par 365. Et l'on obtient le chiffre qui sera compté dans l'effectif. Un salarié à durée déterminée présent quarante jours lors des douze mois précédents comptera pour 40/365 = 0,11. Il faudra donc un peu moins de dix salariés de ce type pour que l'on ajoute une unité aux effectifs considérés.

Toutefois, ces salariés à durée déterminée sont exclus du décompte des effectifs lorsqu'ils remplacent un salarié absent ou en congé. La disposition est logique : le salarié absent est, lui, pleinement compté dans les effectifs.

Les salariés à temps partiel sont pris en compte en divisant leur durée du travail par 1035
la durée légale ou la durée conventionnelle du travail. Un salarié à mi-temps vaut 1/2, un salarié à tiers-temps 1/3...

Seule compte la durée contractuelle. Les heures complémentaires ne sont pas prises en compte. Mais on rappellera que, si celles-ci sont régulières, elles modifient la durée contractuelle du travail (v. n° 287).

Ce calcul appliqué au travailleur à temps partiel est exclusif du calcul opéré pour les contrats de travail à durée déterminée. Les salariés à durée déterminée *et* à temps partiel sont donc comptés comme s'ils avaient des contrats à durée indéterminée : le mode de calcul appliqué aux salariés à temps partiel est valable quelque soit le type de contrat de ces salariés.

Le chef d'entreprise, s'il est salarié, compte pour un. De même, les salariés qui le 1036
représentent directement. Et ce, même si le chef d'entreprise et ses représentants

directs ne sont pas électeurs (Soc. 26 septembre 2002, *Bull. civ.* V, n° 285 ; *Dr. soc.* 2002. 1080, note F. Duquesne). Cette solution apparaît logique, leur présence étant bien un signe de la taille de l'entreprise.

1037 Certains salariés sont exclus du calcul des effectifs. C'est le cas des apprentis (art. L. 1111-3 C. trav.), des salariés liés par des contrats de professionnalisation (art. L. 1111-3 C. trav.) et par quelques autres contrats aidés. Une ordonnance du 2 août 2005 avait même prévu d'exclure tous les salariés de moins de 26 ans. Par un arrêt du 18 janvier 2007, la Cour de justice des Communautés européennes a jugé cette exclusion contraire à la directive 2002/14/CE du 11 mars 2002, établissant un cadre général relatif à l'information et à la consultation des travailleurs (CJCE 18 janvier 2007, aff. C-385/05. V. aussi l'exécution de cet arrêt par CE 7 juillet 2007, n° 283892).

Cette condamnation, surtout lorsqu'on la place au côté de la condamnation des discriminations en fonction de l'âge (CJCE 22 novembre 2005, *Mangold*, C-144/04, étudié au n° 170), pourrait sonner le glas de ces très discutables exclusions des effectifs.

1038 La principale difficulté d'interprétation de l'article L. 1111-2 du Code du travail porte sur la mention des salariés « mis à disposition » dans l'entreprise. Derrière l'interprétation de cette catégorie, la question posée est celle de l'intégration ou de l'exclusion dans la collectivité de travail des salariés d'autres employeurs.

Avec l'éclatement des structures, par l'accroissement du recours à la sous-traitance et aux prestataires de service, il est devenu presque banal de travailler quotidiennement avec des salariés qui ont, sur le papier, un autre employeur. La question de l'intégration de ces salariés extérieurs en droit mais si proches en fait est cruciale. Cette question est d'abord posée à l'occasion du décompte des effectifs. Mais elle a un impact plus vaste. Les salariés « mis à disposition », intégrés dans les effectifs, peuvent aussi, sous conditions d'ancienneté, devenir électeurs, voire éligibles (v. n° 1069 et 1072) ou encore être désignés délégué syndical (Soc. 30 avril 2003*). Leur salaire sera intégré dans la masse salariale servant au calcul des sommes dues par l'employeur au comité d'entreprise (Soc. 7 novembre 2007, *Systra*, n° 06-12309, [P], *RDT* 2008. 116, note E. Peskine ; *Dr. soc.* 2008. 131, note M. Cohen ; *Dr. ouvrier* 2008. 129, obs. C. Ménard). Selon l'interprétation donnée à cette notion de salarié « mis à disposition », la collectivité de travail représentée collectivement sera donc d'interprétation plus ou moins large. En d'autres termes, la question est ici de savoir quelle est l'efficacité des frontières juridiques qui divisent les salariés qui travaillent ensemble.

1039 Pendant un temps, la jurisprudence a réservé qualification de « mis à disposition » aux seuls salariés subordonnés au chef de l'entreprise dont il s'agissait de compter les effectifs (v. par ex. Soc. 21 mai 1986, *Bull. civ.* V, n° 234).

Puis elle a abandonné cette exigence (Soc. 28 mars 2000, *Bull. civ.* V, n° 1333 ; *Dr. soc.* 2000. 197 note C. Roy-Loustaunau) et inclus dans les effectifs tous les salariés qui participent au processus de travail de l'entreprise qui les occupe (Soc. 27 novembre 2001, *Bull. civ.* V, n° 364, *adde* Soc. 29 mai 2002, *Bull. civ.* V, n° 183). Cette interprétation a permis d'intégrer aux effectifs les salariés des sous-traitants travaillant dans d'autres activités que l'activité principale de l'entreprise, mais dont le travail était nécessaire à cette activité (v. pour l'intégration de salariés affectés au nettoyage des locaux, Soc. 26 mai 2004, *Renault*, *Bull. civ.* V, n° 141). L'intégration ainsi conçue était donc relativement facile, même si certaines limites étaient posées, pour que tout prestataire de service ne soit pas automatiquement intégré (Soc. 15 février 2006, *Bull. civ.* V, n° 72 ; *JCP S* 2006. 1477, note P. Morvan ; *RDT* 2006. 41 note E. Peskine).

Le législateur, à deux reprises, a tenté de contrecarrer cette jurisprudence et d'exclure des effectifs et de l'électorat les salariés intervenant dans l'entreprise en exécution d'un contrat de sous-traitance ou de prestation de services. **1040**

Mais à deux reprises, le Conseil constitutionnel a invalidé cette tentative de retour en arrière. La première fois, le 30 mars 2006 (2006-535 DC), il a simplement invalidé la disposition légale en ce qu'elle était dépourvue de tout lien avec le projet de loi. La seconde fois a été d'une tout autre portée. Par sa décision du 28 décembre 2006*, le Conseil constitutionnel a condamné la tentative du législateur au nom de la violation qui en résulterait du droit des salariés à la participation que garantit le huitième alinéa du préambule de 1946. Selon le point 29 de cette décision du Conseil constitutionnel, « le droit de participer "par l'intermédiaire de leurs délégués" à "la détermination collective des conditions de travail ainsi qu'à la gestion des entreprises" a pour bénéficiaires, sinon la totalité des travailleurs employés à un moment donné dans une entreprise, du moins tous ceux qui sont intégrés de façon étroite et permanente à la communauté de travail qu'elle constitue, même s'ils n'en sont pas les salariés » (dans le même sens, v. Cons. const. n° 2008-568 DC du 7 août 2008).

Le critère de l'intégration « étroite et permanente » retenu par le Conseil constitutionnel est plus restrictif que celui de la jurisprudence antérieure de la chambre sociale. Sans y être tenue, la chambre sociale a cependant décidé de reprendre cette terminologie (Soc. 7 novembre 2007, *Systra*, n° 06-12309, [P], *RDT* 2008. 116, note E. Peskine ; *Dr. soc.* 2008. 131, note M. Cohen ; *Dr. ouvrier* 2008. 129, obs. C. Ménard). **1041**

Le critère de l'intégration étroite et permanente est ainsi devenu un concept clé pour intégrer à la communauté de travail les salariés mis à disposition, et ce pour l'ensemble du droit des relations collectives de travail.

La Cour de cassation a précisé la signification de ce critère (Soc. 13 novembre 2008, trois arrêts, n°s 08-60331, [P]*, 07-60434, [P], et 07-60465, [P], *Dr. ouvrier* 2009. 20, note P. Masson) : selon ces arrêts, sont intégrés de façon étroite et permanente à la communauté de travail, les salariés mis à disposition par une entreprise extérieure qui sont présents dans les locaux de l'entreprise utilisatrice et qui y travaillent depuis une certaine durée. Ces deux éléments suffisent pour la Cour : leur existence suffit à démontrer que ces salariés ont des conditions de travail au moins en partie communes avec celles des autres salariés, ce qui est susceptibles de générer des intérêts commun. Ce qui justifie l'intégration.

Cette jurisprudence a permis de réunifier la véritable collectivité de travail, telle qu'elle est vécue, et à dépasser les frontières juridiques multiples qui séparent aujourd'hui, souvent, les salariés. Cette évolution jurisprudentielle est d'une grande importance dans l'histoire du dépassement des frontières factices qui divisent les entreprises et séparent les salariés de leurs véritables interlocuteurs (v. aussi sur la « communauté de travail ayant des intérêts propres » qui caractérise la notion d'« établissement » le n° 1007).

Le législateur, cependant, a continué à lutter contre ces solutions. Sa dernière tentative s'est concrétisée, sur amendement, au sein de la loi du 20 août 2008 par l'adjonction d'une condition d'un an d'ancienneté pour qu'un salarié mis à **1042** disposition puisse être intégré dans les effectifs (art. L. 1111-2 C. trav.). Cet ajout d'une condition supplémentaire venant s'ajouter à l'intégration étroite et permanente n'a pas été censuré par le Conseil constitutionnel (Cons. const. n° 2008-568 DC du 7 août 2008).

§ 2 Le passage d'un seuil de création

1043 Il ne suffit pas qu'une entreprise passe le seuil pendant quelques semaines pour que la mise en place d'une institution représentative devienne impérative. Une certaine durabilité est requise. Le seuil doit avoir été franchi pendant douze mois consécutifs ou non, au cours des trois années précédant la désignation (art. L. 2143-3 ; L. 2312-3 ; L. 2322-2 ; L. 4611-1 C. trav. : articles qui recopient tous la même règle et qui sont relatifs, au délégué syndical, aux délégués du personnel, au comité d'entreprise et au CHSCT).

Le calcul des effectifs doit donc être réalisé mois par mois, au cours des trois années précédentes, pour savoir si douze de ces mois ont dépassé le seuil requis. Si tel a été le cas, l'organisation d'élection de délégués du personnel ou d'un comité d'entreprise est requise, et la désignation d'un délégué syndical devient possible.

§ 3 Le passage d'un seuil de destruction

1044 La destruction d'une institution représentative du fait du passage en dessous d'un seuil n'est possible qu'une fois la durabilité de ce passage attestée.

Les règles sont alors différentes selon l'institution considérée.

1045 Les délégués du personnel finissent leur mandat quoiqu'il arrive. À l'expiration de ce mandat, l'institution n'est pas renouvelée si les effectifs de l'établissement sont restés en dessous de onze salariés pendant au moins douze mois (art. L. 2312-3 C. trav.). Il s'agit, cette fois, de mois consécutifs.

1046 S'agissant du comité d'entreprise et des délégués syndicaux, la règle est légèrement différente. En cas de passage en dessous des effectifs requis, la suppression peut avoir lieu avec l'improbable accord de l'employeur et de toutes les organisations syndicales représentatives. Sinon, l'autorité administrative peut décider, en cas de réduction « importante et durable » de l'effectif, de la suppression de l'institution (art. L. 2143-11, L. 2322-7 C. trav.). Aucune règle spécifique n'est prévue pour le CHSCT, mais on peut penser que le directeur du travail peut ordonner qu'il suive alors le sort du comité d'entreprise. Il ne s'agit cependant que d'une faculté, l'autorité administrative ayant toujours la possibilité d'imposer un CHSCT en dessous du sein de 50 salariés si celui-ci apparaît nécessaire, notamment en raison de la nature des travaux, de l'agencement ou de l'équipement des locaux (l'art. L. 4611-4 C. trav. donne à l'inspecteur du travail le pouvoir d'imposer dans ces hypothèses la création d'un CHSCT ; *a fortiori*, le directeur départemental du travail doit pouvoir, pour les mêmes motifs, en refuser la destruction).

section 3

Élections au suffrage direct

Les membres élus du comité d'entreprise, les délégués du personnel et donc les élus de la délégation unique du personnel sont élus par les salariés de l'entreprise ou de l'établissement concerné au suffrage direct. 1047

Depuis la loi du 2 août 2005, les élections ont lieu tous les quatre ans. Le mandat des membres du comité d'entreprise a alors été multiplié par deux (avant la loi, il était de deux ans). Le mandat des délégués du personnel a lui été multiplié par quatre en un peu plus de dix ans (il était d'un an avant 1993). L'intérêt pour les employeurs de cet allongement des mandats est clair. Le coût des élections est ainsi réduit. Le gain peut cependant apparaître léger, ce coût n'étant pas exorbitant. L'intérêt pour les élus, qui ont gagné en stabilité, mais qui perdent en proximité est très discutable. La raréfaction des élections est surtout une atteinte portée à la qualité de la représentation et donc à la qualité de la démocratie dans l'entreprise. De plus, il n'appartient pas, en principe, aux conventions collectives de modifier cette durée. La seule exception à cet ordre public absolu est la faculté réservée par l'article 96, VIII, de la loi du 2 août 2005 précitée pour un accord de branche, de groupe ou d'entreprise, de réduire cette durée, jusqu'à deux ans (art. L. 2314-27 et L. 2324-25 C. trav.). 1048

Les élections des membres du comité d'entreprise et des délégués du personnel se font selon des principes identiques, même si les règles sont répétées au sein de titres différents du Code du travail (L. 2314-2 et s. C. trav. pour les délégués du personnel ; L. 2324-3 et s. pour le comité d'entreprise). Ces règles valent pour l'élection des membres de la délégation unique, lesquels sont des délégués du personnel. 1049

Le processus électoral suit une procédure assez précise.

§ 1 Initiative et carence

L'employeur doit prendre l'initiative. Si aucune liste de candidats n'est présentée à la suite de cette initiative, l'employeur pourra dresser un constat de carence, qui sera affiché dans l'entreprise et transmis à l'inspecteur du travail (art. L. 2314-5 et L. 2324-8 C. trav.). À cette condition seulement, l'absence d'institution représentative ne lui sera pas imputable. 1050

Les syndicats n'ont pas le pouvoir d'organiser eux-mêmes l'élection. Ils peuvent simplement la demander à l'employeur. En cas de refus ou d'immobilisme de celui-ci, les syndicats pourront demander au juge des référés d'ordonner sous astreinte cette organisation (Soc. 9 novembre 2005, *Bull. civ.* V, n° 317).

En revanche, l'employeur pourra être condamné pour entrave à défaut d'initiative de sa part et s'il est dans l'incapacité de produire un constat de carence en bonne et due forme. Il sera surtout privé de la possibilité d'invoquer l'absence de représentants du personnel pour justifier de l'absence de consultation de ces représentants. Il s'expose 1051

BIBLIOTHÈQUE UNIVERSITAIRE DROIT LETTRES VILLETANEUSE

ainsi à l'ensemble des sanctions civiles prévues en cas de violation des obligations de consultation des institutions représentatives du personnel (v. n° 888-897).

§ 2 Protocole préélectoral

■ 1052 La première étape d'un processus électoral consiste à négocier un protocole préélectoral. Cette négociation est obligatoire et l'employeur doit en prendre l'initiative (art. L. 2314-3 et L. 2324-4 C. trav.).

■ 1053 Selon ces textes, toutes les organisations syndicales « intéressées » doivent être conviées. Ces organisations syndicales sont, d'abord, celles implantées dans l'entreprise. Depuis la loi du 20 août 2008, il s'agit des organisations représentatives et semi-représentatives (v. n° 1073).

Doivent encore être conviées les organisations représentatives au niveau national et interprofessionnel, même si elles n'ont aucun adhérent dans l'entreprise. Cette solution, initiée par la jurisprudence (Soc. 4 juillet. 1990, *Bull. civ.* V, n° 351, *D.* 1992. Somm. 286, obs. G. Borenfreund ; Soc. 4 février. 1997, *Bull. civ.* V, n° 50 ; *Dr. soc.* 1997. 434, obs. G. Couturier ; Soc. 1er avril. 1998, *Bull. civ.* V, n° 195 ; *Dr. soc.* 1998. 724, obs. G. Couturier) est désormais consacrée aux articles L. 2314-3 et L. 2324-4 du Code du travail. Elle se justifie par la recherche d'une meilleure effectivité des règles sur la mise en place des institutions représentatives élues. Trop souvent, dans les entreprises qui dépassent le seuil requis, le processus électoral aboutit à un constat de carence. L'idée est d'informer du processus électoral les syndicats susceptibles de trouver des candidats.

En pratique, lorsqu'un délégué syndical ou un représentant de la section syndicale a été désigné, il sera le récipiendaire de l'invitation. En l'absence d'un tel délégué, la jurisprudence est relativement souple : l'employeur pourra choisir d'envoyer son invitation aux syndicats de branche, à la fédération d'industrie voire même, éventuellement, à la confédération (Ass. plén. 5 juillet 2002, *Cogetom*, *Bull. Ass. plén.*, n° 2 ; *Grands arrêts*, n° 137). La transmission de l'invitation aux syndicalistes susceptibles d'être intéressés est ainsi laissée à la diligence des organisations syndicales elles-mêmes. Ce qui apparaît logique. L'employeur devra simplement ne pas omettre d'inviter un syndicat dont il sait qu'il est implanté dans l'entreprise, même s'il n'a pas désigné de délégué ou de représentant dans l'établissement où la négociation doit avoir lieu (Soc. 15 février 2006, *Bull. civ.* V, n° 70 ; *RDT* 2006. 189-190, obs. G. Borenfreund).

Si l'employeur a omis d'organiser la négociation de l'accord préélectoral ou s'il a simplement omis d'inviter une organisation syndicale représentative à la négociation, les élections sont nulles (Soc. 1er avril 1998, *Bull. civ.* V, n° 195 ; *Dr. soc.* 1998. 724, obs. G. Couturier).

■ 1054 La négociation préélectorale est soumise au droit commun de la négociation collective (v. Soc. 12 février 2003, *Bull. civ.* V, n° 52 ; sur le droit de la négociation collective, v. le titre 8, n° 703 et s.), à une exception (de taille) près. L'accord préélectoral est soumis à des exigences renforcées quand aux parties signataires, afin d'éviter que les règles du jeu électoral soit trop facilement fixées par les gros syndicats, contre les petits. Avant la loi du 20 août 2008, l'accord devait être unanime, mais cette exigence était limitée quand aux domaines de négociation, par la jurisprudence. Depuis la loi nouvelle l'exigence d'unanimité n'est maintenue qu'exceptionnellement : pour la fixation du nombre et la composition des collèges (art. L. 2314-10 et L. 2314-12 C. trav.) ou pour l'organisation du scrutin en dehors du temps de travail (art. L. 2314-22 et L. 23-24-20 C. trav.). Mais elle est remplacée dans d'autres domaines, comme la répartition du personnel au sein des collèges (L. 2314-11 et L. 2324-13 C. trav.), la fixation des établissements distincts (L. 2314-31 et 2322-5 C. trav.), ou celle du nombre des élus au CE (L. 23-24-1 C. trav.), par une exigence de double majorité. Dans ces matières, l'accord doit être adopté par la majorité des organisations syndicales intéressées et par les organisations ayant recueilli la majorité des suffrages exprimés (art. L. 2314-3-1 et L. 2324-4-1 C. trav.).

En l'absence d'accord conclu à ces conditions, certains des grands objets de la négociation préélectorale peuvent être fixés par le directeur départemental du travail : la division en établissement, la répartition du personnel dans les différents collèges et celle des sièges entre les différents collèges (art. L. 2314-11 ; L. 2314-31 et L. 2324-13 C. trav.). 1055

Du temps où l'exigence d'unanimité était générale, la jurisprudence avait aussi décidé qu'un accord préélectoral non unanime pouvait servir valablement de référence pour l'organisation des élections. Le silence des syndicats non signataires suffisait. En revanche, si un syndicat non signataire agissait en justice pour demander aux juges de statuer les points débattus (Soc. 28 octobre 1997, *Quenouiller*, *Bull. civ.* V, n° 350 ; Soc. 3 février 1998, *Bull. civ.* V, n° 61), ou même simplement s'il émettait des réserves lors du dépôt de sa liste de candidats (Soc. 19 septembre 2007, 06-60222, [P]), l'adhésion tacite était exclue. Les élections ne pouvaient alors suivre le contenu de l'accord. Le juge devait préalablement statuer sur les points en désaccord. À défaut, les élections organisées selon l'accord non unanime pouvaient être annulées, sur la demande d'un syndicat non signataire (Soc. 19 septembre 2007, préc.). 1056

La question du maintien de cette jurisprudence de rattrapage est posée : les conditions de conclusion d'un accord préélectoral se sont adoucies, cependant que les conditions de conclusion d'une convention de droit commun se sont renforcées... La distance n'est donc plus si grande. Dans un tel contexte, l'utilité d'un rattrapage des accords préélectoraux non majoritaire ne semble plus guère justifiée.

La jurisprudence avait donné une interprétation relativement restrictive de l'objet de l'accord préélectoral, ce qui revenait à réduire les points sur lesquels l'unanimité était requise : elle considérait que la répartition des sièges entre collèges pouvait être adoptée par un accord collectif de droit commun (Soc. 12 juin 2002, *Bull. civ.* V, n° 203 ; *Dr. soc.* 2002. 1161, obs. M. Cohen). Avec cette solution, il était devenu difficile de toujours fixer précisément les contours du contenu devant faire l'objet d'un accord unanime. Là encore, le maintien de cette jurisprudence, qui visait à contourner l'exigence d'unanimité, est douteux dans le contexte, nouveau, d'une exigence simplement majoritaire. 1057

§ 3 Électeurs et candidats

Pour fixer les listes d'électeurs et de candidats, il ne suffit pas de savoir qui peut être électeur (B) ou éligible (C), il faut encore, préalablement, diviser le personnel en collèges électoraux distincts (A). 1058

A. Division des électeurs et des candidats : les collèges électoraux

■ 1059 Les électeurs et les sièges sont répartis entre plusieurs collèges électoraux. L'idée est de donner une représentation aux salariés des catégories élevées, pour défendre leurs intérêts particuliers. Ces catégories supérieures, aux effectifs limités, risqueraient d'être privées de toute représentation pour la défense de leurs intérêts en cas de collège unique. La division en collège a donc une utilité incontestable.

■ 1060 Cependant, cette division a un champ très général. Elle s'applique sans que soit pris en compte le nombre de salariés des catégories supérieures. Ce qui peut conduire à une forte sur-représentation des catégories les plus élevées.

■ 1061 Ainsi, par exemple, dans une entreprise de 65 salariés, sur les 3 élus représentant les salariés, 1 au moins doit appartenir au deuxième collège (celui des catégories de salariés plus élevées). Or il se peut fort bien que, dans cette entreprise, il n'y ait que cinq salariés de cette catégorie (ce n'est pas un cas d'école). Pour être élu, un candidat du deuxième collège n'a besoin que de trois voix (et encore, si tous votent). Pour les deux autres élus salariés, il faudra en principe presque dix fois plus de voix. Si l'on ajoute à cela que l'élu de la catégorie supérieure est assez proche de l'employeur et qu'il est le plus vieux des élus, il pourra être élu secrétaire du comité d'entreprise (le chef d'entreprise vote, et en cas d'égalité des voix le salarié le plus âgé l'emporte : v. n° 861-863). Alors, le secrétaire du comité n'aura reçu que 3 suffrages parmi les 65 salariés. Les règles de la démocratie dans l'entreprise donnent parfois des résultats très originaux.

Sans toujours être aussi caricaturale, la sur-représentation des catégories de salariés les plus élevées, lesquelles sont aussi souvent celles qui entretiennent le plus de proximité avec l'employeur, apparaît parfois excessive. Ce qui pourrait poser quelques difficultés de type juridique.

■ 1062 L'article L. 1132-1 du Code du travail (L. 122-45 anc. C. trav.) ne prohibe pas les discriminations faites en fonction de la position sociale, mais la Convention européenne des droits de l'homme (art. 14) et le pacte international relatif aux droits civils et politiques (art. 2) prohibent le critère de la « fortune ». Un suffrage censitaire serait à l'évidence interdit par ces textes. La séparation des collèges pourrait peut-être, dans les cas les plus graves, être contestée sur ce fondement.

■ 1063 En principe, il y a deux collèges, l'un pour les ouvriers et employés, l'autre pour les ingénieurs, chefs de service, techniciens, agents de maîtrise et assimilés (art. L. 2314-8 ; L. 2324-11 C. trav.).

Par exception, il n'y a qu'un seul collège dans les établissements qui élisent un seul délégué du personnel, soit ceux qui ont moins de 26 salariés (art. L. 2314-9 C. trav.). L'exception vers l'unité des collèges est donc on ne peut plus limitée.

■ 1064 En revanche, pour les élections au comité d'entreprise, il faut assez fréquemment constituer trois collèges. Ce troisième collège est réservé aux ingénieurs, chefs de service et cadres. Il est généralement visé comme le collège des « cadres » ou des « cadres et assimilés ». Il est obligatoire pour les élections au comité d'entreprise, lorsque les salariés de ces catégories sont au moins 25 dans l'entreprise (art. L. 2324-11 al. 5 C. trav.). Cette règle qui ordonne un collège spécial pour 25 salariés pourra être discutée lorsque, dans les autres collèges, il faut des centaines de voix pour être élu. Elle est pourtant d'ordre public absolu : il est interdit à l'accord préélectoral, même unanime, d'y déroger (Soc. 13 octobre 2004, *Bull. civ.* V, n° 258 ; *Dr. soc.* 2005. 111, obs. J. Savatier). En revanche, rien n'interdit de créer un quatrième collège, réservé aux cadres supérieurs.

Dans les entreprises de plus de 500 salariés, lorsque le troisième collège (des cadres) compte moins de 25 personnes, un élu du deuxième collège doit impérativement être un cadre. Le deuxième collège ne peut donc réserver ses voix aux simples techniciens et la représentation des cadres est ainsi assurée. **1065**

Le nombre de collèges est donc légalement réglementé. En revanche, la loi ne dit pas comment les sièges à pourvoir doivent être répartis entre les collèges. Il faut alors s'en remettre à l'accord préélectoral ou, à défaut, au directeur départemental du travail. Lorsqu'il y a suffisamment de sièges à pourvoir, ce peut être l'occasion de rétablir une certaine proportionnalité entre les collèges. **1066**

B. Les électeurs

Tous les salariés travaillant dans l'entreprise âgés de 16 ans et ayant une ancienneté de plus de 3 mois sont électeurs (art. L. 2314-15 et L. 2324-14 C. trav.). Il est ainsi possible d'être électeur aux élections professionnelles avant d'être électeur aux élections politiques. Qui est assez vieux pour travailler est assez vieux pour voter. **1067**

La principale difficulté a été de déterminer quels sont les salariés « travaillant dans l'entreprise » dont parlent les textes susvisés. L'idée est de représenter la collectivité de travail. Il a été décidé de passer outre les différences de statuts et même d'employeur, pour intégrer comme électeurs les travailleurs mis à disposition (Soc. 23 mai 2006, *Bull. civ.* V, n° 182 ; *RDT* 2006. 258, obs. E. Peskine), et plus généralement tous les salariés qui sont « intégrés dans la communauté des travailleurs » (Soc. 30 avril 2003, *BHV**, qui permet aux démonstrateurs dans les grands magasins d'être électeurs sur leur lieu de travail). Cette ouverture de l'électorat aux salariés intégrés dans la communauté de travail, quoique non salariés de l'entreprise, est aujourd'hui reconnue de valeur constitutionnelle depuis une décision du 28 décembre 2006* (sur cette décision, v. n° 1040-1042). **1068**

Cette valeur constitutionnelle ne permet pas l'intégration sans limites. Le Conseil constitutionnel a reconnu que le législateur pouvait envisager certaines limitations pour restreindre les cas de double vote. Suivant cette idée, la Cour de cassation exclut les travailleurs temporaires de l'électorat dans l'entreprise d'accueil (Soc. 28 février 2007, n° 06-60171, *Bull. civ.* V, n° 34). L'argument qui soutient cette solution est tiré des articles L. 2314-17, L. 2314-18, L. 2324-16 et L. 2324-17 du Code du travail, lesquels organisent l'électorat des travailleurs temporaires au sein des entreprises de travail temporaire. La Cour a considéré que leur intégration comme électeur dans l'entreprise utilisatrice leur donnerait un double droit de vote et qu'un tel avantage devait être exclu. **1069**

Ce choix est discutable. Les travailleurs temporaires sont incontestablement des salariés « travaillant dans l'entreprise » utilisatrice. Et aucune disposition légale ne vient prohiber un double rattachement, fut-il l'occasion d'exercer un double droit de vote. Ce petit avantage particulier accordé à des salariés précaires et trop souvent isolés ne serait pas particulièrement choquant.

Pour lutter contre ce droit de vote des salariés mis à disposition, la loi du 20 août 2008 a ajouté une condition d'ancienneté continue. Les salariés mis à disposition intégrés dans la communauté de travail ne seront plus électeurs que s'ils bénéficient d'une ancienneté continue dans l'entreprise utilisatrice de douze mois (art. L. 2324-17-1 ; L. 2314-18-1 C. trav.), alors que trois mois suffisent pour des salariés « normaux ».

■ 1070 Une autre exclusion de la qualité d'électeur est, elle, bien plus logique. Même salariés et inclus dans les effectifs, le chef d'entreprise et les cadres représentant l'employeur à l'égard du personnel ne sont pas électeurs. Cette exclusion est générale et d'ordre public absolu (Soc. 5 avril 1995, n° 94-60296). Elle s'impose au vu de la fonction des institutions représentatives du personnel : elles sont des contrepoids placés par le législateur en face du pouvoir du chef d'entreprise, pour tempérer un peu ce pouvoir.

C'est pourtant une vision relativement laxiste qui prévaut en jurisprudence. Celle-ci n'exclut que les salariés détenant une délégation de pouvoir *écrite* de l'employeur (Soc. 6 mars 2001, *Bull. civ.* V, n° 71 ; et pour la capacité à être désigné délégué syndical, Soc. 21 mai 2003, *Bull. civ.* V, n° 171, *Dr. soc.* 2003. 786, obs. F. Duquesne ; Soc. 4 avril 2007, n° 06-60124, *RDT* 2007. 600, note M. Grévy), et ceux qui représentent effectivement l'employeur devant les institutions représentatives du personnel (Soc. 25 janvier 2006, *Bull. civ.* V, n° 38 ; Soc. 12 juillet 2006, *Bull. civ.* V, n° 260). Cette exclusion peut apparaître insuffisante : l'exclusion de l'électorat sur le fondement des pouvoirs exercés est aussi la condition d'une exclusion de l'éligibilité ou de la capacité à être désigné délégué syndical. On peut imaginer un salarié exerçant dans les faits les fonctions du chef d'entreprise au sein d'un établissement, sans délégation écrite ni rôle actif devant les institutions représentatives du personnel, et qui de ce fait pourrait être désigné délégué syndical et signer valablement des conventions collectives destructrices des droits des salariés... Il faut espérer que face à un tel cas d'espèce la jurisprudence susvisée pourrait évoluer et accepter les délégations de pouvoir tacites comme cause d'exclusion.

■ 1071 La confection des listes électorales peut être l'occasion de toutes sortes de fraudes, la principale difficulté étant de répartir les salariés selon les collèges. Pour limiter les risques de manipulation, cette répartition doit être faite au sein de l'accord préélectoral. À défaut, elle est établie par le directeur départemental du travail. Ce n'est qu'une fois cette répartition établie que l'employeur peut arrêter les listes électorales.

C. Les candidats

■ 1072 Pour être éligible, il faut non seulement remplir les conditions pour être électeur, mais il faut en outre être âgé de 18 ans révolus et avoir au moins un an d'ancienneté dans l'entreprise (art. L. 2314-16 et L. 2324-15 C. trav.). Cette durée est portée à deux ans, de manière très discutable, pour les salariés mis à disposition, pour les élections des délégués du personnel (art. L. 2314-18-1 C. trav. issu de la loi du 20 août 2008). Ces salariés sont même totalement exclus de l'éligibilité aux comités d'entreprise (art. L. 2324-17-1, issu de la loi d'août 2008). Ces inégalités subies sont injustifiables. Elles ont pourtant été jugées conformes au principe d'égalité par le Conseil constitutionnel (Cons. const. n° 2008-568 DC du 7 août 2008), sans doute pour des raisons plus politiques que juridiques.

Sont encore exclus de l'éligibilité, pour des raisons, cette fois, assez évidentes, les conjoints, ascendants, descendants, frères, sœurs et alliés au même degré du chef d'entreprise (v. les art. préc.).

En revanche, être détenteur d'un mandat n'interdit pas d'être éligible à un autre mandat : le cumul des mandats est licite et fréquent dans les entreprises. Cette situation peut présenter l'inconvénient de voir certains salariés dotés de plusieurs casquettes devenir des quasi-permanents de la représentation, au risque de perdre un peu le contact avec la base. Mais la solution est nécessaire, dans un contexte où les candidatures sont souvent rares, du fait notamment des pressions qui peuvent être exercées sur les élus du personnel.

Au premier tour, les syndicats ont le monopole de la présentation des listes de candidats. Dans le système en vigueur avant la réforme de 2008, seuls les syndicats représentatifs étaient aptes à présenter des candidats. Selon la position commune du 9 avril 2008 et la loi du 20 août 2008, la représentativité suppose dans l'entreprise une audience électorale minimale de 10 % des suffrages exprimés (v. n° 688). Elle suppose donc d'avoir déjà pu participer au processus électoral. Pour qu'un syndicat puisse acquérir un jour la représentativité, il est donc à l'évidence nécessaire que des syndicats non (encore) représentatifs puissent présenter des candidats. La position commune comme la loi du 20 août 2008 prévoient donc une sorte de semi-représentativité ou de quasi-représentativité qui suffit à donner le droit de présenter des candidats. Cette semi-représentativité est acquise en satisfaisant les quatre conditions de base suivantes (art. L. 2314-3 et L. 2324-4 C. trav., auxquels renvoient les art. L. 2314-24 et L. 2324-22 C. trav.) : 1073

- avoir un champ professionnel ou géographique qui inclut l'entreprise concernée ;
- être constitué depuis au moins deux ans ;
- remplir les critères de respect des valeurs républicaines ;
- être indépendant.

Sont en outre concernés, les syndicats déjà reconnus représentatifs, ceux qui ont constitué une section syndicale et ceux qui sont affiliés à une organisation syndicale représentative au niveau national et interprofessionnel (art. L. 2314-3 al. 2 et L. 2324-4 al. 2 C. trav.).

La semi-représentativité, qui emprunte ainsi à l'ancienne représentativité présumée, apparaît relativement ouverte. Ce qui apparaît assez logique dans un système où la compétition électorale est comprise, aussi, comme une compétition pour la représentativité.

Les syndicats peuvent présenter des listes incomplètes (Soc. 22 septembre 1980, *Bull. civ.* V, n° 590 ; Soc. 13 juillet 1993, n° 92 -60344, [P]). Ce qui peut permettre des candidatures individuelles. Lorsque seules des candidatures individuelles ont été déposées, et qu'il y a plusieurs postes à pourvoir, la Cour de cassation autorise avec réalisme un vote dans lequel chaque électeur dépose autant de bulletin qu'il y a de sièges à pourvoir (Soc. 24 septembre 2008, n° 08-60004, *RDT* 2009. 48, obs. F. Petit). Le scrutin devient alors un scrutin uninominal à un tour, les élus étant tout simplement ceux qui ont recueilli le plus de voix.

Les élections des titulaires et des suppléants ont lieu séparément. Il est donc nécessaire de présenter deux listes, l'une pour les titulaires, l'autre pour les suppléants.

1074 Un second tour doit être organisé dans trois cas :

– le premier cas vise l'hypothèse dans laquelle le nombre de votants du premier tour est inférieur à la moitié des électeurs inscrits (*quorum*). Ces « votants » dont parle le texte ont été interprétés de manière restrictive mais logique par la Cour de cassation comme étant les seuls suffrages exprimés : les bulletins blancs ou nuls ne sont donc pas pris en compte pour vérifier si le *quorum* a été atteint ;

– le deuxième vise l'hypothèse dans laquelle tous les sièges n'ont pas été pourvus, par exemple du fait de la carence du nombre de candidats ;

– le troisième découle du précédent : le second tour doit être organisé en cas d'absence de candidatures syndicales au premier tour.

1075 Lors du second tour, les candidatures sont libres : tout salarié éligible peut se présenter sans avoir été désigné par un syndicat représentatif.

Cette solution présente un danger. Les élus dépourvus d'appartenance syndicale seront vite démunis, faute de pouvoir s'appuyer sur l'expertise et le soutien d'un syndicat. Faute de formation syndicale, ils sont souvent ignorants de leurs droits élémentaires. Privés de l'appui d'une base syndicale, ils seront souvent trop faibles pour tenir tête à l'employeur. Pour ces raisons, les élus non syndicaux exercent généralement leurs fonctions représentatives d'une manière partielle. Il est à noter que, depuis la loi du 20 août 2008, seuls les résultats du premier tour sont pris en compte, quel que soit le nombre de votants, pour l'attribution aux syndicats de la représentativité ou de l'habilitation à conclure des conventions collectives.

1076 Le législateur a tenté d'imposer dans la confection des listes une règle équivalente à la parité exigée dans les élections politiques : la proportion d'hommes et de femmes présents dans chaque collège aurait dû être respectée lors de la confection des listes électorales (loi du 23 mars 2006).

Cette solution a cependant été jugée inconstitutionnelle, comme contraire au principe d'égalité (Cons. const. 16 mars 2006, 2006-533 DC). Cette décision est le signe de la grande frilosité du Conseil constitutionnel français dans la mise en place de discriminations positives (v. n° 168-170). Elle peut cependant se justifier par la difficulté de trouver des candidats aux élections professionnelles.

§ 4 Détermination des élus : le scrutin

1077 Le vote a lieu au scrutin secret, sous enveloppe fermée, ou par vote électronique si un accord d'entreprise le prévoit (art. L. 2324-19 et L. 2314-21 C. trav.). Il a lieu pendant le temps de travail (art. L. 2314-22 et L. 2324-20 C. trav.).

1078 Le mode de scrutin est une *représentation proportionnelle à la plus forte moyenne* (art. L. 2314-24 et L. 2324-22 C. trav.). Il s'agit d'un mode de scrutin qui favorise l'éparpillement des candidatures et la division syndicale. Il n'est pas pour rien dans l'extrême division actuelle du paysage syndical français.

Le calcul impliqué par ce mode de scrutin est détaillé aux articles R. 2324-18 et s. et R. 2314-22 et s. du Code du travail. Il se fait par collège, séparément pour les titulaires et pour les suppléants.

1079 Il est nécessaire, dans un premier temps, de calculer le quotient électoral, lequel est égal à la division du nombre de suffrages exprimés par le nombre de sièges à pourvoir. Par exemple, dans un établissement de 180 salariés, 6 délégués du personnel titulaires doivent être élus (art. R. 2314-1 C. trav.). Si 150 suffrages ont été valablement exprimés, le quotient électoral est alors de 150/6 = 25. Il est ensuite attribué à chaque liste autant de sièges que son nombre de voix contient le quotient électoral. Dans l'exemple précédent, une liste qui a recueilli 100 voix se verra attribuer 4 sièges (dans 110, il y a 4 fois 25). La liste qui a obtenu le reste des voix, 40, se verra attribuer 1 siège (dans 40, il y a une fois 25).

Ce mode de calcul achevé, il reste en principe un ou plusieurs sièges à pourvoir. Dans **1080** l'exemple précédent, il en reste un. La répartition se fait alors à la plus forte moyenne. Ce qui consiste à accorder *virtuellement* à chaque liste un siège supplémentaire. On divise alors le nombre de voix obtenues par la liste par le nombre total de sièges obtenus, le siège virtuel étant ajouté. Par exemple, la liste qui a déjà obtenu 4 sièges se voit attribuer un cinquième siège virtuel. On divise alors son total de voix par le nombre de siège ainsi virtuellement totalisé : 110/5 = 22. Ce nombre est la « moyenne » qu'aurait la liste avec un siège de plus. On procède de même avec l'autre liste : 40/2 = 20. Elle obtient donc une moyenne, avec un siège supplémentaire, de 20. On attribue alors un siège à la liste qui a la plus forte moyenne. Dans l'exemple, il s'agit de la liste qui avait obtenu 4 sièges : c'est donc elle qui obtiendra le dernier siège. Les résultats définitifs seront alors de 5 sièges pour cette liste et un pour l'autre liste.

S'il reste encore des sièges à pourvoir, on recommence. On ajoute encore un siège virtuel par liste en plus des sièges déjà obtenus, etc.

Cette méthode favorise les grandes listes comparativement à la méthode dite « du **1081** plus fort reste » (utilisée pour répartir les sièges entre syndicats dans les comités d'entreprise européens, v. n° 1105). Le reste d'une liste est obtenu en soustrayant à son total de voix le produit du quotient électoral par le nombre de sièges accordés. Dans notre exemple, la liste qui avait obtenu 4 sièges dès le départ, a un reste calculé ainsi : 110- (25x4) = 10. Alors que la petite liste a un reste de 40-25 = 15. Ce serait elle qui aurait alors gagné le dernier siège, son reste étant le plus important.

Les ratures sont autorisées. Elles consistent à rayer sur un bulletin le nom d'un ou **1082** plusieurs candidats de la liste. Elles ne comptent pas pour déterminer le nombre de sièges attribués à une liste, mais elles comptent pour déterminer qui, dans cette liste, est élu. Un candidat rayé pourra ainsi être éliminé au profit d'un autre candidat de la même liste. Ces rayures ne sont cependant prises en compte que si le nom a été rayé par 10 % au moins des suffrages exprimés en faveur de la liste.

Cette limitation est indispensable pour éviter les rayures tactiques qui visent à « décapiter » les listes adverses, c'est-à-dire à exclure les principaux leaders adverses. En l'absence du seuil de 10 %, il suffirait à un défenseur d'une liste adverse de voter pour la liste qu'il entend « décapiter » en rayant ses principaux leaders, lesquels se retrouveraient ainsi avec une voix en moins que les autres candidats de leur liste. Avec le seuil de 10 %, cette tactique ne peut plus fonctionner : elle devrait être suivie par un grand nombre d'électeurs, ce qui augmente le nombre de voix en faveur de la liste adverse et donc son nombre de siège... Les rayures expriment bien alors les préférences des électeurs favorables à une liste, parmi les candidats de cette liste.

§ 5 Contestations

1083 Les contestations sur l'organisation des élections ou sur les résultats de celles-ci sont de la compétence du tribunal d'instance qui statue selon une procédure spéciale, simplifiée et très rapide, en premier et dernier ressort (art. R. 2314-27 et s. ; R. 2324-23 et s. C. trav.).

Il s'agit de ne pas priver les salariés de représentation pendant la durée d'une procédure qui suspendrait longtemps la tenue des élections (cas de l'action anticipée). Mais il s'agit aussi ne pas fragiliser des élus : il leur serait en effet difficile d'exercer pleinement leurs fonctions pendant qu'une procédure attaquant leur élection est en cours (cas de l'action qui suit l'élection).

1084 L'action en justice peut être exercée, par simple déclaration au secrétariat-greffe du tribunal d'instance. Cette déclaration doit avoir lieu dans les *trois jours* qui suivent la publication de la liste électorale pour contester ces listes ou dans les *quinze jours* qui suivent l'élection. Le tribunal a alors dix jours pour statuer. Le pourvoi en cassation est lui aussi enfermé dans un délai de dix jours et la Cour de cassation doit alors se prononcer selon une procédure spécifique et accélérée (art. 999 à 1008 C. proc. civ.).

Ces très brefs délais permettent aux résultats de l'élection de devenir très vite définitifs. Les élus pourront ainsi, dès ces délais échus, exercer sans crainte leurs fonctions, et ce même si les difficiles règles du droit électoral n'ont pas toutes été respectées (ce qui semble relativement fréquent).

1085 Ce besoin de protection rapide est identique pour les salariés désignés représentants d'une organisation syndicale et la procédure qui s'applique à la contestation de leur désignation est donc, logiquement, la même (v. n° 1101, 1104 et 1108).

1086 Un recours hiérarchique devant le ministre du Travail ou un contentieux devant les tribunaux administratifs sont en outre possibles à l'occasion des élections, dès lors que l'une des nombreuses décisions administratives en la matière est contestée.

section 4

Élections au suffrage indirect

1087 Les élections au suffrage indirect permettent de désigner les membres des comités centraux d'entreprise (§ 1) et ceux des CHSCT (§ 2). Ces élections suivent celles des délégués du personnel et des membres du comité d'entreprise. La durée du mandat des élus aux élections indirectes est calquée sur celle de leurs électeurs (elles ont donc lieu, en principe, tous les quatre ans). S'agissant de scrutins indirects, le nombre de votants peut être très réduit. Il est alors important de rappeler que, conformément au droit commun électoral, en cas de partage des voix, le plus âgé des candidats est proclamé élu (Soc. 9 juin 1998, *Bull. civ.* V, n° 312).

§ 1 Élections au comité central d'entreprise

La loi est largement lacunaire s'agissant de l'organisation de ces élections. Leur fixation par accord préélectoral apparaît donc particulièrement importante. Tous les syndicats ayant au moins un élu au sein d'un comité d'établissement doivent signer cet accord, même s'ils ne sont représentatifs qu'au sein de l'établissement où ils ont un élu. À défaut d'un tel accord, la jurisprudence a complété la loi, pour fixer un mode de scrutin de principe. 1088

Les comités d'établissement élisent, chacun en leur sein, un ou deux délégués titulaires (et un ou deux suppléants) qui siègent au comité central d'entreprise (art. L. 2327-2 C. trav.). Sauf accord préélectoral unanime contraire, le comité compte au maximum vingt salariés (D. 2327-1 C. trav.). Aussi, dans les entreprises qui comptent de nombreux établissements, il a été prévu qu'il est possible de limiter à un seul le nombre de représentants d'un comité d'établissement : il s'agira alors d'un titulaire *ou* d'un suppléant (D. 2327-2 C. trav.). Si le nombre d'établissements l'exige, il sera encore possible de regrouper plusieurs établissements pour qu'ils désignent ensemble un représentant au comité central. 1089

Il s'agit d'un vote global de tout titulaire du comité d'établissement, sans distinction de collège, le président du comité étant exclu du vote (Soc. 21 juillet 1976, *Dr. soc.* 1976. 494). Cependant, si le collège des cadres et assimilés existe dans les établissements (ou s'il s'agit d'entreprises qui totalisent, tous établissements confondus, 500 salariés avec au moins 25 personnes appartenant à cette catégorie), le comité central doit comprendre au moins un titulaire et un suppléant de ce collège (art. L. 2327-4 et L. 2327-5 C. trav.). Seuls les membres titulaires des comités d'établissement peuvent être élus titulaires au comité central. Les suppléants de ce comité peuvent, eux, être élus parmi les titulaires ou les suppléants des comités d'établissement. 1090

Sauf prévisions contraires de l'accord préélectoral, le scrutin est *uninominal majoritaire à un tour* (Soc. 29 mars 1994, *Bull. civ.* V, n° 110 ; Soc. 9 juin 1998, *Bull. civ.* V, n° 312 ; Soc. 5 mars 2008, 06-60274, [P]). L'« uninominal » signifie que les votes s'expriment sur des candidats et non sur des listes. Le « majoritaire à un tour » signifie qu'il n'y a qu'un tour de scrutin et que le ou les candidats arrivés en tête sont élus, sans qu'il soit nécessaire de procéder à un second tour. En pratique, chaque électeur doit voter en une seule fois pour autant de candidats qu'il y a de sièges à pouvoir (Soc. 5 mars 2008, préc.). Sont élus les candidats qui ont recueilli le plus de voix. 1091

Ce mode de scrutin se caractérise par la possibilité d'une élection à la majorité relative des voix. S'il n'y a qu'un poste à pourvoir et cinq candidats, ceci peut donner les résultats suivants : un candidat recueille 19 %, trois 20 % et un 21 % des suffrages exprimés. C'est alors ce dernier qui est définitivement élu. Il aurait suffi que deux des candidats battus se rassemblent au premier tour sur une candidature unique pour qu'ils l'emportent. Ce mode de scrutin, choisi par la jurisprudence comme mode de scrutin « de droit commun », incite fortement au regroupement. Il est le plus directement opposé à la multiplication des candidatures et donc à la division syndicale. Il est le plus éloigné qui soit de la représentation proportionnelle intégrale ordonnée par la loi dans les autres élections professionnelles.

§ 2 Élections au CHSCT

1092 Les représentants au comité d'hygiène, de sécurité et des conditions de travail sont de 3 à 9 selon la taille de l'établissement (art. R. 4613-1 C. trav.). Ils sont élus par un collège composé des membres élus du comité d'établissement et des délégués du personnel (art. L. 4613-1 C. trav.). Conformément à la logique qui veut que les « suppléants » ne fassent que suppléer, seuls les titulaires votent (Soc. 19 novembre 1986, *Bull. civ.* V, n° 548). Ce collège est unique. Il doit cependant réserver entre 1 et 3 sièges au personnel de maîtrise ou aux cadres, selon la taille de l'établissement (art. R. 4613-1 C. trav.) et ce, quel que soit le nombre de salariés de ces catégories dans l'établissement (Soc. 19 octobre 1994, *Dr. soc.* 1995. 68). Il peut, une fois de plus, en résulter une représentation très excessive des catégories supérieures de salariés.

1093 Les textes ne précisent pas davantage qui peut être élu, ni le mode de scrutin. La jurisprudence a déduit de ce silence que tout salarié de l'établissement pouvait être élu au CHSCT (Soc. 9 juillet 1996, *Bull. civ.* V, n° 272). Elle a aussi fixé le mode de scrutin. Sauf accord préélectoral unanime ou sauf accord unanime des membres du collège de désignation, il s'agit d'une *représentation proportionnelle à la plus forte moyenne, à un seul tour* (Soc. 21 janvier 1988, *Bull. civ.* V, n° 71 ; Soc. 3 octobre 1989, *Bull. civ.* V, n° 563 ; Soc. 16 mai 1990, *Bull. civ.* V, n° 232). Ce mode de scrutin, choisi à défaut de toute précision dans les textes, est à l'opposé de celui choisi, toujours dans le silence des textes, pour l'élection du comité central d'entreprise. Le mode de scrutin qui favorise la diversité syndicale l'emporte ainsi pour une institution créée au niveau des établissements. Alors que l'unité syndicale est préférée au niveau central.

1094 Mais il est vrai que, pour cette dernière élection, il n'y a souvent qu'un ou deux sièges à pourvoir, ce qui rend la constitution de listes un peu factice. Lorsqu'il n'y a qu'un siège à pourvoir, scrutin proportionnel intégral et scrutin majoritaire à un tour sont même strictement identiques.

section 5

Désignations par les syndicats

1095 Les syndicats représentatifs désignent leurs représentants dans l'entreprise (sur la notion de « syndicat représentatif », v. n° 677-688). Les principaux de ces représentants sont les délégués syndicaux (§ 1) et les représentants syndicaux aux comités d'entreprise (§ 2). Les syndicats désignent encore les membres des comités de groupe et des comités européens, mais après s'être répartis les sièges au scrutin proportionnel (§ 3).

§ 1 La désignation des délégués syndicaux

1096 Des délégués syndicaux peuvent être désignés par les syndicats, sous une double condition : des effectifs suffisants et l'existence d'une section syndicale.

La seconde de ces conditions est actuellement prévue par l'article L. 2143-3 C. trav. Elle avait un temps perdu toute influence réelle : la jurisprudence considérait que la désignation d'un délégué syndical suffisait à prouver l'existence d'une section syndicale (Soc. 27 mai 1997, *Bull. civ.* V, n° 194, *D.* 1997. 416, note J.-M. Verdier ; *Dr. soc.* 1997. 757, obs. M. Grévy ; *Grands arrêts*, n° 135). Cette présomption jurisprudentielle a cédé devant la rédaction nouvelle de l'article L. 2142-1 du Code du travail. Selon ce texte, la constitution d'une section syndicale suppose « plusieurs adhérents dans l'entreprise ou dans l'établissement ». Mais ce pluriel était déjà présent dans le concept antérieur de section syndicale. La clarté du texte nouveau a imposé un changement de vue. Désormais, il sera nécessaire d'apporter la preuve d'au moins deux adhérents du syndicat, pour que soit démontrée l'existence d'une section syndicale (Soc. 8 juillet 2009, *Okaidi**, reproduit au chapitre 21). L'hypothèse d'un délégué syndical seul syndiqué dans l'entreprise est donc désormais exclue. Ce qui apparaît assez sain.

D'autant que la preuve de la section syndicale ne suppose nullement la communication à l'employeur du nom des syndiqués : l'adhésion du salarié à un syndicat relève de sa vie personnelle et ne peut être divulguée sans son accord (Soc. 8 juillet 2009, Okaidi, préc.). Pour cette raison, les éléments susceptibles de permettre l'identification des adhérents du syndicat, communiqués au juge pour prouver l'existence de la section syndicale, ne doivent pas être transmis par celui-ci à l'employeur (Soc. 8 juillet 2009, *Okaidi**, préc.).

Dans les entreprises de moins de 50 salariés, seul un délégué du personnel titulaire peut être désigné délégué syndical (art. L. 2143-6 C. trav.). Au-delà de 50 salariés, un délégué syndical distinct pourra être désigné (sur le franchissement de ce seuil, v. n° 1043 et 1046). **1097**

En dessous de 1 000 salariés, 1 seul délégué syndical peut être désigné par unité de représentation. Mais au-delà, ce nombre peut augmenter, pour aller jusqu'à 5 délégués syndicaux dans les unités d'au moins 10 000 salariés (art. R. 2143-2 C. trav.). Ce nombre peut paraître limité. Cette solution était compensée par le fait que tout syndicat représentatif, même très minoritaire, pouvait nommer un délégué syndical. Selon la loi sur la démocratie sociale et le temps de travail d'août 2008, cette possibilité est réservée aux syndicats ayant recueilli au moins 10 % des suffrages aux élections professionnelles. Au demeurant, seul peut être désigné délégué syndical un candidat ayant recueilli un tel pourcentage à ces élections. Avec l'application de cette loi, le nombre de délégués syndicaux apparaîtra d'autant plus limité dans les très grandes entreprises, qu'ils seront aussi presque systématiquement des élus du comité d'entreprise. **1098**

Dans les entreprises dotées d'établissements, les délégués syndicaux sont désignés dans les établissements et un délégué syndical central est désigné. Il s'agit nécessairement d'un délégué d'établissement dans les entreprises de moins de 2 000 salariés. Au-delà, il peut s'agir d'un délégué distinct (art. L. 2143-5 C. trav.). **1099**

Dans les entreprises ou les établissements d'au moins 500 salariés, les syndicats représentatifs peuvent désigner un délégué « catégoriel » représentant le deuxième et (ou) le troisième collège (sur les collèges électoraux, v. n° 1059-1066). Pour cela, le syndicat doit avoir eu des élus dans le premier collège *et* dans le deuxième ou le troisième collège.

1100 Pour être désigné délégué syndical, il faut remplir les conditions pour être éligible (v. n° 1072), lesquelles supposent notamment, d'être électeur (v. n° 1067 et s.), d'avoir 18 ans révolus, au moins 1 an d'ancienneté et de ne pas avoir de liens trop fort de parenté avec l'employeur ni de fonction de direction trop importante. Cette dernière exclusion est essentielle si l'on veut que le chef d'entreprise ne signe pas de convention collective avec lui-même. Elle est pourtant analysée de manière très restrictive par la jurisprudence, ce qui laisse la possibilité de délégués syndicaux exerçant dans les faits d'importantes prérogatives patronales (v. n° 1070). Selon la loi du 20 août 2008, il faut en outre avoir recueilli 10 % des suffrages exprimés au premier tour des précédentes élections professionnelles (art. 2143-3 C. trav., sont également admises les élections au comité d'entreprise, à la délégation unique, ou celles des délégués du personnel).

1101 La désignation est notifiée à l'employeur par lettre recommandée avec accusé de réception ou par lettre remise en main propre avec récépissé (art. D. 2143-4). La date de réception de la lettre est importante à plusieurs titres : elle est le point de départ de la protection du salarié, et aussi le point de départ du délai de contestation de cette désignation. Or, ce délai est extrêmement bref, puisqu'il n'est que de 15 jours. On retrouve ici la procédure accélérée de la contestation d'une élection (art. R. 2143-5 et v. n° 1084), et ce pour les mêmes motifs : pour pouvoir exercer une mission représentative efficace, le salarié mandataire doit pouvoir être assuré de la solidité de ses fonctions et il doit donc ne pas pouvoir être mis sous la menace d'une annulation de sa désignation. Passé le délai d'action en justice, la désignation est purgée de tous vices.

1102 Le mandat d'un délégué syndical cesse par simple décision unilatérale du syndicat qui l'a désigné, dûment notifiée à l'employeur et à l'intéressé. Suite à la loi du 20 août 2008, il cesse aussi automatiquement ses fonctions s'il recueille moins de 10 % des suffrages exprimés au premier tour des élections professionnelles (art. L. 2143-11 C. trav.). Le délégué syndical doit ainsi, en quelque sorte, remettre son mandat en jeu à chaque nouvelle élection.

§ 2 La désignation des représentants syndicaux au comité d'entreprise

1103 Chaque organisation syndicale ayant des élus au comité d'entreprise peut désigner un représentant au comité d'entreprise, ou au comité d'établissement et au comité central d'entreprise (art. L. 2324-2 C. trav.). Cette désignation se fait selon les mêmes modalités que celles applicables pour les délégués syndicaux (v. art. D. 2143-4 C. trav. et n° 997-1003). Ce représentant doit remplir les conditions de l'éligibilité (art. L. 2324-2 C. trav. et n° 1072). La loi du 20 août 2008 se contente à leur égard d'exiger qu'ils soient choisis « en priorité » parmi les salariés ayant recueilli au moins 10 % des suffrages exprimés. La loi du 20 août exige pour la désignation d'un représentant syndical au CE que ce syndicat ait des élus au comité. Dans les grandes entreprises, il est tout à fait possible d'avoir des élus sans pour autant avoir passé le seuil des 10% nécessaires à la représentativité. Un syndicat non représentatif peut donc, dans ces conditions, désigner un représentant au comité (Soc. 8 juillet 2009, *Véolia*, n° 08-60.599, *SSL* 13 juillet 2009, n° 1408, p. 10, obs. L. Pécaut-Rivolier).

Dans les entreprises de moins de 300 salariés, cette petite ouverture n'en est pas une. Dans ces entreprises, le représentant syndical au comité d'entreprise est nécessairement le délégué syndical (art. L. 2143-22 C. trav.), lequel doit avoir recueilli sur son nom au moins 10% des suffrages exprimés. Ce n'est qu'au-delà de ce seuil, que le syndicat peut désigner un représentant spécifique au comité d'entreprise.

La contestation de la désignation des représentants syndicaux au comité d'entreprise suit les mêmes règles que celles relatives à la contestation des élections (v. L. 2324-23, R. 2324-23 et s. C. trav. et n° 1084) : on retrouve donc le délai de 15 jours pour contester cette désignation devant le tribunal d'instance. **1104**

Le mandat d'un représentant syndical au comité cesse par simple décision unilatérale du syndicat qui l'a désigné, dûment notifiée à l'employeur et à l'intéressé.

§ 3 La désignation des représentants au comité de groupe et aux comités du droit européen

En principe, les représentants des salariés au comité de groupe sont désignés par les syndicats représentatifs au niveau des entreprises, parmi les élus de ces entreprises. **1105**

Le nombre total des sièges au comité de groupe est réparti entre les élus des différents collèges proportionnellement à l'importance numérique de chaque collège. Pour une fois, les collèges des agents de maîtrise et cadre ne sont pas surreprésentés. Ensuite, les sièges sont répartis entre les syndicats au sein de chaque collège, proportionnellement au nombre d'élus qu'ils ont obtenus.

Le système de répartition des sièges entre syndicats est celui de la *répartition proportionnelle au plus fort reste* (art. L. 2333-4 C. trav. sur ce mode de répartition, v. n° 1081), celle qui maximise l'expression de la diversité. Enfin, les syndicats désignent au comité de groupe des élus aux comités d'entreprise ou d'établissement.

Cette répartition entre syndicats est globale sur l'ensemble du groupe et les syndicats ne sont nullement obligés de désigner des représentants choisis dans toutes les entreprises ou tous les établissements. Certaines entreprises peuvent dès lors fort bien ne pas envoyer de représentant au comité de groupe. Ce qui peut parfois être problématique. **1106**

Lorsque sur l'ensemble du groupe la moitié au moins des élus d'un collège l'ont été sur liste autre que syndicale, le directeur départemental de l'emploi est chargé de réaliser la répartition, au sein de ce collège, entre listes indépendantes et listes syndicales (art. L. 2333-4 C. trav.). **1107**

Le tribunal d'instance est, comme c'est l'habitude, compétent pour juger des contestations qui pourrait survenir sur ces désignations, et ce selon la même procédure que celle applicable aux élections de représentants du personnel et aux désignations des syndicaux (art. R. 2331-3 C. trav. et v. n° 1084). **1108**

Les membres du groupe spécial de négociation appelé à mettre en place le comité d'entreprise ou de groupe européen, ou le comité d'entreprise de la société européenne sont désignés selon les mêmes principes (v. art. L. 2344-3 C. trav. pour le comité d'entreprise européen ; art. L. 2352-5 C. trav. pour le comité de la société **1109** européenne). Une fois les sièges répartis entre pays et si nécessaire entre entreprises, la répartition des sièges se fait par collège, puis selon les règles de la représentation proportionnelle au plus fort reste, entre les syndicats. Ces derniers désignent alors leurs représentants parmi leurs élus aux comités d'établissement ou d'entreprise. Ce mode de désignation est propre aux sociétés ou établissements situés en France. Les autres pays européens désignent leurs représentants selon d'autres règles.

Ces règles de désignation des membres du groupe de négociation sont aussi celles qui s'appliquent par la suite pour désigner les membres de ces comités en l'absence d'accord contraire (art. L. 2344-2 et s. et L. 2353-9 C. trav.).

Biblio

- Ph. Waquet (dir.), « Les lieux du droit du travail », *SSL* suppl. n° 1140, 20 octobre 2003.
- Y. Chalaron, « À propos de l'établissement », *Analyse juridique et valeurs en droit social, Études offertes à J. Pélissier*, Dalloz 2004, p. 153.
- M. Cohen, « La raréfaction organisée des élections des représentants du personnel », *Dr. soc.* 2005. 1157-1159.
- A. Lyon-Caen, « Droit constitutionnel de participation et délimitation des collectivités de travail », *RDT* 2007. 82-85.
- M.-L. Morin, « Effectif et électorat : de la décision du Conseil constitutionnel du 28 décembre 2006 à l'arrêt de la Cour de cassation du 28 février 2007 », *RDT* 2007. 229-234.
- P.-Y. Verkindt, « Les élections professionnelles dans l'entreprise », *Dr. soc.* 2009. 648-657.

Documents

1) Unité économique et sociale

Soc. 18 juillet 2000, *Sté Roussillon Agrégats, Bull. civ.* V, n° 299 ; *Dr. soc.* 2000. 1037, obs. J. Savatier ; *Grands arrêts*, n° 133

« Une unité économique et sociale entre plusieurs entités juridiquement distinctes se caractérise, en premier lieu, par la concentration des pouvoirs de direction à l'intérieur du périmètre considéré ainsi que par la similarité ou la complémentarité des activités déployées par ces différentes entités, en second lieu, par une communauté de travailleurs résultant de leur statut social et de conditions de travail similaires pouvant se traduire en pratique par une certaine permutabilité des salariés ».

2) Établissement

Soc. 2 octobre 2001, *Lafarge Couverture, Bull. civ.* V, n° 296 ; *D.* 2002. Somm. 774, obs. C. Wolmark ; *Dr. soc.* 2001. 1129, obs. J. Savatier ; *Grands arrêts*, n° 134

« Caractérise un établissement distinct permettant la désignation des délégués syndicaux, le regroupement d'au moins cinquante salariés, constituant une communauté de travail ayant des intérêts propres et travaillant sous la direction d'un représentant de l'employeur ».

Soc. 13 juillet 2004, *Bull. civ.* V, n° 214

« L'établissement distinct permettant l'élection de délégués du personnel se caractérise par le regroupement d'au moins onze salariés constituant une communauté de travail ayant des intérêts propres susceptibles de générer des réclamations communes ou spécifiques et travaillant sous la direction d'un représentant du chef d'entreprise, peu important que celui-ci n'ait pas le pouvoir de se prononcer lui-même sur ces réclamations ».

Soc. 20 décembre 2006, *Bull. civ.* V, n° 405

« Pour l'exercice du droit syndical un établissement distinct ne peut être reconnu qu'au sein d'une même entreprise ou une même unité économique et sociale ».

3) Intégration dans les effectifs et sur les listes électorales de salariés d'autres entreprises

Soc. 30 avril 2003, *BHV*, *Bull. civ.* V, n° 153 ; *Dr. soc.* 2003. 782, obs. J. Savatier ; *Grands arrêts*, n° 138

« Mais attendu que les démonstrateurs étant intégrés dans la communauté des travailleurs salariés du BHV et dans l'entité du grand magasin, y sont électeurs et éligibles et en cette qualité peuvent être désignés représentants syndicaux au comité d'entreprise ».

Cons. const. 28 décembre 2006, décis. n° 2006-545 DC, *RDT* 2007. 84-88, étude A. Lyon-Caen

« 29. Considérant que le droit de participer "par l'intermédiaire de leurs délégués" à "la détermination collective des conditions de travail ainsi qu'à la gestion des entreprises" a pour bénéficiaires, sinon la totalité des travailleurs employés à un moment donné dans une entreprise, du moins tous ceux qui sont intégrés de façon étroite et permanente à la communauté de travail qu'elle constitue, même s'ils n'en sont pas les salariés ;
30. Considérant que, s'il était loisible au législateur, notamment pour éviter ou restreindre les situations de double vote, de ne pas conférer à l'ensemble des travailleurs mis à disposition d'une entreprise la qualité d'électeur pour désigner les délégués du personnel et les représentants des salariés à son comité d'entreprise, il ne pouvait, sans méconnaître le huitième alinéa du Préambule de 1946, limiter le corps électoral aux seuls salariés qui lui sont liés par un contrat de travail ».

Soc. 13 novembre 2008, n° 08-60331, P

« … sont intégrés de façon étroite et permanente à la communauté de travail, pour l'application des textes susvisés, les salariés mis à disposition par une entreprise extérieure qui, abstraction faite du lien de subordination qui subsiste avec leur employeur, sont présents dans les locaux de l'entreprise utilisatrice et y travaillent depuis une certaine durée, partageant ainsi des conditions de travail au moins en partie communes susceptibles de générer des intérêts communs… »

chapitre 27

Statut des représentants

Plan analytique

Les représentants du personnel et des syndicats bénéficient, pour l'exercice de leur mandat, d'heures de délégation, payées à l'égal d'un temps de travail (section 1). 1110

De par l'exercice de leurs fonctions représentatives, les salariés mandatés peuvent être conduits à s'opposer à leur employeur. Tel est même le cours normal de leurs fonctions Ils sont alors particulièrement exposés à des mesures de représailles. Aussi, une procédure d'autorisation préalable du licenciement de ces salariés a-t-elle été mise en place. Cette protection, toutefois, ne joue pas toujours pleinement son rôle (section 2).

Il existe en outre une protection pénale des institutions représentatives du personnel et des syndicats. Celle-ci est notamment prévue, par toute une série de délits d'entrave (v. not. les art. L. 4742-1 ; L. 2146-1 ; L. 2316-1 ; L. 2328-1 C. trav.), lesquels sont punis d'une amende de 3 750 euros et d'un an emprisonnement. 1111

L'employeur qui porte atteinte à un représentant des salariés, à une institution représentative du personnel ou à un représentant des syndicats tombe généralement sous le coup de l'un de ces délits. L'existence de ces sanctions pénales est importante, à la fois comme nécessaire soutien apporté à l'action de l'inspection du travail et comme signe du poids accordé par le droit positif aux règles relatives à la représentation du personnel et du syndicat dans l'entreprise. Ces sanctions pénales restent cependant relativement difficiles à mettre en œuvre et sont souvent réservées aux violations les plus graves ou les plus systématiques.

Il faut aussi rappeler la prohibition civile et pénale de toute discrimination visant un salarié du fait de ses activités syndicales (art. L. 225-1 C. pén., L. 1132-1 C. trav. : sur ces discriminations, v. n° 156 et s. et 171 et s.).

section 1

Les heures de délégation

Les représentants du personnel et les délégués syndicaux bénéficient, pour l'exercice de leur mission, d'un temps rémunéré par l'employeur comme temps de travail. 1112

C'est le cas pour le temps passé à certaines tâches spécifiques. Sont ainsi payés, notamment, le temps passé par les délégués du personnel titulaires ou suppléants lors de leur réunion mensuelle avec l'employeur (art. L. 2315-11 C. trav.), la durée des réunions du comité d'entreprise (art. L. 2325-8 C. trav.), le temps de la négociation collective (art. L. 2232-18 C. trav., sauf pour les négociateurs élus ou les mandataires spéciaux, qui ont un temps limité à 10 heures : art. L. 2232-23 et L. 2232-25 C. trav.) ou encore le temps utilisé par les délégués syndicaux pour participer à des réunions qui ont lieu à l'initiative du chef d'entreprise (art. L. 2143-18 C. trav.).

■ 1113 Pour l'exécution des autres aspects de leurs fonctions, les salariés titulaires d'un mandat représentatif bénéficient en outre d'un certain nombre d'heures rémunérées par l'employeur. Ce crédit d'heures de délégation, généralement mensuel, est fixé par la loi et les conventions collectives. Ces heures sont, en principe, attribuées individuellement à chaque représentant titulaire (v. cpdt le temps de 10 à 15 heures annuelles attribué aux sections syndicales en tant que telles : art. L. 2143-16 C. trav.).

Il s'agit, sauf dans le cas susvisé, d'un *nombre d'heures mensuel*. Ce nombre varie, selon la taille de l'entreprise, de 2 à 20 heures pour les membres du CHSCT (art. L. 4614-3 C. trav.). Il est de 20 heures pour les membres du comité d'entreprise (art. L. 2325-6 C. trav.). Il est de 15 heures pour les délégués du personnel, sauf dans les entreprises de moins de 50 salariés, où il n'est que de 10 heures (art. L. 2315-1 C. trav.). Il varie entre 10 et 20 heures pour le délégué syndical, selon la taille de l'entreprise (art. L. 2143-13 C. trav.).

Tous ces textes prévoient la possibilité d'un dépassement de ce nombre d'heures en cas de « circonstances exceptionnelles ».

■ 1114 L'employeur peut contester l'utilisation qui est faite de ces heures, mais après les avoir payées, pour les heures normales (§ 1). Seules les heures prises au titre des circonstances exceptionnelles peuvent être contestées avant paiement (§ 2). La rémunération due pour les heures de délégation doit être strictement identique à celle que le salarié aurait reçue s'il avait travaillé (§ 3). Les heures de délégations sont aussi des heures qui peuvent être prises librement, à tout moment : elles sont donc pour les représentants des autorisations de s'absenter de leur poste de travail, sous la seule condition, éventuelle, d'une information préalable de l'employeur (§ 4).

§ 1 La contestation des heures de délégation normales

■ 1115 Les heures de délégations sont accordées *pour* l'exercice d'un mandat représentatif ou syndical. Seul l'exercice des fonctions est rémunéré et non n'importe quelle absence. Il en ressort une possibilité de contestation, par l'employeur, de l'utilisation des heures de délégation.

Depuis la loi du 28 octobre 1982, l'employeur ne peut plus, cependant, se faire justice lui-même et refuser de verser le salaire correspondant aux heures dont il conteste l'utilisation. Il doit payer à l'échéance normale. Et ce paiement est un préalable nécessaire à toute contestation de l'usage fait des heures de délégations (v. déjà, Soc. 9 décembre 1985, *Bull. civ.* V, n° 581 ; *Dr. soc.* 1986. 761, obs. J.-E. Ray).

■ 1116 L'arrêt *Vallourec.* du 2 mai 1989* a permis de fixer les conséquences, sur le plan probatoire, de cette exigence de paiement préalable. C'est l'employeur qui doit invoquer en justice une utilisation du temps de délégation non conforme au mandat, s'il souhaite en obtenir le remboursement. C'est donc sur lui que pèse la charge de la preuve de cette mauvaise utilisation.

Cependant, cette preuve négative apparaît difficile, voire « diabolique », lorsque le salarié demeure muet sur la manière dont il a utilisé son temps de délégation. Aussi, comme le précise l'arrêt *Vallourec**, l'employeur peut exiger du salarié des indications sur son utilisation du temps de délégation (dans le même sens, v. not. Soc. 22 avril 1992, *Bull. civ.* V, n° 298 ; Soc. 25 mai 1993, *Bull. civ.* V, n° 147). Muni de ces indications, il lui sera possible de prouver la mauvaise utilisation du temps de délégation, soit en prouvant le caractère mensonger de certaines allégations, soit en prouvant que les activités déclarées par le salarié ne correspondent pas à son mandat.

Cette aide apportée par la jurisprudence à l'employeur s'avère fort compréhensible eu égard à l'extrême difficulté de la preuve négative. Elle n'en est pas moins potentiellement problématique. Outre qu'elle oblige le représentant du personnel à la tenue d'un emploi du temps heure par heure, elle le contraint à une certaine transparence vis-à-vis de l'employeur, laquelle peut être préjudiciable au bon exercice de sa mission dans certaines circonstances conflictuelles. Cela peut aussi dissuader un représentant de prendre ses heures de délégation.

Aussi cette obligation de fournir des indications s'interprète-t-elle restrictivement. La Cour de cassation a eu l'occasion de casser plusieurs arrêts d'appel ayant exigé des « justifications » (v. not. Soc. 22 avril 1992, *Bull. civ.* V, n° 298 ; Soc. 25 mai 1993, *Bull. civ.* V, n° 147) : l'employeur ne peut exiger que de simples « indications » (Soc. 2 mai 1989, *Vallourec**). **1117**

Et le refus du salarié de transmettre des indications n'emporte pas présomption d'utilisation non conforme (Soc. 21 novembre 1990, *Bull. civ.* V, n° 585). Ce refus offre simplement la possibilité, pour l'employeur, de saisir le juge des référés qui pourra en ordonner la production (Soc. 8 juillet 1992, *Bull. civ.* V, n° 459).

En l'absence d'indications spontanées, cette action est au demeurant considérée par la jurisprudence comme un préalable nécessaire à toute contestation au fond de l'utilisation des heures de délégation (Soc. 4 décembre 1991, *Bull. civ.* V, n° 556 ; Soc. 21 novembre 1990, *Bull. civ.* V, n° 585 ; *Dr. soc.* 1990. 306, obs. J.-M. Verdier).

Et ces solutions s'imposent non seulement pour les heures de délégations légales, mais encore pour les heures de délégations supplémentaires prévues par des conventions collectives (Soc. 21 juillet 1986, *Bull. civ.* V, n° 401).

En un mot, si l'employeur entend contester l'usage fait des heures de délégation, il doit en préalable payer ces heures à l'échéance normale, puis réclamer des indications au salarié sur son emploi du temps et enfin, en cas de refus de ce dernier, saisir la justice pour exiger ces indications. Ce n'est qu'alors qu'il pourra saisir au fond la juridiction prud'homale de sa demande de remboursement des heures indûment rémunérées.

Ces garanties ne sont pas applicables en cas de dépassement du crédit d'heures pour circonstances exceptionnelles.

§ 2 La contestation des heures de délégation exceptionnelles

L'employeur qui conteste l'existence de circonstances exceptionnelles ou l'utilisation des heures prises au titre de ces circonstances peut refuser sans entrave de rémunérer ces heures. C'est alors le salarié qui devra contester en justice ce non-paiement et c'est sur lui que pèseront tant la charge de la preuve de l'existence de circonstances exceptionnelles que celle d'une utilisation conforme au mandat des heures **1118** excédentaires (v. not. Soc. 21 juillet 1986, *Bull. civ.* V, n° 401 ; Soc. 25 novembre 1997, *Bull. civ.* V, n° 404).

1119 De telles circonstances exceptionnelles ont été reconnues, en cas de projet de restructuration régionale de l'entreprise ayant nécessité un accroissement inhabituel de l'activité des membres du comité d'établissement (Soc. 6 juillet 1994, *Bull. civ.* V, n° 228), en cas de licenciement collectif (Soc. 7 décembre 1977, *Bull. civ.* V, n° 682) ou en cas de grève (Soc. 26 janvier 1966, *Bull. civ.* IV, n° 113 ; Soc. 27 juin 1979, *Bull. civ.* V, n° 587 ; comp. dans une espèce très particulière Soc. 19 février 1975, *Bull. civ.* V, n° 79). En revanche, la négociation d'un accord collectif, même particulièrement longue, ne suffit pas à caractériser des circonstances exceptionnelles (Soc. 5 novembre 1987, *Bull. civ.* V, n° 627).

§ 3 La rémunération due

1120 Lorsqu'il doit être rémunéré, que ce soit au titre des heures passées en réunion avec l'employeur, au titre du crédit d'heures de délégations ou au titre des heures pour circonstances exceptionnelles, le temps de représentation est de plein droit assimilé à un temps de travail. Il en résulte, selon une jurisprudence constante, que le représentant du personnel ne doit subir aucune perte de rémunération du fait de l'exercice de sa mission.

Ainsi, lorsqu'il travaille habituellement de nuit, ses heures de délégation seront payées au tarif de nuit (Soc. 28 mars 1989, *Bull. civ.* V, n° 266) et ce, même si elles ont été prises de jour (Soc. 14 mars 1989, *Bull. civ.* V, n° 212). Les heures de délégation doivent bénéficier de tous les accessoires du salaire. Le salarié doit notamment conserver le bénéfice des pauses rémunérées s'il en existe (Soc. 26 juin 2001, *Bull. civ.* V, n° 232), des éléments de rémunération au résultat ou au rendement (lesquelles peuvent être calculées au *prorata* des résultats obtenus par le salarié pendant ses heures de travail effectif : Soc. 29 mai 2001, *Bull. civ.* V, n° 187) ou encore de la rémunération des heures supplémentaires, lorsque les heures de délégation sont prises en dehors des horaires normaux du fait des nécessités du mandat (v. not. Soc. 12 février 1991, *RJS* 1991, n° 342 ; Soc. 18 mai 1993, *RJS* 1993, n° 758 ; Soc. 21 novembre 2000, *RJS* 2001, n° 309 ; Soc. 11 juin 2008, n° 07-40823, [P], *RDT* 2008. 538, obs. F. Signoretto). Ainsi encore, même si l'exercice de son mandat n'apparaît pas particulièrement salissant, le salarié en délégation doit bénéficier des primes de douche (Soc. 2 juin 1992, *Bull. civ.* V, n° 365) ou de salissure (Soc. 26 mai 1999, *Bull. civ.* V, n° 238) accordées aux salariés ayant exécuté un travail effectif. Les primes accordées individuellement aux salariés par l'employeur doivent, de même, être prise en compte : il appartient en effet aux juges de vérifier si le salarié n'a pas subi un préjudice en perdant une chance de recevoir tout ou partie de telles primes, du fait de la réduction de son travail effectif (Soc. 8 avril 1992, *Bull. civ.* V, n° 269).

1121 Seul le remboursement de frais n'est pas dû. Ainsi, les frais de déplacement pour l'exercice du mandat n'ont pas à être remboursés par l'employeur (Soc. 29 octobre 1987, *Bull. civ.* V, n° 608 ; Soc. 14 février 1989, *Bull. civ.* V, n° 121), sauf s'ils sont occasionnés par les déplacements nécessaires pour se rendre à une réunion organisée à l'initiative de l'employeur (Soc. 26 septembre 1990, *Dr. soc.* 1991. 262 ; Soc. 15 juin 1994, *Dr. soc.* 1994. 811 et Soc. 26 mai 1996, *Dr. soc.* 1996. 744, avec les notes de M. Cohen). En revanche, des primes de panier doivent être versées au salarié, dès lors qu'elles « n'étaient pas destinées à un remboursement de frais réellement exposés, mais faisaient l'objet d'un versement forfaitaire » et étaient par conséquent des éléments de salaire (Soc. 8 juillet 1992, *Bull. civ.* V, n° 445 ; et dans le même sens Soc. 1er avril 1992, *Bull. civ.* V, n° 235).

§ 4 Le droit de s'absenter

Le droit de s'absenter pour exercer une mission représentative est enserré dans la limite des heures de délégation. Un représentant du personnel absent au-delà de son contingent d'heures, en l'absence de circonstances exceptionnelles, est considéré comme fautif. Il peut, à ce titre, être sanctionné par l'employeur (Crim. 8 octobre 1991, *Bull. crim.*, n° 335). 1122

Cette solution est discutable. Les règles qui limitent le nombre d'heures de délégation accordées aux représentants des salariés et des syndicats ont trait à la *rémunération* de ces représentants. Elles n'ont pas pour objet de réglementer le droit de s'absenter.

De plus, lorsque l'absence est justifiée par les nécessités du mandat, la solution apparaît peu opportune. Ainsi, par exemple, il pourrait résulter de cette jurisprudence qu'un membre du comité d'hygiène de sécurité et des conditions de travail se rendant en urgence sur les lieux d'un accident du travail puisse être sanctionné par l'employeur, au motif que l'accident a eu lieu en fin de mois, qu'il avait déjà épuisé son crédit d'heures et que les accidents du travail ne sont pas exceptionnels dans l'entreprise...

En revanche, au sein du crédit d'heures et au-delà en cas de circonstances exceptionnelles, le salarié a l'autorisation de s'absenter librement et sans préavis pour exercer sa mission. 1123

Seule la pratique des bons de délégation, vient encadrer quelque peu cette faculté. Les bons de délégation visent l'obligation d'informer l'employeur par écrit du départ en délégation. Une telle obligation ne peut être instituée par l'employeur qu'à la suite d'une procédure de concertation (Crim. 12 avril 1988, *JCP* 1989. II. 21206, note O. Godard ; Crim. 10 janvier 1989, *RJS* 1989, n° 238). Une fois mise en place selon les formes requises, la violation de l'obligation de remplir des bons de délégation est une faute disciplinaire susceptible d'être sanctionnée par l'employeur (Crim. 31 mars 1981, *D.* 1982. IR. 77). 1124

Toutefois, cette pratique ne consiste qu'en une information de l'employeur. Elle ne peut sans entrave conduire l'employeur à soumettre l'absence du salarié à une autorisation préalable (Crim. 10 mars 1981, *Bull. crim.*, n° 88 ; Crim. 25 mai 1982, *Bull. crim.*, n° 135 ; Crim. 4 février 1986, *Bull. crim.*, n° 107 ; Crim. 12 avril 1988, *Bull. crim.*, n° 155). Les bons de délégations peuvent en revanche imposer un court délai de prévenance, lequel n'excède pas, en principe, quelques heures (v. par ex., Crim. 4 février 1986, préc.). Ce délai doit être justifié eu égard aux fonctions du salarié, lorsque son absence pourrait créer des problèmes de sécurité ou être susceptible d'entraîner une désorganisation de la production, en cas de travail posté par exemple. Ce délai doit en toute hypothèse rester compatible avec les nécessités du mandat.

Lorsque la pratique des bons de délégation a été instituée, elle demeure une exception au principe de liberté de s'absenter. Et les exceptions sont d'interprétation stricte (Soc. 10 mai 2006*).

section 2

La protection contre le licenciement

■ 1125 Les représentants du personnel et des syndicats dans l'entreprise peuvent être amenés à s'opposer à l'employeur dans l'exercice de leur mandat. Il s'agit même d'une condition de bon exercice de leur mandat. Un représentant des salariés ou des syndicats qui ne ferait que relayer les désirs et les intérêts de l'employeur, au dépend de ceux des salariés, violerait ses fonctions de mandataire et serait à ce titre juridiquement fautif.

Afin de garantir l'indépendance que le droit exige des mandataires pendant l'exercice de leurs fonctions et afin de les protéger quelque peu des possibles rétorsions de la part des employeurs, une procédure spéciale de licenciement a été mise en place. Cette procédure de protection a conduit les salariés détenteurs de mandat à être qualifiés de salariés « protégés ». Malgré la procédure de protection dont ils bénéficient, le licenciement de ces salariés demeure nettement plus fréquent, statistiquement, que le licenciement des salariés normaux. Et les discriminations qu'ils subissent demeurent fréquentes. Les salariés protégés sont surtout des salariés exposés.

■ 1126 Le licenciement d'un salarié exposé suppose l'avis préalable du comité d'entreprise. Mais il s'agit d'un simple avis. Le trait le plus marquant de la procédure spéciale de licenciement est de comporter l'exigence d'une autorisation préalable de l'inspecteur du travail (§ 2), à peine de nullité (§ 3). Encore faut-il préciser le champ d'application de cette protection (§ 1).

§ 1 Champ d'application de la protection

■ 1127 La jurisprudence a adopté une conception relativement réductrice des personnes qui entrent dans le champ de la procédure d'autorisation administrative de licenciement (A). En revanche, le champ d'application de la protection quant aux types d'actes soumis à autorisation administrative est très étendu (B).

A. Personnes protégées

■ 1128 La loi a prévu un champ d'application de la protection relativement large. La protection s'applique ainsi, notamment, aux délégués du personnel, aux membres des comités d'entreprise, aux membres des comités d'hygiène, de sécurité et des conditions de travail, aux délégués syndicaux, aux médecins du travail, aux conseillers des prud'hommes, aux candidats aux élections du personnel, aux salariés qui ont demandé l'organisation des élections, et aux anciens mandataires dont les fonctions se sont achevées depuis moins de six ou douze mois selon le cas. La protection bénéficie, en outre, aux représentants supplémentaires du personnel ou des syndicats prévus par les conventions collectives et dont les fonctions sont calquées sur celles des représentants prévus par la loi.

Sont en revanche exclues par la jurisprudence les institutions représentatives qui ne sont pas « de même nature que celles prévues par le Code du travail » (v. dernièrement Soc. 23 octobre 2007, n° 06-44438, *RDT* 2008. 46, note M. Grévy, *Dr. soc.* 2008. 256, note P.-Y. Verkindt). Sont privés de protection les salariés désignés à des fonctions originales créées par conventions collectives et non prévues par la loi. Ainsi, ne sont protégés ni les représentants syndicaux auprès du comité de groupe, du CHSCT, ou d'un comité inter-établissement ; ni le représentant des salariés à une commission de discipline (Soc. 19 décembre 1989, *Bull. civ.* V, n° 719 ; 20 février 1991, *Bull. civ.* V, n° 85 ; Crim. 4 avril 1991, *Bull. crim.* n° 164 ; *RSC* 1991. 783, obs. A. Lyon-Caen ; Soc. 1er décembre 1993, *Bull. civ.* V, n° 298 ; *Dr. soc.* 1994. 280 ; CE 29 décembre 1995 ; *RJS* 1996, n° 298 ; Soc. 29 janvier 2003, *Dr. soc.* 2003. 550, obs. J. Savatier ; Soc. 12 juillet 2006, *Bull. civ.* V, n° 258). Cette solution est fondée par l'idée selon laquelle la compétence des agents publics, ici celle des inspecteurs du travail, n'est pas à la disposition de la négociation collective (*cf.* not. CE 29 déc. 1995, précit.). Cet argument ne convainc guère. Il est en effet loisible à la Cour de cassation ou au Conseil d'État, lesquels sont des organes d'État, d'interpréter par analogie des textes de lois pour préciser la compétence des agents publics. D'autant qu'une telle interprétation s'impose ici avec force, la protection n'étant pas moins nécessaire lorsque les fonctions exercées ont été créées par la convention collective ou par la loi. 1129

Les nombreuses critiques doctrinales exprimées contre cette solution ont conduit récemment la Cour de cassation à adopter une vision plus ouverte des institutions dites « de même nature » : l'arrêt du 23 octobre 2007 précité reconnaît le bénéfice de la protection à des délégués syndicaux de groupe, en se contentant de noter que ceux-ci ont des fonctions « similaires » à celles d'une autre institution représentative (les délégués syndicaux d'entreprise). Cette solution devrait pouvoir permettre de protéger les représentants syndicaux des comités qui en sont habituellement dépourvus (comités de groupe, CHSCT...). Seules les institutions véritablement originales, comme un conseil de discipline, semblent devoir rester encore exclues. Jusqu'à un prochain revirement ?

B. Actes contrôlés

L'arrêt *Perrier* rendu par une chambre mixte de la Cour de cassation le 21 juin 1974* est l'un des arrêts les plus célèbres du droit du travail. Il clôt un conflit qui opposait la chambre criminelle à la chambre sociale. 1130

La chambre criminelle interdisait à l'employeur de contourner l'autorisation préalable de l'inspecteur du travail en agissant, sur le fondement de l'article 1184 du Code civil, en résiliation judiciaire du contrat de travail d'un salarié protégé (Crim. 9 février 1971, *Dr. soc.* 1972. 502 ; Crim. 16 mars 1978, *Dr. ouvrier* 1978. 381). La chambre sociale décidait pour sa part que cette voie de contournement était ouverte, et ce de manière constante depuis 1952 (v. not. Soc. 21 février 1952, *Bull. civ.* IV, n° 153 ; *D.* 1952. 290 ; *Dr. soc.* 1952. 159 ; *Dr. ouvrier* 1952. 151 ; *JCP* 1952. II. 6826 ; Soc. 13 octobre 1971, *Bull. civ.* V, n° 758 ; Soc. 11 octobre 1972, *Bull. civ.* V, n° 536).

L'arrêt *Perrier* du 21 juin 1974* se prononce clairement dans le sens de la chambre criminelle. Il va même bien au-delà. Dans un attendu de principe resté fameux, il pose que la procédure spéciale de licenciement des salariés exposés est une « protection exceptionnelle et exorbitante du droit commun », ce dont il découle qu'il est « interdit à l'employeur de poursuivre par d'autres moyens la résiliation du contrat de travail ».

■ 1131 Cet attendu a exclu la résiliation judiciaire. L'exclusion a depuis été confirmée, puis généralisée à tous les salariés, au nom de l'interdiction de contourner les règles du droit commun du licenciement (Soc. 13 mars 2001, *Mulin, Bull. civ.* V, n° 89 ; *Grands arrêts*, n° 90 ; v. n° 425).

■ 1132 L'arrêt *Perrier* a surtout initié la fermeture de nombreuses autres voies de contournement de la protection des salariés exposés. Les tentatives d'évitement envisageables étant nombreuses, les fermer toutes a conduit la jurisprudence à dresser un véritable catalogue des hypothèses dans lesquelles une autorisation administrative préalable est requise.

Une telle autorisation est ainsi exigée : lorsqu'un transfert partiel d'entreprise concerne un salarié protégé (Soc. 24 novembre 1992, *Dr. soc.* 1993. 65) ; en cas de fermeture définitive de l'entreprise (Soc. 1er avril 1992, *Bull. civ.* V, n° 234 ; Soc. 19 janvier 1995, *Dr. soc.* 1995. 197) ; en cas de mise à la retraite (Soc. 5 mars 1996, *RJS* 1996, n° 422 ; Soc. 2 décembre 1998, *RJS* 1999, n° 101) ; en cas d'adhésion du salarié à une convention d'allocation spéciale du FNE (Fond national de l'emploi) (Soc. 8 juin 1999, *Bull. civ.* V, n° 267) ou à une convention de conversion (Soc. 4 avril 1990 *RJS* 1990, n° 395) ; ou encore en cas de rupture anticipée ou de non-renouvellement d'un contrat de travail à durée déterminée (Soc. 16 octobre 2001, *Bull. civ.* V, n° 320 ; *Dr. soc.* 2002. 124, note Cl. Roy Loustaunau ; Soc. 11 décembre 2001, *Bull. civ.* V, n° 375 ; Soc. 27 septembre 2007, *Afeji Résidence Rembrandt*, n° 06-41086, [P], *RJS* 2007, n° 1312).

Une autorisation préalable est de plus exigée non seulement à chaque fois que l'employeur entend imposer au salarié une modification du contrat de travail, ce qui va de soi (v. par ex. Soc. 24 février 1993, *Dr. soc.* 1993. 389), mais encore lorsque l'employeur n'entend imposer qu'une simple modification des conditions de travail, fût-elle expressément prévue au contrat (v. not. Soc. 23 septembre 1992, *Dr. soc.* 1992. 925 ; Soc. 5 janvier 1994, *Dr. soc.* 1994. 279 ; Soc. 4 octobre 1995, *Dr. soc.* 1995. 1044 ; Soc. 18 juin 1996, *Bull. civ.* V, n° 248 ; Soc. 21 novembre 2006*). En revanche, l'application d'une règle nouvelle, légale ou conventionnelle, ne produisant pas de modification du contrat de travail, peut être imposée au salarié protégé sans autorisation préalable (en ce sens, v. not. Soc. 26 février 2003, *Bull. civ.* V, n° 68, à propos de l'application d'un accord d'entreprise de réduction du temps de travail, sans réduction du salaire).

■ 1133 Il faut enfin noter que la protection a été instituée dans l'intérêt de l'ensemble des salariés et que, par conséquent, le salarié protégé ne peut pas en disposer. Il s'ensuit qu'une autorisation préalable de l'inspecteur du travail est encore nécessaire avant de conclure une rupture d'un commun accord (v. Soc. 2 décembre 1992, *Dr. soc.* 1993. 152, rapp. Waquet ; Crim. 2 février 1996, *RJS* 1996, n° 299 ; Soc. 13 avril 1999, *RJS* 1999, n° 700), solution qui s'appliquera à la rupture conventionnelle de l'ANI du 11 janvier 2008.

Pour cette raison encore, la nullité de la transaction signée avant la notification du licenciement par un salarié protégé est une nullité absolue et d'ordre public, ce qui peut contraindre le représentant à rembourser à l'employeur les sommes perçues en application de cette transaction (Soc. 10 juillet 2002, *Bull. civ.* V, n° 249 ; comp. sur la validité d'une transaction conclue après notification du licenciement, Soc. 5 février 2002, *Bull. civ.* V, n° 54).

En définitive, l'exclusivisme du droit du licenciement des salariés protégés est aujourd'hui parvenu à un point d'aboutissement. Seules les ruptures véritablement à l'initiative exclusive du salarié demeurent sans autorisation administrative préalable. Ce qui permet la démission de ce salarié ou encore son initiative de réclamer le bénéfice d'une convention de préretraite (Soc. 3 octobre 2007, n° 05-45670), sans autorisation. Ce qui lui permet encore de demander la résiliation judiciaire de son contrat (Soc. 16 mars 2005, *Carcoop*, *Bull. civ.* V, n° 94 ; *D.* 2005. 1613 et Pan. 2506, obs. B. Lardy-Pélissier) ou de prendre acte de la rupture (Soc. 21 janvier 2003, *Sogeposte*, *Bull. civ.* V, n° 13 ; Soc. 5 juillet 2006 *Bull. civ.* V, n° 237 ; 25 juin 2007 n° 06-40667, [P]). Dans ces deux derniers cas, si des fautes suffisantes de l'employeur apparaissent avoir motivé la rupture, la sanction sera celle d'une violation du statut protecteur par l'employeur. La solution s'inscrit dans la logique de ces modes de rupture et dans celle du statut protecteur. La résiliation judiciaire et la prise d'acte de la rupture par le salarié sont assimilées à des licenciements illicites, dès lors que la rupture peut être imputée à des fautes commises par l'employeur. Et il faut rappeler, une fois de plus, que ces représentants sont particulièrement exposés aux représailles des employeurs, ce qui légitime l'aggravation des sanctions applicables en cas de violation du droit à leur encontre par l'employeur. Cette jurisprudence controversée apparaît ainsi logique et opportune (en ce sens, v. not. J. Mouly, *Dr. soc.* 2005, p. 861 ; J.-M. Verdier, *Dr. soc.* 2008, p. 113 ; B. Lardy-Pélissier préc. ; *contra* v. not. P. Waquet, *RJS* 2005, n° 1168). 1134

§ 2 L'autorisation de l'inspecteur du travail

Les autorisations accordées ou refusées par l'inspecteur du travail ont occasionné un contentieux de droit public, lequel a permis au Conseil d'État de préciser quelle était exactement la mission des inspecteurs du travail en la matière. 1135

L'arrêt *SAFER d'Auvergne* du 5 mai 1976* est le véritable point de départ de cette jurisprudence. Dans un premier temps, le Conseil d'État avait considéré qu'il s'agissait d'une question de pure opportunité échappant au contrôle du juge (CE 12 novembre 1949, *Lebon* p. 483). Dans un second temps, il a exprimé la possibilité d'un contrôle réduit à l'erreur manifeste d'appréciation (CE 10 juin 1966, *Lebon* p. 387). Ce n'est qu'avec l'arrêt *SAFER d'Auvergne* qu'il va affirmer l'existence d'un plein contrôle.

Le Conseil d'État profite de l'occasion pour adopter un attendu de principe resté fameux, dans lequel il fixe les grandes lignes du contrôle devant être mené en la matière. Les termes de cet attendu ont été depuis repris constamment, le Conseil s'étant contenté d'en préciser quelques aspects. L'inspecteur du travail doit tout d'abord vérifier si les faits invoqués par l'employeur permettent de justifier un licenciement (A). Lorsqu'une telle justification est présente, il peut encore refuser le licenciement, en retenant « des motifs d'intérêt général relevant de son pouvoir d'appréciation de l'opportunité, sous réserve qu'une atteinte excessive ne soit pas portée à l'un ou l'autre des intérêts en présence » (B).

A. Justifications du licenciement

1136 Lorsque l'employeur invoque une faute du salarié, celle-ci doit être « d'une gravité suffisante pour justifier le licenciement » (termes constants depuis CE 5 mai 1976*, *SAFER d'Auvergne*, v. not. plus récemment, CE 10 janvier 2000, *Chellal, RJS* 2000, n° 554 ; CE 6 mars 2002* ; CE 9 juillet 2007 n° 288295, 4e et 5e ss.-sect., *Sangare, RJS* 2007, n° 1084). Ces termes employés sont originaux. Il ne s'agit à proprement parler ni de la « faute grave », ni de la faute « réelle et sérieuse » du droit commun du licenciement (sur lesquelles v. respectivement n° 472-743 et 455 et s.). Ce choix d'un vocabulaire spécial par le Conseil d'État est significatif de l'autonomie qu'ont longtemps entendu conserver en la matière les juridictions administratives.

Cette autonomie pouvait prendre sens comme expression d'une plus grande exigence pour le licenciement d'un salarié protégé que pour un salarié non protégé. Pendant longtemps cependant, c'est l'inverse qui s'est produit. Bloqué dans sa volonté d'indépendance, le Conseil d'État a ignoré les évolutions de la jurisprudence de la Cour de cassation. La conséquence, absurde, était qu'il était devenu plus facile, dans de nombreux cas, de licencier un salarié protégé que de licencier un salarié non protégé.

1137 Ce grave paradoxe s'est réduit à la suite des récents efforts du Conseil d'État pour combler son retard (1), mais certains écarts persistent encore (2).

1. *Des efforts de rattrapage*

1138 Le Conseil d'État a prohibé le licenciement pour simple perte de confiance (CE 21 décembre 2001, *Baumgarth, RJS* 2002, n° 304 ; CE 22 mai 2002, *RJS* 2002, n° 999), plus de dix ans après que la Cour de cassation l'a fait (sur la prohibition par la Cour de cassation, à partir de 1990, v. n° 457 ; en sens inverse, v. encore CE 1er avril 1999 et CE 11 juin 1999, *RJS* 1999, n° 1093).

Le Conseil d'État a longtemps adopté sa propre définition de la justification économique du licenciement (CE 18 février 1977, *Abellan, Lebon* p. 97, *Dr. ouvrier* 1977. 215, note M. Cohen ; CE 26 avril 1985, n° 38231, *Lebon* p. 140 ; CE 8 juillet 2002, *RJS* 2002, n° 1148). Il se réfère désormais à la définition légale du licenciement économique, laquelle avait été initiée en 1989 (v. not. CE 15 juin 2005, n° 254728 ; CE 8 mars 2006, *Moranzoni** ; sur la définition légale du licenciement économique, v. L. 1233-3 C. trav.). Mieux, l'arrêt *Moranzoni** précité, reprend l'exigence de la Cour de cassation, d'une nécessaire sauvegarde de la compétitivité (avec dix ans de retard sur la jurisprudence de Cour de cassation, initiée en 1995, v. n° 572 et s.).

Le Conseil d'État a aussi admis que la faute disciplinaire ne pouvait être qu'une violation du pouvoir de direction de l'employeur et non une faute commise dans l'exercice de ce mandat (v. CE 4 juillet 2005, *Patarin**) conformément à la jurisprudence de la Cour de cassation, qui exige une violation des obligations du salarié « à l'égard de son employeur » pour reconnaître l'existence d'une faute disciplinaire (v. not. Soc. 4 juillet 2000, *Bull. civ.* V, n° 263 ; v. n° 114).

1139 Ainsi, un rattrapage important a eu lieu et, pour l'essentiel, la justification du licenciement d'un salarié protégé n'est plus facilitée, comparativement au licenciement d'un salarié ordinaire. Quelques efforts restent cependant à faire pour que cette solution soit généralisée.

2. *Quelques retards persistants*

Le Conseil d'État considère que la violation par l'employeur des procédures de licenciement conventionnelles n'interdit pas d'accorder une autorisation de licenciement (CE 12 mars 1993, *RJS* 1993, n° 634), alors que, pour le juge judiciaire, le respect de telles procédures conditionne la validité du licenciement des salariés non protégés (Soc. 28 mars 2000, *Bull. civ.* V, n° 136). **1140**

Dans un registre proche, sauf preuve de la discrimination, la jurisprudence administrative ne contrôle pas le respect des règles concernant l'ordre des licenciements économiques, vis-à-vis des salariés protégés (CE 23 juin 1982, *Lebon* T., p. 768 ; 11 juillet 1994 ; *RJS* 1994, n° 1406 ; CE 15 juin 1998, *RJS* 1998, n° 1016 ; CE 29 décembre 2000, *RJS* 2001, n° 475). Ce refus de vérification a conduit la Cour de cassation à contrôler l'application de ces règles vis-à-vis des salariés protégés. Désormais, un salarié protégé licencié en violation des règles sur l'ordre des licenciements, mais avec l'autorisation de l'inspecteur du travail, peut obtenir auprès des juridictions judiciaires la réparation du préjudice qu'il subit de ce fait (pour la condamnation de l'employeur à indemniser le salarié dans une telle hypothèse, v. Soc. 11 décembre 2001, *RJS* 2002, n° 202). **1141**

Ces deux petits décalages sont de peu d'ampleur. On peut penser que, dès que l'occasion se présentera, le Conseil d'État supprimera le premier. Et les conséquences fâcheuses du second ont été pour l'essentiel couvertes par l'évolution de la jurisprudence de la Cour de cassation.

Le décalage le plus inquiétant qui demeure encore est observé dans le contentieux de la grève. **1142**

Il résulte de l'article L. 2511-1 du Code du travail (L. 521-1 anc. C. trav.) que des faits commis au cours d'une grève ne peuvent être des motifs de licenciement que s'ils sont caractéristiques d'une « faute lourde ». Quoiqu'il continue en la matière de n'exiger expressément qu'une faute « suffisamment grave », le Conseil d'État s'est appuyé sur l'exigence supplémentaire d'une prise en compte « de l'ensemble des règles applicables au contrat de travail », que posait déjà l'arrêt *SAFER d'Auvergne*, pour reconnaître expressément que l'article L. 2511-1 du Code du travail (L. 521-1 anc. C. trav.) est bien applicable aux salariés protégés comme à ceux qui ne le sont pas (v. not. CE 1er avril 1992, *Lebon* p. 148 ; *Dr. soc.* 1992. 689, concl. D. Kessler ; CE 6 mars 2002*). Ce qui équivaut à la reconnaissance de l'exigence d'une faute lourde (même si cette reconnaissance n'est qu'implicite).

Cependant, le Conseil d'État semble adopter une conception pour le moins originale de la faute lourde. Pour la jurisprudence judiciaire, celle-ci est une faute d'une exceptionnelle gravité réalisée dans l'intention de nuire à l'employeur (v. réf. cit. n° 474 et n° 634). Outre qu'en guise d'exceptionnelle gravité le Conseil d'État se contente de son habituelle motivation en termes de faute « suffisamment grave », il affirme qu'aucune intention de nuire à l'employeur n'est exigée pour que puisse être autorisé le licenciement d'un salarié protégé pour des faits commis au cours de la grève (CE 6 mars 2002*).

Or, si l'intention de nuire est caractéristique de tout mouvement de grève (v. n° 577), elle n'est pas nécessairement présente au sein de tous les comportements qui peuvent être commis au cours d'une grève. Des fautes d'une gravité certaine, comme une destruction de matériel ou une violation des consignes de sécurité ayant provoqué un accident, peuvent être faites par négligence et être dépourvues d'intention de nuire. De tels faits, commis au cours d'une grève pourraient permettre, selon la jurisprudence du Conseil d'État, d'autoriser le licenciement d'un salarié protégé. Alors qu'il n'est pas exclu que le licenciement, pour de mêmes faits, d'un salarié « non protégé » puisse être annulé, selon les critères de la Cour de cassation. Un tel résultat est pour le moins paradoxal.

B. Le refus au nom de l'intérêt général

■ 1143 L'arrêt *SAFER d'Auvergne* 5 mai 1976* a prévu une faculté, pour l'inspecteur du travail, d'invoquer des « motifs d'intérêt général » pour passer outre une faute d'une gravité suffisante et de refuser d'autoriser le licenciement d'un salarié protégé. Ce principe ne tempère guère, cependant, le faible contrôle administratif du motif du licenciement sus-décrit.

■ 1144 Cette faculté n'est en effet utilisable qu'avec la plus grande parcimonie, si l'on en croit la jurisprudence du Conseil d'État (pour l'annulation de refus motivés par l'intérêt général, v. not. CE 8 février 1980, *D.* 1980. 337 ; CE 9 octobre 1987, *Lebon* p. 308 et 309 ; CE 27 juillet 1990, *RJS* 1990, n° 891). Seul le souci de maintenir une représentation du personnel – dans une espèce où l'employeur entendait licencier dans un même mouvement l'ensemble des délégués du personnel, des membres du comité d'établissement et les trois délégués syndicaux – a pu être considéré comme un motif d'intérêt général permettant de passer outre une faute d'une « gravité suffisante » commise au cours d'une grève (CE 9 octobre 1987, *Lebon* p. 309 ; *AJDA* 1987. 773).

En revanche, dans une petite entreprise, malgré l'absence d'élus, le licenciement de l'unique délégué syndical ne peut être refusé pour un motif d'intérêt général, dès lors qu'un autre salarié avait réclamé en même temps que lui la tenue d'élection de délégués du personnel et que ce salarié pouvait servir à l'avenir d'interlocuteur (CE 19 juillet 1991, *RJS* 1991, n° 1114).

■ 1145 De plus, l'invocation de l'intérêt général était, dès l'arrêt *SAFER d'Auvergne*, assortie d'une restriction importante, toujours reprise depuis. L'autorité administrative n'a la faculté de retenir des motifs d'intérêt général que « sous réserve qu'une atteinte excessive ne soit pas portée à l'un ou l'autre des intérêts en présence ». Cette formule contient une part d'hypocrisie. Ainsi que le Conseil d'État le reconnaît par ailleurs, l'invocation d'un motif d'intérêt général a pour fonction de bloquer un licenciement par ailleurs justifié. Ce blocage ne porte pas atteinte aux intérêts du représentant dont l'emploi est ainsi sauvegardé, ni à celui de ses mandants. L'invocation d'un motif d'intérêt général ne peut dès lors que nuire à l'employeur. La formule, censément équilibrée, se lit donc ainsi : l'inspecteur du travail n'a la faculté de retenir des motifs d'intérêt général que « sous réserve qu'une atteinte excessive ne soit pas portée aux intérêts de l'employeur ». Cet égard particulier pour les intérêts de l'employeur conduit au demeurant le Conseil d'État à qualifier facilement l'atteinte d'« excessive », dès lors que le licenciement apparaît par ailleurs justifié (pour une telle qualification d'atteinte « excessive » aux intérêts de l'employeur, v. not. CE 8 février 1980 ; CE 9 octobre 1987 ; CE 27 juillet 1990, préc.).

■ 1146 La faculté d'invoquer l'intérêt général pour refuser d'autoriser un licenciement n'est plus, dans ce contexte, qu'un correctif anecdotique. Et la « protection » des salariés exposés apparaît de ce fait très fragile.

§ 3 Sanctions

Des sanctions pénales pour entrave sont généralement encourues en cas de licenciement d'un salarié exposé sans respect de la procédure protectrice. 1147

Mais les sanctions les plus efficaces, en pratique, demeurent les sanctions civiles. Le licenciement d'un salarié protégé en violation de son statut protecteur est nul et de nul effet. 1148

Ceci a été admis dès l'origine par la Cour de cassation (Soc. 3 juin 1948, *D.* 1948. 510). La question qui a fait problème en la matière pendant plus de vingt ans est celle des effets que peut produire cette nullité : la possible réintégration du salarié illégalement licencié n'a été admise qu'avec l'arrêt *Revet-Sol* du 14 juin 1972, *Bull. civ.* V, n° 425 ; *Dr. soc.* 1972. 465, note J. Savatier ; *JCP* 1972. II. 17275, note G. Lyon-Caen. *Grands arrêts*, n° 154). Solution qui allait bientôt servir de modèle à l'ensemble des cas de nullité du licenciement. Aujourd'hui, la nullité du licenciement des salariés exposés est traitée, pour l'essentiel, conformément au droit commun de la nullité du licenciement (v. n° 498-504).

La seule difficulté spécifique vient des conséquences qu'il faut accorder à l'annulation d'une autorisation administrative donnée dans les formes. Depuis la loi du 28 octobre 1982, le principe est qu'en cas d'annulation d'une autorisation administrative, les salaires sont bien dus à compter du licenciement. Ils couvrent donc la période pendant laquelle l'employeur a pu croire, de bonne foi, avoir obtenu une autorisation administrative en bonne et due forme. 1149

Les effets de cette rétroactivité sont cependant légèrement atténués par la loi. La contestation d'une autorisation administrative de licenciement est une procédure qui peut être longue et ponctuée de décisions divergentes. Il se peut, par exemple, que l'autorisation soit annulée par le ministre statuant sur recours hiérarchique, rétablie par le tribunal administratif, puis enfin annulée de manière définitive par le Conseil d'État. La tentation est alors forte pour le représentant du personnel d'attendre qu'une décision définitive ait été rendue avant d'opter ou non pour la réintégration. Ceci lui permettra de bénéficier d'une période de rappel de salaire d'autant plus longue que la procédure aura été longue, pour peu que l'annulation de l'autorisation l'emporte *in fine*. Ce qui peut conduire à des rappels de salaires courant sur plusieurs années. 1150

Pour limiter quelque peu ces effets de la rétroactivité des décisions de justice, la loi du 28 octobre 1982 prévoit qu'à la suite d'une décision d'annulation de l'autorisation administrative de licenciement, le salarié a deux mois pour demander sa réintégration (v. not. art. L. 2422-1 et L. 2422-4 C. trav.). Si l'employeur refuse cette réintégration, le salarié pourra toucher les salaires dus sur l'ensemble de la période couverte par la nullité, dès que l'annulation sera devenue définitive. Si l'employeur accepte la réintégration, au moins bénéficiera-t-il d'un travail en échange du salaire payé. 1151

En revanche, si le salarié s'abstient de demander sa réintégration dans le délai de deux mois susvisé et que la procédure suit son cours jusqu'à l'obtention d'une annulation définitive, le salarié n'aura droit au versement de son salaire que jusqu'à l'échéance de ce délai de deux mois et non sur toute la période couverte par la nullité. Le montant des salaires dus par l'employeur sera ainsi réduit.

Biblio

- J. Frossard, « La contestation par l'employeur de l'usage des heures de délégation », *RJS* 1991. 155.
- J.-Y. Kerbouc'h, « Le licenciement des salariés protégés », *RJS* 2003. 923.
- J.-M. Verdier, « Les représentants des salariés : "protégés" ou exposés ? Liberté fondamentale et logique du statut », in *Études offertes à J. Pélissier, Analyse juridique et valeurs en droit social*, Dalloz, 2004, p. 571 et s.
- Y. Struillou, « Licenciement d'un salarié protégé : les exigences de l'enquête de l'inspecteur du travail », concl. sur CE 24 novembre 2006, *Dr. soc.* 2007. 25-35.

Documents

1) Les heures de délégation

Soc. 2 mai 1989, *Vallourec, Bull. civ.* V, n° 320 ; *Dr. soc.* 1989. 639, note J.-M. Verdier ; *Grands arrêts*, n° 150

« Si les articles L. 412-20 et L. 424-1 du Code du travail, qui imposent à l'employeur l'obligation de payer à l'échéance normale le temps alloué pour l'exercice de leurs fonctions aux délégués syndicaux et aux délégués du personnel, ne dispensent pas les bénéficiaires de ce versement de préciser les activités exercées pendant leur temps de délégation, c'est à charge pour l'employeur d'établir devant les juges du fond, à l'appui de sa contestation, la non-conformité de l'utilisation de ce temps avec l'objet du mandat représentatif ».

2) Les bons de délégation

Soc. 10 mai 2006, *Bull. civ.* V, n° 174

« Attendu, cependant, que, d'une part, la pratique des bons de délégation visant à avertir le chef de service ou le supérieur de l'intention du représentant syndical de se mettre en délégation, ne peut être détournée de son seul objet d'information préalable d'un déplacement pour l'exercice du mandat dans ou en dehors de l'entreprise ; que, d'autre part, l'employeur, fût-il approuvé en comité d'entreprise, ne peut étendre la pratique des bons de délégation prévue par l'accord d'entreprise pour la circulation des mandatés à un cas qui n'y est pas prévu ».

3) Champ d'application de la protection contre le licenciement

Ch. mixte 21 juin 1974, *Perrier, Bull. Ch. Mixte* n° 3 et *Bull. crim.* n° 236 ; *Dr. soc.* 1974. 454 ; *D.* 1974. 593 ; *JCP* 1974. II. 17801, concl. Touffait ; *Dr. ouvrier* 1974. 320 ; *D.* 1974. Chron. 237, H. Sinay ; *D.* 1975. 219, J. Savatier ; *D.* 1975. Chron. 103, R. Latournerie ; *Grands arrêts*, n° 151

« Attendu que les dispositions législatives soumettant à l'assentiment préalable du comité d'entreprise ou à la décision conforme de l'inspecteur du travail le licenciement des salariés légalement investis de fonctions représentatives, ont institué, au profit de tels salariés et dans l'intérêt de l'ensemble des travailleurs qu'ils représentent, une protection exceptionnelle et exorbitante du droit commun qui interdit par suite à l'employeur de poursuivre par d'autres moyens la résiliation du contrat de travail ».

Soc. 21 novembre 2006, *Bull. civ.* V, n° 350

« Aucun changement de ses conditions de travail ne peut être imposé à un salarié protégé et (...) en cas de refus par celui-ci de ce changement, l'employeur doit poursuivre le contrat de travail aux conditions antérieures ou engager la procédure de licenciement en saisissant l'autorité administrative d'une demande d'autorisation de licenciement ».

4) Étendue du contrôle exercé par l'inspecteur du travail

CE 5 mai 1976, *SAFER d'Auvergne*, *Dr. soc.* 1976. 346, concl. Ph. Dondoux, note J.-C. Venezia ; *D.* 1976. 563, note H. Sinay ; *AJDA* 1976. 328 ; *JCP* 1976. II. 1849, note J.-P. Machelon ; *Dr. ouvrier* 1976. 430 et 425, obs. M. Cohen ; *Gaz. Pal.* 1976. 2. 558, note F. Moderne ; *Grands arrêts*, n° 152

« Dans le cas où la demande de licenciement est motivée par un comportement fautif, il appartient à l'inspecteur du travail ou à l'inspecteur des lois sociales en agriculture saisi et, le cas échéant, au ministre compétent de rechercher, sous le contrôle du juge de l'excès de pouvoir, si les faits reprochés au salarié sont d'une gravité suffisante pour justifier son licenciement compte tenu de l'ensemble des règles applicables au contrat de travail de l'intéressé et des exigences propres à l'exécution normale du mandat dont il est investi ; qu'en outre, pour refuser l'autorisation sollicitée, l'autorité administrative a la faculté de retenir des motifs d'intérêt général relevant de son pouvoir d'appréciation de l'opportunité, sous réserve qu'une atteinte excessive ne soit pas portée à l'un ou l'autre des intérêts en présence ».

CE 6 mars 2002, n° 214656, *RJS* 2002, n° 699 et p. 518, concl. G. Bachelier

« Considérant qu'en vertu des articles L. 412-18 et L. 425-1 du Code du travail, les salariés légalement investis de fonctions représentatives qui bénéficient, dans l'intérêt des travailleurs qu'ils représentent, d'une protection exceptionnelle, ne peuvent être licenciés qu'avec l'autorisation de l'inspecteur du travail ; que, lorsque le licenciement d'un de ces salariés est envisagé, il ne doit pas être en rapport avec les fonctions représentatives normalement exercées par l'intéressé ou avec son appartenance syndicale ; que, dans le cas où la demande est motivée par un comportement fautif, il appartient à l'inspecteur du travail saisi et, le cas échéant, au ministre compétent, de rechercher, sous le contrôle du juge de l'excès de pouvoir, si les faits reprochés au salarié sont d'une gravité suffisante pour justifier son licenciement, compte tenu de l'ensemble des règles applicables à son contrat de travail notamment, dans le cas de faits survenus à l'occasion d'une grève, des dispositions de l'article L. 521-1 du Code du travail et des exigences propres à l'exécution normale du mandat dont il est investi ;
Considérant qu'après avoir relevé, dans l'exercice de son pouvoir souverain d'appréciation, sans dénaturer les faits ni les pièces du dossier qui lui était soumis, que, lors du mouvement de grève qui a eu lieu le 31 décembre 1995 au parc d'attraction "Disneyland-Paris", M. MVONDO, délégué du personnel, s'est rendu coupable de violences, notamment en portant des coups à

des membres du personnel de la société Eurodisney qui tentaient de s'opposer à la progression de la manifestation vers les lieux où se tenait le public, *la cour, qui n'était pas tenue de rechercher si ce comportement révélait une intention de nuire à l'employeur ou à l'entreprise, a pu légalement déduire de ces énonciations que ces faits revêtaient le caractère d'une faute d'une gravité suffisante* pour justifier le licenciement de l'intéressé ».

CE 4 juillet 2005, *Patarin*, n° 272193, *Lebon* p. 306

« Dans le cas où la demande de licenciement est motivée par un acte ou un comportement du salarié survenu en dehors de l'exécution de son contrat de travail, notamment dans le cadre de l'exercice de ses fonctions représentatives, il appartient à l'inspecteur du travail, et le cas échéant au ministre, de rechercher, sous le contrôle du juge de l'excès de pouvoir, si les faits en cause sont établis et de nature, compte tenu de leur répercussion sur le fonctionnement de l'entreprise, à rendre impossible le maintien du salarié dans l'entreprise, eu égard à la nature de ses fonctions ».

CE 8 mars 2006, *Moranzoni*, n° 270857, *Lebon* p. 116 ; *Dr. soc.* 2006. 857, concl. R. Keller ; *JCP S* 2006, n° 16, p. 31-33, note J.-Y. Kerbouc'h

« Considérant qu'aux termes du premier alinéa de l'article L. 321-1 du Code du travail, dans sa rédaction alors applicable : constitue un licenciement pour motif économique le licenciement effectué par un employeur pour un ou plusieurs motifs non inhérents à la personne du salarié résultant d'une suppression ou transformation d'emploi ou d'une modification substantielle du contrat de travail, consécutives notamment à des difficultés économiques ou à des mutations technologiques ; qu'est au nombre des causes sérieuses de licenciement économique la nécessité de sauvegarder la compétitivité de l'entreprise ;

Considérant qu'en jugeant qu'étaient de nature à établir des difficultés économiques pouvant être la cause du licenciement de Mme X, d'une part, un simple tassement de l'activité d'une des branches de la société mutuelle d'assurance des collectivités locales au cours des exercices 1997 et 1998, d'autre part, la simple volonté d'améliorer la compétitivité de cette entreprise, la cour administrative d'appel a entaché son arrêt d'erreur de droit ».

titre **10**

La puissance publique

L'intervention de la puissance publique en droit du travail est consubstantielle de l'existence même d'un *droit* du travail. Dès lors que les relations de travail ne sont pas une zone de non-droit (et il s'en faut de beaucoup), la puissance publique intervient. Elle intervient d'abord en créant des règles. Elle est alors source du droit. Ce premier rôle, évidemment central, ne distingue guère le droit du travail des autres branches du droit. Il a été visé lors de l'étude des sources (v. n° 44 et s. et pour les sources étatiques, n° 51). **1152**

La puissance publique est aussi une autorité de contrôle et de sanction. Le droit du travail se caractérise alors par l'existence de deux institutions propres à la matière. L'une est administrative : il s'agit de l'inspection du travail. L'autre judiciaire : il s'agit des conseils de prud'hommes.

Ces deux institutions spécifiques au droit du travail n'excluent nullement l'importance, en la matière, d'autres institutions publiques.

Toutes sortes de juges interviennent à l'occasion des litiges du travail (tribunaux administratifs, tribunaux d'instance, de grande instance, tribunaux de simple police, tribunaux correctionnels...). L'étude de ces juridictions, qui ne sont nullement spécifiques au droit du travail, relève du droit administratif pour les unes, et du droit judiciaire pour les autres. **1153**

De même, il existe d'autres autorités administratives qui peuvent jouer un rôle au sein des relations de travail, comme la police judiciaire, la CNIL (Commission nationale de l'informatique et des libertés) ou la HALDE (Haute autorité de lutte contre les discriminations et pour l'égalité). Mais, là encore, ces autorités ne sont nullement spécifiques au droit du travail et leur étude relève d'autres branches du droit. **1154**

Il ne sera donc question ici que des deux autorités propres à la matière : l'inspection du travail (chapitre 28) et le conseil de prud'hommes (chapitre 29).

chapitre 28

L'inspection du travail

Plan analytique

L'inspection du travail

La présence d'un corps administratif spécialisé chargé du contrôle de l'application du droit du travail s'explique pour deux raisons. La première est l'importance d'une application des règles du droit du travail. Leur violation absolue et systématique n'est rien moins que de l'esclavage. La seconde est la difficulté de la recherche d'effectivité. Dans l'entreprise, l'employeur est « chez lui », et faire pénétrer le droit dans cette sphère professionnelle, mais souvent perçue comme privée par l'employeur, n'est pas une mince affaire. L'ineffectivité relative du droit du travail est un problème constant. 1155

Ces enjeux, qui fondent l'existence de l'inspection du travail, ont été perçus comme suffisamment fondamentaux pour que soit adoptée une convention spécialisée, de niveau mondial, sur la question (convention de l'OIT C81 sur l'inspection du travail de 1947, ratifiée par 137 pays, dont la France depuis 1950).

L'inspection du travail est organisée au sein des services déconcentrés du ministère du Travail. Ceux-ci sont organisés en directions régionales (DRTEFP) et départementales (DDTEFP), ces dernières étant les centres opérationnels principaux. À ces directions sont rattachées des fonctionnaires qui appartiennent au corps des inspecteurs du travail et au corps des contrôleurs du travail, lesquels forment ensemble l'inspection du travail au sens de la convention C81 de l'OIT. Les contrôleurs du travail sont placés sous la responsabilité des inspecteurs du travail, mais sont dotés de pouvoirs de contrôle et d'enquête propres (art. L. 8112-5 C. trav.). 1156

Les inspecteurs du travail sont soumis au principe hiérarchique, comme tout fonctionnaire. Mais cette soumission est fortement tempérée par l'indépendance qui leur est reconnue par le droit international : l'article 6 de la convention C81 de l'OIT exige que l'inspection du travail soit assurée par des fonctionnaires « dont le statut et les conditions de service leur assurent la stabilité dans leur emploi et les rendent indépendants de tout changement de gouvernement ». Ce principe d'indépendance et les exigences d'orientation exprimées par le ministère du Travail expliquent l'existence de certaines tensions.

Les fonctions (section 1) et moyens (section 2) de l'inspection du travail sont importants et divers.

section 1

Fonctions

La fonction première des inspecteurs du travail, précisée à l'article L. 8112-1 du Code du travail est de veiller à l'application du droit du travail dans son ensemble, y 1157 compris les conventions collectives de travail. Ils reçoivent de ce fait des plaintes et réclamations et ont un rôle de conseil. Mais, à la différence des conseils de prud'hommes, ils ne tranchent pas les litiges.

Ils peuvent toutefois constater les infractions pénales aux dispositions du droit du travail. Leur fonction est, à cet égard, assez proche de celle des officiers de police judiciaire.

■ 1158 Ils sont en outre chargés de toute une liste de tâches plus précises, que l'on retrouve tout au long du Code du travail. Ainsi, notamment, les inspecteurs du travail doivent veiller aux dispositions relatives à la santé et à la sécurité des travailleurs. Dans ce cadre, ils peuvent aussi accorder certaines dérogations temporaires aux règles de protections en matière de santé et de sécurité. Ils contrôlent et peuvent faire rectifier le contenu des règlements intérieurs (n° 136-137). Ils participent aux commissions mixtes paritaires lors des négociations de branches (n° 745). Ils sont chargés d'autoriser le licenciement des salariés protégés (n° 1142 et s.). Ils détiennent la possibilité d'accorder certaines dérogations en matière de durée et d'organisation du travail (v. not. n° 315 et s. et n° 327 et s.). Etc.

Il ne s'agit là que de quelques exemples.

section 2

Moyens

■ 1159 Les inspecteurs du travail sont dotés de moyens d'investigation. Ils peuvent entrer dans tous les lieux où le droit du travail est censé s'appliquer, et ils peuvent opérer tous prélèvements utiles (art. L. 8113-1 à L. 8113-3 C. trav.). Ils peuvent se faire présenter l'ensemble des documents et registres obligatoires du droit du travail (art. L. 8113-4 C. trav.), notamment ceux qui doivent être tenus à leur intention (registre du personnel, registre des questions et réponses des réunions mensuelles des délégués du personnel, etc.).

■ 1160 Ils usent généralement du conseil, puis de la menace, avant d'adopter des mesures plus sévères. La mise en demeure est parfois impérative, avant qu'un procès-verbal puisse être dressé (art. L. 4721-4 C. trav.) ou que l'arrêt temporaire de l'activité puisse être exigé (v. not. art. L. 4721-8 C. trav.). De plus, même lorsque la mise en demeure ne s'impose pas, les inspecteurs du travail invitent le plus souvent l'employeur à cesser l'infraction, avant de dresser un procès-verbal. Ce n'est que lorsque la menace reste inefficace qu'ils dressent un procès-verbal constatant l'infraction. Le procès-verbal est alors transmis au procureur de la République (art. L. 8113-7 C. trav.), lequel jugera de l'opportunité des poursuites (v. les chiffres cités ci-dessous dans les documents).

Le droit pénal du travail apparaît alors dans sa fonction première : il est plus un outil de menace, mis entre les mains de l'inspection du travail, qu'un véritable outil de répression. Les sanctions pénales demeurent relativement peu nombreuses et sont, sauf rares exceptions, limitées à des peines d'amende.

L'inspecteur du travail a enfin un droit d'agir directement en justice pour demander au juge des référés de faire cesser un trouble illicite, notamment en présence d'un risque pour les personnes (v. not. art. L. 4732-1 C. trav.). De telles actions demeurent exceptionnelles. 1161

chapitre 29

Le conseil de prud'hommes

Plan analytique

section 1

Composition

section 2

Compétence des conseils et effet relatif des jugements

section 3

Procédure

§ 1 La conciliation

§ 2 Le conseiller rapporteur

§ 3 Le référé prud'homal

§ 4 L'unicité de l'instance

Les conseils de prud'hommes sont des juridictions anciennes, nées de la volonté des employeurs d'éviter que l'État n'intervienne dans leurs affaires « privées ». Le premier de ces conseils a été institué à Lyon en 1806. C'est au départ une juridiction très inégalitaire. Les fabricants y sont majoritaires et les ouvriers n'y sont pas représentés. Il faudra attendre la révolution de 1848 et le décret du 27 mai 1848 pour que la première représentation des ouvriers y soit créée, et la loi du 17 mars 1907 pour que soit instauré le paritarisme. Le décret du 1er juin 2008 réduit le nombre de conseils de prud'hommes à 210 au lieu de 272 comme précédemment, à compter du 3 décembre 2008. 1162

section 1

Composition

Les conseils de prud'hommes sont élus, pour moitié par les salariés et pour moitié par les employeurs. Il s'agit d'un scrutin proportionnel à la plus forte moyenne (art. L. 1441-30 C. trav. ; sur ce mode de scrutin, v. n° 1077 et s.). 1163

Le paritarisme se retrouve à tous les niveaux de décision (art. L. 1421-1 al. 2 C. trav.) : le bureau de conciliation et la formation de référé comptent un conseiller salarié et un conseiller employeur, le bureau de jugement deux conseillers salariés et deux conseillers employeurs. Les présidences sont alternativement occupées par un salarié ou par un employeur. Et lorsqu'un employeur est président, un salarié est vice-président et vice-versa.

En cas de partage des voix (moins fréquent qu'on pourrait le croire), il est fait appel à un juge d'instance. Ce « juge départiteur » tranche les points qui restent en débat après avoir délibéré avec les conseillers ou, le plus souvent, seul.

section 2

Compétence des conseils et effet relatif des jugements

Les conseils de prud'hommes ne sont compétents que pour juger « les différends qui peuvent s'élever à l'occasion de tout contrat de travail » (art. L. 1411-1 C. trav.). Il traite donc exclusivement des litiges individuels. 1164

L'expression est largement entendue par la jurisprudence. La reconnaissance d'un droit individuel doit bien être l'objet du litige. Mais le conseil peut trancher des litiges qui sont appelés à faire jurisprudence dans l'entreprise. Sont encore admises les demandes groupées de plusieurs salariés. Même si elles sont identiques, elles sont considérées comme autant de demandes individuelles (Soc. 23 juin 1960, *D.* 1960. 688 ; *Grands arrêts*, n° 18). Sont encore admises les demandes individuelles qui s'appuient sur des arguments qui, s'ils sont admis, auront une portée collective (par exemple, le conseil de prud'hommes est compétent pour juger de manière incidente que telle clause du règlement intérieur est illégale, l'objet principal étant l'annulation de la sanction disciplinaire subie par M. X, soit une demande individuelle).

■ 1165 Il demeure que la décision du conseil de prud'hommes aura toujours un effet relatif, limité aux parties au procès. Rien n'interdit, par exemple, à l'employeur dont la clause d'un règlement intérieur a été écartée dans une instance individuelle, de conserver intacte cette clause dans son règlement intérieur. La décision du Conseil de prud'hommes ne peut rien lui imposer qui soit d'ordre collectif, elle peut seulement lui imposer une mesure individuelle, comme l'annulation de la sanction disciplinaire attaquée. Si les salariés veulent obtenir en justice que l'employeur retire la clause du règlement, le litige sera collectif, et c'est le tribunal de grande instance qui sera compétent ou, en l'occurrence, l'inspecteur du travail (v. n° 136-137).

section 3

Procédure

■ 1166 La procédure devant les conseils de prud'hommes comporte certaines originalités.

Les plaideurs sont dispensés de prendre un avocat. Ils peuvent se défendre eux-mêmes, ou encore être défendus par des membres des organisations syndicales (solidarité syndicale), par des salariés ou employeurs de la même branche (solidarité professionnelle), ou par leur conjoint (solidarité familiale). Il en résulte parfois une certaine inégalité des parties, l'une étant représentée par un avocat expérimenté et l'autre se défendant elle-même. Cette inégalité est aggravée par le principe de l'« oralité des débats », qui peut permettre de présenter une argumentation juridique ou des demandes au dernier moment, argumentation et demandes face auxquelles celui qui se défend seul sera souvent incapable de répondre dans l'instant.

■ 1167 Le conseil de prud'hommes statue en premier et dernier ressort pour les demandes qui n'excèdent pas 4 000 euros (Décr. n° 2005-1190 du 20 septembre 2005). Cela signifie qu'en dessous de cet enjeu financier, il n'est pas possible de faire appel, mais seulement de se pourvoir directement devant la Cour de cassation. Or un tel pourvoi est plus difficile et plus coûteux. Le pourvoi en cassation n'est plus dispensé du ministère d'avocat depuis un décret du 20 août 2004.

Au-dessus de 4 000 euros, la possibilité de faire appel permet de voir le litige apprécié par des magistrats professionnels de la cour d'appel.

Seront explicités successivement le rôle et les pouvoirs du bureau de conciliation (§ 1), du conseiller rapporteur (§ 2) et de la formation de référé (§ 3). Viendra ensuite une mise en garde contre les dangers du principe de l'unicité de l'instance (§ 4).

§ 1 La conciliation

L'idée de départ, assez optimiste, est de faire en sorte que les parties se concilient. 1168
Aussi, avant d'aller devant le bureau de jugement qui pourra trancher le litige, les plaideurs sont appelés à une audience de conciliation, devant le *bureau de conciliation*.

En pratique, cette audience concilie relativement peu. Elle est cependant un moment clef de la procédure. Le bureau de conciliation est en effet doté par les articles R. 1454-14 et R. 1454-15 du Code du travail d'importants pouvoirs pour régler la situation dans l'attente du jugement définitif et pour préparer la décision. L'article lui permet d'ordonner, au besoin sous astreinte, toute mesure d'instruction, même d'office et toute mesure nécessaire à la conservation des preuves ou des objets litigieux (envoyer un expert sur les lieux du travail, réclamer la délivrance de documents, de disques durs, ordonner une enquête permettant d'entendre des témoins, etc.).

Il peut aussi ordonner à l'employeur le versement de provisions sur les sommes réclamées par le salarié, lorsqu'elles ne sont pas sérieusement contestables, dans la limite de six mois de salaire (ce qui n'est pas négligeable).

Ces importantes possibilités exigent une préparation sérieuse de l'audience de conciliation (qui est trop souvent un peu rapidement évacuée). Mais aussi une meilleure prise de conscience de la part des conseillers prud'homaux des moyens qui leur sont offerts lors de cette première audience du procès prud'homal.

§ 2 Le conseiller rapporteur

Le bureau de conciliation ou le bureau de jugement peuvent décider de renvoyer 1169
l'affaire à un ou deux *conseillers rapporteurs* (art. R. 1454-1 et R. 1454-17 C. trav.). Ce ou ces conseillers sont chargés d'instruire l'affaire, c'est-à-dire d'aller chercher eux-mêmes les preuves. La possibilité est importante : le salarié plaideur peut rencontrer des difficultés dans l'administration de la preuve. En sa qualité de demandeur, souvent, la *charge* de la preuve lui incombe. Et ce, alors même que la plupart des *moyens* de preuve (les documents comptables, les fichiers clients, l'enregistrement des pointeuses...) sont entre les mains de l'employeur.

La désignation d'un conseiller rapporteur peut cependant avoir comme conséquence de ralentir encore une procédure déjà longue.

§ 3 Le référé prud'homal

Tous les conseils de prud'hommes comprennent une formation de référé. Composée 1170
à l'identique du bureau de conciliation, cette formation est le juge de l'urgence et du provisoire. Son rôle s'est considérablement accru depuis une vingtaine d'années.

1171 Ses pouvoirs sont les suivants.

Elle est d'abord le juge de l'*urgence*. Selon l'article R. 1455-5 du Code du travail : « Dans tous les cas d'urgence, la formation de référé peut (...) ordonner toutes les mesures (...) que justifie l'existence d'un différend » et l'article R. 1455-6 du Code du travail de renchérir : « La formation de référé peut toujours, même en présence d'une contestation sérieuse, prescrire les mesures conservatoires ou de remise en état qui s'imposent (...) pour prévenir un dommage imminent ». Le dommage imminent peut être, par exemple, le prononcé attendu d'un licenciement. C'est sur le fondement de ce dernier texte que les procédures de licenciement sont suspendues, notamment en cas de violation des attributions d'un comité d'entreprise. En cas d'urgence, l'évidence n'est pas requise.

La formation de référé est aussi le juge de l'*évidence*. Le juge des référés reçoit ainsi de l'article R. 1455-5 le droit d'« ordonner toutes les mesures qui ne se heurtent à aucune contestation sérieuse ». L'article R. 1455-6 ajoute, par son alinéa 1er, qu'il appartient au juge des référés de « faire cesser un trouble manifestement illicite ». Et l'article R. 1455-7 du Code du travail précise que le juge des référés peut ordonner l'exécution d'obligations diverses, et même d'obligations de faire, lorsque « l'obligation n'est pas sérieusement contestable ». Lorsque la solution est suffisamment claire, l'exécution immédiate peut donc être ordonnée et ce, même si l'exécution n'est pas urgente.

Les pouvoirs de la formation de référé sont ainsi nettement plus grands que ceux de la formation de conciliation, même si certains pouvoirs sont communs à ces deux formations.

L'interprétation de l'évidence est assez large. Les troubles illicites sont facilement considérés comme « manifestement » illicites. C'est notamment sur cette base que sont ordonnées les réintégrations en référé des salariés dont le licenciement est nul (v. n° 500). Et bien des obligations apparaissent non « sérieusement contestables », ce qui permet notamment d'ordonner le versement de provisions.

1172 La décision de référé est provisoire. Elle n'a pas l'autorité de la chose jugée au principal. L'affaire pourra donc se poursuivre devant le bureau de jugement du conseil de prud'hommes, seul habilité à clore définitivement le litige. Mais encore faut-il que l'une au moins des parties souhaite continuer le procès. Après une décision qui a qualifié son comportement ou son acte de « trouble manifestement illicite », l'employeur ne souhaite pas nécessairement continuer le procès. Quand au salarié, il se peut que la décision de référé lui ait donné toute satisfaction (il est réintégré). Ceci explique qu'en pratique, souvent, les décisions de référés suffisent à clore le litige. Elles n'ont plus alors de provisoire que le nom.

§ 4 L'unicité de l'instance

1173 La règle de *l'unicité de l'instance* est extrêmement dangereuse pour des plaideurs inexpérimentés. Cette règle impose que toutes les demandes dérivant d'un même contrat de travail, entre les mêmes parties, fassent l'objet d'une seule instance (art. R. 1452-6 C. trav.). Qui fait une demande au conseil de prud'hommes doit donc bien prendre garde de faire le tour de toutes ses demandes et de n'en oublier aucune. Après le jugement, toute demande entre les mêmes parties sur des faits antérieurs au jugement sera jugée irrecevable. Une demande nouvelle devra être fondée sur des faits postérieurs.

La règle a une logique : il s'agit d'éviter la multiplication des procès. On imagine un premier procès sur les congés payés, suivit d'un deuxième procès sur les heures supplémentaires, etc. Ce risque ne devrait pas pourtant être surévalué : la lourdeur d'un procès est suffisamment dissuasive en elle-même pour inciter les parties à présenter en une fois toutes leurs demandes. De plus, la sanction est lourde lorsqu'il s'agit de simples maladresses.

La règle de l'unicité de l'instance a permis des solutions qui n'ont rien à envier à la vision kafkaïenne du procès. Ainsi, un plaideur avait attaqué son employeur, l'URSSAF, pour obtenir sa réintégration. Il obtient une première décision de justice : l'annulation de la procédure. On lui explique à ce moment-là qu'il aurait dû mettre en cause la direction régionale de la Sécurité sociale. Il saisit à nouveau le conseil de prud'hommes, en prenant garde, cette fois, de bien mettre en cause la direction régionale de la Sécurité sociale. Mais il s'agit d'une nouvelle instance introduite sur un litige relatif au même contrat de travail, basé sur les mêmes faits... Sa seconde action en justice est donc irrecevable par application du principe de l'unicité de l'instance. Ce que la Cour de cassation lui confirme, plus de huit ans après qu'il a déposé sa première demande (Soc. 12 novembre 2003*). Justice est faite. 1174

Biblio

1) Sur l'inspection du travail

- J. Bessière, *L'inspection du travail*, rapport au ministre délégué aux relations de travail, La Documentation française, 2005, disponible sur www.travail.gouv.fr.
  L'inspection du travail en 2005, Rapport au BIT, La documentation française 2007, disponible sur http://www.ladocumentationfrancaise.fr/rapports-publics/074000590/index.shtml (la France doit remettre tous les ans un rapport sur l'inspection du travail au BIT, il s'agit du dernier rapport paru).
- « Sur la réforme de l'inspection du travail », controverse entre C.-E. Triomphe et P. Mériaux, *RDT* 2006. 356-361.
- Anne Courège « Inspection du travail et attributions ministérielles », *Dr. soc.* 2008. 117.

2) Sur les conseils de prud'hommes

- M. Keller, « Licenciement économique, cassation sans renvoi, unicité de l'instance prud'homale : une mauvaise rencontre », *Dr. soc.* 2006. 1010-1016.
- E. Serverin, « L'évolution du contentieux du travail, des mots aux chiffres », *RDT* 2006. 44.
- M. Keller et T. Grumbach, « Sur l'impartialité de la juridiction prud'homale… encore ? », *Dr. soc.* 2006. 52-58.
- E. Serverin et T. Grumbach, « La campagne présidentielle, les juges et le droit social : opposabilité, vous avez dit opposabilité », *RDT* 2007. 405-406.
- E. Serverin et T. Grumbach, « L'oral et l'écrit dans la procédure prud'homale », *RDT* 2007. 468-471.

Documents

1) Activités de l'inspection du travail

Chiffre pour l'année 2007, extrait de *L'inspection du travail en France en 2007,* rapport au BIT, p. 155-156

Chiffres 2006 entre parenthèses :

« Il y a eu 200 691 suites à interventions (139 295) faisant référence 815 190 fois à différents articles du code du travail (541 264) qui se répartissent de la manière suivante :

- constats d'infractions
- 145 003 lettres d'observations (100 539) donnant lieu à 712 931 observations (476 053) ;
- 4 416 procédures (3 046) donnant lieu à 14 694 infractions recensées comme devant faire l'objet d'un procès verbal (10 579) ;
- 4 516 procédures de mises en demeure (3 090) concernant 14 738 infractions (9 191) ;
- 5 000 décisions de chantiers (2 816) (4 278) donnant lieu à 10 050 infractions (5 302) ;
- 50 procédures de référé (54) (19) concernant 118 infractions (150) ;
- demandes de vérification, décisions, avis, rapports, signalements
- 901 demandes de vérifications (667) faisant référence 2 914 fois à des articles du code du travail (2 028) ;
- 31 756 décisions (hors décisions de chantiers) (22 610) dont 20 154 décisions de licenciement de salarié protégé (16 572) faisant référence 47 250 fois à des articles du code du travail (29 611) ;

- 5 866 avis (4 090) faisant référence 6 138 fois à des articles du code du travail (4202) ;
- 2 953 rapports (2 203) faisant référence 5 559 fois à des articles du code du travail (3 837) ;
- 230 signalements (180) faisant référence 398 fois à des articles du code du travail articles (311). »

NB : En ordre de grandeur, cela donne environ 800 000 observations pour 15 000 procès-verbaux d'infractions, et le tout pour environ 1300 décisions pénales, et 116 condamnation à de la prison ferme ou avec sursis en 2007 et (v. L'inspection du travail en France en 2007, *rapport au BIT, p. 170). Ce qui permet de mesurer l'écart existant, en pratique, entre les violations du droit faisant l'objet d'observation par les inspecteurs du travail et les sanctions pénales effectives.*

2) La justice prud'homale

– Unicité de l'instance

Soc. 12 novembre 2003, *Bull. civ.* V, n° 279

« Attendu que M. X..., ayant travaillé pour le compte de l'URSSAF des Alpes-Maritimes dans le cadre de différents contrats de travail à durée déterminée, a saisi la juridiction prud'homale, au mois d'avril 1995, d'une demande tendant à obtenir sa réintégration ; que le conseil de prud'hommes a, par décision devenue irrévocable en date du 5 mars 1996, prononcé la nullité de la procédure pour défaut de mise en cause de la direction régionale de la sécurité sociale ; que le 21 janvier 1997, le salarié a de nouveau saisi le conseil de prud'hommes aux mêmes fins, en appelant en la cause la Direction régionale des affaires de sécurité sociale ; (...)
Mais attendu que, selon l'article R. 516-1 du Code du travail, toutes les demandes dérivant du même contrat de travail doivent faire l'objet d'une instance unique à peine d'irrecevabilité ;
Et attendu qu'ayant relevé qu'il avait été définitivement statué sur l'instance précédemment introduite par M. X... à l'encontre de l'URSSAF des Alpes-Maritimes, par un jugement irrévocable, la cour d'appel a exactement décidé que la nouvelle demande, dérivant du même contrat de travail et tendant aux mêmes fins, se heurtait à la règle de l'unicité de l'instance alors même que le jugement intervenu n'avait pas statué sur le fond mais annulé la procédure en raison de l'absence d'une mise en cause obligatoire ;
D'où il suit que le moyen n'est pas fondé ;
Par ces motifs : rejette le pourvoi ».

– Oralité des débats

Soc. 14 mars 2007, n° 05-45414, *Bull. civ.* V, n° 50

« Mais attendu d'abord, qu'en soumettant oralement ses demandes à la cour d'appel le jour de l'audience pour laquelle les parties avaient été convoquées, le salarié la requérait nécessairement de statuer sur le fond ;
Et attendu, ensuite, que les conclusions adressées par l'appelante (l'employeur) à l'intimée (le salarié) ne pouvaient suppléer à son absence à l'audience à laquelle elle avait été régulièrement convoquée ;
Par ces motifs, Casse et annule... ».

Sujet terminal

Remarque : le sujet fait appel aux connaissances développées dans le présent ouvrage. Il correspond à une épreuve d'une durée de quatre heures, effectuée avec le Code du travail.

Exercice corrigé : cas pratique

Énoncé

I. M. Georges Sapé est propriétaire du grand magasin « Le chic pas cher » qui compte 110 salariés.

Le mercredi 2 mai 2009, à 15 heures, il reçoit une délégation du personnel rigolarde qui exige le triplement des salaires et l'informe qu'ils se mettent immédiatement en grève. Le ton adopté par la délégation est si souriant que M. Sapé croit d'abord à une farce. Mais, lors de son inspection habituelle de 17 heures, il constate que tous les salariés du rayon chaussures sont partis, soit une quinzaine de salariés. Le reste du personnel est resté en poste. Sur le panneau d'affichage réservé à la section syndicale CFDT est agrafée une feuille de papier sur laquelle il est écrit :

« Prenons le meilleur de la vie ! Tous en grève pour le triplement des salaires ! Et Sapé est une grosse andouille. Signé : Escarpin ».

M. Sapé s'empresse d'enlever l'affiche injurieuse. Hélas ! son geste n'est pas passé inaperçu. Deux délégués du personnel l'ont vu et il comprend à leur mine réjouie qu'ils n'ignoraient rien du contenu de l'affiche.

Le lendemain matin, tous les salariés ont repris le travail. L'employeur convoque dans son bureau Mme Escarpin, déléguée syndicale CFDT, employée au rayon chaussures. Celle-ci lui avoue qu'elle et ses collègues n'ont pas pu résister à la sortie d'un film et qu'ils ont profité de leur petite « grève » pour aller le voir à la séance de 16 heures. « La tentation était trop forte, s'excuse-t-elle, comprenez que le matin même, le comité d'entreprise nous avait distribué des billets de cinéma gratuits, mettez-vous à notre place… ». Vert de rage, M. Sapé, lui rétorque : « Cela ne se passera pas comme ça ! Je vais vous en donner moi une meilleure vie ! Vous allez comprendre votre douleur ! ». Mme Escarpin ne se laisse pas décontenancer. « Calmez-vous, détendez-vous, lui dit-elle, vous n'allez rien faire de ce genre, au contraire. Je vous rappelle que j'ai quinze ans d'ancienneté et que j'ai un BTS force de vente. À diplôme et ancienneté égale, tous mes collègues sont devenus chefs de rayons. Alors non seulement vous n'allez pas me rétrograder, mais vous allez vite me donner une promotion et me verser une grosse compensation financière pour tout le temps où j'ai été placée à un poste inférieur à celui qui m'était dû. Et méfiez-vous ! Si vous n'êtes pas bien gentil, je peux vous faire mettre en prison ». Avant que M. Sapé ait pu se ressaisir, elle sort, non sans lui avoir adressé un petit sourire goguenard.

Encore tremblant d'émotion, M. Sapé vient vous voir le soir même. Il veut attaquer le comité d'entreprise pour abus de pouvoir et désorganisation du travail (« des billets de cinéma ! et pourquoi pas des billets pour le cirque tant qu'on y est ! ») et licencier Mme Escarpin. Mais il est tout de même un peu inquiet des menaces proférées par Mme Escarpin. Il se demande sur quels fondements elle pourrait l'attaquer en justice et ne veut à aucun prix aller en prison. Vous le conseillez sur tous ces points en prenant garde de justifier juridiquement et avec précision vos réponses.

II. Quelques jours plus tard, M. Sapé revient vous voir. Un large sourire se répand sur son visage. Il est allé voir un excellent film au cinéma et, depuis, il voit la vie en rose et n'a jamais été aussi joyeux. Il comprend mieux l'attitude de ses salariés du rayon chaussures. Mme Escarpin est désormais chef du rayon et, alors qu'ils déjeunaient ensemble, ils ont même signé le 9 mai 2010, un petit texte intitulé « Traité pour la grande paix au magasin Le chic pas cher » (v. annexe 1).

Lorsqu'il apprend la signature de cet accord, M. Rude, délégué syndical CGT-FO qui travaille au rayon cravate, viens vous voir. Il bougonne : « Ce "traité" est une ineptie. Il y a des limites à tout ! ».

1)Vous lui expliquez quelle est la nature du « traité de paix » signé et quels pourraient être ses effets juridiques et quels sont les moyens qu'il a d'empêcher cet accord de s'appliquer.

2) Le lendemain, M. Rude vient vous voir. Il est un peu calmé. Il ne veut plus attaquer l'accord dans globalité. Mais il se demande tout de même quel peuvent être ses effets. Il vous informe de l'existence d'une convention d'entreprise du 13 juin 1987 (annexe 2).

- Annexe 1

Traité pour la grande paix au magasin « Le chic pas cher »

Article 1 : Les salariés déclarent la paix. Ils ne se mettront plus en grève, au moins pendant un an.

Article 2 : Il est bien entendu que M. Sapé s'engage à ne plus embaucher de salarié qui ne soit pas déjà membre de la CFDT.

Article 3 : La prime de rendement prévue à l'article 1er de la convention d'entreprise du 13 juin 1987 conduisait aux cadences infernales. Elle est donc supprimée. En échange, il sera accordé une sixième et même une septième semaine de congés payés. Vive le repos !

Entre M. Sapé, Employeur, et Madame Escarpin, déléguée syndicale CFDT

Le 9 mai 2010

(suivent les signatures)

- Annexe 2

Convention d'entreprise du 13 juin 1987

Article 1 : Une prime dite « prime de rendement » d'un montant de 1 000 euros sera accordée à chaque salarié dont le chiffre d'affaires aura connu une croissance d'au moins 10 % au cours de l'année.

Article 2 : Il est accordé aux salariés cinq semaines de congés payés annuels, calculés selon les modalités prévues au Code du travail.

Article 3 : L'employeur s'engage à respecter l'exercice du droit syndical dans l'entreprise.

(...)

Suivent les signatures des délégués syndicaux CFDT et CGT-FO

- Annexe 3

Résultats des élections

Premier tour, du 20 mars 2009

Premier collège : inscrits 90 ; votants 40 ;

Liste CFDT : 35 ;

Liste CGT-FO : 5 ;

Deuxième collège : inscrits 20 ; votants 10 ;

Liste CFDT : 5 ;

Liste CGT-FO : 5.

Second tour, du 20 avril 2009

Premier collège : inscrits 90 ; votants 30 ;

Liste CFDT : 20 ;

Liste CGT-FO : 10 ;

Deuxième collège : inscrits 20 ; votants 6 ;

Liste CFDT : 3 ;

Liste CGT-FO : 3.

NB : On suppose qu'aucune convention de branche n'est applicable à l'entreprise.

Corrigé

I.

A. Sur l'action du comité d'entreprise

La distribution de billets de cinéma entre dans les fonctions du CE au titre des activités sociales et culturelles du CE.

On pourra reprendre les éléments de définitions de ces activités, sans entrer dans les débats sur cette notion : il suffit de noter que la solution est claire et ne dépend pas de l'issue de ces débats.

La décision du CE ne peut donc être attaquée par l'employeur.

B. Sur le licenciement de Mme Escarpin

1. Sur la procédure

Mme Escarpin est déléguée syndicale. Une autorisation préalable de l'inspecteur du travail sera donc nécessaire pour son licenciement, sous peine de nullité du licenciement (et d'éventuelles sanctions pénales, v. ci-dessous).

2. Sur le fond

a. Sommes-nous dans le cadre d'une grève licite ?

L'arrêt de travail est collectif (15 salariés).

Il est à l'appui de revendications professionnelles (salaires).

Ces revendications sont peut-être déraisonnables, mais cela n'entre pas en ligne de compte.

Il s'agit donc d'une grève.

L'employeur était au courant des revendications au moins au moment de l'arrêt de travail.

L'arrêt de travail étant total, il n'est guère possible de parler de modalités abusives du droit de grève (pas de très grande disproportion entre les préjudices subis de part et d'autre du fait de la grève).

Il s'agit donc d'une grève licite.

De plus :

– on ne peut guère prouver que les revendications professionnelles présentées ne sont pas réelles, cela reviendrait à démontrer que les salariés ne veulent pas réellement une augmentation de leurs salaires… Ce qui apparaît difficile ;

– si l'on prouve que la grève est principalement causée par la sortie du film et que la revendication de salaires n'était qu'accessoire, cela pourrait même ne pas suffire (v. les grèves politiques accessoirement professionnelles) ;

– la preuve de la connaissance par l'employeur des revendications devrait être facile : la présence de l'affiche, vue par les délégués du personnel servira de preuve.

b. Conséquences de la qualification de grève licite

Aucun licenciement n'est possible sauf faute lourde du salarié : article L. 2511-1 du Code du travail.

La seule faute commise par Mme Escarpin est l'injure contenue dans l'affiche. Cette faute est une faute commise dans l'exercice de sa fonction par un délégué syndical (droit d'affichage), elle ne peut donc faire l'objet d'une quelconque mesure disciplinaire de la part de l'employeur. Le licenciement serait donc nul (et passible de sanctions pénales, v. ci-dessous).

c. Sur les possibilités d'action pour demander un dédommagement et une promotion

La première est celle de la preuve de la discrimination syndicale au sens de l'article L. 1132-1 du Code du travail, afin d'obtenir des dommages-intérêts pour l'absence de promotion passée et l'injonction d'une promotion pour l'avenir. Depuis l'admission des discriminations indirectes, il suffit au salarié de prouver la différence de traitement, ce qui dans le cas d'espèce semble facile. L'employeur devra alors prouver que la différence de traitement est, selon les termes du Code du travail « justifiée par des éléments objectifs étrangers à toute discrimination » (v. l'art. L. 1134-1 C. trav.). Ce qui, *a priori*, apparaît difficile.

d. Sur les possibilités d'action pénale de Mme Escarpin

M. Sapé peut être poursuivi pour deux infractions.

– La suppression de l'affiche syndicale

Sapé n'avait pas le droit d'arracher l'affiche.

Car il ne peut se faire justice lui-même que dans le cadre de son pouvoir disciplinaire, lequel s'arrête là ou s'arrête son pouvoir de direction. Et l'employeur est totalement dépourvu de pouvoir de direction s'agissant du contenu des affiches syndicales.

Il a ainsi commis une faute qui s'analyse en un délit d'entrave à l'exercice du droit syndical.

Ce délit est puni, au maximum, d'une peine d'amende et d'un an d'emprisonnement (art. L. 2146-1 C. trav.). Cependant, en pratique, seules les infractions les plus graves sont poursuivies, et encore celles-ci ne donnent que très rarement lieu au prononcé de peines d'emprisonnement. Le risque d'aller en prison est donc en l'occurrence quasi nul. Le risque d'être véritablement poursuivi devant les tribunaux correctionnels et d'être condamné à une peine d'amende est un peu plus élevé.

– La discrimination syndicale en droit pénal

L'article L. 2141-5 du Code du travail prohibe expressément la prise en compte de l'activité syndicale notamment s'agissant de « l'avancement ». En cas de violation de ce texte, l'employeur commet l'infraction prévue à l'article L. 2146-2 du Code du travail, laquelle prévoit une amende et ne prévoit d'emprisonnement (un an) qu'en cas de récidive. On peut aussi penser que le délit d'entrave prévu à l'article L. 2146-1 du Code du travail est réalisé (v. les peines *supra*).

Le licenciement pour cause d'activité syndicale est, en outre, sanctionné par le Code pénal (art. 225-1 et 225-2 C. pén.), d'une peine maximale de trois ans d'emprisonnement. Mais cette peine n'est encourue qu'en cas de refus d'embauche, de sanction disciplinaire ou de licenciement.

Les discriminations indirectes ne sont pas retenues en droit pénal. Dans tous ces cas, il est nécessaire de prouver que l'acte de l'employeur avait pour cause l'activité syndicale. La preuve requise est donc plus difficile que celle exigée pour obtenir un dédommagement et une promotion. Ce qui est l'une des raisons pour lesquelles les actions civiles sont bien plus fréquentes que les actions pénales.

II.

Le premier tour des élections a eu lieu le 20 mars 2009, on est donc amené à penser que la procédure électorale a commencé après l'entrée en vigueur de la loi du 20 août 2008. Cette loi est donc applicable en l'espèce.

A. Validité de la signature de l'accord

Les résultats aux élections à prendre en compte sont les résultats du premier tour, soit encore ceux du 20 mars 2009.

Mme Escarpin appartient à un syndicat ayant recueilli plus de 10 % des suffrages exprimés et l'on peut supposer qu'elle était candidate aux élections et qu'elle a elle-même recueilli au moins 10 % des suffrages exprimés. Sa désignation comme délégué syndical semble donc régulière. En toute hypothèse le délai de contestation de sa désignation (15 jours) est écoulé.

Le « traité de paix » a été signé par un syndicat. Ce syndicat est représentatif (plus de 10 % des voix et l'on suppose les autres conditions remplies). Il a bien été signé par un syndicat signataire de l'accord de 1987, ce qui est indispensable, puisqu'il s'agit d'un accord de révision de cet accord antérieur. Le signataire de l'accord de révision a recueilli plus de 30 % des suffrages exprimés aux dernières élections professionnelles. Le traité de paix est donc bien une convention collective valablement signée. M. Rude ne peut s'y opposer : il n'a pas recueilli les 50 % des suffrages exprimés nécessaires pour exercer un droit d'opposition.

B. Violation des règles de négociation

Tous les syndicats représentatifs dans l'entreprise doivent être invités à la négociation collective. M. Rude est délégué syndical d'un syndicat représentatif dans l'entreprise (10 voix recueillies sur 40 votants, ce qui fait 25 % des suffrages exprimés, soit plus que les 10 % requis. On suppose présentes les autres conditions de la représentativité). M. Rude semble avoir été tenu à l'écart de la négociation. Les règles de négociation (tous les syndicats représentatifs doivent avoir été invités) ont donc été violées. La sanction dans ce cas est la nullité de l'accord.

En conclusion : M. Rude ne peut s'opposer à l'accord, mais il peut en obtenir l'annulation.

C. Effets des dispositions de l'accord

Si M. Rude n'attaque pas sur la validité de l'accord dans son ensemble plusieurs questions se posent quand aux effets de cet accord.

L'accord n'est opposable aux salariés qu'à la condition d'avoir été l'objet des formalités de publicité requises (dépôt, affichage…).

Si ces formalités sont accomplies les effets des différents articles posent les problèmes suivants.

1. Sur l'article 1er du « traité »

L'article 1er est contraire à la Constitution : « Le droit de grève s'exerce dans le cadre des *lois* qui le réglementent », et une convention collective n'est pas une loi. La réglementation qu'elle crée n'est donc pas opposable aux salariés.

2. Sur l'article 2 du « traité »

Il s'agit d'une clause de *closed shop*, qui viole l'article L. 2141-5 du Code du travail. Elle est par conséquent nulle.

3. Sur l'article 3 du « traité »

Le traité est une nouvelle convention collective qui révise l'ancienne. Il n'est donc pas nécessaire de savoir si elle est plus ou moins favorable que l'ancienne, ni de se poser des questions sur l'indivisibilité de ses dispositions. L'article 3 est pleinement applicable si les conditions de validité et d'applicabilité du traité sont bien présentes.

Index alphabétique

Les chiffres renvoient aux numéros en marge des pages du cours.

A

B

C

D

F

G

H

I

J

K

L

M

Q

R

S

T

U

V

Table des matières

section 2

section 3

section 4

Table des compléments pédagogiques

Documents (textes de référence), Biblio (bibliographie), Quiz (questions et sujets corrigés).

708431 (I) (3,5) CSB - G 80 g - IGS - PAG
Dépôt légal : septembre 2009

Achevé d'imprimer en août 2009
dans les ateliers de Normandie Roto Impression s.a.s.
61250 Lonrai
N° d'imprimeur : 09-2806

Imprimé en France